西子管理系统XOS系列读本

半个世纪的质量长跑

HALF A CENTURY OF QUALITY PURSUIT

王水福质量年鉴

西子管理系统XOS系列读本编委会 编

红旗出版社

图书在版编目（CIP）数据

半个世纪的质量长跑：王水福质量年鉴 / 西子管理系统XOS系列读本编委会编．－－北京：红旗出版社，2022.1

ISBN 978-7-5051-5234-2

Ⅰ.①半… Ⅱ.①西… Ⅲ.①企业管理—质量管理—文集 Ⅳ.①F273.2-53

中国版本图书馆CIP数据核字(2022)第006731号

书　　名	半个世纪的质量长跑			
	——王水福质量年鉴			
编　　者	西子管理系统XOS系列读本编委会			
责任编辑	吴琴峰		封面设计	高　明
特约审稿	蔡文彪		版式设计	蔡庆有
责任印务	金　硕			
出版发行	红旗出版社			
地　　址	北京市沙滩北街2号		邮政编码	100727
	杭州市体育场路178号		邮政编码	310039
编 辑 部	0571-85310467		发 行 部	0571-85311330
E－mail	hqwqf@163.com			
图文排版	杭州润竹文化创意有限公司			
印　　刷	浙江海虹彩色印务有限公司			
开　　本	787毫米×1092毫米		1/16	
字　　数	720千字		印　　张	36
版　　次	2022年1月第1版		印　　次	2022年1月第1次印刷
ISBN 978-7-5051-5234-2			定　　价	168.00元

"西子管理系统XOS系列读本"
编委会

总 编 辑：王水福

主　　编：樊小刚

副 主 编：武桂芬　张　伟

编　　辑：刘华姿　娄　军

　　　　　　徐丹瑜　陈红霞

前 言

自18世纪60年代第一次工业革命肇始,企业由手工作坊进入现代机器生产时代。回溯两百多年现代企业发展史,无数优秀的企业,或凭借独到的技术,或倚重独特的产品,或打造极致的服务,如璀璨的流星,惊艳一瞥即陨落归为尘土。真正伟大的企业往往会演绎出一套既格调自成又四海普适的管理系统,如恒星高悬长空,光热汩汩不竭,既光照自身更温热同侪,迄今仍熠熠生辉,散发勃勃生机。

西子联合控股有限公司(以下简称"西子"或"西子联合")在王水福董事长的带领下,致力于打造高端制造领域的"百年老店"。40多年来上下求索,有成功的经验,也有失败的教训;有独行摸索的感悟,也有学习借鉴的体会。西子管理系统XOS(XIZI Operating System)就是将西子高端制造实践与世界领先的精益现场管理、航空品质管理与运营变革管理相结合的管理智慧结晶。借此,西子在电梯及零部件、余热锅炉、立体停车库和民用商用航空零部件等多个领域成为行业翘楚。我们把XOS及相关理论、系统、方法、工具等汇编成"西子管理系统XOS系列读本",一方面希望这些书籍能成为西子人的管理圣经引领西子持续成功,另一方面希望更多的中国企业从中汲取养分,做大做强民族企业,为制造强国、民族复兴贡献西子力量!

中国的崛起首先是中国制造的崛起,而中国制造的崛起则有赖于中国制造质量的提高和国际社会的认可。中国企业必须提升质量管理水平,这也是关系到整个中国制造乃至中国经济发展的后续力量。正因如此,王水福董事长在半个世纪的从业生涯中,一直将质量管理作为企业经营发展的重中之重,西子管理系统XOS也是以质量为中心的精益变革管理系统。

《管子·权修》曰:"一年之计,莫如树谷;十年之计,莫如树木;终身

之计，莫如树人。"企业质量文化建设不是一蹴而就的，而是在长期经营、生产过程中逐渐形成的一种价值观。《半个世纪的质量长跑——王水福质量年鉴》收录了王水福董事长从1971年至2021年这50年来围绕质量管理的重要质量事记、内外部媒体质量报道、质量讲话稿、质量提案、荣誉及资质等200余篇，供大家了解学习，以增进读者对王水福董事长的质量思想、质量实践以及他带领下的西子质量管理发展理念、发展道路与发展成就的认识和理解。

西子管理系统XOS系列读本编委会

2021年9月

序 言

企业家人人都知道"质量是企业的生命",但真正在企业的全面经营管理中持续地视质量为生命的并不多,西子创始人、党委书记、董事长王水福就是一个视质量为生命的企业最高管理者。

从20世纪70年代初进入花园农机厂到如今任西子联合控股有限公司董事长,王水福将一个村办作坊创办成包括生产航空部件产品、电梯、锅炉、新能源产品等在内的中国企业500强企业,成功的法宝就是"视质量为生命"。从专科、本科、研究生再到博士,质量理论和方法是他学历递进的特色,博士论文《制造业企业质量管理新思路》既是质量管理理论的创新又是质量管理思想史演变的见证。根据在半个世纪的实践中企业质量不断反复、行业制造标准差异大、产业链质量发展不均衡、管理成熟度参差不齐等问题,他从人、体系、广度、深度四个维度提出了自己的质量管理思想:将企业文化特别是价值观和企业社会责任与质量管理相融合,提出了质量价值观的基本框架;将航空产业质量管理的先进思想和方法引入到一般制造产业的思路,提出了第三方质量监管体制的概念;在企业内部和外部进行应用市场经济手段进行质量管理的基本原理与实施方法;基于质量链的流程模式和操作方法,融入了过程成熟度和持续改进过程输入输出目标。他12年来投入10亿元建立拥有287张特种工艺质量认证证书的航空质量管理体系和核电设备制造许可证;带领团队为国家突破航空基础零部件等"卡脖子"工程;连续12年将质量定为西子年度发展主题;连续9年主持举办西子奥林匹克技能大赛;领导开展全员质量带级培训,形成了"年年都是质量年,人人都是质量人"的质量氛围。西子旗下6家企业获得浙江省各级政府质量奖,他本人于2000年获得全国劳动模范,西子旗下有42人次获得全国、省、市各级劳动模范称号。

2009年5月,中国商飞启动C919大飞机供应商招投标项目,西子联合从400多家民营企业中脱颖而出,成为C919大型客机9家机体一级供应商中唯一一家民营企业。为了保证被称为"工业之花"的航空制造质量,王水福提出"零点一丝不苟""万万无一失"的质量观。基于对质量的极致追求,对客户要求不折不扣的满足,西子航空成为中国唯一一家空客、波音、庞巴迪、中国商飞等航空巨头的重要供应商,在西子的带动下,杭州钱塘新区从当时的航空空白区发展成拥有了热门的万亩千亿级航空航天产业的平台。

在王水福的亲自主导下,企业逐步形成了以质量为中心的经营管理模式,并凝练成独具特色的西子管理系统XOS。XOS在西子进行了多年有效实践,为企业走向高端的提质增效提供了可以借鉴的管理理论和系统方法,被《哈佛商业评论》评为拉姆·查兰管理实践奖优秀奖。

作为连续20多年的浙江省人大代表,王水福多次递交质量专题建议书,并在政府、企业、高校等各界宣传、呼吁高质量发展理念,推进质量科学方法的广泛应用。

基于王水福在质量领域的长期贡献,他在2021年被评为第四届中国质量奖个人提名奖,实现了中国企业家零的突破。

本书记录了王水福质量管理思想、方法、经验和实践,更留下了半个世纪的卓越质量绩效,是企业家、管理学者和质量管理工作者值得深读的质量管理宝典。

中国计量大学校长 宋明顺

2021年9月

目录 CONTENTS

王水福：半个世纪的质量长跑者 　　　　　　　　　　／001

20世纪70—80年代（1971年—1989年）
要么质量　要么关门 　　　　　　　　　　　　　　／009

20世纪90年代（1990年—1999年）
质量第一　永远第一 　　　　　　　　　　　　　　／019

21世纪00年代（2000年—2009年）
"数量"的基础是"质量" 　　　　　　　　　　　　／075

21世纪10年代（2010年—2019年）
零点一丝不苟　万万无一失 　　　　　　　　　　　／149

21世纪20年代（2020年—未来）
实现高质量基础上的高增长 　　　　　　　　　　　／465

西子奋斗之歌 　　　　　　　　　　　　　　　　　／551

索引 　　　　　　　　　　　　　　　　　　　　　／555

王水福

半个世纪的质量长跑者

王水福：半个世纪的质量长跑者

1971年，17岁的王水福成为笕桥花园村的一名蔬菜植保员，每天起早贪黑，赤脚挑农粪辛勤劳作，百里贩蔬菜挣取工分，肩拉大板车贴补家用。那时的他，深切体会到只有努力奋斗才能吃饱饭，只有提高质量才能吃好饭。1976年，他进入花园农机厂做了一名车工，由于表现出色，被选派到杭州机床厂学习进修。勤学肯干的他脱颖而出，从车工成长为车间主任、厂长。1981年，他创办了西子电梯厂，实现了从造农机到造电梯的转变，开启了他创办企业"为国家繁荣富强，为企业健康发展，为员工体面生活"的初心之旅。

20世纪80年代，电梯还是用继电器控制，非常不稳定，当时有位孕妇被困在电梯里，导致家人找上门来。在那个年代，电梯关人并不奇怪，但对于王水福来说，触动很大。从此，"要么质量要么关门"的质量理念就在他心中扎下了根，王水福开始了大力提升产品质量的艰苦旅程。

20世纪90年代，王水福的质量管理在同行中崭露头角。1992年，他提出产品质量是企业的生命，科技要先进，质量要贯穿生产全过程；1994年，他提出质量是西子厂的生命，西子要发展、壮大的关键是质量和信誉；1995年，他将"质量第一，永远第一"的横幅悬挂在西子电梯厂的车间里，王水福的质量思想——"质量管理是第一管理"就此萌芽；1996年，他提出以国内先进水平作为质量目标，公司顺利通过ISO9001质量体系认证，产品质量跃居行业前十位；王水福认为"与优秀的人合作，你才会更优秀"，1997年，西子厂与"电梯之父"美国奥的斯公司合资，成立了西子奥的斯公司，西子厂在合作的过程中学到了很多国外先进的质量管理理念与方法，使得其从众多民营企业中脱颖而出，进入高质量发展的国际赛道。此后，又先后与日本石川岛、美国势必锐等世界500强企业合资合作，持续推行精益品质管理，并在高端制造领域不断取得新的进展。同年，王水福当选为浙江省人大代表。在其后连续5届的任期内，王水福提交了一系列与质量相关的建议和提案，包括政府质量奖、品字标浙江制

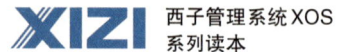

造、设立工匠电视比武大赛等均得到实施。

21世纪伊始，王水福荣获"全国劳动模范"称号，西子的质量管理也进入了新纪元。在他的带领下，西子发布了《21世纪质量宣言》，提出"产品100%可靠，客户100%放心"，并将2000年定为"质量—可靠性年"，从此开启了"年年都是质量年"的历史新篇章。2000年，西子加入奥的斯全球质量改造工程，引入ACE（获取竞争优势）管理体系，西子的质量与国际全面接轨。2001年，西子电梯获得ACE铜牌认证，成为浙江名牌。2003年，被中国质量协会表彰为《全国质量效益型先进企业》。2004年，西子成立西子联合大学，王水福担任校长，提出了"天上飞，地下钻，中间有电梯"的"工"字形产业结构。2005年，王水福被评为"浙江制造领军人物"，入选"浙江制造领军人物"个性化首发邮票。2007年，西子发布了中国民营企业第一份社会责任报告，成为倡导民营企业社会责任第一人。《浙江日报》头版发文"经中国社会科学院、省社科联、杭州市社科院专家组成的社会责任联合调研组认定，西子是国内第一家全面、科学、系统地实施企业社会责任的民营企业"。同年，西子成立了质量管理委员会，王水福任主任，提出了"数量的基础是质量，不怕鸡蛋里面挑骨头"的精神。2008年，西子召开主题为"创新是魂 质量为本"的科技大会，王水福发表了题为《能源短缺是我们创新的机会》的讲话，前瞻性地提出了关注能源发展的新思想。他提出："慢慢地走，稳稳地走，不停地走，不出几年，你就是走在时间前面的人。"2009年，王水福提出"把产品卖到日本去"，还获得了"浙江改革开放三十年创业创新突出贡献功勋企业家"的称号。同年，他领导西子成为C919大型客机9家机体供应商中唯一一家民营企业，从此西子迈入高端制造行业。此后12年间，西子投入10亿元建立制造业最严苛的质量保证体系，取得了287张特种工艺质量认证证书，成为全球五大航空巨头的重要供应商。

2010年春节，王水福发表了《品质改变命运》的新春致辞，提出品质是我们改变命运的路径，品质会将西子铸就成为享誉世界、恒久流传的品牌，并与浙江大学合作成立浙大西子研究院，推广精益品质管理。

2011年，他提出质量是和平占领市场最有效的武器，认为西子要从"穷则思变"走向"富而思进"。西子启动编制了"十二五"品质规划。在西子联合大学卓越质量管理班开学典礼上，他邀请了中国质量之父刘源张院士给学员们上第一堂课。在浙江省召开的质量强省建设工作推进会上，王水福作为唯一的企业代表发言，提出如果继续走低价竞争、以量取胜的路子，中国制造将是死路一条的观点。同年，王水福荣获第18届国家级企业管理现代化创新成果奖、中国最受尊敬的民营企业家终身成就奖等荣誉，西子跻身中国企业500强。

2012年，王水福的新春致辞主题是"用坚韧的毅力提升品质和技能"。他主持启动了西子联合的供应商健康评估（SHA），举行了"3月15日质量大会"和"首届西子奥林匹克技能大赛"，至今已连续举办9届，带动上万人次的岗位技术练兵，百余位优秀技术工人通过大赛获得国家职业资格认证。同年，王水福被授予质量管理博士学位。

2013年，王水福的新春致辞主题是"从品质到品牌"。他提出质量之中有金矿，100%的努力去解决1%的问题，要把质量作为西子联合的杀手锏。同年，西子联合成立职工技能发展协会。在工业强省座谈会上，他提出工业强省的关键是提高质量，建议将提升浙江产品品质，打响浙江制造品牌作为浙江省经济工作的"一把手工程"，强调以政府立法手段提升产品质量，建设全球先进制造业基地。

2014年，王水福的新春致辞主题是"品质取胜的时代来到了"。他将"零点一丝不苟"的航空体系和"万万无一失"的核电标准应用于突破"卡脖子"工程。公司投入上亿元成功研发的航空抽芯铆钉当年即实现了批量交付，可靠性与一致性达到国际标准，被列为工信部"工业强基"工程，打破60年来完全依赖进口的瓶颈。

2015年，王水福发表新春致辞《制造强 中国强 打造民族品牌的曙光》。他在浙江省人代会上提出《关于构建浙江制造质量发展指数，促进制造业提质增效升级》的议案。同年，西子旗下富沃德公司获得浙江省人民政府质量奖。

2016年，王水福发表新春致辞《中国强要制造强 制造强要基础强》，提出航空业代表了制造业的真正能力，要求西子联合通过航空产业的管理体系，实现对原有电梯、锅炉、盾构机、停车设备等产业领域的管理输出，完成真正的制造升级，成为浙江制造的"领头羊"，推动浙江经济迈入质量时代、品牌时代。《浙江日报》撰文指出"西子的实践证明——降成本和提品质可双赢"。

2017年，王水福发表新春致辞《精雕细琢 转型升级 加快实现质量与管理的双向融合》，提出一个企业要成为百年企业，不是靠一个人能力强，而是要依靠整体管理系统与基础。西子联合要始终坚持"质量质量再质量、品质品质再品质"的发展理念。他应邀在国家制造强国建设专家论坛发表主题演讲《航空品质与精益管理助力民营企业走向高端制造》，认为中国强要企业强，企业强要基础强，而基础就是品质。同年，他在浙江省人大会议上提出《关于在全国率先打好质量提升组合拳的建议》议案。西子入选"中国制造2025"蓝皮书，王水福荣获全球浙商金奖。

2018年，王水福发表新春致辞《逐梦高质量发展的新征程》，他应邀出席常州质量大会，发表《产品质量、工作质量、习惯质量的进化过程》主题演讲。作为杭州企业家协会会长，他向全市企业家发出倡议，以高端制造、智能制造和数字经济为突破口，拓展国际视野、增强核心竞争力，打造更多具有全球竞争力的世界一流企业。同年，

西子联合投资参建的青海德令哈光热储能电站并网发电。王水福荣获"首届浙江省非公有制经济人士中国特色社会主义事业建设者"称号。

2019年，王水福发表新春致辞《幸福是奋斗出来的 向高质量发展要效益》，认为质量和效益就是企业的长寿基因，提出质量与效益要两手抓。王水福通过了国家核安全局组织的现场考试，西子旗下杭锅集团正式获得民用核安全设备制造许可证。同年，西子质量效益研究院成立，杭锅集团荣获杭州市政府质量奖，西奥公司荣获浙江省政府质量奖。经过持续多年的发展，西子航空所在的杭州钱塘新区从航空空白区发展成为浙江省首批7个万亩千亿新产业平台之一，具有高质量、强拉动特点的航空制造业成为浙江省"十四五"先进制造业基地建设的战略性新兴产业。他提出：西子要在未来十年实现千亿元目标，不到千亿元，不上沙滩。

2020年，王水福发表新春致辞《不负时代 只争朝夕 实现高质量基础上的高增长》，引导西子联合制订"以中国质量奖为引领，建立以奋斗者为本企业文化，打造精益数字化核心竞争力，实现高质量基础上的高增长"的"十四五"发展规划，要求西子员工"十四五"期间全员取得西子质量绿带，30%的绿带成为黑带。同年，他在浙江省人大会议上提出《争取实现中国质量奖"零的突破"——以"创奖"倒逼浙江企业高质量发展的建议》议案。王水福带领西子将"以客户为中心、以奋斗者为本、品质领先、持续改善"的核心价值观转化为实现"高质量基础上的高增长"目标的系统性理论与方法，逐步形成西子管理系统XOS，他所撰写的《西子联合：打造XOS管理系统，实现高质量基础上的高增长》被《哈佛商业评论》评为拉姆·查兰管理实践优秀奖。同年，西子举办第一届"919奋斗节"。

2021年，王水福发表新春致辞《栉风沐雨抓住战略机遇 奋战全面高质量攻坚年》，强调了高质量的产品是由环环相扣的高质量生态链作为保证的，提出打造产业生态链，形成命运共同体。为响应共同富裕示范区建设，王水福带领西子联合积极投身浙川合作，投资缙云创业企业，累计捐资助学上亿元。为实现"30·60双碳目标"，他为西子联合制定了向清洁能源产业进军的战略方向，并与多所高校、科研院所开展创新合作。同年，他在人大议案《淬炼过硬的"浙江质量"》中提出，质量建设是一个系统性的工程，要以系统思维推进质量建设，将其融入发展的方方面面，在"十四五"期间实现发展质量的跃升。

2021年，西子迎来成立40周年庆典，在西子与亚组委、浙江卫视共同举办的"亚运好声音 西子来传韵"大型盛典上，王水福致辞说做企业是一场长跑，如同在跑马拉松，他仅仅只跑了半马，还有机会向"全马"进军。在刚刚结束的中国质量大会上，王水福获得中国质量奖提名奖，这是对西子联合长期坚持以质量为核心的发展的认可，也是对王水福坚持半个世纪质量长跑的高度褒扬。

制造兴则中国兴，质量强则中国强！高端制造是中国的国运，是未来的方向。作为半个世纪的质量长跑者，王水福将继续坚持"质量管理是第一管理"的核心思想，带领西子全面实施推进数字化质量，引领产业生态链高质量进步，推进社会高质量发展，为中国制造跑出加速度，作出新贡献。

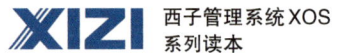

王水福质量金句

- 要么质量，要么关门（1983年）
- 确保工作质量是最大的节约，保证产品质量是最大的增产（1987年）
- 质量第一，永远第一（1995年）
- 产品100%可靠，客户100%放心（2000年）
- 数量的基础是质量，不怕鸡蛋里挑骨头（2007年）
- 慢慢地走，稳稳地走，不停地走，不出几年，你就是走在时间前面的人（2008年）
- 把产品卖到日本去（2009年）
- 品质改变命运，品质决定尊严（2010年）
- 质量是和平占领市场最有效的武器（2011年）
- 品质里面有金矿（2013年）
- 质量强则中国强，西子才能走百年（2015年）
- 降低成本和提高品质可以双赢，向高质量发展要效益（2016年）
- 零点一丝不苟，万万无一失（2019年）
- 实现高质量基础上的高增长（2020年）

20世纪70—80年代
(1971年—1989年)

要么质量 要么关门

质量事记

▲ 王水福14岁时半工半读，在17岁初中毕业后回到生产队种地。当时，大量的菜地使用的都是有机肥料。有机肥料从杭州艮山门坝子桥用农船运到菜地后，他肩挑粪桶，赤脚走跳板、走船边、踩泥路，再将肥料浇到菜地。从早上6点干到晚上8点，能挣10个工分（10个工分约值0.95～1元）。回家后，他还要给自留地浇粪浇水。

▲ 20世纪70年代，农村人多地少，养活不了众多人口，所以村里搞起了副业，为杭州废品回收公司运送废品。那时都是靠人力运输，王水福先要从家出发走26公里到杭州南星桥火车货运站装10吨的废铁，然后运到28公里外的杭州钢铁厂，最后回家还要走8.5公里。一天来回需走60多公里，挣10个工分（约1元），加上补贴的1元，一天能赚2元左右。

▲王水福用菜筐装载100多斤的小白菜,深夜从家里出发,蹬上63公里的自行车,到现在余杭的黄湖百丈集镇(位于湖州市德清县城边)卖掉小白菜,然后买回番薯,以弥补粮食的紧缺。因为艰苦的奋斗,19岁的他已经成为一名正劳力。也正因为"勤奋+智慧",他成了生产队的一名蔬菜植保员。

▲ 1974年12月21日，王水福（后排右一）与应征入伍青年合影

▲ 1981年，王水福任杭州西子电梯厂厂长

▲ 1987年3月17日，KT10—KJX交流集选客梯、HT20—XPM货梯产品鉴定会召开

杭州西子电梯厂文件

杭西梯（87）号

八七年质量管理工作计划

八六年我厂的质量管理工作取得一定的成绩，主要产品质量有所提高，KT10—KJX、HT10—XPM电梯通过建筑机械化测试中心检测合格。

为保证我厂八七年工厂方针的实现，认真贯彻执行国务院《工业产品质量责任条例》精神，进一步稳定和提高我厂产品质量，使我厂在市场竞争中得以生存，将质量管理工作向深处发展，特制订八七年质量管理工作计划。

一、指导思想

质量是企业生存的基本条件是经济效益的基础。质量是双增双节的支点。确保工作质量是最大的节约，保证产品质量是最大的增产。要从产品质量着眼，从提高工作质量和质量基础管理工作着手，以确保八七年工厂方针中提出的产品质量目标的实现。

二、工作目标

1. 国家今年将对电梯实行许可证验收，全厂必须在二季度底完成准备工作争取第一批验收合格。
2. 在二季度前完成KT10—KJX、HT10—XPM电梯鉴定准备工作及通过市级验收。
3. 开展标准化计量工作，争取在三季度完成准备工作，三季度前通过计量定级和标准化验收。
4. 开展全面质量管理。普及TQC教育要求干部每年不少于24小时，职工8小时。争取在三季度前通过全面质量管理初阶段验收。
5. 四季度前做好KJX电梯创优准备工作。
6. 提高成品一次装配合格率达95%以上，降低废品率达1%以下，降低钣金车间返修率10%以下。

三、措施

1. 建立组织，明确职责，成立质量管理小组。
   (1) 厂部决定建立质量管理小组：组长：王水福，成员：郑惠华、周玉兴、金来生、王志敏、郑文祥、王兴康、冯一孚。
   (2) 建立全面质量管理办公室主任冯一孚，成员：王志敏、陈培基、王宝兴、金来生。
   (3) 建立取证办公室主任王水福，成员：郑惠华、金来生、王志敏、王大康。

   (4) 建立标准化计量管理小组组长：王水福，成员：郑惠华、王志敏，金来生、王红英、周俊杰。

2. 进一步加强质量管理工作。此项工作对提高我厂产品质量致关重要，今年决定在三季度进行TQC验收，目前我厂TQC工作刚开始以验收标准差距很大，因而全厂各部门必须按TQC验收标准，努力做好各项基础工作。

3. 认真做好产品鉴定和生产许可证准备工作，首先全厂动员，人员落实，全厂有关部门要根据验收细则要求，按计划的要求，认真做好各项准备工作。

4. 认真做好计量定级和标准整顿验收的准备工作，全厂有关部门要根据考核的要求，努力做好各项基础工作，做好各项准备工作。

5. 开展TQC教育，提高职工队伍的素质。对全厂职工来讲树立"质量第一"的观念尤为重要。因此，今年全厂将大力开展加强质量管理的宣传教育活动，并有计划地举办TQC讲座，以提高我厂职工队伍的素质和质量管理工作水平。积极开展群众性的质量管理活动，成立QC小组。

6. 建立健全质量保证体系，特别是生产现场的质量体系。
为了稳定地生产出用户满意的产品，我厂要逐步建立产品开发、生产制造、销售服务的产品质量和工作质量管理体系。尤其要强化产品制造过程中的质量控制和严格质量检验。同时建立质量管理点，推行"三检制"。

7. 认真做好产品升级创优工作。今年全厂在抓产品质量这一面的前提下，要狠抓整机安装质量以提高整机安装质带动和促进产品质量的全面提高。全厂有关部门要根据创优计划的要求，认真做好各项准备工作。

◀ 1987年，杭州西子电梯厂制订《八七年质量管理工作计划》，强调"质量第一"

▲ 1987年8月,西子电梯厂的安装生产许可证通过国家建设部验收

▲ 1988年6月4日,TKJ10001.6—JX交流调速客梯通过省级鉴定

20世纪90年代
（1990年—1999年）

质量第一 永远第一

质 量 事 记

▲ 1990年，王水福向上海电梯厂厂长张麟福介绍工厂情况

▲ 1991年6月27日，TKJ1000/1.6-JXW PC控制调速客梯通过省级鉴定

▲ 1991年，王水福在控制屏车间介绍产品

▲ 1992年，王水福任杭州西子电梯厂厂长时的证件照

▲ 1993年，王水福在扶梯装配车间

▲ 1993年，王水福与技术人员研究如何提高控制屏质量

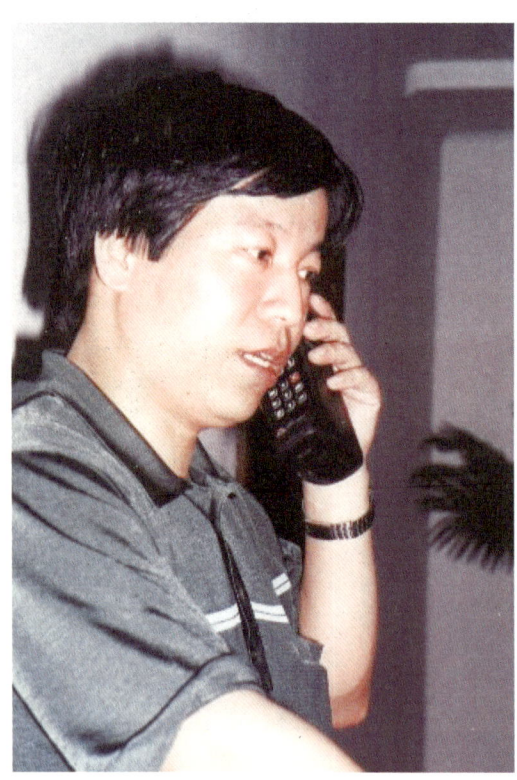

◀ 1993年，王水福在办公室接听客户电话

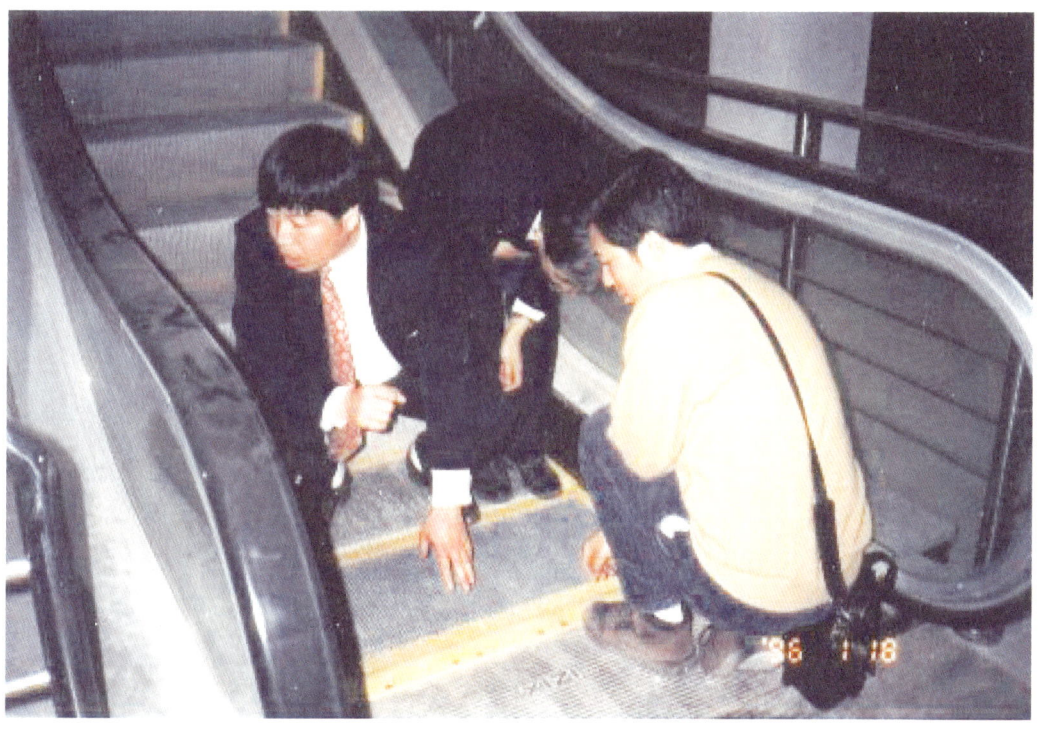

▲ 1996年1月18日，王水福与技术人员在澳门的商场调试、检验自动扶梯

▲ 1997年3月12日，西子与美国奥的斯电梯公司成功合资

西子报·质量报道

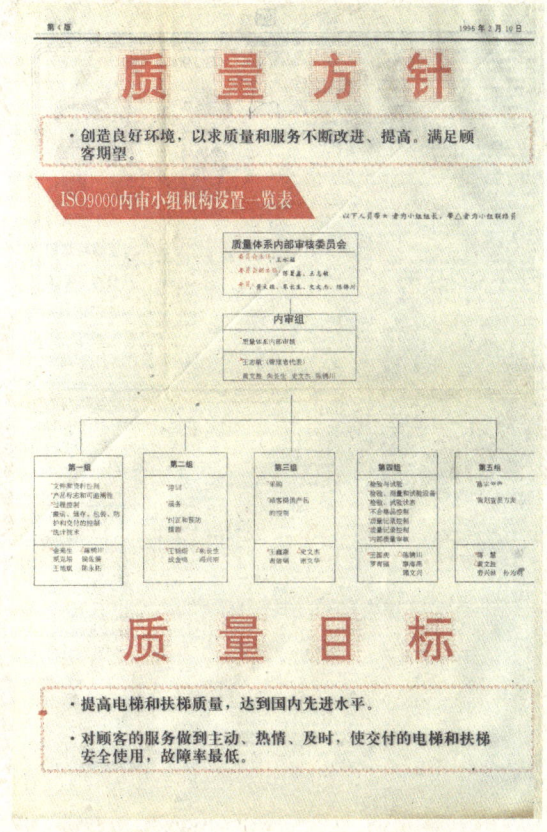

《质量方针》《质量目标》,来源:《西子报》1996年2月10日

质量方针

创造良好环境,以求质量和服务不断改进、提高,满足顾客期望。

ISO 9000内审小组机构设置一览表

质量体系内部审核委员会
委 员 会 主 任:王水福
委员会副主任:陈夏鑫、王志敏
委　　　　员:黄文胜、朱长生、史文杰、陈锦川

质量目标

提高电梯和扶梯质量,达到国内先进水平。
对顾客的服务做到主动、热情、及时,使交付的电梯和扶梯安全使用,故障率最低。

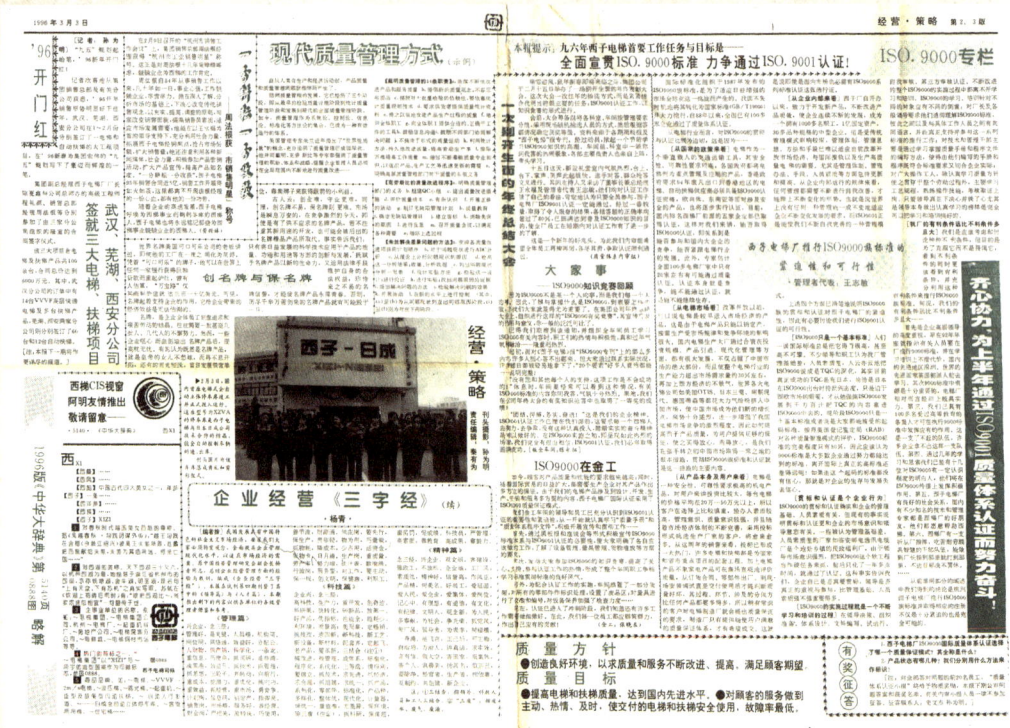

"ISO9000专栏"，来源：《西子电梯报》1996年3月3日

ISO 9000专栏

1996年，西子电梯首要工作任务与目标是全面宣贯ISO9000标准，力争通过ISO9001认证！

质量方针

创造良好环境，以求质量和服务不断改进、提高，满足顾客期望。

质量目标

提高电梯和扶梯质量，达到国内先进水平。
对顾客的服务做到主动、热情、及时，使交付的电梯和扶梯安全使用，故障率最低。

经营·策略 第2、3版

本月寿星谱
于法荣　王国庆　冯志明　孙群
成谦　来海峰　朱顺兴　贡志猛
陈红娟　赵金珠　郑文仙　施水法
黄文胜　戚红英　谢信娟……

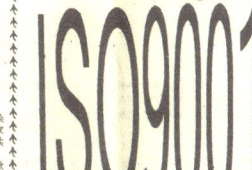

ISO9001 认证专版

该说的一定要说到；
说到的一定要做到；
做到的一定要证实！

经营·策略

刊头题字　孙为明

编者寄语——
现代管理，也不乏传、教、帮、带各种真切动人的手段！

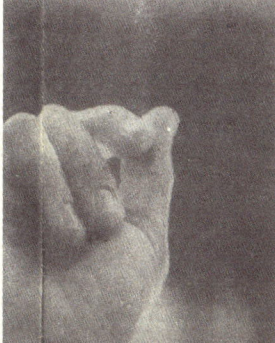

"认证机构"知多少？

国际标准化组织（ISO）自一九八七年颁布ISO9000族质量管理和质量保证标准以后，引起世界各国的充分关注。许多国家纷纷对该标准和开展第三方的质量体系评价活动。质量体系认证机构雨后春笋般迅速建立，同时相应成立了统一认可质量体系认证机构的管理机构。目前已实施质量体系认证机构认可制度的有27个国家。各国的质量体系认证机构现已超过300家，已经通过质量体系认证的企业已有8万多家，其中欧洲占65%以上，远东占10%以下。

什么是"长城标志"？

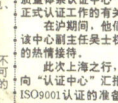

"长城标志"（见图）也称电工产品安全认证标志。电工产品由于本身的质量问题可能导致消费者触电伤亡或引起火灾，造成财产损失，为了保护消费者的人身、财产的安全，我国有关法律、法规规定，凡涉及人身财产安全的产品实施强制性产品认证，由可以充分信任的第三方正式对其产品符合特定的安全标准、电工产品标准所进行的安全试验包括防人人身被触电、着火，也称为"长城标志"，由中国认证机构国家认可委员会的认可标志。它在国际上是被承认的。

防人身受过高温、电离辐射的影响，防人身受损伤，受机械不稳定和运动部件的影响，以及防止起火。只有通过安全认证的产品才能使用CCEE（中国电工产品认证委员会）特定的"长城标志"。该标志已于1989年被IECEE（国际电工产品安全认证委员会）认认可。我国参加国家认可委员会共向三百多家企业发出已认可质量体系认证证书，这些证书上都附有"长城标志"。所谓"长城标志"，也即中国认证机构国家认可委员会的认可标志。它在国际上是被承认的。

五月三十一日，西子电梯厂管理者代表王志敏率领ISO9001内审小组成员朱长生、史文杰赴"上海国际质量体系认证中心"，联系正式认证工作的有关事宜。

在沪期间，他们受到了认证中心副主任吴士权等领导的热情接待。

此次上海之行，主要是向"认证中心"汇报电梯厂ISO9001认证的准备情况，并递交了《质量管理手册》和《质量体系程序文件》等材料。

另悉，该中心计划于今年七月中旬初访西子电梯厂，并确立正式认证的日程。（内宣传）

杭州西子电梯厂质量体系职能分配表

○：主要执行　　△：相关联系

序号	体系要素		厂长	企业发展部	品质部	技术开发部	生产制造部								安装公司	营销部	进出口部	财务部	综合管理部
							生产计划科	物资科	成品车间	金工车间	电气车间	钣金车间	扶梯车间	设备动力科					
1	管理职责	质量方针	○	△	△	△	△	△	△	△	△	△	△	△	△	△	△	△	△
		组织	○	△	△	△	△	△	△	△	△	△	△	△	△	△	△	△	△
		管理评审	○	△	△	△	△	△	△	△	△	△	△	△	△	△	△	△	△
2	质量体系			○											△	△	△		△
3	合同评审				△										△	○	○		△
4	设计控制					○									△	△			
5	文件与资料控制			△	△	○	△	△	△	△	△	△	△	△	△	△	△	△	△
6	采购				△			○									△	△	
7	顾客提供产品的控制				△			○							△				
8	产品标识和可追溯性				△	△	△	△	△	△	△	△	△	△					
9	过程控制				△	△	△	△	○	○	○	○	○	△					
10	检验和试验				○	△			△	△	△	△	△						
11	检验、测量和试验设备的控制				○	△			△	△	△	△	△	△					
12	检验和试验状态				○				△	△	△	△	△						
13	不合格品的控制				○	△	△	△	△	△	△	△	△	△					
14	纠正和预防措施			○	△	△	△	△	△	△	△	△	△	△	△	△	△	△	△
15	搬运、储存、包装、防护和交付	搬运			△				△	△	△	△	△	△	○	△			
		储存			△			○	△						△				
		包装			△				○						△				
		防护和交付			△				△						○	△			
16	质量记录的控制			△	○	△	△	△	△	△	△	△	△	△	△	△	△	△	△
17	内部质量的审核		○	△	△	△	△	△	△	△	△	△	△	△	△	△	△	△	△
18	培训			△	△	△	△	△	△	△	△	△	△	△	△	△	△	△	○
19	服务				△										○	△			
20	统计技术			△	△	△	△	△	△	△	△	△	△	△	△	△	△	△	○

《杭州西子电梯厂质量体系职能分配表》，来源：《西子电梯报》1996年6月10日

《质量，质量，还是质量！——"百名西梯人论质量"活动小结》，来源：《西子电梯报》1996年7月22日

质量，质量，还是质量！

——"百名西梯人论质量"活动小结

（来源：《西子电梯报》1996年7月22日）

千军万马搞质量，千言万语论质量。如今，在席卷全球的经济大潮中，在世界的每个角落，质量行动已成为远胜于"冲浪"的一项重要运动，而"质量"这个词本身，则像一只坚挺的股票被炒得火红火红的……

这是一个可以不讲质量问题的时代；这是一个必须大搞质量运动的时代。

这是一个"极端"的时代，尤其是在对待"质量"的意识和态度上！两个不是例子的例子能使您相信或理解前面的话语——那些为谋私利或者为牟取暴利而生产、经营假冒伪劣产品甚至于图财害命的恶劣行径；那种就像我们品质部廖小姐"创造高质量，享受高质量"的深切呼吁——这是不是很鲜明的对比？

质量既已成为当今社会甚至涉及每个人的头等问题，"享受高质量"是最自然而然的企求。扪心自问，作为消费者的我们，对质量当然是万般苛求的。因为我们都希望花钱买到的是高质量的产品、享受到的是高质量的服务。但反过来，当我们作为生产者或经营者时，我们在保质、保量这两方面对自己苛求的程度又如何呢？就是说，我们能否做到不含私心、不带惰性地为我们的客户奉献高质量呢？

在这样的市场经济形势和发展状况之下，人的本性也随着"质量"两个字尖锐地暴露出来。我们可以清醒地看到，市场经济其实就是法制经济，做人、经商都要恪守道德观念。说得深刻一点就是，市场竞争首先应该是道德竞争——也就是说试图在产品质量、价格和服务上均对得起客户的一种真诚的交易。质量是一面镜子。所以，质量这个论题，其实也可归到前几年"我为人人，人人为我"的活动中去加以探讨。但归根结底，现代社会的"质量"这一概念，已涉及个体素质和人类生存质量这一崭新的命题。很简单，"QUALITY"这个词除了"质量"的意思外，还有"品质""性质""优质""才能""特性""地位"的含义。

毕竟，"质量—道德—信誉"是一条互相依存并互相制约的链子，缺了哪个一环都

不行,而且对于个人、企业、民族都是如此!

毕竟,从长远角度来看,效益与速度都是发展规划中的重要内容,而质量,更应作为重中之重的考虑!对于个人、企业、民族都是如此!(质量,以发展战略的高度逐级攀升。)

毕竟,这是一个充满ISO9000圣洁之光的时代,也是拥有《质量法》的法制社会。只要共同努力、共同坚持,我们对高质量应该更有信心、更有把握——"质量,就是对美好未来的承诺!"

回头再来看看我们颇有声势的"百名西梯人论质量"大征集活动。作为该栏目的发起人,在感动之余仿佛也受了一次高质量的洗礼。这次活动自去年10月起,至今已有10个月之久,共收到来自集团公司内外111人共150余条的征集语,其中有几条花絮真的很有"质量"意识——

用少于30个字的话来表达自己对质量最深刻的理解确非易事,所以许多人都是经过苦思冥想、字斟句酌的。有的甚至修改了好几次仍然觉得不甚满意,说是要力求做到一字千金。其实,他们并不在乎只有2块钱的稿费。

四川分公司简直可以得组织奖,他们先后有7个人投信来参加这次活动。

陈文燕"不鸣则已,一鸣惊人",一气呵成之下竟足足写下了20条"质量是……"的征集语。

征集语真的是句句掷地有声、字字千金!如李常明所言的"质量是对客户、对自己尽责的态度"就很有管理意识;冯国富所述的"质量是自我安全感的保障"颇有忧患意识;林娟所说的"质量是最自豪的笑脸"则非常具有艺术感染力;而金飞的"质量?NO.1!"似乎严肃得没有商量的余地;廖海燕则很具号召力地喊出了"质量兴国,人人有责!"那样振奋人心的话语……另外,已故老师傅冯臣忠也给我们留下了异常珍贵的一句话:"质量在于精细的过程……"对于质量,千人有千种不同的理解,但通过此次活动,我们可以树立起更为深刻的质量观念。在此基础上,我们方能切切实实地领会质量的真实内涵并运用到铺天盖地的质量运动中去。

ISO9000的核心是质量,质量是ISO9000的核心!对于我们,质量早已成为我们企业现代管理与员工自我管理中最具创新意识的首要因素了。

"质量是一种投资,也是一种节约,它更是一种速度。"细细品味,这几句已将"质量"说到了绝处,就像每个人对"质量"最为深刻的描述一样。而本着成谦所述的"质量真的不是说起来重要、做起来次要、忙起来不要的东西",我敢断定,这一句肯定不能被称作无病呻吟。

所以说:质量,质量,还是质量!

质量专版

编者按：电梯厂ISO9001认证工作已到最后冲刺阶段，本报特刊登"ISO9001平面手册"，供大家先睹为快。

什么是ISO9000族？

ISO9000族是ISO（国际标准化组织）发布的《质量管理和质量保证标准》，我国对ISO9000族的主要标准已作了等同采用，目前主要采用的有以下标准：

a) GB/T6583-1994（idtISO8402:1994）质量管理和质量保证 术语
b) GB/T19000.1-1994（idtISO9000-1:1994）第一部分：选择和使用指南
c) GB/T19001-1994（idtISO9001:1994）质量体系 设计、开发、生产、安装和服务的质量保证模式
d) GB/T19002-1994（idtISO9002:1994）质量体系 生产、安装和服务的质量保证模式
e) GB/T19003-1994（idtISO9003:1994）质量体系 最终检验和试验的质量保证模式
f) GB/T19004-1-1994（idtISO9004-1:1994）质量管理和质量体系要素 第一部分：指南

我厂目前向外部提供的质量保证是采用GB/T19001-1994（idtISO9001:1994）的模式。该质量体系是三个质量保证模式中质量保证程度最高的一个。它规定了涉及设计、开发、生产、安装和服务的全部过程的质量体系的要求，用于需要证实我厂设计和提供合格产品的能力，用于外部对我厂质量保证能力的评定。

什么是质量体系？

为实施质量管理所需的组织结构、程序（简而言之就是我们进行各项活动的指导书）、资源（包括人员、资金、设施、设备、技术和方法）和过程（活动和资源）。

质量体系审核 是否意味着对我厂进行审查？

确实是这样。为了确定质量体系及其各要素的活动和有关结果是否符合有关标准准和文件规定的要求，质量体系文件中的各项规定是否得到有效贯彻并适合于达到质量目标的系统的、独立的审查。

我们请谁来审核？

为提高内部管理水平，获得走向国际市场的通行证，争取竞争地位的提高，我厂已与上海质量体系审核中心签定合同，并与德国"TüV"联系，进行第三方的质量体系认证审核，通过审核，可获得证书，并由ISO组织在国际范围内予以注册、发布。

质量体系（QS）认证与我们员工有什么关系？

GB/T19001标准规定的要求，涉及从事设计、工艺、供应、生产、检验、试验、计量、搬运、仓库、包装、销售、服务、管理等各方面的部门与人员。确切地说，涉及全厂每一位员工。

我厂现在已做了哪些事？

我厂自95年12月以来已先后发布了《质量保证手册》和质量体系程序文件，建立了文件化的质量体系，并与认证机构联络，与专家探讨，以此为契机，我厂努力提高工厂的质量管理水平。

那末，我们该怎么做呢？

质量体系文件要求我们按照规定的去做。如封面上写的：

"说到的一定要做到，做到的一定要证实"。既然做到了，就要有记录。根据GB/T19001-1994-ISO9001:1994的要求，我们按20个要素规定的要求执行。

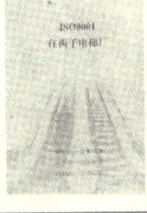

什么叫质量体系要素？

构成质量体系的基本单元且基本组成部即为质量体系要素。GB/T19001-ISO9001中规定了20方面的要求，我们称之为20个要素。

4.1 管理职责

我们每个人都应该清楚地理解我厂的质量方针、质量目标与承诺，知道我们每个人承担的质量职责。

我厂质量方针为：追求最佳，精益求精。

质量目标：提高电梯和扶梯质量，达到国内先进水平，对顾客的服务做到主动、热情、及时，使交付的电梯和扶梯安全使用。

4.2 （文件化的）质量体系

我们应该有一个有效的、经济的质量体系，我们以明确的质量手册、质量体系程序、文件对之进行阐述，为有组织地实施质量体系提供依据。

4.3 合同评审

在合同正式签定前，应对每一个合同草案进行评审，以保证：
a) 明确确定顾客要求——与顾客一致；
b) 各有关部门了解了这些要求——内部一致；
c) 本厂有满足合同要求的能力——顾客满意，工厂获得效益。

这就需要按《合同评审程序》要求，进行评审与记录。

4.4 设计控制

设计控制是使我们走向成功的第一步。产品设计组责任重大，技术人员，应按《设计控制程序》先进行设计开发策划

→ 确定组织和技术接口 → 明确设计输入 → 规定并审批设计输出，还要组织设计评审，开展多种形式的设计验证，组织试制产品的设计确认，在此过程中还要对设计更改进行控制。

4.5 文件和资料的控制

文件和资料是我们质量工作的依据。
★使用图纸、工艺及其他文件前，我们应先检查手中的文件是不是有效版本。
★过时、作废文件应及时上交给管理人员！
★保护、保管好文件也是我们的职责！

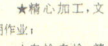

4.6 采购

外购、外协的原材料、零部件的质量直接影响电梯的质量！
★我厂已从合格的分承包方处外购、外协所需的材料、零部件！我们对分承包方的质量保证能力进行评价与控制。
★我们的采购按计划进行，采购文件齐全，并经过批准。
★根据需要，我们还到外协厂去验证产品质量。

4.7 顾客提供产品的控制

有些顾客在合同中要求在电梯上使用自己提供的材料和零部件，对此我们也需要进行控制。
★进厂时认真检验，入库后妥善保管，使用时不混淆。
★发现丢失、损坏、不适用时，我们及时报告顾客。

4.8 产品标识和可追溯性

各类物资、产品形成的各个阶段都应有标识，目的是为了识别，这样也才能有针对性地进行加工、装配、进行质量控制。
★产品在仓库、在车间都应带有标识/分区堆放/帐卡物相符等。
★您加工前应核对标识，加工后应注意标识/分区堆放。
★请您保护好各种标识！特别是那些需要可追溯的唯一性标识！

4.9 过程控制

第一次且每一次都把事情做好！人、机、料、法、环都在控制之中！作为杭州西子电梯厂的称职的员工，我们：
★具有高度的责任心，热爱本职工作，且有必需的本岗位技能。
★加工装配前，调整好机械设备/工艺装备，确认好图纸/工艺，掌握好技术要求，备好材料/毛坯/待装零部件。
★精心加工，文明作业。
★自检专检，精益求精。
★加工装配后，整理好现场，维护好设备工装。
★认真作好规定的记录。

《ISO质量漫画》，来源：《西子电梯报》1996年8月22日

孙为明:《我VVVF电梯受国家通报表扬 扶梯产品质量居全国前十位》,来源:《西子电梯报》1996年10月28日

我VVVF电梯受国家通报表扬
扶梯产品质量居全国前十位

(孙为明　来源：《西子电梯报》1996年10月28日）

　　日前，杭州市经委、市技术监督局联合转发了国家技术监督局"技监局〔1996〕193号文件"发布的1996年度第2号《国家监督抽查产品质量通报》，其中，我司西子电梯厂生产、安装的调频调压（VVVF）系列乘客电梯在合格之列。今年二季度，国家技术监督局抽查了1790家企业生产／经销的60类共2020种产品，质量完全合格的为1557种，抽样合格率为77.08%，其中我市平均合格率为81.13%，略高于国家水平。西梯厂生产的VVVF1.0~2.0m/s系列交流乘客电梯产品其质量和性能都达到较高的水平，从而获得国家的通报表扬。另外，由《中国消费者报》《中国市场经济报》两家报社与日日市场调查公司联合组织的"1996年中国市场商品质量跟踪调查"表明，西梯厂的各类自动扶梯产品质量被列入国内同行的前十名。

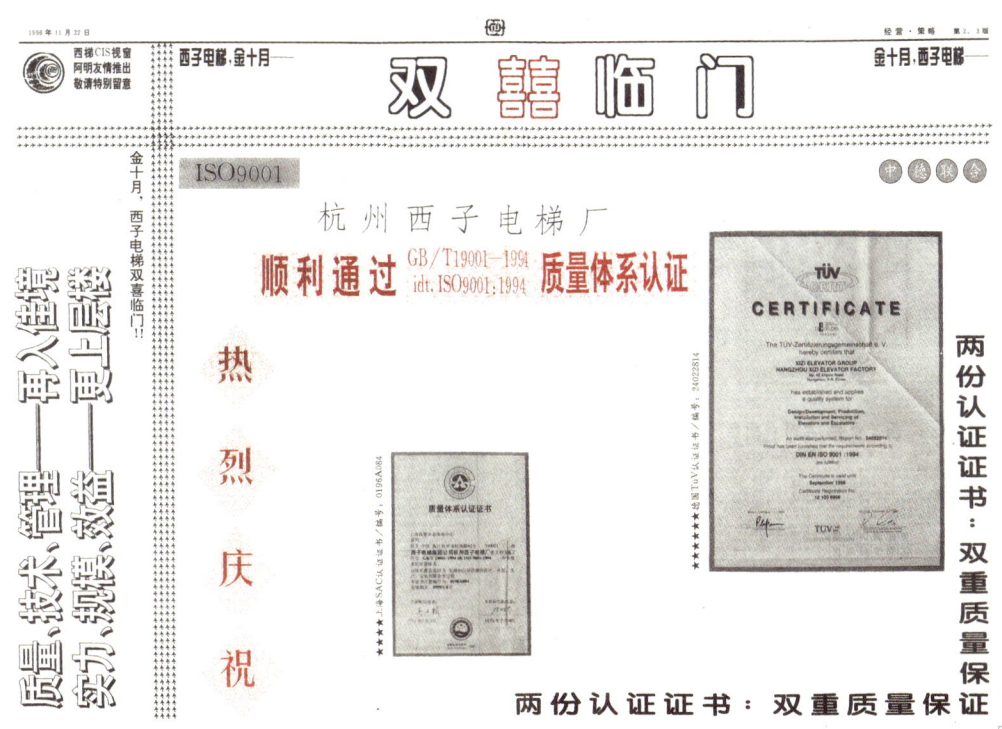

杭州西子电梯厂顺利通过GB/T19001—1994 idt.ISO 9001：1994质量体系认证，来源：《西子电梯报》1996年11月22日

外部媒体·质量报道

依靠科技 振兴"西梯"

杭州西子电梯厂厂长 王水福

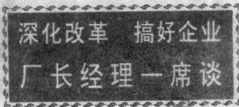

深化改革 搞好企业
厂长经理一席谈

王水福：《依靠科技 振兴"西梯"》，来源：《劳动时报》1992年8月8日

依靠科技　振兴"西梯"

(王水福　来源:《劳动时报》1992年8月8日)

依靠科技进步,不断开发新产品,抓好技术改造,企业才能获得发展和取得较好的经济效益,才能在市场竞争中占有优势,立于不败之地。

我厂创建于1981年,建厂初期只有十几个人、几间旧房、几万元资金。改革开放给我厂注入了新的活力,经过10年的艰苦奋斗,企业得到极大发展,现有职工610人,其中工程技术人员45人,厂区占地面积5.3万平方米,建筑面积2.4万平方米,固定资产1070万元。产品有两大系列、五大类共20多个品种规格型号的自动扶梯、客梯、医梯、货梯、液压电梯等,销往全国20余个省、市、自治区,远销香港、澳门等地。企业成为浙江省重点骨干企业,进入大中型企业行列,成为全国十大电梯厂之一,自动扶梯产量占全国第三位。1991年,企业创产值2600万元,创利税230万元;生产的自动扶梯获中国国货精品博览会银奖、客梯获省优质产品称号,企业获杭州市市级先进单位等荣誉。

一、依靠科技,努力开发新产品

科学技术是第一生产力。依靠科技进步,努力开发新产品,提高产品质量,不失时机地将新产品推向市场,跟上市场的需要,是我厂在激烈的市场竞争中站稳脚跟、赢得市场的关键。在新产品开发上,我们提出构思一代、研制一代、生产一代的方针,把科研成果迅速转化为生产力。过去,我们只能生产比较落后的手拉门货梯。从1984年起,工厂先后开发了1米/秒交流集选控制客梯、1.6米/秒直流客梯、1.6米/秒交流调速客梯、1米/秒微机客梯、1.6米/秒PC交流调速客梯、FT1000型自动扶梯、0.5米/秒液压电梯等20余个规格的电梯,使产品的销路日益扩大,企业的知名度越来越高。

科学技术的飞快发展,使用户对电梯产品的可靠性要求也越来越高。为改变电梯控制系统的落后状况,我厂参照德国慕尼黑电梯的电气技术,结合我厂实际,积极进行技术改进、创新，采用新型电梯控制系统，以PC机为核心取代继电器控制，用调速代替双速，并在设计上做到系列化、标准化；在机械结构上采用日本三菱公司的技术，从而极大地改善了运行系统的振动和噪声，使电梯的乘坐舒适感大为提升，同时年故障率也下降了30%。

二、强化质量管理提高产品质量

产品质量是企业的生命。技术要先进，质量要贯穿生产的全过程，这两个"轮子"要在企业管理中同时转动。在产品质量上，我们高标准、严要求，严格按照国家标准组织生产，制订各类技术标准、操作规程和检验规范，如在自动扶梯方面按照欧洲的EN115标准来组织生产。为提高产品质量，工厂充实了质量管理机构，建立了全厂质量管理网络系统，设立计量室，配备长度三大类标准器和电梯整机性能测试台等专用设备。同时加强生产过程中的质检测试手段，对主要原材料、外购配件等严格检验把关，制定了质量控制卡及质量标准；对影响电梯安全的关键部件安全钳、缓冲器等的型式试验及整机性能测试，专门委托上海交通大学和国家电梯检测中心做试验，从而有效地提高了产品设计与制造质量。

三、加快技术改造，增加企业后劲

我厂是"六五"计划期间建立起来的，底子较薄。要想上产量、上品种、上质量，必须加强技术改造，增加投入，扩大再生产。今年，我厂先后投资1000余万元，扩建、改建厂房近2万平方米，新增主要设备50余台。同时对全厂生产按工艺流程进行调整，完善了工装模具，建立了组合夹具站，采用新工艺新技术，不但提高了生产效率，还保证了产品质量。通过技术改造，企业的生产能力大大增强，为进一步发展打下了坚实的基础。

四、积极培养人才，提高职工素质

作为一家乡镇企业，干部职工文化低、素质差，工程技术人员缺少等问题，影响着企业进一步发展。对此，我们采取了分层次和双轨制的形式培养人才。近几年，工厂先后投资30余万元，用送出去、请进来的办法培养了众多人才。目前，企业拥有机械制造、电气技术等不同专业的大、中专生23人，中技生40人。同时，企业先后举办

全面质量管理、机械制图、计量、标准化等各种培训班28期，参加者达700余人次。我们还先后与大专院校挂钩，积极引进人才，聘请有专业特长的离退休工程技术人员及高级技工，加强了工厂的技术力量。全方位、多层次地培养与吸收人才的措施，大大提高了全厂人员的技术、文化水平，有力地推动了企业的发展。

五、加强售后服务，树立工厂信誉

加强售后服务是保证电梯正常使用的重要环节，也是树立工厂信誉的重要保证。我厂的宗旨是"用户即上帝"。在实行质量"三包"的基础上，我们建立质量协会，开展质量跟踪，以杭州市为中心成立维修服务部，并在全国各地设立服务网点15个。工厂采取24小时值班制，配备摩托车15辆、汽车2辆、BB机16只，并用电脑进行质量跟踪管理。厂里还抽调思想端正、技术过硬的同志充实维修力量，走访用户、征求意见，为用户开办电梯维修技术培训班等。这一系列的服务措施，得到了用户的好评，提升了企业的知名度，促进了产品的销售。

进一步的改革开放，使我厂出现了前所未有的好形势。全厂职工人心大振、干劲倍增，以新的精神、新的姿态，为实现全年产值4500万元、利税300万元的目标而奋斗。对此，我们充满信心！

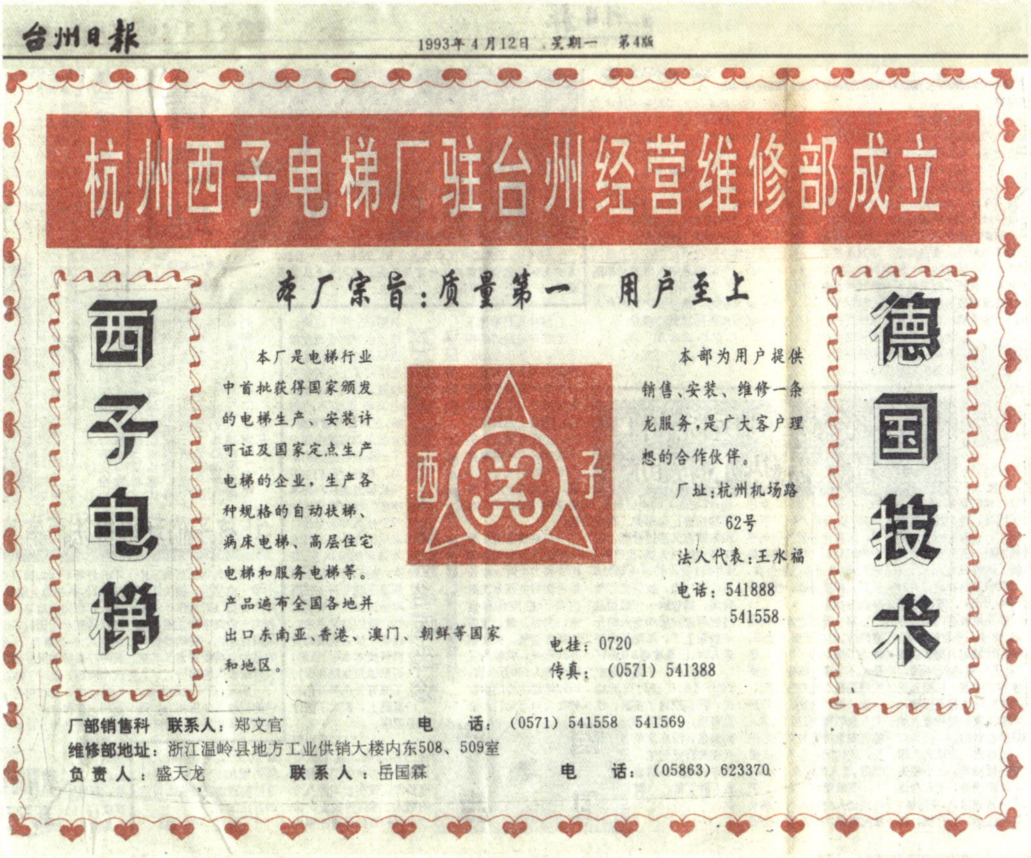

台州日报　1993年4月12日　星期一　第4版

杭州西子电梯厂驻台州经营维修部成立

本厂宗旨：质量第一　用户至上

西子电梯

本厂是电梯行业中首批获得国家颁发的电梯生产、安装许可证及国家定点生产电梯的企业，生产各种规格的自动扶梯、病床电梯、高层住宅电梯和服务电梯等。产品遍布全国各地并出口东南亚、香港、澳门、朝鲜等国家和地区。

本部为用户提供销售、安装、维修一条龙服务，是广大客户理想的合作伙伴。
厂址：杭州机场路62号
法人代表：王水福
电话：541888　541558
电挂：0720
传真：(0571) 541388

德国技术

厂部销售科　联系人：郑文官　　电话：(0571) 541558　541569
维修部地址：浙江温岭县地方工业供销大楼内东508、509室
负责人：盛天龙　　联系人：岳国霖　　电话：(05863) 623370

《杭州西子电梯厂驻台州经营维修部成立》，来源：《台州日报》1993年4月12日

《建设机械技术与管理》1993年第5期(总31期)

建机行业三十个QC小组获奖

日前，中国建设机械总公司，以(93)建机质字第129号文，向有关企业发出《颁奖通知》，通知指出，全国建设机械行业1992年优秀质量管理小组评审工作已告结束，在65家企业申报的68个QC小组中，经审委员会根据全国工程建设质量奖审定委员会规定标准认真评审，三十个小组获1992年优秀QC小组奖。具体名单如下：

单位名称	成果名称
扬州机械厂	降低减速箱噪音，提高搅拌机质量
合肥矿山机器厂	高压无气喷枪
陕西建设机械厂	提高功率因数降低无功损耗
贵阳矿山机器厂	控制W42.6.3.5前桥轮边漏油
天津奥的斯电梯有限公司	解决蜗杆形铣刀刃磨问题
天津奥的斯电梯有限公司	改进滚压刀具提高油缸一投合格率
哈尔滨工程机械制造厂	应用AQ364水火液于生产
大连建筑机械厂	运用"QC"方法提高齿圈生产效益
四川建设机械厂	提高镀锌低铬彩钝质量
京港机械设备有限公司	提高施工升降机产品质量，打入国际市场，增加出口创汇
北京建筑机械厂	发动机罩门总成QC成果
徐州工程机械厂	摊铺机叶片国产化攻关
扬州机械厂	合理调整JZC350搅拌机装配线
上海工程机械厂	制造过程质量控制
华东建筑机械厂	提高JZC350搅拌机拌筒外环、焊缝质量与工效
云南建筑机械厂	提高左右差速器壳加工质量
徐州工程机械厂	2YJ10压路机噪音治理
广州电梯工业公司	提高信号柜一次装配合格率
北京市密云建筑机械厂	U型螺栓工艺改进
上海建筑机械制造厂	液压挖掘机支承轮质量攻关
上海三菱电梯有限公司	对重导轨(3KG、5KG)包装质量改进
国营江麓机械厂	运用QC方法，控制提高塔吊起重臂生产质量
郑州工程机械制造厂	ZL50C变距器失效分析及质量改进
苏州迅达电梯有限公司	安全钳、限速器、缓冲器技术工艺制造攻关
武汉建筑机械厂	运用TQC方法，提高在用计量器具的使用效率
陕西建筑工程机械厂	HBT40砼输送泵换向油缸铰连接技术攻关
泸州长江挖掘机厂	降低∅63油缸废品率
杭州西子电梯厂	改进设计提高开关门系统的可靠性
白云电梯机械厂	提高YJ系列曳引机制动性能质量
北京煤气用具厂	解决钢瓶焊接质量攻关小组

李国林

杭州西子电梯厂的QC小组荣获1992年优秀QC小组奖，来源：《建设机械技术与管理》1993年第5期

荣誉，永远属于过去
——记杭州西子电梯厂厂长王水福

王朋植

杭州西子电梯厂厂长王水福是一个成功的厂长。他获得了许多荣誉，却没有自我陶醉。他知道：在市场经济的大潮中必须时刻保持危机感和强烈的竞争意识。"质量是'西梯'的生命"是他经常挂在嘴边的话，"西梯"要发展、壮大的关键仍是质量和信誉。为此，他一直花大力气抓大事。

企业效益的竞争就是质量的竞争、科技进步的竞争，归根到底是人才的竞争。"西梯"厂采用"借（用）、聘（请）、吸（引）、调（人）、兼（职）"6字措施，充分利用社会上的科技力量为本厂服务。几年来，投入教育经费50余万元，有30人获得工程师、助工、技术员职称。为给从高校和科研单位引进的科技人才创造良好的工作和生活条件。他们专门盖了一幢"大学生楼"，解决科技人员实际问题，使之全身心地扑到"西梯"的生产线上。王水福永远也忘不了1987年，那一年，国家下达了《电梯生产许可证实施办法》。为了拿到许可证，使"西梯"产品有资格向国内、外市场进军，他带领全厂职工抓技术培训、抓质量管理、抓计量仪器和检验标准、抓引进先进技术和设备。经过一项项严格的考核、检查，终于拿到了盖有"中华人民共和国城乡建设环境保护部"大红印章的电梯生产、安装许可证。经过这次考核，不仅提高了企业的声誉，也使他们尝到了依靠科技进步、加强全面质量管理的甜头，从此，王水福领导着"西梯"在技术改造、引进、提高产品质量、扩大市场的路上步伐越迈越快。

几年来，"西梯"的国内订单越来越多，已超过了生产能力，产品供不应求。1991年，"西梯"的电梯首次安装在澳门明珠大厦，得到了"宁静、平稳、舒适、安全、可靠"的好评，1993年4月，澳门在水坑尾人行天桥首次安装了由"西梯"生产的自动扶梯。从此，"西梯"的产品开始稳步打入国际市场，信誉越来越好。

售后服务好坏不仅关系着企业形象，而且影响企业的生存和发展，从生产第一台电梯开始，王水福就深刻地明白这个道理。人们乘电梯，首先关心的是安全和舒适，因此，安装与调试不好，产品质量再好也是空话。为此，在成立安装队时，王水福把全厂思想作风好、技术最精的人选派进去，全队备有摩托车、微型车、电话机、BP机等，可以说是"全副武装"。王水福如此"偏爱"服务队，目的就是要通过服务队对用户的优质服务，树立企业的良好形象和信誉，以使"西梯"赢得更多的用户。服务队以实际行动证明他们没有辜负年轻的厂长的期望。1989年，杭州百货大楼订了"西梯"4台自动扶梯，为了早日开业，要求提前交工。王水福二话没说，带领全体中层干部和安装队一起搞突击，每天忙到深更半夜，终于满足了百货大楼的希望。

荣誉，永远属于过去，希望在于不断的追求。有了王水福这样有远见、有魄力的带头人，"西梯"必将像美丽的西子湖一样前程似锦。

王朋植：《荣誉，永远属于过去——记杭州西子电梯厂厂长王水福》，来源：《中国技术监督报》1994年6月29日

荣誉，永远属于过去
——记杭州西子电梯厂厂长王水福

（王朋植　来源：《中国技术监督报》1994年6月29日）

杭州西子电梯厂厂长王水福是一名成功的厂长。他获得了许多荣誉，却没有自我陶醉。他知道：在市场经济的大潮中必须时刻保持危机感和强烈的竞争意识。"质量是'西梯'的生命"是他经常挂在嘴边的话，西子电梯厂要发展壮大的关键仍是质量和信誉。为此，他一直花大力气抓大事。

企业效益的竞争就是质量的竞争、科技进步的竞争，归根结底是人才的竞争。西梯厂采用"借（用）、聘（请）、吸（引）、调（入）、兼（职）"5字措施，充分利用社会上的科技力量为本厂服务。几年来，投入教育经费50余万元，有30人获得工程师、助理工程师、技术员职称。为给从高校和科研单位引进的科技人才创造良好的工作和生活条件，西梯厂专门盖了幢"大学生楼"，解决了科技人员的实际问题，使之能够全身心地扑到西梯厂的生产发展上。王水福永远也忘不了1987年。那一年，国家下达了《电梯生产许可证实施办法》。为了拿到许可证，使产品有资格向国内外市场进军，他带领全厂职工抓技术培训、抓质量管理、抓计量仪器和检验标准、抓引进先进技术和设备。经过一项项严格的考核、检查，西梯厂终于拿到了盖有"中华人民共和国城乡建设环境保护部"大红印章的电梯生产、安装许可证。这次考核不仅提高了企业的声誉，也使西梯厂尝到了依靠科技进步、加强全面质量管理的甜头，从此，王水福领导着西梯厂在技术改造、提高产品质量、扩大市场的道路上步伐越迈越快。

几年来，西梯厂的国内订单越来越多，已超过了生产能力，产品供不应求。1991年，西梯厂的电梯首次安装在了澳门的明珠大厦，得到了"宁静、平稳、舒适、安全、可靠"的好评；1993年4月，澳门在水坑尾人行天桥首次安装了由西梯厂生产的自动扶梯。此后，西梯厂的产品进一步打入了国际市场，企业的信誉也越来越好。

售后服务好坏不仅关系着企业形象，而且影响着企业的生存和发展，从生产第一台电梯开始，王水福就深刻地明白了这个道理。人们乘坐电梯，首先关心的是安全和舒适，因此，安装与调试不好，哪怕产品质量再好也是空话。为此，在成立安装队时，王水福把全厂思想作风好、技术最精的人选派过去，全队备有摩托车、微型车、电话机、BP机等，可以说是"全副武装"。王水福如此"偏爱"服务队，目的就是要通过服务队对用户的优质服务，树立企业的良好形象和信誉，以使西梯厂赢得更多的用户。

服务队以实际行动证明他们没有辜负年轻厂长的期望。1989年，杭州百货大楼订了西梯厂的4台自动扶梯，为了早日开业，要求西梯厂提前交工。王水福二话没说，带领全体中层干部和安装队一起搞突击，每天忙到深更半夜，终于满足了要求。

荣誉，永远属于过去，希望在于不断地追求。有了王水福这样有远见、有魄力的带头人，西梯厂必将像美丽的西子湖一样前程似锦。

1995年2月15日 今日企业

攀登不息的"西梯"

王锦炬

杭州西子电梯厂,从一个不起眼的乡镇小厂,成为国家电梯行业支柱企业,建设部定点生产电梯专业厂,跻身于全国同行十强之列。产品有电梯、扶梯两个系列,电梯有:客梯、医梯、液压观光梯、液压梯、货梯、服务梯等六大类20余个品种;扶梯有:自动扶梯、自动人行道两大类10余个品种。产品遍布全国各省市,远销港澳,出口泰国、朝鲜等国。在全国各地设有32个服务网点。1994年产量1235台,产值3亿元,销售收入2.1亿元,利税1580万元。连续5年名列浙江同行第一。

杭州西子电梯厂飞速发展靠的是什么?一靠科技进步、不断开发新产品,二靠质量第一、永远第一;三靠售后服务、良好的信誉。

几年来,该厂领导在产品更新及提高质量上下功夫,把依靠科学技术,开发新产品,提高产品质量放在企业各项工作的首位。开发新产品成为该厂的优势与特色,9年共开发18只新产品。

为了适应市场的发展,满足高层建筑的需求,1984年以来该厂先后开发了1米/秒交流集选控制电梯、1.6米/秒直流电梯、1.6米/秒交流调速客梯、2米/秒调频、调压、调速客梯(VVVF)和液压观光电梯、PS800自动人行道、CXE型自动扶梯。

"质量第一,永远第一"的观念对西梯厂来说,具有特殊意义。一是电梯属于危险性较大的产品,二是该厂产品不少用于国家重点项目、大型商场;三是行业竞争激烈,产品要创名牌,树信誉,唯一出路生产用户满意的产品。对此,他们首先牢固树立质量第一思想,确定工厂的质量方针,在提高工作质量、促进产品质量的前提下,确定工厂质量目标。其次,从设计到制造,从零件到整机,从外购、外协配套件到原材料,均纳入工厂质量体系之内,使每张图纸、每道工序、每只零件都在质量控制之中,将隐患杜绝在产品出厂前。

为保障质量第一不折不扣兑现,该厂采取多种形式培养专业人才。他们与浙大、杭大、丝绸工学院等院校挂钩,输送各类人员参加学习。在王水福厂长带头下,全厂80%以上的中层干部达到大专水平。

加强售后服务是质量控制必不可少的一环,也是树立工厂信誉的一个主要方面。由于电梯的特殊性,安装质量显得尤为重要,出厂产品再好,安装调试不好,用户也会不满意的。为此,该厂单独成立电梯安装工程公司,自装率达到98%,并以杭州为中心,在全国各地设立服务网点32个,香港、澳门设立总代理。他们还为用户代培维修技术培训班10余期,培训440余人次,并受杭州市劳动局委托代培10余期500余人。这一系列措施,得到了用户的好评,扩大了企业的知名度。

西子电梯厂取得了可喜的成绩,被评为全国经济效益最佳乡镇企业,在两次国产电梯评比中均获产品质量服务质量双奖。自动扶梯及VVVF客梯系列化生产已被国家科委列入星火计划。王水福厂长也被省市评为优秀青年厂长、优秀共产党员。

王锦炬:《攀登不息的"西梯"》,来源:《农村信息报》1995年2月15日

攀登不息的"西梯"

(王锦炬　来源:《农村信息报》1995年2月15日)

杭州西子电梯厂,从一个不起眼的乡镇小厂,成为国家电梯行业支柱企业、建设部定点生产电梯专业厂,跻身全国同行十强之列。产品有电梯、扶梯两个系列,电梯有客梯、医梯、液压观光梯、液压梯、货梯、服务梯等六大类20余个品种;扶梯有自动扶梯、自动人行道两大类10余个品种。西梯厂在全国各地设有32个服务网点,产品遍布全国各省市区,还远销港澳地区,出口泰国、朝鲜等国。西梯厂1994年的产量达1235台,产值3亿元,销售收入2.1亿元,利税1580万元,连续5年名列浙江同行第一。

杭州西子电梯厂的飞速发展靠的是什么?一靠科技进步和不断开发新产品;二靠"质量永远第一";三靠良好的售后服务和信誉。

几年来,该厂领导在产品更新及提高质量上下功夫,把依靠科学技术、开发新产品、提高产品质量放在企业各项工作的首位。开发新产品成为该厂的优势与特色,9年内共开发18只新产品。

为了适应市场的发展,满足高层建筑的需求,自1984年以来,该厂先后开发了1米/秒交流集选控制电梯,1.6米/秒直流电梯,1.6米/秒交流调速客梯,2米/秒调频、调压、调速客梯(VVVF),液压观光电梯,PS800自动人行道和CXE型自动扶梯等产品。

"质量第一,永远第一"的观念对于西梯厂来说,具有特殊意义。一是电梯属于危险性较大的产品;二是该厂产品不少用于国家重点项目、大型商场;三是行业竞争激烈,产品要创名牌、树信誉,唯一的出路就是生产用户满意的产品。为此,他们首先牢固树立质量第一的思想,确定工厂的质量方针,在提高工作质量、促进产品质量的前提下,确定工厂质量目标。其次,从设计到制造,从零件到整机,从外购、外协配套件到原材料,均被纳入工厂质量体系之内,使得每张图纸、每道工序、每个零件都在质量控制之中,将隐患杜绝在产品出厂前。

为保证"质量第一"的理念不折不扣地兑现,该厂采取了多种形式来培养专业人才。他们与浙大、杭大、丝绸工学院等院校挂钩,输送各类人员参加学习。在王水福

厂长的带头下，全厂80%以上中层干部的学历达到了大专水平。

加强售后服务是质量控制必不可少的一环，也是树立工厂信誉的一个重要方面。由于电梯的特殊性，安装质量显得尤为重要，哪怕出厂的产品再好，但如果安装调试不好，用户也不会满意的。为此，该厂单独成立了电梯安装工程公司，自装率达到98%，并以杭州为中心，在全国各地设立服务网点32个，在香港、澳门设立总代理。他们还为用户代培维修技术培训班10余期，共计培训440余人次，并受杭州市劳动局的委托代培了10余期500余人次。这一系列的措施得到了用户的好评，也提升了企业的知名度。

西子电梯厂取得了可喜的成绩，被评为全国经济效益最佳乡镇企业，在两次国产电梯评比中均获产品质量、服务质量双奖，特别是自动扶梯及VVVF客梯系列化生产已被国家科委列入星火计划。王水福也被评为省市级的优秀青年厂长、优秀共产党员。

1995年6月21日　第2版　**浙江市场导报**

王水福的"永远第一"说

确切地讲,浙江西子电梯集团董事长、总经理王水福的这个"永远第一"说,还有个前导,即"质量第一"。

就"西子"而言,以质量开拓市场已上升为一种更为深刻的观念,即企业的生存和发展,必须永远立足在质量的基础之上。

西子集团在14年前还仅是杭州近郊的一家村办农机厂,经历10余年市场的"扑打滚爬",如今已拥有近2亿元的总资产,是建厂初期20万元的958倍。从当时出产第一台手拉交栅门货梯,到现今拥有电梯、自动扶梯二个系列、八大类三十余个品种的产品,"西子"的各项经济技术指标已连续五年占据浙江省同行第一。王水福认为,生产高档次、高质量产品的过程,首先就是进行全员质量教育、增强职工质量意识的过程。结合现代化的全面质量管理思想,西子集团开展了多层次的质量教育和技术培训,开展了一系列的群众性现场管理活动(如QC活动),建立和健全了标准化、计量管理和质量信息管理网络及企业质量内控标准,将质量层层落实在生产过程中。

由于电梯和自动扶梯作为机电一体化高科技产品所具有的特殊性,如果安装调试不好,则出厂产品再好也难以得到用户的满意。对此,王水福说,电梯、扶梯与人们的生活越来越密切相关,对其质量可有直接的接触和直观的反应,也就直接关系到企业的信誉和产品在市场的地位,因而除了保证产品本身的质量,还须做好售后的安装调试和保养检修,确保西子产品的完美性。西子集团为此单独成立了安装工程公司,扩大自装能力,现已使自装率达到90%以上。

那么归根结底,"西子"产品在市场形势如何?王水福总经理在现已达到的一万余国内外用户中简单"拎"出两例:有名的杭州四季青服装市场,共25台自动扶梯,全部用的是"西子";哈尔滨最大的春雷商场,需用扶梯30台,在考察了"西子"的用户及其他同类产品后,也一次性选定了"西子"。据说有一回,杭州一批著名企业的老总们恰巧聚在一起,细心的王水福总经理逐一看去,便一话让众"老板"点头称是:各位,感谢你们都是我的用户!

本报记者　董华平　鲍晓玲

浙江西子电梯集团董事长王水福

董华平、鲍晓玲:《王水福的"永远第一"说》,来源:《浙江市场导报》1995年6月21日

王水福的"永远第一"说

(董华平、鲍晓玲　来源:《浙江市场导报》1995年6月21日)

确切地讲,浙江西子电梯集团董事长、总经理王水福的这个"永远第一"说,还有个前导,即"质量第一"。

于西子集团而言,以质量开拓市场已上升为一种更为深刻的观念,即企业的生存和发展必须永远立足于质量的基础之上。

西子集团在14年前还仅是杭州近郊的一家村办农机厂,经历10余年在市场的摸爬滚打,如今已拥有近2亿元的总资产,是建厂初期20万元的958倍。从当时出产第一台手拉交栅门货梯,到现今拥有电梯、自动扶梯两个系列八大类共30余个品种的产品,西子集团的各项经济技术指标已连续5年占据浙江省同行第一。王水福认为,生产高档次、高质量产品的过程,首先就是进行全员质量教育、增强职工质量意识的过程。结合现代化的全面质量管理思想,西子集团开展了多层次的质量教育和技术培训,开展了一系列的群众性现场管理活动(如QC活动),建立和健全了标准化、计量管理和质量信息管理网络及企业质量内控标准,将质量层层落实在生产过程中。

由于电梯和自动扶梯作为机电一体化高科技产品所具有的特殊性,如果安装调试不好,哪怕出厂产品再好也难以令用户满意。因此,王水福说,电梯、扶梯与人们的生活越来越密切相关,人们对于其质量有着直接的接触和直观的反应,产品质量直接影响到企业的信誉和产品在市场的地位,因而除了保证产品本身的质量外,还必须做好售后的安装调试和保养检修等服务,确保产品的完美性。西子集团为此单独成立了安装工程公司,提升了自装能力,现已使自装率达到90%以上。

那么,西子集团的产品在市场上的形势如何呢?王水福总经理在现已达到的1万余国内外用户中简单"拎"出了两个进行举例:杭州四季青服装市场共安装有25台自动扶梯,全部用的是西子集团的产品;哈尔滨最大的春雷商场需用到扶梯30台,在考察同类产品后,一次性就选定了西子集团的产品。据说有一回,杭州一批著名企业的老总们恰巧聚在一起,细心的王水福逐一看过去后,只一句话就让众老板点头称是:各位,感谢你们都是我的用户!

扬帆永竞 西子电梯

□ 王锦炬 成全鸣 本报记者 周宓

座落在杭州机场路旁有一个美丽的花园工厂——浙江西子电梯集团,这个浙江省重点骨干乡镇企业仅靠短短十四年的时间,就从一个不起眼的小厂白手起家成长起来,发展为拥有固定资产4315万元、职工近千人、科技人员上百人,现有设备250余台,厂区面积21万平方米,建筑面积5万余平方米,初具规模的中型企业,并跻身于全国同行十强,目前已成为中国电梯协会理事,系首批领到国家颁发的电梯安装、生产许可证、建设部定点生产电梯的专业厂。

回顾西梯往昔岁月,若没有一番震撼人心的奋斗,又怎能换来硕果累累的今天?!

万丈高楼 始于基石

一九八一年时,西子电梯集团还没有这个响亮的名字,那时它只是一个名为农机厂,实际只是仅能修修补补,十几人、百十平方米的小铁铺,可76年才进厂、初中毕业的王水福,凭着初生牛犊不畏虎的闯劲,凭着吃苦耐劳、脚踏实地的韧性,在82年初夏和同伴们终于成功地试制、安装完毕厂里的第一台手拉门电梯!有了电梯,转向生产电梯的农机厂再取厂名之,于是,"杭州西子电梯厂"这个响当当的厂名诞生了,王水福走马上任当起了厂长。

要走多少路才能冲出低谷?为让新生的西梯厂成长起来,王水福把开发新产品,提高产品质量作为西梯厂腾飞的"两翼",围绕提高企业素质、提高产品质量、搞好售后服务,通过技术改造,不断增强了企业后劲。84年起就在产品更新及提高质量上下功夫,采取构思一代、研制一代、生产一代,基本做到年年有新产品投放市场。9年时间共开发新产品18只。由于新产品一代比一代先进,西梯厂成功地赢得了用户的信任,取得了较好的经济效益与社会效益,使自己在市场经济竞争中,尤其是在国家宏观调整压缩基建、银根较紧,电梯行业处于严峻的形势下,还尝到了甜头,打下了牢固的基础。

如今西梯厂产品有电梯、扶梯两个系列,八大类三十余个品种,产品遍布全国各地,远销港澳,出口泰国、朝鲜等国,全国各省市设有45个服务网点,香港、澳门设有总代理。

质量第一 质量取胜

西梯厂宽敞明亮的厂房里贴着大大的"质量第一、永远第一"的红色横幅,后来他们已经把质量作为自己的生存观念。这一观念对西梯厂来说,不仅具有普遍意义,更具有特殊意义。一是电梯是机电一体化高科技产品,是属于危险性较大的产品,又是快速运行关系着人生安全的产品,对质量要求不得丝毫的疏忽;二是该厂生产的产品一旦出现故障停机影响较大,大型商场、大型商品项目,一旦出现故障停机影响较大,三是行业竞争激烈,产品要创名牌,树信誉,唯一出路是生产用户满意的产品,针对这一问题,他们采取了一系列措施。1、首先是牢固树立质量第一思想,确定质量方针,提高工作质量,确定质量目标。2、从设计到制造,从零件到整机,从外协外协配件到原材料,均纳入工厂质量体系,保证产品质量,将隐患杜绝在产品出厂前。3、抓好质检工作,主要围绕GB7588—87国家标准,制定技术标准,操作规程,检验范围。4、完善检验手段,配备长度三大类标准件,电梯整机性能测试台,控制屏模拟试验台等,保证质量。5、质量工作做到事前有计划,检查有标准,准标有依据。

精兵强将 荟萃西梯

成功的企业大多重视人才的培养,以提高自身素质,西梯厂充分认识到科学技术是第一生产力这一真理。先进的科学技术能促进企业管理现代化,现代化管理又能够促进科学技术转化为生产力,而现代化科学技术的关键是人才。

1、尊重知识,尊重人才。爱惜和保护人才是企业发展的根本。他们认为,现在是高科技时代,要有技术含量高质量好的产品,首先要提高企业素质,而企业的素质关键是人的素质,为此该厂把人才与产品开发紧密联系起来,把人才问题列入企业的发展规划。几年来,采取请进来,送出去的办法,多层次,多渠道的培养和引进人才。他们与浙大、杭大、丝绸工学院等院校挂钩,输送各类人员参加学习。在厂领导的带头下,全厂80%以上的中层干部达到大专水平。2、建立厂校挂钩,联办"三加一"电梯电子专业班,委托浙江大学代培电梯大专班,举办职业教育学习班等形式培养人才。3、鼓励科技人员从事科技开发,实行倾斜政策,放手让优秀青年科技人员进入关键技术管理岗位,并提供工作银椅,学术交流机会,提高业务水平,同时改进科技人员工作、学习、生活条件,重奖有突出贡献的科技人员,使广大科技人员发扬求实、创新、奉献精神,努力攀登科技新高峰。

西梯厂腾飞起来了!它创造了令人叹服的奇迹,近四年每年以翻一番的速度增长,93年产量超千台,产值16045万元,销售收入19925万元,创利税1218万元。94年计划产量1360台,产值2.2亿元,销售收入3亿,利税2000万元。该厂连续五年浙江同行第一、全国内资企业第一、自动扶梯产量全国第四,已成为国家电梯行业的支柱企业。他们的目标是,投入技改资金5000万元,产量达4000台,产值达8亿元,利税实现1.8亿。

西梯厂在党的改革开放政策的指引下,抓住机遇,在技术求新颖、管理靠科学的思想指导下,依靠科技的进步,成了西子湖畔一颗耀眼的明珠。愿西梯厂在市场经济的大潮中乘风破浪,扬帆永竞。

王锦炬、成全鸣:《扬帆永竞 西子电梯》,来源:《监督与服务报》1995年4月28日

扬帆永竞　西子电梯

(王锦炬、成全鸣　来源:《监督与服务报》1995年4月28日)

杭州机场路旁有一个美丽的花园工厂——浙江西子电梯集团的工厂。西子集团这个浙江省重点骨干乡镇企业，仅用了短短的14年时间，就从一个不起眼的小厂茁壮成长为拥有固定资产4315万元、职工近千人、科技人员上百人、现有设备250余台、厂区面积21万平方米、建筑面积5万余平方米的初具规模的中型企业，并跻身全国同行十强，目前已成为中国电梯协会理事，也是首批领到国家颁发的电梯安装生产许可证、建设部定点生产电梯的专业厂。

回顾西子集团的往昔岁月，若没有经历一番震撼人心的奋斗，又怎能换来硕果累累的今天？

万丈高楼始于基石

1981年时，西子电梯集团还没有这个响亮的名字，是一家名为农机厂，实际上只是拥有十几个人、百十平方米的小铁铺。1976年才进厂、初中文凭的王水福，凭着初生牛犊不畏虎的闯劲，凭着吃苦耐劳、脚踏实地的韧性，在1982年初夏和同伴们终于成功地试制、安装完毕厂里的第一台手拉门电梯！有了电梯，转向生产电梯厂的农机厂再取厂名，于是"杭州西子电梯厂"这个响当当的厂名诞生了，王水福走马上任当起了厂长。

要走多少路才能冲出低谷？为让新生的西梯厂成长起来，王水福把开发新产品、提高产品质量作为西梯厂腾飞的"两翼"，通过提高企业素质、提高产品质量、做好售后服务、加强技术改造，不断增强企业发展的后劲。1984年起，西梯厂在产品更新和提高质量上下功夫，采取构思一代、研制一代、生产一代，基本做到年年有新产品投放市场，9年内共开发新产品18只。由于新产品一代比一代先进，西梯厂成功地赢得了用户的信任，取得了较好的经济效益与社会效益，使自己在市场经济竞争中尤其是在国家宏观调整压缩基建、收紧银根、电梯行业处于严峻形势的情况下，还尝到了甜头,打下了牢固的基础。

如今,西梯厂的产品有电梯、扶梯两个系列八大类共30余个品种,产品遍布全国各地,远销港澳地区,同时还出口泰国、朝鲜等国;在全国各省市区共设有45个服务网点,在香港、澳门设有总代理。

质量第一

西梯厂宽敞明亮的厂房里贴着大大的"质量第一,永远第一"的红色横幅。这一观念对于西梯厂来说,不仅具有普遍意义,更具有特殊意义。一是电梯是机电一体化高科技产品,是属于危险性较大的产品,又是快速运行、关系着人身安全的产品,对质量要求来不得丝毫的疏忽;二是该厂生产的不少产品用于国家重点项目、大型商场,一旦出现故障影响较大;三是行业竞争激烈,产品要创名牌、树信誉,唯一的出路是生产用户满意的商品。针对这一问题,西梯厂采取了一系列措施:

1. 首先是牢固树立"质量第一"思想,确定质量方针,提高工作质量,确定质量目标。

2. 从设计到制造,从零件到整机,从外购、外协配件到原材料,均纳入工厂质量体系,以保证产品的质量,将隐患杜绝在产品出厂前。

3. 抓好质检工作,主要围绕按照国家标准组织生产,制订技术标准、操作规程、检验范围等。

4. 完善检验手段,配备长度三大类标准件、电梯整机性能测试台、控制屏模拟试验台等。

5. 质量工作做到事前有计划、检查有标准、标准有依据。

精兵强将荟萃西梯

成功的企业大多重视人才的培养,从而提高自身素质。西梯厂充分认识到科学技术是第一生产力这一真理,认识到先进的科学技术能促进企业管理现代化,现代化管理又能够促进科学技术转化为生产力,而现代化科学技术的关键是人才。

1. 尊重知识,尊重人才。爱惜和保护人才是企业发展的根本,西梯厂认为,现在是高科技时代,要生产技术含量高、质量好的产品,首先要提高企业的素质,而企业素质的关键是人的素质,为此该厂把人才与产品开发紧密联系起来,把人才问题列入企业的发展规划。几年来,西梯厂采取请进来、送出去的办法,多层次、多渠道地培养和引进人才。与浙大、杭大、丝绸工学院等院校挂钩，输送各类人员参加学习。在厂领导的带头下，全厂80%以上中层干部的学历达到了大专学历。

2. 建立厂校挂钩，联办"三加一"电梯电子专业班，委托浙江大学代培电梯大专班，举办职业教育学习班等形式培养人才。

3. 鼓励科技人员从事科技开发，实行倾斜政策，放手让优秀青年科技人员进入关键技术管理岗位，并提供工作锻炼、学术交流的机会，以提高业务水平。同时，改进科技人员工作、学习、生活条件，重奖有突出贡献的科技人员，鼓励广大科技人员发扬求实、创新、奉献的精神，努力攀登科技新高峰。

西梯厂腾飞起来了！它创造了令人叹服的奇迹：近4年来每年以翻一番的速度增长；1993年的产量超千台，产值达1.6045亿元，销售收入1.9925亿元，实现利税1218万元；1994年计划产量1360台，产值2.2亿元，销售收入3亿元，实现利税2000万元。该厂连续5年位列浙江同行第一、全国内资企业第一，自动扶梯产量居全国第四，已成为国家电梯行业的支柱企业。西梯厂的目标是：投入技改资金5000万元，产量达4000台，产值达8亿元，实现利税1.8亿元。

西梯厂在党的改革开放政策的指引下，抓住机遇，在技术求高新、管理靠科学的思想指导下，依靠科技求进步，成了西子湖畔一颗耀眼的明珠。愿西梯厂在市场经济的大潮中乘风破浪、扬帆永竞。

质量立厂 名牌兴厂

许颖

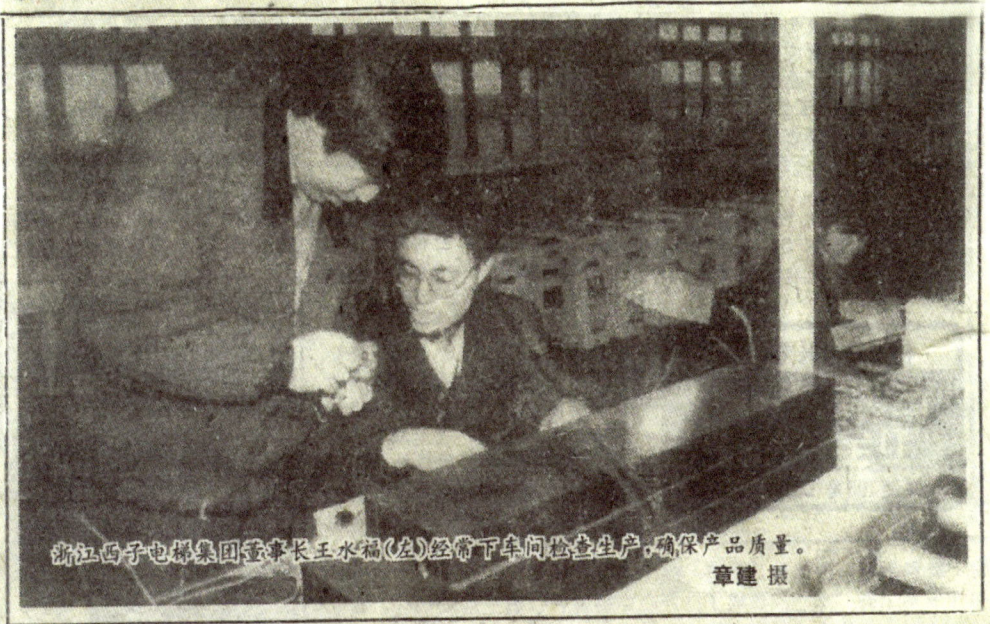

浙江西子电梯集团董事长王水福（左）经常下车间检查生产，确保产品质量。
章建 摄

经营之道

如何切切实实地提高产品质量？按西子电梯集团董事长王水福的观点，企业要敢于"破釜沉舟"。他说，公司让下属的西子恒温电器有限公司向消费者郑重承诺：若5年内发现本厂生产的油汀电器元件有质量问题，可以调换新机。这就是逼他们以"破釜沉舟"的决心，狠抓质量，创出名牌。

狠抓质量，创出名牌，可以说，这是西子电梯集团10余年来苦心经营得出的经验。

作为乡镇企业，西子电梯厂在创业之初难免面临着乡镇企业共同面临的问题：资金不足，设备简陋，技术缺乏。

对此，王水福从一开始就下定决心——不惜一切工本，坚持以质量取胜。买一般厂电梯零件，较之买名牌零件，无疑可以节省很多资金。但王水福却不这样想。买零件，就要买得质量好，档次高。价格要贵一些，但可以提高电梯的质量，这笔钱还是应该花。因此，只要是关键部位的零件，就必须用名牌品，成了西子电梯集团一条不成文的规定，这也为西子电梯过硬的质量奠定了基础。

在王水福的眼里，产品的性能除了靠进口名牌零件外，更得靠科技人员的不断革新。"求贤若渴"这四个字用在王水福身上可谓毫不夸张。每年4、5月份，王水福就会派出一批人员，到各大专院校搜罗人才。仅仅1994年，集团就新招收了46名大学应届毕业生。与此同时，王水福还送一批人员到大学培训，提高科技人员的技术素养。目前，全厂科技人员已占了职工总数的1/6。

据王水福说，该厂的PS自动人行道，就是靠引进的大学生研制成功的。目前，该厂还专门拨出100万元资金，由技术科负责软、硬件的开发。

十年来，王水福就这样凭着对质量的不懈追求，一步步地打响了产品的品牌。1994年，西子电梯集团的产值达到2.5亿元，创利税高达1500万元。

质量立厂，名牌兴厂，凭着过硬的质量，叫响自己的牌子，成了西子电梯集团公司孜孜不倦的追求。

许颖：《质量立厂　名牌兴厂》，来源：《杭州日报》1995年2月9日

质量立厂　名牌兴厂

（许颖　来源：《杭州日报》1995年2月9日）

如何切切实实地提高产品质量？按西子电梯集团董事长王水福的观点，企业要敢于"破釜沉舟"。他说，公司让下属的西子恒温电器有限公司向消费者郑重承诺：若5年内发现本厂生产的油汀电器元件有质量问题，可以调换新机。这就是逼他们以"破釜沉舟"的决心，狠抓质量，创出名牌。

狠抓质量，创出名牌，可以说，这是西子电梯集团10余年来苦心经营得出的经验。

作为乡镇企业，西子电梯厂在创业之初难免面临着乡镇企业共同面临的问题：资金不足，设备简陋，技术缺乏。对此，王水福从一开始就下定决心——不惜一切工本，坚持以质量取胜。买一般厂的电梯零件，较之买名牌零件，无疑可以节省很多资金。但王水福却不这样想。买零件，就要买质量好、档次高的，价格虽然要贵一些，但可以提高电梯的质量，这笔钱还是应该花的。因此，只要是关键部位的零件，就必须用名牌产品，成了西子电梯集团一条不成文的规定，这也为西子电梯过硬的质量奠定了基础。

在王水福的眼里，产品的性能除了靠进口名牌零件外，更得靠科技人员的不断革新。"求贤若渴"这四个字用在王水福身上可谓毫不夸张。每年的四五月，王水福就会派出一批人员到各大专院校搜罗人才。仅仅1994年，集团就新招收了46名大学应届毕业生。与此同时，王水福还送一批人员到大学培训，以提高科技人员的技术素养。目前，全厂科技人员已占了职工总数的1/6。

王水福说，该厂的PS自动人行道，就是靠引进的大学生研制成功的。目前，该厂还专门拨出100万元资金，由技术科负责软、硬件的开发。

10年来，王水福就这样凭着对质量的不懈追求，一步步地打响了产品的品牌。1994年，西子电梯集团的产值达到2.5亿元，创利税高达1500万元。

"质量立厂，名牌兴厂"，凭着过硬的质量，叫响自己的牌子，成了西子电梯集团孜孜不倦的追求。

质量是开拓市场之本
——浅谈质量管理和市场经济

王水福 蒋慧

企业走向市场靠的是什么?归根到底是靠质量!随着我国即将恢复关贸总协定缔约国地位,我们将面临与国外产品更直接的竞争,我们的产品能否打出去,能否挡得住国外产品对我们的冲击,核心问题还是质量。在当今的国内外市场竞争中,以质量为核心的非价格竞争占有越来越重要的地位。这对我们企业来说是一个严峻的考验和挑战。

党和国家领导人就提高产品质量问题作过一系列重要指示。江泽民总书记指出:"质量第一是我国在经济建设方面的一个长期战略方针。";李鹏总理指出:"经济要上一个新台阶,质量工作是非常重要的。";邹家华副总理多次强调"质量是企业的生命",这些指示,充分体现了党和国家领导人对质量工作的高度重视。美国人认为,没有竞争就谈不上质量,离开了顾客的质量就是没有竞争力的质量。各企业的文化背景可能存在差异,但市场的竞争是一样的。随着社会主义市场经济的发展,人们通常所说的市场竞争力实际上就是产品的质量竞争力。可见,质量是开拓市场之本。企业要加强质量管理是必然的。

早在1954年,美国质量管理专家朱兰博士,在对日本讲学时就曾经指出:质量管理是经营管理的重要组成部分。50年代中期,随着科学技术水平的提高,产品更新换代日益频繁,市场竞争日趋激烈,提出了"安全性、可靠性、经济性"等新的要求,推动了质量管理的发展。美国通用电器公司质量经理费根堡姆提出了讲究质量成本,加强企业经营的全面质量管理。到70、80年代,日本质量专家石川馨指出,新的质量管理是最经济、最起作用的,并且为研制顾客满意的质量的产品,进行设计、生产、销售和服务。对广义的质量进行管理才是进行根本的管理。

70年代前我国企业的质量管理几乎是个空白,企业的领导者多凭经验、感觉或关系行事,年复一年。由于计划经济指导着市场走向,无所谓什么竞争意识,就这样慢慢吞吞、不慌不忙地过着日子。80年代,我国企业质量管理的热浪曾一时使企业活跃起来,但是重产量的生产型管理格局却很难打破,使得许许多多企业的质量管理只是流于表面形式,而并没有真正使质量管理系统运行起来,为企业带来明显效益。这样又过了10年,到了90年代情况又怎么样了呢?我们比日本、美国、还有欧洲的一些发达国家落后了十几年,质量管理水平也一样。这无疑影响了产品的市场竞争力。

近几年,我国实行社会主义市场经济,那就势必把企业推向市场,将更趋于全球性、公开性。市场的竞争,归根到底是质量的竞争。市场经济为企业质量管理提供压力和动力,质量管理为市场繁荣发展提供了条件。它们相辅相成,互为促进,共同推动社会进步。

(1) 市场经济推动企业质量管理

市场经济是以市场为中心,通过市场机制来实现资源优化配置的一种经济组织方式。竞争是它的本质特征之一,优胜劣汰是它的法则。企业实施质量管理就顺应了这个法则。激烈的市场竞争,迫使企业千方百计地战胜对手,而用广义的质量来满足顾客需要的企业就会立于不败之地。

电梯是机电一体化的产品,现代化的交通工具。随着市场经济的发展,建筑行业的崛起,电梯已越来越被广大用户所使用。全国电梯制造厂由十几家发展到95年验证上报的已达100多家,电梯市场趋向兴旺,加上国外的一些先进电梯生产厂家看好中国市场,竞相打入,给国内生产厂家特别是我们乡镇企业造成很大的压力。我们西子电梯厂在这种竞争环境下,重视提高产品档次和质量,提高产品的技术含量。促进产品更新换代,优化产品结构,如把一般的集选控制客梯提高到VVVF高速客梯,为国内同行业领先水平。在这个过程中,现场管理是质量管理的重要环节。我们着重抓了影响产品质量的人、机、料、法、环五大因素,对此开展工作,使整机性能与国内

质量是开拓市场之本
—— 浅谈质量管理和市场经济

（王水福、蒋慧　来源：《中国电梯》1996年第3期）

企业走向市场靠的是什么？归根结底是靠质量！随着我国即将恢复关贸总协定缔约国地位，我们将面临与国外产品更直接的竞争，我们的产品能否打出去，能否挡得住国外产品对我们的冲击，核心问题还是质量。在当今的国内外市场竞争中，以质量为核心的非价格竞争占有越来越重要的地位。这对我们企业来说是一个严峻的考验和挑战。

党和国家领导人就提高产品质量问题作过一系列重要指示。江泽民总书记指出："质量第一是我国在经济建设方面的一个长期战略方针。"李鹏总理指出："经济要上一个新台阶，质量工作是非常重要的。"邹家华副总理多次强调"质量是企业的生命"。这些指示充分体现了党和国家领导人对质量工作的高度重视。美国人认为，没有竞争就谈不上质量，离开了顾客的质量就是没有竞争力的质量。各企业的文化背景可能存在差异，但市场的竞争是一样的。随着社会主义市场经济的发展，人们通常所说的市场竞争力实际上就是产品的质量竞争力。可见，质量是开拓市场之本，企业要加强质量管理是必然的。

早在1954年，美国质量管理专家朱兰博士在对日本讲学时就曾经指出：质量管理是经营管理的重要组成部分。20世纪50年代中期，随着科学技术水平的提高，产品更新换代日益频繁，市场竞争日趋激烈，"安全性、可靠性、经济性"等新的要求随之而来，推动了质量管理的发展。美国通用电器公司质量经理费根堡姆提出了讲究质量成本、加强企业经营的全面质量管理。到20世纪七八十年代，日本质量专家石川馨指出，新的质量管理是最经济、最起作用的，并且为研制顾客满意的质量的产品，进行设计、生产、销售和服务。对广义的质量进行管理才是根本的管理。

20世纪70年代前，我国企业的质量管理几乎是空白，企业的领导者多凭经验、感觉或关系行事，年复一年。由于计划经济指导着市场走向，无所谓什么竞争意识，就这样慢慢吞吞、不慌不忙地过着日子。20世纪80年代，我国企业质量管理的热浪曾一时使企业活跃起来，但是重产量的生产型管理格局却很难打破，使得许许多多企业的质量管理只是流于表面形式，而并没有真正使质量管理系统运行起来，为企业带来明显效益。这样又过了10年，到了90年代情况又怎么样了呢？我们比日本、美国还有欧洲的一些发达国家落后了十几年，质量管理水平也一样。这无疑影响了产品的市场竞争力。

近几年，我国实行社会主义市场经济，那就势必把企业推向市场，将更趋于全球性、公开性。市场的竞争，归根到底是质量的竞争。市场经济为企业质量管理提供压力和动力，质量管理为市场繁荣发展提供了条件。它们相辅相成，互为促进，共同推动社会进步。

市场经济推动企业质量管理

市场经济是以市场为中心，通过市场机制来实现资源优化配置的一种经济组织方式。竞争是它的本质特征之一，优胜劣汰是它的法则。企业实施质量管理就顺应了这个法则。激烈的市场竞争，迫使企业千方百计地战胜对手，而用广义的质量来满足顾客需要的企业就会立于不败之地。

电梯是机电一体化的产品，是现代化的交通工具。随着市场经济的发展，建筑行业的崛起，电梯已越来越被广大用户所使用。全国电梯制造厂由十几家发展到1995年验证上报的已达100多家，电梯市场趋向兴旺。加上国外的一些先进电梯生产厂家看好中国市场，竞相打入，给国内生产厂家特别是我们乡镇企业造成很大的压力。我们西子电梯厂在这种竞争环境下，重视提高产品档次和质量，提高产品的技术含量，促进产品的更新换代，优化产品结构，如把一般的集选控制客梯提高到VVVF高速客梯，为国内同行业领先水平。在这个过程中，现场管理是质量管理的重要环节。我们着重抓了影响产品质量的人、机、料、法、环五大因素，对此开展工作，使整机性能与国内合资企业相提并论。还有电梯的安装质量及售后服务也不容忽视，也是重要的环节。由于管理得当，生产的电梯已占全国总量的4.6%，占七大厂的7%。

另一方面，复关在即，我们的产品要打入国际市场，迎接挑战，必须积极与国际质量标准接轨。我们从1993年起就开始开展ISO9000系列标准的宣传和贯彻，定期以学习班、培训班的形式加强对标准的学习，提高全员的质量意识，并组织人员编写质量手册和程序性文件，逐步进入制度化、规范化轨道，使质量管理上了一个新的台阶。

质量管理促进市场经济的发展

企业认真进行质量管理,产品适销对路,必然会给市场带来繁荣。如市场充斥着假冒伪劣产品欺骗顾客,市场机制就难以真正发挥调节功能。观国内市场,有家老牌酒厂曾一度红火,生产的名酒供不应求。该厂面对"大好形势",为多赚钱而盲目增产,忽视质量管理,并与一些小酒厂联营,用自己的金字招牌卖别人的劣质酒,结果销量急剧下降,以至丧失市场倒了牌子。究其原因,就是忽视质量的结果。

另外,实施质量管理,可以带动市场要素的质量水平的提高,使市场经济逐步发展、完善,这是因为质量管理提高了企业的技术、管理和生产率水平,作为市场主体的企业经济实力愈来愈强,企业素质也会不断提高。

我们西子电梯厂近年来领导带头,重视抓质量,完善管理制度,产值、产量、经济效益等经济指标增长较快,使企业各方面得到了较大发展,取得良好的社会效益和经济效益,跻身全国同行十强。从一个村办企业发展到省级集团公司,拥有下属紧密层企业12家,发生了可喜的变化,繁荣了市场经济,声誉不断提高。

总之,企业都应把现有的成绩作为新的起点,强化质量管理,增强产品在质量上的生命力和竞争力,那么,它一定能稳住市场,不断地开拓市场。

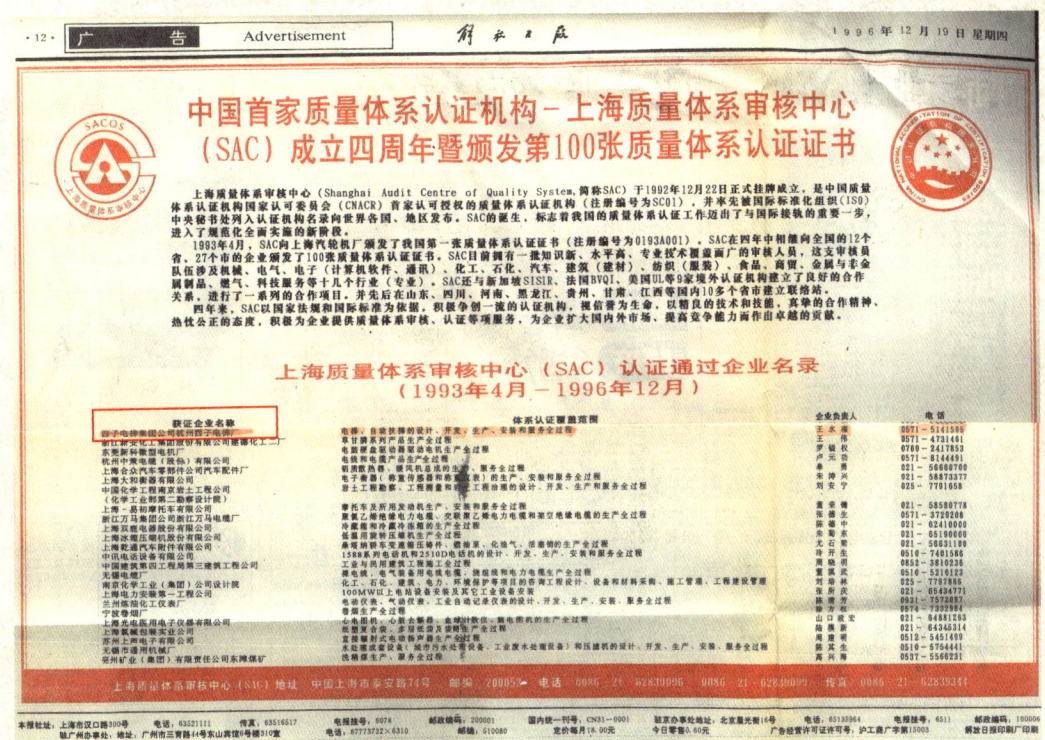

杭州西子电梯厂荣获上海质量体系审核中心（SAC）质量体系认证，来源：《解放日报》1996年12月19日

实行科学管理 致力社会发展
——记西子电梯集团公司董事长王水福

随着社会主义市场经济的深入发展,企业作为社会的一分子,如何正确地摆脱了多种市场的角色,如何登上企业明自的社会主义市场经济道路,是摆在企业面前的一道难题。……都过了多个企业发展之后,都加发了多年的经验教训,王水福同志终于找到了最关键最重要的答案。

浙江省西子电梯集团公司——一个令中国电梯界为之瞩目的名字。十余年里工人和十万元起家发展到今天拥有员工1100多人,总资产4亿多元的西子电梯集团公司——西子电梯集团公司,之所以能在以为速度,大幅度地上升成为江浙沪以王水福为核心的企业发展目的正确性和与科学管理。

他用两个"西子现象"或"西子模式"的西子电梯,它的出现将令更多的人为之一亮。王水福正是以其多年在商场上的摸爬滚打,强炼了他的智慧和胆识,在加上他敢冒天下之先的胆……也就是说,王水福这十几年积累的不仅地地现代化企业,同时为一种的管理方式为今后公司的成功展翅奋飞打下了坚实的基础和巨大的筹码。

开拓篇——树立市场观念
拓展经营规模

优越意识和开拓精神历来是王水福优良品质,这体现在企业经营的方方面面。国内的市场经济是以竞争为主要手段之一,而入关以后,大力地培养出一大批具备拓展意识的经营人才。在王水福眼中唯一可做的事情就是不仅把地域内的消费者团得牢牢的,而且要使企业内部与此同时把所有相关的上、下、左、右都融入其中。具体表现为王水福是"九五"期间在一九九三年的时候,他就认为:以"立足"九五",一开始就着手自己的下一步生产发展、产品的上市、产品的升级、产品的改革——企业中的一项工作都是时刻与王水福要求的生产理念精神相联系的。

可以见得,王水福这个人大局观念颇强,但他做事又是这么细致,这个看似让大家无不羡慕,真正让人感觉到了一种精神——一种他经营企业的精神。为了把事情做到彻底,他采纳到国外采风,聚会于1990年的28个增加到今天的65个,展业了32个城市,还有澳门成立分公司,一句话,王水福善于了解,发掘、扶持市场的行为,是王水福抓牢和摸透市场的有利武器。通过一段时间的考察,一个大胆的设想在王水福脑中成形,这就是:我要成立销售服务自己的销售服务网络。经过一年多的筹备和不断努力,终于以较少的资金启动了遍布全国的销售服务网络,正式成立公司,合理的网络构架,对企业来说,像是锦上添花,为公司的稳步发展,不断扩大打开了坚实的基础。

创新篇——注重人才培养
加速技改步伐

不甘苦斗,敢作敢为,开拓创新,锐意进取是王水福最大的特点之一,而入疆之战,大力培养出,加大技改力度,运转新产品开发又是国际大企业的一贯手段和一贯做法。

王水福深知,科学是第一生产力,企业的竞争归根到底是人才的竞争。因此,他信任企业的年轻人和求科技技术人员的培养,特别是目前在企业的是他的重要工作——吸引人才。他坚持以培养一批中产的现有专业管理的人员、各类工人、工程人员,当一批具备中型管理、高水准经营的企业人才大军,中共十五大以后再来之际,发挥更显示出了开拓的优势。

另一方面,王水福深知,"没有高超的技术就没有坚实的企业"。1992年他首先与杭州大学的大专院校等紧密合作,九几以专业培训一门一元,几年来他不仅培养了大专毕业生数十名、硕士研究生数名,他还于1996年成立了江南大学的研究中心,他一点不含糊地对记者说,我准备在公司大加强毕业、在职的科技研究工作,了让那些在公司的,在大专的人,能实实在地能掌握一项一技之长的具体内容和方式,便企业的每一项新技术的研究、开发和科技人员的发展,对有突出贡献和业绩的人员予以奖励。

大胆录用人才,在王水福的领导下,公司大胆提拔任用优秀的青年和各行业专业技术开发及管理的先进人物和有职业技能的受骋,以便是企业中,拓宽视野,同时完善科技联合拓宽,以其相关技术改造、新品开发和科技人员应有的尊重,对有突出贡献和业绩的人予以奖励。

予以奖励,但这种配件只有公司总部才有,为了守信,他专门派拿维修备用件最常用专车将技术人员送往上海虹桥机场,赶搭当日第一趟早班航班抢修……很快,这台电梯重新运转起来了。事后,王水福风趣地说:"千里送配件,一透换万金,虽然我们花费了4000多元钱,但换来了四川用户的满意和信赖,这才是无价之宝啊!"

文化篇——完善企业文化
凝聚员工人心

至此,大家可以感觉到王水福是一个有胆略,有魅力的人,然而,这一切是远远不够的,他是一个有思想的文化人,特别常年读过工农商学以及自然的各种书……

信誉篇
狠抓质量管理
强化服务意识

"质量,企业的生命!企业的形象!",这是西子电梯有口皆碑的事。他所有经营之道,是以质量为前提,以信誉为根本,他们以守信,性能稳健得到了"客户养家型消费者负责"的经营思想。

对此,王水福主抓质量的同时,跟着做出抓服务,以服务完善质量,狠抓质量,狠抓"三包"服务。加强在设备生产过程、产品在装机服务过程中所有环节的质量。同时,尤其对装后的产品——在装机、保养、维护与他的每一条走过。他心里对每一件抱有诚意,责任重大。

钱被别人几次大规模的"动物研讨管理工厂,1995年业绩之后"原量,效益年",其中,ISO9001质量管理体系的创建和实施是必不可少的。1995年年会王水福分会主席,王水福到大会参加了大会并作了重要讲话,承诺一定抓好新年的ISO9001工作,组织专业人员全心投入,做好高中学习班,并列"ISO9001知识竞赛"为主要的质量宣传活动,从而带动整个企业。1996年3月18日正式验收之时,全厂呈现出一派喜气洋洋的热闹气氛——公司ISO9001认证——在他的带领下,西子电梯厂于1996年9月通过由杭州质量体系审核中心(SAC)和德国莱茵股份公司(TUV)联合审核的ISO9001质量体系的认证,这对企业今后深入地进一步抓质量工作、新企业的发展具有重要意义,同时,王水福谦虚地说,公司要想全心全面完成好的服务意识要下降。然而,他一直为之努力的为市场,提高全员的质量竞争意识,积极在售前、售中、售后每一环节,优质服务,以抓好全员的质量服务、设备工程——立体停车库、起重机、建筑配套、外饰、房地产等多种装备,产品包括住房电梯、客梯、消防梯、液压梯、电梯式立体停车库、起重机等40余种。

集团1997年实现电梯产量1440台,产值4.7亿元,销售收入近5亿元,名列全国电梯行业第五,并被评为95中国最大经营规模乡镇企业,95浙江最大工业企业百强第74位,杭州市综合经济二十强企业,杭州市村办企业首位,江干区工业企业第一位。

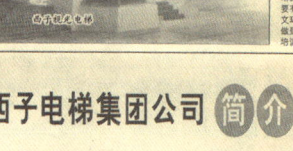
西子银河电梯

西子电梯集团公司 简介

西子电梯集团公司正式成立于1994年,前身为杭州西子电梯厂,是江干区笕桥镇的一家以电梯制造、安装与维修保养为核心的国家级企业集团。公司现有资产近4亿元,资产负债率50%,固定资产1.42亿元。公司工业用地21万平方米,农业用地20万平方米,另有1182人,其中专业技术人员189人,占员工总数的16%,经营范围涉及电梯、扶梯、立体停车库、起重机、建筑配套、外饰、房地产等多种装备,产品包括住房电梯、客梯、消防梯、液压梯、电梯式立体停车库、起重机等40余种。

集团1997年实现电梯产量1440台,产值4.7亿元,销售收入近5亿元,名列全国电梯行业第五,并被评为95中国最大经营规模乡镇企业,95浙江最大工业企业百强第74位,杭州市综合经济二十强企业,杭州市村办企业首位,江干区工业企业第一位。

目前,除了杭州西子奥的斯电梯有限公司以外,集团公司还下辖4家全资公司(《西子生态农场》、西子立体停车库有限公司、西子大厦等建设、财务公司)、1家控股公司(海天宾馆、西子房产公司)、2家参股公司(华星少企集团、福乐包装厂)。由于集团在经营成绩中所取得的卓越成就,公司被浙江省政府命名为"96年度省最大工业企业",并获得"96年度市综合经济二十强企业"、"市材料工业企业第一名"、"八五"期间省科技明星企业"、"省职工教育先进单位"等殊荣。

十五大的胜利召开,给西子电梯集团公司带来一股强劲的东风,省九届人大一次会议的召开,更是放省人民政治生活中的一件大事。公司全体员工在董事长王水福的率领下,决以抓住机遇,迎接挑战,以期所有未有的热心和热情,开拓进取,公平竞争,投身国际市场大环境,稳步迈向二十一世纪。

社会篇——热心慈善事业
致力社会发展

"投桃报李,回馈社会,生产服务",是王水福一贯的管理思想和经营理念,这也正是王水福最为人情味、同情心的最内感之所在。

目前,在西子电梯集团身份省机械行业的规则企业之中,但王水福精神从自己体型的作品体验的人为企业,也不会忘过。"我们不仅要把生产的人为企业的贡献,更应更加企业的一些社会公益事业的为, 几年来公司为社会公益事业捐款数额巨大。1994年杭州市区几家幸会成立之时,王水福等为杭州市几家童儿童基金会的成立,主持日子工作。为杭州老区灾,助残救灾中捐赠为情,每逢节日总要有某些捐赠与问候,与大家一起庆祝节日。

王水福的爱心不仅为孩子们,还尽可能地为老人献上温暖的祝福,在党组之时,他为他的姑妈捐款100万,支持新企业事业。

1995年他家信誉,公司在农村所有的"场地老幼"集团大厦还不忘为灾区慰问,包括他,他认为,我国这个大家庭里,应该是大家相互帮助一个大家需要帮助的人。一贩以自己的事。

另外,他也相当关注多个企业劳模的慰问活动。在他们做的工作中,公司捐款了20万元,同时,又捐助浙江大学师生活动基金会87万元,为社会主义少儿艺术成果教育基金10万元,省旅馆幼教培训(价值15万元)及慰问1万元,杭州少儿福利工程20万元……

对于低社会的关心,早在1992年,19岁的他开就跑意义,因为天性也他心地很突发信人慷慨一件心,但他的支慨款的费而不断人的心,"当特殊行业"的费用,但总得还不是为他捐款。就是这样,王水福一直默默地开辟了一片天地。直到后来,当地关心的事全他对这项事业的关心,他有自己的想法。1996年,城关地区农福利心的人。那些做帮助下,向他赠送。1998年五月,王水福一个年轻的人老人心的人,也叫他们做了"五十年前"的一个工作者,他对特殊权益的员工——王水福一贯这么做。"特殊权益的员工——王水福一贯这么做",他对给的也没有就是这么做的。

王水福就是这样地始终如一地爱着社会和所有的人,在他的企业里就这样地贡献着自己,贡献给所有的人。他被集团员工和社会各界认同。

《实行科学管理 致力社会发展——记西子电梯集团公司董事长王水福》,来源:《人民政权报》1998年1月19日

实行科学管理　致力社会发展（节选）

——记西子电梯集团公司董事长王水福

（来源：《人民政权报》1998年1月19日）

信誉篇——狠抓质量管理　强化服务意识

恪守企业信誉和商业道德，将用户至上作为经营方针也是王水福所首肯与推崇的，他既有坚定的质量观念，又有强烈的服务意识。他特别强调"为客户尽责就是替自己负责"的敬业思想。

王水福一有空就去车间或客户现场了解产品的加工及安装质量情况，对不合要求的当场指导改进，而对于严重违反工艺纪律以致影响产品质量的行为更是深恶痛绝，他会立即召集有关人员召开现场会议，责令限期整改！

他经常以大刀阔斧的气势组织质量管理工作。1995年是公司的"质量、管理、效益年"，其中，ISO 9001国际质量标准体系宣传和贯彻就是他牵头策划与组织的。1995年年终总结大会前夕，王水福全盘推翻了大会筹委会原本精心准备好的文艺演出。趁这个机会，他别出心裁地要求开展一次以"ISO 9001知识竞赛"为主题的质量宣传活动，从而鲜明地突出了1996年企业重中之重的工作目标即ISO 9001认证……在他的领导下，西子电梯厂于1996年9月顺利地通过了由上海质量体系审核中心（SAC）与德国技术监督协会（TÜV）联合组织的ISO 9001质量体系的国际、国内双重认证，这对乡镇企业来说，非常不容易。

其实，王水福的质量观念完全可以归结到他的服务意识上。他一直认为，电梯制造企业结合行业自身的特点，质量管理应该贯穿到售前售后的全过程，尽管这过程跨越了较大的时空，我们仍应充分重视——尤其是要彻底地做好各项售后服务。"西子特色之一便是强烈的服务意识！"王水福以真诚服务的态度去追寻商业信誉，同时，他又是一个非常爱管"闲事"的人。一个典型的事例是"千里送配件"的故事。有一次，成都滨江银行大厦一台电梯突发故障，原因是配件损坏。按理，这台电梯不是西子的产品，公司完全可以不闻不问，但考虑到用户的实际困难，他毅然决定让当地分公司在24小时内予以修复。但这种配件只有公司总部才有，为了守诺，他专门委派维修服务部星夜用专车将技术人员送往上海虹桥机场，然后搭乘次日一早的航班赶赴成都……很快，这台电梯重新运转起来了。事后，王水福风趣地说："千里送配件，一诺值万金，虽然我们花费了8000多元，但换来了四川用户的情感和信赖，这才是无价之宝啊！"

质量讲话稿

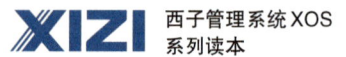

关于乡镇企业提高增长质量的思考
——在跨世纪企业经营战略交流研讨会上的发言
（1998年）

王水福

经过近20年的发展，乡镇企业在改革开放的伟大实践中异军突起，为振兴我国农村经济、促进国民经济和社会发展作出了历史性的重大贡献。与此同时，一批具有相当实力的乡镇企业应运而生。乡镇企业所取得的成绩令人瞩目，但辉煌毕竟属于过去。随着社会主义市场经济体制的建立和完善，乡镇企业面临的挑战和竞争更加激烈。一些在乡镇企业发展初期未被关注的问题，随着企业规模的扩大逐渐暴露出来，有些问题已成为乡镇企业进一步发展的极大障碍。因此，正确分析与认清乡镇企业发展面临的问题，并采取有效措施，是乡镇企业从量的扩张转向质的提高的必要前提。

乡镇企业的经营机制问题

乡镇企业发展到了今天，原有的企业经营机制与企业再上台阶之间的矛盾日益明显。如何建立切实可行的企业经营机制是关系到乡镇企业命运和前途的一大问题。因为乡镇企业的成功因素之一就是有一套灵活有效的企业经营机制，这是乡镇企业的生机和活力所在。现在企业规模大了、人员多了、市场竞争激烈了，原有机制中的一些方式、方法已不能适应形势的发展，这就要求我们深化改革，进一步解决企业面临的深层次问题。

乡镇企业的最终目标是要成为"产权清晰、权责明确、政企分开、管理科学"的现代企业。为此，首先要做到"产权清晰、政企分开"，这是建立适应社会主义市场经济的运行机制的基础，也是完善企业经营机制的前提。所以，以产权制度改革为突破口，狠抓机制创新是当前亟需解决的问题。根据乡镇企业的经营情况和发展趋势，选择适宜的改制形式，宜股则股，宜租则租，宜售则售，不搞一刀切，不断完善企业的经营机制，为乡镇企业进一步发展注入新的活力。西子电梯集团在上级领导和有关部门的关心和支持下，正在进行股份制改造，使企业与村镇明确分开，各司其职，尽早构筑成以产权清晰的股份制为纽带的企业经营机制，以适应社会主义市场经济的发展。

乡镇企业的经营战略问题

分析乡镇企业的现状，尽管其中不乏一些科技含量较高的企业，但从总体上看，普遍存在低档次、粗放型生产经营等问题。由于缺乏科技支撑，产品附加值低，产品升级困难。这些问题已经威胁到一些企业的生存。因此，提高产品的科技含量将是乡镇企业面向新世纪经营战略选择的一个主攻方向。尽管这个台阶很难上，但没有商量余地，没有后路，因为没有科技含量就没有市场竞争力。西子电梯集团在实践中深深体会到了这一点。在与美国奥的斯电梯公司合资后，产品技术水平随之提高，产品销路扩大，经济效益也随之上升。这方面投入越大，实力越强，企业的发展后劲也就越足。产品科技含量能否提高，取决于企业技术水平的高低。乡镇企业提高技术水平的有效途径是：（1）与科研单位、大专院校挂钩，实行产、学、研合作，实现优势互补；（2）引进外国的先进技术，可以合资、合作，也可以派人出国学习；（3）在企业内部采取相应的激励机制，调动广大技术人员的积极性，挖掘他们的潜能，开展技术革新、创新，进而提高产品的科技含量。西子电梯集团在这三方面都进行了有益的尝试，并取得了一些较好的效果。我们将进一步完善上述做法，不断增强企业自身的科技实力。

值得注意的是，在进行技术开发和技术选择时，一定要注意技术的适用性，看能否产生附加值，而不是单纯追求技术的高、新、尖。因为无论是技术的超前或滞后，如果把握不当，都同样不能带来任何效益，这里有个"度"的问题。

另外，保持原有产品的稳步发展，寻找新的经济增长点，是乡镇企业经营战略选择的一个基本问题。因此，很多企业采取多元化经营战略。市场经济的实践告诉我们，任何产品都有生命周期，这就要求企业不断开发适应市场需求的产品，以求得企业生存和发展。从这个意义上讲，多元化经营本身也是企业规避风险的一种方式。然而如何实施多元化战略，则是需要深入探讨的问题。盲目扩张、贪大求全是非常危险的。这里需要把握两条原则：（1）充分考虑市场需求和产品的市场占有率；（2）加强管理。市场占有率上不去，规模扩大而管理粗放，是多元化经营战略失败的主要原因。西子电梯集团在实践中坚持"一业为主，多元发展；外拓市场，内抓管理"的方针，在继续提高电梯技术水平、扩大市场占有率、做好售后服务的同时，采用日本技术开发并推出立体停车库，并与浙江大学有关院系合作研制开发环保设备。同时，在农业产业化方面进行了探索，为农业的稳定和发展作出贡献。

乡镇企业的科学管理问题

就现代企业制度而言,"产权清晰、政企分开"是基础,但做到这一点并不能保证企业免于失败,现代企业制度还必须包括"权责明确、管理科学"。从当前大部分乡镇企业的发展状况来看,科学管理水平亟待提高。

1. 人力资源管理。企业兴衰、成败的关键在人,办企业说到底要靠人。就目前乡镇企业的人员结构而言,一方面是一大批创业元老,另一方面是引进的新军——这两部分人在经历、观念、受教育程度等方面存在较大的差异。但他们各有所长,如能互补则有利于企业的发展,若是互斥就会影响企业的前途。这是目前乡镇企业人力资源管理中面临的一个普遍问题。如何合二为一,各自扬长避短,缩短两者之间的磨合期,就成为人力资源管理的主要任务。创业元老应加强文化、专业技术的学习,接受新知识,树立新观念,跟上形势的发展;引进的新军要尽快适应乡镇企业的环境,并为乡镇企业技术创新、管理创新、提高整体素质作出贡献。

2. 组织保证。企业规模扩大了,原有的组织形式需作重大调整,以适应企业的发展。现在多数企业都组建了集团,这有利于优化企业的内部结构,尽快形成规模效益。然而,集团内的运作则是我们面临的一个新问题。管理层次和管理幅度的确立,要保证集团与子公司、集团内各职能部门之间协调有效的运行。为此,首先要明确职责。就集团与子公司而言,集团的职能:一是控股,二是管理。子公司则是独立的运作单位。这就要克服子公司等待集团下命令、定指标的弊病,各子公司的经营主要由子公司自己决定,不能等、靠,集团的管理主要是检查、指导、协调。西子电梯集团正按照这样的思路探索集团管理模式。

3. 规范企业内部管理,建立健全行之有效的管理制度。企业初建时期,人员少、中间环节不多,企业的管理主要靠领导的直接指挥和事必躬亲;离开了领导人物,企业就无法正常运行。但乡镇企业发展到今天,企业的管理要靠一套行之有效的管理制度。

由制度管理代替领导直接管理、事必躬亲,是管理上的一种进步,是管理水平提高的标志。这样才能使企业的决策者从具体的日常事务中解脱出来,腾出更多的精力去考虑企业发展面临的重大问题。

4. 形成有自己特色的企业文化。卓越的企业文化可以创造一种文化氛围,使员工表现出一种强烈的内在驱动力和高度热情,最终使得每个员工感到企业不再是单纯求生、挣钱的场所,而是人们寻求归属、表现生命意义的天地。乡镇企业在创业初期的那种敢为人先的拼劲、那种吃苦耐劳的精神正是取得成功的基础,也是乡镇企业跨入新世纪的宝贵财富，我们应当很好地继承。形成有自己特色的企业文化，绝不是一件可有可无的事情，更不是做表面文章，而是推动企业进一步发展的理念和动力。

  在今后两年内，国家将继续加大国企改革的力度，这必定促使国企加快摆脱困境的步伐，成为乡镇企业的强大竞争者。同时，来自同行业、来自其他乡镇企业的竞争压力将有增无减。乡镇企业的发展既面临着严峻的挑战，又面临着良好的发展机遇。我们必须认清形势，把握方向，加快实现增长方式转变的步伐，使乡镇企业逐步向现代企业迈进，并与国际水平接轨，使其真正成为促进国民经济发展的主力军。

荣誉及资质

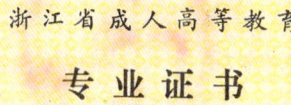

▲ 1990年11月—1992年3月，王水福获杭州大学企业管理大专证书

▲ 1995年12月8日，王水福获高级经济师资格证

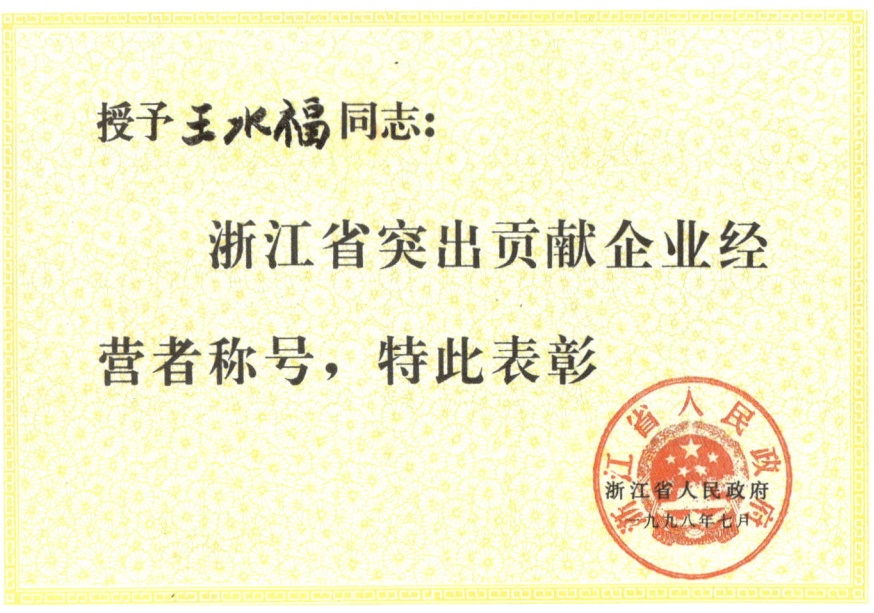

▲ 1998年7月，王水福获"浙江省突出贡献企业经营者"称号

▲ 王水福的浙江省第九届人民代表大会第二次会议出席证（1999年）

21世纪00年代
（2000年—2009年）

"数量"的基础是"质量"

质 量 事 记

▲ 2001年3月5—14日，王水福赴台湾参加海峡两岸电梯技术与管理研讨会

▶ 2001年8月28日，王水福迎接美国联合技术公司董事长乔治·大卫来访

▲ 2005年4月8日，王水福入选我国首次发行的以制造业领军人物和先进技术为题材的"浙江制造领军人物"个性化纪念邮票

▲ 2007年9月9日,王水福与"中国质量管理之父"、中国工程院院士刘源张在新新饭店交流

▲ 2007年2月5日，西子联合对外发布浙江首份民营企业社会责任报告

	西子联合文件	Class: 类别:	管理
		Number: 编号:	XZR07005
For the Attention of: 发至：各制造业关联公司	Source: 来源	西子研究院	Page: 页数:	1
		Issued: 发布日期:	2007-09-18
	Subject: 主题	质量管理委员会	Approved: 批准:	

关于成立西子联合质量管理委员会的通知

为了加强西子联合各公司的质量管理，交流质量管理有效方法和经验，整合质量管理资源，不断提高全员质量意识，严格按质量管理体系标准的要求贯彻执行，决定成立西子联合控股有限公司质量管理委员会（以下简称"质管会"）。

质管会主要工作内容：

1. 制订、修订质管会的职责；
2. 组织西子联合质量管理的交流研讨和培训；
3. 组织西子联合质量管理共性问题的调研攻关；
4. 评价各公司质量管理的实施情况和质量绩效；
5. 制订、修订"质量管理奖"的评审条例；

质管会的成员和组织：

主　任：王水福

副主任：陈夏鑫，郑培明，成　谦，颜飞龙

成　员：廖海燕，杨志华，周水妹，谢信娟，叶国华，陆超翔，金伟春
　　　　 计　峰，邵德春，秦成松，何铁芳，王　昆，肖树青，马丽娜

质管会常设机构在西子研究院院长办公室。

| Prepared by: 编　制： | 谢和坤 | Checked by: 检　查： | 丘燕来 | Defined by: 审　核： | 韩君己 |

▲ 2007年9月18日，西子联合质量管理委员会成立

▲ 2008年4月28日，西子联合召开"创新是魂 质量为本"科技大会

▲ 2009年9月30日,王水福获"品质杭商"称号

▲ 2009年12月31日,以"科技西子 创新未来"为主题的2009西子联合科技表彰大会暨西子联合大学毕业典礼举行

西子报·质量报道

《西子电梯21世纪质量宣言》，来源：《西子电梯报》2000年2月25日

西子电梯21世纪质量宣言

2000年："质量—可靠性"年

目标　将整机故障率控制在1/60000以下

举措　全面引入闭环制造管理系统

理念　"产品100%可靠，客户100%放心"

西子电梯

XIZI ELEVATOR NEWS

- 总　编　王水福
- 副总编　陈夏鑫
- 2000年9月28日
- 第9期　总第55期
- 浙内部资料准印证第98172号

西子电梯集团有限公司办公室主办

王水福在浙江西子理工专修学院上课时勉励

进志气大学　走志气之路

依托一流软件环境　造就一流特色人才

本报讯 9月20日晚，王水福董事长来到浙江西子理工专修学院，给首届70多名学生上第一课。他热烈欢迎学生们走进了"志气大学"，勉励他们依托学院雄厚的师资力量、公司强有力的设备、管理等实践支持和创新型、允许犯合理错误的"千字军"的企业文化，早日成长为一名与众不同、杰出优秀的，既精通专业技术，又兼恶现代管理的特色、有用之才。

浙江西子理工专修学院由西子集团公司创办，9月8日开学。首届招生70多名，开设了机电一体化、计算机信息管理和汽车驾驶维修三个专业。王水福兼任学院董事长。

王水福董事长在讲话中着重强调了以下四个方面：

我们创办的是"志气大学"。我们办学的目的，不只是为了赚钱，而是出于企业回报社会和企业对人才的重视两个目的。创办西子理工专修学院，为社会培养和输送新型、高素质的特色人才，这是我们发挥自身资源优势回报社会的义举，也是我们责无旁贷的事。据此，作为经济大省，浙江的大学数量仅占江苏的一半，我们出资办学，也为浙江适龄学子提供一个接受高等教育的机会。

我们的学校，坐落在景色宜人的杭州笕桥，我们办的是所学校，不想鸣则一鸣而上，而是要办出特色来，办成"志气大学"，成为国名江南的第一所企业管理专业。让今天在这里求学的学子，二十年后能把自己的子女送到这里来，这就是我们办学的希望。

我们有国际一流的软件环境。由于刚刚创办，西子理工专修学院硬件相对是差点，但我们有其他学校没有的无与伦比的优势与特色，也是让学生学习成为难得的特色，我们集团的设备、大部分是90年代末以欧美引进的先进生产加工设备，这些高精尖设备在浙江省内，绝对数一数二的，在世界电梯生产厂家中也名列前茅，我们在公司里，还可以接触到世界制造业领先的精益生产管理。这种精益思想80年代初源于日本，90年代末提升于美国，目前正在各大跨国集团、企管专家广泛推崇，与传统的大量化生产方式不同，精益生产方式以整体优化的观点，对生产过程中的"人、机、料、法、环、测"都要进行优化组合，强调顺时代生产。

97年我们通过引进这套管理模式，已经实现了两个重大突破：发货车间面积由原先的40余亩变为现在的1000米²；由97年合资时的贷款上亿元变为99年存款上亿元。另外，全公司员工平均年龄在28岁，引进的大中专毕业生占到30%比例，在长期的企业管理中，形成了踏实、求精、求实、奋进的优秀的企业文化。同学们在这个氛围中，必将感受到年轻的朝气和激昂的斗志。

我们要造就一流的特色人才。西子理工专修学院永远不与其他学校比规模，我们追求的是"专"和"特"，不是培养科学家、发明家，培养的是实干家，是社会和企业急需的、抢手的，其他学校不可比的特色人才。再过十年，我国是中国加入WTO后，制造业将成为中国的强项，中国的优势还将在人力资源上，一大批既有理论，又会动手，还能管理的实干家，将成为社会急需人才。这也就是我们的培养方针。

因此，学校在教学中，除了国家和金省规定的课程，依托浙江丰富的教学资源和专业实践，并配以课外辅导员，以保证考试合格率，其他的自主、封闭、又将突出实践性、必要的时候采取导师制教学方式，由公司专任主任，制造部长、销售、管理干部等数管研究生一样，每人辅导一数几名学生，结合企业现场实际完成理论实践的学习过程。想在这里学得一门过硬的技术，又能掌握到先进的管理方法，使每一名从这里里出的学生，既具各专业理论基础，又精通专门制造专业技术，还需要综合一体化的需求，走上社会公司、政府办公司、大集团公司的车间主任，中小企业总经理和作为自主创业者接班人，成为当手争的特色人才。

同学们要走"志气之路"。在西子理工学院，同学们将要接受"当三年兵"，也是接受大学生的知识教育，中小学生的生活管理，还要接受企业员工式的磨练。三年寒窗，学习将很艰辛。来这里求学，一定要"落榜不落志"，坚信人生路上"红久必绿"。任何一名学生，只要树立信心，有志者事竟成，遵守学校规章制度，听从老师的教导，天天闻鸡起舞，勤学苦练，做一个时间的主人、聪明的孩子，三年的学习将是美妙的、充实的、亮丽的。

王水福董事长最后对学生们推心长地强调："要学好，不要学坏！"他说："社会是个大染缸，学院与社会现实联系又很密切，学校可以培养一切，包括思想和操守。父母亲寄予热切的期望，把你送进学校，即无法帮你思想。20岁已结成年人，自己要明辨是非，警惕和远离一切不正之风敢我受诱。因为'任何不良的社会、无益的书籍之类，进入眼前，进入耳朵，对心灵都是一种伤害'。"同时，要讲礼仪、懂礼貌、讲诚信、仁爱、友善、助人、修身养性，完善自我，将会受到他人的尊重和社会的承认。

浙江西子理工专修学院常务院长徐荣陵、集团公司总助理黄文胜、集团公司办公室副主任劳兴妹等听取了此次讲座。

西子立体车库通过 ISO9001 质量体系认证

本报讯（记者　王戟）日前，由中国进出口商品质量认证中心三位专家评审员韩君已、何德平、葛保华等组成的评审团，经过认真审核，宣布西子机械立体车库设备和起重机械符合 ISO9001 认证标准，予以通过。

领略巨人风采　再创西奥辉煌

本报讯（记者　异为）9月4—20日，西子奥的斯电梯有限公司总裁陈夏鑫、副总裁兼执行副总裁罗开平率领1999年度杰出贡献奖的分公司（总）经理、冯妙等，洪语诚等近20人赴美国参观考察。

他们此行的主要目的，是前往位于法国的奥的斯世界总部（Otis WHQ），由总裁助理 Mark Granato 先生和质量副总经理 Mike Beck 先生主持接待了陈夏鑫一行，并介绍奥的斯世界研究的最高水平—24层的布里斯电梯试验塔及位于美国一流"大学"城的奥的斯世界工厂。

在美期间，陈夏鑫一行还参观了新一代领先的产品Gen2无机房、无齿轮电梯。领略了著名的 Otis - Line（奥的斯客户服务热线）系统、e*REM（电梯远程监控）系统、e*Business（电子商务）、e*Display（网络化电子显示屏）等网络服务，及奥的斯系统性地考虑了资的CLC（Contract Logistic Center，即合同后勤支持中心）的管理流程。

通过这次考察，大家真切地体验到奥的斯公司在全球同行中"科技尖端化"、"服务网络化"的领先水平和亮丽特色，领略到电梯界巨头在全球电梯业领风骚的规模和实力。同时更感受到了奥的斯总部对西子奥的斯公司高度关注和充分肯定的程度。他们纷纷表示，在奥的斯强有力的支持下，西子奥的斯一定能够持续保持良好的发展势头，创造更为辉煌的营业绩。

（相关报道参见第四版图片专题）

▲令人瞩目的"中国杭州——2000西湖博览会"即将隆重开幕，各企业及商家争先在此次商机无限的盛会上一展身手。日前，西子立体车库有限公司总经理所属的杭州，在浙江新世纪大酒店投入使用，为规范博览会交通、停车作出了一份贡献。

据悉，这是该公司在杭州投资使用的第六座立体车库，分布在市区各高层住宅、酒店宾馆、写字楼等处。用户反映使用通畅、有效地缓解了杭州市静交通，取得了较好的经济和社会效益。

（本报记者　罗小军摄影报道）

▶在各分公司的努力努力及众多大项目的强力支持下，西子奥的斯电梯有限公司今年的订单将与去年持平——1至8月，订单总量已超过去年的2000台。其中，签订了近20个500万元以上的大项目工程，还完成多项目中，不光是河北、武汉、上海、深圳、兰州、南京等分公司签约的特别意义的大项目签约。

因为西子奥的斯9月7日在杭州又与南京金信房地产公司举行了隆重的电梯项目合同签字仪式。

（本报记者　孙为明）

《进志气大学　走志气之路》，来源：《西子电梯报》2000年9月28日

进志气大学　走志气之路

(来源:《西子电梯报》2000年9月28日)

2000年9月20日晚,王水福董事长来到浙江西子理工专修学院,给首届70多名学生上第一课。他热烈欢迎学生们走进了"志气大学",勉励他们依托学院雄厚的师资力量、公司强有力的设备、管理等实践,支持和创新、允许犯合理错误的"干实事"的企业文化,早日成长为一名与众不同的、杰出优秀的、既精通专业技术又熟悉现代管理的特色、有用之才。

浙江西子理工专修学院由集团公司创办,于9月8日开学,开设了机电一体化、计算机信息管理和汽车驾驶维修三个专业,首届招生70多名。王水福兼任学院董事长。

王水福董事长在讲话中着重强调了以下四个方面:

我们创办的是"志气大学"。我们办学的目的,不只是赚钱,而且是出于企业回报社会和企业对人才的重视两个目的。创办西子理工专修学院,为社会培养和输送紧缺、特色人才,这是我们发挥自身资源优势回报社会的义举,也是我们答谢社会的最佳方式。据统计,作为经济大省,浙江的大学数量仅占江苏的一半,我们出资办学,也为浙江适龄学子提供了一个接受高等教育的机会。

我们的学校,坐落在景色宜人的杭州笕桥。我们创办这所学校,不想顺势一哄而上,而是要办出特色来,办成"志气大学",成为闻名江南的第一所企业管理名校,让今天在这里求学的学子,在20年后还能把自己的子女送到这里来。这就是我们办学的希望。

我们拥有国际一流的软件环境。由于刚刚创建,西子理工专修学院的硬件相对是差点,但我们拥有国际一流的软件环境,这是区别于其他学校的无与伦比的优势与特色,也是学生学习最为难得的基础。我们集团的设备,大部分是20世纪90年代末从欧美引进的先进生产加工设备,这些高精尖设备在浙江省内绝对数一数二,在世界电梯生产厂家中也是名列前茅的。同学们在公司里还可以接触到世界制造业领先的精益生产管理,这种精益思想20世纪80年代初源于日本,90年代末提升于美国,目前正被各大跨国集团、企管专家广泛推崇。与传统的大量生产方式不同，精益生产方式以整体优化的观点，对生产过程中的"人、机、料、法、环、测"各要素进行优化组合，强调准时化生产。

1997年，我们通过引进这套管理模式，已经实现了两个重大突破：发货车间面积由原先的40余亩变为现在的1000平方米；由1997年合资时的贷款上亿元变为1999年的存款上亿元。另外，全公司员工平均年龄在28岁，引进的大中专毕业生比例达到30%。在长期的企业管理中，形成了崇德、求知、务实、奋进的优秀的企业文化。同学们在这个氛围中，能时刻感受到年轻的朝气和激昂的斗志。

我们要造就一流的特色人才。西子理工专修学院永远不会只比规模，我们追求的是"专"和"特"，不是培养科学家、发明家，培养的是实干家，是社会和企业急需的、抢手的、其他学校不可比拟的特色人才。未来十年，尤其是中国加入WTO后，制造业将成为中国的强项。中国的优势还将体现在人力资源上，一大批既有理论又会动手，还能管理的实干家，将成为社会的急需人才。这就是我们的培养方向。

因此，在国家和全省统考的课程方面，学校将邀请浙江有着丰富教学经验的教授和专家授课，并配以课外辅导，以保证考试合格率。在其他的自主课程方面，我们将突出实践性，必要的时候采取导师制教学方式，即由公司的车间主任、制造部部长、销售干部、管理干部等像带研究生一样，每人辅导一到几名学生，结合企业现场实践，完成理论的学习过程，想尽办法让学生学习接触公司先进的管理方法。我们的目标是使每一名从这里毕业的学生，既具备深厚的理论基础，又精通生产制造专业技术，还掌握合资企业、现代企业的管理知识，能够在走上社会以后胜任跨国公司、大集团公司车间主任、中小企业总经理和个体创业者接班人，成为炙手可热的特色人才。

同学们要走"志气之路"。在西子理工专修学院，同学们要准备"当三年兵"，因为学校给大家安排的是，除了接受大学生的知识教育、中小学生的生活管理外，还要接受企业实践的磨炼。三年寒窗，学习将很艰苦。来这里求学，一定要"落榜不落志"，坚信人生路上"红久必绿"。有志者事竟成，任何一名学生，只要树立信心，遵守学校规章制度，听从师长的教导，天天闻鸡起舞、勤学苦练，做时间的主人，三年的学习将是丰盈的、充实的。

王水福董事长最后还语重心长地对学生强调道："要学好，不要学坏！"他说："社会是个大染缸，学院与社会现实联系又很密切，学校可以培养一切，包括愚蠢和懒惰。父母亲对你们寄予热切的期望，把你们送进学校，却无法帮你们思考。20岁已是成年人，你们自己要明辨是非，警惕和远离一切不正之风和腐败现象，因为'任何不良的社交、不德的谈话、无益的书籍之类，对心灵都是一种伤害'。同时，你们要讲礼仪、懂礼貌，做到尊敬、仁爱、友善、助人，修身养性，完善自我，你们才会受到他人的尊敬和社会的承认。"

王水福董事长的一番谆谆教诲，给全体学生上了一堂富有哲理、生动深刻的思想教育课。他们纷纷表示，绝不辜负董事长和学院的期望，珍惜这一个难得的学习机遇，自强不息，抓紧时间，努力学习，刻苦钻研，加强实践，早日成才，以报答父母亲的养育之恩，为社会奉献自己的知识和技术。

浙江西子理工专修学院常务副院长徐荣波、集团公司总裁助理黄文胜、集团公司办公室副主任劳兴妹等听取了此次讲课。

西子联合

2 2003年12月10日

《财富人生》陈夏鑫副董事长畅谈西子奥的斯合作

本报讯 11月29日浙江电视台经济生活频道播出了长三角先进青年领军人物陈夏鑫副董事长在《财富人生》栏目上与主持人和现场观众的激情对话。他畅谈了与世界500强合作后，如何成为职业经理人；合作重于竞争的理念。现场气氛活跃，陈总真诚地回答了现场提问，精彩的对答引来了阵阵掌声。

本报下期将就陈夏鑫董事长的访谈内容进行专题报道。

（张敏）

新闻速递

全国政协常委张吾乐到公司考察

11月29日全国政协常委张吾乐，国务院减负办主任王远枝一行在王水福董事长的陪同下考察了西子奥的斯，并与有关人员进行了座谈。他充分肯定了西子"以民引外"合作发展，希望西子二次创业再上新台阶。

（办公室）

工程进展顺利 建德三狮水泥

本报讯 建德三狮水泥有限公司是浙江三狮集团有限公司、西子电梯集团有限公司、孚信澳洲有限公司等五家股东共同投资组建的，总注册资本1000万美元。

建德市位于浙江省西部，是东属于杭州市的县级市。东接杭州，西接黄山，中贯富春江、新安江、千岛湖，地理位置十分优越。建德市矿产资源相当丰富，现已探明开采的有铜、镍、锌、石灰石、大理岩等矿种25种，经济发展潜力巨大，现已成为浙江省三个重点水泥生产基地之一。

该公司总投资3.5亿，投资规模年产150万吨熟料，目前工程进展顺利，紧张地进行，大型设备已招标，迄今已签定设备合同1.02亿元，土建合同达4625万元，安装合同达2591万元，征用土地费约1600万元，总合同款已达1.9亿。工程在11月底土建主体竣工，2004年6月正式点火运行。

（徐国贞）

西子联合被授予2002年全国质量效益型先进企业

本报讯 西子联合近日被中国质量协会授予"2002年全国质量效益型先进企业"，这是表彰在质量经营方面取得突出成效的企业，我国质量方面的最高荣誉。

西子一贯在产品品质上追求完美，并在思想上坚持全员质量意识教育，从而以过硬的产品质量，精湛的制造工艺，优质的服务和良好的企业信誉，取得了较好的经济效益。

此次获得"2002年全国质量效益型先进企业"称号，也充分肯定了西子联合在质量管理工作中所取得的重大成绩，从而为西子进一步争创全国质量管理奖奠定了坚实的基础。

（本报记者 王梅）

西子海尔曼召开第一届董事会

12月3日西子与德国海尔曼合资成立的杭州西子海尔曼超声波技术有限公司召开了第一届董事会，会议在真诚合作的气氛中确定了经理人选并对今后的

《西子联合被授予2002年全国质量效益型先进企业》，来源：《西子报》2003年12月10日

西子联合被授予
2002年全国质量效益型先进企业

(来源：《西子报》2003年12月10日)

西子联合近日被中国质量协会授予"2002年全国质量效益型先进企业"，这是表彰在质量经营方面取得突出成效的企业，是我国质量方面的最高荣誉。

西子联合一贯在产品品质上追求完美，并在思想上坚持全员质量意识教育，从而以过硬的产品质量、精湛的制造工艺、优质的服务和良好的企业信誉，取得了较好的经济效益。

此次获得"2002年全国质量效益型先进企业"称号，也充分肯定了西子联合在质量管理工作中所取得的重大成绩，从而为西子联合进一步争创全国质量管理奖奠定了坚实的基础。

从"中国玩具召回事件"引发的思考
西子联合提高全员质量意识

本报讯 随着西子联合持续发展做大做强,已经有越来越多的产品包括电扶梯、余热锅炉、电梯部件、立体车库、起重机等远销海外市场。前不久在美国发生的"中国玩具召回事件"为出口企业敲响了产品质量的警示。西子联合一贯坚持产品走出国门,质量先行一步,为了使各公司的管理人员进一步增强质量意识,高度重视质量工作,8月25上午来自"电梯经济圈"四家公司的管理人员(西子孚信、西子重工、富沃德、西子石川岛)以及西子研究院的多位专家共22人召开了一次"质量工作会议"。接着在9月7日又邀请资深质量专家为来自各公司200多名生产一线的质量管理者和公司高管进行一场"按照国际标准,完善质量管理体系"的报告会,王水福董事长亲自主持了本次报告会。本次专题质量管理培训,旨在全面提高全员质量意识。

报告会的主讲人是西子研究院的技术总顾问韩主已高级工程师。他有着数十年的技术和质量管理经验,曾主持过300多家企业的ISO9000质量论证工作,经验非常丰富。在本次报告会上,他根据自己质量管理工作的体会,梳理四个要点向大家全面而系统地介绍了质量管理体系:一是"质量管理体系的基础和术语";二是"ISO9001:2000质量管理体系要求及原则";三是"八项质量管理原则";四是"CS—ISO9000"。总统述了"如何从质量层面看企业效益"; "如何认识零废品、零缺陷、零故障、零污染"; "如何构建核心竞争力"三个主题。报告会最后,"电梯经济圈"的成谦副总裁、西子奥的斯郑培明总裁、杭锅集团陈飞龙总经理也分别向大家阐述了各自对质量管理工作的体会,表示要进一步推动整个集团的质量管理体系的建设和改善,促进各公司提高质量管理水平。

在电梯经济圈质量工作会上来自各个公司的经理以及分管质量工作的管理人员轮流发言,畅谈各自对质量管理工作的认识,管理是必须要有质量意识、态度和决心;加强技术情报工作,包括产品前期地区的法律、法规、标准、环境以及知识产权等问题;加大人员培训、技术开发、标准研究的投入,包括产品前期地区的标准,避免出现产品质量问题,引进和培训装备、检测工具的更新;多聘用各类工艺专家、质量管理专家等,利用好他们的宝贵经验,并不断采用新的开发、生产及管理方法。

陈夏鑫总裁推出产品质量的提高首先是要提高全员质量意识。最主要有三类人:一是总经理、总经理首先要彻底贯彻品质意识,抓好品质工作;二是品质部长、要有好的高专业水平的人,这样才会高素质的管理经验的人;三是有经验的专家和高工,这些人要充分利用经验和能力做好基础性的工作,让我们避免犯重复性错误。今后要抓住更多的第二类和第三类人,他们清晰的思路会指导我们更快地提高。西子的各质量是重视改善公司的硬环境,通过坏

电梯经济圈质量工作会

境的改善来培养人的心智、提高素养,使之更好地理解什么是品品品,并将这种品质意识带到工作中,体现到产品的品质上品质意识到位之后,下一步的关键是落实、行动。今年年底前会再次检查各公司的质量工作的落实和改进。

王水福董事长作了总结性发言,他对近期发生的"中国玩具召回事件"发话,指出此类贸易摩擦事件的本质:表面问题是"质量",实际原因是"反倾销",使用的手段是"技术壁垒"。他认为,这实际上是一件好事——可以让我国政府和企业都重视产品质量问题,提高产品的质量水平,这也是韩国、日本等一些发达国家的出口产品曾经历过的事情。近些年来,西子各公司已经有越来越多的产品出口到世界各地,例如,电扶梯、扶梯部件、铜炉、起重机等产品已出口到世界的23个国家和地区,未来会更多。这种情况下,我们尤其要重视我们的产品质量,避免出现产品质量问题。所以"中国玩具召回事件"对于西子而言是一个警示,但也是一个提高产品品质、做好下一步的重要契机,我们要有"不怕鸡蛋里挑骨头"的精神,各公司不仅要自查自纠,而且要欢迎客户给我们挑毛病,我们要正视、并改进。

王水福董事长还指出:未来五年西子的销售收入要达到300亿元的目标,"300亿"是一个"数量"的指标,"数量"的基础是"质量"。如果我们的基础不牢固,有技巧的,那么数量的快速增长就很危险,现在一个小的质量问题日后可能就会置于死地。因为300亿的目标前进时,我们更要高产品质量的要求,把基础做好,做牢。各公司的管理人员今后要认真审视公司的质量工作,寻找质量漏洞,发现问题,并尽快补救、改正;各公司的管理层对于各种质量问题可能引发的危机要有预测,尽早制定出应对危机的解决方案。

(林建杰)

足,有些老专家的指导,"机会+经验",会产生很好的效果。
比如,我们企业现在一年需要铸约3万吨,如何保证这些铸件的质量?如果我们卖出的几千台曳引机因为铸件质量问题而发生故障,那么客户索赔起来我们可能就要赔不够的。所以在现在这么好的形势下,我是不是把比这个事情,我无远虑,必有近忧,越是形势好的时候越要警惕。现在西子研究院请了铸造方面的专家来帮助我们培养铸造方面的专业人才队伍,全面提高铸件质量,提升产品品质。这就引出我下一个话题:

二、研究院举什么旗?走什么路?
1、举什么旗?
西子研究院要高举"服务"大旗,为西子联合所属企业目前的发展提供技术支持和服务,为西子联合的百年愿景提供技术服务。西子研究院是一个平台,是一个沟通的平台、学习的平台、互动的平台、经验和机会结合的平台,我们请了各方面的专家,有铸造方面的、有计算机方面的、有模块化设计方面的,等等,这些专家就是为大家服务的,你们遇到问题都可以来我家咨询。

中国有句老话:"千里之行,始于足下"。我跟很多总交流过,大家都认为有很多生产任务要完成,有很多质量问题要解决等等,没精力去对付另外的事情,我认为这也是对的,做好这些当前的事情就是"始于足下",但企业要有长远的目标,要有"千里之行"的远大理想,你们没有时间精力,那么研究院就为大家做这些事情。没什么就想什么。

2、走什么路?
西子研究院走的路就是把的复杂事情简单化。
现在可能大家都很忙,人都有路径依赖,原来的习惯很难打破,要有外界的冲击才能改变。比如现在正在推进的模块化设计,做的时候会有很多困难,会遇到很多问题,但做成后就会很方便。

三、从成本优势向技术优势转变

从现在形势来看,中国低成本的优势已经结束了。现在煤电油气物体涨价包括食品、猪肉都在涨价,这是通货膨胀的开始。按照中国原来的经济预算,到2015年才是高成本时代的开始,但是现已经提前了10年,主要表现在几个方面:能源问题、原材料、交通物流、生产成本、土地价格,包括环保要求和人力资源等,另外国际方面,人民币在升值。由于这些原因,低成本的优势在中国已经终失了,但是现在很多人还停留在低成本,为什么是我们的优势,就是一个标准。但是我们的优势只是退去了,现在高成本情况下我们做什么?就是要技术先进的。刚才颜飞龙谈到,现在在发的人不一定发展,或者说复杂技术是可以的。我们怎么以成本优势替换技术优势转变,我认为这是一个过程。我想研究院可能做不了这个事,但是很多公司都在做,所以我想通过研究院这个载体来多交流、比较、集成,把各方面的优势都集合起来,成为比较优质,怎么样从制造工厂向创造工厂转变。我以认为做在这个方面特别是我们的曳引机,应该是很重量的,不光光电机,另外包括电梯,现在也在延伸。

四、研究院要借力借势

西子研究院要为整个企业实现300亿的目标服务,打个比方,从100亿到300亿,好比这盖房子从一层楼造到三层楼,这个目标关键,我相信我们实现300亿元不难,难就难在能走多远。西子研究院就是地基,这个地基打实了,房子也越难越高。要实现这个目标,使整个西子联合从制造转向创造,要学会借力借势,我们要很多专家的优势用利用起来,比如浙大的杨华勇,他是国家973计划地铁盾构项目的首席科学家,他下有50几个教授,分布在各个大学,我们要很多合作好,必要的时候我们要请上去,建立长效合作。

另外,比如电梯经济圈计划未年收入100亿元,我认为是完全可能的,但是这个100亿持续发运,那就很难。现在电梯零部件领域,我们除了主机有专利技术以外,没有没占有。既使我们做做的是普通部件,我们就更远一定要有核心技术,核心部件。我有一个梦想,建一个150米高的电梯试验塔,研究出7m/s、10m/s的核心电梯部件技术。靠我们自己会慢,可以整合国内电梯界的专家——起来做这个事情。如果我们能把这个10m/s做出来,那就够做了"饭店",可以向所有电梯公司提供,饭店有饭店的作用,配件厂有他们的优势。我是这么认为的,怎么样把这个方面有所突破,这里面有好多事情要做。

两年前我们江干区企业交流会上,我说的三句话,就是合资公司成功的所在有三个阶段:(1)引进技术,提高品质;(2)消化吸收再创新;(3)自主研发。引进、吸收、自主创新是有3个阶段,现在我们研究院是第四个阶段;利用社会技术为我所用。研究院不是自己养人,而是社会资源来开发;我们不能停留在自主开发上,这样可能太狭隘,所以我们第一是引进技术,第二是消化吸收,第三是自主创新,我们第四步就要利用社会资源提升技术。

现在有行业模式,就是像集团公司的做法,从知识转向技术,再从技术转向产业,这是集团公司、大的500强公司的做法。第二种模式就是知识转化技术的模式,这个模式是第四个阶段;利用社会技术为我所用。如果我们能把这个10m/s做出来,那就够做了"饭店"。第三种模式也是我们在做的,就是将技术从研究做到产业化。这三种模式的最佳模式,我们每个公司是哪种模式,我们应基本上都能被对照。知识转化技术,是一个有很大风险的过程,实现的过程,我想我们技术来源可以是自主研发,也可以是技术引进,也可以是合作开发,我们不能停留在一个模式。我认为研究院目的是一个交流平台,让我们年轻的管理者、年轻的老总能够有同经验的专家多交流。

五、十网九网空,只要一网成功

农村有句老话:"十网九网空,只要一网就成功。""说的是打鱼,不是每一次都能打的到,但只要坚持下去,那怕只有十分之一的机会,一旦成功就收获颇丰。所以希望大家理解和支持,研究院是有风险的,但还是要做下去,这也是企业家的使命,并不是为了钱,我希望我们的西子也能继续做下去,说大也是为了国家,说小也是为了自己人生价值或的体现。我在看问题的时候要是看得远,这就是企业家的使命、责任,就要冒这个险。如果到了我们企业困难了再来办研究院,再来考虑这个问题就来不及了。"

西子党政工团代表赴宁波方太学习考察

本报讯 8月10日西子联合党、政、工、团代表赴宁波方太厨具有限公司学习考察,学习其它优秀企业在企业社会责任方面的做法。

宁波方太厨具有限公司成立于1996年,是一家专门从事厨房电器、集成厨房技术与产品的研究、开发、生产与销售,致力于为每一个家庭提供科技、领先、人性的家庭生活环境及专业厨房解决方案的企业。现已成为中国厨房领域最著名的品牌,并成功地进入全球厨房市场,被誉为领先我国的"厨房专家"。公司位于浙东经济开发区宁波慈溪,目前在国全国拥有员工4000余人,正在建设的新生产基地位于杭州湾跨海大桥南畔,园区总面积达40万平米。

考察团一行通过与方太高层的座谈交流、情况介绍及实地考察,了解了他们一些先进经验和做法,并就企业文化、党建工作、团工活动等方面进行了探讨交流。

(付立飞)

本报讯 仲夏时节,西子孚信营运系统450多人齐聚一堂,共襄今后的发展。会议开幕富有激情,营运系统四个部的"部歌"一首精彩的朝阳朗,"工作者是美丽的"博得了众人的掌声,将会议推到了高潮。在四个部门各挑选组的精英表彰的后的一"按部比赛"中,让我们真正体会到了营运系统工作中组结的力量,"多一点沟通、少一点埋怨、沟通、理解就是一个那人的灵的基础。来自四个部门的精英演绎的"春天的故事",给我们展示了CL控制技术的实践之路,其实哪一项产品的实现过程走出辉煌、走出坎坷?团结务实的营运系统必将把美好的明天,廉洁精心备的扎实"成长、梦想",围绕着孚信员工的梦想,让会议得到了大家的共鸣和感动,成就好了西子电梯业这个庞大战舰的战略规划的了新的了解,使大家坚定信心伴随着这魏不败的战舰驰骋,也让我们对"孚信"有了新的认识,使之西子电梯业这个庞大战舰的战略规划的了新的了解,使大家坚定信心伴随着这魏不败的战舰驰骋。

会议精彩,晚会更是别出心裁,来自一线的员工、部门骨干和部门经理,这一对对俊男靓女用的妩媚动人的舞姿演绎了一场"舞林"盛宴,使大家大饱眼福。同时照明工作的同事,生活中的伙伴,竟能有这样的才能。工作再难都能克服,便可况这个小小的舞林!为我们精彩的人来说,成有什么不可以!舞林大会后对质量标兵和创新标兵进行了颁奖,这是对他们努力工作的高度肯定。务实、创新!相信整个营运系统做出也它们更好的成绩,会做好孚信成长之路上有力的基石。

(郭丹)

林建杰:《从"中国玩具召回事件"引发的思考:西子联合提高全员质量意识》,来源《西子报》2007年9月12日

从"中国玩具召回事件"引发的思考：
西子联合提高全员质量意识

（林建杰　来源：《西子报》2007年9月12日）

随着西子联合持续发展做大做强，已经有越来越多的产品包括电扶梯、余热锅炉、电梯部件、立体车库、起重机等远销海外市场。前不久在美国发生的"中国玩具召回事件"，为出口企业敲响了注重产品质量的警钟。西子联合一贯坚持产品走出国门，强调质量先行一步。为了使各公司的管理人员进一步增强质量意识，高度重视质量工作，8月25日上午，来自"电梯经济圈"四家公司的管理人员（西子孚信、西子重工、富沃德、西子石川岛）以及西子研究院的多位专家共22人召开了一次质量工作会议。接着在9月7日，西子联合又邀请资深质量专家为200多名来自各公司生产一线的质量管理者和公司高管进行了一场"按照国际标准，完善质量管理体系"的报告会，王水福董事长亲自主持了报告会。这次开展的专题质量管理培训，旨在全面提高全员的质量意识。

报告会的主讲人是西子研究院的技术总顾问韩君己高级工程师。他有着数十年的技术和质量管理经验，曾主持过300多家企业的ISO9000质量论证工作，经验非常丰富。在报告会上，他根据自己对质量管理工作的体会，梳理出四个要点，向大家全面而系统地介绍了质量管理体系：一是"质量管理体系的基础和术语"；二是"ISO9001：2000质量管理体系要求及简介"；三是"八项质量管理原则"；四是"CS—ISO9000"。他还总结论述了"如何从质量层面看企业效益""如何认识零废品、零缺陷、零故障、零污染""如何构建核心竞争力"三个主题。

报告会的最后，"电梯经济圈"的成谦副总裁、西子奥的斯的郑培明总裁、杭锅集团的颜飞龙总经理也分别向大家简要讲述了各自对质量管理工作的体会，表示要进一步推动整个集团的质量管理体系的建设和完善，促进各公司提高质量管理水平。

在"电梯经济圈"质量工作会上，来自各个公司的经理以及分管质量工作的管理人员轮流发言，畅谈各自对质量管理工作的认识。管理层必须要有质量意识、态度和决心；加强技术情报工作，包括了解产品销售地区的法律、法规、标准、环境以及知识产权等问题；加大人员培训、技术开发、标准研究的投入，重视制造装备、检测工具的更新；要多聘用各类工艺专家、质量管理专家等，利用好他们的宝贵经验，并不断采用新的开发、生产及管理方法。

王水福董事长作了总结性发言，对近期发生的"中国玩具召回事件"发表看法，指出此类贸易摩擦事件的本质：表面问题是"质量"，实际原因是"反倾销"，使用的手段是"技术壁垒"。他认为，这实际也是一件好事——可以让我国政府和企业更加重视产品质量问题，有利于提高产品的质量水平，这也是韩国、日本等一些发达国家的出口产品曾经经历过的事情。近些年来，集团各公司已经有越来越多的产品出口到世界各地，例如，电扶梯、扶梯配件、锅炉、起重机等产品已经出口到世界的23个国家和地区，未来还会有更多。这种情况下，我们尤其要重视产品质量，避免出现产品质量问题。所以，"中国玩具召回事件"对于西子联合而言是一个警示，但也是一个提高产品质量的契机。我们要有"不怕鸡蛋里挑骨头"的精神，各公司不仅要自查自纠，而且要欢迎别人给我们挑毛病、找问题。

王水福董事长还指出：未来五年西子的销售收入目标是要达到300亿元，"300亿元"是一个"数量"的指标，"数量"的基础是"质量"。如果我们的基础不牢固、有缺陷，那么数量的快速增长就很危险，现在一个小的质量问题日后就可能置我们于死地。所以在向"300亿元"的目标前进时，我们更要提高对产品质量的要求，把基础做好、做牢。各公司的管理人员今后要认真审视公司的质量工作，寻找质量漏洞并发现问题，并尽快补救、改正；各公司的管理层对于各种质量问题可能引发的危机要有预测，尽早制订出应对危机的解决方案。

科技引领发展 创新超越自我

西子联合召开科技大会表彰奖励科技人员

9月28日是让西子联合控股人员倍感振奋的日子——西子"创新是魂、质量为本"科技大会,36年的科技进步获奖人员颁奖。

科学技术的本质和灵魂,更是科技水动力和不竭源泉。西子倡导技术,鼓励创新,表彰创新、生活技术公司发展,管理人员却手上,生活技术公司的锅炉、Regen能源再生电梯等70所项目356位科技精英(奖项及获奖二版)受到了隆重的表彰和奖金产品的开发紧紧把住了环境原节约的主题,为西子可持续发展力了保证。表彰会由总裁陈义鑫、水福董事长宣读获奖技术精英代表...(以下内容模糊)

从国内第一台自主创新的1.75m/s的OH5000无齿轮电梯,到通过OTIS控制技术平台和本地资源优化开发的2.5m/s的OH5000电梯,例约4米/秒,载重1600公斤XO-8000电梯,西子奥的斯开始走向更高速电梯发展的潮流;为了进一步降低电梯成本,提高运行效率性能,响应国家提倡的绿色节能的号召,2006年引进奥的斯最新能源再生技术,结合西子联合的永磁同步曳引技术,网络化微机控制系统以及远程检测系统等开发了能源再生电梯。

西子联合与上海大合作研发的永磁同步无齿轮主机具有自主知识产权,这是电梯自发明150年来的一个革命,具有低噪音、免维护,最大节能44%的特点。在电梯部件研究上,今后要走专业化发展的道路,进一步加强"核心产品"的研发,开发7米/秒,10米/秒的核心技术产品。同时够抓自力开发永磁同步电机在电梯市场的应用,把永磁同步电机技术应用于更多的产业和领域。西子曳引造成为世界最大专业电梯零部件供应商,将电梯集团属下的富沃德打造成为世界机电梯的"隐形冠军"。

西子联合旗下的西子石川岛已经具有世界先进水平,可以生产50平方米最多可以停100辆车的塔式立体车库,他有改变行业地缘,缓解停车难的问题,如果这100辆车停在平面上,需要占地3000平方米。婴幼儿产业化的步伐,争取到"十一五"末立体车库的产量努力做世界第一。

(本报记者)

受聘院士简介——

中国工程院院士 林宗虎

1933年5月13日出生,浙江湖州人,现任西安交通大学热能工程系教授,1995年被选为中国工程院院士。他在热能、核电、石化等工程的重理论上,气液两相流与传热学科领域取得多方面开创性成果,获国家自然科学三等奖,国家教委科技进步一等奖及其它省部级科技奖12项和中国专利7项。

林宗虎现任西安交通大学热能工程系教授、热能工程专业博士生导师,国家自然科学基金评审组成员,国家科技奖励机械评委会评委,流体机械国家工程研究中心学术委员会主任,锅炉煤清燃烧国家工程研究中心和动力工程多相国家重点实验室学术委员会会长,香港评审局专家中国电机工程学会锅炉学专业委员会副主任,中国工程热物理学会副理事长,西北热能物理学会多相流专业委员会主任,陕西省工程热物理学会副理事长,陕西省计量测试学会副理事长,中国工程热物理学会主编,美国《国际工程流体力学》期刊国际编辑等职。1988年被授予国家授予突出贡献中青年科技专家称号;1989年被授予陕西优秀科技工作者称号;1995年被选为中国工程院院士。

圣彼得堡工程科学院 奠基者和院长费达托夫

1930年7月出生,1955年毕业于列宁格勒精密机械和光学学院,1972年获科学博士学位。从事机械自动化和柔性设计工作。圣彼得堡工程科学院奠基者院长,俄罗斯工程科学院副院长。著有500篇论文、200个技术专利。

费达托夫是自动化设计系统和工艺管理领域的杰出专家,在列宁格勒精密机械和光学学院、西北函授工学院和列宁格勒工学院担任过教学、工程和领导工作,任圣彼得堡国立技术大学"柔性自动化生产"教研室主任,开创了自动化生产技术新的科学方向。

在他的领导下,列宁格勒激光学和机械协会建立了自动化生产车间,进行了金刚石晶体结构、物理机械和物理化学性质的理论研究,开发了自动加工金刚石晶体的工艺。他是系统工艺自动化设计和自动化工艺管理等一系列理论的作者,也是各种物质切削加工物理过程研究工具的。之后的精密机械测量动力学理论。建造了新的高精度自动化设备。首次系统描述和分析了装备自动化科学,提出了自动装配工艺规范。俄罗斯联邦功勋科学工作者。前苏联荣誉汽车生产者,国家奖金获得者等奖项。

西子联合成立质量管理委员会

西子联合不断拓展海外市场、电扶梯、余热锅炉、电梯部件、立体车库、起重机等产品的销售越来越大,随着全球市场上凡是有关中国食品安全和产品质量的事件引起国外媒体的关注,中国制造"面临一波信任危机,令中国出口企业蒙阴了产品质量的警钟。中国政府迅速出台了产品质量和食品安全展开审查出击,抖对"中国制造"冷静解析,是要切实改任起切实地改造为自主发展为积极,使国民在期待已久的商业和消费服务的全面改善,推动认识为为核心关怀的发展模式转型,从而比不利于有所。

为了加强西子联合各公司的质量管理,交流质量管理有效方法和经验,整合质量管理资源,不断提高全员质量意识,严格控制管理管理的各标准体系的管理,决定成立西子联合控股有限公司质量管理委员会。

质量委主要工作内容:制订、修订质管会的章程;组织西子联合质量管理的交流研讨和培训;组织西子联合质量管理共性问题的调研研究;评价各公司质量管理的实施情况和质量绩效;制订、修订"质量管理理念"的评审条例。

质量会的成员和组织:
主 任:王水福
副主任:陈夏鑫 郑绮明 成 谦 盛飞龙
成 员:廖海蒋 杨志华 周水琳 谢伯纲 叶国华 阮昭翔
      金佳寿 计 峰 邵憾春 秦成松 何跃芳 王 展
      肖树青 马丽丽
质量会常设机构在西子研究院院长办公室。

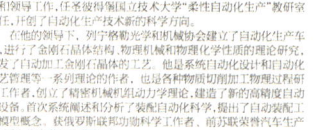

《西子联合成立质量管理委员会》,来源:《西子报》2007年9月30日

西子联合成立质量管理委员会

(来源:《西子报》2007年9月30日)

西子联合不断拓展海外市场,电扶梯、余热锅炉、电梯部件、立体车库、起重机等产品的外销量越来越大。最近全球市场上几起有关中国食品安全和产品质量的事件引起国外媒体的关注,"中国制造"面临信任危机,为中国出口企业敲响了产品质量的警钟。中国政府迅速针对产品质量和食品安全展开雷霆出击,并为"中国制造"冷静辩护,希望将信任危机转化为自我提升的契机,促进民众期待已久的商业和消费环境的整体性改善,推动以民生为核心关怀的发展模式转型,从而化不利为有利。

为了加强西子联合各公司的质量管理,交流质量管理的有效方法和经验,整合质量管理资源,不断提高全员的质量意识,严格按质量管理体系标准的要求贯彻执行,特决定成立西子联合控股有限公司质量管理委员会。

质管会主要工作内容:制定、修订质管会的职责;组织西子联合质量管理的交流研讨和培训;组织西子联合质量管理共性问题的调研攻关;评价各公司质量管理的实施情况和质量绩效;制定、修订"质量管理奖"的评审条例。

质管会的成员和组织:

主　　任:王水福

副主任:陈夏鑫　郑培明　成　谦　颜飞龙

成　员:廖海燕　杨志华　周水妹　谢信娟　叶国华　陆超翔　金伟春　计　峰
　　　　邵德春　秦成松　何轶芳　王　昆　肖树青　马丽娜

质管会常设机构在西子研究院院长办公室。

把产品卖到日本去
——西子以核心能力导向的品质提升战略

董事长 王水福

值此新年来临之际，我谨代表董事会并以我个人名义向全体同仁的勤奋工作和勇于创新致以崇高的敬意、衷心的感谢！并向节日期间仍在全国各地及越南、柬埔寨等国坚守岗位的员工及其家属致以最诚挚的问候！愿大家在新的一年里身体健康、阖家幸福！

我们即将告别精彩而难忘的2008年。2008，是不平凡的一年，年初百年罕见的特大雪灾、5·12汶川大地震、8·8北京奥运举国欢庆、百年一遇的金融风暴……西子联合的2008同样不平凡，"XIZI"（电扶梯）成为中国驰名商标，连续入围国家民营企业500强和中国企业纳税500强，被评为年度最佳雇主20强等。

西子是伴随着改革开放三十年的发展壮大的，也离不开全体同仁的共同努力。从观在不开的三十年，是技术拉动角，企业能否继续持续、稳定健康地发展，其自主创新能力成了关键。回首过去的三十年，展望未来的三十年，我感觉良多，不算自问，过去三十年我们稳步发展，但我们在看一点不足、不足什么？用户对于产品品质的要求越来越高，反而我们做得好，可能做到了99%，就差1%。如何完善再提高这1%。把产品做到完美？千里万里，只有一个途径，就是把产品卖到日本去，与世界最好的产品比较，才能发现差距。

一、为什么要把产品卖到日本去

为什么要把产品卖到日本去？因为日本的产品是世界上公认的质量最高、价格最优、服务最好的产品。这样企业内功修得有方向，转型转得有目标，它无疑就是一块"试金石"。

上世纪60年代、日本的产品出口到美国，原以为产品质量过硬，但与美国产品相比，却显得逊色。直到1973年的第一次石油危机，整个汽车行业出现大量的库存，这时的丰田不但没有亏本，反而赢利。因为60年代丰田开始进军美国市场，开创此全面质量产品质量，降低成本，使他们超过那次经济危机。上世纪80年代，韩国现代汽车也进入美国市场，开始还保修10年；到了90年代末，我国本土企业——海尔、美的电产品也开始掀起了美。以全球化管理手段，打造了有品质的产品，得到世界的认可。日本、韩国现代汽车、海尔家电，它们走过的路可能就是今后我们西子要走的路，也是复兴中国家的企业必然要走的路。

每一次的危机都是一次优胜劣汰的选择过程，危机中往往蕴含着最新的机遇。2009年，金融危机或许愈演愈烈，我们的产量可能不会增长太快，但这正是眼静内功、苦练内功、转型升级的千载难逢的机会。我们三年时间为未来经济复苏做好准备，提升我们的品质，面对这个"严冬"，我们要"逆流而上"，变"寒冬"为"冬训"，实施以核心能力为导向的品质提升战略。要把产品卖到日本去。

二、如何实施品质提升战略

（一）品质是核心

1. 寻找1%，重视品质。品质是企业赢得市场的关键。我们现在的产品品质已经做得很好，但为什么只有少部分产品能卖到日本去呢？因为我们的产品还不够完美，还存在着1%的差距。所以我们要在性能、外观、可靠性等方面做文章，纲举而目张，找到这1%的差距在哪里，再积极提升产品品质，用100%的努力完成1%的任务。只有这样，才能真正把产品卖到日本去。

2. 开好质量工作会议，把握品质提升方向。我们打算春节后召开全集团的质量工作会议，研究分析当前质量工作面临的新形势、新问题，明确今后一个时期质量工作的任务、采取有效措施、努力提升我们产品品质，最终促进西子更好更快的发展。

3. 完善研发组织建设，建立质量管理、控制体系。西子研究院做为浙大科技城为依据地，以自主研发与社会研发相结合的方式，跟美国控制产品设计品质。2009年要建立一套以总工程师为首技术部、技术管理、技术总监，各单位都要设置总工程师，负责质量和技术管理、创新工作。同时加强质量管理委员会的功能，完善内部标准化和质量管理、控制体系，合资源、疏解纠正、预防据漏、筹建国家级计量、检测中心，加强品质文化建设，办好《品质西子》刊物，让更多的先进实用技术，做法在整个西子推广应用，共同分享。

4. 引进人才，实施标杆管理。要成为行业领先，各单位就要大力引进高素质的科研人才。依托新大、积极与大专院校、科研院所进行合作，加强科技创新体系建设，实现科技产业对接，集成各方技术优势和资源为我所用，以全球战略应对全球。加强在岗技术人员的培训，成立工程师大小组、"小初师"、大平台"，帮助我们的企业解决解的技术、质量问题。

树立标杆，追求卓越。1976年以前，以美国当是世界上产品品质最好的国家，大家都向它学习。1976年以后，以迪斯尼公司为代表的美国企业认真参杆方法开始向日本企业学习。在寻找标杆的时候，我们要站在全行业甚至全球视野寻找基准，重视实际经验，强调具体的环节、界面和流程。好比中餐馆提供各式各样，美味可口的菜肴，酒店（如麦当劳只只是提供按统一标准、种类不多的菜肴、抑制以单一的产品成为世界500强。所谓"专业的人做专业的事"就是这个道理。西子联合的电梯零部件品种最多，什么都会做，什么都不专"，所以我们要以行业内最优秀的企业为标杆，寻找差距，奋清环节、持之以恒、以核心能力为导向，调整经营战略、改进业务流程、组建小团队在门店、控制系统、主机等方面进行全力攻关，不断提升产品质量，使出"杀手锏"，必能一举成名。

（二）价格是保证

没有价格上的优势，再好的品质终会被市场"冷落"。这里就不能不提到采购管理，采购的原料质量好坏对产品的质量举足轻重，而采购成本的高低直接影响着企业的效益。

世界零售业巨头沃尔玛就用一流的人去做采购，三流的人去做销售。他们积极帮助供应商，帮助他们进行融资、提升管理、引进技术、改善工艺、指导业务，是一种合作伙伴关系，"一荣俱荣、一损俱损"，就像一家人一样。我们要学习沃尔玛的做法，以丰田汽车的精益思想为指导，帮助扶持供应商、内部挖潜、提高效益，让他们也成长起来。在采购管理方面，可以成立专业采购公司，提高采购人员业务素质，优化物资采购流程，做好采购预算编制和计划管理工作，建立相应的供应商准入制度等。

在保证原料质量的前提下，以采购成本的降低，从而以最优的价格实现产品质量的价值，在品质的微观竞争中赢得优势。

（三）服务是支撑

什么是服务？怎么做好服务？这里的服务包含两层意思，其中一层意思是服务不仅体现在品质提升的过程，也体现在品质提升的后过程（非生产环节）。同时它也是个赢利增长点。国内电梯行业是个充分竞争的市场。质量好、价格好的企业在市场上争得市场，但如果服务跟不上，就不利于保持销售满意度和忠诚度，也不利于西子联合的品牌和形象，最终也会被市场"抛弃"。

另一层意思是要像日本电装公司全力为丰田汽车做好配套服务一样，做大做强西子奥的斯，而日本电装是丰田提供零部件的"商"。发展了火花塞、气囊、仪表盘、汽车灯等相关产品。如今，电装公司已是日本第一、世界顶级的汽车零部件供应商集团公司，而丰田和电装也进入了世界500强企业。西子和西奥的关系如同丰田与电装的关系，做大做强西子奥斯，不仅仅为西子了自己，就发展西子奥斯的企业如孚台、富沃德、优沃，就是发展西子奥的斯，它们是相辅相成、共同成长的关系。

在理清这层关系后，我们进行"伸展运动"，打通上下游、延伸产业链，做深做专、培育新的产业增长点。在延伸产业链的零部件方面多下工夫。目前，我们已经创造了"四个第一"，如果再拿几个"世界第一"，就有可能成为拥有数十个"小巨人"的世界大公司。

例：西子富沃德是制造电机的公司，主机年产量可达30000台以上，纵向专业化发展磁瓦、铸件、漆包线等产品。今后横向一体化发展如油田电机、风力电机、机床电机等。在保持富沃德强大的研发和设计能力前提下，用5—10年的开发，打造出磁瓦、铸件、漆包线、油田电机、机床电机等行业领先产品。把西子产品做成"世界老大"，实施做为"小巨人"企业，到时富沃德也是个集团公司。

西子从1981年的农机厂发展到现在拥有资产逾百亿、销售达125亿元的控股集团。走过了近30年、形成了自己的核心竞争优势——美式财务管理、日式现场管理（精益思想）和西子营销管理相结合，这样一体、其中最大的优势就是精益思想。我们要充分发挥这个优势，以核心能力为导向，实施品质提升战略，加快品质提升的速度。唯其如此，我们才能不断提高西子的品质，为今后与世界接轨、成为世界大公司打好基础。

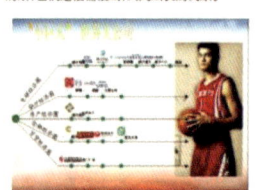

"慢慢走、稳稳走、不停走，不出几年，你就会发现你是走在前面的人"，这是我崇拜的一句话。2009年是西子品质提升的关键一年，只要这一步走好了，以后事情就能理顺。我还是觉得，西子要老老实实做好工作。这样贵不住、效益也好、风险又小。我对西子的未来充满信心。

再一次衷心地祝愿全体员工：新年快乐、阖家幸福！

"慢慢走、稳稳走、不停走，不出几年，你就会发现你是走在前面的人。"
2009年是西子品质提升的关键一年

王水福：《把产品卖到日本去——西子以核心能力导向的品质提升战略》，来源：《西子报》2009年1月21日

2009年新春致辞

把产品卖到日本去
——西子以核心能力导向的品质提升战略

（王水福　来源：《西子报》2009年1月21日）

值此新年来临之际，我谨代表董事会，并以我个人名义向全体同仁的勤奋工作和勇于创新致以崇高的敬意、衷心的感谢！并向节日期间仍在全国各地及越南、柬埔寨等国坚守岗位的员工及其家属致以最诚挚的问候！愿大家在新的一年里身体健康、阖家幸福！

我们即将告别精彩而难忘的2008年。2008年，是不平凡的一年，年初百年罕见的特大雪灾、"5·12"汶川大地震、"8·8"北京奥运会、百年一遇的金融风暴……西子联合的2008年同样不平凡，"XIZI"（电扶梯）成为中国驰名商标，连续入围全国民营企业500强和中国企业纳税500强，被评为年度最佳雇主20强等。

西子联合是伴随着改革开放30年而发展壮大的，也离不开全体同仁的共同努力。从现在开始的未来30年，将是技术拉动市场，企业能否持续、稳定、健康地发展，其自主创新能力成了关键。回首过去的30年，展望未来的30年，我感慨良多，不禁自问：过去的30年，我们稳步发展，但也存在着一点不足，不足是什么？用户对产品品质的要求越来越高，我们也做得很好，可能做到了99%，就差1%。如何再完善、再提高这1%，把产品做到完美？千思万想之后，只有一个途径，就是把产品卖到日本去，与世界最好的产品相比，才能发现自己的差距。

一、为什么要把产品卖到日本去

为什么要把产品卖到日本去？因为日本的产品是世界上公认的质量最高、价格最优、服务最好的产品。这样一来，企业内功练得有方向、转型转得有目标，这无疑就是一块"试金石"。

20世纪60年代，日本的产品出口到美国，原以为产品质量过硬，但与美国产品相

比，差距却很大。直到1973年的第一次石油危机，整个汽车行业出现大量的库存，这时的丰田公司不但没亏本反而赢利，因为60年代丰田公司就开始进军美国市场，并借此全面提高产品质量和降低成本，使得他们渡过了那次经济危机。20世纪80年代，韩国的现代汽车开始进入美国市场，并承诺保修10年；到了90年代末，我国本土企业海尔公司的家电产品也开始进军发达国家。它们都推行了现代化管理手段，打造了有品质的产品，得到世界的认可。日本的丰田汽车公司、韩国的现代集团、中国的海尔集团，它们走过的路可能就是今后我们西子联合要走的路，也是发展中国家的企业必然要走的路。

每一次的危机都是一次优胜劣汰的选择过程，危机中往往蕴含着新的机遇。2009年，金融危机或许会愈演愈烈，我们的产量可能不会增长太快，但这正是眼睛向内、苦练内功、转型升级的千载难逢的机会。我们可以借此机会花两三年时间为未来经济复苏做好准备，提升我们产品的品质。面对这个"严冬"，我们要"运动抗寒"，变"熬冬"为"冬训"，实施以核心能力为导向提升品质的战略，要"把产品卖到日本去"。

二、如何实施品质提升战略

（一）品质是核心

1. 寻找1%，重视品质。品质是企业赢得市场的关键。我们现在的产品品质已经做得很好，但为什么只有少部分产品能卖到日本去呢？因为我们的产品还不够完美，还存在着1%的差距。所以，我们要在性能、外观、可靠性等方面做文章，纲举而目张，找到这1%的差距在哪里，再积极提升产品品质，用100%的努力完成1%的任务。只有这样，才能真正把产品卖到日本去。

2. 开好质量工作会议，把握品质提升方向。我们打算春节后召开全集团的质量工作会议，研究分析当前质量工作面临的新形势、新问题，明确今后一个时期质量工作的任务，采取有效的措施，努力提升我们产品的品质，最终促进西子联合更好更快地发展。

3. 完善研发组织建设，建立质量管理、控制体系。西子研究院要以浙大科技园为研发基地，以自主研发与社会研发相结合的方式，从源头控制产品设计品质。2009年，我们要建立一套以总工程师为首的技术创新、技术管理、技术服务体系，各单位都要设置总工程师，负责质量和技术管理、创新工作。同时加强质量管理委员会的功能，完善内部标准化和质量管理、控制体系，整合资源、跟踪纠正、预防措施，筹建国家级计量、检测中心。加强品质文化建设，办好《品质西子》刊物，让更多的先进实用技术、做法在整个西子联合推广应用、共同分享。

4. 引进人才，实施标杆管理。要成为行业领先，各单位就要大力引进高素质的科研人才。我们依托浙江大学，积极与大专院校、科研院所进行合作，加强科技创新体系建设，实现科技和产业对接，集成各方技术优势和资源为我所用，以全球战略应对全球市场。加强在岗技术人员的培训，成立产品攻关小组，依靠"小团队、大平台"帮助我们的企业解决制造过程的技术、质量问题。

5. 树立标杆，追求卓越。以前美国是世界上产品质量最好的国家，大家都向它学习。1976年以后，以施乐公司为代表的美国企业以竞争标杆方法开始向日本企业学习。在寻求标杆的时候，我们要站在全行业甚至全球视野寻找基准，重视实际经验，强调具体的环节、界面和流程。好比中餐馆提供各式各样美味可口的菜肴，西餐馆比如麦当劳只提供有着统一标准且种类不多的菜肴，却能以单一的产品成为世界500强企业，所谓"专业的人做专业的事"就是这个道理。西子联合的电梯零部件品种很多，但"什么都会干，什么都不专"，所以我们要以行业内最优秀的企业为标杆，寻找差距，弄清机理，以核心能力为导向，调整经营战略，改进业务流程，组建小团队在门机、控制系统、主机等方面开展全力攻关，不断提升产品质量。只要使出"杀手锏"，必能一举成名。

（二）价格是保证

没有价格上的优势，再好的品质终会被市场"冷落"。这里就不能不提到采购管理。采购的原料质量好坏对产品的质量举足轻重，而采购成本的高低直接影响着企业的效益。

世界零售业巨头沃尔玛就用一流的人去做采购工作、三流的人去做销售工作。沃尔玛积极帮助供应商进行融资、提升管理、引进技术、改善工艺，指导供应商开展业务，两者是一种合作伙伴的关系，即"一荣俱荣，一损俱损"，就像一家人一样。我们要学习沃尔玛的做法，以丰田汽车公司的精益思想为指导，帮助扶持供应商，内部挖潜，提高效益，让它们也成长起来。在采购管理方面，我们可以成立专业采购公司，提高采购人员的业务素质，优化物资的采购流程，做好采购预算编制和计划管理工作，建立相应的供应商准入制度等。

我们要在保证原料质量的前提下，通过采购成本的降低，从而以最优的价格实现提升品质的价值，使企业在激烈的市场竞争中赢得优势。

（三）服务是支撑

什么是服务？怎么做好服务？这里的服务包含了两层意思，其中一层意思是服务

不仅体现在品质提升的过程，也体现在品质提升的后过程（非生产环节），同时也是盈利增长点。在国内的电梯行业，市场充分竞争，质量好、价格低自然可以赢得市场，但如果服务跟不上，不仅不利于保持顾客的满意度和忠诚度，也不利于提升西子联合的品牌形象，最终会被市场"摒弃"。另一层意思是要像日本电装公司全力为日本丰田汽车做好配套服务一样，做大做强企业。我们知道，丰田汽车公司是世界上最大的汽车厂商之一，而日本电装公司是为丰田汽车公司提供零部件的厂商，发展了火花塞、气囊、仪表盘、汽车灯等相关产品。如今，电装公司已是日本第一、世界顶级的汽车零部件供应商集团公司，而丰田汽车公司和电装公司都成了世界500强企业。西子联合和西子奥的斯公司的关系就如同上述两者的关系，做大做强西子奥的斯公司，也就可以壮大西子联合；做大做强为西子奥的斯公司配套的企业如孚信、富沃德、优迈等公司，就是发展西子奥的斯公司，它们是相辅相成、共同成长的关系。

在厘清这层关系后，我们进行"伸展运动"，打通上下游，延伸产业链，做深做专，培育新的产业增长点，在延伸产业链的零部件方面多下功夫。目前，我们已经创造了"四个第一"，如果再拿几个"世界第一"，就有可能成为拥有数十个"小巨人"的世界大公司了。

例：西子富沃德是制造电机的公司，主机年产量可达3万台以上，纵向专业化发展磁钢、铸件、漆包线等产品，今后横向一体化发展如油田电机、风力电机、机床电机等，在保持富沃德强大的研发和设计能力前提下，用5～10年的时间开拓，打造出磁钢、铸件、漆包线、油田电机、机床电机等行业领先产品，把每样产品都做成"世界老大"，就能成为"小巨人"企业，到时富沃德公司也会成为集团公司。

西子联合从1981年的农机厂发展到现在拥有资产逾百亿元、销售达125亿元的控股集团，走过了近30年，形成了自己的核心竞争优势——美式财务管理、日式现场管理（精益思想）和西子营销管理相结合的"三位一体"，其中最大的优势就是精益思想。我们要充分发挥这个优势，以核心能力为导向，实施品质提升战略，加快品质提升的速度，降低品质提升的成本，服务好供应商，为今后与世界接轨、成为世界大公司打好基础。

"慢慢地走，稳稳地走，不停地走，不出几年，你就是走在时间前面的人。"这是我常说的一句话。2009年是西子联合品质提升的关键一年，只要这一步走好了，以后事情就能理顺。我还是觉得，西子联合要老老实实地做好本业，这样负担也轻，效益也好，风险又小，我对西子联合的未来充满信心。

再一次衷心地祝愿全体员工：新年快乐、阖家幸福！

首届杭商大会召开
王水福董事长荣膺"品质杭商"

本报讯 9月28日,首届杭商大会在杭州大剧院开幕。首届杭商大会由中共杭州市委、杭州市政府主办,评选并表彰了20位首届杭商"和十大""金牌老字号"企业以及成长型行业"青年领军人物"10名,"新锐企业"10家。西子联合董事长王水福作为首届"品质杭商"受到表彰,并作为"品质杭商"代表在大会上做主题演讲。来自海内外的800名杭商精英聚首届杭商大会。大会以"共铸杭商品牌、共建共享'生活品质之城'"为主题,通过对杭商创业、和谐创新"精神的弘扬,在西子湖畔掀起"品质创业"的浪潮。

从历史上看,杭商源远流长,特别是在南宋,杭商几乎是中国商人的代名词,无论是海上丝绸之路还是陆上丝绸之路,这还最多的商品就产自杭州和杭州周边地区。改革开放以来,杭商获得了崭新的发展,杭州涌现出了在浙江乃至全国都具有影响力的企业家群体。西子联合是杭州土生土长的企业,从杭州笕桥花园村农机厂起步,经过近30年发展,由小到大,2008年销售收入达到125亿,形成了锅炉、房产、金融、百货五大经济圈,实现了电扶梯世界第

一、余热锅炉、立体车库、电梯部件全国第一。在首届杭商大会上,西子联合董事长王水福代表"品质杭商"发言,他说,今天大会表彰了10家杭州"金牌老字号"。许多"老字号"企业具有百年历史,到今天仍然具有蓬勃生机。百年企业都有一个"秘方",那就是产品品质,这是百年企业安身立命的根基。所产品品质归根结底是出人的品质决定的。甚至可以说是企业家品质的集中体现。因此,我认为,"品质杭商"与"生活品质之城"杭州城市品牌一脉相承,互为支撑。

从我们企业自身的角度看,提升品质也具有重大的战略意义,是当前企业健康发展、转型升级的关键所在。这次金融危机是一次优胜劣汰的大洗牌,更加证明"品质取胜"的道理。金融危机警示我们,过去30年以量取胜的时代已经结束,未来30年以质取胜的时代开始了。要成为百年企业,就必须使"以质取胜"成为制度,成为企业文化。否则,百年企业就水远只能是梦想和空谈。

今年,我们"西子"的主要任务就是提升品质,转型升级。现在全球五十个国家都有我们的产品,年初我们提出了"把产品卖到家去"的口号,引进日本、美国的专家帮助我们提升产品品质。今年5月,我们投标中国大飞机项目,主要目的就是借此学习航空产业的质量标准和管理体系,不断提升我们的品质管理。从2008年初就开始想配合SEPCO III进行本项目EPC的投标活动,并其它排他协议。杭锅经过长期激烈的竞争和努力,在SEPCO III中标后,杭锅集团凭借先进的技术、丰富的设计制造经验和业绩,以及良好的售后服务和市场信誉,最终出众多竞争对手,在业主和客户的信赖下在2009年9月取得历时2年之久的阿曼SALALAH 燃机联合循环电站项目5台6FA HRSG的签约合同。

在全球金融危机的影响下,国内外电力市场出现了持续紧张的局面。很多品牌的大项目都因为资金问题停止、流标,无法正常开展,杭锅的海外销售也进入了"寒冬"。赢得海外大额订单变得更为困难。在如此严峻的形势下,杭锅集团迎难而上,通过技术创新、内部改造管理,实施精益生产和提高服务质量,在用户中建立了良好的信用基础,为取得东区域的阿曼项目大额订单打下了良好的基础。"质量第一,顾客满意"是杭锅集团的一贯宗旨;为用户创造价值,是杭锅集团水远追求的目标。杭锅将以高度的责任感、使命感、按照高标准、高效率的要求,努力把杭锅打造成为节能降耗和清洁能源发电设备的优秀供应商,努力将阿曼SALALAH 项目打造成山东电建三公司在国际舞台上又一块闪亮的品牌!

(倪富荣 朴建强)

杭锅环保产品进军阿曼签订5台 6FA级余热锅炉供货合同

本报讯 9月4日,在美丽的西子湖畔,杭锅集团与山东电力建设第三工程公司、西北电力设计院、东方汽轮机有限公司、哈尔滨电机有限公司共同召开了阿曼SALALAH 燃机联合循环电站项目的签约仪式和项目启动会。杭锅集团正式签订了阿曼SALALAH 燃机联合循环电站项目的5台6FA 级燃机HRSG(余热锅炉)供货销售合同。这是杭锅集团与山东电力建设第三工程公司在2008年初燃机联合循环电站项目2台9E HRSG后的再次合作。阿曼SALALAH 项目的签订标志着杭锅集团的节能环保产品EPC 总包商的脚步又拓展了中东市场。

阿曼SALALAH 燃机联合循环电站位于阿曼SALALAH 市郊,属于海尔区域。电厂本期将建设5台6FA 级燃机轮机联合循环机组。机组包括5台6FA 级燃机轮机及其发电机、5台礼补燃型余热锅炉、2台蒸汽轮机及其2台蒸汽轮发电机和相关的辅助设备。本项目为新加坡胜科工业有限公司在阿曼的BOOT(筹建、运营、拥有、转让)项目,业主是Semboorp Oman First Investment Holding Co.。山东电力建设第三工程公司为本项目的EPC 承包商。是SEPCO III 进军中东市场海湾6国的第三个总包项目,也是第二个该合循环的项目,从2009年初就开始想配合SEPCO III

家西子 悦中秋
西子新进员工与管理层中秋交流

本报讯 秋天,总给人们带来喜庆,带来诗意带来憧憬,更带来收获,而今年的秋天,非同寻常,我们迎来了新中国成立60周年华诞,同时迎来中秋佳节。9月25日晚,西子联合特别邀请今年刚进公司的77位新进员工与各公司100多位高管业务骨干聚会。每年西子都举行中秋聚会,今年的中秋之夜不同寻以往,重点放在新员工们和管理层的交流,希望新员工尽早了解西子,更快地融入西子大家庭,注入新的力量。

在优实科技新启用的休闲平台上,处处可见一张张热情洋溢的脸庞,新员工为他们有机会近距离与高管们交流感到非常的欢乐。每一个参加联谊会的人都戴着标有所在公司和本人姓名的胸牌,让大家彼此熟悉。新员工组成了6个团队,共同采纳管理层,通过现场的交流,尽可能多的了解西子联合的产业发

展、产品特色和行业地位,联合大厦的相关信息;每个组随机采访一位高管挖掘西子复联合中一件感人的事,并在晚会上与大家共享,每个高管有5个评分牌为新员工的表现给予评价和鼓励。新员工团队立即行动,热切地展任一个个高管发问,直到得到满意的回答,同时手里的灯笼挂板贴满了评分集。新员工们在很短时间内了解了西子的四个行业第一,更拉翻出了西子人的创业血脉。

西子联合总裁陈夏鑫在晚会上致辞"今天非常高兴看到我们的新员工都非常踊跃地采访管理层,整个社会的进步在于沟通,通过这种交流加深彼此的感情。西子作为民营企业有三个重要的与众不同——第一,西子和浙江一般的民营企业不同。西子所有产业都追求高科技含量和行业领军地位,西子的报务产品早就与国际化接轨。第二,西子不存在

浓重的家族企业氛围,我们的管理层和员工来自全国各地,不断集聚优秀人才共同建设西子家国。第三,我们打造的是开放的企业文化,善于倾听和接受建议,为西子提供源源不断的活力和生机!"

在中秋联谊晚会上同时举行了"开源节流点点"征集活动颁奖仪式,该活动得到了集团各公司党员和全体员工积极参与热烈响应,截至8月底,公司共收到了236条建议,有5000人次的浏览量,正是有了西子人的共同关注和努力,西子才会有今天的成就,我们也相信会有更好的未来。悠扬的音乐响起,带领来华大的新中国六十华诞,在这样一个特别的日子里,新员工们按照不住,登台高歌,一首红歌联唱视福祖国明天更美好,同时也视福我们西子能不断发展状大,用年轻火热的激情,去点燃西子辉煌的明天。

《王水福董事长荣膺"品质杭商"》,来源:《西子报》2009年9月30日

西子管理系统XOS
系列读本

王水福董事长荣膺"品质杭商"

(来源:《西子报》2009年9月30日)

2009年9月28日,首届杭商大会在杭州大剧院开幕。首届杭商大会由中共杭州市委、杭州市政府主办,评选并表彰了20位"品质杭商"和"十大金牌老字号"企业以及成长型行业"青年领军人物"10名、"新锐企业"10家。西子联合董事长王水福作为首届的"品质杭商"受到表彰,并作为"品质杭商"代表在大会上作主题演讲。来自海内外的800多名杭商精英聚首首届杭商大会,大会以"共树杭商品牌,共建共享'生活品质之城'"为主题,通过对杭商"品质创业、和谐创新"精神的弘扬,在西子湖畔掀起了"品质创业"的浪潮。

从历史上看,杭商文化源远流长,特别是在南宋,杭商几乎是中国商人的代名词,无论是海上丝绸之路还是陆上丝绸之路,运送最多的商品就产自杭州和杭州周边地区。

改革开放以来,杭商获得了新的发展,杭州涌现出了在浙江乃至全国都具有影响力的企业家群体。西子联合是杭州土生土长的企业,从杭州笕桥花园村农机厂起步,经过近30年发展,由小到大,于2008年时销售收入达到125亿元,形成了电梯、锅炉、房产、金融、百货五大经济圈,取得了电扶梯世界第一,余热锅炉、立体车库、电梯部件全国第一的成就。在首届杭商大会上,西子联合董事长王水福代表"品质杭商"发言,他说,今天大会表彰了10家杭州的"金牌老字号"。许多"老字号"企业具有百年历史,到今天仍然蓬勃生机。百年企业都有一个"秘方",那就是产品品质,这是百年企业根基的根基。而产品品质归根结底是由人的品质决定的,甚至可以说是企业家品质的集中体现。因此,我认为,"品质杭商"与"生活品质之城"杭州城市品牌一脉相承,互为支撑。

从我们企业自身的角度看,提升品质也具有重大的战略意义,是当前企业健康发展、转型升级的关键所在。这次金融危机是一次优胜劣汰的大洗牌,更加证明了"品质取胜"的道理。金融危机警示我们,过去30年以量取胜的时代已经结束,未来30年以质取胜的时代开始了。要成为百年企业,就必须使"以质取胜"成为制度,成为企业文化,否则,百年企业就永远只能是梦想和空谈。

今年，我们"西子"的主要任务就是提升品质、转型升级。现在全球四五十个国家都有我们的产品，年初我们提出了"把产品卖到日本去"的口号，引进日本、美国的专家帮助我们提升产品品质。今年5月，我们投标中国大飞机项目，主要目的就是借此学习航空产业的质量标准和管理体系，不断提升我们各类产品的品质。我们杭州的企业、中国的企业应该有做世界一流产品的雄心壮志。

杭州市政府提出的"共树杭商品牌，共建共享与世界名城相媲美的'生活品质之城'"的口号，极具前瞻性和引领性，有利于凝聚各方资源和力量，进一步弘扬"精致和谐、大气开放"的杭州城市人文精神，推进"和谐创业"。共建共享与世界名城相媲美的"生活品质之城"，我们杭商责无旁贷。我相信，杭商企业家将更紧密地凝聚在杭商品牌的旗帜下，"抱团取暖"，携手奋进，为推进杭州新一轮跨越发展作出应有的贡献。

外部媒体·质量报道

再造优势

"入世"在即 接轨国际 赢得先机

西子电梯集团有限公司董事长兼总裁王水福谈主动迎接WTO

中国为"入世",进行了13年曲折和艰辛的努力和谈判,现在,入世即将来临,WTO的规则是最权威的国际竞争规则,成员国对WTO成员方的市场开放程度是相同的。因此,从长远看,以发展中国家身份加入WTO,预示着中国将全方位加入到国际经济大循环中,顺应世界经济全球化进程,进一步参与国际竞争和国际合作,充分发挥我国的比较优势,有利于进一步扩大出口和吸引外资,加快产业结构的调整和优化,促进国际经济资源的整合与互补,有利于中国经济与世界经济的迅速接轨,增强中国经济的国际竞争力,提高国际地位。更重要的是,入世有助于中国全面实施科教兴国、可持续发展的战略国策。但同时,加入WTO后,我国必须遵守和履行WTO关于市场准入的扩大、关税的削减、非关税措施的取消等国际惯例和规则,许多企业在观念和体制上对WTO规则了解不够,经验不足,因此,可以达成共识的是,入世是机遇与挑战并存。

加入WTO对我们这个以生产电梯和自动扶梯为主业的企业,最直接的挑战和压力来自降低关税壁垒后,国外原装机与中外合资企业品的价格差会从原来的30%下降至20%,国外价廉物美的产品和优质服务长驱直入,我们面临价格竞争和市场份额的压力和挑战将是十分严峻的。

但近几年来,我们一直致力于与国际接轨,通过与著名跨国公司的合资合作,已从观念上、管理上、技术上和企业整体素质上,探索和识累了许多有益的学习外国公司经过几十年甚至上百年形成的经验,从而能从容不迫地迎接入世。我们的核心企业1997年与全球最大的电梯制造商美国奥的斯电梯公司合资,强强合作成立杭州西子奥的斯电梯有限公司,利用外方国际前沿的技术优势,引进关键技术和核心部件改良自身产品,同时全面推行世界先进的柔性制造体系,加入奥的斯全球质量改进工程,对钣金等四大龙头车间进行大幅度的技术改进,引进国际一流设备,开展新5S、TPM(全面生产设备维护保养)、错误预防等ACE(取得竞争性优势)推广活动,生产管理由原来的月计划过渡到周计划,并将成本概念深入到每道工序、每个部件、每个部门、每个员工,导入无纸化办公、全球采购共享、车间成本核算、应用钣材下料软件等措施,形成了严密的生产制造体系和质量、成本控制体系,基本实现"无废品、零库存",创造了强大的竞争优势。西子奥的斯公司连年成为奥的斯亚太区域营运业绩最佳的公司之一,1999年电梯订单突破行业规模经济2000台大关,并由合资前的全国同行第六位上升到第五位。

同时,在做精主业的前提下,我们积极开拓新的经济增长点,目前立体停车库与日本日成公司合作,起重机与德国安海公司合作,网架产品与英国梯普拉斯合作,环保设备与加拿大依科泰克公司合作,有力地推动产品上档次,管理上水平。同时,我们认为,更应该看到中国加入WTO以后所带来的无限商机。一些本来由国有部门垄断的行业如电信、金融、保险等也将向民间企业开放,进入由开放带动改革、由对外开放带动对内开放的新阶段,我们将适当介入新开放的领域和行业,抓住商机,加快发展。

中国入世的路已经走了99%,我们对入世后企业的再发展充满了信心,我们已在考虑如何抓住这次机遇,加大与国际合作、与世界接轨的力度和深度。我们的具体措施就是:首先,在经营管理上,进一步降低成本,提高效率,继续保持对国外原装机的价格优惠;第二,建立电梯工程技术研究开发中心,加速技术改造,加大科技创新力度,不断研制新产品,提高产品质量,缩小与国外原装机的差距;第三,进一步改善售后服务,特别要在快速反应上下功夫,在售后服务和维修保养方面扩大优惠;第四,在市场细分上做文章。根据国内实际情况和用户的实际需求,我们将更多地承接一些非标工程和业务,为客户提供个性化的产品和服务。此外,还要重视加强对国际市场的了解,增加技术创新投入,尝试国际化经营,加快信息化建设,多进口外国设备等。总之,在全球化的经济环境下不断提高自身的竞争能力,进入良性循环状态,我们有信心和能力迎接中国加入世界贸易组织所带来的挑战。

《"入世"在即 接轨国际 赢得先机——西子电梯集团有限公司董事长兼总裁王水福谈主动迎接WTO》,来源:《乡镇企业导报》2000年4月

"入世"在即　接轨国际　赢得先机

—— 西子电梯集团有限公司董事长兼总裁王水福谈主动迎接WTO

（来源：《乡镇企业导报》2000年4月）

中国为"入世"进行了13年曲折和艰辛的努力和谈判。现在，入世即将来临，WTO的规则是最权威的国际竞争规则，成员国对WTO成员方的市场开放程度是相同的。因此，从长远看，以发展中国家身份加入WTO，预示着中国将全方位加入国际经济大循环中，顺应世界经济全球化进程，进一步参与国际竞争和国际合作，充分发挥我国的比较优势，有利于进一步扩大出口和吸引外资，加快产业结构的调整和优化，促进国际经济资源的整合与互补，有利于中国经济与世界经济的迅速接轨，增强中国经济的国际竞争力，提高国际地位。更重要的是，入世有助于中国全面实施科教兴国、可持续发展的战略国策。但同时，加入WTO后，我国必须遵守和履行WTO关于市场准入的扩大、关税的削减、非关税措施的取消等国际惯例和规则，许多企业在观念和体制方面对WTO的规则了解不够，经验也不足，因此，可以达成共识的是，入世是机遇与挑战并存的。

加入WTO对于我们这个以生产电梯和自动扶梯为主业的企业，最直接的挑战和压力来自降低关税后，国外原装机与中外合资企业产品的价格差会从原来的30%下降至20%，国外价廉物美的产品和优质的服务会长驱直入，我们面临的价格竞争以及争夺市场份额的压力和挑战将是十分严峻的。

但近几年来，我们一直致力于与国际接轨，通过与著名跨国公司的合资合作，已在观念上、管理上、技术上和企业整体素质上，探索和积累了许多有益的学习外国公司经过几十年甚至上百年形成的经验，从而能从容不迫地迎接入世。我们的核心企业在1997年与全球最大的电梯制造商美国奥的斯电梯公司合资，强强合作成立了杭州西子奥的斯电梯有限公司，利用外方国际前沿的技术优势，引进关键技术和核心部件改良自身产品。同时全面推行世界先进的柔性制造体系，加入奥的斯全球质量改进工程，对钣金等四大龙头车间进行大幅度的技术改进，引进国际一流设备，开展新5S、TPM（全面生产维护）、错误预防等ACE（获取竞争优势）推广活动，生产管理由原来的月计划过渡到周计划，并将成本概念深入到每道工序、每个部件、每个部门、每个员工，导入无纸化办公、全球采购共享、车间成本核算、应用钣材下料软件等措施，形成了严密的生产制造体系和质量、成本控制体系，基本实现了"无废品、零库存"，创造了强大的竞争优势。西子奥的斯公司连年成为奥的斯亚太区域营运业绩最佳的公司之一，1999年时电梯订单突破行业规模经济2000台大关，并由合资前的全国同行第六位上升到第五位。

同时，在做精主业的前提下，我们积极开拓新的经济增长点。目前，立体停车库业务与日本日成公司合作，起重机业务与德国安博公司合作，网架产品业务与英国梯普拉斯合作，环保设备业务与加拿大依科泰克公司合作，有力地推动了产品上档次、管理上水平。同时我们认为，更应该看到中国加入WTO以后所带来的无限商机。一些本来由国有部门垄断的行业如电信、金融、保险等也将向民间企业开放，进入由开放带动改革、由对外开放带动对内开放的新阶段，我们将适当介入新开放的领域和行业，抓住商机，加快发展。

中国入世的路已经走了99%，我们对入世后企业的再发展充满了信心。我们已在考虑如何抓住这次机遇，加大与国际合作、与世界接轨的力度和深度。我们的具体措施就是：第一，在经营管理上，进一步降低成本，提高效率，继续保持对国外原装机的价格优惠；第二，建立电梯工程技术研究开发中心，加速技术改造，加大科技创新力度，不断研制新产品，提高产品质量，缩小与国外原装机的差距；第三，进一步改善售后服务，特别是要在快速反应上下功夫，在售后服务和维修保养方面扩大优惠；第四，在市场细分上做文章。根据国内实际情况和用户的实际需求，我们将更多地承接一些非标工程和业务，为客户提供个性化的产品和服务。此外，还要重视加强对国际市场的了解，增加技术创新投入，尝试国际化经营，加快信息化建设，多进口外国设备等。总之，在全球化的经济环境下不断提高自身的竞争能力，进入良性循环状态，我们有信心和能力迎接中国加入世界贸易组织所带来的挑战。

中国质量协会表彰2002年度全国质量效益型先进企业

为了适应经济全球化的趋势，2002年度我国广大企业在开展走质量效益型发展道路的活动中，积极探索，开拓创新，涌现了一大批成效显著的先进企业。为了广泛宣传这些企业的典型经验，扩大其社会影响并进一步推动质量效益型活动深入开展，中国质量协会在各地区、各行业质量协会和中国质协各分会推荐的基础上，经审核确认，决定对上海三菱电梯有限公司等125家"2002年度全国质量效益型先进企业"予以表彰，并对连续三年获得"全国质量效益型先进企业"的宝山钢铁股份有限公司等15家企业，进行特别表彰。现予公布（排名不分先后）。

中国质量协会
二○○三年七月二十二日

《中国质量协会表彰2002年度全国质量效益型先进企业》，来源：《经济日报》2003年7月29日

《企业要履行社会责任》,来源:《杭州商会》2007年第2期

企业要履行社会责任(节选)

(来源:《杭州商会》2007年第2期)

一流品质

＊管理体制与手段

西子奥的斯引进了ACE质量管理模式,实行全面的质量管理,不断挖掘问题的根源,不断解决问题。其电梯的品质来源于专业的设计、工艺、人员、物料、流程、验证和环境等各方面要素。仅以一体化控制柜为例,就须通过19种可靠性测试。

质量讲话稿

打造创新魂　永抓质量根

——在西子联合科技大会上的讲话

（2008年9月）

王水福

各位领导、各位同仁，大家好！

今天我站在这里，非常高兴！刚才省市区的专家领导都讲了话，提出了很多真知灼见，回去以后我们要好好地研究、消化。

首先我要向今天的诸位获奖者表示祝贺。在你们的辛勤劳动下，西子联合顺利地走过了20余年的路程。有了你们的创新劳动，我相信西子的明天会更加美好。西子联合也会一如既往地尊重劳动、尊重知识、尊重人才、尊重创造，希望大家能和西子联合一同成长。

在刚才的获奖名单上，我看到了几个熟悉的名字，比如说黄兵、阮永刚、周建华、叶忠、刘祖斌、张红兵、施加松等，好像你们的名字每年都会在科技大会上出现，你们就是西子联合的技术骨干，我代表整个西子联合谢谢你们！

这段时间我一直在思考西子联合未来的发展方向。今天借这个机会，把我的梦想告诉大家，希望大家群策群力，一起来实现这个梦想。

一、西子联合技术创新的方向

大家或许会觉得讲"创新"总是流于宽泛，西子联合的目标和方向在哪里？近来我也一直在考虑这个问题。现在提出几点意见供你们参考，不当之处也欢迎大家随时来和我交流。

创新首先要讲技术。讲到我们西子联合，我们的锅炉、电梯部件尽管在很多方面已经取得了一定的技术领先，拥有两个省级企业技术中心，但是目前还没有一个国家级企业技术中心。我认为申报国家企业技术中心不是为名，而是为了这个平台，这对于我们研发档次和实力的提升有着重要的意义。刚才研究院的韩工也提到，明年要以

西子研究院的名义申报国家企业技术中心,这很好。我想,林院士的到来必将为我们申报国家级企业技术中心起到积极的作用。

电梯部件和立体车库技术该怎么创新?我们要做行业的"领跑者"。

我有一个梦想,即建设一个150米高的电梯试验塔,研发出7m/s、10m/s的核心电梯部件技术。有了这些核心技术、核心部件,我们才能拥有与别人谈判的资本,才能走得更为长远。杭州西子石川岛停车设备有限公司已经具备世界先进技术,其产品出口到新加坡、日本等国家和我国台湾地区。如何进一步拓展市场,保持、巩固自身的领先地位,我们还大有可为。

余热锅炉技术怎么创新?我们要做标准的"制定者"。

目前来看,在余热锅炉行业,我们处于全国领先地位,是余热锅炉的标准制定者之一。一流的企业来制定标准,所以,我们只有真正获得了标准的制定权,才能够在行业内真正拥有话语权。此外,我们已经研发出很多产品,但有没有把日常所能看到的余热资源都利用起来?我认为没有。因此还要有创新思维,进一步研究余热能源的利用。

节能建筑技术怎么创新?我们要做技术的"集成者"。

据统计,全球有三分之一的能源消耗在建筑业。我们的电梯制造技术、余热锅炉技术、立体车库技术,这些都与建筑业有关。是否能够把它们都整合起来,创造出建筑领域的一门新技术?这是我们的技术研发人员要考虑的问题。这里我可以举一个例子:比尔·盖茨的豪宅被世人誉为是独一无二的,为什么?是因为拥有先进科技吗?不是的,那些技术都是我们平常可见的,但盖茨把它们整合到一起,就创造出了一处仅此一家、别无分号的豪宅来。关于集成创新的理念下面我还会讲到,这里就不多说了。

金融产业发展怎么创新?我们要做实业的"服务者"。

目前,整个金融市场都十分被看好,尤其是股市更是连创新高,这对于企业家来说是一次考验。因为做制造业很辛苦,不仅获利周期长,而且还要面对产品质量问题、国外的技术壁垒,远不如炒股票来得轻松和赚钱快。那我们是不是要布局战略转移,掉头去搞金融呢?我认为不是,做实业要始终保持一颗冷静的头脑。金融我们要搞,但它是为我们的主业服务的。如何整合资源,通过"实业利润+理财"实现西子联合的产融完美结合?我们还要一起探索。

万丈高楼平地起,打好地基是关键。西子联合提出了5年实现300亿元的目标,我相信我们实现300亿元的目标不难,难就难在能够坚持下去,每年都有进步。我们成立质量管理委员会,成立西子研究院,申报国家级企业技术中心,都是在打地基。这个地基如果夯实了,房子也就稳固了。

走集成创新之路。

什么是集成创新？它是自主创新的一个重要内容，它把各个已有的技术单项有机地组合起来、融会贯通，构成一种新产品或经营管理方式，创造出新的经济增长点。对于大多数中国企业而言，集成创新可能比原始创新更具现实意义。原始创新需要长期积累和巨大投入，多数中国企业的实力还难以承受。强调集成创新，并不是说集成创新比原始创新容易，而是集成创新更关注实用性，同企业生产和管理的关联度更高，那么，企业就更容易找到切入点，效果也会更明显。大力增强集成创新能力，需要政府、企业、科研单位、高校等方方面面的协同合作。刚才说的电梯、锅炉、节能建筑等技术方面的创新，我们要向社会各方面寻求支援，比如浙江大学，比如中国机械科学研究院，等等。

前不久，我参观了上海飞机制造厂，它们正在制造中国第一架拥有自主知识产权的支线飞机，今年年底会下线试飞。虽然拥有自主知识产权，但是，飞机的大部分设计是委托国外的设计公司完成的。飞机制造厂完全买断知识产权，这些技术就成了自己的。这对于我们来说是一个很好的启示，我们实际上可以直接请别人负责设计，然后花钱买断，就成了我们自己的知识产权。所以，我们要做的第一步就是引进技术；第二步是消化吸收；第三步是自主创新；第四步就是利用社会资源搞研究开发。要做到1+1>2，我们就必须踏踏实实、一步一个脚印地向前迈进。

三句寄语。

我想就科技创新对各位同仁说三句话：

对于管理层来说，要容忍创新上的失败；

对于科技人员来说，要永葆创新精神，防止惯性思维；

对于年轻人来说，要保持激情，充分吸收新理念、新技术。

二、质量是打造百年企业的根本

9月20日上午，浙江省召开全省质量工作电视电话会议，省委副书记、省长吕祖善出席会议并作了重要讲话。在我的印象中，省长亲自召开质量工作会议是第一次，可见"质量"已经成为当前的一个重要课题。今天，我也想借这个机会再强调一下：公司对质量检验这一块始终是很重视的，今后也会继续重视下去。

"人无远虑，必有近忧"。

世界质量管理大师克劳士比于1979年7月创立了菲利普·克劳士比联合公司，为企业提供质量管理咨询。成立后，很多公司的负责人都来找克劳士比说，他们早已为质量成本支付的冤枉钱而感到厌烦，想要更好地控制质量。实际上，这些公司中没有

一家是有"麻烦"的,它们都是盈利企业,其中就有IBM、3M等公司,但是它们的远见在于知道将来要发生什么。今天我们西子联合也是盈利企业,发展形势一片大好,但是所谓"人无远虑,必有近忧",你们大家知道将来会发生什么吗?

前段时候我去参加了中央电视台财经频道(即"CCTV-2")的一个节目,讨论了有关中国出口玩具被召回的话题。我当时分析认为主要原因在于质量问题,是玩具眉毛里面的铅含量超标了,导致全部被召回。质量是主要问题,但究其原因还是"反倾销",即中国出口的产品很多,已经影响到他们本国公司的生产和国民就业了,采取的方法就是通过设置技术壁垒来限制我们。这种鸡蛋里挑骨头的手段,一般人是受不了的,那我们怎样才能迈过这个坎呢?我们的电梯零部件已经出口到23个国家和地区,但还没引起这些国家和地区足够的重视,因为我们的产品还都是小零件。在长达3个小时的节目现场,我有个感悟,即西子联合目前看起来形势很好,相互的合作关系还不错,但今后我们的竞争对手不仅仅是国内的,还包括世界范围内的企业。我们将要碰到的问题会是各种各样的,如果有一天别人也对我们的产品鸡蛋里挑骨头,我们该怎么办?我们怎样应对这种情况?我们该如何去发现危机?又怎么解决危机?我认为这些问题是很重要的。

我的看法是,所有问题的答案最终都归结到"产品"上,这也是企业"做大做强"的标准。打个比方,我问在座的任何一个人,西门子公司强不强?奔驰汽车公司强不强?诺基亚公司强不强?三星集团强不强?你们肯定都会说"强"。那我再问,它们强在哪里呢?答案很简单,就是西门子的电器、奔驰的汽车、诺基亚的手机、三星的电子产品等,这些产品的品质都非常好,至于这些企业的销售规模有多大、员工有多少,大多数人其实是不关心的。

前些年我们曾提出过"要做天上飞的、地下钻的"。"地下钻的"是指盾构机,这个我们已经做到了;"天上飞的"是指航天工具零部件,这个我们还在谈合作。2004年我去日本、韩国考察时,参观了大宇重工、三菱重工、石川岛重工等世界优秀企业。这些企业的形象宣传片首先呈现的都是航天飞机遨游太空的情景,这说明它们已经涉足该领域,开始制造配套零部件,代表了这些公司的未来发展方向。西子联合之所以要涉足这些高技术领域,目的不是赚多少钱,而是借此来培养我们员工的质量意识,全面提高我们的质量管理水平,也能打造我们的企业形象。

三、诚信和感恩

这个月,我邀请了中国工程院院士、国际质量科学院院士、中国科学院系统科学研究所研究员刘源张教授到西子联合作了一次交流。刘源张教授是全面质量管理专家,被学术界尊称为"中国质量之父"。刘源张说，要提高管理者及员工的素质、提高产品的品质，首先要求我们的管理者及员工做到两件事情：要讲诚信和要有感恩之心。讲诚信的人不会使用坑蒙拐骗等手段欺骗顾客，也不能容忍自己的产品有质量问题。要有感恩之心，即对我们的父母、兄弟姐妹、师长要有感恩之心，对我们的企业、社会要有感恩之心，这样的人才会有向上进取之心，才会追求生产高品质的产品。

优提升品质之术　走节能减排之路

——西子联合应对金融危机,落实科学发展观,加快转型升级的实践

(2009年)

王水福

本次汇报的内容包括西子联合应对金融危机,落实科学发展观,加快转型升级的两个主要战略方向——提升产品品质和坚持走节能减排之路,以及对政府支持民营企业发展装备制造业和建设行业公共服务平台的两点期望。

一、战略方向之一:"把产品卖到日本去"

面对金融危机来临、市场需求萎缩的局面,西子联合决心苦练内功。董事会在2008年年底决定把2009年作为"品质提升年",目标是"把产品卖到日本去"。

为什么要把产品卖到日本去?因为日本市场往往对产品的要求最苛刻,也是最难打开的。我们在2008年有近3万台电梯及自动扶梯销售订单,覆盖全球40多个国家和地区,但我们的产品还没有进入日本市场。

提出"把产品卖到日本去",目的就是把日本市场作为试金石,用最苛刻的客户要求检验我们的能力,寻找差距,在攻克这最后一个堡垒的同时,全面地提升自己产品的品质,避免陷入产能过剩、同质化竞争的局面。提升品质的目的是加快企业的转型升级,向高端制造业进军。

西子联合参与中国大飞机项目也正是这一战略的体现。2009年5月26日,我们成为大飞机项目首批9家一级供应商唯一的民企,在此,我们要感谢中国商用飞机公司和上海上飞飞机装备制造有限公司对我们公司能力和态度的认可,感谢浙江省各级政府的关心,更要感谢的是中央给予了民营企业一次宝贵的机会。我们一定会好好珍惜,继续坚持"产业报国"的抱负,为实现中华民族航空工业的振兴、"让中国人的大飞机翱翔蓝天"贡献绵薄之力,同时我们也会按航空业制造标准提高各类产品的制造品质,健全管理机制,加快转型升级,把我们西子联合打造成为世界一流、具有长久生命力的企业。

二、战略方向之二:"节能减排西子先行"

西子联合将绿色节能环保作为产业发展的主导方向,开发了节能电梯、节能锅炉、节能建筑等众多节能减排产品。

例如,在节能电梯方面,我们生产的电梯能够发电,即下降时能把重力势能转化为电能,加上节能电梯主机本身就可以节能44%,这样一来节能电梯整机最大可节能70%。

在节能锅炉方面,我们的水泥窑余热锅炉、垃圾焚烧锅炉等各类环保型余热锅炉已占国内市场份额的一半。

在节能建筑方面,西子联合大厦综合节能65%,2008年被建设部和美国能源基金会评为"绿色建筑和低能耗建筑十佳设计项目"。另外,西子联合生产的塔式立体车库50平方米可停100辆车,节约城市用地效果十分明显。

今后,我们将继续坚持走节能减排之路,致力于开发新能源和节能技术、资源与环境技术,积极推进节能锅炉向节能电站转变,以纯余热利用和生物质能发电机组为特点,提供节能电站集成解决方案,力争成为国内第四大电气集团。

三、期望之一:民营企业发展装备制造业需要公平竞争环境

国家对装备制造业高度重视,国务院出台了《装备制造业调整和振兴规划》等一系列法规政策,特别强调要引导民营资本进入该领域,这对民营企业是极大的利好。但是,一些人对民企持有偏见,认为民企只适合发展中小型项目,而像轨道交通、核电之类的重大建设项目优先考虑的供应商往往是国企特别是央企,银行也倾向于支持这些企业。因此,许多民企虽然具有生产制造实力,却往往被排除在外,连参与投标的机会都没有。

所以,我们期望国家要适当地引导媒体对优秀的民企给予肯定和宣传,改变某些人的陈旧观念,让舆论环境跟上国家政策的发展,即鼓励更多的民企参与我国装备制造业的调整和振兴。我们也期望各级政府在开展重大建设项目时,给予民企与国企、外企同等的待遇,特别是在国内起步较晚的新项目方面,要更多的是考察企业的实际能力,而不是用企业的性质作为筛选企业的主要标准。

四、期望之二：民族产业振兴需要公共服务平台

目前，我国装备制造业产业面临的一个严重问题是共性应用研发缺位，缺乏公共试验检测平台。

以电梯行业为例，目前中国已成为国际第一大电梯产销大国，据统计，取得生产许可证的企业已经超过500家，2008年全国电梯产销量达到了26万台，超过了全世界电梯产量的一半。但是，在电梯整机市场上，跨国独资、合资企业依然占据市场的主导地位，10多家国外知名品牌的市场占有率超过80%。

与电梯行业外资品牌一统天下的情况相对应的是，外资电梯企业都有颇具规模的电梯试验塔。例如日立公司在日本建有203米高的试验塔，正在上海建设的试验塔也超过170米。而目前国内最权威的国家电梯检测中心的电梯试验塔只有87.5米高，更不用说其他民族品牌电梯企业了。缺少适用于检测电梯尤其是高速电梯及零部件的试验塔，导致电梯产业的科研和质量安全监管存在基础性缺陷，使得本土企业的创新无法跟进，更是对国外进口的高速电梯无法开展质量安全监控。

要改变当前我国电梯行业外资一统天下的局面，振兴中国电梯民族产业，亟需打造面向民族品牌的公共服务平台，构建公共试验检测中心，促进中国电梯行业自主创新能力提升。然而打造这样的公共平台需要大量的投入，例如建设电梯试验塔需要上亿元的投入，仅仅依靠单个企业的能力是难以实现的。我们期望国家将电梯公共试验检测平台列入行业创新服务平台或国家级技术中心建设项目，依托实力较强、基础较好的研究机构和龙头企业，通过经费补贴、贷款贴息等方式给予支持。

另外，目前政府在制定政策过程中主要是邀请学者做研究，而企业很少参与，政府、学术界、企业界没能形成互动。我们期望今后各级政府在制定政策时要充分听取企业的意见和建议，例如了解企业的实际困难和需求，征求对重点领域和重大项目设置的专业观点，共同探讨体制机制创新的新思路，让政府、学术界、企业界相互合作，真正做到使理论来源于实践，从而更好地指导实践。

坚定信心，苦练内功，以过硬的质量再创辉煌

——在质量工作会议上的讲话

（2009年8月）

王水福

席卷全球的金融风暴目前尚未见底，世界经济增长明显放缓，我国经济运行中的困难进一步增多，经济下行压力不断加大，许多难以预测的不确定因素，给我们的生产经营带来了严峻的挑战。

严寒已经来临，如何过冬，才能度过百年未遇的危机？我们认为要靠坚定不移的信心、多年积累的底气以及不断创新的企业文化。

在顺境中，企业的增长靠实力；在逆境中，企业的增长靠能力，即核心竞争力。因此，在这场金融风暴中，我们亟需增长的就是在逆境中奋勇前进的能力，即以不断提升能力来对抗严冬，迎接春天。

面对装备制造业的全球化、多样化、个性化的挑战，我们要苦练内功，强化质量意识，提高"精品"制造能力，以过硬的质量再创辉煌。

过去的一年是极不平静的一年，出现的惊心动魄的质量事件有"毒饺子""毒奶粉""人造红枣"等。三鹿奶粉曾是中国名牌产品，销量为全国之首，就是因为有过量的"三聚氰胺"，引起广大消费者的不安和惊慌，最后导致企业领导受审，整个企业停工破产。该事件的根源在于质量问题，给我们的警示是：质量是企业的生命，质量可能毁掉一个企业，对于食品行业来说是这样，对于其他行业也一样，包括我们的装备制造业。我们必须时刻提高警惕，高度重视，严把质量关。

多年来，"西子"通过推行"精益管理""一件流""ACE""5S"等，在质量管理方面已有较好基础。在前所未有的挑战面前，我们需要在逆境中重新审视自己，在总结经验的同时保持冷静和理性。因为我们的产品还没有达到国内领先或国际先进水平，与我们行业的竞争对手相比，在原材料选用、设计创意、加工精度、耐久程度等方面尚有差距，产品设计还局限于传统经济。传统经济是资源—产品—污染排放；循环经

济是资源—产品—再生资源。销量第一并不等于质量是第一，因此在不断优化产品结构、增强自主创新能力、巩固和扩大市场份额，即在"抢市场、保增长"的同时必须进一步提高产品质量，增强持续发展的能力。

下面就进一步加强质量管理工作，提出近两年要抓好的几项工作：

1. 落后源于人的素质，开发劳动力资源是战略机遇，因此要加大培训力度，以提高全员质量意识为主线，按照质量要求、工艺流程、操作规范、5S管理、安全生产、员工行为规范、环保知识等，对特殊工种如焊工、铸工和数控机床操作工还要进一步加强专业技能的培训，全面提升一线员工的素质。

根据"二八定律"，引起产品质量的许多问题中，80%来自管理层，20%源于直接操作人员。在所有与产品形成有关的差错中，80%的差错可以在产品设计过程中找到原因，只有20%的差错是在制造过程中找到原因。

因此对管理层和工程技术人员同样要加强培训，细化岗位管理标准，规范工作流程，明确工作职责，提高专业技能，实现精细化设计、精细化管理，满足市场的定制化、个性化要求，提高产品的适用性。

2. 解决质量问题要靠技术，各企业要建立以总工程师为首的技术管理体系。总工程师是企业技术工作的总负责人，是企业行政领导，是企业科技进步的设计师，是企业向市场进军的开拓者。在总经理的领导下，统一指挥和组织协调技术系统的工作，明确总工程师在企业中的地位是实施总工程师技术负责制的必要条件。

总工程师对企业技术系统实行指挥，对技术管理机构实行统一的领导。按照技术工作的规律性，建立技术工作程序，有计划、合理地利用企业的技术力量和各种资源，把先进适用的科技成果尽快转化为现实的生产能力，以推动企业的技术工作和生产经营工作的不断发展。

其主要的工作职责是：参与企业科技工作决策，负责企业的技术改造和技术引进；增强企业研究开发能力，以增加企业持续发展的后劲；解决生产中的质量、生产工艺及可靠性、经济性的问题，提高企业生产技术水平；协助总经理主持质量管理工作，持续改进质量管理体系、环境管理体系、职业健康和安全管理体系；加强企业技术基础工作包括标准化、计量、科技信息和职工教育等。

3. "工艺保质量，工艺促效益"是不争的事实，在新形势下要重视工艺工作，进一步加强工艺工作，要在工艺管理、工艺纪律、工艺水平三个方面加大力度：要加强工艺管理，即落实质量职能，加强工艺标准、指导性准则、工艺材料等基础工作，做好工艺质量控制点，分析影响质量的有关因素；要严格工艺纪律，即按工艺规程、工艺准则进行操作；要提高工艺水平，即推广应用新工艺、新技术、新装备。最近，西子研究院和浙江工业大学正在试验薄板的激光焊接新工艺，如获成功，将大大提高表面质量，达到无焊疤、无热影响区的效果。

4. 推行"清洁生产"。联合国环境规划署对清洁生产的定义是：清洁生产是一种新的创造性的思想，是将整体预防和环境战略持续应用于生产过程、产品和服务中，以增加生态效益和减少人类及环境的风险。对于生产过程，要求节约原料和能源，淘汰有毒原材料，削减所有废物的数量和毒性；对于产品，要求减少从原材料提炼到产品最终处置的全生命周期的不利影响；对于服务，要求将环境因素纳入设计和所提供的服务中。推行"清洁生产"最明显的效果是提高质量、节约成本、降低消耗。

5. 做好"EUP指令"的应对措施。EUP指令是欧盟"能耗产品生态设计要求指令"，指令规定想要进入欧盟市场的用能产品必须提供相应的"生态学档案"（生态学档案是指对产品在原材料获取、生产加工、运输、销售等生命周期各环节对生态的影响进行的数据搜集、统计和整理，亦即对产品生态数据的管理）。

EUP指令要求：（1）通过推行清洁生产，增强资源和能源的综合利用；（2）加强企业内各工艺之间的物料循环，延长生产链，减少物料能源使用量；（3）减少废弃物和有毒物质排放；（4）最大限度利用再生能源；（5）提高产品的耐用度。

6. 做好ISO9001：2008质量管理体系标准的及时换版。2008年11月15日，ISO9001：2008质量管理体系标准正式发布，新版的优点是使用简便、用语清晰、易于理解。规定从2008年11月15日起，标准换版期为24个月，即至2010年11月15日，所有ISO9001：2000认证证书将失效。西子联合的相关企业已经获得ISO9001：2000的认证证书，为了及时按新版要求换证，必须做好下述工作：

（1）按2008年版修改质量管理体系文件；

（2）已获得ISO9001：2000内审员资格的，在经过认证机构培训考试后换发2008版的内审员证书；

（3）结合例行的监督审核或复评进行换版认证。

在当前经济形势下，要结合换证对质量管理体系进行创新和改造。创新和改造的方向是：注重各类产品开发工具的应用，如稳健设计、质量功能展开（QFD）、潜在失效模式分析（FMEA）等；注重生产加工的效率、管理的效率，引进先进的生产方式；引入财务与成本要素，考核内部质量成本、外部质量成本，强化质量保证职能。

各位同仁，让我们大家团结一致，调动各方面的积极性克服困难、苦练内功，相信我们一定能战胜危机，逆势飞扬，再创辉煌。

西子管理系统XOS
系列读本

品质与创新:通往百年梦想的阶梯

——在西子联合科技大会上的讲话

(2009年9月)

王水福

"百年西子,千亿企业"的梦想靠什么实现?通向这一梦想的阶梯是:品质与创新。

一、对品质和创新的理解

1. 什么是创新?

美国经济学家熊彼特说,创新是生产要素的新组合,它包括开发新产品,使用新的生产方法,发现新的市场,发现新的原料,创建新的企业组织形式。创新并不一定是十分复杂的、高难度的事情。

美国佛罗里达州有个画家叫李浦曼,他的生活相当贫困,是个穷画家。他穷得连画布、画纸都买不起,手头的笔和画架以及所用的画具都是些破烂货。然而,他并没有放弃自己的艺术追求,每天坚持作画,常常画到天亮。

有一天,李浦曼正专心致志地画一幅素描。他仅有的一支铅笔已经削得很短很短了,他必须捏着这支铅笔把画作完。画着画着,他发现画面要修改一下,于是他放下笔,在凌乱的工作室里寻找他仅有的一块橡皮。他找了好久,好不容易才找到那块比黄豆大不了多少的小橡皮。他把需要修改的地方擦干净后,发现那支"该死"的铅笔又失踪了。李浦曼找来找去耽误了不少时间,但他还是耐着性子,终于找到了那截铅笔头。一气之下,他决定把橡皮和笔头绑在一起,叫它俩谁也跑不掉!于是他找来一根丝线,把橡皮缚在铅笔的顶端,就这样,铅笔似乎长出了一些,但用起来却方便多了。可是没用几下,橡皮又掉了下来,穷画家发了狠心,一定要把这淘气的橡皮头牢牢地固定在铅笔上。为此,他竟然连画也不画了,发着倔劲干了好几天,想了种种办法。最后，他终于想出了一个好办法：用一块薄铁皮把橡皮和铅笔包在一起。这就是今天人们所使用的带橡皮的铅笔，是李浦曼的专利。不久，著名的 RABAR 铅笔公司用50万美元的巨款买下了这个专利。李浦曼由一个穷画家变成了发明家和大富翁。

2. 什么是品质？

品质就是"适用性"，按美国质量管理专家朱兰的说法，品质就是产品和服务满足规定或潜在需要能力的特征。

二、品质和创新的关系

1. 创新需要品质来保障。

品质是基础，品质不好的产品，即使创新性再强、性能再先进、功能再多，也无法被客户所接受。

2. 品质很大程度上来源于创新。

比如新技术、新材料、新工艺、新设备，都可以提高产品的质量和可靠性。所以，品质和创新是相辅相成的，是阶梯的两条腿，都是为了让顾客满意，并最终为企业创造效益。

因此，西子要实现两个转变：

（1）由"价格取胜"向"品质取胜"转变；

（2）由"西子制造"向"西子创造"转变。

三、如何实现这两个转变

1. 学习：持续地学习，开放地学习。

2. 加大投入：最好的榜样——华为公司，每年把营业收入的10%用于研发，实现了硕果累累：2008年，营业额达183亿美元，其中的75%来自国外市场；2009年，营业额预计达300亿美元；最近在挪威建成全球第一个4G网络；2008年，国际专利申请量居世界第一，达到1737件。

3. 培养和引进人才：为人才创造优越的工作和生活平台，并引进高层次、领军型人才。

质量人大代表议案建议

关于"吁请政府加大制造业的扶持力度，提升浙江制造业水平"的议案

（2003年1月，浙江省十届人大一次会议）

王水福

提出这个问题，我是经过深思熟虑的，因为无论是从我自身经营企业的实际出发，还是从整个浙江经济的现状出发，或者我们可以把这个话题再放大到中国乃至世界范围内来看，诸多事实说明，必须重视、支持制造业发展，要全面提升浙江省的制造业水平，以提升档次，增强竞争力。

所谓制造业，是指对原材料进行加工或再加工，以及对零部件装配的工业的总称。制造业的影响在生活中可谓无处不在，按统计部门的口径，制造业包括了28个大行业，每个大行业又可细分成十几个甚至几十个小行业。高度发达的制造业，是衡量区域经济综合实力和现代化水平最重要的标志。

一、制造业与中国

美国、日本等经济强国都非常重视制造业的振兴。具有广泛影响的《美国制造》指出："美国除了继续在世界市场参与制造业竞争外，别无选择。"《日本制造》也指出："制造业作为国家工业核心基础这一重要性，即使到21世纪也不会下降。"

从中国现状看，中华人民共和国成立50多年来，我国已经建立了一个比较完整的工业体系。长期以来，制造业一直是中国经济增长的重要动力。制造业在国内生产总值中的比重一直维持在40%以上，近年来甚至接近50%，而且中国财政收入的50%来自制造业，制造业成为国家机器运转的主导力量。制造业不仅吸收了接近一半的城市就业，农村剩余劳动力转移中也有接近一半流入了制造业。制造业还是中国商品出口的主体，20世纪90年代以来，制造业的出口一直维持在80%以上，创造了3/4的外汇收入。可以说，当前制造业已成为我国最大的产业和国民经济的主要组成部分，无论

是过去、现在,还是可以预见的将来,制造业都将是中国经济增长的主体和支柱。

二、制造业与浙江

制造业也是浙江工业的主体。2001年,全省制造业的工业总产值和利润总额分别占规模以上工业企业的97.6%和96.8%,制造业比重之高居各省(区、市)首位。

制造业是浙江经济发展的主要动力。1978年至2001年,全省工业增加值年均增长17.5%,对全省国内生产总值的增长贡献率高达49.5%。1979年至2001年,全省规模以上工业企业实现税金累计2630亿元,为同期全省财政总收入的57%。2000年,制造业从业人员696.4万,占全部从业人员的25.5%。制造业的崛起,有力地推动了城市化进程,极大丰富了城乡人民的物质文化生活,为全省现代化建设打下了坚实基础。

制造业也是国际竞争力的集中体现。如今,浙江已成为国内重要的工业制成品出口基地,一般贸易优势明显。2001年,工业制成品出口占全省外贸出口的比重为91.6%,比1980年上升了27.3个百分点;工业出口交货值占全国的比重从1991年的3.6%上升到8.2%。

浙江经济发展的一大特色就是制造业相对发达,没有强大的制造业支撑,浙江成不了经济强省,也难以提前基本实现现代化。我国加入WTO以后,浙江以劳动密集型为主的制造业优势将进一步加强,如果我们能抓住机遇尽快提升制造业水平,挤入跨国公司的"生产链",浙江有可能成为面向全世界的生产基地。

三、制造业与高新技术产业

制造业和高新技术产业是紧密联系、相辅相成的。

我们知道,推动经济发展的主要动力,无疑来自技术进步。技术的进步,一方面表现为制造业本身不断吸收最新的科技成果,技术水平不断提高;另一方面表现为制造业提供更加先进的工具和手段,使新的科技成果不断地转化为现实生产力,推动经济和社会的进步。信息技术、激光技术、生物技术、新材料技术等领域的重大突破,无一不是通过制造业这个载体和媒介,创造出像电子计算机、电话、基因产品、光导纤维以及互联网等这样一些高科技产品,才实现了对人类文明与经济社会发展的推动,并深刻地改变了人类的生产方式、生活方式甚至思维方式。

从发达国家的发展情况来看,目前虽然高新技术产业(知识经济)初见端倪,但其载体仍是制造业,知识经济的发展依赖于工业经济的发达程度,工业经济是知识经济的物质基础,因此在发达国家的国民经济中制造业仍占有重要地位。

四、思考与建议

以上笔者分别叙述了制造业与中国、制造业与浙江、制造业与高新技术产业的关系,无非是想通过不同层面、不同的角度说明制造业在国民经济中举足轻重的地位和重要意义。但从某种程度上讲,制造业在我们的国民经济中的地位已被确认,但真正为制造业的发展创造良好的氛围如政府政策、社会行动等就比较困难。

我们要看到,我国制造业在快速发展中也存在不少问题:制造业总体规模小,仅相当于美国的1/5、日本的1/4;制造业的人均劳动生产率远远落后于发达国家;技术创新能力十分薄弱,有自主知识产权的产品少;低水平生产能力过剩;等等。作为制造业大省的浙江同样也存在这些问题,今天,我们在为浙江作为一个制造业大省的地位而欢呼,但几年之后呢?形势不容乐观!总体上说,浙江制造业的发展处于低水平阶段,产业层次低、产品档次低、市场定位低、企业素质低等问题还没有得到根本解决。

一是产业层次低,产品档次不高。浙江块状经济大多属于劳动密集型的传统产业,产品的科技含量不高。二是产业链比较短,深加工能力弱。如绍兴的纺织业,中间的织造环节很强,但前道的机械制造、制丝纺纱和后道的印染整理、服装加工等能力都很弱,只能生产一些大众化的面料。

综合各方面的因素,我觉得,整个浙江的制造业水平需要从量到质的转变,浙江要从制造业大省变成制造业强省,对此,我有以下几点意见:

(一)从舆论导向上,各级政府应高度重视发展制造业,与高新技术产业并重

对于制造业与高新技术产业的关系,我已谈过。但现在有一个现象不大好,一方面,很多人都认识到制造业的重要性,而另一方面,大家又都在高谈高新技术,到处在兴建高新技术园区,各级政府在制定各项优惠政策时对高新技术也格外"偏心"。以技改项目的审批为例,有些传统企业为提高产品的技术含量,引进高新技术,但申报技改项目时多次以不是高新技术为由被拒绝。很多传统产业里包含了很多的高新技术,而所谓高新技术产业也都是以制造业为基础的。所以说,各级政府部门应该把制造业与高新技术产业放到同等重要的地位。特别是要在舆论上足够重视,鼓励发展高新技术,用以改造提升传统产业,使制造业结构得到优化升级,形成一大批核心能力强的产业"排头兵"企业,发展一大批市场竞争力强的名牌产品和特色产品。

从我们浙江的实际来看,传统产业尤其是传统优势产业在较长时期内仍是支撑浙江制造业增长的主体。用高新技术和先进适用技术改造提升传统产业,是制造业调整和发展的关键。我省在工业化和信息化过程中,应正确把握好发展高新技术产业与振兴传统产业的关系,不能把高新技术产业限定在前沿技术应用领域。浙江高新技术的

产业化绝大多数依托于现有企业，产生于传统产业部门。而传统产业的出路，关键在于不断适应需求变化和持续创新，不断增强竞争力和创造社会财富。

（二）加大对基础装备的投入和政策支持

中国有句古语："工欲善其事，必先利其器。"就是说，一个工匠要想把他的工作做好，首先必须使他的工具很锋利。同样的道理，要想提高浙江制造业的整体水平，离不开一批高质量的基础装备，这是基础，是根本。但现在整个浙江在基础装备这一块的力量还相当薄弱，国外一些厂商愿意把部分零部件的生产转移过来，但我们的设备不行，质量无法保证，也因此失去了很多机会。

因此，要重视发展基础装备的生产制造，对于决定投产基础装备的企业要给予支持，对要引进国外先进基础装备的企业在有关方面也应支持。不单如此，还要鼓励传统产业的企业增加在这方面的投入力度，引进先进设备，提高生产制造水平。

（三）加大教育培训力度，提升产业工人素质，提高产品质量

德国的制造业水平举世闻名。2002年7月，我到德国考察时发现，德国工厂里每个工人的素质都很高。特别是我在接触到他们生活中的一些常见产品后，更令我加深了这一认识。比如他们生产的小刀，品种有单开的、多开的，功能有一种或多种的。我国的产品虽然使用了同等数量的原材料和类似的加工工艺，但产品的售价却往往要比他们的低很多，只能在地摊或普通商店销售，而他们的产品却能在专卖商店里"大显威风"。造成这种明显差异的原因，除了两国科技发达的程度不同之外，主要的还在于员工素质的差别，因为他们十分重视职业培训和对用户负责的教育。日本索尼公司生产的随身听在中国和本国均有生产企业，使用同样的原材料、同样的机器，但产品质量就是不一样，原因就在于工人的技术水平的差异。

就目前浙江全省的职工素质来看，整体水平还不高。以杭州市为例：目前杭州市机械行业有3.2万名职工，其中技工1.49万人，技师278人，高级技师45人，高级技工以上人员比例仅为13%；有关部门抽查了37家企业共7405名员工，其中技师只有10名，高级技工以上人员也仅占12%。

所以，作为制造业大省的浙江，应该把开展职业教育培训提高到整个浙江制造业发展战略的高度，投资了职业教育，也就等于是投资了浙江制造业的明天。具体来说，我觉得应该鼓励企业开展对职工的培训工作，在政策上对一些开展得比较好的企业要给予支持。

以上只是我个人的泛泛而谈，最后，衷心希望浙江制造业更上一层楼，无论在产品结构上还是质量品质上都有质的飞跃。

关于"为外地来浙工作的优秀产业工人在户籍、子女入学、购买经济适用房等方面给予优惠政策"的议案

（2004年2月，浙江省十届人大二次会议）

王水福

在省十届人大一次会议上，本人提出了关于"吁请政府加大制造业的扶持力度，提升浙江制造业水平"的提案，希望在舆论上加强引导，各级政府应高度重视发展制造业，要与高新技术产业并重；呼吁要加大对基础装备的投入和政策支持；最后，强调要加大教育培训力度，提升产业工人素质，提高产品质量，这是打造先进制造业基地的关键。今年以来，本人又注意到一种现象，那就是在我们的很多制造企业中，有大量的来自外地的工人，这些产业工人中有相当数量已经成为企业的技术骨干，但他们却不能享受本地工人的待遇。

一、优秀的技术工人不能享受人才待遇

现在很多地方都在高薪招聘高级技工，但有一个不争的事实，就是很多技工还是没有被当作人才引进。很多高级技工虽然是身怀绝技的技术人才，可能在企业为难之时能够力挽狂澜，但在整个社会的人才评价体系中却得不到认同。"高级技工"在社会的人才评价体系中不属于"人才"之列，其与干部、管理人员的身份、地位都不相同，工资、奖金、住房、福利待遇也不似干部和管理人员那样有既定标准，而是完全由市场调节。尽管按照国家的规定，技术工人应当享受同级工程技术人员的待遇，但大多数企业干部和工人的分配还是壁垒分明的。按照现行政策，企业从外地引进的外省市高级技工只能作为聘用的劳务工，无法享受到相应的待遇。

二、现状

西子联合控股公司下属的杭州锅炉集团有限公司,现有农民合同制职工205人,约占一线生产工人的1/3。这些工人在公司已经工作了十几年,绝大部分已经成为生产和技术骨干,部分已经达到了技师、高级工的技术等级,是公司不可缺少的人才。但有一个问题长期困扰着这些职工和企业,就是他们的户口问题。由于户口进不了杭州,为这些职工在购买经济适用房以及子女的读书、就业等方面带来了一系列的困难,影响了他们在杭州工作的积极性。

各级政府今年以来出台的一系列政策中,都将优秀的技术工人作为打造先进制造业基地必不可少的人才来对待,但在具体政策的制定和实施过程中,还存在诸多问题。例如,杭州市杭政办〔2000〕23号文件《关于进一步做好各类人员进杭落户有关工作的通知》已将特殊工种招工进杭,劳动模范、操作能手本人农转非等列入进杭落户的范围,但在具体操作时规定,劳动模范必须是市级以上的,操作能手必须是在省级以上技术比武中获前三名的。试想一下,市级以上的劳模每年能有几个?而其中是工人的又能有多少?是农民合同制工人的又有多少?全省技术比武几年才举行一次,而且也是仅限于有限的几个工种……一道道过高的门槛使得农民合同制职工进杭落户变成可望而不可即的梦想。

同样是人才引进,对于知识分子的政策却要宽松得多,比如,现在只要是本科毕业生就可以进杭落户,紧缺专业的甚至只要是大学生就可以了,但优秀的技术工人要进杭落户却是难上加难。对于企业来说,科技人员是人才,管理人员是人才,优秀的技术工人同样也是不可缺少的人才。

现在,杭州锅炉集团有限公司里农民合同制职工中的优秀技术工人流失现象时有发生,很大程度上是由于户口问题。他们中有的到政策更加开放和优惠的地区去工作,有的回到老家的企业去工作。技术工人在全国都是十分紧缺的资源,我省要打造先进的制造业基地,少不了他们。

以上我是说了杭州锅炉集团有限公司的情况,事实上,类似的情况在杭州的很多企业都有存在,比如杭氧、杭钢等公司。

三、我的建议

希望省政府及有关部门能出台政策,对外地来浙的高级技工在户口、住房、子女入学等方面给予支持，解决他们的后顾之忧，切实提高他们的地位，激发他们的工作热情。

去年，上海重型机器厂从外地引进的两位高级技工正式落户上海，成为名副其实的"新上海人"。此举表明异地高级技工作为上海紧缺的人才，可以享受与高学历人才、科技人员同等的入籍待遇。

据了解，解决上海入户问题的李治国和阙宝春，都是数控机床高级操作工，年龄分别为36岁和37岁。目前，他们均在上海重型机器厂担任6640数控镗铣床操作主手，能独立完成各种大型精密复杂零件的加工，还能编制加工程序，解决加工中出现的关键技术难题。

上海不仅要引进优秀的厂长经理、优秀的科研人员，也要引进优秀的技术工人。所以，我们浙江现在提出要打造先进的制造业基地，除了要引进优秀的企业管理者、优秀的科研人员外，也要引进优秀的技术工人，这是对企业、对社会都有益的好事，是非常有必要的。

关于进一步宣传、弘扬"浙江精神"的议案

(2006年1月,浙江省十届人大四次会议)

王水福

改革开放以来,浙江的经济、文化建设取得了很大成就,尤其是"十五"计划期间,浙江从一个资源小省一跃跻身为国内经济大省,而且教、科、文、卫协调发展,社会和谐、稳定。浙江的成就被指为"浙江现象",引起全国瞩目,国内学术界、企业界等纷纷以浙江为研究对象,探寻其成长、发展的轨迹,以为他山之石而借鉴、利用。

浙江省委十届四次全体会议以"自强不息、坚韧不拔、勇于创新、讲求实效"16字的"浙江精神",高度概括了浙江人民在经济、文化建设中的成功经验,非常科学地解答了浙江发展的根源。

"浙江精神"是浙江优秀的历史文化传统和现代创新理念的结合。历史发展规律表明,经济发展、社会进步,必须要有深厚的思想、文化资源作支撑。当思想文化资源和时代特征、地方实际结合在一起,就形成了一种综合文化力,使文化的力量在经济建设中凸显,并上升为区域经济竞争力的核心要素。浙江的发展道路,正是践行了"浙江精神"。

在"十一五"计划期间,浙江经济建设和社会发展的任务更艰巨,而且面临许多前所未有的新课题,更加需要坚韧不拔、求真务实的工作精神,因此,我提议,"十一五"计划期间,要在更大的范围内,更为广泛、深入地宣传、弘扬"浙江精神"。

一、"浙江精神"提出后,经过专家解读和媒体传播,产生了很大的影响力,社会效果很好

浙江有众多中小企业,有相对不发达的地区,把"浙江精神"作为一种科学发展观,以此来引导上述地区(企业)走上富有地域特色的自主发展道路,实现全省经济、文化的均衡发展。要充分利用各种有效的宣传载体,如影视、网络、新闻、出版等等,

把传播"浙江精神"作为精神文明建设和人文教育的重要内容。

二、重视浙江的历史文化研究，不断丰富"浙江精神"的思想、文化内涵

习近平书记在论述现代浙商文化时强调："现代浙商文化的历史起源，充分借鉴海洋文化和中原文化的精髓，成就了儒家文化中独特的一脉。这一文化基因以温州永嘉学派和金华永康学派为代表，在'舍利取义、以农为本'的农耕社会中开始强调'义利并重、工商皆本'的观念，无疑是一个大胆的创新。"习近平总书记阐明了"浙江精神"的哲学本源，而浙江优秀的文化传统，包括杰出的历史人物、优秀的文化遗存等都是"浙江精神"的思想资源，有必要大力加以挖掘、宣讲。同时，根据与时俱进的原则，不断地充实、丰富"浙江精神"的内涵，进一步丰富了爱国爱乡思想教育的内容，有利于爱国情操和人文意识的培养。"十五"计划期间，我省在弘扬历史文化、保护历史遗迹方面成绩巨大，"十一五"计划期间，应继续加大力度，拓宽工作范围。

三、把"浙江精神"推向全国

浙江优秀的历史文化传统也是中华文明的精髓，浙江所孕育的"浙江精神"在全国具有普适性。造成目前国内经济、社会发展不平衡的原因中，除了资源、地缘等自然因素外，人文历史传统也是一个重要因素。所以，在全国范围内弘扬和培育"浙江精神"，不是推行一个"模式"，而是提供一种思维方式。浙江走出一条具有区域特色的自主发展道路，对那些自主意识不强、有着"等靠要"思想的地区具有显著的示范意义。把"浙江精神"推向全国，能够为全国的社会、经济、文化均衡发展作出贡献。

四、重点在青少年中培育"浙江精神"

青少年的历史文化意识相对淡薄，特别是在目前物质生活条件优裕的情况下，青少年中保持自强不息、艰苦奋斗精神的情况有所弱化。为保持"浙江精神"的传承，在青年员工和青少年中弘扬培育"浙江精神"，将其纳入企业的思想政治工作范围；编写以"浙江精神"为主要内容的人文教育读本以及采用其他一系列有效的教育方法，使"浙江精神"为经济的持续发展、社会的文明进步发挥更大作用。

关于制订"中国企业社会责任标准体系"的议案

(2007年1月,浙江省十届人大五次会议)

王水福

"引导企业树立现代经营理念,切实承担起社会责任"是2007年中央经济工作会议精神,也是落实科学发展观,促进浙江省经济又好又快发展的重要指导思想。在市场经济条件下,企业作为助推经济、社会发展的重要组成部分,在创造财富、增加税收、扩大就业、促进社会文明等方面起着十分积极的作用,担负着十分重要的社会责任。

从当前的发展阶段来看,我国市场经济仍处于经济体制转轨、市场经济体系逐步完善的阶段,各种法律、法规还不是很健全,管理手段和方法还跟不上时代的要求。环境遭严重破坏,资源浪费严重;企业恶性竞争,信用缺失,假冒伪劣产品充斥市场;拖欠克扣农民工工资等现象时有发生;重大食(药)品安全事故和矿难频发……不仅阻碍了改革发展进程,而且破坏了社会主义和谐社会的构建。

在这样的背景下,亟需倡导企业承担社会责任——不但严守最基本的法律底线,更要对自身的经营活动进行道德约束;不但要强调企业的发展,更要强调对人的价值、健康安全的关注;不但要强调为消费者提供高品质的产品和服务的责任,更要强调保护环境、生产绿色节能环保产品的责任;等等——这是一项具有十分重要意义的举措。

西子联合与美国奥的斯公司已经合作十年了。记得在刚开始合资的时候,我们很不习惯,认为美国奥的斯公司很死板、很固执、认死理,一件事明明可以有更快更好的解决办法,可美国奥的斯公司却不肯这么做,理由是美国UTC的政策手册里规定是不能这么做的。我们劝说"政策是死的,人是活的",变通一下就可以了,可他们就是不肯。现在回想起来,其实是我们太小聪明了。要做百年企业,一定要有严格的道德和行为规范,而且要求所有人都按照这套规范做事。举一个小例子:如果只有一棵树,树上只有几只鸟,这个时候要管好是很容易的。但企业一旦做大后,好比现在有一片树林,里面有数不清的鸟,该怎么管?所谓"林子大了什么鸟都有",这个时候就需要有一套道德和行为规范,大家都按照这套规范做事情,企业才能健康发展、持续发展。

所以西子联合做了一份"企业社会责任报告",这就是我们的"道德和行为规范"。

这份报告的开篇就开宗明义地宣称:西子联合存在和发展的根本意义以及所有西子人的努力,目的就是"为了国家更富强、为了社会更和谐、为了企业更健康"。在美国财富杂志公布的最新世界500强名单里,中国有22家企业入选,占4.4%,而美国有240家,占48%,日本也有60家,占12%。如果有一天中国企业进入世界500强的数目占到20%、30%甚至更高,那么说明我们国家的实力就很强了。所以,企业的发展首先是为了国家富强。中国取消征收了几千年的农业税,是因为改革开放以来我国工业经济的发展,使得国家有足够的底气和实力取消农业税。所以,企业发展了,可以多向国家交税,国家才能够开发西部,才能够实行九年制义务教育,这样社会才能更和谐。当所有西子人都把《西子联合企业社会责任报告》作为道德规范、行为准则时,企业就真正规范、健康了。

综合以上各个方面的情况,我认为,为了国家更富强,为了社会更和谐,为了企业更健康,要加紧推进中国企业履行社会责任。因此,我们提出以下建议:

第一,以浙江为试点,制订中国企业社会责任标准体系

企业是社会的有机体,是企业公民,企业要与员工、客户、社区、供应商等利益相关者形成和谐的相互关系,把遵纪守法、以人为本的管理原则以及履行企业社会责任作为企业价值观的核心和精髓。但很多企业对社会责任的认识还不够,而且由于中国的国情,国际上通行或认可的企业社会责任不一定适合本土企业。

浙江是民营经济大省,市场经济发展较快,企业数量众多,所涉及行业全面,足以影响社会生活的各个方面,因此浙江企业在承担企业社会责任方面的表现如何,为国内外所瞩目。浙江在改革开放进程中一直是"干在实处,走在前列"的,所以,我建议由政府有关部门牵头,以浙江为试点,组织制订适合中国国情的企业社会责任报告标准体系。

第二,制定促进企业承担社会责任的有关政策

参照国内外有关成功的经验和做法,由政府有关部门牵头制定相关政策,营造遵纪守法和履行企业社会责任的良好氛围,对于积极承担社会经济责任、法律责任、伦理责任、慈善责任的企业,要给予大力扶持和积极鼓励,不让遵纪守法、严守道德规范的企业吃亏。

第三,积极引导企业向公众发布企业社会责任报告

鼓励和引导企业根据制定的社会责任标准体系,每年向社会公众发布企业社会责任报告,使企业自觉地遵守法律法规,遵守道德约束,并接受社会公众的监督,帮助企业树立科学发展观,并落实到企业的生产经营活动中——规范员工的社会责任行为,强化员工的社会责任意识;坚决地、不折不扣地贯彻国家法律法规;严守道德规范;履行环境责任;为改善人民的生活质量、企业与社会的和谐发展作出自己应有的贡献。

以上提议,请有关部门研究。

关于制订《浙江省电梯等特种设备安全监察办法》的建议

(2008年1月,浙江省十一届人大一次会议)

王水福

  浙江省特种设备行业近年来发展迅速,在全国乃至全球已有一定知名度。与此同时,我省特种设备发生事故呈总体下降趋势,安全状况明显好转。但值得关注的是,电梯等特种设备造成的事故开始多发,其中又以简易升降机的事故总量最大。据《浙江省特种设备安全状况(白皮书)》,"十五"期间,简易升降机事故的总数占了同期起重机械事故总数的39.02%。

  最近,我在有关部门的帮助支持下,对我省简易升降机的安全状况作了一些调研。简易升降机是一种运行于固定导轨之间,垂直运输货物的载货升降设备。由于其使用方便、成本较低,在我省中小企业中得到了非常广泛的应用。但由于该设备的相关技术法规滞后及管理不配套等原因,导致近年来全省的简易升降机事故频出。据统计,2007年,杭州市共发生特种设备相关联的安全事故9起,死亡7人,伤2人,其中简易升降机事故3起,造成2人死亡、2人受伤,占今年全市事故总数的33.3%、死亡人数的28.5%、受伤人数的100%,给人民的生命财产安全带来了极大的危害,也在社会上造成了不好的影响,与打造"和谐浙江"以及杭州市建设"生活品质之城"明显不相适应。

  电梯及简易升降机等特种设备的安全使用涉及的环节非常多,从设计、制造到安装、使用、日常管理、维护保养等,任何一个环节出现问题,都会造成事故隐患。从调研的情况来看,目前在电梯等特种设备的使用方面普遍存在以下问题:

  1. 设备使用单位的安全主体责任未落实。

  设备使用单位安全意识淡薄、管理粗放,对设备不作注册登记和申报定期检验,甚至逃避和拒绝检验,一些超过检验使用周期的设备仍在使用。有些企业甚至使用非法制造、安装的简易(土制)升降机,设备不符合安全技术规范要求,设备本身存在安全隐患。

  另外,我还在调研中发现了以下问题:使用单位未建立有效的安全管理制度;操

作人员无证上岗,造成安全隐患;违规乘坐、操作、超载使用简易升降机;未有效落实维保制度;应急救援预案未落实,盲目进行施救;等等。

2. 设备维保企业存在恶性竞争现象,以降低维保价格争夺市场,客观上造成了维保项目不到位,维保质量下降,从而带来安全隐患。

3. 一些住宅小区的电梯设备在安装完毕一年免保期结束后,一般由物业服务公司负责维修保养,但小区的物业服务公司一般缺乏电梯专业技术和备品备件,而且为了降低成本,在维修保养方面普遍非常草率,不仅影响了设备的使用周期,也造成了安全隐患。

综合以上各个方面,我认为,为了电梯等特种设备行业规范、健康的发展,为了打造"和谐浙江",为了督促电梯等特种设备企业切实履行社会责任,要尽快出台电梯等特种设备安全监察的地方性规章制度,因此,我提出以下建议:

第一,制定《浙江省电梯等特种设备安全监察办法》

特种设备由于其特殊性,往往是不出事则已,一出事就会造成较大的人身伤害事故。因此我建议有关部门应尽快出台《浙江省电梯等特种设备安全监察办法》,进一步强化安全意识,落实特种设备安全三方责任:督促使用单位落实安全主体责任,加强特种设备安全管理,落实检验机构技术把关责任,以迅速提高我省特种设备产业的行业品质,使我省由特种设备生产大省向特种设备生产强省迈进。

第二,成立电梯等特种设备事故应急救援中心

对我省近年来的安全事故进行分析可发现,应急救援预案未落实、施救不当是造成安全事故的重要原因之一。因此,我建议有关部门成立电梯等特种设备事故应急救援中心并公布救援电话,从技术上支持广大企业进行及时有效的施救。

第三,健全完善动态监管和事故信息上报处理制度

建议完善动态长效监管机制,利用信息网络,实现对特种设备的生产、使用单位和检验检测机构有效监管,并逐步完善监控预警、安全评价、事故统计分析体系,最大限度地防止、减少事故发生。

对不履行企业社会责任、屡次发生事故的企业进行警告乃至曝光。

规范行业准入制度,打造良好的行业形象。

以上建议,请有关部门研究。

关于"抓住机遇,创建中国机电产业国际交易平台和产学研一体化创新平台"的建议

(2009年1月,浙江省十一届人大二次会议)

王水福

1929年,20世纪全球最惨烈的经济危机发生。这一年,浙江省举办首届西湖世界博览会,在向外界展示中国特色与中国市场的同时,也引进了当时世界最先进的工业技术和工业产品,推动了浙江省乃至中国现代工业的发展。

80年过去了,恰逢一场新的金融危机发生,我们应该如何作为?

机电产业作为浙江省重点发展的产业之一,近年来其出口规模迅速扩大,全省外贸实现了以轻纺产品为主向以机电产品为主的历史性跨越。浙江机械电子行业有很多具有"小巨人"潜质的产业,省内有197家位列"中国第一"的"小巨人"企业,500家在全国行业排名前三的企业,约占全国规模以上企业1%的5万多家中小企业,其中的不少企业已经具备相当的国际影响力。

但是,我们也要看到浙江机电产业的问题与差距:

1. 产品缺乏技术含量,加工利润低。

目前,浙江机电企业技术含量高和附加值高的产品较少,企业的国际竞争力较弱。铺天盖地的都是小企业,缺少"顶天立地"的大企业,低价竞争,不仅利润低,而且在国际市场上没有地位和影响力。

2. 缺乏国际市场开拓者,产能过剩。

生产机电产品的中小企业限于自身的经营规模以及在竞争中所处的弱势地位,往往适应国际市场的能力不足,缺乏既熟悉国际惯例又了解工业技术的专门人才,销售渠道单一,由此造成产能过剩问题。而国际市场最具成效的开拓者是政府,以政府为主导的国际市场开拓,像浙江的义乌国际小商品城、永康国际五金城等,都是"政府搭台,企业唱戏",例如最近央视每天对于义乌国际小商品城和永康国际五金城的宣传

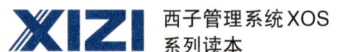

报道,就是当地政府行为。

3. 研发设计和品牌渠道落后,产品趋同。

企业的科技开发能力、技术创新能力不足,缺乏核心技术,产品工艺设计水平差,技术含量低。而且很多企业只是贴牌生产,没有自主品牌,往往同一地区生产相同或类似产品的企业多达几百家,在国际市场上没有话语权。

当前,随着国际金融危机的影响进一步扩大,外需市场不断萎缩,加之上述浙江机电行业自身存在的问题,使得浙江的产业转型升级面临巨大挑战。但是,所谓"危机",是"危险+机遇",在当前复杂的国际国内宏观形势下,机电行业要积极引进国外制造行业中的先进技术和人才,认真落实《中共浙江省委关于深入学习实践科学发展观加快转变经济发展方式推进经济转型升级的决定》以及《浙江省人民政府关于加快工业转型升级的实施意见》,实现浙江省机电产业的转型升级。因此,我提出如下建议:

一、在杭州创建服务全国和全世界的、吸引世界500强企业采购的机电产业国际交易平台

杭州是长三角地区的品质之城,有着良好的区位优势与产业发展背景。

"上海的浦东国际机场=杭州国际机场",正在规划中的沪杭高铁将会使这个等式在不久的将来成立。比如一个美国客商搭乘飞机从美国到上海需要12个小时,出站需0.5个小时,乘坐高铁到杭州需0.5个小时,总共只要13个小时,这样杭州就能与更加广阔的国际市场连在一起。

杭州"城东新城"以东站枢纽为核心,范围包括东站周边地区(东起沪杭高速,西至石桥路,南起艮山西路,北至德胜路)的9.3平方公里。建议将西湖世界博物馆迁至城东新城,依托杭州新东站,在"西湖世界博物馆"附近建立一个面积5平方公里以上拥有10座2000人以上国际展览会议厅、10座10万平方米以上产品展示厅,年交易额达上万亿元的交易综合体(平台),进行整体规划、分步实施,其规模将不小于义乌国际小商品市场。未来,这里将成为以现代综合交通枢纽为依托,集现代生产全球机电产品的展示中心、旅游集散中心和居住功能于一体的城市新中心,"西湖博览会"将被打造成一个类似于德国汉诺威国际展览中心的国际品牌,像广交会那样,设置常年与短期的各式展示中心,重现当年辉煌。

目前,世界500强企业的采购中心在上海,当上海和杭州之间开通高速铁路和磁悬浮后,世界500强企业的目光必然会聚焦"西湖世界博物馆"。由此,全省乃至长三角

的装备制造业更多的产品将更踊跃地向"西湖世界博物馆"集中。等高速铁路和磁悬浮把浦东机场与铁路东站相连接后,新的时空概念完全可以把浦东机场看作"西湖世界博物馆"的机场,从而使"西湖世界博物馆"成为杭州走向世界接轨全球经济最前沿的桥头堡。

二、依托浙江大学等高校及科研院所,在浙大科技园基础上构建"产、学、研"一体化的创新平台,促进浙江机电行业产业转型升级,打造先进制造业基地

浙江是教育资源发达的省份,杭州集中了浙江80%以上的高等院校和科研机构。浙江大学是目前中国学科门类最齐全的综合性大学,实力雄厚,居于国内一流水平。学校有中国科学院院士10人,中国工程院院士7人,教授及其他正高职人员1000余人,硕士研究生9700余人,博士研究生4200余人。

浙大科技园是由浙江省、杭州市和浙江大学联合共建的,经国家科技部、教育部联合批准的国家级大学科技园。科技园总规划面积达八九平方公里,未来这里将有数万工程师搞研发,实现真正的"产、学、研"一体化。

浙江机电行业要实现产业转型升级,一定要依托浙江大学、浙江工业大学等高校、科研院所优质资源,在现有浙大科技园的基础上,构建浙江省"产、学、研"一体化创新平台,借助于这个平台,浙江机电产业才能提高能力,实现转型升级,拥有更广阔的发展空间和国际化市场。

因此,在当前宏观经济形势下,要抓住机遇,引进国外先进制造技术与人才,创建国际化的机电产业交易平台和"产、学、研"一体化创新平台已是非常迫切。这既是应对当前危机的需要,也是认真贯彻落实省委、省政府"加快工业经济转型升级"精神的需要,更是机电产业实现产业转型、提升核心竞争力的需要。

为了能够成功创建机电产业国际交易、研发平台,要用足国家级高新技术开发区政策,解放思想,进行体制创新,在政府统一规划和引导下,充分发挥民间的积极性,使政府和企业"两个轮子"共同前进。

荣誉及资质

▲ 2000年4月，王水福获"全国劳动模范"称号

▲ 2003年4月，王水福获"2003年度中国创业企业家"称号

▲ 王水福获2007浙商社会责任大奖

▲ 王水福的浙江省第十届人民代表大会第二次会议出席证（2004年）

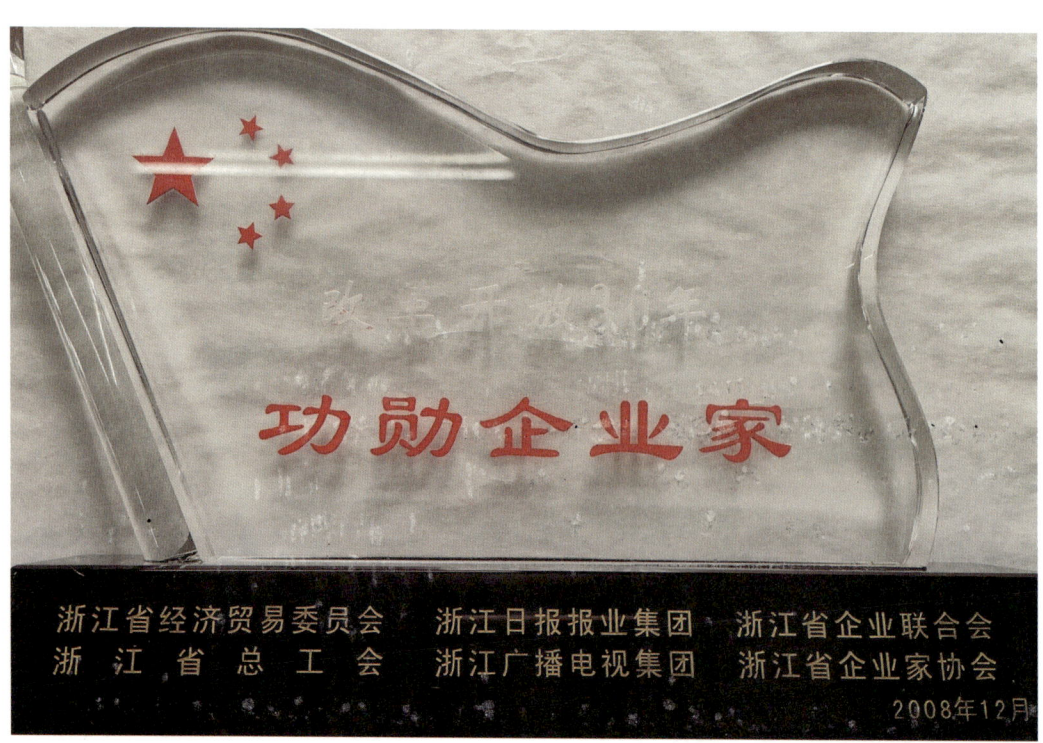

▲ 2008年12月，王水福获"浙江省改革开放30年功勋企业家"称号

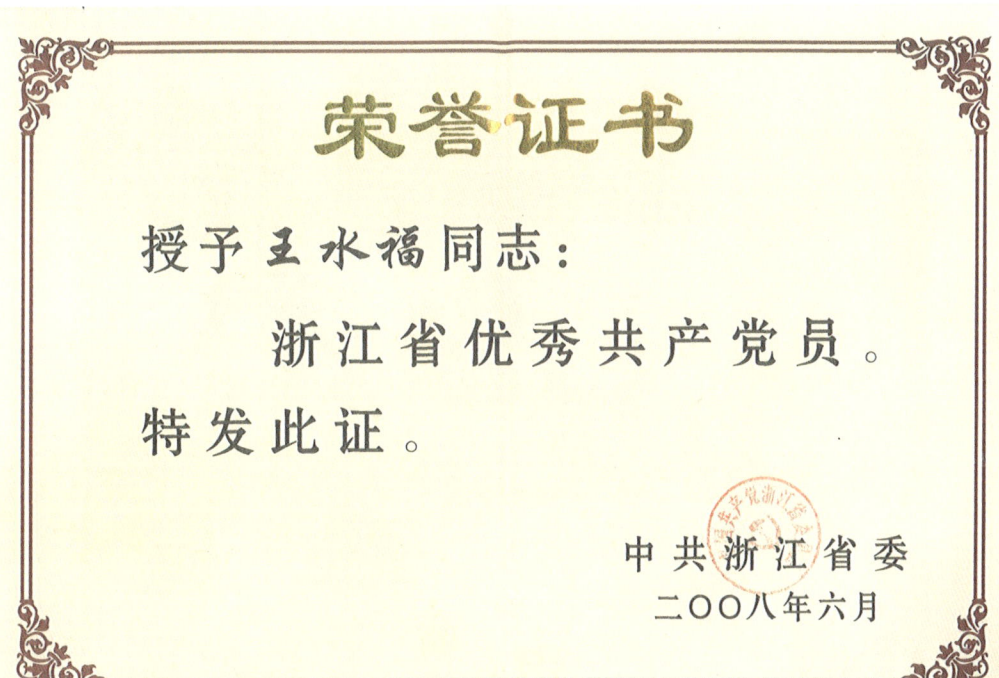

▲ 2008年6月,王水福获"浙江省优秀共产党员"称号

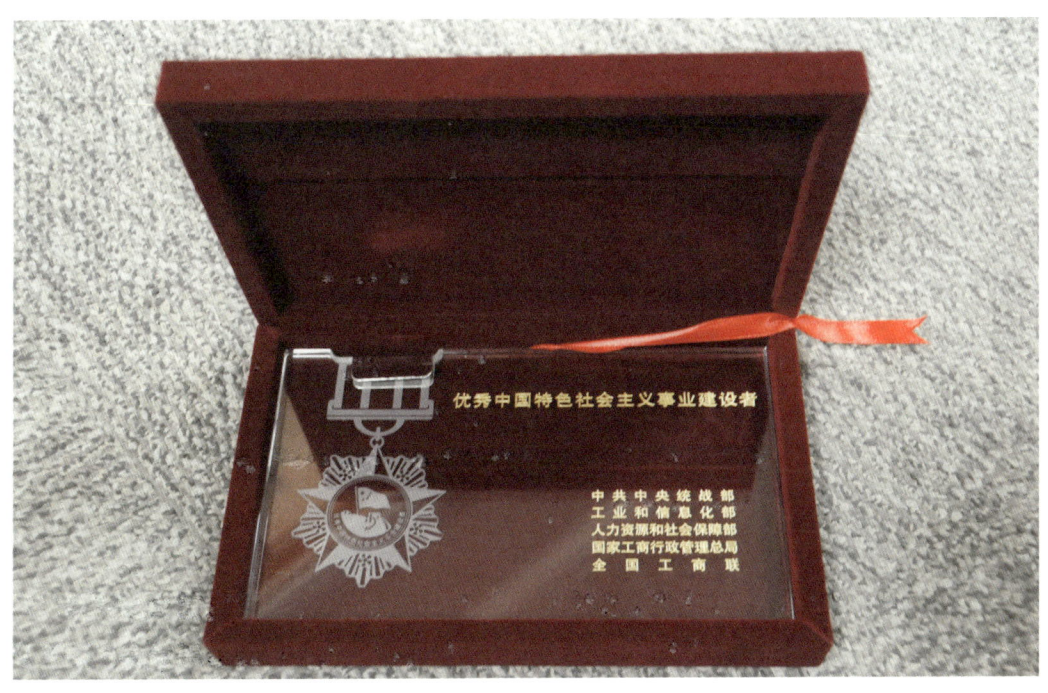

▲ 2009年,王水福获"优秀中国特色社会主义事业建设者"称号

▲ 王水福的浙江省第十一届人民代表大会第二次会议出席证（2009年）

21世纪10年代
（2010年—2019年）

零点一丝不苟　万万无一失

质 量 事 记

▲ 2011年3月15日,西子联合"十二五"品质规划启动大会召开

▲ 2011年9月15日,西子联合"十二五"品质规划半年总结大会召开

▲ 2012年6月26日，国家电梯质检中心（浙江）电梯试验塔建设方案论证会召开

▲ 2012年3月15日，西子联合"3·15"质量大会暨首届职工技能竞赛启动仪式举行

▲ 2012年11月6日，西子联合SHA启动大会召开

▲ 2016年，西子富沃德获得浙江省人民政府质量奖

▶ 2017年，西子航空零部件入选《中国制造2025蓝皮书（2017）》

▲ 2018年5月14-15日,王水福应邀参加"变革、质量、效率、首创"大会(常州)

▲ 2019年9月20日,王水福应邀参加杭州"新制造业计划"动员大会

西子报·质量报道

● 2010年2月8日 ●第3期（总第206期）●浙企准字第A018号
西子联合控股有限公司主办
欢迎访问公司网站：http://www.xiziuhc.com

新春致辞

品质改变命运

董事长 王水福

值此辞旧迎新之际，我谨此代表董事会并以我个人名义向各位全体同仁致以最崇高的敬意和最诚挚的感谢！

同时，我也希望我们大家都永怀一颗感恩的心。感谢这个时代给予的机会，感谢党的政策，感谢同事的配合，感谢伙伴的帮助，也要感谢我们的对手，因为让你倍感压力，我们变得更强大。当然，更要感谢我们的家人，他们才是我们生活的动力、幸福的依靠。

过去的一年是充满着汗水和欢笑、感动和宽慰的一年。我们一直走过了种种困难，在重困难的局面中创造了有史以来最好的效益，第一次跻身中国企业500强，这都是在我们的发展过程中具有里程碑意义的事件。在前方，更高远的目标已经向我发出了召唤。"千亿企业"，意味着我们企业的规模要增长10倍，那么这对于我们各位又意味着什么？这意味着，如果你现在是一名班组长，那么到时候你可能就是一位车间主任，甚至是厂长、总裁；如果你现在是一名技术员，那么到时候你可能是一位研发部长或者总工程师；如果现在是一名销售经理，那么到时候你可能会成为销售总监、总经理。总之，对于有理想、有能力的人来说，于这个舞台上更宽广的舞台，更高的山峰。你准备好了成为在这个舞台上登舞的明星，站在这个峰巅的雄鹰吗？

当然，在通向这个舞台或者山峰的道路上，我们还有太多的努力要付出，有太多的问题要注意。在这里，我想只说其中一个特别需要注意的问题，这也是我在去年这个时候强调过的问题，那就是品质。

一、从李嘉诚和丰田谈起

先讲一句话。李嘉诚有句流传很厂的名言——"知识改变命运"。非常简短，却非常有意义。虽然12岁就失学，以后再没有受到正规的教育，但他却十分清楚：只有努力工作和来取知识，才能改变他的出路。因此，当时他有一点钱就去买书，记到脑子里，再去买第二本。直到现在，李嘉诚还是天晚上睡觉前还是一定要看书。李嘉诚还请著名导演拍摄了袁隆平、张艺谋、丘成桐等40个人的奋斗故事，制作成4C集，每集1分钟的公益广告，题目就叫做"知识改变命运"。

再讲一件事。这件事可能大家最近都已经在媒体上看到了，就是丰田的召回事件。今年1月底，丰田宣布因为车辆脚门踏板问题要在全球召回700万辆汽车，并对北美工厂实行停产停销。700万辆的数字已经超过了丰田去年全球的汽车销量。据估计，召回和停售汽车将至少就生10亿美元。而对品牌形成的损失则是无法估量的。另外，消息发布后，丰田股价一周内累计下跌15%，市值蒸发了250亿美元。

关于问题的根源，现在虽然有设计、材料、供应商管理等各种解释，但毫无疑问的是，丰田一直引以为傲的质量管理出了问题，导致产品质量受到了严重的影响。把上面李嘉诚这句话你申到丰田这件事上，我想到了一句话——**品质改变命运**。

经历了近半个世纪的探索和完善，丰田创造了享誉全球的"丰田生产方式"，包括准时化生产、全面质量管理、团队工作法，并行工程等生产管理技术、方法和工具。丰田生产方式为丰田汽车在全世界范围赢得了高品质的好形象，帮助丰田在2008年超过美国通用，成为全球最大的汽车制造商。正所谓"水能载舟，亦能覆舟"。品质把丰田推到了世界第一的宝座，近期暴露出来的质量问题则让丰田突然又踏入了困境。

实际上，品质牵扯的不仅仅是丰田这样个别企业的问题，直到二战后的50年代，"日本制造"仍然是质次价廉的代名词。经过长时间的积累，才诞生索尼、佳能、东芝、丰田这样世界闻名的企业，彻底改变了日本制造的形象，也让日本奠定了世界经济强国的地位。可以说，产品品质在很大程度上影响了日本整个国家和民族的命运。

二、中国制造业的挑战："从有到优"

日本的经验教训对于正走在大国崛起之路上的中国是十分具有教育意义。

经过改革开放三十年的发展，今天的中国已经发生了天翻地覆的巨变，已经形成了相当完整的工业体系，中国企业已经可以制造几乎所有种类的产品，可以说，"从无到有"的目标已经基本实现。但是，现在中国大多数产品目前还停留在中低端。产品品质与国际一流水平差距较大。大多数中国企业仍然以价格为竞争的主要武器，你死我活的价格战打赢起来的结果就是两败俱伤，没有真正的赢家。而且现在印度、越南哥、巴西、包括越南等中低收入国家正在快速崛起，中国制造业如果不能尽快转型升级，未来面对的竞争对手会越来越多。

另外，我一直提醒大家关注全球贸易自由化的趋势。2010年的第一天，世界最大的自由贸易区——"中国—东盟自由贸易区"正式启动，贸易区内90%的商品，将近7000种，实现零关税。而且本、韩国加入进来，建立真正的"东盟自由贸易区"恐怕也只是时间问题。国外高品质的产品进入中国将会越来越方便，中国制造的市场也可能受到愿想大削减。

所以，低价时代已经终结，走价格竞争的路是没有前途的。所以，很多中小与倒失者的意思就是要打开与追赶者的跟离。必须要解决"从有到优"，开拓新"蓝海"的问题，也就是要千方百计地提高产品品质、开发高品质、高附加值的产品。我记得大家举一个例子：各位都知道，瑞辉奢侈是世界著名的电梯制造商，但可能不知道，他还是个高端装备的供应商，他生产的精密轴承只有儿公斤重，但卖的是什么价格？25万美元一个，还不打折！这就是品质的价值！

三、西子：让品质改变命运，让品质铸就品牌

过去近三十年，西子的竞争对手也发生了很大的变化，不断有新的对手进入我们视野。未来，西子要成为世界500强，就不可避免地要去和世界500强抢市场。说到通俗点，就是要上抢德国人、日本人的饭碗。要超越对手，首先需研究和学习对手，如果学不到德国制造、日本制造的品质，就没有一较高下的机会。更谈不上超越。

如果大家都已经认同"品质改变命运"，那么我们该如何去做呢？我认为，对于企业管理者来说，首要是要改变对品质工作的认识。我这里有一些个人的认识，与大家共同探讨。

1. 要舍得花钱

好品质不是天上掉下来的。是要花钱投入的。花钱的最终目的还是为了赚钱，而且是赚更多更大的钱。一方面，要在设备上花钱。光有的生产线是不够的，必须要有好的研发测试设备。

前不久，我去参观了西子有光电的检测实验室，留下了深刻印象。虽然西子光电在西子大家庭里面还是一个小弟弟，但比起大哥大姐们来，他的测试设备都一点都不逊色。产品的各种性能指标、各种使用环境考察指标了，而且花钱也很有尺度、举桥就浪费。我想，这些完善的测试设备是西子电梯能修在去年这么短的时间内成功开发通路、桥厢、商业等一系列LED照明产品的重要原因。我也相信，他们所开发的产品品质一定能够经受住市场考验的。我建议各个公司的领导都应该去西子光电参观交流。

今年，浙江省特种设备检测研究院等单位已决定在杭州合作建造世界第一高的挂梯及零部件试验所。对我们来说，这可能是个很好的机会。可以帮助我们掌握一手的测试数据，全面检验和提升产品品质。用数说话。才能在行业中率先取得这样的位置。杭州中策橡胶的老总也有类似的梦想。尽管已经是中国最大的轮胎制造商，但他还希望能够在那获得质量认证和设备后到这地。这也是让于同样的考虑。

另一方面，要在人身上花钱。这方面，我们应该说做的还是不错的。我们的培训经费一直在增长。联合大学办得也有有声有色。还从外部引进了一批经验丰富的品质管理人才。基本上达到了我们期望的效果。今后，这方面的投入力度还要继续加大。

2. 要善于学习

我认为，西子一直是个学习型的企业，这是西子能够走到现在的主要原因之一。从国内外各个优秀的合作伙伴身上，我们都要学习到许多宝贵的知识，并且转变为我们的知识，形成了自己独特的文化和竞争优势。特别是我们学习了丰田的精益生成管理，对产品品质的提升产生了很好的帮助，在社会上也有不小的知名度。

然而，我们不能满足于现状，而要继续以谦虚的心态。学习比我们优秀的企业。学习对我们有用的知识。例如我们去年进入大飞机项目，一个重要的目的就是为了借鉴航空产业的质量体系，走让所有员工提升对品质的重视和认识。最近，沈阳西子航空刚刚创造了一个奇迹，用40多天的准备时间就通过了一般至少需要半年才能通过的国家军标GJB9001A质量体系认证。今年，我们还计划争取成为中国第一家通过国际航空基础质量体系标准——AS9100认证的企业。通过这些认证，不仅仅我们更有能力承接空客、GE等正在与我们接洽的国际航空厂家的业务，而且也可以把其中的管理理念、方法和工具应用到其他领域的企业品质管理中去。

3. 强调品质并不是否认价格的重要性

最后，还要说明一点，品质和价格并不是一对矛盾。我们强调品质的重要性并不等于否认价格的重要性。

客观地讲，品质得高和要牌塑造需要有长时间的积累。在相当长时间内，中国产品是国际上的竞争力还是要牺牲价格。高品质、高价格是我们追求的目标，但现阶段还难以马上实现。相对于发达国家，我们的成本优势仍然是天要的。应该继续利用。即使华为这样优秀的高技术企业，在开拓国外市场时，一般至少需要半年才能通过了一个分关键的因素。所以，在不影响品质的情况下，尽可能地低成本仍然应该是我们力争的目标。

李嘉诚说，知识改变命运，是因为"知识不能决定一生的多少财富，但能绝过更多的机会。这是最好的途径。对于企业而言，我们也要无正改变自己的命运，就必须一定要努力基本去寻找最好的途径。蓦然回首的方向去改变命运，我相信，品质，就是我们去享誉世界、恒久流传的品牌。

再一次衷心感谢各位，祝各位在虎年：生龙活虎，虎虎生风，如虎添翼，虎气冲天！

王水福：《品质改变命运》，来源：《西子报》2010年2月8日

2010年新春致辞

品质改变命运

(王水福 来源:《西子报》2010年2月8日)

值此辞旧迎新之际,我谨代表董事会并以我个人名义向西子联合的全体同仁致以最崇高的敬意和最诚挚的感谢!

同时,我也希望我们大家都永怀一颗感恩的心,感谢这个时代给予的机会,感谢党的政策,感谢同事的配合,感谢伙伴的帮助,也要感谢我们的对手,因为让你痛苦的人必使你更强大。当然,更要感谢我们的家人,他们才是我们生活的动力、幸福的依靠。

过去的一年是充满着汗水和欢笑、感动和喜悦的一年。我们一道克服了种种困难,在最困难的局面中创造了有史以来最好的效益,第一次跻身中国企业500强,这是在我们的发展过程中具有里程碑意义的事件。在前方,更高远的目标已经向我们发出了召唤。"千亿企业",意味着我们企业的规模要增长10倍,那么这对于我们各位又意味着什么?这意味着,如果你现在是一名班组长,那么到时候你可能就是车间主任甚至厂长、总裁了;如果你现在是一名技术员,那么到时候你可能是研发部部长或者总工程师了;如果你现在是一名销售经理,那么到时候你可能会成为销售总监、总经理。总之,对于有理想、有能力的人来说,"千亿企业"就是更宽的舞台、更高的山峰。你准备好了成为在这个舞台上起舞的明星、站在这个峰顶的健将了吗?

当然,在通向这个舞台或者山峰的道路上,我们还有太多的努力要付出,有太多的问题要注意。在这里,我只想谈其中一个特别需要注意的问题,这也是我在去年这个时候强调过的问题,那就是品质。

一、从李嘉诚和丰田公司谈起

先讲一句话。李嘉诚有句流传很广的名言——"知识改变命运",非常简短,却非常有意义。虽然12岁就失学,以后再也没有受到过正规教育,但他却十分清楚:只有努力工作和求取知识,才是唯一的出路。因此,当时他只要有一点钱就去买书,记到脑子里，再去买第二本。直到现在，李嘉诚每天晚上睡觉前还是一定要看书。李嘉诚还请著名导演拍摄了袁隆平、张艺谋、丘成桐等40个人的奋斗故事，制作成40集、每集1分钟的公益广告，题目就叫作《知识改变命运》。

再讲一件事。这件事可能大家最近都已经在媒体上看到了，就是丰田公司的召回事件。今年1月底，丰田公司宣布因为车辆油门踏板问题要在全球召回700万辆汽车，并对位于北美的工厂采取停产停销的措施。700万辆的数字已经超过了丰田公司去年全球的汽车销量。据估计，召回和停售汽车将使丰田公司至少损失10亿美元，而对品牌声誉所造成的损失更是无法估量。另外，消息发布后，丰田公司的股价一周内累计下跌15%，市值蒸发了250亿美元。

至于问题的根源，现在虽然有设计、材料、供应商管理等各种解释，但毫无疑问的是，丰田公司一直引以为傲的质量管理出了问题，导致产品品质受到了严重的影响。

把上面李嘉诚的这句话引申到丰田公司这件事上，我想到了一句话——品质改变命运。

经历了近半个世纪的探索和完善，丰田公司创造了享誉全球的"丰田生产方式"，包括准时化生产、全面质量管理、团队工作法、并行工程等生产管理方面的技术方法。丰田生产方式帮助丰田汽车在全世界范围内赢得了高品质的良好形象，帮助丰田公司在2008年超过美国通用公司，成为全球最大的汽车制造商。正所谓"水能载舟，亦能覆舟"，品质将丰田公司推到了世界第一的宝座，但近期暴露出来的质量问题却让丰田公司突然又陷入了困境。

实际上，品质牵涉的不仅仅是丰田公司这样个别企业的命运。直到二战后的20世纪50年代，"日本制造"仍然是质次价廉的代名词。经过长时间的积累，才涌现出索尼、佳能、东芝、三菱、丰田这样世界级的企业，彻底改变了日本制造的形象，也让日本奠定了世界经济强国的地位。可以说，产品品质在很大程度上影响了日本整个国家和民族的命运。

二、中国制造业的挑战："从有到优"

日本的经验教训对于正走在大国崛起之路上的中国是十分具有教育意义的。

经过改革开放后30年来的发展，今天的中国已经发生了天翻地覆的巨变，已经形成了相当完整的工业体系，中国企业可以制造几乎所有种类的产品，可以说，"从无到有"的目标已经基本实现。但是，现在中国大多数的产品还停留在中低端的档次，产品品质与国际一流水平的差距很大。大多数中国企业仍然以价格为竞争的主要武器，你死我活的价格战打到最后就是两败俱伤，没有真正的赢家。而且现在印度、墨西哥、巴西包括越南等许多发展中国家也在快速崛起，中国制造业如果不能尽快进行转型升级，未来面对的竞争对手会越来越多。

另外，我一直提醒大家关注全球贸易自由化的趋势。2010年的第一天，世界最大的自由贸易区——"中国—东盟自由贸易区"正式启动，贸易区内90%的商品即将近7000种的商品实现了零关税。而日本、韩国加入进来后，建立起真正的"东亚自由贸易区"恐怕也只是时间问题。国外高品质的产品进入中国将会越来越方便，中国制造的成本优势可能会受到很大的削弱。

所以，低价时代已经终结，走价格竞争的路是没有前途的。中国企业要缩小与领先者的差距，要拉开与追赶者的距离，必须要解决"从有到优"、开拓新"蓝海"的问题，也就是要千方百计地提高产品品质，开发高品质、高附加值的产品。我这里给大家举一个例子：各位都知道，德国蒂森公司是世界著名的电梯制造商，但可能不知道的是，它还是高端装备的供应商，所生产的精密轴承只有几公斤重，但卖的是什么价格呢？25万美元一个，还不打折！这就是品质的价值！

三、西子：让品质改变命运，让品质铸就品牌

过去近30年，西子的竞争对手也发生了很大的变化，不断有新的对手进入我们视野。未来，西子要成为世界500强企业，就不可避免地要去和世界500强企业抢市场，说得通俗点，就是要去抢德国人、日本人的饭碗。要超越对手，首先要研究和学习对手，如果学不到德国制造、日本制造的品质，就没有一较高下的机会，更谈不上超越了。

如果大家都已经认同"品质改变命运"，那么我们该如何去做呢？我认为，对于企业管理者来说，首要的还是要改变对品质工作的认识。我这里有一些个人的认识，与大家共同探讨。

1. 要舍得花钱。

好品质不是天上掉下来的，是要花钱投入的。花钱的最终目的还是赚钱，而且是要持续地赚更多的钱。

一方面，要舍得在设备上花钱。光有好的生产线是不够的，必须要有好的研发测试设备。前不久，我去参观了西子光电公司的检测实验室，留下了深刻印象。虽然西子光电公司在西子联合的大家庭里还是一个小弟弟，但比起大哥大姐们来，其测试设备却一点也不落后，产品的各种性能指标、各种使用环境都考虑到了。而且西子光电

公司花钱也很有分寸，够用就好，不搞铺张浪费。我相信，这些完善的测试设备是西子光电公司能够在去年这么短的时间内成功开发道路、轿厢、商业等一系列LED照明产品的重要原因；我也相信，公司开发的产品品质一定是能够经受住市场考验的。我建议各个公司的领导都应该去西子光电公司参观交流。

今年，浙江省特种设备检测研究院等单位计划在杭州合作建造世界第一高的电梯及零部件试验塔。对于我们来说，这可能是个很好的机会，可以帮助我们掌握一手的测试数据，全面检验和提升产品品质。用数据说话，才能在行业中真正拥有话语权。杭州中策橡胶公司的老总也有类似的梦想。尽管已经是中国最大的轮胎制造商，但他还是希望能够在退休前完成建造轮胎试验跑道的心愿，这也是出于同样的考虑。

另一方面，要舍得在人身上花钱。在这方面，应该说我们做得还是不错的。我们的培训经费一直在增长，联合大学也办得有声有色，还从外部引进了一批经验丰富的品质管理人才，基本上达到了我们期望的效果。今后，这方面的投入力度还要继续加大。

2. 要善于学习。

我认为，西子一直是一个学习型的企业，这是西子能够走到现在的主要原因之一。从国内外各个优秀的合作伙伴身上，我们已经学到了许多宝贵的知识，并且转化为我们的知识，形成了自己独特的文化和竞争优势。特别是我们所学到的日本丰田公司的精益制造管理的经验，对产品品质的提升产生了很好的帮助，使得我们的产品在社会上提升了不小的知名度。

然而，我们不能满足于现状，而是要继续以谦虚的心态，学习比我们优秀的企业，学习对我们有用的知识。例如，我们去年进入大飞机制造领域，一个重要的目的就是借鉴航空产业的质量体系，也让所有员工提升对品质的重视和认识。最近，沈阳西子航空公司刚刚创造了一个奇迹，即用40多天的准备时间就通过了一般至少需要半年才能通过的国家军标GJB9001A质量体系认证。今年，我们还计划争取成为中国第一家通过国际航空基础质量体系标准——AS9100认证的企业。通过这些认证，我们不仅更有底气去承接空客、GE等正在与我们联系的国际航空厂家的业务，而且可以把其中的管理理念、方法和工具应用到其他领域的企业品质管理中去。

3. 强调品质并不是否认价格的重要性。

最后，还要说明一点，品质和价格并不是一对矛盾。我们强调品质的重要性并不等于否认价格的重要性。

客观地讲，品质提升和品牌塑造需要有长时间的积累。在相当长时期内，中国产品在国际上的竞争力还是要靠性价比。高品质、高价格是我们追求的目标，但现阶段还难以马上实现。相比于发达国家，我们的成本优势仍然是得天独厚的，应该继续加以利用。即使像华为这样优秀的高技术企业，在开拓国外市场时，价格因素仍起到了十分关键的作用。所以，在不影响品质的情况下，尽可能地节约成本仍然应该是我们为之努力的目标。

李嘉诚说"知识改变命运"，是因为"知识不能决定一生有多少财富，但能创造更多的机会，这才是最好的途径"。对于企业而言，我们也无法决定自己的命运，但我们一定要努力地去寻找最好的途径，朝着期望的方向去改变命运。我相信，品质，就是我们要找的这条途径；品质，最终会将西子铸就成享誉世界、恒久流传的品牌。

再一次衷心感谢各位，祝各位在虎年生龙活虎、虎虎生风、如虎添翼、虎气冲天！

新春致辞

从"穷则思变"走向"富而思进"

——质量是和平占领市场的最有效武器

西子联合董事长

值此新春佳节之际，我代表西子联合董事会和我个人的名义，向西子联合的管理团队和全体员工致以最真挚的问候和最衷心的感谢，感谢大家的辛勤劳动，同时也要向你们的家人致以敬意，感谢他们对你们工作的理解和支持。

过去的2010年对中国经济而言，是具有里程碑意义的一年。这一年，中国GDP达到5万亿美元，超过日本成为世界第二大经济体。而在10年前，中国还仅仅是世界第七大经济体。中国经济发展的速度和中国高铁飞驰的速度一样，令世界为之瞩目，令国人为之骄傲。

对西子联合而言过去的一年同样是值得纪念的。西子联合继续保持较快发展，销售收入再上新台阶：杭锅集团IPO成功，西子联合的实业制造将插上资本的翅膀；西子联合总部迁入新大厦，新的起点、新的高度也意味着新的视野、新的追求；位于天津滨海新区的综合制造基地顺利奠基，标志着西子联合在北方的战略布局正式启动。最令人难忘的是2010年的6月25日。在这一天，温家宝总理视察了西子联合，勉励我们"多出第一、勇创第一、还要保持第一"，让我们十分激动和振奋。

2011年，将注定是具有特殊意义的一年。今年是"十二五"规划的开局年，也是中国共产党成立90周年，是西子联合而言，今年恰逢创业三十周年。"三十而立"，经过西子联合已经成长为产业基础稳固、综合实力较强的企业集团。锻造出了一支具有高度凝聚力和战斗力的团队。

"三十年河东，三十年河西"。过去的三十年，是"穷则思变"的三十年。我们西子联合自手起家，没有包袱，也没有顾虑，选定了行业，认准了方向，找到了伙伴，就一门心思努力干。而现在，我们家底厚了，直白地讲：我们有钱了，该怎么办？实际上，"有钱"之后责任更重了，特别是要对股民负责。

在"穷"的年代，我们管理者是冲锋陷阵的前线指挥官，是"将"；在"富"的年代，我们不光要会冲锋陷阵，还要学会运筹帷幄，决胜千里的"帅"。

在"穷"的年代，我们的主要任务是满足市场需求，是学习和模仿；在"富"的年代，我们要学会引领市场需求，开展自主创新，但同时满足市场需求的本领也不能丢。

在"穷"的年代，我们关心的是能否吃的饱，能否完成每一年的计划；在"富"的年代，我们还要学会去分析五年、十年后的形势，搞清楚靠什么持续发展。

所以说，在"有钱"之后，我们的身份是双重的，角色更多，责任也更重。在"有钱"之后，更多的挑战来自于我们内部，来自于我们的思想。效益好了，奖罚分明和社会架子也少了。如果没有正确的价值观，那么"温水煮青蛙"的危险也来了。

从"穷则思变"向"富而思进"转变，是我们走向百年企业的道路上必须跨过的一道坎。

要成为百年企业，一定要跨过三道坎，经历三次思想转变，或者说是三次"凤凰涅槃，浴火重生"。毛泽东在1958年提出的"穷则思变"指导了我们过去三十年的艰苦创业，江泽民同志2000年提出的"富而思进"，应该是我们在"十二五"、在未来三十年最根本的指导思想，是我们必要牢记温总理的嘱托，无论是电梯部件还是余热锅炉业务，都要把细分市场的"世界第一"作为追求目标，牢牢抓住"十二五"这一企业转型升级的关键期。

"富而思进"之后三十年，我们的指导思想是什么？还有待未来的伟人去总结提炼。不过我想可以已经有上百年历史的世界500强企业那里得到启发。他们一致强调的是：安全、道德和内控。我相信，一个真正的百年企业、必定首先是一个优秀的企业公民，它会在商业实践中承担起社会责任，善待它的顾客、员工、社区、环境、合作伙伴以及股东，在回馈社会的同时也实现了自身的可持续发展。

在明确"富而思进"是我们未来三十年的指导思想之后，我们应该重点做以下三件事：

一、产品高档化

世界形势千变万化，对高品质产品的需求不会变。现在客户的需求在不断提升，高品质产品的前景越来越宽广。比如我们中国虽然早就是家电大国、服装大国，但是大量有钱的消费者还是愿意去进口产品，国际知名牌付出几倍甚至十倍的代价。许多企业管理者也非常喜欢高品质的消费品，但同时只要求自己生产的产品仅仅满足低端市场的需求。他们必须认识到，高品质产品未来必定是市场的主流。

胡锦涛总书记和温家宝总理在2009年中央经济工作会上分别讲了一段话。总书记讲："如果增长粗放和产品质量不高问题不能得到有效解决，总有一天会引发系统性经济风险，甚至会引发信用危机和社会动荡，反过来影响发展进程。"总理说："要始终坚持质量第一意识，全面提高产品质量。"

在全国有20个省市区提出要"质量兴省"的情况下，浙江省第一个提出要"质量强省"，并通过"实施三大战略、健全三大体系和推进六项工程"来落实质量强省建设。

从西子联合自身来看，我们大多数的产品，例如电梯和电梯部件、锅炉、立体车库、起重机，都属于特种设备。所以在品质上面，我们必须有"如履薄冰"的意识，把产品品质看做和我们生命一样宝贵。

我们所在的这些行业充斥着低价竞争、恶性竞争。我们经常遇到不讲道理，只懂得靠价格"血拼"到底的竞争对手。作为一家行业领先企业，我们没有必要去跟根对手，而是应该用过硬的品质赢得客户的信任，赢得对手的尊重。最近国内发生的几起事故再次证明，如同万向的四明针织，绿城的房产一样，品质已经铸就成了他们在中国的品牌，培养出了高度忠诚的客户，而对手难以超越。

作为行业领先企业，我们不仅仅要提升自己产品的品质，还应该把推广高品质产品，引领行业发展作为自己的责任。例如，高层建筑发生火灾时，电梯井道会产生"烟囱效应"，成为火势迅速蔓延的通道。如果把普通电梯门换成耐火隔热的电梯门，可以为在发生火灾时争取更长的人员疏散逃生和消防救援时间创造有利条件。推广这种耐火隔热门的应用就是企业社会责任的体现。

我们怎么才有好的品质？当然有很多方法和途径。但我认为，首先是要有正确的价值观。也就是说先有好的人品，才有好的产品。如果一个人道德水平低下，唯利是图，那么绝对生产不出高品质的产品。中国"质量管理之父"刘源张院士曾经说："缺乏诚信就是中国质量问题的癥结"。刘院士的话一针见血，点破了问题的根源。

上市公司首当其冲为什么要接受《诚信与规范》培训？就是要有道德标准，规范言一行，这样企业才能健康发展。所以我希望西子联合的全体同仁在提高业务技能素质的同时，一定要重视提升道德水平的培训，一定要做一个真正讲诚信的人。

好的品质，还需要我们不断的学习。我们为什么会进入航空制造业？也许很多人不知道，飞机实际上是最安全的交通工具。航空产品的不合格率是汽车、电梯、医疗机械产品的千分之一。如果一个人每天坐一次飞机，那么需要13698年才会遇上一次飞机事故。我们希望学习航空产品的设计理念、利用航空产业的质量管理体系，这将会对我们现有产品品质提升产生巨大的促进作用。

二、服务精细化

品质的好坏归根结底是客户来评判的，所以我们必须重视与客户的沟通，重视服务的质量。千万不能因为企业规模的扩大而染上反应迟钝、官僚作风横行、甚至"店大欺客"的"大企业病"。务必要学会"倾听客户的声音"，建立以客户为导向的流程，以客户反馈为基础来解决问题。要通过迅速灵活、细致周到的服务让我们兼具大公司和小企业的优势。

我们要像对待家人一样对待客户。要记住：**老婆的话永远是对，客户的话也永远是对的！**能给我们提意见的客户是真正对我们有帮助的。

我们还要坚持发展生产型服务业的方向，在节能电站、节能建筑、停车服务等领域继续完成我们企业提供清洁的角色转变。同时，还要探索其它的业务模式创新，学习日本企业的商社模式。国际500强企业的多品牌战略模式。我们特别要注意"采购代理"兴起的趋势，借鉴香港利丰行从中间商走向代购商、整合全球供应链的模式。为推动产品向代购产品的转变今后一定会在包括电梯在内的许多行业里发生。

三、资产证券化

资产证券化是不可逆转的大趋势。在"十二五"期间，国家还将大力支持为企业开辟更畅通的直接融资渠道。同时，"十二五"也将是企业实现资产证券化的关键期，决是我预计：十年后，全国500强企业、全国500强民营企业一定是上市公司的天下。如果没有登陆资本市场，那么到时候再想的企业也会被边缘化。

最后，我想与大家分享世界著名质量管理大师朱兰的名言。希望大家在新的一年中牢记："20世纪是生产率的世纪，21世纪是质量的世纪。质量是和平占领市场最有效的武器。"我还想强调：尽管我们已经和艰苦创业的三十年挥手告别，但在未来三十年，艰苦创业的精神不能丢弃。因为我们面临的挑战远远超过了当年的创业，我们肩负的使命让我们头不能停歇。"雄关漫道真如铁，而今迈步从头越"。让我们擂响新的战鼓，踏上新的征程，朝着视星日渐清晰的目标，风雨无阻，一路前行！

恭祝各位身体健康，阖家幸福，工作顺利，兔年大吉！

王水福：《从"穷则思变"走向"富而思进"——质量是和平占领市场的最有效武器》，来源：《西子报》2011年1月28日

2011年新春致辞

从"穷则思变"走向"富而思进"
——质量是和平占领市场的最有效武器

（王水福　来源：《西子报》2011年1月28日）

值此新春佳节之际，我代表西子联合董事会和我个人的名义，向西子联合的管理团队和全体员工致以最真挚的问候和最衷心的感谢，感谢大家的辛勤劳动，同时也要向你们的家人致以敬意，感谢他们对你们工作的理解和支持。

过去的2010年对于中国经济而言，是具有里程碑意义的一年。这一年，中国的GDP达到了5万亿美元，超过日本成为世界第二大经济体。而在10年前，中国还仅仅是世界第七大经济体。中国经济发展的速度和中国高铁飞驰的速度一样，令世界为之瞩目，令国人为之骄傲。

对于西子联合而言，过去的一年同样是值得纪念的。西子联合继续保持较快发展，销售收入再上新台阶；杭锅集团IPO成功，西子联合的实业制造将插上资本的翅膀；西子联合总部迁入新大厦，新的起点、新的高度也意味着新的视野、新的追求；位于天津滨海新区的综合制造基地顺利奠基，标志着西子联合在北方的战略布局正式启动。最令人难忘的是2010年6月25日。在这一天，温家宝总理视察了西子联合，勉励我们"多出第一、勇创第一、还要保持第一"，让我们十分激动和振奋。

2011年，注定将是具有特殊意义的一年。今年是"十二五"计划的开局年，也是中国共产党成立90周年。对于西子联合而言，今年恰逢创业30周年。"三十而立"，如今西子联合已经成长为产业基础稳固、综合实力较强的企业集团，锻炼出了一支具有高度凝聚力和战斗力的团队。

"三十年河东，三十年河西。"过去的30年，是"穷则思变"的30年。我们西子联合白手起家，没有包袱，也没有顾虑，选定了行业，认准了方向，找好了伙伴，就一门心思地努力干。而现在，我们的家底厚了，直白地讲：我们有钱了，该怎么办？实际上，"有钱"之后责任更重了，特别是要对股民负责。

在"穷"的年代，我们管理者是冲锋陷阵的前线指挥官，是"将"；在"富"的年

代,我们不光要会冲锋陷阵,还要学会做运筹帷幄、决胜千里的"帅"。

在"穷"的年代,我们的主要任务是满足市场需求,是学习和模仿;在"富"的年代,我们要学会引领市场需求,开展自主创新,但同时满足市场需求的本领也不能丢。

在"穷"的年代,我们关心的是能否"吃得饱",如何完成每一年的计划;在"富"的年代,我们还要学会分析5年、10年后的形势,搞清楚靠什么持续发展。

所以说,在"有钱"之后,我们的身份是双重的,角色更多,责任也更重。在"有钱"之后,更多的挑战来自我们内部,来自我们的思想。效益好了,领导表扬和社会荣誉也多了。如果没有正确的价值观,那么温水煮青蛙的危险也就来了。

从"穷则思变"向"富而思进"转变,是我们走向打造百年企业的道路上必须跨过的一道坎。

要成为百年企业,一定要跨过三道坎,经历三次思想转变,或者说是经历三次"凤凰涅槃、浴火重生"。毛泽东同志在1958年提出的"穷则思变"指导了我们过去30年的艰苦创业。江泽民同志在2000年提出的"富而思进",应该是我们在"十二五"计划期间、在未来的30年里最根本的指导思想。我们务必要牢记温家宝总理对我们的嘱托,无论是电梯部件还是余热锅炉业务,都要把细分市场的"世界第一"作为追求目标,牢牢抓住"十二五"这一企业转型升级的关键期。

"富而思进"之后30年,我们的指导思想是什么?还有待未来的伟人去总结提炼。不过,我想可以从已经有上百年历史的世界500强企业那里得到启发,它们一致强调的是:安全、道德和内控。我相信,一个真正的百年企业,必定首先是一个优秀的企业公民,它会在商业实践中承担起社会责任,善待它的顾客、员工、合作伙伴以及股东,在回报社会的同时实现了自身的可持续发展。

在明确"富而思进"是我们未来30年的指导思想之后,我们应该重点做好以下三件事:

一、产品高档化

尽管世界形势千变万化,但市场对高品质产品的需求不会变。现在客户的需求在不断提升,高品质产品的前景越来越宽广。比如我们中国,虽然早就是家电大国、服装大国,但是大量有能力的消费者还是愿意为进口产品、国际名牌付出几倍甚至十倍的代价。许多企业管理者也非常喜欢高品质的消费品,却只要求自己生产的产品仅仅只是满足低端市场的需求。他们必须要认识到,高品质产品将来必定是市场的主流。

胡锦涛总书记和温家宝总理在2009年的中央经济工作会议上分别讲了一段话。总书记讲："如果增长粗放和产品质量不高的问题不能得到全面有效解决，总有一天会引发系统性经济风险，甚至会引发信用危机和社会动荡，反过来影响发展进程。"总理说："要始终坚持质量第一意识，全面提高产品质量。"

在全国有20个省（市、区）提出要"质量兴省"的情况下，浙江省第一个提出要建设"质量强省"，并通过"实施三大战略、健全三大体系和推进六项工程"来落实质量强省建设目标。

从西子联合的自身来看，我们大多数的产品，如电梯和电梯部件、锅炉、立体车库、起重机等，都属于特种设备。所以在品质上面，我们必须有如履薄冰的意识，把产品品质看作和我们生命一样宝贵。

我们所在的这些行业充斥着低价竞争、恶性竞争，我们经常遇到不讲道理、只懂得靠价格"血拼"到底的竞争对手。作为一家行业领先企业，我们没有必要去怨恨对手，而是应该用过硬的品质赢得客户的信任，赢得对手的尊重，赢得自己的壮大。如同万向集团的万向节、绿城集团的房子一样，品质已经铸就了两家企业在行业中的品牌，培养出了高度忠诚的客户，让对手难以超越。

作为行业领先企业，我们不仅仅要提升自己产品的品质，还应该把推广高品质产品、引领行业发展作为自己的责任。例如，高层建筑在发生火灾后，电梯井道会产生"烟囱效应"，成为火势迅速蔓延的通道。如果把普通电梯门换成耐火隔热的电梯门，可以在火灾发生时为人员疏散逃生和消防救援创造有利条件。推广这种耐火隔热门的应用就是企业社会责任的体现。

那么，怎么做才会有更好的品质？当然会有很多的方法和途径，但我认为首先是要有正确的价值观，也就是说先有好的人品，才会有好的产品。如果一个人的道德水平低下，唯利是图，那么绝对生产不出高品质的产品。"中国质量管理之父"刘源张院士曾经说："缺乏诚信和认真是中国质量问题的癌症。"刘院士的话一针见血，点出了问题的根源。

上市公司高管为什么要接受"诚信与规范"培训？因为企业管理者要有道德标准，能规范自己的一言一行，这样企业才能健康地发展。所以，我希望西子联合的全体同仁在提高业务技能素质的同时，一定要重视提升道德水平，一定要做一个真正讲诚信的人。

好的品质，还需要我们通过不断的学习来提升。我们为什么要进入航空制造业？很多人也许不知道的是，飞机实际上是最安全的交通工具。航空产品的不合格率是汽车、电梯、医疗机械等产品的千分之一。如果一个人每天坐一次飞机，那么平均需要

13698年才可能会遇上一次飞机事故。因此，我们希望学习航空产品的设计理念，利用好航空产业的质量管理体系，这将会对我们现有产品的品质提升产生巨大的促进作用。

二、服务精细化

品质的好坏归根结底是由客户来评判的，所以我们务必重视与客户的沟通，重视服务的质量，千万不能因为企业规模的扩大而染上反应迟钝、官僚作风横行，甚至"店大欺客"的"大企业病"。我们务必要学会"倾听客户的声音"，建立以客户为导向的流程，以客户反馈为基础来解决问题，通过迅速灵活、细致周到的服务让我们兼具大企业和小公司的优势。

我们要像对待家人一样对待客户，要记住：客户的话永远是对的！能给我们提意见的是真正对我们有帮助的客户。

我们还要坚持发展生产型服务业的方向，在节能电站、节能建筑、停车服务等领域继续向着整体解决方案提供商的角色转变。同时，还要探索其他的业务模式创新，学习日本企业的综合商社模式、国际500强企业的多品牌战略模式。我们特别要注意"采购代理"兴起的趋势，借鉴香港利丰行从中间商走向代购商、整合全球供应链的模式。从推销产品向代购产品的转变今后一定会在包括电梯在内的许多行业里发生。

三、资产证券化

资产证券化是不可逆转的大趋势。在"十二五"规划期间，国家还将大力为企业开辟更畅通的直接融资渠道。同时，"十二五"计划也将是企业实现资产证券化的关键期、决战期。我预计：10年后，全国500强企业、全国500强民营企业一定会成为上市公司的主角。如果没有登陆资本市场，那么再厉害的企业也将会被边缘化。

最后，我想与大家分享世界著名质量管理大师朱兰的名言，希望大家在新的一年中牢记："20世纪是生产率的世纪，21世纪是质量的世纪。质量是和平占领市场的最有效武器。"我还想强调：尽管我们已经和艰苦创业的30年挥手告别，但在未来的30年，艰苦创业的精神不能丢弃。因为我们面临的挑战远远超过了当年的创业，我们肩负的使命使得我们决不能停歇。"雄关漫道真如铁，而今迈步从头越。"让我们擂响新的战鼓，踏上新的征程，朝着视线里日渐清晰的目标，风雨无阻，一路前行！

恭祝各位身体健康、阖家幸福、工作顺利、兔年大吉！

质量是和平占领市场的最有效武器
王建满副省长鼓励西子打造质量强省典范企业

本报讯 2月14日下午，浙江省副省长王建满、浙江省技术监督局党委书记、局长瞿素芬、副局长杨修、总工程师陈振华、副总工程师陈晓春等调研一行专程到访西子联合，特别对王水福董事长在省两会讨论中提出的"质量与品质"进行专题调研。王建满副省长对"质量是和平占领市场的最有效武器"这句话印象深刻。他赞誉王水福董事长站的高春有远，质量改变命运，具有强烈的质量意识，并落实制订了西子品质"十二五"规划等诸行动。他希望西子当好全省企业的排头兵和领头羊。王水福董事长表示20世纪是生产率的世纪，21世纪是质量的世纪。今年是十二五的开局之年，一个新的起点，西子集团各领导就来到西子推动企业质量发展。我们要坚持技术创新，坚持品质提升，成为标准的制订者，以低成本的方式占领市场的时代已经过去了，通过打造高品质的产品来形成好的品牌，去引领市场。我们一定按照质量规划划好做实。

会上西子联合副总裁忠庚首先介绍西子建立品牌"十二五"规划，用5年时间建立航空产业特有的质量管理体系，这个体系建立的背景就是要树立正确的价值观。先有好的人品，才有好的产品。同时员工更要具备专业的技能，满足客户好产品的要求和配套供应，通过零缺陷十分十方式，应用上西格玛、精益制造等再造品质体系，对工厂的制造品质进行考核，建立品质管理体系。同时聘请日本质量专家对工厂产品品质进行专业的评审。按照UTC金牌供应商的指标和要求，让客户满意是我们品质提升的目的。电梯集团的目标是打造电扶梯部件全球第一品牌。

西子的主要产品电梯、电梯部件、锅炉、立体车库、起重机等都属于特种设备，对于所有的领导和总经理们先后一起报名参加品质部和企业发展中的工作。西子联合将了将对浙江省技术监督局一起建立最高的电梯实验场的国家级电梯检测中心。作为行业领先企业，西子不仅要提升品产品品质，西子建立高层建筑中控制和推广电梯消防门的应用。

浙江西子航空品质部负责人孟庆林阐述了航空产品的质量标准、质控等点，一般用品质的器件和要求，西子实施的是全寿命管理覆盖30年，对企业的产品质量要求非常严格，讲究的是通过严格的制造进行过程管理。实施的第三方监督、监控的航空体系和西子进入航空制造业、学习航空代表的质量管理标准促进对现行产品质量的提升。西子不仅有自主产品品质，一套严格的监督措施和严格的质量考核，有一个日本专家评审组。

西子自己的企业质量也走在了企业前列，在质量强省工作中要注重推广像西子这样的典范示范企业，她希望西子努力向浙江省政府质量奖迈进。

（王梅）

心怀梦想 共创辉煌
2011 西子联合新春团拜会喜庆满堂

本报讯 西子人带着自豪喜悦和累累硕果挥手告别2010年，带着百倍信心和继续挺往开未来的豪情跨入2011年。1月30日来自西子联合各公司的1000名代表欢聚我汇新城的会议中心举行新春团拜会。大家在其乐融融的氛围中，西子联合2010年销售收入158亿的精彩业绩，来年齐心协力、"兔"飞猛进，大展宏"兔"，共创新辉煌。

主会场上百年西子登顶墙"象征着西子永续发展的长远目标。大屏幕上播放的DV生动展现了西子一年来剩下各公司董事长的新春寄语、更有福家宝总理亲临视察的珍贵画面。西子留下的脚步，电梯、重工、百大房产、西子金融五大板块的负责人向大家汇报了一年发展的大好形势和新一年的规划。杭锅集团在海内外市场开拓和销售收入取得了前所未有的成绩，工桥和聚贤两个制造基地投产，足让人欢喜的是成功登陆中国资本市场。西子电梯集团通过管理改进和系统氛围、积极进行全国布局、成都、天津、临安基地成为三大基地、未来积极筹建资本运作，做大做强电梯集团。重工板块在2011年将加倍努力，以绿色节能产业基地建设为契机，向西子公司的总部战略模式转变。百大集团和西子房产、西子金融作为新兴的现代服务业板块、百大集团积极做好旗舰转型、做好四大庆春广场隆目建设、重振百货业和酒店管理服务主业。西子金融努力为西子

大板块创造新的增值服务。

降嘉总裁就管理层和全体员工致以深深的感谢，感谢大家努力拼搏共同成就新辉煌。西子走过了30年，未来30年，面对所有期待的眼光、我们要勇为荣誉而战、满怀信心、以开放的心胸、坚持合法诚信经营、坚持先进制造为本、坚持包容多元的文化、坚持合作、坚持二次创业的企业家精神。在新起点上我们将用行动从头再来，心就在，梦就在、像学习高铁干部有使命感，中层干部要有危机感。员工要有饥饿感，有发展运景、始终努力实现梦想。只要我们坚持挂住技术、注重品质、注重团队、注重激励、把强有力的西子文化聚集起来、坚持下去，西子就一定能够实现梦想！

董事长王水福提到"感恩与责任，品质与效益"的新春寄语，他指出2011年是我国实施"十二五"规划的开局之年、今年是中国共产党成立90周年，今年也是西子创业30周年。西子作为有20年历史的非国有企业、来之不易的政改革、得益于党的改革开放的改革、感谢各级政府的支持。感谢西子元老员工又间辛勤工作、更要感谢人不断加入西子团队注入新生力量。西子的成功是无数人努力共同锻造的、所以我们要把西子建成百年企业、回报员工。为社会服务的有责任的企业。对待老员工老客户要想西子的情、回报员工。对待老员工老客户要像亲家里、新春快乐、希望他们的下一代能到西子工作。承前启后继续薪香西子。西子董事会管理层要多关心新人特别是西子的年轻人、创造条件建设人才公寓，让大家能体面工作快乐生活。从"穷则思变"到"富而思进"是我们走向百年企业必须跨过的一道关。"富而思进"的三十年、我们要坚持做好安全、道德内控、高品质产品是未来时代发展的主旋。21世纪是品质的世纪，质量是和平占领市场的最有效的武器，作为行业领先企业我们要坚持打造高品质产品。品质是一个企业成为百年企业的基础。

团拜会上举行了隆重的颁奖盛典，向2010年成绩突出的团队颁发了"技术创新金奖、质量改进金鼎奖、市场开拓金鹰奖、节能改进金锐奖、本质提升金桂奖、爱岗敬业金牛奖、人才培养金叶奖"（详见第3版）。董事长特别奖颁发给杭锅集团IPO团队。作为西子联合敏象授予给浙江天明律师事务所的杭锅集团副总经理曾尚毅、西子联合工程公司总经理陈坚、西子重工董事长高峰、西子优质科有限公司董事长沈明法。获奖人的家人一起走上颁奖台共同分享这一激动人心的时刻。一枚纯金纽扣的嫁动，一个个小水晶奖牌是西子人敬业奉献，超越自我，创造西子奇迹的见证。五一劳动。所有感动，所有快乐，所有振奋都将化作西子人建设百年西子的坚强动力和军团!

团拜会上参加"唱响西子"HIGH歌会的十佳歌手们见证西子了精彩的总决赛、选手们在舞台上激情饮歌、优美的演唱、让现场气氛达到了高潮。表现了西子人充满活力，奋发向上的精神风貌。

（王梅）

他希望"西子"和杭锅集团终这个大方向，坚持技术创新和新产品开发，在绿色、节能减排、健康、材料、安全、品质、社会责任、人身保障等方面做得更好。保障企业和社会的安全，健康发展，促进社会的和谐、文明进步。他希望杭锅集团继续用具体的项目工程和工程标准来推进企业转型升级，利用资本转化做出业绩。

副省长毛光烈希望打行业领先单位要多帮助其他企业，以合作者和引导者的身份带动整个行业的发展，推进市场的运作。毛光烈表示省政府将积极支持企业"合作、带动"的发展模式，使我省的企业品牌故结。

（孙建强）

浙江西子航空与上飞建立对口交流机制

2月16日，浙江西子航空公司与董事长王水福拜访方海飞机制造有限公司，进行C919项目工作交流和航空业务合作探讨。中国商飞副总经理兼上飞公司总经理魔东风对于热情接待，双方决定建立双方高层领导定期交流制、沟通项目进展、交流工作经验、研究和协调重大合作事项等。同时将建立部门对口制度，上飞公司将在西子派驻某厂代表、通过多种方式让西子航空各部门进行工作交流，解决项目研制过程中的难题。

浙江西子航空总经理朱黼向上飞公司领导汇报了西子航空板块2010年工作情况和2011年工作计划。贸东风总经理听取汇报后表示，对西子航空板块一年来的工作成绩表示祝贺，对双方成功开展C919项目的合作坚定了信心。关于近期的未来发展充满了信心。上飞公司鼓励西子航空与国内外优秀企业进行合资合作，将给予多方面的支持。上飞公司实施"供应商+合作伙伴"的原则是与西子航空板块共同成长确保项目成功。上飞公司在西子航空开展的环保型表面处理项目、试验件项目以及质量建航体系能力建设等方面给予全力的支持和帮助。

（侍云）

让幸福起航
西子孚信为青年员工举行集体婚礼

1月23日，在新年欢腾的气氛中，西子孚信有限公司在年终会上为青年员工组织了"馨乐之光，百年绽放"集体婚礼。伴随着乐曲的花童，踏着"今天我要嫁给你了"欢快的节奏，10对新人沐浴着政瑰花雨，跳着唯美的华尔兹，乘着亲人及同事的祝福，走上了幸福的红地毯。

作为西子孚信的第一届集体婚礼，现场情意浓浓的组团让人幸福洋溢。尤其是陈夏总裁幽默的祝酒词和对西子人及新人们美好的祝福，把激动现场气氛推向了新高潮。紧接着，西子人家庭工作人员精心策划的节目，给现场人员送上了一重又一重的惊喜。

整婚礼会上举办的游戏和员工节目表演贯穿中。用游戏来考验新人之间的默契程度，以及面对问题的处理方式。对于新人们今后携手共同经历的生活，有着很好的启发意义。所谓"心有灵犀"，实际上是用正确的方式，为彼此的心做出一种解释，无论是一分钟的感动，还是瞬瞬瞬。10对新人都在竞争中体会到了温馨。熊豫程就像采新娘温馨中我们感受了西子大家庭的和谐；温馨中，我们点燃了对生活的激情和伙伴；温馨中，我们学会了竞争与合作；温馨中，我们坚定了携手走下去的信心……当然无偿6000元大奖，也于iPad、以上台PK的竞拍，让我和老公都有一点点感动。最终获得的孚信"金舞章"，即为我偶因这次活动留下了最久的纪念。1月23日，仿佛是一个发令号，"123，向征脚出发，向责任出发，向理想出发"，妻子之手，与子借老，不再是一句纯美的等等，而是在这漫漫人生路上携手走过每一个路口，把真的真心做在你手中，携手走过一生一世。"

（郝禹子）

西子联合工程公司为患病员工家属捐款

她，是西子联合工程部员工张翠丽的妻子。她有一个可爱的小家——丈夫疼爱妻子，女儿贴心可爱。可是，一场无情的检查报告残忍地改变了她俩美好的生活——乳腺癌末后期。肝病。病魔击倒了她的幸福，高昂的治疗费用让那个曾经温馨的小家岌岌可危。

由西子联合工程工会发出倡议，全体职工热烈响应。一场充满爱心的捐款行动在公司内部迅速展开。浙江西子联合工程的自营入让处理捐款——只有多"爱心捐款"的新箱就放在门口下。一份份爱心、一双双手、一声声借着。边上现着各项工地的员工，大家一个接着一个热情的祝福献紧跟投入爱心善款。最令人感动的是远在各项工地现场的同事。在收到工会发出的爱心倡议邮件后，纷纷汇钱至公司。

在这次活动中献出爱心的，除了公司本部的员工外，各项目工地驻扎员工，工友们协心，共计募得爱心捐款21190元。它代表的是全体同事的心意与希望。

（郭梅梅）

王梅：《质量是和平占领市场的最有效武器——王建满副省长鼓励西子打造质量强省典范企业》，来源：《西子报》2011年2月28日

质量是和平占领市场的最有效武器
——王建满副省长鼓励西子打造质量强省典范企业

(王梅 来源：《西子报》2011年2月28日)

2011年2月14日下午，浙江省副省长王建满，浙江省技术监督局党委书记、局长瞿素芬，副局长杨烨，总工程师陈振华，副总工程师邢泽亮等领导一行专程访问西子联合，特别对王水福董事长在省两会讨论中提出的"质量与品质"议案进行专题调研。王建满副省长对"质量是和平占领市场最有效的武器"这句话印象深刻，认为王水福站得高、看得远，具有强烈的质量意识，落实制订了西子联合品质"十二五"规划并付诸行动，他希望西子联合能当好全省企业的排头兵和领头雁。王水福董事长表示，20世纪是生产率的世纪，21世纪是质量的世纪。今年是"十二五"计划的开局之年，一年之计在于春，新春伊始省领导就来到西子联合，助推企业质量发展。我们要坚持技术创新，坚持品质提升，成为标准的制定者。以低成本的方式占领市场的时代已经过去了，通过打造高品质的产品来形成好的品牌去引领市场，我们一定按照品质规划做好做实。

会上，西子联合的副总裁郑志庚首先介绍说，西子联合制订了品质"十二五"规划，并将用5年时间建立航空产业特质的质量管理体系。这个体系建立的背景就是要有正确的价值观，先有好的人品，才有好的产品。同时要求员工具备更加专业的技能，满足客户对产品的要求并提供服务。西子联合通过平衡计分卡方式，应用六西格玛、精益制造等再造品质体系，对产品品质进行考核，建立品质管理体系。同时，聘请日本品质专家对产品品质进行专业的评审。按照UTC金牌供应商的指标和要求，让客户满意是我们提升品质的目的，从而实现打造电扶梯部件全球第一品牌的目标。

西子联合的主要产品如电梯、电梯部件、锅炉、立体车库、起重机等都属于特种设备，来自这些公司的总经理先后汇报了各自在品质提升和企业发展中的工作，特别是西子联合将与浙江省技术监督局一起建立最高的电梯试验塔的国家级电梯检测中心。作为行业领先企业，西子不仅要提升自己的产品品质，还要在高层建筑中研制和推广电梯消防门的应用。

浙江西子航空公司品质部负责人孟庆林阐述了航空产品的质量标准、品控特点以及与一般民用物品质量控制的差异。航空产品实施的是涵盖30年的全寿命管理，对企业的产品质量要求非常严格，讲究的是通过严格的制度进行过程管理，实施的是第三方监督监控的航空体系。西子联合进入航空制造业，通过学习航空产业的质量管理体系助推对现有产品的品质提升。

浙江省技术监督局党委书记、局长瞿素芬对西子联合率先在浙江省企业中专门制订品质"十二五"规划给予高度评价，指出西子联合有一个5年的品质发展规划，有一套引领品质的高标准"航空质量标准"，有一套严格的监管措施和严格的质量考核体系，有一个日本专家评审组。西子联合在全省企业质量管理上走在了前列，希望浙江在质量强省工作中要注重推广像西子联合这样的典型示范企业。最后，她勉励西子联合应努力向荣获浙江省政府质量奖迈进。

《质量是和平占领市场的最有效武器 提高品质就是提高我们所有人的尊严》,来源:《西子报》2011年3月25日

质量是和平占领市场的最有效武器
提高品质就是提高我们所有人的尊严

（来源：《西子报》2011年3月25日）

"十二五"已经开启，西子又迈入了一个新的发展时期。随着3月15日西子联合"十二五"品质规划的正式启动，品质改善无止境，追求品质的最高境界成为我们孜孜以求的目标。满足客户需求，科技创新提升品质，这一切迎接挑战的背后是更广阔的发展机遇。让我们人人树立质量意识和创新意识，积极行动，我的岗位我保证，我的品质我负责，凝心聚力，精益求精持续改进，品质铸就百年西子。

你参加我参加 品质提升靠大家
西子优迈开展全员品质活动

本报讯 3月24日下午，一场充满活力人人参与的全员品质活动在位于滨江高新区的西子优迈科技有限公司开幕。此次活动非常生动既有成功故事评选表彰、PDP委员会证书颁发、QCPC制度宣贯、现场电路板、控制柜、电梯故障排查技能考验，还特地进行了日本品质专家米村朋幸介绍。给力大作战团队协作比赛，这是一次员工技能考验和品质知识贯质活动，让优迈自上而下从思想认识上、语言表述中和行为执行中处处树立主动质量意识观，推动西子优迈品绩效全面提升。西子联合董事长王水福、副总裁郑志庚、西子电梯集团执行总经理陈刚、总工程师金来生，西子航空总质量师孟庆林、西子优迈客户代表等参加了本次活动。

本次品质一开始就进行了成功故事颁奖——西子优迈全体员工在郑永康总经理的带领下，目止而下进行了一系列品质活动。从品质来源于设计，好的设计是品质的保证出发，2010年优迈从全面推行完善PDP产品开发流程到开展精益生产活动。从QCPC工具的应用到成功故事的评选，从流程梳理到内公价值流的开展，通过全员的努力，ATM项目数量下降，全年品质绩效分数逐步提升。为表彰优秀改进项目团队，增强全员改进意识，制订了《成功故事管理政策》，成功故事就是将公司各部门各项目组大大小小的项目改进成果进行评选奖励，共享成功经验。它涉及的范围包括技术创新，品质改进，流程再造，效率提升，成本控制等改进项目。2010年成功故事活动中，共收到34个改进方案。通过评选，评选出2个金奖，3个银奖，5个铜奖，以及6个鼓励奖。数量相当可观，改进大潮轰轰烈烈。2011年首成功故事评选活动，又评选出1个金牌项目，2个银奖，2个铜奖项目和1个鼓励奖，分别是获得金牌的ALMCB AT28C64改进项目组，获得银牌的XCP4-A/XHB4-A图纸梳理项目组和SMT快速换线项目组，获得铜牌的西奥扶梯软件改进项目组和ALMCB3.2两层自学习软件改进项目组，获得鼓励奖的PDP流程推进项目组，并按照《成功故事管理政策》给予其相应奖励。金牌成功故事获3000元，银牌成功故事获2000元，铜牌成功故事1000元，鼓励奖600元。

为了把优迈品质推向另一个高峰，加强品质改进能力，在集团领导的大力支持下，西子优迈专门从日本聘请了品质专家米村朋幸，他参与全体员工见面并介绍了质量理念切正在进行的测试无故障工作。西子优迈品质服务部总监王晓英宣贯了QCPC是一种对流程中的"低效"和"返工"进行持续收集和分析并发现改进机会的工具。QCPC的实施方案：鼓励多渠道人员输入信息；用品质积分奖励，1个积分相当于100元，平时工作时间由员工自己记录，忙的时候直接在工位上贴记，检验员发现后过去记录，鼓励大家直接输入电脑QMS系统。由过程品质工程师筛选过滤，分配并进行评分跟踪改进的过程，按时间的进度来跟踪关闭率。一次通过率高了的工位还可以申请免检工位。免检工位的员工工资增加150-200元鼓励。如果该工位被抽检到问题就取消资格。

为了使产品在前期设计阶段就能保证质量，西子优迈公司特成立了产品评审委员会、质量评审委员会，质量评审委员会监王晓英队、王水福董事长、郑志庚副总裁、金来生总工程师为三个委员会颁发聘书。

这次品质全员活动最让员工兴奋的是"明察秋毫"故障排查比赛、智力抢答和团队协作比赛。订木箱七赛，按照工作性质

400多名员工平均分成了六个参赛队，他们分别是：野狼队、勇往直前队、腾飞队、大家队、壮质凌云队和卓越队。在电梯停运、电路板、控制柜故障三个环节比谁最快最准发现问题。这些再次体现了QCPC改善活动就是要让全员找问题、提问题、解决问题。见证能力，西子优迈的全体员工将以蓬勃的朝气、昂扬的锐气，从本职岗位做起，我的岗位我保证，我的品质我负责，铸就卓越品质。

西子优迈总经理郑永康表示"品质先，方敢天下先"，何谓"品质"？品质就是三个口，就是客户、集团、员工的口。从他们口中发出的声音，就是我们的关注点，更是我们一切工作的出发点和落脚点。客户的声音，是我们行动的指挥仗。"客户导向"已经在每个人心里深深的扎根了。但这还不够，2011年，我们要通过流程梳理，通过精益持续改进，让这个根，发出芽！结出果！集团的声音，员工的声音，是我们作战的指挥棒。员工的声音，是我们打仗的冲锋号。企业也是有个性的，我们打造的团队血气方刚、斗志昂扬。优迈培养的是一支特种兵部队。一个企业的团队，要有"西装＋草鞋"的文化精髓？什么是西装？那些先进的管理工具，专业、科学的测量工具是西装。什么是草鞋？脚踏实地，苦干实干的敬业精神是草鞋。即便的再远，我们不要忘本，不要忘了，老西子创业的艰苦奋斗去。富而思进的今天，更不能让了穷则思变的昨天！

2011年，"十二五规划"开篇的第一年，走好这一步至关重要，这一年我们要做好加、减、乘、除四个法。"加"，对技术、对品质持续加大投入，通过技术力量的提升，扶持品质绩效的上扬；"减"：启用新的质量损失统计口径，通过品质的持续改进，减少由于质量问题"乘"：团队进一步优化，让团队的潜能成几何倍数的被激发出来，使工作质量快速提升；"除"：通过VSM、SIPOC项目导入，清除浪费，确保工作的"高质、高效"。这四个"法"，正是我们"十二五"期间，铸就品质企业的法宝。"品质"理念已注入了每个优迈人的血液之中，"品质先，方敢天下先"。没有什么能够阻挡，我们前进的步伐！

《西子优迈开展全员品质活动》，来源：《西子报》2011年3月25日

西子优迈开展全员品质活动

(来源:《西子报》2011年3月25日)

2011年3月24日下午,一场充满活力、人人参与的全员质量活动在位于滨江高新区的西子优迈科技有限公司开展。此次活动丰富生动,既有成功故事评选表彰,PDP委员会证书颁发,QCPC制度宣传贯彻,现场电路板、控制柜、电梯故障排查技能考验等内容,还特地进行了日本品质专家米村朋幸介绍、"给力"大作战团队协作比赛。这是一次员工技能考验和品质知识宣传贯彻的活动,旨在让西子优迈公司的全体员工在思想认识上、语言表述中和行为执行中处处树立质量意识观,从而推动西子优迈公司品质绩效的全面提升。西子联合董事长王水福、副总裁郑志庚,西子电梯集团执行总经理陈刚、总工程师金来生,西子航空公司总质量师孟庆林以及西子优迈公司的客户代表等参加了本次活动。

首先进行的是成功故事颁奖活动。西子优迈公司的全体员工在郑永康总经理的带领下,自上而下地开展了一系列品质活动。品质来源于设计,好的设计是品质的保证前提。2010年,西子优迈公司从全面推行完善PDP产品开发流程到开展精益生产活动,从QCPC工具的应用到成功故事的评选,从流程梳理到办公价值流项目的开展,通过全员的努力,ATM项数显著下降,全年的品质绩效分数逐步提升。为表彰优秀改进项目团队,增强全员改进意识,西子优迈公司制定了成功故事管理政策。所谓"成功故事评选",指的是对公司各部门各项目组大大小小的项目改进成果进行评选并予以奖励,分享成功经验。评选的范围包括技术创新、质量改进、流程再造、效率提升、成本控制等改进项目。在2010年的成功故事评选活动中,共有34个改进方案参选,并最终评选出2个金奖、3个银奖、5个铜奖以及6个入围奖。

2011年的成功故事评选活动评选出了1个金奖项目、2个银奖项目、2个铜奖项目和1个鼓励奖项目,分别是获得金牌的ALMCB AT28C64改进项目组,获得银牌的XCP4-A/XHB4-A图纸梳理项目组和SMT快速换线项目组,获得铜牌的西奥扶梯软件改进项目组和ALMCB3.2两层自学习软件改进项目组,获得鼓励奖的是PDP流程推进项目组。公司按照成功故事管理政策给予相应奖励,即金牌成功故事获奖3000元、银牌成功故事获奖2000元、铜牌成功故事1000元、鼓励奖600元。

为了产品品质推向另一个高峰，加强质量改进能力，在集团领导的大力支持下，西子优迈公司专门从日本聘请了品质专家米村朋幸。他在现场与全体员工见面并介绍了质量理念和正在进行的测试无故障工作。西子优迈公司品质服务部总监王晓英介绍了QCPC是一种对流程中的"低效"和"返工"进行持续收集和分析并发现改进机会的工具。QCPC的实施方案是鼓励多渠道人员输入信息；开展品质积分奖励，1个积分相当于100元，平时工作时间由员工自己记录，忙的时候直接在工位上贴红圈，检验员发现后过去记录。该方案还鼓励员工将信息直接输入电脑QMS系统，由过程质量工程师筛选过滤、分配并进行评分跟踪改进的过程，并按时间的进度来跟踪关闭率。一次通过率高的工位还可以申请免检工位，免检工位的员工可增加工资150～200元，但如果该工位被抽检到有问题则会被取消资格。

为了使产品在前期设计阶段就能得到质量保证，西子优迈公司特地成立了产品评审委员会、质量评审委员会以及技术咨询团队，并由王水福董事长、郑志庚副总裁、金来生总工程师亲自颁发聘书。

这次品质全员活动最让员工兴奋的是"明察秋毫"故障排查比赛、智力抢答和团队协作比赛、钉木箱比赛。400多名员工按照工作性质被平均分成6个参赛队，分别是野狼队、勇往直前队、腾飞队、大家队、壮质凌云队和卓越队，在电梯停运、电路板、控制柜故障三个环节比试谁能最快、最准确地发现问题。

这些活动再次体现了QCPC改善活动的目的就是要培养全员找问题、提问题并解决问题的能力。西子优迈公司的全体员工将以蓬勃的朝气、昂扬的锐气，从本职岗位做起，助力公司铸就卓越品质。

西子优迈公司总经理郑永康表示"品质先，方敢天下先"。何谓"品质"？品质就是"三个口"，即客户、集团、员工的口，从他们口中发出的声音，就是我们的关注点，更是我们一切工作的出发点和落脚点。客户的声音，是我们行动的指南针，"客户导向"已经在每个人心里深深地扎根了。但这还不够，2011年，我们将通过流程梳理、通过持续的精益改进，让这个根发出芽、结出果。集团的声音是我们作战的指挥棒，员工的声音是我们打仗的冲锋号。企业也是有个性的，我们打造的团队要血气方刚、斗志昂扬，我们培养的是一支"特种兵部队"。一个企业的团队要有"西装+草鞋"的文化气质。什么是"西装"？先进的管理工具，专业、科学的测量工具就是"西装"；什么是"草鞋"？脚踏实地、苦干实干的敬业精神就是"草鞋"。即便走得再远、飞得再高，我们都不能忘本，不能忘了老西子人创业的艰苦奋斗史。"富而思进"的今天，更不能忘了"穷则思变"的昨天。

2011年，是"十二五"品质规划开局的第一年，走好这一步至关重要。这一年，我们要做好加减乘除四个"算法"："加"，即对技术、对品质持续加大投入，通过技术力量的提升达到品质绩效的上扬；"减"，即启用新的质量损失统计口径，通过品质的持续改进减少质量问题；"乘"，即进一步优化团队，让团队的潜能成几何倍数地被激发出来，使工作质量快速提升；"除"，即通过VSM、SIPOC项目的导入，减少浪费，确保工作的高质、高效。这四个"算法"，正是我们在"十二五"计划期间铸就品质企业的法宝。"品质"理念已注入每个优迈人的血液之中，没有什么能够阻挡我们前进的步伐！

品质向前一步　百年西子更进一步
西子联合召开"十二五"品质规划启动会

本报讯 3月15日是"国际消费者权益日"，西子联合"十二五"品质规划启动会在这天下午召开。来自西子各公司和西子研究院的总经理、院长、总工程师、品质负责人、技术负责人、制造负责人等100多人参加了启动大会。西子联合副总裁郑志庚宣讲了西子电梯集团"十二五"品质规划，强调为西子集团的永续发展，我们必须将西子联合打造成为一个以品质为首位的企业。要在五年时间通过实施品质规划，全员积极行动，精益求精持续改进，推动品质全面提升。

王水福董事长以《治病在发病前》为题首先发言。他说，"智者花小钱长智慧，愚者花大钱买教训。"我想愚者治病已经是在发病以后了，如三鹿奶粉。今天开这个会，希望是多余的，就像买飞机保险，最好用不到。我们的愿景是成为世界的、百年西子。我们的宣传片上有这样一句话"西子联合的未来有天、有地、有人"。西子发展至今30年培养了优秀的团队包括全国各地的优秀人才聚集在这里，还有日本的、台湾的专家。我们不仅在杭州发展很好，而且在全国市场制造基地已有成都、天津和沈阳基地，更拥有了百大集团和杭钢集团两大上市公司，我们一直致力于打造高质产品，产业涵盖电梯、锅炉、盾构机、立体车库、飞机部件、百货、城市综合体等产业。我们有一套精益制造的管理体系，我认为这也是西子的一个最大的财富。在我们浙江省、在制造行业，西子的精益制造名声在外，精益制造

们的西子联合大学培养了很多的车间主任级别的管理人员。现在我们又成立浙江大学西子研究院打造科技创新产学研平台。所以我想我们西子应该是有天、有地、有人，这就是西子最大的优势。现在我们的质量品质，不是说做的不好，而是我们要做的更好、更优秀。今后对新的品质提升、改进、创新、建议等管理层要多鼓励和分享。比如给予加餐奖励，让更多的人来关心品质，提建议持续提高质量。我希望各位老总对质量管理人员在事业上在荣誉上给他们更多的机会和鼓励。用一句话总结：让我们的品质向前一步、百年的西子更进一步！

西子联合副总裁郑志庚重点宣讲了"十二五"品质规划，包括品质规划背景和现状、品质体系及目标和规划实现的举措，目标是用五年时间建立航空产业特质的质量管理体系。品质是从设计创造、生产实现、品质管理、服务沟通及持续改善得来的，通过应用6西格玛、精益制造、"零缺陷"、学习法国把记客的信誉作为国家意识的理念，同时聘请日本品质专家对工厂产品品质进行专业的评价，对工厂的制造品质进行考核，建立品质管理体系。品质的70%可以通过虚心听取客户真实的评价并作出行为改正。其余30%必须通过产品开发系统评价、外购部件可靠性评价、技术图纸标准化、供应商的选定、关键制造工序控制、产品检验、追究发生不良的原因并采取对策，以杜他二次发生。郑志庚副总裁非常强调聆听客户对我们产

客户那里才能了解到真正的品质水平，品质是由客户锤炼出来的，客户是我们的导师。这个体系建立的背景就是要有正确的价值观，先有好的人品，才有好的产品，员工要更具备专业的技能。满足客户对产品的要求和提供服务按照UTC金牌供应商的指标和要求。让客户满意是我们品质提升的目标。今启对新的品质提升、改进、创新、建议等管理层要多鼓励和分享。让客户满意是我们品质提升的目标。电梯集团的目标是打造电梯附件全球第一品牌，品质超越UTC金牌供货商。

董事长特别顾问，日本品质专家光泽直人有着数十年的技术和质量管理经验，曾任日本奥的斯常务。他介绍了自己在日本奥的斯电梯的亲身经历，特别是从松下电器特聘的伊藤顾问主持的品质改进行动。伊藤强调品质不能靠检查保证，而要在所有工序中打造品质。在他的指导下，日本奥的斯建立了系统的品质、生产、开发体制，确定了7大步骤实施品质行动方案，并制定量化质量标准。结合西子电梯制订的"十二五"规划，光泽先生提出2011年的整体行动应包括以下重点：解决错漏件问题，彻底依据测量仪器设备管理，将品质不良率减半；全员参与改善行动，提升重要工序能力，形成品质第一的企业风气。

本次启动会更是各公司进行质量交流的平台。杭钢集团、西子富沃德、西子优立带来了各自的品质改造案例进行分享，展示了他们如何通过这各种质量工具，建立完善的质量管理体系，持续提高质量水平，获取竞争优势，不仅传播了先进的质量理念和方

杭钢集团总经理颜飞龙讲述了"一串钥匙的故事"——1998年，杭钢承接了当时国内最大的岭澳1000MW核电辅机；近乎严苛的质量要求和对缺陷和隐患的"零容忍"，让我们深刻地体会到了什么是"核文化"：经过了3年的辛苦和努力，杭钢按时、按要求完成了冷凝器产品的制造，水压试验后检查完毕，外方检验代表签发了"产品释放证"。

包装，是最后一道工序。当一个包装工人完成工作，离开车间后，突然发现自己的钥匙串链不到了；他记得在上岗作业时，钥匙还在的，于是他尝试着找了一下，但是没有找到；此时，他想到"隐患零容忍"的核要求，想想钥匙会不会掉到模块里面去？于是在第一时间内，这个消息从车间主任到了质保部长，再到公司高层。然而，今天晚上产品就要发货了；车、船都已经安排到位了。怎么办？经过公司高层决定，并与现场监理沟通，公司决定打开包装，排除隐患。但是，对于这样大的一个产品，寻找这么小一串钥匙，真的是"大海捞针"。现场人员一遍一遍找，就是找不到。半天时间过去了，什么结果也没有……最后，公司的制造负责人想到了一个办法：等到天黑的时候，用电筒去照射冷凝器的每一层空间，有钥匙的地方应该会有影子。最终，找到了这串钥匙！

虽然，因为这个事件导致交货期推迟和运费增加。但是我们这种诚实的态度和不留隐患的责任心，得到了用户的赞扬和认可。杭钢供货的产品在岭澳核电项目已经使用了近10年，没有出现质量问题。关于这串钥匙的事故处理完了。在发生问题时，我们没有隐瞒，尽最大的努力把问题解决在工厂里面。结果证明：广泛的深入人心的质量意识是达到质量目标的基础。但是，故事还在继续：从此以后我们有了规定——在密闭产品作业和登高包装作业时，必须掏空口袋、手机、钥匙等物品都不能携带。杭钢的质量意识就是这样一步一步的养成的。

"一串钥匙的故事"让与会者更深刻地感受到了杭钢集团一贯高标准的产品质量来自广泛的深入人心的质量意识。人是第一要素，习惯是最高制度。

陈夏鑫总裁指出今天大家聚集在一起召开"十二五"品质规划启动会是作为西子长久生存之本的大事。改革开放三十年，中国成为了世界第二大经济体。西子在这三十年也获得了飞速地发展，但与技术创新和品质提升与发达国家比还远不够。我们在今后五年要做到质量变到质变。最重要的是通过技术创新提升品质，关键是管理层要高度重视，实施全过程控制并用好专业的人。日本奥的斯的顾问伊藤先生说道抓质量一定要找对头脑清醒，眼睛雪亮，做事执着的人。质量控制要从事后到事中到事前，要站在工业发展的前端从产品设计之初到制造过程全控制，同时坚持持续的技术创新和集成创新，比如苹果手机就是技术创新，高品质的新一代手机。成为超过诺基亚、三星的后起之秀。他希望各公司的总经理们要立足未来发展，立即行动。通过提升品质，技术创新，加强管理赶超竞争对手。成为受人尊敬

《西子联合召开"十二五"品质规划启动会》，来源：《西子报》2011年3月25日

西子联合召开"十二五"品质规划启动会

(来源:《西子报》2011年3月25日)

2011年3月15日是国际消费者权益日,西子联合"十二五"品质规划启动会正是在这一天的下午召开。来自西子联合各公司和西子研究院的总经理、院长、总工程师、品质负责人、技术负责人、制造负责人等100多人参加了启动大会。西子联合副总裁郑志庚宣讲了西子电梯集团"十二五"品质规划,强调为了集团的永续发展,我们必须将西子联合打造成为一个以品质为首位的企业,要在5年时间内通过实施品质规划行动,使得全员积极行动,精益求精地持续开展改进,从而推动品质的全面提升。

王水福董事长以"治病在发病前"为题首先发言,他说,"智者花小钱长智慧,愚者花大钱买教训",我想愚者治病已经是在发病以后了,如三鹿奶粉事件。我们的愿景是成为百年西子、世界西子。我们的宣传片上有这样一句话:"西子联合的未来有天、有地、有人。"发展至今的30年里,西子联合培养了优秀的团队,吸引了全国各地的优秀人才聚集在这里,包括日本的专家等。我们不仅在杭州发展得很好,而且在全国布局制造基地,目前已有成都、天津和沈阳三个基地,更拥有了百大集团和杭锅集团两大上市公司。我们一直致力于打造优质产品,涉及电梯、锅炉、盾构机、立体车库、飞机部件、百货、城市综合体等。我们有一套精益制造的管理体系,我认为这也是西子最大的财富。在我们浙江省,在制造行业,西子的精益制造名声在外,确实发挥了巨大的作用。我们的西子联合大学培养了很多的车间主任级别的管理人员,现在我们又成立浙江大学西子研究院,打造科技创新产学研平台。所以,我想我们西子应该是"有天、有地、有人"的,这就是我们最大的优势。目前在产品品质方面,不是说我们做得不好,而是要做得更好、更优秀。今后员工对品质的提升和改进有创新的建议的,管理层要多予以鼓励和分享,比如给予加餐奖励等,让更多的人来关心品质,来提建议。我希望各位老总在事业上、在荣誉上给予质量管理人员更多的机会。用一句话总结就是:我们的品质向前一步,百年西子的目标就更进一步!

西子联合副总裁郑志庚重点宣讲了"十二五"品质规划,包括品质规划背景和现状、品质体系及目标和规划实现的举措，目标是用5年时间建立航空产业特质的质量管理体系。品质是从设计创造、生产实现、品质管理、服务沟通及持续改善中得来的，通过应用六西格玛、精益制造、"零缺陷"，学习法国把空客的质量管理作为国家意志的理念，同时聘请日本品质专家对产品品质进行专业评审，对工厂的制造品质进行考核，建立品质管理体系。品质的70%可以通过虚心聆听客户真实的评价并作出对策而达到，其余30%必须通过产品开发系统评价、外购部件可靠性评价、技术图纸标准化、供应商的选定、关键制造工序控制、产品检验等实现。聆听客户对我们产品品质真实的评价是改革的第一步，只有从客户那里才能了解到我们真正的品质水平，客户是我们的导师。这个体系建立的基础就是要有正确的价值观，因为先有好的人品，才有好的产品。同时要求员工具备更加专业的技能，满足客户对产品的要求，并按照UTC金牌供应商的指标和要求提供服务，因为让客户满意是我们品质提升的目的。电梯集团的目标就是打造电扶梯部件全球第一品牌，在品质方面超越UTC金牌供货商。

董事长特别顾问、日本品质专家光泽直人有着数十年的技术和质量管理经验，曾任日本奥的斯电梯公司的常务。他介绍了自己在日本奥的斯公司的经历，特别是参与了伊藤顾问（从松下电器公司特聘）主持的品质改进行动。伊藤强调品质不能靠检查来保证，而是要在所有工序中打造品质。在他的指导下，日本奥的斯公司建立了系统的品质、生产、开发体制，确定七大步骤实施品质行动并收获了很好的客户满意度。结合西子电梯公司制订的"十二五"品质规划，光泽先生提出2011年的整体行动应包括以下重点：解决错漏件问题；彻底做好测量仪器设备管理，让品质不良率减半；全员参与改善行动，提升重要工序能力，形成"品质第一"的企业风气。

本次启动会更是各公司进行质量交流的平台。会上，杭锅集团、西子富沃德公司、西子优迈公司带来了各自的品质改进案例进行分享，展示了如何通过运用各种质量工具来建立完善的质量管理体系，持续提高质量水平，从而获取竞争优势。这不仅传播了先进的质量管理理念和方法，更让大家看到了品质提升的成效。

杭锅集团总经理颜飞龙讲述了"一串钥匙的故事"。1998年，杭锅集团承接了当时国内最大的岭澳1000MW核电辅机项目。近乎严苛的质量要求和对缺陷和隐患的"零容忍"，让我们深刻地体会到了什么是"核文化"。经过3年的辛苦和努力，杭锅集团按要求及时完成了冷凝器产品的制造，在检验完毕后，外方检验代表签发了"产品释放证"。"一串钥匙的故事"就发生在这期间。

包装是最后一道工序，当一个包装工人完成工作离开车间后，突然发现自己的钥匙串找不到了，尝试后还是没有找到。此时，他想到了"隐患零容忍"的"核要求"，想着钥匙会不会掉到模块里面了，于是第一时间汇报了这一情况，一直从车间主任上报到质保部部长，最后到公司高层。问题是，产品当天晚上就要发货了，交通工具都已经安排到位，怎么办？经过公司高层决定，并与现场监理沟通，决定打开包装排除隐患。但是，从这么大的产品里找出很小的一串钥匙，真的犹如大海捞针，半天时间后，经过现场人员一遍一遍的寻找，却什么结果也没有。最后，公司的制造负责人想到了一个办法：等到天黑的时候，用手电筒去照射冷凝器的每一层空间，有钥匙的地方应该会有影子。靠着这个法子最终找到了钥匙。

虽然因为这个事件导致交货期推迟和运费增加，但是我们这种诚实的态度和不留隐患的责任心，得到了用户的赞扬和认可。不仅如此，杭锅集团的产品在岭澳核电站已经使用了近10年，没有出现质量问题。这件事表明，在发生问题时，我们没有隐瞒，而是尽最大的努力把问题解决在工厂里面，结果证明：广泛的深入人心的质量意识是达到质量目标的基础。不过，这个故事还有后续：从此以后，我们有了规定——在密闭产品作业和登高包装作业时，必须掏空口袋，不能携带手机、钥匙等物品。杭锅集团的质量意识就是这样一步步培养出来的。

"一串钥匙的故事"让与会者深刻地感受到杭锅集团一贯高标准的产品质量来自广泛的深入人心的质量意识，说明人是第一要素，习惯是最高制度。

最后领导总结指出，制订实施"十二五"品质规划是作为西子联合长久生存之本的一件大事。改革开放30年来，中国成为世界第二大经济体，西子联合在这30年里也获得了飞速的发展，但是在技术创新和品质提升方面与发达国家的企业相比还远远不够。我们在今后5年要实现从量变到质变，通过技术创新来提升品质，关键的是管理层要高度重视，实施全过程控制，并落实专业的人员。日本奥的斯公司的顾问伊藤先生就强调抓质量一定要找对头脑清醒、眼睛雪亮、做事执着的人。质量控制要做到从产品设计之初到制造过程的全控制，同时坚持持续的技术创新和集成创新，比如苹果手机就是利用技术创新制造出高品质的新一代手机，苹果公司也成了超越诺基亚、三星等公司的后起之秀。所以，他希望各公司的总经理们要立足未来的发展，立即行动，通过提升品质、创新技术、加强管理来赶超竞争对手，将公司打造成受人尊敬的企业。

4月6日，西子石川岛停车设备公司的首台机械手设备完成生产正式下线，并运往安徽蚌埠百大项目，公司领导为发货举行发布仪式。该设备为西子石川岛自主研发产品，快速存取车车位至台车之间的一个存取车循环时间控制在30秒以内，具有车位无机械设备，混凝土结构，用钢量最少；存取车效率高；层高低，空间利用率更高；维保成本低的优势。对于行业产品来说，机械手设备由车板产品为基础，目前西子的技术已经跨越两个层面，直接进入高端领域智能机械手时代。（严卓磊）

西子联合品质工作会

落实行动确定目标 品质铸就百年西子

本报讯 4月15日上午，西子各公司和西子研究院的总经理、总工程师、品质负责人、技术负责人、制造负责人等30多人召开品质工作会，西子孚信、西子富沃德、西子优迈、西子重工、西子石川岛、杭起六家公司汇报了"十二五"品质规划及2011年品质行动计划。这也是3月15日西子联合启动"十二五"品质规划后各公司积极行动，落实制订了各自公司的品质"十二五"规划付诸行动，特别是确定了成为金牌供应商的目标，并有2011年具体的行动计划，按照质量规划做好做实，提高全员质量意识，精益求精持续改进，打造高品质的产品。

会上，西子电梯集团各公司确定了品质行动目标是成为UTC金牌供应商，通过设计开发、生产制造管理、供应链管理、流程梳理、客户满意度管理、培训和提升等实现目标。规范和执行产品设计与开发流程，保证产品开发质量，满足客户和市场的要求。生产制造管理行动计划表包括人员管理、设备管理、物料管理、方法管理、环境管理、品质管理等。完善供应商管理体系，建立供应商部件认证和评价体系、替代系统，确保供应商产品质量稳定和及时交付。通过对流程的梳理、改进和严格执行，系统解决共性问题。创造全员参与的氛围，制定奖惩制度、质量承包制度。对车间现场以及物料进行5S管理，对关键工序进行能力认证，确保产品生产质量的稳定性，保证合格的工装模具投入使用，确保工装模具满足产品质量要求和生产效率要求，排查车间现场的标准作业情况，并根据排查结果制定或完善标准化工艺，培训并执行标准化作业。这些质量管理措施都有2011年公司质量考核指标，促进公司运用先进的质量工具，建立完善的质量管理体系，持续提高质量水平，获取竞争优势。

西子联合副总裁郑志庚进行了有针对性的现场点评，他强调每家公司的品质管理起点和薄弱点不同，要有侧重点的采取行动进行改善，并要求列出改进细项。他强调树立全员质量意识，如推进免检工位评选和车间5S管理要落到实处，进行可视化管理，进行流动金牌奖励考核，让每个员工都感受到责任和荣誉。加强培训力度，细化岗位管理标准，规范工作流程，明确工作职责，提高专业技能，实现精细化设计、精细化管理。今后每两个月就对每个公司进行跟踪质量考核，对工厂的制造品质进行考核，建全品质管理体系。同时聘请日本品质专家对工厂产品品质进行专业的评审，按照UTC金牌供应商的指标和要求，让客户满意是我们品质提升的目的。

王水福董事长指出产品质量在所有与产品形成有关的差错中，80%的差错可以在产品设计过程中找到原因，只有20%的差错是在制造过程中找到的原因。因此要加强设计评审像绿城学习聘请第三方的专家进行评审，让我们年轻团队快速成长。他说好的质量就是在正确的时间、正确的地点用正确的方法创造和满足需求。市场经济发展到今天，我们不能用计划经济的做法管理员工，我们内部要形成市场机制，责权利相结合激励员工承担起责任，以打造金牌供应商标杆为目标，全员行动品质铸就百年西子。

（王梅）

西子奥的斯喜获希腊萨洛尼卡地铁项目142台扶梯订单

西子奥的斯电梯有限公司在海外市场的标志性大项目的竞争中再传捷报，正式成为希腊萨洛尼卡地铁自动扶梯供货项目供应商，将为该地铁项目提供142台扶梯。这是西子奥的斯2011年在海外市场公共交通标志性项目上的又一重大收获。

萨洛尼卡是希腊除雅典之外的第二大城市，为希腊北方工业重镇，又是整个巴尔干地区的商业中心，在希腊整个经济占有举足轻重的重要位置。萨洛尼卡地铁线路长9.5km，设有13座车站，政府投资8亿欧元。项目计划于2015年12月全部建成，2016年通车，建设总工期约6年半，在当前希腊国家债务危机背景下，希腊政府仍斥巨资修建地铁，实在可谓为大手笔。

西子奥的斯并不是第一次参与希腊这个欧洲国家的公共交通建设工作，早在2004年6月就曾特为雅典奥运会赶制过6台XO-PE全露天重型公交自动扶梯，并采用空运的方式飞赴希腊雅典，在当年的雅典奥运会多处交通要道的倾斜运输中承担了不可替代的重任。

在中国，西子奥的斯已为包括北京地铁、上海地铁、杭州地铁等地铁系统以及杭州机场、大连机场等航空运输系统等提供了产品和服务。同时，在海外市场，西子奥的斯也成功打入印度孟买地铁、雅典地铁、台湾地铁、沙特麦加地铁等项目，为其提供了优质的运输服务。（崔晓红）

西子电梯集团党委换届选举顺利完成

本报讯 为认真贯彻落实党的十七届五中、六中全会精神，加强企业党建工作，根据《党章》、《中国共产党基层组织选举工作暂行条例》的规定和笕桥镇党委关于企业党组织换届工作会议精神，公司党委于2011年3月下旬至今开展了换届选举工作，现顺利完成，4月15日选举产生了新一届党委成员为：书记吴华；副书记杨红云；委员孙为民、杨志华、何美云、周水妹、郑永康、郑霞、谢信娟。

西子电梯集团党委候选人提名工作在镇党委的领导下，坚持德才兼备和结构合理的原则进行。委员候选人初步人选实行两个民主推荐：一是以党支部为单位在党员中民主推荐，二是在部分非党群众中民主推荐，按照候选人的差额数多于应选名额20%的要求提出候选人初步人选。在组织考察的基础上，党委集体研究确定候选人预备人选，经镇党委原则同意。

4月15日，西子奥的斯大会议室，庄严的党旗下，雄壮的国歌声中，西子电梯集团320余名党员汇聚一堂，经过充分酝酿、讨论，到会党员行使自己的权利，认真投下了自己一票，选举新一届党委委员。然后新一届党委委员投票选举产生了书记和副书记。笕桥镇党委书记张玮和组织部长徐旭升参加会议并指导工作，张玮代表镇党委讲话，对选举工作表示充分肯定，对西子发展和各项工作表示高度的赞赏，认为西子是一家"发展强，党建强"的企业，广大党员在党组织的带领下，积极开展"西子先锋"创先争优活动，主动亮身份、亮形象、亮风采，在本职岗位中发挥了先锋模范作用。她希望西子今后能以"发展强，党建强"的双品牌建设为目标，大力探索企业党建工作新载体、新途径，形成党建工作和企业发展相互促进、相互推动的良好局面。

吴华副总裁再次当选为西子电梯集团党委书记，她代表新一届党委领导班子对西子全体党员提出新希望，她要求西子各党组织要进一步细化党建组织，要以创先争优为动力，充分发挥党组织在企业中的作用。鼓励广大党员积极进取，在本职工作中勇挑重担，积极发挥党员先锋模范作用。

会上，王水福董事长提出今年是"十二五"规划的开局年，也是中国共产党成立90周年。对西子联合而言，今年恰逢创业三十周年。现阶段我们的核心工作就是要提升产品的设计品质、制造品质和服务品质。他希望广大党员适应市场经济要求，在提升品质的工作中身先士卒，积极发挥党员的先锋模范作用。

（党办）

王梅：《落实行动确定目标　品质铸就百年西子》，来源：《西子报》2011年4月18日

落实行动确定目标　品质铸就百年西子

(王梅　来源:《西子报》2011年4月18日)

2011年4月15日上午,西子各公司和西子研究院的总经理、总工程师、品质负责人、技术负责人、制造负责人等30多人召开了品质工作会,西子孚信、西子富沃德、西子优迈、西子重工、西子石川岛、浙江杭起等6家公司汇报了"十二五"品质规划及2011年品质行动计划。这是自3月15日西子联合启动"十二五"品质规划后,各公司积极行动,落实制订了各自公司的"十二五"品质规划并付诸行动,特别是确定了成为金牌供应商的目标,并出台了2011年的具体行动计划,旨在按照质量规划做好做实,提高全员质量意识,精益求精地进行持续改进,打造高品质的产品。

会上,西子电梯集团各公司确定了品质行动的目标是成为UTC金牌供应商,通过设计开发、生产制造管理、供应链管理、流程梳理、客户满意度管理、培训和提升等实现目标:规范的产品设计与开发流程,能够保证产品开发质量,满足客户和市场的要求;生产制造管理行动计划表包括人员管理、设备管理、物料管理、方法管理、环境管理、品质管理等;完善供应商管理体系,建立供应商部件认证和评价体系、替代系统,确保供应商产品质量稳定和及时交付;通过对流程的梳理、改进和严格执行,系统解决共性问题;创造全员参与的氛围,制定奖惩制度、质量承包制度;对车间现场以及物料进行5S管理,对关键工序进行能力认证,确保产品生产质量的稳定性,保证合格的工装模具投入使用,确保工装模具满足产品质量要求和生产效率要求,排查车间现场的标准作业情况,并根据排查结果制定或完善标准化工艺,培训并执行标准化作业。这些质量管理措施都落实了2011年公司的相关质量考核指标,有利于公司运用先进的质量工具,建立完善的质量管理体系,持续提高质量水平,以获取竞争优势。

西子联合副总裁郑志庚有针对性地进行了现场点评。他强调,每家公司的品质管理起点和薄弱点不同,要有侧重点地采取行动进行改善,并要求各公司列出改进细项。他认为要树立全员质量意识,如推进免检工位评选和落实车间5S管理;要进行可视化管理,实施流动金牌奖励考核,让每个员工都能感受到责任和荣誉;要加强员工的培训力度，细化岗位管理标准，规范工作流程，明确工作职责，提高专业技能，实现精细化设计、精细化管理。以后每两个月就要对各公司实施跟踪质量考核，对工厂的制造品质进行考核，健全品质管理体系。

王水福董事长指出，如出现产品质量，80%的差错可以在产品设计过程中找到原因，只有20%的差错才发生在制造过程中。因此要加强设计评审环节，像绿城集团那样聘请第三方专家进行评审，从而督促我们的团队快速成长。好的质量就是在正确的时间、正确的地点用正确的方法创造和满足需求。市场经济发展到今天，我们不能用计划经济的做法管理员工，我们内部要形成市场机制，依托责、权、利相结合激励员工承担起责任，以打造金牌供应商标杆为目标，让全员积极行动，以品质铸就百年西子。

全球电梯专家做客西子

本报讯 5月10日晚，参加由中国电梯协会举办的首届"全球电梯大会"的30多位各国电梯专家们——欧洲电梯协会主席、欧洲电梯标准化主席专家团，亚太地区电梯和扶梯协会主席和秘书长、日本、韩国、印度等国外电梯行业高层人员来到西子联合大厦做客。西子联合董事长王水福、西子电梯集团执行总经理陈刚、西子优立总经理朱康等热情接待了来自世界各国的电梯专家们。此前，全球电梯专家还实地参观了西子联合、西子孚信和西子富沃德公司。

在交流中，全球电梯专家们对以西子为代表的中国电梯企业的发展规模、管理水平和目相看，盛赞西子在工厂的现场管理、精益制造和品质提升方面的出色表现，对员工们在工作中表现出的积极努力印象深刻。王水福董事长表示

西子在电梯行业发展30年了，全球电梯界就是一个地球村，非常高兴与世界各国的电梯专家和新老朋友相聚西子，他希望专家们多提宝贵意见，促进西子在电梯行业发展得更好。

（王梅）

集团品质会议在西子孚信举行

本报讯 5月12日下午，集团品质工作月度例会在西子孚信培训中心举行。会上分别听取了富沃德、优ɡ西和孚信三家公司品质改善进展及下月品质计划的汇报，并对孚信的品质改进进行了现场核查，与会专家和领导分别作了点评并提出了要求。郑志庚副总裁强调各公司应将汇报重点放在"十二五"品质规划的落实和推进上，如针对金牌供应商的各项指标如何分解，针对生产会议记录中的要求取得哪些进展等。王水福董事长在总结讲话中指出：各公司必须高度重视争创金牌供应商工作，应有了立总工作相，确定行动计划时间表；年轻员工要放下架子，端正学习的态度。知道学什么、怎么学，特别是要多向老专家、老师傅学习；要正确理解全面质量管理的概念，管理好设计、制造和服务质量，要特别重视设计质量；过去三十年，机会和运气大于能力和技术，而未来三十年，西子的出路必须依靠提升品质。质量赢得尊严，质量应成为全体西子人共同的信仰。

（章成）

西子孚信迈向 UTC 金牌供应商目标进行时

本报讯 五月即将到来的是高品季节，西子孚信也迎来公司繁忙的生产高峰期，同时西子孚信自上而下更目标一致迎战"UTC金牌供应商"的实现。4月23日西子孚信管理层召开UTC金牌领导小组会议，成立了以廖毒燕总经理为组长的领导小组，为达到UTC金牌供应商的目标围绕质量绩效、交货绩效、精益生产、客户满意度确定了马凌云、张炬文、周晓露作为责任人，一走进西子孚信公司大门，在入口处的宣传栏上就有"2012年1月达到UTC绩效目标和金牌标准"的展示牌，同时在技术中心入口处设置绩效看板，在14个工位设置了清晰明确的质量看板，在食堂摆放等候区设置了"不良品展示板"，将不良品实物和标准进行对比，让员工一目了然。避免类似问题再次发生，让每位孚信人共同担当挑战突破的重任，共同为公司的营运发展战略目标实现金牌供应商，齐心协力，共谋挑战。

针对错装件问题，4月11日-5月6日开展了全检验并进行问题统计，制订了零星工位奖惩措施，从5月1日开始实行，如遇工位连续6个月完成TB指标，采用阶梯形式予

奖励，可获得累计2100元的奖励。如该工位连续3个月完成TB指标奖励。4月未完成指标则取款。采用阶梯形式予惩罚，当月有400元收入差异，同时在零星工位悬挂检验标识牌，便于区分待检和已检产品，车间员工对于待检物料必须进行报检。

开展6S及定制定位，采用周检月评方式，按月对6S执行情况进行比较并作出奖罚，检查参照《6S检查表》执行。6S先锋会将每月6S评分结果和奖惩金额公开予发布给营运管理人员，6S先锋会公布当月收到的所有检查表明扶住大家监督(包括实施人员、被查区域和检查分类列表)，所有被收查人员的名单于当月看板公布；对检查时不符合的责任区域并具整改通知单，我们可以采用口头警告、书面警告、经济处罚三种形式。奖励以周评、月评、年度总评的数据为依据。可以采用口头表扬、物质及经济奖励、流动红旗等多种形式。6S管理采用区域包干责任制，执行结果与绩效奖惩挂钩。

实施供应商量指标监控，实行产品审核、现场审核和问题监控。根据供应商质量状况，编制图汇报滚动计划，供应商按要求进行汇报并制定改进行动项。开展工艺排查整改，通过排查，对现有工艺文件及时更新补漏，确认员工的作业规范程度，并持续改进，建立标准作业体系。

开展精益制造，对工序自动化，对大门专机线、门机单元线，上坎单元线进行改造，通过日本及台湾专家指导，新建1条全自动大门专机线，产能达到11秒/台；新建1条全自动大门机装配线，产能达到4分钟/台。针对集体装容容易出现错装件，人员的多次往返装箱过程放低，装箱工序不平衡，人员分工不明确的状况，借鉴奥的斯装箱经验提出装箱流水线改变方案并完成现实施制作装箱轨道，降低了工人的劳动强度，提高了装箱效率。

西子孚信在员工中开展"金点子"活动涉及到生产流程、加工工艺、技术改造等个方面，发动生产一线员工提出实际可行的改造建议、评选小组对每条金点子逐项进行讨论，并及时组织实施团队对每项具有可行性的有价值的提议进行推进。每位提出意见的员工就是金点子的推行实施者。公司对提出金点子并实施的员工给予奖励。此项活动使员工极大地增强了主人翁意识，愿意提出自己的意见、想法。全员持续的质量改进并使质量管理一切都有章可循，树立质量第一的品质意识，公司产品质量的飞跃则指日可待！

（王梅）

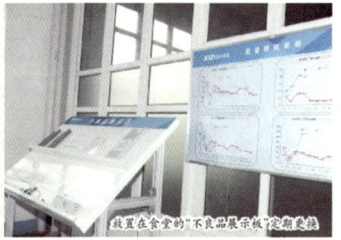

章成：《集团品质会议在西子孚信举行》，来源：《西子报》2011年5月15日

西子管理系统XOS
系列读本

集团品质会议在西子孚信举行

(章成　来源:《西子报》2011年5月15日)

2011年5月12日下午,集团品质工作月度例会在西子孚信培训中心举行。会议分别听取了富沃德、优迈和孚信三家公司的品质改善进展以及下个月的品质计划汇报,并对孚信的品质改善进行了现场核查。与会专家和领导分别作了点评并提出了要求。

郑志庚副总裁强调各公司应将汇报重点放在"十二五"品质规划的落实和进展上,如针对金牌供应商的各项指标如何进行分解,针对上次会议提出的要求取得了哪些进展等。王水福董事长在总结讲话中指出:各公司必须高度重视争创金牌供应商的工作,应专门成立工作组,确定行动计划时间表。年轻员工要放下架子,端正学习的态度,知道学什么、怎么学,特别是要多向老专家、老师傅学习。要正确理解全面质量管理的概念,管理好设计、制造和服务质量,要特别重视设计质量。过去的30年,机会和运气大于能力和技术;而未来的30年,西子联合的出路必须依靠质量提升,质量应该成为全体西子人共同的信仰。

浙江省召开质量强省建设工作推进会
王水福董事长作为唯一企业代表发言

本报讯 6月8日，全省质量强省建设工作推进会在台州市隆重召开。浙江省省长、省质量强省工作领导小组组长王建满，省质量强省工作领导小组副组长、省政监局局长瞿素芬出席会议并作讲话，台州市委书记陈铁雄致欢迎词。全省30个省政府部门分管领导、11个地市及90多个县（市、区）的政府分管领导、四大通联会秘书所在重要单位、各行业协会、企业代表将近400人参加了推进会。

王建满副省长在会上指出，要围绕省委、省政府提出的工作目标，更加深刻地认识到科学把握形势下质量工作的重要性，真抓实实，真抓实干，全面推进质量建设各项工作，为我省"十二五"科学发展提供坚强保障。瞿素芬局长在会上对2011年度质量强省建设作了具体部署。

会议强调，今年是质量强省建设工作全面推进之年，要把质量工作摆到更加突出的位置，坚定不移地走质量强省之路，全面开展"千争创万导人"等一系列质量强省活动。进一步强化战略意识、忧患意识和机遇意识，细化路线意识，创新载体，解决问题，严格考评、建立和完善"政府质量奖"制度，推进标准化和品牌建设，建立质量风险应对机制，着力解决群众最直接、最关心的突出质量问题。

目前，全省已有11个市县54个县市区已建立了政府质量奖制度，评选产生省、市、县三级"政府质量奖"获奖企业399家。今年年底，全省县以上政府将实现"政府质量奖"全覆盖。

作为唯一上台发言的企业家，王水福董事长在会上首先谈了对此次质量强省建设工作重要意义的认识。王董提出：这次会议的意义十分深远，如果能够真正理解并落实，也许再过5年、10年后再来看，会改变很多企业的命运。表面上现在中国什么都不缺，但实际上比起若干真正必需的、高品质的商品太少太少。中国是制造"数量"的大国，不是制造"质量"的大国。中国制造业企业面临两大挑战：一、银根紧收，原材料和劳动成本高企、利润越来越薄；二、跨国公司的挑战。"狼"真的来了。为什么2001年入世之后，"狼"好像没有来，现在却真的来了？有两个原因，一是当时中国市场的消费能力还不够，下面还比较难。而随着越来越多的中国消费者进入中产阶层，他们已经不再满足于采购低价商品。麦肯锡去年在中国做的消费者调查报告显示：2008-2009年中国售市场增长中有一半来自消费升级，所以说，"羊已经变肥了"；二是跨国公司通过几十年的合资合作，学会了利用中国低成本的制造资源，现在有能力向下渗透，与中国消费者的消费升级正好形成"致命的相遇"。所以，如果继续走低价竞争，是一条死路。提升品质是关乎到一个国家和民族生死存亡的大事。

王董还汇报了西子联合制定和落实"十二五"品质规划的情况，介绍了发展、培育西子的斯全牌优质商的计划和进展，借鉴航空产业品质管理体制的做法以及人才培养、设计和服务质量管理等方面的措施。

（章成）

品质责任全员担当
西子石川岛实施多项品质提升举措

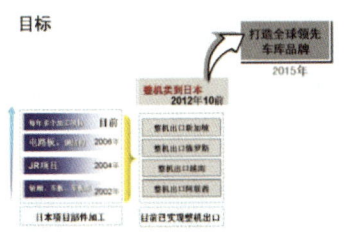

本报讯 6月14日，西子联合语工作月度例会在杭州西子石川岛停车设备有限公司会议室召开。西子重工机械有限公司、杭州起重机械有限公司、西子石川岛停车有限公司董事长王水福带领近一个月来深入开展品质提升工作的连班并对西子石川岛进行了现场检查。西子石川岛从制造车间到员工食堂、设计部、工程部处处可以感受到强烈的质量改善的氛围。"以航空标准树理念，以轿车品质标准争"正成为全员共识，通过设计、制造、服务的品质全过程改进，立即行动，积极谋划停车产业更大的发展。

西子石川岛公司总经理周水林在全员品质动员会上提到"全员行动起来，强化品质意识、团结一致，雷厉风行，以品质提升、积极、进步、行动、品质责任全员担当。"公司针对质量问题类别，确定专项攻关负责人。五月出具了纠正即防方案等。各工序实行了品质责任担当奖励办法。采用责任区别对不良品损失费用进行赔偿，可起到警示。督促相关责任人员对品品的重视度。奖励措施：采用阶梯形式给予奖励。如该工序连续4次获得制止不良品发生延续机会，可获得累积不良损失费用30%的奖励。如该工序连续4次获得奖励。第四次因有质量投诉并造成损失和款赔偿，当月有最少扣除奖励40%奖金人数。在各工序行检验标准化、巡检人员主动检验、合格品盖章实施，提高现场检验的质量。对机床检查行到检区域。

作为产品质量源头的设计部门，技术创新首或是品品质提升的保证。技术体现智慧。质量关乎尊严。工程设计部实施产品设计申明标准化改进计划，推进产品设计标准化，应用三维软件设计，成功项目下机器开发中，不仅大大提高了存取效率，而且提高了空间利用率。在每个产品的设计中推进设计任务书、变更监管理、校对明细表提高设计过程质量。在设计人员内开展日常的考核与激励，根据每月统计差错率等，项目完成情况等数据，把握设计人员的能力与素质，并对其进行奖评。围绕新技术、新模式、新思维开展工作。项目管数据管理系统，防止漏发失失等。力便图纸查阅。预计下图速度加快50%，同时一年可节省纸张费用4万元。

公司针对项目管理中进行流程改进和系统集成。通过分步发展影响、交期的主要问题。制订项目管理总表，工程管理部填写项目发展总表。工程管理部填写项目进度按发时间以技术部数据填写到制造进度和实际发展时间；在电脑系统内实行绿色管理包括项目状态和工期。营运系统按照履约节点控制跟踪保证进度。定期召开会议总结定工项目发生问题及改进规范，加强各部门工程项目品质理念。进行根源分析，持续改进。建立改进的项目跟测评以数准许计划，根据供应商产能。分配订单确保均衡生产。2010年发放合格率标准187个。按整服合格率78%；2011年1-5月验收合格项目共65个，按整服率90%。目前西子石川岛产品技术领域，拥有了九大类产品。今后西子石川岛将继续把质量关实落实到各产品生产流程，通过引进注生本家财立品质文化，持续关注改善。迎接停车产业大发展机遇。

（王梅）

本报讯 4月29日下午，在省人民大会堂召开的浙江省庆祝"五一"国际劳动节暨劳模先进表彰大会上，杭锅青年电焊工葛小青获浙江省杰出职工——第四届金锤奖荣誉称号。省委书记赵洪祝为葛小青颁发了"金锤奖"奖牌，葛小青同志在大会上代表获奖者发言。

本次"浙江省杰出职工——第四届金锤奖"由浙江省委宣传部、省总工会主办，全省11个市和12个产业工会从下方面工作中推荐了174名候选对象，经初选、专家组评审、省总工会常委会审定，最后确定20位"浙江省杰出职工——第四届金锤奖"候选人。从4月21日至26日，进行了公示并接受了126万人次的公众投票，最终产生"金锤奖"获得者10名，"银锤奖"获得者10名。

在当天上午举行的杭州市职工"庆五一"暨先进表彰大会上，葛小青获得"杭州市十大杰出职工"荣誉称号；容器车间葛小兵的大型厚壁锻件筒体料氧气割和通用公司磨唤嘿的锯齿机床管接路定位焦管被杭州市以他俩的名字命名为先进操作法。此类操作法获得者全市共表彰100名。葛小青和於惠民的两项操作技能也跻身杭州市职工地技绝活100项行列。

（丁建平 孙建强）

余热回收 标准先行

本报讯 6月10日首届燃结机余热利用技术标准专家委员会在杭州召开。本次会议由机械工业环境保护机械标准化技术委员会等6个单位倡议发起，由机械工业环境保护机械标准化技术委员会、余热回收利用技术委员会分技术委员会主办，浙江西子联合工程有限公司承办。来自全国27家拥有余热利用项目的钢铁单位与50多位行业专家代表参加了本次大会。会上，安阳钢铁集团动力厂张焱辉厂长代表发起单位宣读倡议书，并对技术标准专家委员会活动架展组提出建议。

会议首先由西子联合工程有限公司总经理陈隆敦致欢迎词，对出席会议的上级领导、各位专家代表表示热烈欢迎，并对给予本次会议大力支持的领导、专家表示诚挚的感谢。本次示范项目、燃结机余热回收利用技术委员会主任路晓林社长到会并做了发言，宣布燃结机余热回收利用技术标准专家委员会正式成立。

燃结机余热回收利用到需要围绕国家节能减排方针，以钢铁企业为主题的开发和应用项目标准制定，帮助钢铁企业搞好管理、提高企业自主创新能力。

燃结机余热回收利用技术的研究使用利国利民，有利于企业取得较大的经济效益。本次会议对落实国家节能减排政策，并对钢铁企业燃结机余热回收利用技术的推动有十分重要的积极意义。

（钟辉明）

章成：《浙江省召开质量强省建设工作推进会　王水福董事长作为唯一企业代表发言》，来源：《西子报》2011年6月15日

浙江省召开质量强省建设工作推进会
王水福董事长作为唯一企业代表发言

（章成　来源：《西子报》2011年6月15日）

2011年6月8日，全省质量强省建设工作推进会在台州市隆重召开。浙江省副省长、省质量强省工作领导小组组长王建满，省质量强省工作领导小组副组长、省质监局局长瞿素芬出席会议并作讲话，台州市委书记陈铁雄致欢迎辞。全省30个省级政府部门分管领导、11个地市及90多个县（市、区）的政府分管领导、四大质量牵头部门主要领导、各行业协会代表、企业代表等近400人参加了推进会。

王建满副省长在会上指出，要围绕省委、省政府提出的工作目标，更加深刻地认识和科学把握新形势下质量工作的重要性，求真务实，真抓实干，全面推进质量强省建设各项工作，为我省"十二五"计划期间的科学发展提供坚强保障。瞿素芬局长在会上对2011年度质量强省建设作了具体部署。

会议强调，今年是质量强省建设工作全面推进之年，要把质量工作摆到更加突出的位置，坚定不移地走质量强省之路，全面开展"千争创万导入"等一系列质量强省活动。进一步强化战略意识、忧患意识和机遇意识，细化目标、创新载体、解决问题、严格考评，建立和完善"政府质量奖"制度，推进标准化和品牌建设，建立质量风险应对机制，着力解决群众最直接、最关心的突出质量问题。

目前，全省已有11个区市和54个县（市、区）建立"政府质量奖"制度，评选产生省、市、县三级"政府质量奖"获奖企业399家。至今年年底，全省县以上政府将实现"政府质量奖"全覆盖。

作为唯一上台发言的企业家，王水福董事长在会上首先谈了对此次质量强省建设工作推进会意义的认识。王水福指出，这次会议的意义十分深远。如果能够真正理解并落实，也许过5年、10年后再来看，会改变很多企业的命运。表面上现在中国什么都不缺，但实际上让老百姓真正放心的高品质的商品太少。中国是制造"数量"的大国，而不是制造"质量"的大国。中国制造业企业面临两大挑战：一是银根收紧，即原材料和劳动力成本的涨价,导致利润越来越薄;二是跨国公司的挑战,即"狼"真的来了。为什么中国在2001年入世之后,"狼"好像没有来,现在却真的来了呢?有两个原因,一是当时中国市场的消费能力还不强,"羊"还比较瘦。而随着越来越多的中国消费者进入中产阶层,他们已经不满足于采购低价商品。麦肯锡去年在中国做的消费者调查报告称:2008—2009年,中国零售市场增长中有一半来自消费升级。所以说,"羊已经养肥了"。二是跨国公司通过几十年的合资合作,学会了利用中国低成本的制造资源。现在有能力向下渗透,与中国消费者消费升级正好形成"致命的相遇"。所以,如果继续走低价竞争、以量取胜的路子,中国制造就是死路一条。提升品质是关系到一个国家和民族生死存亡的大事。

王水福还汇报了西子联合制订和落实"十二五"品质规划的情况,介绍了成为奥的斯公司金牌供应商的计划和进展、借鉴航空产业质量管理体制的做法以及在人才培养、设计和服务质量提升等方面的措施。

王水福董事长在西子联合2011半年度会上的讲话

摘要：

提供高品质的产品和服务是我们的责任，也是我们的机会。"一个人做一件好事不难，难的是一辈子做好事"。我们的产品质量已经做到九十多分，甚至也可以做到一百分，但难的是每次都是一百分。我们已经具备比较强的精益制造能力和管理执行力，但要从优秀到卓越，要成为金牌供应商，也就是要保证每次都一百分。我们还需要在产品质量的稳定性、一致性方面下一步功夫。鸿海的案例启发我们：加大模具设备和相关软件的投入，尽管会增加一些成本，但也许是保证产品质量稳定性和一致性、降低人为因素影响的一种重要方法。

从优秀到卓越

昨天下午我听了各位老总的发言，都说的是当前的事情。今天的事情。今天上午听了各位对未来、对明天做的构思，包括我们人力资源和金融各个板块，都介绍了未来梦想。

我想也该说得差不多了吧，我要说的话好像没有了，好像99%已经说完了。还有一点、一点点，我再说一点，由于时间关系，我也不展开，直奔主题。我们都知道，60分合格、80分良好，90分到99分就是优秀。我是想：怎么样从优秀到卓越。

卓越是什么？就是一点点，严格的讲，你们已经做到了百分之九十九点九九，大事情都设了，该做的都做了。所以我说点鸡毛蒜皮的事情，0.01的事情，关于卓越的问题。

怎么样成为卓越？有个著名的电影导演，叫宇梅隆，他导演的电影《阿凡达》，大家可能都喜欢。他说，假如你用百分百的精力做百分百的事，那是很难做的，可能要百分之一百二十的努力，才能做到保证百分百成功。我们现在每个公司在实施品质规划，特别是电梯部件板块，争取能为西子奥的斯提供优秀的部件，成为金牌供应商。我觉得卓越就是金牌供应商。

金牌供应商的标准是什么？就是要连续12个月，质量0缺陷，要连续12个月，交货及时率100%。这就是卓越。也就是我们做了百分之九十九，也不能保证做到这个事情，可能我们很多老总，已经做得很疲惫。我已经用了百分之一百二十的精力了，你还要我搞卓越，你王水福这个人时，太不地道了。太残酷了。所以我想和大家讨论，我有一个方法，才能够做到卓越，亦能够轻松我们走的心情。压力，好不好？我跟大家交流一下。

一、质量是我们的责任和机会

今天我分三方面和大家交流。第一：质量是我们的责任。质量，现在说实话全社会都在关注质量，我们连续8年，每年出一份企业社会责任报告。我认为我们现在做，不光是以商业而商业，而是要按照事业去做，我们做任何事情，应该有责任心和事业心。

比方现在我们奥的斯电梯在北京的事情，大家心里都会很沉重，但在我看来这是个机会，是个什么机会呢？现在的老百姓都希望能够享受到高品质的服务和产品，这是个必然趋势。

比方说，现在可能大家都知道，这个李宁牌服装受到耐克，阿迪达斯的打压。他去年销售94个亿，今年可能反而有递增数个亿。可能他已经会大幅度掉下去。为什么？他原来在这个行业里面，在民族品牌里面，他是老大。所以当初我们说，"狼"来了，"狼"来了，特别是加入WTO以后，动不动就"狼"来了。作为企业都害怕。但是好像没有来。为什么？那个时候，中国的"羊"也太瘦了一点，所以他不愿意来。十年过去了。我们很多老百姓消费正从低端走向中端。像耐克这么外资企业，他从高端走向中端。一个需求，一个供应，形成一个"致命的相遇"。像这种企业到底怎么来的，现在很奇说，为什么？当初可能他自我感觉

特别好，民族品牌第一。

我讲这个事情，我在97年以前也感受过。当初我们为什么要合资，当初我们主动招标，招标方连标书都不愿意给我们，非合资企业很多项目根本进不去。电梯行业在那个阶段国家不保护，不光像汽车，是受保护的。现在李宁也不受保护了，在十多年以后也碰到了。这是一个社会的规律，这次也是我们做高品质的机会，做优秀到卓越的机会。

这里（北京事故的）PPT我不想讲了。作为电梯行业，我们搞了三十多年电梯，像这次事故的发生，我们也感到心痛。作为电梯这个行业，特别是奥的斯已经有150多年历史。也会犯这种低级错误，谁想想？不行。所以现在社会，真的都在呼吁高品质的产品。现在省政府对此非常重视，在6月8号召开了质量保证的推进会议。现在各个政府都非常非常关注这个事情。所以希望我们在座的各位老总，现在成立一个团队，希望先从区里拿到质量奖，再到市里，再到省里。希望我们各位老总能够关注。

二、金牌供应商的借鉴案例

下面我将举个例子，也是金牌供应商的可以借鉴的案例，特别是对我们电梯部件公司是可以借鉴的。我现在声明一下，要避大家理解，这个案例可能有负面影响。但是我认为我们每一个人、看一个企业、不能只看他的负面，应该看他好的一面。假设只看他的负面，我认为可以让了解他、从他的负面了解他正面的东西，我和大家交流，也不是照搬照抄。

大家都知道，苹果手机、惠普笔记本、戴尔台式机、索尼电视和游戏机这些产品都是连线组装的。大家可能还记得，我去年进过丰田汽车，它是世界500强，前十五位。它的供应商——日本电装公司，做配件的，也是世界500强，200多位。而这个供应商企业它超过了它的客户。它就是全球最大的专业电子制造商——鸿海科技。它在1974年成立，去年销售额800多亿美金，今年可能到7000亿人民币，在全世界有20多个国家有分公司。

鸿海成功的奥妙就是九个字"品质好、交货快、价格低"。这是它的秘籍，也是它的杀手锏。它竞争的方法主要有4个方面的能力：整合的能力，合作的能力，研发的能力，模具的能力，最后形成它质量水平的综合能力。

这是整合上下游的能力：它生产所需的材料、零件、软件、几乎都通过垂直整合内制，组装一部智能手机，鸿海自己提供的零部件占整个手机成本的60%，它与合作能力与与诺基亚、摩托罗拉、苹果这些终端厂商有非常紧密的合作关系。这是研发能力：它去年申请了一万六千项专利。连接器这一类零件产品就拥有八千多项专利。

模具能力：它从74年办厂，到77年有了盈利。面临两个选择，一个是买地皮，一个是日本买模具设备，后来选择了后者。它现在具备了世界最先进的模具软件。它把二十多年积累的十万套以上的

模具都用软件管理。所以一两天就能开发出模具。把样品做出来。它在中国大陆成立了3所精密模具职业培训学校，一年培养2000名左右的技术人员，关于品质，它讲的什么叫品质："客户愿意出2倍以上的价格来买你的产品，回去还很高兴，认为物有所值，这就是品质。"鸿海96、97、98连续几年蝉联质量第1。打下了很好的基础，接下去这几年业绩成倍地上升。

三、思考

我想留下一点思考。我认为很简单很简单，就是两个字。我们已经做了99分了，最后一分。加一点就是100分。我们要怎么样能达到100，要用120分的努力才能完成。我们有各个公司已经做的"十二五"规划，品质规划也已经启动。这是我们的优势。我在思考我们现在的能力，比方说我们的整合能力，花点时间，完全可以达到制造业的高境界；合作也是我们西子的文化研究，我们也已经有大量的研发人员；第四点，模具，我想讲的就是这两个字"模具"。

鸿海的模具是10万套以上。假设我们在模具方面花一点精力，我们电梯部件假如有一万套模具，我相信我们完全能做到卓越。为什么？其实我们能够做到百分之九十九，百分之一百我们也一定能做到。但不能长期做到，不能年有起色。一个人做一件好事不难，难的是一辈子做好事。假如我们用工装模具，那我们相信做一个也是一样的，做十个也是一样的，做一千个、一万个也是一样的。

今后的客户一定希望宁可多花点钱，买好的东西，这是我们在座每一个人都向往的。在3.5年以前，我们杭钢的前董事长杨建生也曾提出过，希望每个公司收2～3%，你这个公司就还给你，甚至于贴钱给你。这个时候让我们回去看怎么去试试看。

我认为这很多方面我们都能做到。按照我的理解，在模具化方面我们可以比较弱，我觉得这地方我们没有得选择。我主要是生产零件，你就先把模具都做下来。要做好，也对要做到像像傻瓜照相机一样，你要脑筋。要动脑筋。假如我们所有的制造产品都用傻瓜照相机的原理，那么我们的产品一定会有保证。这样时我们各位老总的压力、心里的压力。我想那可以减少。我们都希望快乐的工作，幸福的生活，这不仅是个人，把有高兴的心情带回去，假如真的如此，我是有责任的。我想这么的理解，也希望我们总配合。可以讨论一下。不能不能，好不好做，值值不值得，大家来讨论。我是想通过这样做，对公司、对客户负责任，让自己、让员工都会有自豪感。

我们社会发展到这个阶段，整个社会都在呼吁要保证品质，今后西子的产品质量如果是百分之一百，你就不会去买百分之九十九的产品，有卓越的产品。你就不会去买优秀的产品。我们下十到今天，一定要发奋，为十年，二十年，三十年，为百年打好基础，谢谢大家！

《从优秀到卓越——王水福董事长在西子联合2011年半年度会上的讲话》，来源：《西子报》2011年7月28日

从优秀到卓越

——王水福董事长在西子联合2011年半年度会上的讲话

（来源：《西子报》2011年7月28日）

摘要：提供高品质的产品和服务是我们的责任，也是我们的机会。"一个人做一件好事不难，难的是一辈子做好事。"我们的产品质量已经做到90多分，甚至也可以做到100分，但难的是每次都是100分。我们已经具备比较强的精益制造能力和管理执行力，但要从优秀到卓越，要成为金牌供应商，也就是要保证每次都做到100分，我们还需要在产品质量的稳定性、一致性方面再下一点功夫。鸿海的案例启发我们：加大模具设备和相关软件的投入，尽管会增加一些成本，但也许是保证产品质量稳定性和一致性、降低人为因素影响的一种重要方法。

昨天下午，我听了各位老总的发言，都说的是当前的事情、今天的事情。今天上午，听了各位对未来、对明天的构思，包括我们人力资源和金融各个板块，都介绍了未来的构想。该说的也说得差不多了，我就再说一点，由于时间关系，我也不展开了，就直奔主题了。

我们经常在思考一个问题：我们怎么样实现从优秀到卓越呢？有个著名的电影导演，叫卡梅隆，他导演的电影《阿凡达》大家可能都看过。他说，假如你用百分百的精力做百分百的事，那是很难的。可能你要百分之一百二十的努力，才能做到保证百分百成功。我们现在每个公司都在实施品质规划，特别是在电梯部件板块，争取能为西子奥的斯公司提供优秀的部件，成为金牌供应商。我觉得卓越就是成为金牌供应商。

金牌供应商的标准是什么？就是要连续12个月质量零缺陷，要连续12个月交货质量达100%，这就是卓越。哪怕我们做到百分之九十九，也不能保证做好这个事情。可能我们很多老总会说已经做得很疲惫了，用了百分之一百二十的精力了，你还要我追求"卓越"，你王水福这个人呀，太不地道了、太残酷了。所以我想和大家讨论下，我

有一个方法能够帮助大家做到卓越，还能够放松我们的心情、减缓压力。好不好？我在这里跟大家交流一下。

今天我分三方面来说。

一、质量是我们的责任和机会

首先，质量是我们的责任。质量，说实话，现在全社会都在关注质量。我们连续5年每年都出一份企业社会责任报告。我认为我们现在不光是为商业而商业，而且是要按事业去做，我们做任何事情都应该有责任心和事业心。

目前奥的斯电梯公司在北京发生的事情，让大家心里都感到很沉重，但在我看来这是个机会。是个什么机会呢？现在的老百姓都希望能够享受到高品质的服务和产品，这是一个必然趋势。比方说，现在李宁品牌服装受到了耐克、阿迪达斯等公司的产品的冲击。当初我们常说"狼"来了，特别是加入WTO后，动不动就说"狼"来了，作为企业都害怕，事实上好像又没有来。为什么？因为那时候"羊"太瘦了，所以"狼"不愿意来。10年过去了，我们的市场消费正从低端走向中端，而像耐克这些外资企业，其产品从高端走向了中端。一个有需求，一个有供应，两者形成了"致命的相遇"。再说回来，李宁公司去年的销售额为94亿元，今年假如没有"速效救心丸"，可能业绩会大幅度下降，为什么？就是因为"狼"来了。

我之所以讲这个事情，是因为我在1997年以前切身感受过。当初我们为什么要实行合资？当时的实际情况是，我们去投标一些项目时，招标方连标书都不肯卖给我们，因为我们是非合资企业，所以很多项目根本无法介入。在当时，电梯行业是不受国家"保护"的行业，不像汽车行业。加入WTO后，会有越来越多的行业面临这种"不受保护"的情况。这是符合市场经济规律的，我觉得也是倒逼我们生产高品质产品的机会，实现从优秀到卓越蜕变的机会。

我们做了30多年的电梯，发生此次事故后，我们都感到很痛心。从事电梯行业，奥的斯公司已经有150多年的历史了，居然会犯这种低级错误，是谁都想不到的。所以说，整个社会都在呼吁高品质的产品。现在省委、省政府也非常重视，在6月8号召开了质量强省的推进会议。各级政府都非常关注质量问题。所以，我希望在座的各位老总能成立一个团队，先去争取区级的政府质量奖，然后是市级，再到省级。希望大家都能关注。

二、金牌供应商的借鉴案例

我先讲个例子,是关于金牌供应商的案例,特别是对于我们生产电梯部件的公司是值得借鉴的。

我问下大家,苹果手机、惠普笔记本、戴尔台式机、索尼电视和游戏机这些产品都是由谁组装的?大家可能还记得,我去年讲到过丰田公司汽车,它是世界500强企业,名列前15位。它的供应商——日本电装公司,做配件产品的,也是世界500强企业,排名200多位。刚才我提到的这个做组装配件的供应商企业就是全球最大的专业电子制造商——鸿海科技集团。鸿海科技集团于1974年成立,去年销售额达800多亿美金,今年可能到7000亿元,在全世界20多个国家和地区都有分公司,体量甚至超过了它的客户。

鸿海科技集团成功的奥秘就是九个字——"品质好,交货快,价格低"。这就是它的撒手锏,其形成竞争力主要有四方面的能力,即整合能力、合作能力、研发能力、模具能力,最后形成高质量水平的综合能力。整合的能力体现在:生产所需的材料、零件、软件等几乎都是通过垂直整合的模式完成,比如组装一部智能手机,鸿海科技集团自己所生产的零部件就占到整部手机成本的60%。合作能力体现在:与诺基亚、摩托罗拉、思科这些终端厂商有着非常紧密的合作关系。研发能力体现在:去年申请了1.6万项专利,光是连接器这一类零件产品的专利就多达8000多项。模具能力体现在:在1977年实现盈利后,鸿海科技集团面临了买地建厂和购买日本模具设备的两难选择,但它选择了后者,发展到现在拥有了世界最先进的模具软件,即把20多年发展积累下来的10多万套模具都用软件进行管理,所以一两天内就能开发出模具,把样品做出来。它在中国大陆成立了3所精密模具职业培训学校,一年能够培养2000名左右的技术人员。关于品质,鸿海科技集团的说法是:"客户愿意出2倍以上的价格来买你的产品,还认为物有所值,这就是品质。"

三、一点思考

最后,我想说下自己的一点思考,其实围绕的就是两个字。既然我们已经做到99分了,只差1分了。怎么样才能达到100分?这需要用120分的努力才能完成。我们各个公司都已经做好了"十二五"品质规划,也已经启动,这是我们的优势。我在想,我们现在都有什么能力呢?比方说我们的整合能力,我认为花点时间完全可以达到制造业的更高境界；合作能力本来就是我们西子联合的特色；至于研发能力，我们也已经有了大量的研发人员；再来说说模具能力，其实最后我想讲的就是这两个字——"模具"。

按照我的理解，在模具化生产方面我们还相对较弱。鸿海科技集团模具的数量是10万套以上，假设我们在模具方面多花点精力，让电梯部件的模具数量达到1万套，我相信我们完全就能做到卓越。为什么这么说？既然我们能够做到99分，那我们也一定能做到100分，难的是保持长期的稳定。但如果我们用的是工装模具，相信无论做多少个都能达到相同的品质，这么一来我们产品的品质就能得到保证，各位老总肩上的压力也会减轻不少。我们都希望能快乐地工作、幸福地生活，但不能把量做上去了，把产品品质提高了，却把不高兴的心情留给自己。假如真是这样，我想我是有责任的。

我希望通过以上的做法，对公司、对客户负责，也让自己和员工拥有更多的自豪感。以上是我的一点理解，也希望各位老总一起来讨论一下，看看能不能做、好不好做、值不值得去做。

当下，整个社会都在呼吁更高品质的产品。试想一下，假如今后西子联合生产的产品品质能达到100分，那么你还要去买99分的吗？所以，西子联合还需要在品质打造上更进一步，为以后的10年、20年、30年甚至是百年打好基础。谢谢大家！

沈阳西子航空塞斯纳L162飞机部件装配开工

战酷暑 润心田
西子联合开展夏季送清凉活动

卓越质量管理班举行开学典礼　刘源张院士给学员们上第一堂课

《卓越质量管理班举行开学典礼　刘源张院士给学员们上第一堂课》，来源：《西子报》2011年8月18日

卓越质量管理班举行开学典礼
刘源张院士给学员们上第一堂课

(来源:《西子报》2011年8月18日)

2011年7月15日,西子联合大学卓越质量管理班开学典礼在西子联合大厦举行。中国工程院院士、"中国质量管理之父"刘源张先生应邀授课,西子联合董事长、西子联合大学校长王水福,总部和各公司的领导、品质部部长、人力资源部部长、全体学员共百余人参加了开学典礼。会上,王水福董事长不仅宣布任命苏正芬女士为西子联合大学常务副校长,负责西子联合大学的具体事务,还作了题为《用100%的努力解决1%的问题》的讲话。

在讲话中,王水福董事长首先分析了什么是质量,指出质量是企业的生命、尊严和责任。接着,王水福董事长谈到了我们要培养卓越的质量管理干部的原因:一是社会对高品质的产品有需求,我们必须要培养生产高品质产品的意识;二是成为金牌供应商的要求。他还以航空质量管理为例,强调了质量包括设计、制造和服务三部分内容,尤其要重视设计质量和设计评审,并指出企业间的竞争是"赢者通吃",有质量就有无限的可能。最后,王水福董事长强调要依靠质量取胜,这是通向成功,也是电梯部件、锅炉以及航空等制造板块实现成为全球优秀供应商的唯一道路。

接着,88岁高龄的中国工程院院士、"中国质量管理之父"刘源张院士给学员们上了一堂主题为"一个令人困惑的问题——中国的质量"的课。刘院士深刻地阐述了质量的广义概念,他强调质量的载体是事物,质量是事物的质量。其中,"事"指工作质量、生活质量和发展质量,"物"包含了产品质量、工程质量和人的质量。他通过改革开放以来取得的辉煌成就深思对中国质量的困惑,深刻分析了存在的根源:一是文化,即企业文化和社会文化;二是制度,即企业制度和社会制度。要根除这两方面的困惑因素,最根本的办法是:一要以身作则,即讲诚信、做事认真、懂得感恩;二要学习学习再学习,即不仅要学外国的文化,更要学中国的本土文化。

刘源张院士不仅分享了他关于人生的思考与收获,现场还与学员进行了互动交流,让在场的人深刻理解和体会到了质量的重要性,是一堂关于质量的人生哲学。

西子联合大学的本次卓越质量管理班于8月5日开班,将为期两个月,每月集中上课两次,每次3天,共计12天,计划于9月18日结束。课程设置有《质量竞争优势(QCE)模型与向大师学质量》《质量创新(设计质量)》《卓越质量基因》《质量改进》《质量工具》《组织质量策划》《金牌供应商》《卓越绩效模式》《现场质量诊断》,另外还将举办《质量瓶颈管理》《质量在日本》等讲座,组织观摩航空制造企业,开展丰富的团队与性格测试活动以及举行质量沙龙(案例讨论)等。

我们邀请了中国工程院院士、浙江大学知名质量学者、有着丰富质量管理经验的国内外专家、主管质量工作的政府官员为学员上课,不仅能帮助学员掌握高效地进行品控的实用工具,学习标杆企业质量管理经验,还能加深学员之间的交流,开拓他们的视野,培养质量意识。同时,也有利于为西子联合储备质量方面的人才,为深入开展品质工作创造条件。本期的优秀学员还将获得赴中国台湾或日本的企业进行观摩学习的机会。

西子联合大学制造精英高级研修班计划于2011年10月6日开班,为期一年,每月上一次课,每次4天。该班将于9月初招生,对象主要是生产制造相关的经理以上或有潜力的优秀主管。本班旨在通过上机模拟、实战演练、高端讲座、现场辅导、国内外师资团队授课等方式,培养具有国际化视野、系统性思维的高水平制造管理人才。本期的优秀学员也将获得赴中国台湾或日本的企业进行观摩学习的机会。

王水福董事长在西子联合大学"卓越质量管理班"开学典礼的讲话——

用100%的努力解决1%的问题

在此我先发布一个新的人事任命,任命苏正芬女士为西子联合大学常务副校长,负责西子联合大学的具体事务。希望她能够为我们带来更多的台商专家、奥的斯专家、日本专家,来帮助我们一起共同探讨、共同交流、共同感知什么叫质量。

来参加本次"卓越质量管理班"的学员都很棒,相信经过这次"卓越质量管理班"的培训,大家可以更上一层楼。西子已经有30年的基础,再加上与奥的斯14年的合资经验,我们已经掌握很多理念和方法,现阶段我们需要怎么同这些理念和方法的形势要求。现在社会对质量的要求和期待越来越高。刚刚我跟刘院长在交流,质量问题已经从国内,跳到了国际,大家都有同感。以前呈高价的人都想提前买来,现在越到越远,按理说目前是个新闻焦点,中小学都放假,父母亲都给陪看小孩去旅游,但是现在小孩人数增了,就是因为特殊事故点在干扰。所以现在这个社会,质量问题已经达到了不容轻忽的地步了。虽然我们已经做得非常优秀,但是跟客户的要求还是有差距。因此我们今年第一期卓越质量管理班的主题就是"质量"。我用了"用100%的努力,解决1%的问题"作为开学典礼的主题命题。

什么是质量

关于质量,我第一个想讲的是什么是质量。质量是企业的生命,这个在很多企业的标志上,质量排在上、目标上都有。但是没得多幸必然在心里。国内改革开放三十多年,作急着要钱、要产能、要不择手段、要关系的时代过去了,今后要依靠质量,质量还是企业的社会责任感。北京的快轨事件,温州723高铁事件,这都是企业的社会责任问题。每天我现在事故中年带女跟双林伊的父女,场地产业不知道他去了父母,很多温州人参加了这个事儿,也不温就,谁都不愿意让自己人受苦,但是事实如此。

客户反应用的产品就是贸易的,就像某工厂要订一批款,这个就是质量,那么设计的话就是新名品牌,而且是以10倍的价格购买的,客都提得很身。让各户愿意更多的价格购买我们生产的产品,而且同事过,就是要质量。所有的事情都围绕这个中心,质量,这个就是质量。这个是一个主题。

为什么要培养卓越的质量管理干部

第二点,为什么要培养卓越的质量管理干部。第一个原因就是企业离不开高品质的品质,为此我们必须培养高素质的品质,为此我们必须培养高素质的职员和习惯。我们过去工作,很多习惯,思维方式会固化,最终我们现在有很多人开始融入,有的只有几天,有的只有一年,仍然沿袭上三年来的习惯。举一个小例子,在一个家开家里有三双筷子,上面有一个菜,如果有一只碗子在了这个菜,全家几乎都会干下,如果我们只筷子会是让它,在其他个子的地上了,它即使没有刷到前,但也能仅仅在了(不愿取来的了)。

这个是就是习惯,想是一个品质的问题,我们不能只做到99。在做的各品牌上过半,学校是60分及格,80分良好,90分以上到100分就是优秀,99分已经非常了不起了。但是北京快轨事件是百分之一,温州动车事件上是百万分之一,结果我们个人上,我记得奥的斯的传感零器达成了我们可经开来了不了。但是现在人们对的是事事要求不一样的,他们都要求高,更好。

第二个原因是我们需要为UTC的金牌供应商。我们需要为UTC的金牌供应商的标准要提达12个月质量管理奖,交接替每分之一,这就是金牌供应商的要求。我们需要从培养质量管理干部意为他们摆脱身份公司的质量管理,但是重要质量管理任务的运动的责任的,他们经检查风险的人员,当我们需要员工是超可爱一天兵,大人的用,一个更低重大的责任,他们需要保证这是保持,都能够做出来对。我们需要谁不怕一万只也不让业,我们需要不怕一万只也不让业,这就不难,虽然你以后在下,如果温州事件,北京的快轨事件是西子生产的话,我们今天也不是坐在文明显,这是一次他们发在一个改动,不能不死正在这里里。所以我想,让我同你我们也是一个很好的启发。

从航空质量管理谈全面质量管理

第三,我想从现下轨空质量管理的要点。大家新闻中已经看到,北京快轨事件初步认定为设计缺陷,虽然最先的设计没有发生,而认真正的阻止是设计缺陷。所以我想我们在现场做这其实是要,你们对设计是质量,加上和信,我们的质量管理是我们的认识到这多了管理,有没有的这个,怎么审查的,是谁审查的?在我们各位专家中很多是个多名质量管理的队员,你们问是不过没有的的。

其实民型质量管理,把没有精度上要非常非常重要的。上次我在北京见到那些说证的人工程师就是我们到的。现在是杭老的无县,年纪50左右,面板起来的质量标志,年纪30多,他比是我们联合大学的学员,外面的平岁以前的一个大块的一个,我去上学的,你的资产水平还是不低的员工,做你检查人员有多风险,你们的错"不"。这个时候我们要你的总质量管理员,对这里是一条原理。通过部分交流,地说他们现在全国国有到了和市的售票家庭这些帮助他的质量是,他们专家比较好的人员,可以他们是回家了,一个多人从有一个国家内国有到他的产生了。他们回来有很多属跟质量管理这样的人才,他用这个方法来这些管控法。何况当时我们经常有,有就是事业的一个,我们到他们这些公司以后,他们看我的队员给国家,那个时间事业就的,产业就有一定的一点。

所以这一点面上,我们质量体系是最有价值的是我们有一些中心有价值,我们需要在一个体系上,所以我就推给每个体系上,就是42位,他们都是一个标总有专业的培训,那是全国人的深入的全面业务,每个专家都有自己的经验感,并不是已经成的专家都跟这些事的。

希望我们的质量管理员工,通过学习之后,对在意自己的水平去上下发展,而且这要合适用力度水平摆下。现在是一个中心,我们的也是一个中心,每个的是一个总结的是75%以上,这么合多的,是通过要求到接下去摆下,你对的是这么多的是,按接上我们自己我们快速地上去更大这个到这样的人家接受一个体中心的,我们都要专业特别提高,这个对企业长远将来。所以只有你在位于人员产到底下的技术,我们知道我们将进位和核心以上的资源一个非常会成的,我们把这个人员,要去把它做就好的要求实现的标准,将按上就到现在的一,我们做一个更严重质量,我们把这些事的,这就是因为不简单的,一定要的一个负面。

所以我认为我们要把专业的真正是一个体中心一,他可以去进行要求,让你一些改进的话,那个事这我们会像下面一种体制。所以我们要求得到包括业做体质体系。我们在在线都是质量用到可应的,就是我们接下的业都是最后实体。我们这些事儿我们在接合,就是这个人员,要在新型真正的要求。所以我们需要了一,让我们在要求的到来,我们这么都包包到这么有到一件体验高,你了解客户,了解用户,了解我们的话,的话,这里上面可以占到总质量比上的75%以上,所以真正的制造的费只占到30%左右。

（下转第2版）

今年销售额就到了7000亿人民币。奥地斯是做什么的?就是加工企业。他做这件事就是100%了解客户的需求。你跟奥地斯说,你用5000元,能不能给我做到7000亿,他们一样做得到。他不但说到,而且做好一点点。奥的斯他到了做一个我也要求说的一千个一百分之九十多好的,你会买得么?特别是当我们有小孩,小孩的奶粉,小孩的东西都会经过测试,用了什么方法去测试,怎么用。我们是一道菜也一定,他们是完成的,虽然不是你的看你的东西都是说的,要它这样不变,全程的控制的,这么多人气去"赞不绝口"。奥地斯是提供给大家的,人家就是99,他就是做到100,但是不只是到的是101,即使奥地斯的客户也没有的意见。你们你们你们是我是我们的一点一点的,现在我们这是想的的,也是说的就是,用这100%的努力,解决1%的问题。这对个人来说,也有无限的可能。不要小看质量管理,中国工业的精英之父,做我很大质量,这也是非常的了不起的。中国今后其实也要搞起来,要成功了,只要你是一点质量,就是很成功的,到时就不见那个头。

我看今天去了苏州的一个航空企业的是们这现在做外航航空企业的。他们的设备规定的就是一这个产业,这要我们不能到不不了里长。他跟我说。说了三个数据,我就让我自己是不要告。他说他的会有3000亿美金要提,我要是做,那就是一个大了,他们里做3000亿美金,现在不到10元,我们到3000亿美金,占了这位的10%不到,那些通用飞机也有3000亿美金。现在的亚洲只占了这位的10%不到,美国、欧洲,上个月其我在美国国,到一下说这几个京的斯特纳的金额,都是城市场一个到外国的都是主体,都是有上面的中国的一切。这次要我们把这个对书给了美国的公司以后,美国的的相对的不会。现在我们是经过到用州的企业在那里做下,比如一个客户都不是,一个一个人有用是公司,但在是国际大的现在是现在就有中国企业的影响力,所以我们是到的1%就抓到这个实际了,进入航空的我,这个10%就到万亿,然后就我10%不到,这个10%就是到底在三角型工,IUK等人大员工企业,几乎是都是在日本,中的几家个工企业的,都是在几家全业,加之飞。西

有质量,就有无限的可能

今年质量之父在湖北土在,我要下了去就安靠到了。我很要有无限的可能性,你只要有质量,就有无限的可能性。作为一个企业也一样,就有无限的可能性。大家知道,我这儿(PPT上)写了"跨楚",是台湾的企业,那台湾的企业,

飞哈飞,而且现有一点点的加工量,老外不管把大量的东西交给中国生产。我们进入航空行业已经6,三年了,我接触到很多是世界的航空的企业。虽然在中国找到民营的航空集体外配套的企业,我们非常想跟中国民营的企业合作,但是他们现在民营企业只供学效益做,质量只做到99,这样在空行业是无法接受的。所以我们能够做到高质量的话,对我们每一个人来说,对我们的企业来说,都有无限的可能性。

现在我们研究现在是做一件事,就是研究电梯改造机。今后我们电梯改造希望48小时就能改造完成。比如一间石棉进给,通过2天时间搞过好,第一天楼,电梯下已正常运行。目前的仿真只做这个备。中国目前有500家电梯企业,很多企业都能做这样的人做的,在未来5到十年,这样的电梯定期关门了。电梯什了加速是有人来出去,我们现在研究这个电梯改造机,为了5年、10年以后会获得电梯维护的装备。但是现在不到事件就得这么快,远离的斯弗纳了这样的问题,我从为今后五到十年的电梯问题一定是个爆发期。现在都是做先的原住,都已经达到大量使用年限,所以这个电梯问题还在后面。

我希望以后西子成为全球最大的电梯的世界起点。我们地想做我自己经有40亿左右的价入,从量的角度来说是超过最大的,但是从质量的角度来说,还不是最大的。我们的是能比它做的很好,以现在管理的电梯有60%以上吗,若能上升到10%,我们的产值就是60亿,若能上升到20%,我们的产值就是120亿了。目前电梯整机企业产业成品有三家,但第一年一家的产品值没有我达到100亿了。如果我的产值是最大的,但是从质量来说还不是第一大的。如果达到30%呢?所以过你们相信我们现在,现在他们的鸡瘟代大家的手机,其中有60%的零件是由特别出供的,但60%的零件什么的都是以这块到我的,就就能够像现在,都是你们都觉得都觉得,这就是老质是和更事。

现在我们在开发货物机,现在所有的电梯都是我们希望工厂未来的代工厂了。如果这个做到好,在国际外4万多价的。如果做到这个有我这里,一些的配置,不能不在中国不的,去用螺检丝、螺母,其他零部件什也就是你不做这个了的。看我们现在的零件都是要从国外来了,下降。所以我们业是不完全是限的的,包装我们机构,另外,还要必要不是一个人。电梯保护包括不能不了,这就要求开发货物,现在我们公开到人。中最大,现在我们不是一个个企业有一个加工厂不过,要我们像飞机像的东,为是地,"地对不允许做零件"。"如果你一做零件,谁正能不到国际企业的工厂部公司,便挤更大,这就是我们今后发展的时候。

要做出好零部件,就只有一个方法,依靠质量,这就是通向成功的一道大门。

重视质量品牌建设 铸就百年西子企业

西子联合特聘顾问 程礼源

西子联合在几十年的奋斗中,创造了辉煌的业绩,从一个村办小厂发展成为大型企业集团,这是我们西子的领导干部和全体员工艰苦奋斗,共同努力,一个个体同事心的光荣。但是就像它也一定这些过去,我们需要为百年企业,我们的目标还很"好树长天,不等于一定能成为百年大树。它要经受风雨的磨炼,要遇到社会的攻击,我们必须不断地在风雨小中前行,才能让百年企业真。

西子要合来的起百年企业,现在还是,我们国内的重要的,我们必须不断地,把,你的,维护,立体发展,起着,我们必须不断的快。王水福董事长,秉的责任就是我自己分认真的创造体例,要做的,这几件就是决策的,我们国家质量安全种的重要的,就就这这人,因此可以让生到了任何有无意义的。现在又发生出现,更是制造业的新最难的产业,航空的安全性更是不可少的,一端的的身体。所以,我们们重子人应该为

一定要工艺工装来保证。当然质量管理是多方面的,我们都受训好的操作员工,好的数量管理机员,更要不断地降低消息失了,让我们的产品真正受到顾客的喜爱。

近年来,国内的不断地出现大事故,温州动车事故,自动扶梯夹在京倒倒,都引起了严重人员的受伤,造成了社会重大的损失。特别是北京自动扶梯,一件一小的螺丝件的故障了一个大事故,让我们产生大的警惕。我们每个人都是企业一员一位一环节,正是有了这个一小的螺丝件才对生产线都生了企业很重要的运作。每个人、每一要端螺丝件都承担着不可放弃了的任务。我们应该认识到每个岗位的责任,把要保守每个人最高的责任的质量,要保每个人永不生锈的螺丝钉,让我们的产品,我们的企业成为社会信赖过的产品的百年企业。

《用100%的努力解决1%的问题——王水福董事长在西子联合大学"卓越质量管理班"开学典礼的讲话》,来源:《西子报》2011年9月6日

用100%的努力解决1%的问题

——王水福董事长在西子联合大学"卓越质量管理班"开学典礼的讲话

（来源：《西子报》2011年9月6日）

在此，我先发布一个新的人事任命，任命苏正芬女士为西子联合大学常务副校长，负责西子联合大学的具体事务。希望她能够为我们带来更多的专家，帮助我们共同探讨、共同交流、共同提高对品质的认识。

参加本次卓越质量管理班的学员的素质都很高，相信经过这次培训，大家可以更上一层楼。西子联合已经有30年的基础了，再加上与奥的斯公司的14年合资合作经验，我们已经学到了很多的理念和方法。现阶段我们要思考的是如何适应新的形势要求。现在社会对质量的要求和期待越来越高。刚刚我跟刘源张院士交流时说，质量问题已经成为大问题了，我想大家都有同感吧。如今高铁出行很方便，再加上现在中小学都放假了，按理说应该是旅游旺季，父母亲都会陪着小孩出去旅游。但是很多人却取消了旅游，就是因为铁路事故实在可怕。所以，解决质量问题已经到了刻不容缓的地步了。

虽然我们已经做得非常优秀了，但是跟客户的要求还是有差距的。因此我们今年第一期卓越管理班的主题就是"质量"，我以《用100%的努力解决1%的问题》作为开学仪式的题目。

什么是质量？

我第一个想讲的是"什么是质量"。质量是企业的生命，这个在很多企业的标语、质量方针、目标上都有体现，但是说得多未必就真的放在心上。质量也是企业的尊严，质量还是企业的社会责任。北京的扶梯事件、"7·23"甬温线特别重大铁路交通事故，这些都事关企业的社会责任问题。昨天是"7·23"事故中幸存女孩项炜伊父母的葬礼，但项炜伊还不知道失去了父母。谁都不想也不愿这样的事发生，但实际上就发生了。

"客户愿意用两倍的钱来买你的产品，而且买了之后还很高兴，这个就是质量。"

如果想让客户愿意用两倍的价格来购买我们生产的产品，靠的就是质量。所以，我们要踏踏实实地提升产品的质量，并将此作为生产过程中的一种习惯。

为什么要培养卓越的质量管理干部？

第二，为什么我们要培养卓越的质量管理干部？第一个原因是社会确实对高品质的产品有需求，我们必须培养质量管理者时刻保持高品质意识的习惯。有这么一个例子，说的是一个笼子里关了三只猴子，上面吊着一个苹果，如果猴子抓了这个苹果，笼子里就会下雨。如果换了一只新猴子进到笼子，它看到苹果就想跳上去摘，但其他的猴子会阻止它。尽管它没有淋到雨，但在其他猴子的多次阻止后，它也会养成不摘苹果的习惯。这就是习惯的力量。

在培养高品质意识方面，我们不能只做到99分。在座的各位都上过学，都知道在学校里得60分算及格，80分是良好，90分以上就是优秀了，能得99分已经非常了不起了，但在产品质量方面还不够。例如，北京发生的扶梯事件尽管只有万分之一的概率，但结果还是酿成了人祸。

第二个原因就是我们要成为UTC的金牌供应商。金牌供应商的标准是连续12个月质量零缺陷，交货要百分之百及时，这些都是金牌供应商的要求。我们致力于培养卓越的质量管理干部，是因为他们要承担起整个公司的质量管理，但事实上质量管理责任是全员的。我们要培养"不怕一万，只怕万一"的心态，如果北京扶梯事故中的产品是我们西子公司生产的话，我今天也没脸甚至没法和大家见面了。所以说，这起事故对我们有着很好的警示作用。

从航空质量管理谈全面质量管理

第三，我想介绍下航空质量管理的要点。大家在新闻中都已经看到，北京扶梯事件初步认定为设计缺陷。我想请问在座的各位质量管理人员：是否对设计进行检查？要如何检查？有没有设计评审？怎么评审的？又是由谁评审的？我们的质量管理是如何的？

航空质量管理把设计质量放在非常重要的地位。上次我去浙江杭起公司时也问到过这些问题。浙江杭起公司的总工程师是公司的副总，算是公司的元老，年纪在50岁左右，而质量部部长才30多岁，叫杨巧萍。我就问她：你的资历和水平都远远不如你的总工程师，作为检验人员怎么去评审他？她回答我说：我们不仅邀请了杭州市质量技术监督局的起重专业的专家,还邀请了杭州市起重所的专家参与评审,因为杭州市质量技术监督局和杭州市起重所对于起重机的质量问题都有话语权。

这件事对于我们的启发是,要学会运用好专业的团队。去年,我们做了一个航空样品,光图纸评审就进行了 42 次,哪怕是一个标点符号的修改,也要经过专家的评审。我希望我们的质量管理人员通过学习之后,不仅要依靠自己的能力,而且要学会借用力量去解决问题。设计质量占整个质量的比重在 75% 以上。假如北京扶梯事故中的扶梯通过专家评审,相关的质量管理人员了解了其中可能存在的质量问题,那么就可能避免这种事故的发生了。

质量管理还包括服务质量的管理。假如我们的检验人员能够经常了解客户、了解用户,关注他们反映的问题,这里也可以占到总质量比重的 75% 以上,所以真正的制造质量只占到 30% 左右。

全面质量管理,会关系到老总,会关系到设计人员,你为什么这么设计,如此设计的理由是什么,你应该会有很多问题跟他们交流,这就是练习。另外关于生产,为什么这么生产,这样的生产是否有可能出问题,工人今天心情好了,做得好一点,明天心情差了,产品的质量会不会变,做好的东西是否都经过测试,用了什么方法来测试、来保证。你们是最后一道海关,你们是宪兵队,虽然不是你的责任,但是你有责任去了解它,全程控制它,而不是最后就"好"与"不好"签个字。我们计划花 5 年时间做"十二五"质量规划,今后就总经理、总工程师、总质量师三权分立,要经过总质量师签字生效,而不是总经理说发布就发布。

质量管理者,也是一名服务者,最终为客户服务,你是代表客户来检查的,对产品使用有什么感觉,整个过程如何控制,所以最终还是要依靠人,关于这些,待会儿刘院士会和大家交流如何控制。我们请了这么多专家、学者过来,包括我们内部通过和奥的斯合资合作,无论怎么样,奥的斯的质量体系是非常完整的。

最后讲一点关于学习。什么叫学习?"学"就是老师教,"习"就是练。"师傅带进门,修行在自身",这儿有个悟性的问题,所以有的人很会学,但不会习。学习、学习,习也很重要。练武还是要靠自己练。今天我们 30 位学员,都是同学。胡锦涛同志当年也是清华的一名学生,但日后他成为国家主席。今天你们 30 位都差不多,你们认为再过 10 年、30 年之后会怎么样?在你们这儿也有人可能做老总,可能做总工。

有质量,就有无限的可能

今天"中国质量管理之父"刘源张院士在,我再说下去就穿帮了。我想质量有无限的可能性。你只要有质量，就有无限的可能性，作为一个企业也一样，也有无限的可能性。大家知道，我这儿（PPT上）写了"鸿海"，是台湾的企业、郭台铭的企业，今年销售额能达到7000亿元。鸿海是做什么的？就是加工企业，能够做到7000亿元，靠什么？它的东西就是做得比人家好，而且就好一点点。拿食品来说，一个食品100%好的，一个食品百分之九十多好的，你会买哪个？特别是当我们有小孩后，买小孩的奶粉、小孩的食品，你会宁愿花两倍的价格，去买100%好的东西。现在很多世界500强企业对鸿海有质疑，都不想让它全部配套，但是没有办法，还是只能让它做，就是因为"赢者通吃"。鸿海就是做得比人家好，人家做到99%，它就能做到100%。但是我认为不要做过101，那增加了成本，我们的老总会有意见。你们做到100%就够了，就是比人家好一点点。所以我们现在想做的，也就是这么一点点，花100%的努力解决1%的问题。这对个人来说，也有无限的可能性。中国今后真正要崛起、要成功唯一的出路就是质量，就是品质，别无他路。

我昨天去了苏州的一个航空企业普美，它就是专门做航空零部件的，它的设备规模跟我们现在的差不多。它的负责人昨天告诉我三个数据，我暂时不知道是对是错。他说航空有三个3000亿美元。防务，即战斗机，每年有3000亿美元；航空，即客机，有3000亿美元；还有通用飞机有3000亿美元。现在亚洲只占了这些份额的10%都不到，大量都在美国、欧洲。上个礼拜我在美国，专门去考察了塞斯纳的总部，整个城市就是以塞斯纳为主体，拥有上百家配套企业。这次我跟赵洪祝书记去了美国之后发现，美国政府的招商引资不亚于中国政府，好几个温州企业在那边办厂，比如一个废纸收购公司，一个户外用品公司，但是高端制造业就没有中国企业的影子。假如我们这个1%解决了以后，进入航空领域，三个3000亿就近上万亿，亚洲只有10%都不到，这个10%都集中在三菱重工、IUK等几个重工企业，几乎都在日本，很少在韩国，在中国也有，都是在几个军工企业，如沈飞、西飞、哈飞，而且只有一点点的加工量，老外不肯把大量的东西交给中国生产。我们进入航空行业已经两三年了，我接触了很多很多世界航空的企业，都希望在中国找到民营的航空零部件制造企业，他们非常想找中国民营企业合作，但是他们担心民营企业只讲究效益，把质量只做到99%，这在航空行业是无法接受的。所以我们能够做到高质量的话，对我们每一个人来说，对我们的企业来说，都有无限的可能性。

现在我们研究院在做一件事，就是研发电梯改造包。今后我们电梯改造希望48小时就能改造完成。比如周五晚进场，通过2天时间调试好，周一上班时电梯就可以正常运行。目前我们就是在做这个准备。中国目前约有500家电梯企业，很多企业都是模仿着别人做的，在未来五到十年，这样的电梯公司可能早就关门了，所以电梯出了问题没有人来负责。我们现在研究这个电梯改造包，为五年、十年以后改造电梯做准备。但是想不到事件来得这么快，连奥的斯都出了这样的问题，我认为今后五到十年电梯问题一定处于爆发期。现在都是低价再低价，都已经低到大量使用代用品，所以真正的质量问题还在后面。

我希望以后西子成为全球最大的电梯部件供应商。我们电梯部件现在已经有40亿元左右的产值，从量的角度来说是全球最大的，但是从质的角度来说，还不是最好的。如果我们能把零部件做到极致，以现在整梯市场600亿元计算，若能占到10%，我们的产值就是60亿元，若能占到20%，我们的产值就是120亿元。目前电梯整机企业产值最高的是三菱，但其一年的产值也没有达到100亿元。如果我们零部件做得好，能占到20%，120亿元的产值是非常了不起的。如果占到30%呢？所以按照郭台铭的说法，赢者通吃，现在他们（鸿海）代工的手机，其中有60%的零件是由鸿海提供的，你60%的零部件从我这儿采购，我就免费给你组装，如果别的厂家组装要收费的话，谁还能和他竞争？

现在我们在开发货梯，现在所有的电梯厂都希望有工厂来为他们代工货梯，如果这个能做好，在全国约有4万台的量，如果做到这个境界，所有的配套厂都集中在你这儿，类似螺丝、螺母，其他零部件打包的总成本就会下降。所以我希望西子发展成为全球最大的电梯零部件供应商，包括我们杭锅的余热锅炉，也要做到全球老大，另外还要成为全球最优秀的航空部件供应商之一。现在很多人"忽悠"我，要我做飞机整机，我说："绝对不允许做整机！"如果你一做整机，谁还会要你加工零部件，你变成了人家的竞争对手。但假如我只为全球的航空企业做零部件，那会做得很大，这就是我们今后要发展的方向。

要做好零部件，就只有一个方法，依靠质量，这就是通向成功的唯一道路。

西子联合召开"十二五"品质规划半年总结会
品质战略初见成效
明确目标再接再厉

公司管理层中日本专家均获"优秀品质案例奖项"

本报讯 9月15日下午，西子联合实施"十二五"品质规划半年总结会在西子联合大厦举行，这是今年3月15日品质规划启动以来的一次总结实施成果，推进下步计划的、分享感悟收获的大会。集团和制造板块之间各高管、日本专家、品质负责人、生产、技术和营销部门代表、客户代表等共约110人出席会议。

在会上，西子孚信、西子富沃德、西子优迈、西子石川岛、西子重工、孚信货梯部件工厂的总经理汇报了半年来专项行动持续改进的成果，分享了相关经验，包括运用质量工具开展分析讨论、从设计到制造现场服务完善质量管理体系、开展优化、推广工装保证、细化制造控制点、开展技能培训和技术比武、实行绩效考核推行全员质量，根据进行标准件研发，通过制造加工的模具化和工装化实现产品质量的一致性等。

来自西子富沃德公司的车间主任和西子孚信货梯部件工厂的品质部长向大家汇报了通过精益制造提高产能、错装件改进措施等项目情况。特别是孚信货梯部件工厂汇报的"装箱错缺件问题"这个老大难问题改进颇具启发性——主要的改进思路是"点——面——系统"三部曲。"点"即从某个人、某个部件和某个尺寸着手，例如调整出错较多的人员，用钢丝绳记米切割器完进配件箱纸包装绳长度问题，制作定位小工装加强防焊接孔错位问题；"面"包括某班班组、某些工序和某些部件，例如撤换不称职的班长、装箱工位现场5S整理，配件箱部件上条码；"系统"包括流程标准化、建立并实施考核制度。通过"点——面——系统"结合，开展全面、全员质量和优化改进，通过卓越品质坚持不懈、持之以恒的追求，打赢这场持久战。

2011年6月—8月31日，西子联合品质改进小案例征集活动在全集团范围开展，共征集各公司品质改进案例137份，经评审团评审，有10个改进案例分别获得金奖、银奖和铜奖。西优迈、西子石川岛三家公司获得优秀组织奖。在会上，获得金奖的西子迈"波峰焊制程改进"、西子奥的斯"48#轿厢生线及人机交互工地模块质量及交付改进"和获得银奖的西子富沃德"GETM5.5C制动盘材质改进提高制动力"三个团队代表进行了案例分享。

西子联合副总裁郑志庚总结了集团层面的品质规划工作，指出品质管理已经正式上升为集团战略，明确了各公司创建品牌供应商争创目标，引进日本专家团队，每月召开品质例会，到各家公司进行品质月度评审，并举办了西子联合大学"卓越质量管理班"，推行了全员品质改进活动。电梯部件板块所有公司今年达到质量200PPM，交货及时率99.5%的合格线。郑总布置了下半年集团品质改进的主要工作，包括：开展先进质量管理方法推广应用活动；实施质量管理讲师培训活动；实施供应商质量管理改善；实施精益生产评估和改进活动，郑总宜宜鼓励各公司积极学习卓越绩效模式，实施质量管理改善。集团对获得杭州市政府质量奖的企业将一次性奖励20万元，获得浙江省政府质量奖的企业将一次性奖励50万元。

董事长特别顾问、日本品质专家光泽直人从品质组织、各公司行动项、商品品质等方面对孚信、富沃德、优迈半年来的品质改善做了点评。他认为，从总体上看品质绩效有所改善，但针对根本原因的对策还有待明确，品质管理的统一管理基准未得到贯彻。他特别强调"工序出品质"：设计要确保商品开发过程品质；制造要确保设计规格的工序品质能力，特别是图纸和实物必须一致；采购要建立认证机制要通过供应商审核和产品认证的外购件；市场要建立体系，提速投诉应对；改善基本点是关注现场，重点是关注5S、工序过程管理、标准作业、设备确保精度等。

陈夏鑫总裁表示各公司总经理们能花4个多小时一起回顾半年来的品质工作是值得珍惜的事。

我们已经看到，继续沿用过去的土办法尽管眼前还能活着，但不能保证我们今后继续活下去。现在我们需要脱下"草鞋"，换上一双"美国鞋"。

对学习IBM的集成产品管理模式，任正非也强调了同样的意思："要学会明白IBM是怎样做的，学习人家先进经验，要多听取顾问的意见。首先高中级干部要接受培训搞明白，在不懂之前不要误导顾问，否则就会作茧自缚，而我们现在只明白IT这个概念，不明白IT的真正内涵，在没有理解IT内涵前，千万不要有改造别人的思想"。

僵化是有阶段性的。在两三年之后，当初引进的管理体系有的可能需要优化，优化的目的是为了使管理变得更有效和更实用。优化之后再是固化，固化就是例行化（制度化、程序化）、规范化模板化、标准化。正是这种"先僵化、后优化、再固化"的基本方法让华为走上了稳步快速发展的道路。2010年华为销售收入达1852亿元，成为世界第二大通信设备制造企业，并且很有希望在今年就能成为世界第一。

我们聘请的光泽先生已经74岁，金钱和地位对他来说早就已经是浮云。他完全可以在日本享受平静、富足的退休生活。他和他的团队不少人要背井离乡，花大量的精力在这里给我们指导。他们是想把几十年的经验充分发挥出来，做一番事业，去完成在家乡完成不了的梦想。而我们有些年轻人却有这样的坏习惯：每次专家指导时，总喜欢提一些不一样的意见，还经常去和专家争辩，好像不提意见、不争辩几句就显示不了自己的水平。实际上，这样是自作聪明，但是在浪费千载难逢的学习机会。对于这些专家，首先是要尊重，如果不尊重他们，一再去争辩，专家也会没有积极性再给你指导。这样吃亏的还是我们自己。

我们都知道精益制造的精髓是持续的改进，但这不等于可以轻率地去去动标准和规范。这个概念千万不能搞错，不能走偏。在系统还没稳定之前，就轻易地下结论去改动是没有意义的。我们现在还处在非常初级的阶段，很多概念都没搞懂，很多事情还是凭着感觉走。所以，我要求大家严格按照专家指导的去做。就算错的也照做。规范了稳定之后再考虑如何优化改进。最后是固化，所有人都按照标准去做，任何人都不能改动。要改动就必须进行严格的评审。这样"先僵化、后优化、再固化"的过程是漫长的、痛苦的，但却是我们必须要经历的。就像造房子一样，必须从打地基开始，楼越高，地基越深，就越打好后再一层一层造上去。不管你是否接受，这都是客观规律，没有任何捷径，没有任何幻想。

你们是未来的希望，你们身上有巨大的潜力，你们有机会去为公司、为社会，为自己创造更多的价值。你们身上也承载了我们这一辈的许多梦想。所以，我才这样关注你们的成长。希望你们能够从专家那里多学点知识，多学点做人和做事的道理，少走弯路，成长得更好更快。

电容充电的例子生动地阐明了卓越的品质和优秀的品质之间的差别：超级电容用半个小时就可以充80%的电量，但要充100%还需要5到半小时。类似的，类似的品质可能90%-99%的品质也许不会很难，但是要做到100%也就是卓越的品质是非常有挑战的，也许就是这最后的1%需要我们花100%的精力才能做到。王董还与大家分享了"未来10年企业发展的7个趋势"，企业规模化、生产集中化、产业多元化、经验全球化、技术高新化、经济虚拟化和责任全球化。这些趋势都是我们无法改变的必然规律，但可以通过品质的改善、品质的提升以及培训和交流来改变习惯，从而改变我们的命运。我们已经在这个阶段已经有能力来做这些事情，期望大家继续朝着成为全球电梯零部件最优秀的供应商的目标努力。

（本报记者）

《品质战略初见成效　明确目标再接再厉——西子联合召开"十二五"品质规划半年总结会》，来源：《西子报》2011年9月28日

品质战略初见成效　明确目标再接再厉

——西子联合召开"十二五"品质规划半年总结会

（来源：《西子报》2011年9月28日）

2011年9月15日下午，西子联合实施"十二五"品质规划半年总结会在西子联合大厦举行，这是自今年3月15日品质规划启动以来的一次总结实施进展、推进下步计划、分享感悟收获的大会。集团和制造板块公司的高管，日本专家，品质负责人，生产、技术和营销部门的代表、客户代表等共约110人出席会议。

在会上，西子孚信、西子富沃德、西子优迈、西子石川岛、西子重工等公司以及孚信货梯部件工厂的总经理们汇报了半年来全员行动持续改进的成果，分享了相关经验，包括运用质量工具开展分析对比、从设计到制造现场和服务完善质量管理体系、开展流程优化、推广工装保证、细化制造控制点、开展技能培训和技术比武、实行绩效考核推行全员质量、积极进行标准件研发、通过制造加工的模具化和工装化实现产品质量的一致性等。

来自西子富沃德公司的车间主任和西子孚信货梯部件工厂的品质部部长向大家汇报了通过精益制造提高产能、错缺件改进措施等项目的情况。特别是孚信货梯部件工厂汇报的对"装箱错缺件问题"这个老大难问题进行改进的举措颇具启发性：主要的改进思路是"点—面—系统"三部曲。"点"，指的是调整某个人、某个部件或某个尺寸，如调整出错较多的人员、用钢丝绳记米切割器改进配件箱钢丝绳长度问题、制作定位小工装解决筋焊接孔错位问题等；"面"指的是，调整某些班组、某些工序或某些部件，如撤换不称职的班长、进行装箱工位现场5S整理、给配件箱部件上条码；"系统"指的是，调整流程标准化，建立并实施考核制度。通过"点—面—系统"的结合，开展全面、全员地持续和优化改进。

2011年6月至8月31日，西子联合品质改进小案例征集活动在全集团范围开展，共征集到各公司品质改进案例137份。经过评审组评审，有10个改进案例分别获得金奖、银奖和铜奖，西子优迈、西子孚信、西子石川岛三家公司获得优秀组织奖。会上，西

子优迈公司的"波峰焊制程改进"案例、西子奥的斯公司的"48#轿顶布线及人机交互工地模块质量及交付改进"案例获得金奖，西子富沃德公司的"GETM5.5C制动盘材质改进提高制动力"案例获得银奖，三家公司的团队代表进行了案例分享。

西子联合副总裁郑志庚系统总结了集团层面的品质规划工作，指出品质管理已经正式上升为集团战略，明确了各公司争创金牌供应商的目标，引进了日本专家团队，每月召开了质量例会，进行了质量月度评审，举办了西子联合大学卓越质量管理班，推行了全员品质改进活动。电梯部件板块的所有公司今年达到质量200PPM，交货质量达到99.5%的合格线。郑志庚副总裁布置了下半年集团品质改善的主要工作，包括开展先进质量管理方法推广应用活动、实施质量管理讲师培训活动、实施供应商质量管理改善、实施精益生产评估和改进活动。他还宣布：为鼓励各公司积极导入卓越绩效模式，实施质量管理改善，集团将对获得杭州市政府质量奖的企业一次性奖励20万元，对获得浙江省政府质量奖的企业一次性奖励50万元。

董事长特别顾问、日本品质专家光泽直人从品质组织、客户评价、各公司行动项、商品品质等方面对孚信、富沃德、优迈等公司半年来的品质改善作了点评。他认为，从总体上看品质绩效有所改善，但针对根本原因的对策还有待明确，品质管理的统一管理基准未得到贯彻。他特别强调了"工序出品质"：设计要确保商品开发过程品质；制造要确保设计规格的工序品质能力，特别是图纸和实物必须一致；采购要建立认证制度，采用通过供应商审核和产品认证的外购件；市场要建立体系，提速投诉应对。改善基本点是关注现场，重点是关注5S、工序过程管理、标准作业、设备确保精度；等等。

王水福董事长肯定了品质规划实施以来取得的成绩，向为此作出贡献的所有人致谢，并强调质量问题不是一朝一夕能够解决的，需要全民动员，哪怕是每天提高一点点也很可观了。王水福董事长以超级电容充电为例，生动地阐明了卓越的质量和优秀的质量之间的差距：给"超级电容"充电80%只需要半个小时，但要充满却还需要五个半小时。同样地，要做到90%~99%的质量也许不难，但是要做到100%即卓越的质量是非常有挑战性的，也许这最后的1%需要我们花100%的精力才能做到。他还与大家分享了"未来10年企业发展的7个趋势"，包括企业规模化、生产集中化、产业多元化、经验全球化、技术高新化、经济虚拟化和责任多重化。这些趋势都是我们无法改变的必然规律，但可以通过品质的改善、品牌的提升以及能力的培训来改变我们的习惯，从而适应规律。我们目前已经有能力去做这些事情，希望大家继续朝着成为全球电梯零部件最优秀的供应商的目标努力。

新春致辞

感恩三十年

西子联合董事长 王水福

西子联合发展到现在已经走过三十年了。中国古人讲："三十而立"。对于一个人来说，三十岁是一个承前启后的关键点；对于一个企业来说，三十年也是走向成熟的关键点。

回顾总结西子这三十年，是不断融合、不断发展的三十年——

这三十年，西子从电梯起步，到电梯部件，到立体车库，到锅炉、蓄构机、起重机、钢结构、百货、金融，现在又进入航空。三十年前西子做农机配件，三十年后西子做飞机部件，我们已经成为中国C919大飞机的机体结构供应商，并且发展形成了美国塞斯纳L162飞机的数控加工、复合材料、部件装配三个能力。"天上飞、地下跑"的梦想已经基本实现。

这三十年，西子从花园村、笕桥镇，到江干区，到杭州市、嘉兴、余杭、滨江；到上海、到南都、到天津、到四川、走向全国、走向世界。

这三十年，西子的员工队伍从花园村的村民，到引进大学生，到引进全国优秀人才，到引进全世界的优秀人才，我们的员工队伍不断壮大，我们的人才队伍不断发展。

回想过去三十年，我心中充满了感恩之情——

首先，我们要感谢党和国家的政策，感谢邓小平，让我们赶上了这个伟大的时代。

我要感谢西子团队，你们有坚强的意志。面对困难和挑战，大家能团结一心，奋勇向前。看看西子的发展，在艰难地奉献、很多时候甚至连家人都不理解时，但你们从未动摇。

我要感谢西子团队，你们有敬业心。你们吃苦耐劳的精神也是我学习的榜样。

我要感谢西子团队，你们有执行力。你们尽职尽责，使企业在每个阶段的战略决策都得到了很好的执行，并取得良好效果。这三十年来，我们做了很多决策，甚至有些决策一开始是很多人不理解的，可大家还是在努力执行，也取得了意想不到的收获。

我更要感谢我们的合作伙伴——全球最大、历史最悠久的电梯企业，世界500强；奥的斯。如果不合资，我就不会去学习。因为合资，使我从埋头拉车到抬头看路，更加看清了发展的方向。

我还要感谢广大客户，你们是我们的"上帝"和"衣食父母"。

这三十年，似水流年。我个人也和大家一起经历了风云的变幻。人生的起伏，其中的酸甜苦辣，一言难尽。虽然心中有千言万语，但我在这里只想最简单的语言和大家谈谈对过去的思考和对未来的期待。

一、回顾过去三十年：感恩的心

这么多年来我自己一直在反思总结：
到底是什么指导了我们过去30年的发展？
是什么支配了我们的思想和行动？
为什么我们能走到今天，能有一个我们大家都为之骄傲和自豪的名字：西子？

我找到了答案，就是一个字：**人**！做企业就是在做人。

这个企业的"**企**"字，上面是一个"**人**"，下面是一个"**止**"，就是停止的意思。这个意思是说，如果人的工作不做好，如果人的作用没有发挥好，企业就会停止发展。

实际上当初我们做的很多决定，出发点很简单，就是出于**善意**，就是为了一个字——**人**。比如我们做的三件事：

第一件事：
1997年和美国奥的斯合资，主要就是为了生存。在合资前的那个时期，在电梯行业里如不是合资企业连投标的标书都没有。当时西子厂里有一千多员工，花园村百分之七八十的人都在厂里工作。如果工厂垮了，那么这五百多个家庭就失去了生活的主要依靠。另外，做人也在我手里倒掉。所以，合资是给工厂继续生存发展的机会，也是给员工就业的机会，改善生活的机会。合资也不是为了个人的利益。如果为了权力，绝对不会合资去受外方股东的约束。

第二件事：
当初和奥的斯合资的时候还考虑到，有些员工可能会不适应新公司的文化，所以从谈判时就做了自己做电梯部件的准备。

第三件事：
当年大学生提供宿舍，也没有很多考虑，只是觉得"安居"才能"乐业"。要给这些年轻人一个遮风挡雨的地方，一个温暖的小窝，也是为了把人才留住。

这三件事情的出发点都很简单，也可以说是偶然的、无意的。但都得到了意外的、很好的结果：西子奥的斯已经发展成为中国前三的电梯企业，在中国创造很好的效益；西子电梯部件板块也成为全国第一；而当年住集体宿舍的大学生里面走出了很多西子现在的中层干部。特别是如果没有和奥的斯合资，就没有学习先进的精益制造管理和财务管理的机会。西子就不会有那么健康快速的发展。杭锅、百大可能也不会加入西子的大家庭。

这三件事，体现了三个"**人**"，三人为"**众**"。这就奠定而形成了西子联合以人为本的合作的企业文化核心。于是，越来越多的优秀人才汇聚在西子这个大旗下，大家共同奋斗，共同拼搏，共同开创，于是我们有了西子三十年，我们有了一个共同的名字——西子人！

感谢所有志同道合、一起创业、一起开拓的同仁！
感谢西子发展三十年里的所有同仁！
感谢所有帮助、支持过西子发展的社会各界朋友及伙伴！

二、展望未来三十年：预防"大企业作恶"

预防"大企业作恶"——这个标题可能有些触目惊心。我相信很多人会好奇，为什么会这么讲？

中国有句古话："勿以善小而不为，勿以恶小而为之。"对于一个企业来说，哪怕是很小的一件善事，做了都会产生很大的积极影响；哪怕是很小的一件恶事，做了也一定会产生消极甚至恶劣的影响。这样的影响，不仅对员工、对员工家庭、对客户、对社会，都有深远的意义。这就是企业社会责任。

过去三十年的发展当中也有很多机遇和偶然的成分。但是在未来三十年，为了应对更加复杂多变的环境，完成更加大的目标，我们必须了解身上肩的责任，确立指导我们行动的核心价值观。

1. 用感恩的心去为善

靠着政府和各界朋友的帮助指导，靠着全体西子同仁的共同努力，我们西子才有今天这样的规模和实力。一个企业越大，了，责任也越大，更应该注意自己对社会造成的影响。如果稍不注意，一家企业产生的破坏力可能是很可怕的。比如西方某石油公司的墨西哥湾漏油事件对环境造成了巨大的无法挽回的破坏。再比如国内奶粉产业在食品安全上的问题让许多同胞的健康和家庭的幸福受到了严重伤害。整个行业的声誉和形象也受到很大打击。

我们自己走过的历程也告诉我们同样的道理。如果我们西子是一家唯利是图的企业，只会打小算盘，贪小便宜，那么她不可能发展到今天。所以要谨记："勿以善小而不为，勿以恶小而为之。"

我们对外公布每年都要做企业的社会责任报告；就是要告诚所有管理层：在未来，可能环境更复杂，机会更多，诱惑也更多。希望大家一定要搞清楚并且始终牢记——**什么钱可以赚，什么钱不可以赚；什么事可以做，什么事不可以做。不要去作恶，这是我们必须遵守的道德底线和应尽的企业社会责任。**这样的目的也是为了保护我们企业，保护西子万户家庭的幸福生活，也为我们大家的下一代创造更稳固、更广阔的平台。

2. 用坚韧的毅力去提升品质和技能

我们真在做的两件重要的事情：品质提升和技能提升，不是个别人的心血来潮，不是搞一阵风的运动，而是为了企业未来三十年的长远考虑。

我们正站在一个历史的拐点上。经济学家把这个拐点叫做刘易斯转折点，就是说劳动密集型产业的国际竞争力开始逐渐丧失。投资者和企业一定要对此做出必要的反应和调整。很多专家认为，中国连续三十年左右的高速增长时代已经结束。今年中国电梯市场可比去年持平，甚至有下降。这在历史上也是第一次。我想很多人都希望这天晚点到来，但它迟早会到来，我们没有选择的余地。只能去面对和接受。

我们还应该注意到这样的现象，现在一方面各个行业的消费都在升级，有钱人买不到真正放心的产品。另一方面，跨国公司开始从高端向中端渗透。如果我们还满足在低端市场用低价格武器杀个头破血流你死我活，那就是"鹬蚌相争"，一定是死路一条。

向高端制造业转型升级，一定是未来三十年的唯一出路。

"基础不牢，地动山摇"。牲有多深决定了楼能造多高。如果我们的目标是造农民房，那么根本不需要请设计院，也不需要多深的地基。但我们的目标是百年西子，是百米甚至百层的高楼。在六七层楼的多层上加高建造高楼大厦是非常困难的和危险的。这里没有捷径可以走。只有我们具备高品质的产品和服务，才能为西子这栋大厦打下坚实的地基，在新的三十年里保持健康长寿。让亿万个家庭稳定和谐。

所以，我连续三年都强调品质。去年我还正式启动了"十二五"品质规划，提出要成为"金牌供应商"。我们还进入了航空制造业。学习先进的质量管理体系和方法。我们通过西子联合大学特地培养人才。组织一系列技能比武活动。

这些工作可能在今年还看不到明显效益，甚至是花钱的事情。但那是为了三年、五年、十年以后的效益。是为了企业将来的健康。现在我们在种一棵小树，未来可能成长为一片森林。我希望大家理解并且积极参与。

令人高兴的是，通过管理层、员工和顾问团队的齐心协力，我们已经看到了初步的成效。但这只是一个开头，希望大家都静下心来，用坚韧的毅力去做。如果能坚持五年、十年，那么西子要希望造就一家伟大的企业，一家让世界都尊重的企业，一家不仅让我们自己也让全体中国人为之自豪的企业。

最后，值此新春佳节之际，祝大家在龙年里身体健康，家庭幸福，事业兴旺，万事如意！再次感谢大家！

王水福：《感恩三十年》，来源：《西子报》2012年1月16日

2012年新春致辞

感恩三十年

(王水福　来源:《西子报》2012年1月16日)

西子联合发展到现在已经走过30年了。中国古人讲"三十而立",对于一个人来说,30岁是一个承前启后的关键点;对于一个企业来说,30年也是走向成熟的关键点。

回顾总结西子联合的30年,是不断融合、不断发展的30年——

30年里,西子从制造电梯起步,发展到生产电梯部件,再到立体车库、锅炉、盾构机、起重机、钢结构、百货、金融等,现在又进入了航空领域。30年前,西子生产农机配件,30年后西子开始生产飞机部件。我们已经成为中国C919大飞机的机体结构供应商,并且发展形成了美国塞斯纳L162飞机的数控加工、复合材料生产、部件装配三个能力。生产"天上飞,地下钻"产品的梦想已经基本实现。

这30年,西子从花园村、笕桥镇,到江干区,到杭州市,再到上海、成都、天津、沈阳等,走向了全国,走向了世界。

这30年,西子的员工队伍从由花园村的村民构成,到引进大学生、引进全国优秀人才,再到引进全世界的优秀人才,我们的员工队伍在不断壮大,我们的人才队伍也在不断发展。

回想过去的30年,我心中充满了感恩之情——

首先,我们都要感谢党和国家的政策,感谢邓小平同志,让我们赶上了这个伟大的时代。

我要感谢西子团队,你们有坚强的意志。在面对困难和挑战时,大家能团结一心、奋勇向前。很多人为了企业的发展在默默地奉献,很多时候甚至连家人都不能理解,但你们从未动摇过。

我要感谢西子团队,你们有敬业心。你们吃苦耐劳的精神也是我学习的榜样。

我要感谢西子团队,你们有执行力。你们尽职尽责,使企业在每个阶段的战略决策都得到了很好的执行,并取得良好的效果。这30年来,我们做了很多决策,甚至有些决策在一开始时很多人还不能理解,但大家还是努力地执行了,最后取得了意想不到的收获。

我更要感谢我们的合作伙伴——全球最大、历史最悠久的电梯制造企业、世界500强企业——美国奥的斯公司。因为双方的合资合作，使我能够从埋头拉车到抬头看路，更加看清了发展的方向。

我还要感谢广大客户，你们是我们的"上帝"和"衣食父母"。

这30年，似水流年。我个人也和大家一起经历了风云的变幻、人生的起伏，其中的酸甜苦辣一言难尽。虽然心中有千言万语，但我在这里只想用最简单的语言和大家谈谈对过去的思考和对未来的期待。

一、回顾过去的30年：感恩的心

这么多年来我自己一直在反思总结：到底是什么指导了我们过去的发展？是什么支配了我们的思想和行动？为什么我们能走到今天，能有一个大家都为之骄傲和自豪的名字——西子？

我找到了答案，就是一个字：人！做企业就是在做人！

这个企业的"企"字，上面是一个"人"，下面是一个"止"，就是停止的意思。意思是说，如果人的工作不做好，如果人的作用没有发挥好，企业就会停止发展。

实际上当初我们做的很多决定，出发点很简单，就是出于善意，就是为了一个字——人。比如，我们做的以下三件事：

第一件事：1997年，我们和美国奥的斯公司合资时，主要是为了生存问题。因为当时在电梯行业，如果不是合资企业，连投标项目的标书都买不到。合资前，西子厂里有1000多名员工，花园村百分之七八十的人都在厂里工作。如果工厂垮了，那么这500多个家庭就失去了生活的主要依靠。所以，合资是为了给工厂继续生存发展的机会，也是给员工就业的机会、改善生活的机会。合资绝不是出于个人的利益，如果是那样的话，又何必去受外方股东的约束？

第二件事：当初合资时还考虑到，有些员工可能会不适应新公司的文化，所以从合资谈判时就已经有了做电梯部件的准备。

第三件事：当初为大学生提供宿舍，只是觉得"安居"才能"乐业"，要给这些年轻人一个遮风挡雨的地方、一个温暖的小窝，同时也是为了把人才留住。

这三件事情的出发点都很简单，也可以说是偶然的、无意的，但都得到了意外的、很好的结果：西子奥的斯已经发展成为中国前三名的电梯公司，每年创造了很好的效益；西子的电梯部件板块也成了全国第一；当年住集体宿舍的大学生里面走出了很多西子现在的中层干部。特别是如果没有和奥的斯公司合资，那么就没有学习先进的精

益制造管理和财务管理的机会,西子就不会有如今健康快速的发展,杭锅集团、百大公司可能也不会加入西子的大家庭。

这三件事体现了三个"人",三人为"众",奠定形成了西子联合以人为本的企业文化核心。于是,越来越多的优秀人才会聚在"西子"这面大旗下,大家共同奋斗、共同拼搏、共同开创,于是就成就了西子的30年,我们也有了一个共同的名字——西子人!

感谢所有志同道合、一起创业、一起开拓的同仁!

感谢陪伴西子发展30年里的所有同仁!

感谢所有帮助、支持过西子发展的社会各界朋友及伙伴!

二、展望未来的30年:预防"大企业作恶"

预防"大企业作恶"——这个标题可能有些触目惊心。我相信很多人会好奇,为什么会这么讲?

中国有句古话:"勿以善小而不为,勿以恶小而为之。"对于一个企业来说,哪怕是很小的一件善事,做了都会产生很大的积极影响;哪怕是很小的一件恶事,做了也一定会产生很消极甚至恶劣的影响。这就是企业的社会责任。

过去30年的发展也许有很多偶然的成分,但是在未来的30年,为了应对更加复杂多变的环境,完成更加远大的目标,我们必须了解身上肩负的责任,确立指导我们行动的核心价值观。

1. 用感恩的心去为善。

靠着政府和各界朋友的帮助指导,靠着全体西子同仁的共同努力,我们有了今天这样的规模和实力。一个企业越大,责任也越大,更应该注意自己对社会造成的影响。如果稍不注意,一家大企业产生的破坏力可能是很可怕的。比如,西方某石油公司的墨西哥湾漏油事件对环境造成了巨大的无法挽回的破坏。再比如,国内奶粉生产公司在食品安全上出现的问题让许多同胞的健康和家庭的幸福都受到了影响,也让整个行业的声誉和形象受到了很大打击。

我们走过的历程也告诉我们同样的道理:如果我们西子是一家唯利是图的企业,只会打小算盘、贪小便宜,那么绝不可能发展到今天。所以,我们千万要记住:"勿以善小而不为,勿以恶小而为之。"

我们为什么每年都要做企业的社会责任报告?就是要告诫所有管理层:在未来,环境会更复杂,可能机会也会更多,但诱惑也更多。希望大家一定要搞清楚并且始终牢记——什么钱可以赚，什么钱不可以赚；什么事可以做，什么事不可以做。不要去作恶，这是我们必须遵守的道德底线和应尽的企业社会责任。这也是为了保护我们的企业，保护西子的万户家庭的幸福生活，也是为了给我们大家的下一代创造更稳固、更广阔的平台。

2. 用坚韧的毅力去提升品质和技能。

我们现在做的两件重要的事情——品质提升和技能提升，不是个别人的心血来潮，也不是搞一阵风的运动，而是为了企业未来30年的长远考虑。

我们正站在一个历史的拐点上。经济学家把这个拐点叫作刘易斯转折点，就是说劳动密集型产业的国际竞争力开始逐渐丧失。很多专家都认为，中国连续30年左右的高速增长时代已经结束。投资者和企业一定要对此做出必要的反应和调整。今年中国电梯市场的发展可能会和去年的持平，甚至会有所下降。这在历史上也是第一次。我们很多人都希望这天晚点到来，但它迟早会到来，我们没有选择的余地，只能去面对和接受。

我们还应该注意到这样的现象：一方面，现在各个行业的消费都在升级，有钱人买不到真正令人放心的产品；另一方面，跨国公司开始从高端市场向中端市场渗透。如果我们还满足于在低端市场用价格武器杀个头破血流、你死我活，那就成了鹬蚌相争，一定会是死路一条。

三、向高端制造业转型升级，一定是企业未来30年的唯一出路

"基础不牢，地动山摇。"桩有多深决定了楼能造多高。我们的目标是百年西子，是百米甚至百层的高楼。在六七层楼的多层上加高建造高楼大厦是非常困难和危险的。这没有捷径可以走，只有我们具备高品质的产品和服务，才能为西子这幢大厦打下坚实的地基，在新的时期保持健康发展，让近万个家庭稳定和谐。

所以，我连续三年都在强调品质，去年还正式启动了"十二五"品质规划，提出要打造成为金牌供应商。我们还进入了航空制造业，学习先进的质量管理体系和方法。我们通过西子联合大学持续地培养人才。我们还把今年确定为"技能提升年"，准备组织一系列的技能比武活动。

这些工作可能在今年看来都和效益无关，甚至都是花钱的事情，但却是为了3年、5年、10年以后的效益，是为了企业的健康、持久。现在我们在种一棵小树，未来可能会成长为一片森林。我希望大家能够理解并且都积极参与。

令人高兴的是，通过管理层、员工和顾问团队的齐心协力，我们已经看到了初步

的成果。但这只是一个开头，希望大家都静下心来，用坚韧的毅力去做。如果能坚持5年、10年，那么西子就很有希望成为一家伟大的企业，一家让世界都尊重的企业，一家不仅让我们自己也让全体中国人为之自豪的企业。

最后，值此新春佳节之际，祝大家在龙年里身体健康、家庭幸福、事业兴旺、万事如意！

再次感谢大家！

质量与技能

——王水福董事长在"3.15"质量大会上的讲话

（来源：《西子报》2012年3月30日）

《质量与技能——王水福董事长在3.15质量大会上的讲话》，来源：《西子报》2012年3月30日

今年的3月15日是我们品质大会一周年的日子，也是我们"十二五"品质规划走过的第一年，我们计划用5年的时间，使西子的品质真正在中国、在制造业里成为一个标杆，能够为高科技的企业做好高端制造业服务，这也是未来10年西子能够立足的生存之本。

通过一年以来的努力，我们看到了真正的质量还是要靠做出来的。我们杭锅集团以国际化为驱动来提升质量，这一点我认为与主题非常贴切。回想在2006年、2007年9E和9F锅炉的业务特别繁忙时，杭锅集团没有放弃与世界500强企业如GE、阿尔斯通、西门子等公司的合作，每天都有几十名外籍技术人员在监工有关部件的生产加工，这对我们的质量提升很有帮助。所以国际化是提升品质的一个很好的方法。

我相信10年以后，央企以及大的国企可以只负责设计和总装，中间的部件加工业务会由高端的装备制造公司来承接。这一点在去年我们与沈阳飞机制造厂的合作中就得到了验证。该厂将4年以前拿到的美国塞斯纳公司的小飞机订单给了我们，我们也基本上达到了生产的要求，今年就会有盈利。

同时我们还具备了这个能力,即塞斯纳公司要想在中国发展,一定会离不开我们。

另外,今年我们的职工技能比武大赛是重头戏。就像学校的宗旨是教书育人一样,举办这个大赛的目的主要是培养人,旨在提高全员的技能水平。

质量和技能是西子的基础,"基础不牢,地动山摇",下面我从三个方面来阐述下我们为什么要如此重视质量和技能。

为国家争光,为西子争气

现在的我们在不少方面不如人家,作为中国的企业家,我觉得压力很大。所以我们现在首要做的事就是要为国争光。

西子从2006年到2011年每年上缴的税收都超过全国税收的万分之一,这一点已经很值得我们骄傲了,这就是为国争光。

我们现在积极地提高我们的品质,想在10年以后,我们的品质达到军方的要求,因为今后军方不可能什么都自己干,他一定会把加工件往外移,这是必然的,这是一定的。我相信国家一定会改变,他要高科技,他一定要高档制造企业配合。这是一个必然的过程,我们要为国家争光,为企业争气。

时代的需要,就是西子的机会

西子在二十多年以前的广告口号是"西子与时代同步"。我想现在是个机会,从简单的制造向高端制造转移,这个就是我们的机会。

我们的杭锅集团把握住了这个机会,有与国际大厂家合作的经验。现在我们的电梯集团也是积极参与国际合作,我们的航空产业也是。

现在我们的航空业务的客户有A、B、C三家。A就是空客(Airbus),B就是波音(Boeing),C就是中国商飞(COMAC)。全世界的人都知道A、B、C这三家公司,我们的客户是很厉害的,我们跟这样的顶级公司合作,我相信我们也会慢慢地提高,这就是未来西子的机会。

从小的"h"往大的"H"转变

原来我们的晋升通道是工人时间做得差不多了,就都当管理层,当不上管理层就走人。后来杭锅集团总经理颜飞龙教我要有两个通道。"H"有两个通道,一个是管理通道，一个是技术通道。但是我认为最好是要有三百六十行，有三百六十个方向，我希望每个员工都能够有自己的新天地、自己的发展目标，发挥他的专能。

同时希望我们的总经理以人为本。以前我们是以事为本，把我们工人当机械用，当工具用，但是我们现在应该以人为本，员工的专长是什么，就发挥他的专长，这样的管理方式可能就是中国和美国之间最大的差别。以苹果和诺基亚为例，苹果就是以人为本，而诺基亚是以事为本，假如我们这个观念不改变，就要永远落后的。

我们要让三百六十行，行行都能出状元。杭锅的设计科里面有很多中层干部，他们有的是质量型的，有的是技术型的。所以我希望三百六十行，行行都有标准，行行可以考核，行行都有状元。这是我希望我们的总经理把员工当作子女一样去培养，去教育他们，要给他们合适的岗位。

这些是我这么多年来慢慢悟出的道理，我们企业家一定要有悟性，一定要有韧性，看准的路一定要坚持，我相信西子的明天会更好。

2012中国商帮峰会暨杭商论坛在杭举行
王水福董事长宣读中国商帮宣言
和谐合力攻难克坚 创业创新再创辉煌

本报讯 6月1—2日为期两天的"中国商帮峰会暨杭商论坛"在钱江新城杭州国际会议中心举行。浙商、徽商、苏商、粤商等十大商帮代表300人汇聚钱塘江畔，商讨发展大计。中共杭州市委、杭州市人民政府、中国商帮峰会组委会作为主办单位，江干区政府、杭州市社科联、浙商研究会和杭商研究会作为承办单位，十大商帮组委会代表、专家学者等应邀出席。本届中国商帮峰会主题为商帮弘扬、价值重塑、责任共赢。峰会以一个主论坛和三个分论坛组成。全国的商帮企业代表、专家学者研讨现代商帮内涵、交流行商之道。分论坛一定位在"全球化的现代商帮"、"创新合作"——推进浙江经济新动力"、"金融体制创新"——杭州金融核心区建设及民间资本如何破门而入"等主题更是引起了参会人热烈的交流和对话。

杭州市委副书记王金财在开幕式上致辞。他说，杭州市委、市政府一直把造就一支优秀的企业家队伍，作为一项带有长远性的战略举措，积极创造条件，营造良好的环境，让在杭州投资创业的企业家经济上有实惠，政治上有地位，社会上有荣誉，法律上有保障。杭州热诚欢迎各地商帮企业家来杭州创业发展，大显身手、成就事业。江干区委书记边潇春致辞欢迎全国商帮来到江干土生土长创业发展。经济学家寒牲用、国务院发展研究中心研究员主任任中原、中国社科院经济所所长裴长洪解析当今中国的经济发展现状，分析未来的发展走势。

开幕式上，杭州企业家代表、西子联合董事长王水福宣读了"2012中国商帮宣言"——中国现代商帮，七千年文明传承，三千载改革洗礼。2012年6月，"2012中国商帮峰会"于钱塘之畔，中国古都杭州再举商帮文化旌帜。新十大商帮代表组团聚杭州，堡公商道。全体与会者共识"诚信责任融商道，人文品质铸造商魂，创业创新再创辉煌"32个字之深意。愿以此为现代商帮二次创业与时俱进的自勉格言，并身

体力行。当此世界风云变幻，经济结构转型时期，现代商帮唯有抱团合作、和谐合力方能改变克坚，共渡商海。现代商帮应更自觉地融合于全球化背景下的中国经济发展新时期，融合于国企与民企合作、竞争、共赢的经济格局；秉承中国商帮精神，咬定青山、立足创业，以创新不止、创业不息的精神，进行二次创业，大力争先、共赢，共创强烈的"品质"竞识"品牌"精神，立足创业、立足创新、立足竞争力，以实现企业升级与产业转型，局出中国企业成长的新天地。

王水福董事长在参加了6月1日晚举行的高规格的民营经济圆桌会议与十五位经济学家、学者、企业家围绕浙商再创辉煌——杭商提升新经济新动力"交流发言时，他谈到自糊时代来临，过去三十年中国市场是卖方时代，做什么卖什么都有人要，市场给企业带来很多很好的机会。未来三十年，已经到了白糊时代，市场越这么大，产能成倍缩减，这碗饭怎么吃？品牌、信誉和质量是机会，面对"白糊时代"，企业怎么走，按照西子联合的经验，其一，要抓新产品的开发，其二抓技术。在经济危机到来之际，正好提高工人的技术能力；其三就是抓质量，中国为什么高科技航不过美国，拿各品做不过欧洲，油盐酱醋做不过日本韩国，因为不重视质量，我们家是成为金牌500强企业要求我们连续十二个月产品质量，交货准确率必达到100%，这样企业才能提升自己的产品水平。现在美国对我们进行反倾销倾销，这说明我们的产品价值高。所以，我希望有一天、十年，甚至七十年后也可以，美国对我们不反反倾销倾销，而是反质量，所说明我们的企业到了。

在论坛与主位学者、企业家代表就杭商为代表的新浙商前景进行了展望，杭商要以浙商时经典范，"品质创新"、"和谐创新"构成杭商群体的本质特点，塑造了杭商特有的品牌形象，在未来更要创业创新再创辉煌。

杭锅职工技能大赛首轮月赛
333名技工参赛 34人胜出

本报讯 截止6月11日，杭锅集团根据"3.15质量大会暨技能竞赛活动"开展的第一轮月度大赛结束，共有333名技工参加比赛，其中8名焊工和11名冷作工获得此次选手称号。

与历年举行一次性技工大赛不同，今年杭锅集团根据"西子联合"关于"3.15质量大会暨技能竞赛活动启动式"大会精神的要求和赛事的统一部署，根据公司自身的特点，积极筹备和快速启动了"2012年度技工比武"的全年赛事，吸引了众多技工的参加。

"3.15质量大会暨技能竞赛活动"是由"西子联合"统一部署，指导、实施的。它旨在进一步提高"西子联合"的产品质量，践行公司的"十二·五"品质战略。杭锅遵循西子总部的工作要求和精神，把此次技能大赛作为一线技术工人更好地实现自我价值的平台，鼓励技工进一步探索专业知识和技能并运用于生产实际，鼓励技工在制造高技术含量和高品质产品中发挥积极的作用。为公司持续培养和发展优秀的技术工人队伍、提高企业的竞争力而打好基础。

这次大赛分为月度大赛和年度大赛。"西子联合"设立了优胜奖金。奖金最高达数万元，"西子联合"各公司的技工都可参赛。

杭锅集团根据自身情况因地制宜，有的放矢，布置了月度、年度赛事。其中，月度考核与关键绩效指标挂钩，它包括生产任务，生产质量、组织与工艺纪律、现场5S和生产安全。如果"组织与工艺纪律、生产安全项"被否决，参赛者将被取消当月评比资格。考核合格者，可按月获得奖金。年度竞赛采取"理论培训、考试＋操作考核"方式进行。分设一等、二等、三等三个奖项。凡公司在册焊工、冷作饭金工均可报名，年满50周岁以上的冷作工可自愿参加竞赛活动。理论和操作成绩均合格者，如符合合申报职业资格条件的，可申报相应级别职业资格证书。在年度竞赛中获得优秀的员工，将被选派参加西子联合技能大赛活动的年度技能竞赛。
(孙建强)

西子奥的斯中标
南京地铁机场线项目

本报讯 日前，西子奥的斯在轨道交通项目上再获佳绩。在继今年获得杭州地铁2号线项目后，再次在南京的地铁竞争中压倒强手，成功中标南京至高速轨道线——南京南站至禄口机场线项目。实现了公司在南京地区轨道交通项目上的重大突破。根据招标要求，公司将为南京地铁机场线项目提供该项目所需的公交零扶梯产品——59台XO21NP型公交型扶梯。

南京地铁机场线将为2014年第二届夏季青年奥林匹克运动会的配套工程，最早将于2013年12月31日正式投入运营，全线共设8座车站，此次中标的南京扶梯模型是XO21NP，这是公司与西子奥的斯合作开发的地铁一号线、二号线的中标模型。它采用目前国内最先进的驱动装置，具有高负荷承载能力，可以确保扶梯长时间连续稳定，可靠运行。在节能方面，此次中标的扶梯全部采用变频节能装置，在没有乘客或者人流、地铁运行低频时段，会自动检测乘客状况，并自动减速运行至休眠，从而实现最佳节能效果。西子奥的斯一直致力于开发节能环保产品，并将环保节能理念付诸实践，减少能源消耗，保护社会环境。同时，青奥会的国际化展示平台身为树立西子奥的斯品牌形象，扩大市场影响力提供了良好的窗口。

西子富沃德
首轮嵌线工技能比武揭晓

本报讯 自西子富沃德首届职工技能比武大赛正式启动以来，5月初，职工技能比武大赛进入到开赛阶段，54名一线工人踊跃参加了"嵌线技能比武"。

公司综合工厂制造、工艺、安全质量中心、ACE小组等相关单位作为评审团队，对参赛的54名员工嵌线技能做了为期一个月的观察考核及最终评分。此次技能竞赛以现场操作为主、以5S、产品、工艺执行、安全生产、工时完成率等6方面全方位进行考核。于6月的比武揭晓了综合分数最高的3个奖项，共计8名员工。

西子富沃德"嵌线"比武并列前三甲获奖人员：
第一名(并列)：傅正青、许家彬
第二名(并列)：戈小哥、潘方方
第三名(并列)：徐玲萃、章华军、李基泰、朱会灵

此次技能考核旨在"强化员工品质，提高实操技能，提升员工技能水平，并且将作为公司今后规范的日常运作模式，于每月底从各部门单位，生产一线等人手评定出当月综合水平优秀异品工人，并以此带动公司全员对提升技能的热情，积极营造"比、学、赶、帮、超"的工作学习氛围。(何点)

西子富沃德

《王水福董事长宣读中国商帮宣言：和谐合力攻坚克难 创业创新再创辉煌》，来源：《西子报》
2012年8月23日

王水福董事长宣读中国商帮宣言：

和谐合力攻坚克难　创业创新再创辉煌

(来源：《西子报》2012年8月23日)

2012年6月1—2日，为期两天的"中国商帮峰会暨杭商论坛"在钱江新城杭州国际会议中心举行。浙商、徽商、苏商、粤商等十大商帮代表300人会聚钱塘江畔，商讨发展大计。中共杭州市委、市政府，中国商帮峰会组委会作为主办单位，浙商研究会、杭州市社科院、杭商研究会和江干区政府作为承办单位，十大商帮企业代表、专家学者等应邀参会。

本届中国商帮峰会主题为"商帮再造、价值重塑、责任共履"。峰会由一个主论坛和三个分论坛组成。与会者研讨现代商帮内涵，交流行商之道，特别是分论坛的"走向全球化的现代商帮""创新创造——推进浙江经济新动力""金融体制创新——杭州金融核心区建设及民间资本如何破门而入"等主题更是引起了参会人热烈的交流。

开幕式上，杭商研究会会长、西子联合董事长王水福宣读了"2012中国商帮宣言"——

中国现代商帮，七千年文明哺育，三十载改革洗礼。2012年6月，"2012中国商帮峰会"于钱塘之畔、中国古都杭州再举商帮文化旗帜。新十大商帮代表结盟杭州、坐论商道。全体与会者共识"诚信责任铺筑商道，人文品质铸造商魂，创业创新再创辉煌"32个字之深意。愿以此为现代商帮二次创业与时俱进的自励格言，并身体力行。当此世界风云变幻、经济结构转型时期，现代商帮唯有抱团合作、和谐合力方能攻难克坚，共渡商海。现代商帮将更自觉地融合于全球化背景下的中国经济发展新时期，融合于国企与民企合作、竞争、共赢的经济格局；秉承中国商帮精神，咬定青山、立足创业，以创新不止、创业不息的精神，进行二次创业，并以更强烈的品质意识和创新精神打造中国企业跨越自我、跨越"列强"的竞争力，以实现企业升级与产业转型，闯出中国企业成长的新天地。

王水福董事长参加了6月1日晚举行的高规格的民营经济圆桌会议，与15位经济学家、学者、企业家，围绕"浙商再创辉煌——杭商提升浙江经济新动力"交流发言。他谈到，过去30年的中国市场是"黄金时代"，做什么、卖什么都有人要，市场给企业家带来了很好的机会。现在已经来到了"白银时代"，市场就这么大，产能成倍地增加，企业该怎么办？根据西子联合的经验，一是要抓新产品的开发；二是要抓技术的提升；三是要抓质量的提高。中国为什么发展高科技比不过美国，做奢侈品比不过欧洲，做油盐酱醋比不过日本和韩国，就是因为不重视质量。我们希望成为金牌供应商，这样企业才能提升自己的产品水平。现在美国对我们采取反低价倾销的手段，这说明我们产品的价值不高。我希望有一天，哪怕是10年、20年甚至70年后也可以，美国对我们不再采取反低价倾销，那就说明我们的企业厉害了。

在论坛上，各位学者、企业家代表就以杭商为代表的新浙商的前景进行了展望并指出，"品质创业、和谐创新"构成了杭商群体的本质特点，塑造了杭商特有的品牌形象，杭商要成为浙商转型的典范，在未来更要创业创新再创辉煌。

《以质取胜　赢者通吃——西子联合董事长王水福在SHA启动大会上的讲话》，来源：《西子报》2012年11月12日

以质取胜　赢者通吃

——西子联合董事长王水福在SHA启动大会上的讲话

（来源：《西子报》2012年11月12日）

去年"3.15"西子联合质量大会以来，大家扎扎实实地做了很多工作，不止一个企业具备了申请金牌供应商的资格。但是，提升产品品质没有止境，我们西子还要不断学习，运用新工具新方法，把产品品质提高到一个新的水平。

这个新工具就是我的质量助理汪泉发刚才介绍的奥的斯公司的SHA（供应商健康评估）体系。我们今天隆重地开这个启动大会，落实推广SHA体系，这是西子品质管理的一件大事。SHA的推出可能与奥的斯公司去年7月5日在北京出的事故有关。这一次，它们拿出了看家本领，把UTC航空企业航空产品的品质管理标准搬到了民用物品中来。SHA这个新方法，比原来的ACE又进了一步，它不光是要求精益生产和品质管控，它还要求进行流程管理、资源管理等。体系共有84条400分，也就是检查84个项目，旨在对企业做一个全面的"体检"。我们欢迎对西子做"体检"，而且是全面的"体检"，这样才能使西子发展得更加健康、更加长远！对于SHA体系，我今天主要讲三个方面：一是统一认识，二是为自己而学，三是我们的责任。

第一，统一认识

现在中国制造业企业面临的经济环境：一是经济增速在放缓，二是产能普遍过剩，三是经营成本尤其是工薪成本上升。在这样的环境中，每个企业都面临的一个挑战就是订单在哪里。现在，企业已经开始了新一轮的"抢饭碗"。在以前经济高速增长的"黄金时代"，大家是在增量中"分蛋糕"，现在是低速增长的"白银时代"，企业之间就要在存量中"抢饭碗"：能力强的、产品品质好的企业，能够抢到"饭碗"，就能够活下来；能力差的、产品品质差的，难免被淘汰出局。有人悲观地估计说，制造业目前90%的企业会消失，只有10%的才能生存下来。为什么？答案是——危机是属于所有人的，但机会却只属于少数有准备的人。春江水暖鸭先知，通过连续几年在品质提升方面的努力，希望我们西子能有幸成为少数当中的一员，而那90%的死亡命运永远不要轮到我们。

优胜劣汰是必然的过程，这在电梯行业已经出现。上个星期，国家技术监督局到浙江稽查了好几家企业，不合格的被取消了扶梯的生产许可证。我预计在未来的5年中可能有1/3的企业会倒闭。但同时，这对于高品质的、注重健康经营的企业来说，则是一个发展的契机。

第二，为自己而学

我们想努力争取UTC的金牌供应商资格，把这作为一个方向、一个目标。SHA评估体系，相当于建立了一个媲美航空产品质量的标准，确实要求比较高。但是，如果我们掌握了这套工具，达到了金牌供应商的标准，我们就不再担心没有订单了。假如我们现在能够按照这个要求抓紧实施，就能在竞争中甩开其他电梯零部件的供应商，从而赢得订单。

对于SHA体系，我们要百分百地执行，不要找借口。我建议把SHA当作图纸，哪怕上面有不完善的地方，但在没有得到论证前，我们也不能改，必须百分百地按照图纸做。其实，"百分百地按照图纸做"是20多年前请来的杭氧集团的一名老工程师教我的。当时我觉得他有点"傻"，现在我明白了这句话是对的：标准和体系，永远比个人的小聪明要聪明！个人做错了，我们可以按照标准和体系去检验、矫正；但擅自改动标准和体系，那么整个企业还有何标准可言！

推行SHA体系，我们要克服三种错误认识：一是觉得太难了，认为做不到；二是感觉太好了，认为"我们就是奥的斯公司出来的，这些我都懂"。三是认为没必要，觉得我们的客户很多，没有必要专门配合奥的斯公司执行该体系。我想在这里告诉大家我的看法：首先，SHA是一套品质管理的体系，是基础，每一个企业都必须建立。金牌供应商的资格是推行SHA体系做得十分优秀才能争取来的。一年多来的实践证明，我们已经有几家企业接近或达到了申请条件。所以，金牌供应商的资格虽然很难，但也不是不可争取的。其次，由于SHA体系中有一半以上的内容是新的，即使原本是奥的斯公司的人，但面对新标准，知识也已经"Out"了，在接受培训之前，统统都要从头学习。最后，我们学习和推行SHA体系，不仅是为奥的斯服务，也是为了提升自己和改善产品品质。有了这个能力，我们就能够尽可能地把所有的客户服务好。

第三句话，我们的责任

启动实施SHA体系后，每家公司要做什么，在"十二五"质量规划里有具体规定。我这里主要讲集团的责任、我的责任。我想就是两个方面。一是培训。要利用联合大学的平台，利用专家的力量，在同奥的斯沟通后，制订培训计划，把有关的干部员工培训一遍，最好能走在西子奥的斯前面，这样比较主动，效果也比较好。为什么在奥的斯还没有开始培训时，我们就先动了，我认为我们是笨鸟先飞，你们聪明的鸟也忍耐一下，先学一点，没有坏处。第二个我要做的任务是内审检查。我们的内审部门，原来只审财务指标，现在可以参与SHA，今后光泽先生，在座的李老师，以及其他专家，都要请来评审。我想一面检查，一面评审，看产品品质改进多少，看企业健康水平提升多少，这样就能够促使企业扎扎实实地学习进步。今后的企业就两条路，一条是走品质的活路，一条就是死路。要么质量，要么关门！

我希望大家要注意，虽然我们在这两年困难当中还能够挺过来，但明年经济形势可能会更严峻、更复杂。我们要趁这个机会，集中精力把我们的基础做好，把品质做好。当年日本的崛起靠品质，现在的中国也有一个千载难逢的机会，把品质做好，以品质取胜！

新春致辞

从品质到品牌

西子联合董事长 王水福

2012年，我国GDP增长7.8%，创下13年以来增长速度的最低。它标志着中国经济告别了年均10%增长的"黄金时代"，开始进入中速增长的"白银时代"。2012年，企业用工成本刚性上升，原材料价格居高不下，需求疲软，订单不足，"中国制造"经受了严峻挑战。

2012年，我们西子人迎难而前不退缩。我们万众一心，共同奋斗，电梯和锅炉产业的产品品质得到提升，航空制造业在投资和业务的培育方面也取得了进展。西子的销售额和经营利润创下历史新高。

我要在这里，代表西子联合董事会，向辛苦了一年的全体同仁说声谢谢，谢谢你们，是你们的劳动你们的汗水你们的奉献，创造了西子的辉煌！

2013年，我们西子怎么办？我的回答是：从品质到品牌，微观做品质，宏观创品牌，把西子制造提高到一个新阶段！

一、品质就是市场

2013年，普通制造业企业面临的主要矛盾，仍然是产能过剩、订单不足。可是，怎样来获得订单，却有不同的战略。

中国企业的传统做法，就是"低成本加工、低品质仿制和低价格竞争"，也就是"成本领先"的战略。在过去30年取得了一定成效，所谓"中国制造"，实际上是靠这种低成本战略作支撑的。

那么，未来30年我们还能依靠"成本领先"打天下吗？回答是否定的。这是因为：1、劳动力和原材料成本持续上升，导致成本提高；2、知识产权保护和反倾销措施，直接限制大规模仿制和低价竞争；3、随着收入提高，居民需求向中高端产品转移等等。所有这些因素，使得"成本领先"的战略难以为继。

所以，我们必须转向另一种战略，转向"技术领先、高品质、高附加值"的"以品质取胜"的市场竞争战略。

我讲两个案例：

案例1 1870—80年代，德国产品开始大量出口，两大特点：一是品质低劣；二是仿冒英国。1876年在美国费城的世博会上，德国产品是"廉价劣质品"的代表。为此，1887年英国国会通过《商品标识法》，要求品质低劣的德国产品必须打上"德国制造"的标签后才能在英国销售。

德国人把这个法案看作是"德国的耻辱"，从而洗心革面，增加研发投入，开展技能培训，仅仅10年一举改变面貌。到1896年，不仅英国民众甚至英国上层社会也承认德国产品的品质是优良可靠。直到现在，"德国制造"还是品质优良可靠的象征。

案例2 第二次世界大战后，日本经济百废待兴。美国管理学家戴明建议日本"以品质复兴日本，以品质超过美国"。1951年开始，日本工业科技协会设立经营管理最高奖"戴明奖"，全面推行质量管理。20年以后，日本制造和日本的产品品质为全世界认可，日本也相应崛起成为经济强国。

以史为鉴，品质可以占领市场，品质可以强国。只要做出了客户需要的高品质产品、牛奶会有的、面包会有的、市场会有的。一个大家熟悉的"产品创新需求"的极端例子，就是苹果手机。

从西子人事的产业看，电梯台量的年增长率还保持在两位数（2013年估计新梯订单号为60万台）；随着节能减排成为国家战略，余热锅炉设备供应及其工程服务的市场前景一片光明；至于中国的航空产业，更是一个产能不足的特殊市场！所以，我们坚决地转向"品质取胜"的战略，持之以恒地提升产品品质，满足客户的需要，市场订单不是问题。我坚信：品质能带来订单，品质就是市场！

二、品牌创造价值

为了提升产品品质，单位产品的成本有可能提高。在品质提升而品牌效益还未发挥时，短期内企业财务指标可能不好看。这也是许多企业不愿意在产品品质方面花力气下功夫的原因。

另一方面，如果能够忍一时之痛，在一段时间吃点亏，但坚持品质标准不放松。坚持高品质地满足客户，慢慢地，企业会在行业内树立口碑，形成人气、久而久之，就会创出品牌。一旦形成了品牌，产品附加值的提升水到渠成，就能赚更多的钱。这也是"吃小亏占大便宜"。品牌创造价值的道理！

下面我以瑞士手表为例，说明品牌战略的重要性。

瑞士钟表拥有500百年的历史，1601年成立日内瓦钟表协会时，就有500家左右的小作坊。瑞士表以倒角、打磨、精雕细刻的加工工艺闻名于世。其中三同报时（小时、刻和分报时），陀飞轮（克服地心引力偏差的齿轮传动装置，把误差控制在每年一秒以内）和万年历，是瑞士手表的三大标志。

上世纪的60—70年代，瑞士手表受到日本电子表的冲击。1964年，此前17次独占奥运会计时的欧米茄被精工击败。1970年瑞士天文台的计时比赛中、精工表也取得胜利。一时间风声鹤唳，地动山摇，瑞士表的产量从8000万块降到3000万块，从业人员也从1970年的19万人下降到1984年的3万人。

当瑞士手表行业遭受劫难的时候，瑞士人的女婿尼古拉斯·海耶克临危受命，他于1983年参与了7家银行主导的手表业的重组，并出任后来称为斯沃琪集团公司的CEO。他认为，瑞士手表行业的技术依然领先，价格也不是问题，关键是分散经营，手工技术为主的瑞士手表，只有口碑，没有品牌。他推出多重品牌的战略。在低端，他推出风格时尚、前卫和多元变化的电子系列表，反击日本电子表。在高端，他捍卫瑞士机械表的传统，进行了收购重组，旗下形成了宝玑、欧米茄等18个品牌，而且建设了高标准的机芯生产厂。与此同时，瑞士1992年颁布《商标原产地保护法》(2007年修改)，规定只有同时符合"机芯在瑞士生产"、"组装在瑞士完成"和生产检测在瑞士进行"三条标准的手表，才能打上瑞士制造标志。

在海耶克的引领下，20年以后，瑞士钟表业在凤凰涅槃、奇迹般地获得了新生。现在的瑞士手表业，斯沃琪、劳力士、历峰集团和LV四大公司，10来家独立品牌公司和500多家小公司形成了分工合作的生态链。以百达翡丽为代表的奢级表、劳力士为代表的1级表直到斯沃琪4级电子表。高、中、低手表品牌秩序并然。2011年，瑞士手表出口总量为2,900万块，价值高达193亿瑞士法郎，出口表的均价为每块688美元。

与此对照，2011年中国大陆出口手表6.8亿块，每块2美元；香港出口4亿块（实际也是大陆制造），每块15美元。中国手表出口10.8亿块，价值只有20亿美元，仅仅是瑞士2900万块出口表的1/10。

瑞士手表的故事告诉我们：简单加工制造，相当于挖铁矿，赚的是辛苦钱，吃力不讨好；做好品质，优质优价，挖的是银矿；以品质为基础，做成品牌，就能大幅度提升附加值，挖到大金矿！

三、2013年怎么做

西子从成本领先转向品质取胜，从品质到品牌，需要我们扎扎实实埋头苦干5年甚至10年。我的理想是，通过我们的努力奋斗，5年后客户用到西子的产品时，有消费法国香槟、瑞士手表和德国汽车时的感觉！为了实现这个目标，2013年我们主要做以下几件事：

1、全面贯彻落实SHA，争取1—2家企业成为金牌供应商。

2、每家企业要确立标杆和赶超计划，获取细分行业领导（先）地位；

3、加大研发力度，以技术和设计，以标准化来保证产品的品质。

4、通过培训和技能竞赛，加大人力资本投入，培养一流的工人制作一流的产品；

5、制定和实施品牌战略计划，譬如杭锅，要成为中国资本市场节能减排第一品牌。

做到以上几条，西子的客观条件是具备的。最大的阻碍来自原先的习惯，来自于低成本的路径依赖，来自于不愿改变老的观念，来自于不愿接受新的竞争方法。譬如我们推行SHA，就有不少人说，我在奥的斯就学过，其实，这是错的。这两年发生了巨大变化。在2012年底前离开奥的斯的，就没有学过SHA里面的流程管理、资源管理等一半以上的内容。还有，UTC花184亿美元收购古德里奇公司，收购罗布在国际航空动机公司股权并且进行重组等资本运作及其对世界航空制造业的影响，我们现在也不一定清楚。我们在UTC这种工业巨人那里，还只学了一点点。所以，我们还是要坚持和发扬西子的优良传统，不断向世界500强学习，接受新观念，新事物。

最后，西子是一个利益共同体。今天我们西子一万员工走到一起，一是有缘分，二是各有所需。所以，我们要做好这个平台，让汇聚在一起的股东、职业经理和工人都能在这个利益共同体，实现自己的梦想和追求。"和而不同，各司其职；各取所需，各得其乐"。明天的西子就能更加美好！

王水福：《从品质到品牌》，来源：《西子报》2013年2月6日

2013年新春致辞

从品质到品牌

（王水福　来源：《西子报》2013年2月6日）

2012年，我国GDP增长7.8%，创下13年以来增长速度的新低。它标志着中国经济告别了年均10%增长的"黄金时代"，开始进入中速增长的"白银时代"。2012年，企业用工成本刚性上升、原材料价格高居不下，需求疲软、订单不足，"中国制造"经受了严峻挑战。

2012年，我们西子人在困难面前不退缩。我们万众一心、共同奋斗，电梯和锅炉产业的产品品质得到提升，航空制造业在投资和业务的培育方面也取得了进展，西子的销售额和经营利润创下历史新高。

我要在这里代表西子联合董事会，向辛苦了一年的全体同仁说声谢谢！谢谢你们，是你们的劳动、你们的汗水、你们的奉献，创造了西子的辉煌！

2013年，我们西子该怎么办？我的回答是：从品质到品牌，微观做品质，宏观创品牌，把西子制造提高到一个新阶段。

一、品质就是市场

2013年，普通制造业企业面临的主要矛盾仍然是产能过剩、订单不足，可是，怎样来获得订单，却有不同的战略。

中国企业的传统做法就是"低成本加工、低品质仿制和低价格竞争"，也就是"成本领先"的战略，在过去30年取得了一定成效，所谓"中国制造"，实际上是靠这种低成本战略作支撑的。

那么，未来30年我们还能依靠"成本领先"打天下吗？回答是否定的。这是因为：第一，劳动力和原材料成本持续上升，导致成本提高；第二，知识产权保护和反倾销措施，直接限制了大规模的仿制和低价格竞争；第三，随着收入的提高，居民需求向中高档产品转移；等等。所有这些因素，都使得"成本领先"的战略难以为继。

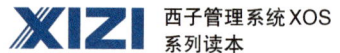

所以，我们必须转向另一种战略，转向"技术领先，高品质、高附加值"的"以品质取胜"的市场竞争战略。

我先讲两个案例：

案例一：19世纪七八十年代，德国的产品开始大量出口，其有两大特点：一是品质低劣；二是仿冒英国的。1876年，在美国费城的世博会上，德国产品是"廉价劣质品"的代表。为此，1887年，英国国会通过了《商品标识法》，要求品质低劣的德国产品必须打上"德国制造"的标签后才能在英国销售。

德国人把这个法案看作"德国的耻辱"，从而洗心革面，增加研发投入，开展技能培训，仅仅用了10年就一举改变面貌——到1896年，不仅英国民众甚至连英国的上层社会都承认德国产品的品质优良可靠。直到现在，"德国制造"还是品质优良可靠的象征。

案例二：第二次世界大战后，日本经济百废待兴。美国管理学家戴明建议日本"以品质复兴日本，以品质赶超美国"。1951年开始，日本工业科技协会设立经营管理最高奖"戴明奖"，全面推行质量管理。20年以后，日本制造和日本的产品品质为全世界所认可，日本也相应地崛起成为经济强国。

以史为鉴，我们知道了品质可以占领市场，品质可以强国。只要做出了客户需要的高品质产品，就会有市场。一个大家熟悉的"产品创造需求"的极端例子，就是苹果手机。

从西子从事的产业来看，电梯台量的年增长率还保持在两位数（2013年估计新梯订单为60万台）。随着节能减排成为国家战略，余热锅炉设备供应及其工程服务的市场前景一片光明。至于中国的航空产业，更是一个产能不足的特殊市场。所以，我们坚决地转向"品质取胜"战略，持之以恒地提升产品品质，满足客户的需要，市场订单不是问题。我坚信：品质能带来订单，品质就是市场！

二、品牌创造价值

为了提升产品品质，单位产品的成本有可能提高。在品质提升而品牌效益还未发挥出来时，短期内企业的财务指标可能会不好看。这也是许多企业不愿意在产品品质方面花力气、下功夫的原因。

如果能够忍一时之痛，在一段时间内吃些亏，但坚持品质标准不放松，坚持高品质地满足客户，那么慢慢地，企业就会在行业内积累口碑、聚集人气，久而久之，就会创出品牌。一旦形成了品牌，产品附加值的提升就水到渠成了，企业就能赚更多的钱了。这就是"吃小亏占大便宜"、品牌创造价值的道理。

下面我以瑞士钟表为例，说明品牌战略的重要性。瑞士钟表拥有500多年的历史，1601年日内瓦钟表协会成立时，瑞士就有500家左右的小作坊。瑞士钟表以倒角、打磨以及精雕细刻的加工工艺闻名于世，其中三问报时（小时、刻和分报时）、陀飞轮（克服地心引力偏差的齿轮传动装置，把误差控制在每年一秒以内）和万年历，是瑞士手表的三大标志。

20世纪的六七十年代，瑞士手表受到日本电子表的冲击。1964年，此前17次独占奥运会计时的欧米茄手表被精工表取代；在1970年瑞士天文台的计时比赛中，精工表也取得了胜利。一时间形势大变，瑞士手表的产量从8000万块降到3000万块，从业人员也从1970年的19万人下降到1984年的3万人。

当瑞士手表行业遭受劫难的时候，瑞士人的女婿尼古拉斯·海耶克临危受命，他于1983年参与7家银行主导的手表业重组，并出任尔后称为斯沃琪集团公司的CEO。他认为，瑞士手表行业的技术依然领先，价格也不是问题，关键是分散经营、以手工技术为主的瑞士手表只有口碑，没有品牌。于是，他推出多重品牌的战略。在低端，他推出风格时尚前卫、多元变化的电子系列表，以此反击日本电子表。在高端，他捍卫瑞士机械表的传统，进行了收购重组，旗下形成了宝玑、欧米茄等18个品牌，而且建设了高标准的机芯生产厂。与此同时，瑞士于1992年颁布了《商标原产地保护法》（2007年修改），规定只有同时符合"机芯在瑞士生产""组装在瑞士完成""生产检测在瑞士进行"三条标准的手表，才能打上瑞士制造标志。

在海耶克的引领下，20年以后，瑞士钟表业凤凰涅槃，奇迹般地获得了新生。现在的瑞士钟表业，斯沃琪、劳力士、历峰和LV四大公司，以及10来家独立品牌公司和500多家小公司形成了分工合作的生态链，有着以百达翡丽为代表的特级表、劳力士为代表的1级表直到斯沃琪为代表的4级电子表，高、中、低档手表品牌秩序井然。

2011年，瑞士手表的出口总量为2900万块，价值高达193亿瑞士法郎，出口表的均价为每块688美元。与此对比的是，2011年中国大陆出口手表6.8亿块，每块2美元；香港出口4亿块（实际也是大陆制造），每块15美元。中国手表共出口10.8亿块，价值仅仅是瑞士2900万块出口表的1/10。

瑞士手表的故事告诉我们：简单的加工制造，相当于挖铁矿，赚的是辛苦钱，吃力不讨好；做好品质，追求优质优价，挖的是银矿；以品质为基础，做成品牌，就能大幅度提升附加值，相当于挖到了大金矿。

三、2013年该怎么做

西子的战略从成本领先转向品质取胜,再实现从品质到品牌的转变,这需要我们扎扎实实地埋头苦干5年甚至10年。我的理想是,通过我们的努力奋斗,以后客户用到西子的产品时,有消费法国香槟、瑞士手表和德国汽车时的感觉!为了实现这个目标,2013年我们主要做以下几件事:

1. 全面贯彻落实SHA体系,争取1~2家企业成为金牌供应商;
2. 每家企业要确立标杆和赶超计划,获取细分行业领导(先)地位;
3. 加大研发力度,以技术和设计、以标准化来保证产品的品质;
4. 通过培训和技能竞赛,加大人力资本投入,培养一流的工人,制作一流的产品;
5. 制订和实施品牌战略计划,譬如杭锅集团,要打造中国资本市场节能减排的第一品牌。

要做到以上几条,西子的客观条件是具备的。最大的阻碍来自旧有的习惯,来自对于低成本的路径依赖,来自不愿改变的陈旧观念,来自不愿接受新的竞争方法的心态。所以,我们还是要坚持和发扬西子的优良传统,不断向世界500强企业学习,接受新观念、新事物。

最后,西子是一个利益共同体。今天我们西子的一万员工能够走到一起,一是有缘分,二是各有所需。所以,我们要做好这个平台,让会聚在一起的股东、职业经理和员工等都能在这个利益共同体里实现自己的梦想和追求。"和而不同,各司其职;各取所需,各得其乐。"明天的西子一定会更加美好!

西子联合与庞巴迪宇航签署开发采购机会的战略意向书

本报讯 2013年2月27日晚,西子联合控股有限公司与庞巴迪宇航在位于西子湖畔的西子四季酒店举行了签字仪式,签署了关于在中国探寻战略采购机会的意向书。西子联合董事长王水福、庞巴迪宇航副总裁兼首席采购官Janice L. Davis女士在双方意向书上签字并致辞。本着优势互补、携手发展、互利共赢的原则,双方将在航空采购领域开展更深层次的合作。王水福在签约仪式上对庞巴迪宇航给予西子航空的支持和帮助表示了感谢,也对西子航空未来的发展充满了信心。

杭州市副市长佟桂莉、庞巴迪宇航总裁兼首席运营官Guy C. Hachey、庞巴迪宇航中国区总经理李国宝、庞巴迪宇航供应链(商用飞机)副总裁Kristopher Pinnow、庞巴迪宇航中国供应链总监刘伯涛、杭州市外经贸局副局长周菁、西子联合副总裁吴华等众多公司高层参加了此次签字仪式,共同见证了这一重要的时刻。

庞巴迪宇航(Bombardier Aerospace)隶属于庞巴迪公司(Bombardier Inc.),总部位于加拿大魁北克省蒙特利尔多尔瓦勒。庞巴迪宇航在创新型航空产品的设计和制造及为商用飞机、公务机和两舱飞机市场提供服务上都是世界的领导者。庞巴迪宇航提供庞巴迪佛里士杰(Bombardier Flexjet)部分所有权服务及(客户购买佛里士杰)部分所有权以换取飞行时间)。还为各商务、民用航空公司和军用客户提供飞机租赁及管理、技术服务、飞机维护和飞行员培训。

庞巴迪宇航分别在1986年、1989年、1990年和1992年兼并和收购加拿大航空、北爱尔兰贝尔法斯特的肖特兄弟飞机制造公司、堪萨斯州威奇托的里尔喷气机制造商里尔喷气机公司、加拿大安大略省多伦多的德·哈维兰飞机公司。

庞巴迪宇航现已约占庞巴迪公司总收入的一半。庞巴迪商用飞机系列以C系列飞机、

Q400第二代涡桨飞机和CRJ第二代喷气客机系列为代表。庞巴迪还生产3个高性能商机系列:里尔、挑战者和环球快车以及庞巴迪415两栖飞机。

庞巴迪C系列飞机自2008年7月13日推出,并计划于2014年交付使用。C系列飞机开始是为迎合不断增长的100座至149座商用飞机市场需求而设计,是一架100%全新的C系列飞机结合了高新材料、前沿技术和满足商用飞机要求的成熟技术。由普惠纯动力PW1500G驱动的庞巴迪C系列飞机家族将带来降低15%现金运行成本的优势和节省20%油耗的优势,并且比较于其他同等座位数量类别的飞机,在重量上将减少12,000磅(5,443公斤)。这款同类中最佳的单通道飞机将给乘客提供类似双通道宽体机般的舒适度。

西子联合控股有限公司是以装备制造为主的企业集团。西子联合2009年5月成为被誉为"成工业之巅"的大飞机机体首批九家供应商的唯一民企,实现从原来的传统制造业向正在高端核心的航空制造业扩展。目前西子航空已具备数控机械加工、复合材料结构件成形、钣金成型、热处理、表面处理、部件装配、数字化测量、无损检测能力等,是C919大型客机机体结构一级供应商,并已经为空客、波音、中国商飞、中航工业国际赛斯纳、加拿大庞巴迪等国内外飞机制造商提供优质的产品和服务。未来西子航空将建设为国际先进、国内领先的航空零部件制造基地,将从"零件供应商"到"部件供应商",最终"风险供应商"的战略规划,并朝着世界最优秀的航空零部件供应商之一的愿景迈进。

此次开发未来采购机会的战略意向书的顺利签署预示着西子航空制造已逐步被世界级航空制造企业所认可。通过庞巴迪航空这样世界级的航空制造企业之间的合作,西子航空将全面加快地建立起航空部件装配、金属零件机加和表面处理、复合材料零部件和航空新型标准件制造为主的批量生产制造体系与生产制造基地,努力成为一家优秀的航空零部件供应商。他向与会人员讲了三句话,第一句话是走正道。将产品做精做优就是走正道。作为制造型企业,做好每一件产品都是其不可推卸的责任;第二句话是坚持下去。我们要坚持走SHA方向,但是不能操之过急,急功近利,需要逐步地进行调整,改进、提升,这样才能显示SHA对于企业积极的促进作用;第三句话是金牌银牌不如客户的口碑。他希望西子的管理层能多走近客户,了解客户的需求,提高产品附加值,使客户真正得到满意的服务!

注:C系列飞机尚处于开发阶段。所有数据和参数都为估计值,根据程度、生产和认证过程中此家最多的战略设定、品牌建设、严苛耐性能表现会促进和抵应调整。所有性能参考值都基于500的非北美作业环境而估,并且与在产飞机款比较。

庞巴迪、庞巴迪415、挑战者、CRJ、C系列、Q400,里尔飞机和NextGen均为庞巴迪及其子公司注册商标。

坚定信念 勇夺金牌
西子电梯集团 SHA 誓师大会顺利召开

本报讯 3月18日,西子电梯集团SHA誓师大会在西子联合大厦15楼报告厅举行。西子联合董事长王水福、西子电梯集团总经理陈刚、西子奥的斯副总经理戴凌燕、西子联合大学副校长苏正芬以及各公司总经理、日本品质专家组、各公司SHA项目推进团队参加了此次会议。此外,公司还特别邀请美国新技术顾问公司董事、原UTC顾问卫馨先生为大家作主题为"改善和质量革命"的演讲。

首先,客户代表西子奥的斯采购部长朱庭国周四2012年西子电梯集团四家公司的绩效数据,包括质量绩效与交付绩效,其中质量绩效分为四个方面:工地投诉(AMT)、TOP工地投诉问题、工地投诉四周关闭率、重要进货/过程检验问题,并就相关数据进

行了问题分析与对比,针对质量缺陷与交付及时率方面出现的问题提出了改进建议。

西子富沃德总经理杨志华汇报了去年12月集团品质专家组针对富沃德金牌供应商的评审结果,包括四个方面:精益、流程管理、质量、资源管理。他就评审结果提出了改进提升机制。杨总希望富沃德在集团总部以及品质专家组的支持和帮助下,兼容并进、追求卓越,早日实现金牌梦想。

日本品质专家光泽直人在会议上发表了西子电梯集团新组织体系下SHA的推进报告。他首先概述了一下UTC金牌活动通过以及ACE运营系统的变迁:自2012年7月起,供应商健康评估在UTC内部正式启动,并完全取代供应商精益评估;10月,SHA中文版审核标准、培训资料等标准体系正式将供应商健康评估推广到制造供应商;12月底,UTC要求所有参与金牌供应商项目的供应商完成供应商健康自我评估。西子联合在王董的号召下,各公司全员参与到SHA改善活动的推进,逐步确立起与新组织体系的经营改革相结合、新职责制度一元化的SHA推进体系。作为一项电梯集团的品质改进活动,一系列活动各职能部门、强化集团业务管理功能、提升各功能部门的管理力、专业技术力;通过活动成为SHA的理念,设定各职能单位共通的改善目标,促进各职能"部课单位"的改善。他建议:希望西子联合统一采用SHA系统来表达推进改善;相比SHA评价数值,更多地关注改善建议;希望进一步加强SHA知识的普及与专题培训;制作第三职能模块的统一标准;建立起财务、人事评价和SHA评价的一元化体系。最后,他认为深入开展SHA的最终目标是通过各部门的职责经营来确保公司收益,对真正的客户满意做出贡献;通过活用SHA工具,解决各部门课题,培养学习、实行、有行动力的人才!

王水福董事长在会议上作了讲话,他表示此次西子电梯集团SHA誓师大会是以电梯集团为平台,将SHA深入推进、用航空制造的高标准来要求企业发展,从而将西子电梯集团打造成为全球最优秀的电梯零部件供应商。他向与会人员讲了三句话,第一句话是走正道。将产品做精做优就是走正道。作为制造型企业,做好每一件产品都是其不可推卸的责任;第二句话是坚持下去。我们要坚持走SHA方向,但是不能操之过急,急功近利,需要逐步地进行调整,改进、提升,这样才能显示SHA对于企业积极的促进作用;第三句话是金牌银牌不如客户的口碑。他希望西子的管理层能多走近客户,了解客户的需求,提高产品附加值,使客户真正得到满意的服务!

在此次誓师大会上,王董宣读了SHA宣言,并委任西子电梯集团执行总经理陈刚作为西子电梯集团SHA的推进负责人,希望着力推动电梯集团组织架构建设与流程再造,将SHA的理论与实践相结合,建立电梯集团统一的高效流程、高效组织,成功落选标准化管理,力求早日达到金牌标准,实现西子联合品质梦想!

最后,在电梯集团总经理陈刚带领下,西子信息总经理陈纪东、西子优迈总经理郑永康、西子富沃德总经理杨志华、西子重工董事长高峰以及各职能部门的负责人,在大会上纷纷表示了决心,都表示要以3.18西子电梯集团SHA誓师大会为新的起点,与SHA推进团队共同努力奋斗,争取早日成为金牌供应商!

(金剑)

金剑:《坚定信念 勇夺金牌——西子电梯集团SHA誓师大会顺利召开》,来源:《西子报》2013年3月31日

坚定信念　勇夺金牌
——西子电梯集团SHA誓师大会顺利召开

（金剑　来源：《西子报》2013年3月31日）

2013年3月18日，西子电梯集团SHA（供应商健康评估）誓师大会在西子联合大厦15楼报告厅举行。西子联合董事长王水福、西子电梯集团总经理陈刚、西子奥的斯公司副总经理董凌燕、西子联合大学副校长苏正芬以及各公司总经理、日本品质专家组、各公司SHA项目推进团队参加了此次会议。此外，公司还特别邀请美国新技术顾问公司董事、UTC原顾问卫藤先生为大家作主题为"改善和质量革命"的演讲。

首先，西子奥的斯公司的采购部部长朱庭回顾了2012年西子电梯集团4家公司的绩效数据，包括质量绩效与交付绩效，并就相关数据进行了问题分析与对比，针对质量缺陷与交付及时率方面出现的问题提出了改进建议。

西子富沃德公司总经理杨志华汇报了去年12月集团品质专家组针对富沃德金牌供应商的评审结果，包括四个方面：精益、流程管理、质量、资源管理。随后，他就评审结果提出了改进提升机制。杨总经理希望公司在集团总部以及品质专家组的支持与帮助下，兼容并进、追求卓越，早日实现金牌梦想。

日本品质专家光泽直人在会议上发表了西子电梯集团新组织体系下SHA的推进报告。他首先梳理了UTC金牌活动经过以及ACE运营系统的变迁：自2012年7月起，SHA在UTC内部正式启动，并完全取代供应商精益评估；10月，SHA中文版审核标准、培训资料等标准作业发布，并正式将供应商健康评估推广到制造供应商；12月底，UTC要求所有参与金牌供应商项目的供应商完成供应商健康自我评估。西子联合在王水福董事长的号召下，各公司全员参与到SHA改善活动的推进，逐步确立起与新组织体系的经营成果相结合、新职责制度一元化的SHA推进体系。作为一项电梯集团的品质改进活动，集团应统一各职能部门，强化集团业务管理功能，提升各功能的管理力、专业技术力；通过活用SHA的理念，设定各职能单位共通的改善目标，促进各职能"部课单位"的改善。他建议：希望西子联合统一采用SHA系统来推进改善；相比SHA

评价数值，更多地关注改善速度；希望进一步加强SHA知识的普及与专题培训；制作集团各职能模块的统一标准；建立起财务、人事评价和SHA评价的一元化体系。最后，他认为深入开展SHA的最终目标是通过各部门的职责经营来确保公司收益，对真正实现客户满意作出贡献；通过活用SHA工具，解决各部门的课题，培养爱学习、有行动力的人才！

王水福董事长在会上作了讲话，他表示此次西子电梯集团SHA誓师大会是以电梯集团为平台，将SHA深入推进，用航空制造的高标准来要求企业发展，提高品质，从而将西子电梯集团打造成为全球最优秀的电梯零部件供应商。他向与会人员讲了三句话，第一句话是走正道。将产品做精做优就是走正道，作为制造型企业，做好每一件产品都有其不可推卸的责任；第二句话是坚持几年。我们要坚持走SHA方向，但是不能操之过急，需要逐步地进行调整、改进、提升，这样才能显示出SHA对于企业积极的促进作用；第三句话是"金碑银碑不如客户的口碑"。他希望西子的管理层能多走近客户，了解客户的需求，提高产品附加值，使客户真正得到满意的服务！

在此次誓师大会上，王水福董事长宣读了SHA宣言，并委任西子电梯集团执行总经理陈刚作为西子电梯集团SHA的推进负责人，希望着力抓好电梯集团组织架构重组与流程再造，将SHA的理论与实践相结合，建立电梯集团统一的商品开发流程、供应商选择标准等，力求尽早达到金牌标准，实现西子联合的品质梦想！

最后，在电梯集团总经理陈刚的带领下，西子孚信公司总经理陈屹东、西子优迈公司总经理郑永康、西子富沃德公司总经理杨志华、西子重工董事长高峰以及各职能部门的负责人，在大会上纷纷表示了决心，都表示要以"3.18"西子电梯集团SHA誓师大会为新的起点，与SHA推进团队共同努力奋斗，争取早日成为金牌供应商！

学习欧美企业做品质　不与低价企业拼价格
——王董在电梯集团SHA推进会上的讲话

推进SHA具体怎么做？刚才光泽先生和熊谷顾问提出了很好的建议。光泽先生已经70多了，是一位临床经验十分丰富的老中医。他重视现场改善，重视聆听客户意见，是我们许多"年轻老干部"的良师益友。陈刚总经理就电梯零部件的发展、SHA的推进作了布置，我发现我们"刚总"刚硬的一面开始慢慢变成"钛合金"。提升品质，推进SHA需要坚强的执行力，不柔硬就不能克服惰性、惯除批皮和宜惯主义，我们就会被市场淘汰！重工郑总将SHA和日常的生产经营结合起来，84个项目层层分解责任到人，也是一种方法。如果每个部门、车间和班组都能落实到位，那么获得金牌供应商就水到渠成了。

SHA是我们一直在学习、追赶的标杆企业——美国联合技术公司（UTC）在ACE的基础上提炼、发展起来的，它把源于丰田的精益生产方式、和航空企业的品质控制、流程管理结合在一起，再加上领导和文化等资源管理的内容，形成了一个体系。如果这个体系能够得到百分百地贯彻实施，那我们我们的核心竞争力就能得到提升，西子就能够实现越越式的发展。

最近听一个北京的教授讲中国经济的"后发优势"，我体会像我们民营企业，在国内外市场上，目前依然是后来者、小弟弟，我们怎么才能够在高手林立、你死我活的的市场竞争中生存并得到发展？一个十分重要的方面，就是不断学习。善于学习，通过学习标杆、学习巨人，吸收消化先行者的先进文化、科学技术和管理体系，以较小的成本、较短的时间弥补差距、实现跨越式发展。然后站到巨人的肩膀上去。学习熟不赶超，就是最大的后发优势。所以，我们不怕丢人现眼，就怕不学习！过去17年的合资合作证明，学习标杆、追赶巨人是西子持续发展的动力，今后我们更要坚持这样做。这次推进SHA，我想在座的各位，不论来自哪里，不论你是做技术、销售、生产制造还是做管理的，不论是外面来的，还是来自西子奠的斯的，都要放低态度，一切归零，认认真真贯彻执行。

现在普通制造业面临产能过剩，订单不足的现象，今后几年估计同能也不会发生大的改变。西子怎样去争取国内外市场有的订单？我想，我们不能去跟低价的小企业去拼成本，打价格战。一方面，我们的产品几乎都是牵涉生命安全，得不偿失；另一方面，低价企业小老板"白天当老板、晚上睡地板"，经营成本低，我们职业经理管理、工作薪酬等成本刚性上升，再怎么精益节约，经营成本不可能比他们低。适合我们的竞争战略，应该是一方面学习欧美企业的先进管理、提升产品品质，同时发挥中国企业相对于欧美企业的成本优势，进行出口替代和进口替代。再说得白一点，就是"要向欧美企业学品质，不与低价企业拼价格"。我们与欧美企业的比较优势是什么？他们的工资水平比我们高很多，当然劳动效率也是成倍高于我们国内企业，他们企业的工人可以同时管理三台机器设备，两台装配工架在不停地运作，在空余时间还可以修理机器以及产品毛刺。如果国内企业的劳动效率能够赶上欧美企业，我们由于工资水平较低，那么我们相比欧美企业就是有成本优势的。其实有的产品，品牌打响了，订单会有的，利润也会有的。我们去年我国进口奶粉60亿美元，经营企业利润很高。生产奶粉不需要什么高技术，去年我国进口奶粉60亿美元，经营企业利润很高。生产奶粉不需要什么高技术，真的需要的，做到健康卫生，让孩子吃得安全家长看着放心就行！

贯彻落实SHA，做好品质，消除浪费，这个事，从小里说，首先是为了西子的可持续发展，其次也是为了你们每个人自己，让你们学点国际一流企业管理的本事；从大里说，是为了提高中国企业的管理水平，提升中国梦、中国梦。总之，让我们共同努力，做点有意义的事！

杭锅集团与上海华电续缘"9F"

图片说明：公司副总经理鲁尚毅（左）代表杭锅在合同上签字

本报讯 4月2日，杭锅集团与上海华电的老总们再度汇聚沪上，双方就两台400兆瓦的9F余热锅炉设备签署订购合同，副总经理鲁尚毅代表杭锅在合同上签字承诺供货。公司领导顾飞虎、石卫军、诸贵刚出席了签约仪式。

上海华电奉贤热电有限公司由华电集团和电能股份投资建成，位于上海市奉贤区金汇镇。杭锅集团此前就与上海华电展开了业务合作，在其建成的4×180MW 级燃气-蒸汽联合循环热电机组，就有杭锅集团为其提供的4台9E余热锅炉设备，之前的成功合作为这次中标奠定了良好基础。

作为上海市"十二五"能源发展规划项目，上海华电新上的9F项目在建成后将会向上海市奉贤区南桥新城区域集中供热、制冷、实现热、电、冷三联供，它将替代现有工业锅炉，大力推进区域节能减排工作，并为改善上海电源结构，保障电力供应作出重要贡献。

(金鑫 姜佳琴 孙建强)

全员参与　全面动员　深入开展质量年活动
——沈阳西子航空举行2013质量年动员大会

本报讯 2013年4月1日上午，地处东北的沈阳依然雪花纷飞，寒意仍浓，但在沈阳西子航空产业有限公司的复合材料厂房里，却热气腾腾，群情振奋，全体员工挥起右手作质量承诺宣誓："本人郑重承诺：遵守工艺纪律，按照图纸、标准、工艺操作；不接受不良品，不转交不良品，杜绝生产不良品；质量事故不隐瞒，质量数据不作假，质量问题不放过……如因我工作失误而造成的质量问题、客户投诉、客户索赔、员工身体伤害等等问题，本人自愿接受公司和国家按规定做出的相关处理，对由此产生的法律和经济责任完全负责。"

这里是正在进行的"沈阳西子航空2013质量年动员大会"现场。

从去年11月王水福董事长在西子联合SHA启动大会上发表《以取胜，高者通吃》讲话之后，沈阳西子出台了《卓越质量积分活动管理办法》，实行全员质量效字管理；2013年又颁布了《关于开展沈阳西子质量年活动的决定》，全面启动质量年活动。质量年活动主要有8项内容：
1. 全体员工签署质量承诺书；
2. 强化项目过程质量控制、开展防错攻关活动；
3. 开展卓越质量积分实行全员奖罚；
4. 开展金牌供应商与SHA供应商健康评估活动；
5. 每季度开展质量奖励活动；
6. 开展质量合理化建议投稿与评选活动；
7. 开展员工定级和技能培训；
8. 定期开展质量活动检查与总结。

会议首先宣读了《关于开展沈阳西子质量年活动的决定》，接着蒋玉良总经理作开展质量年活动的动员。他着重讲了三点：为什么我们要开展质量年活动；为什么我们要进行质量年活动承诺宣誓；怎样落实好质量年的各项活动。要求通过质量年活动、增强全体员工的质量意识、加强产品质量管理，提高产品质量，通过几年坚持不懈的努力，成为航空界真正的金牌供应商。

会上，品质部部长吴维惟将历年公司发生的典型产品质量案例进行了分析，展示了五个案例，指出产品报废的根本原因并不是能力问题，而是对工作的责任心和态度。接着复合材料车间主任段明在大会上作表态发言，并现场带领全体员工宣誓："品质等于品质、品质关乎生命，我们立誓：要像爱惜我们自己生命一样，捍卫品质！捍卫品质!! 捍卫品质!!!"整个厂房顿时响起雷鸣般的铿锵誓言。

在职工代表王勇代表全体员工表态宣誓后，大会再次掀起高潮。首先由总经理带领五名带领领导班子成员和业务部门员工进行质量承诺宣誓仪式，再由生产部经理刘剑文带领车间一线员工和技术部、品质部、制造部的员工进行质量承诺宣誓仪式。过后全体员工在"质量承诺板"上签名，并在"质量承诺板"前合影留念。

会议在一个小时内完成了全部议程安排，取得了预期效果。沈阳西子将以这次动员大会为契机，认真落实各项质量年活动安排，把公司的品质管理推上一个新高度。

(李中中)

西子联合荣获2013浙江省十佳设计企业

本报讯 4月20日，为进一步推进浙江省工业设计产业发展，建立和完善省内高校工业设计专业与省级特色认证设计示范基地、设计企业、设计业设计中心合作的工作机制，加强产学研合作，促进人才培养，推动设计成果专业化由省经信委、省教育厅、省人力社科厅主办的2013浙江省工业设计行业与高校设计类专业对接公益活动举行。杭州市工业设计协会及成员单位负责人共同参加了此次会议。

在本次对接活动中，共有来自全省38所高校工业设计类专业师生、12个省级特色工业设计示范基地、76家设计企业及设计中心的代表出席，其中华为企业代表的西子联合被授于2013年十佳设计企业殊荣。

杭州市关爱孤儿基金会九届三次理事会在西子联合大厦召开

本报讯 4月25日，杭州市关爱孤儿基金会在西子联合大厦召开九届三次理事会，审议2012年工作总结、财务报告，2013年工作计划以及时基金会二十周年大型公益活动等议程。杭州市委副秘书长邹承翔、市关爱孤儿基金会秘书长郑美兴高以及市民政局、卫生局、教育局、人事劳动局等众多相关领导出席会议并讲话，此外基金会各成员单位负责人共同参加了此次会议。

会上，作为基金会2013年执行理事长单位西子联合控股有限公司董事长王水福表示，2013年西子一定会承接好基金会的接力棒，将关爱孤儿、播撒爱心的工作继续深化，大力推进援孤事业，不断扩大关爱关注面，由热心慈善事业的企业及媒体单位组成的基金会，也是全国第一家孤儿基金会。成立17年来，基金会充分发挥社会组织的优势，不断营造欢聚、体现人文关怀，引领社会风气，开展更多的爱心企业加入援孤事业，努力使基金会有序、健康、持续发展。

杭州市关爱孤儿基金会成立于1994年1月，原名"杭州市孤儿基金会"，是全国第一家孤儿基金会。成立17年来，基金会充分发挥社会组织的优势，不断营造欢聚、体现人文关怀，引领社会风气，开展散居孤儿行动，在移捐募集资金，不断改进各个福利院的生活设施，切实了解和解决孤儿的实际困难，慰问孤儿的寡老人会以支持，对特困孤儿进行康复治疗等解困工作，做出了大量卓有成效的工作。目前，基金会有了理事单位19家。与此同时，在过去一年里，基金会本着坚持、创新、发展的理念，先后开展了捐助捐物，慰问主题爱心营等一系列活动，工作成效显著。

通力全球执行副总裁来访西子富沃德

本报讯 4月23日，西子富沃德来通力全球执行副总裁Hekikki Leppanen、通力中国区执行副总裁William B.Johnson、巨人通力总裁Henry Jiang来访。通力电梯是世界上最大的电梯公司之一，于1910年成立，旗下于2005年成立的巨人通力现已是西子富沃德的最大客户之一。

在交流会上，电梯集团总经理陈刚详细介绍了西子富沃德的业务面及各子公司的产业情况，同时也对集团未来的规划做了具体的阐述。在车间参观时Mr. Leppanen 对EAGLE主机表示有浓厚兴趣，已达成技术储备的初步意向，Mr. Henry 当场表示Giant-Kone可以先进行样机测试。

此次来访加深了Kone对西子富沃德的认识，客户一路赞叹Beautiful factory，并对公司的产品的质量情况进行了询问和肯定，Mr. Lappanen 对产品的的环境友好性也提出了关注。此次参观和交流将对双方在后期开展合作打下坚实的基础。

(何熊)

西子重工钢构喜中东方日立锅炉项目

本报讯 近日，重工钢构传来喜讯，在钢构全体人员的共同努力下，从杭萧钢结构、鸿翔钢结构、天鸿钢结构等三家钢构公司中脱颖而出，成功中标东方日立锅炉有限公司厂区建设项目一期工程，工程地处在嘉兴市经济开发区。

该工程为重钢型厂房，结构类型为'π'式钢架，都柱类型为格构柱，实腹式H型钢柱；行车量材质为Q345B/Q345C；工期210天，最大吊车吨位75吨；最大跨度36米；单根构件重8吨；总用钢量2500吨。是继杭锅能源奉贤厂房拿下"金刚奖"之后又一重要的厂房项目。目前项目各项工作正积极积极准备，稳步推进。

《学习欧美企业做品质　不与低价企业拼价格——王水福董事长在电梯集团SHA推进会上的讲话》，来源：《西子报》2013年5月2日

学习欧美企业做品质　不与低价企业拼价格
——王水福董事长在电梯集团SHA推进会上的讲话

（来源：《西子报》2013年5月2日）

推进SHA具体要怎么做？刚才光泽先生和熊谷顾问提出了很好的建议。光泽先生已经70多岁了，是一位"临床经验"十分丰富的"老中医"了。他重视现场改善，重视聆听客户意见，是我们许多"年轻老干部"的良师益友。陈刚总经理就电梯零部件的发展、SHA的推进作了布置，我发现我们"刚总"刚硬的一面开始展示出来了，希望以后变成"钛合金"。提升品质、推进SHA需要坚硬的执行力，不刚硬就不能克服惰性、根除扯皮和官僚主义，我们就会被市场淘汰！郑总将SHA和日常的生产经营结合起来，84个项目层层分解责任到人，也是一种方法。如果每个部门、车间和班组都能落实到位，那么获得金牌供应商的资格就水到渠成了。

SHA是我们一直在学习、追赶的标杆企业——美国联合技术公司（UTC）是在ACE的基础上提炼、发展起来的，它把源于丰田公司的精益生产方式和航空企业的品质控制、流程管理结合在一起，再加上领导和文化等资源管理的内容，形成了一个体系。如果这个体系能够得到百分百的贯彻实施，那我想我们的核心竞争力就能得到提升，西子就能够实现超越式的发展。

最近听一名在北京的教授讲中国经济的"后发优势"，我感觉我们民营企业在国内外市场上目前依然是后来者，我们怎么才能够在高手林立、你死我活的市场竞争中生存并得到发展？一个十分重要的方面，就是不断学习、善于学习，通过学习标杆、学习巨人，吸收消化人类社会长期积累的知识财富，吸收消化先行者的先进文化、科学技术和管理体系，以较小的成本、较短的时间弥补差距，实现跨越式发展，然后站到巨人的肩膀上去。学习然后赶超，就是最大的后发优势，所以，我们不怕起点低，就怕不学习。过去17年的合资合作经验证明，学习标杆、追赶巨人是西子持续发展的动力，今后我们更要坚持这样做。这次推进SHA，我想在座的各位，不论来自哪里，不论你是做技术、销售、生产制造还是管理的，不论是外面新来的，还是来自西子奥的斯公司的，都要放低姿态，一切归零，从头学起，认认真真地贯彻执行。

现在，普通制造业面临产能过剩、订单不足的现象，今后几年估计局面也不会发生大的改变。西子怎样去争取国内外市场有限的订单？我想，我们不能去跟低价的小企业去拼价格、打价格战。一方面，我们的产品几乎都是牵涉生命安全的特种产品，片面降低成本会危及安全，得不偿失；另一方面，低价企业的小老板"白天当老板，晚上睡地板"，经营成本低，我们的职业经理管理、工作薪酬等成本刚性上升，再怎么精益节约，经营成本也不可能低于他们。适合我们的竞争战略，应该是一方面学习欧美企业的先进管理，提升产品品质，同时发挥中国企业相对于欧美企业的成本优势，进行出口替代和进口替代。再说得直白一点，就是"要向欧美企业学品质，不与低价企业拼价格"。我们与欧美企业比较优势是什么？他们的工资水平比我们高很多，当然劳动效率也是成倍高于我们的，他们企业的工人可以同时管理三台机器设备，两台装配工架在不停地运作，在空余时间还可以修理机器以及产品毛刺。如果国内企业的劳动效率能够赶上欧美企业，又由于我们的工资水平较低，那么我们相比欧美企业就是有成本优势的。其实只要产品品质上去了、品牌打响了，订单会有的，利润也会有的。

我们要贯彻落实 SHA，做好品质，消除浪费，让客户满意。从小的方面来说，首先这是为了西子的可持续发展，其次也是为了你们自己每个人，可以趁机学点国际一流企业的管理经验；从大的方面来说，是为了提高中国企业的竞争力，从而实现中国梦。所以，让我们共同努力，做点有意义的事！

SHA 专栏

责任到人　蓄势启程
——西子电梯集团SHA负责人推进大会召开

5月21日，西子联合SHA（供应商健康评估）负责人推进大会在西子联合大厦15楼报告厅召开。西子联合董事长王水福、西子电梯集团总经理陈刚、日本品质专家平泽直人以及各公司总经理、西子研究院专家组、电梯集团各部门、西子联合重工等60余人参加了会议。此次会议是自4月24日SHA工作会议以来，各工厂已开始逐渐细化改善活动计划，电梯集团各职能线也继续召开业务标准委员会之后，继而进行的SHA工作阶段性汇报会。

会议上，西子富沃德、西子孚信、西子优迈、西子重工负责人分别介绍了各自工厂阶段的改善实施计划汇报，电梯集团各部门职能线负责人也依次对各部门现阶段的改善工作与下阶段的改善实施计划进行了汇报。

西子电梯集团总经理陈刚针对汇报内容表示，从各家子公司的推作中，都体现了比较清晰的思路和下一步的工作计划。电梯集团会持召开SHA事务局，更多地在基于客户需求和集团优先服务的考虑，选择重点项目进行开展改善，希望各公司之间形成良性竞争的关系。从部门角度来看，存在许多问题，包括职能线上的建立，体系完善，人员专业度是否合格，部门和各公司间的体系是否畅通。很多问题的根源在于体系不全，专业度领导力不足，SHA是从优秀到卓越的开展，并不是从零开始建立体系，有制度但制度完不完善，有考核但考核是否清晰，有要求但要求是否落地等。

此外，他希望在SHA改善中各公司一些门下要闭门打造车，要注重沟通和交流，客户和供应商之间的交流，左右职能线的支持，前后工段的支持，上下领导间的交流。此外，还要找到专业的标杆来进行标竿，提高专业度。各部门要做细信息点，用更少而精的制度完成管控。因为仅仅用制度来解决问题的话，专业性就会受牵制。最后，他表示各公司与集团部门都要有大局观，切不能只为了落实自己的考核影响集团整体的利益。

在听取了各公司的汇报后，王水福董事长发表讲话。他说，非常高兴SHA的推进看到了曙光，这说明各公司已经处在落实的古代里，是为了要对照、知道与别人的差别在哪里，SHA的84条就是我们阶段企业的标准。上一面西子的明镜，今天的汇报中提倡最多的是标准化、整改，这说明我们已经有了标准、知道了差距在哪里。为什么有些客户会减少或撤走订单，这明我们的产品客易被人取代，虽然产品品质相比之下都于竞争对手，但价格方面却是我们占上服了优势，现如今其实越来越多的是，基于基础的品质，总会发生很多相近、原始的品质问题，这是因为我们很多产品是在拿手工在做、拿一个人的水平在做，而不是整制度在做工作。正如陈总生生所说，这些问题没有起现范畴的。没有例外。我们要有很大决心、关于建立标准，SHA是孚子要求的整体的标准，飞机已经启动了，希望大家能够坚持，SHA是孚子要求在标准的起点。这是因为我们很多产品是在拿手工在做。希望下不能看到的是不是推进的，而是启动的，从始要做做，到良做做。最后，希望我们的管理人员不要被时代的发展所淘汰，我们西子是要站好的...

SHA入门培训在西子联合大厦举行

5月17日下午，西子联合SHA知识培训会在西子联合大厦举行。西子联合大学副校长苏正芬、西子研究院专家李若望以及来自西子联合各品质部门、技术部门、制造部门、生产部门等120余人参加了此次培训，目的在于将SHA进一步贯彻到各培训基层，加强SHA知识普及、提高和加深员工对SHA的了解。

此次培训会议由李若望老师主讲，首先对SHA的产生背景做了简要介绍，SHA（供应商健康评估）是美国UTC针对供应商的改善系统，而西子先行一步率先开了一系列会议性内容的交流和学习。

随后李老师针对SHA主要款件的详细的介绍。对西子联合SHA项目实施要点进行了阐述。他表示在2012年10月开始，SHA中文版审核标准、培训资料等标准作业发布，SHA将正式取代之前的供应商精益评估，并推广到UTC占据80%采购额的供应商和全球供应商。2012年12月底前要求所有参与金牌供应商项目的供应商完成或供应商健康自我评估。该项目在精益评估的基础上进行了改进、审核标准更完善，SHA总评分有84条，比精益评估从133条减少了37%；每类100分，共400分。范围扩大一倍，更符合企业健康发展要求。新增内容在流程管理和资源管理两大块。此外，他还介绍了SHA的卓越绩效模式以及SHA的理念授予给在集团的每一位学员。苏正芬副校长也表示，在未来的时间里，集团总部要持续开展培训会议。通过审核跟踪进度、完善改善系统，使各公司SHA不断地推进。

最后，李老师告诉在座的学员——SHA是管控工具的进步，25%的评分集中在标准作业、供应商管理占比较大并增加了汽车行业的管理方法，是学习一实践一评审的系统的过程，有利于对西子各公司运营体制的检验和提高。

西子孚信之金牌之路

西子孚信确定了SHA未来三年的Road Map：2013年至2014年，门机产品达到金牌水平；2014年至2015年，系统集成产品达到金牌水平；2015年年底，凤凰金牌。

依据集团制定的《SHA推进具体方案》，在"改善活动的实施模块"方面，孚信设了13年推进计划的3个重点课题：降低生产周期、关键产品产能提升、降低生产周期，提高评审和交期效率；降低出货不良率，改善错缺材问题。

针对下四层面的重点课题，各门门包括技术、制造、采购、品质、CLC、人事、财务都参与并制定相应的改善活动计划。分别在技术标准化、门机、工艺、制造及产能、错缺发货、合规评审效率、人员配置、成本梳理等方面总结和反省、分析现状，制定目标。在更大的范围内推进SHA金牌理念，使金牌文化融入日常工作中。

在"构筑业务标准"模块方面，各职能线设开专题会议，确定电梯集团共同的业务标准。

5月9日上午，在孚信会议室分别召开生产线第一次会议和品质线第二次会议。生产线就生产率评价指标、流动性管理基础和、内外协基准的出标准化、品质线就试验管理基础和、品质梯次管理提出标准化。借助品质保证规则、质量模失管理提出标准化...

在"文化、体制的改善"模块方面，为营造并然有序的工作环境和工作秩序，培养员工养成良好工作习惯，孚信在5S、综合生产保障（TPM）、可视化、严守时间、职场安全、职场活力化6个方面进行推广和总结。对已形成文件标准的模块，针对落地情况排查和跟踪；对未形成文件标准的模块制定工作计划。

西子富沃德开展量具管理改进活动

5月15日，富沃德量具系列管理系统项目进入试点阶段，该系统实现了量具检定、盘点、分配管理、检定信息查询等功能。同时实现了自校量具标准记录的自动记录和存续功能。

准确可靠的测量结果是先期质量策划及过程质量控制的基础，是否有完善的流程和控制系统保证量具测量管理周期进行校准，在SHA评估准则的质量模块中占有较大权重。虽然公司建立台账、进行量具期限检定校准管理，但在巡检、审核中仍会发现量具过期、故障等问题。该项管理的成熟度还有进一步提高的空间和必要，因此，在12年年底起开工对量具管理进行了改进活动。

首先我们根据测量特性的重要度，使用频度定对校定周期进行梳理、调整，之后建立装配线自校区域、对测量工程、产品特性的量具、工具如扭力扳手、声级计、电烙铁、微欧仪等按不同周期进行内部校准。具量期检定校准管理。

为提高尺寸类检验的可靠度，下一步我们将进行对量具整体，实现游标卡尺、千分尺、百分表三大类量具的内部校准。

绿城西子·田园牧歌森林健走活动圆满举行
五大主题样板房5月亮相，绿城品质为田园人居升级加码

现代人长期高节奏、不规律的生活习惯，加上应酬多、不健康的饮食酒水，以及缺乏运动，造成一批高血脂、高血糖、高血压的"三高"人群，并在出现年轻化趋势，因此关注身体健康，崇导运动健体，成为越来越多都市人追求生活品质的象征。

5月11日，绿城西子·田园牧歌全国家庭森林公园举行一场主题为"走进田园，走向健康"的北欧式健走之旅。北欧式健走是一种新兴运动方式，包括掌控走、山地走、手杖牵步、森林式健走能有效地预防和治疗高血压、高血脂、高血糖及心脏病，防止和改善，尤其是成人神经肮腰疼效果显著。除此之外，北欧式健走还能促进代谢功能，增加骨密度、预防和治疗骨质疏松。

绿城西子高级营养师、健走教练以实际亲身演示北欧式健走的要领，并与健走人员一起带领业主走进绿城森林氧吧的新鲜空气，在矫健的步伐中驱走疾病和疲劳。

除了健走活动，田园牧歌示中心现场还举办了健康课程，针对"三高"人群的饮食和运动，通过生活习惯的优化，彻底切断致病根源。现场营养专家与业主面对面，解答业主疑问。

作为杭州主城山水田园板块的标杆作品，绿城西子·田园牧歌在享受三山两洞珍贵风景资源的同时，无缘好接主城、与经杭石高架、石桥快速路、丰和德胜快速路均点、井字型便捷交通网络，直达钱江新城、武林广场，形成一个半小时的高效生活圈。

接着，5月份田园牧歌陆续开放了面积从85-182m²之间的5个精装主题样板房，给杭州的同时"绿韵"们一次零距离体感绿城品质和田园风情的机会，更给红人居升级加码。

项目信息
杭州主城区珍稀城市景观地段，55万方第二代高层公寓与法式平层官邸，法式合院，杭州主城区罕见1.6-2.0容积率，珍藏主城266公顷国家级森林公园，200亩古典风韵的双重碧惹苏秋山水、坐拥精致山景休闲会客人居理念，外加N个国内首制创始级园区五星服务体系，建构真品高享舒的田园生活。

作为绿城最美的90多万方米。绿城西子·田园牧歌90°浓缩了绿城家的大户型精华，用更精的力的方式，演绎了绿城的精耕、森林生活。在绿城机械林地国家森林公园的景致实景观。并在空间上持续缓缓的观念演绎着了绿城居家高达82%；对空间的优化；转换灵感；空间；成为绿色品质的追求者；客厅等多功能空间；城大大的承载着一切生活所可的居住高度3.9-4.3米大开间的超越客厅，空跨落地厅窗家绝家森林公园美景，将田园的自然价值最大化。

田园专线：0571-87902188、87902178
销售展示中心：杭州市以墅江广济路

小故事·大智慧
感恩是和谐相处之本

在学校，有位叔叔每天来帮学生换饮用水、水瓶，相当重。有一天，一位学生对老师说："老师，帮我打每天换水的叔叔辛苦。"学生指议："老师，我们要天天是不是应该谢谢这位叔叔？""老师呀！很欢喜说道！""好！但天我们就谢谢这位叔叔。"第二天，当这位叔叔进来时，面有表情。每天做的事没有人理会。学生一看他进来，就集体对他说："叔叔好！"换水的叔叔叔了一下，只是点点头。在此这位叔叔立刻露出会心的笑容。警平苦了。""这位叔叔立刻露出会心的笑容。从此以后，换水的叔叔只要到这位同学的教室，马上就露出满意的笑容。

所以当我们谢人家，人就会尊敬我们；当我们因为感激他人，人与人之间就会相处得非常和谐。

《责任到人　蓄势启程——西子电梯集团SHA负责人推进大会召开》，来源：《西子报》
2013年5月31日

责任到人　蓄势启程

——西子电梯集团SHA负责人推进大会召开

（来源：《西子报》2013年5月31日）

2013年5月21日，西子联合SHA负责人推进大会在西子联合大厦15楼报告厅召开。西子联合董事长王水福、西子电梯集团总经理陈刚、日本品质专家光泽直人以及各公司总经理、西子研究院专家组、电梯集团各部门负责人等60余人参加了会议。此次会议是自4月24日SHA工作会议以来，各工厂已开始逐渐细化改善活动计划，电梯集团各职能线也相继召开业务标准委员会之后，继而进行的SHA工作阶段性汇报会。

会议上，西子富沃德、西子孚信、西子优迈、西子重工等公司的负责人分别介绍了各自工厂阶段性的SHA改善实施计划汇报，电梯集团各部门职能线负责人也依次对各自部门现阶段的改进工作与下阶段的改善实施计划进行了汇报。

西子电梯集团总经理陈刚针对汇报内容表示，各家子公司的操作中都体现了比较清楚的思路和下一步的工作计划。电梯集团会协同SHA事务局，更多地会基于客户的要求和集团的优先级考虑，选择重点项目进行改善，希望各公司之间形成良性竞争的关系。从部门角度来看，还存在许多问题，包括职能线是否建立和完善、体系是否完善、人员专业度是否合格、部门和各公司间的体系运转是否畅通等。很多问题的根源在于体系不全、专业度领导力不足，SHA是从优秀到卓越的开展，并不是从零开始建立体系，包括有制度但制度完不完善、有考核但考核是否透明、有要求但要求是否落地等。

同时，他希望各公司与部门在SHA改进中不要闭门造车，要注重沟通和交流，包括客户和供应商之间的交流、左右职能线的支持、前后流程线的支持、上下领导间的交流等。此外，还要找到专业线的标杆来进行指导，提高专业度。各部门间要学会换位思考，用少而精的制度完成管控，因为仅仅用制度来解决问题的话，专业性就会受到影响，协同性也会受影响。最后，他表示各公司与集团部门都要有大局观，切不能只为了落实自己的考核而影响集团整体的利益。

在听取了各公司与各部门的汇报以后，王水福董事长发表讲话，他说："非常高兴SHA的推进看到了曙光，这说明各公司已经开始在落实了。有了对照，才知道与别人的差别在哪里。SHA的84条内容就是我们现阶段企业的标准，今天的汇报中提到最多的就是标准化、整改，这说明我们已经有了标准，知道了差异在哪里。为什么有些客户会减少或撤走订单，说明我们的产品容易被人取代，虽然品质相比之下高于竞争对手，但在价格方面却是别人占据了优势。其实，最集中的产品问题还是出在基础的品质上，总会出现很多粗浅的质量问题，这是因为我们的很多产品还是靠手工和个人的水平，而不是靠制度规范在生产。正如熊谷先生所说，SHA改进的飞机已经启动了，希望大家能够坚持下去。SHA是西子开展整体体检的标准，希望大家将这个标准当成家里的镜子，不断去对照。另外，这次会议是推进会，希望下次看到的不是推进而是拉动，从你要我做到我自己要做。最后，希望我们的管理人员不要被时代的发展淘汰，我们西子要与时代同步！"

打造"工业强省" 关键在于提升品质

王水福董事长在"工业强省"座谈会上的讲话

成为"工业强省",我们企业家是非常希望看到的。我们浙江省,原本是农业大省,改革开放以后成为了工业大省,但我们的工业还是粗放型、简单的经济增长模式,是当时短缺经济时代为了满足市场需要,低质低价占领了一种供求平衡。这与现在所提的"工业强省"是完全不同的概念。从"大省"到"强省",最重要的就是工业基础,而实事我们浙江的工业基础还是比较薄弱的,它不像沈阳、上海等地方,拥有悠远厚久的工业基础。拿我们杭州来说,原来以轻纺为主,真正的制造业像机床、机械、杭氧、杭汽轮都有五、六十年的历史,可惜这样的企业并不多。而现在大部分新型企业都是在改革开放以后的30年中产生的,所以基础还是比较薄弱的。

现在有一个非常值得让人深思的现象,很多老百姓对什么东西都不放心,这是一个非常严重的问题,应当成为我们浙江省向工业强省转变过程中的重中之重。很多企业经营者,在生产的过程中,出发点仅仅是为了赚钱,只求低价多销,但当他们作为消费者时,却也执着于追求名牌、高品质,这是极其矛盾的。我认为作为企业,做产品品质,这是最基本的社会责任!

浙江省要成为"工业强省",那么一定要从基础——品质做起,质量问题长期以来一直是企业的致命伤。昨天我在汇报中曾多次提到过国内的奶粉问题,如果我们国内生产的奶粉质量百分百达标,那为什么还需要进口,香港、欧洲等地为什么还要立法限购?原来中国为全世界制造提供大量的低价产品,现在全世界却为我们中国提供很多高端消费,这是非常令人担忧的。现在,我们浙江省不需要增加所谓的特色产业,而是坚持做好品质、提高产品的品质。据我所知,浙江省去年的GDP是34000亿,假设我们浙江省的企业原有的品质合格率99%的基础上,将质量提高一个百分点,那这一个百分点就能创造3400亿的增长。因此,我认为在浙江省从工业大省向工业强省的转变之中,关键在于品质,以不断提升品质来引领浙江省的经济增长。

经过改革开放三十年的飞速发展,让很多企业家自我感觉良好,但归根结底还是改革开放的"东风"带给了我们财富,将我们吹上了更高的台阶。然而飞得越高、摔得越狠,我一直提倡我们企业家要为自己增添一副"翅膀"。一副能够遮挡风雨、风速的"翅膀",我更加希望我们浙江各大院校能与企业家们一起,围绕"品质"来展开研究,如何将产品做强,让社会来认可我们的产品,改变我们浙江原本粗放型,假冒伪劣、低档、低价的生产与产品模式。我们浙江省要成为工业强省,一定要以品质为载体,用品质来引领经营增长,用品质来教育经营,用品质来巩固制造基础,对假冒伪劣、品质低劣的产品要严厉打击,通过五年、十年的努力,相信一定可以组创我们浙江工业形象,打造成为真正的"工业强省"!

树企业安全形象 促安全文明生产

——记西子石川岛停车设备有限公司安全月活动

本报讯 按照西子联合集团王董的指示和要求,本着安全无小事,安全高于一切,安全必须以强化的管理理念,杭州西子石川岛停车设备有限公司在周杰良总经理的带领下,对公司的安全要求重新做了梳理,并在2013年5月安全月上的对安全提出了新的要求。为了安全月的活动逐一审批,并投入大量精力和资金参与到安全月的活动。

组织篇: 应集团胡庆到部长的要求,西子石川岛立即成立了安全管理部,任命黄峰为安全管理部部长,直接向总经理汇报。并第一时间委托西子联合集团方兴石川岛招聘一名具有安全专业的安全官,西子石川岛首先从组织上本人员专业上进行了调整。

倡议篇: 2013年是全新的一年,我们拥有了自己的现代化年体制设备基地,面对全新的设备及生产环境,既是挑战的一年又是生产经营拓展的一年,时间任务双过半的目标也已经提在了我们面前。过去的四个月里,我们发挥了超自我、团队至上、协同合作的西子精神,新工厂搬迁顺利到位。但挑战与机遇并存,随之而来的安全生产奋斗目标还相当艰巨,安全质量标准化建设、工厂现场管理可视化还有很多工作要推进、在制造、工程、维保业务活动持续创新高的同时,"违章现象"也时有发生。总结几个月的成绩和近年的危险隐患整改情况,员工人员的意识和管理者的责任心不强,成为企业经营活动中的重点。在面对全新的生产之际,作为公司的每一位员工、每一位安全员,每一个区域共管着所有人员工的安全责任。特此,借"五月安全月"向全体管理人员工发出倡议。

合理化建议篇: 在公司"安全生产月"之际,员工厂拥有自我提升和自我保护能力,开展安全生产合理化建议"活动。我们倡议所有员工踊跃参与。为配合公司"安全生产月"活动的开展,为更好的创建一个健康和谐的工作环境,为激发每一位员工的智慧与热情,为进一步增强员工主人翁责任感,鼓励员工积极参与公司安全生产工作,激励广大员工为公司安全发展、安全建设献计献策。安全质量的方向所有员工作安排,决定在员工中开展"安全生产合理化建议征集"活动,从现在开始,至6月底结束。活动分为宣传发动、征集日评、推荐表彰三个阶段。

消防演练篇: 2013年5月24日下午,西子石川岛所有员工参加了消防逃生演练,此次消防演练设立了通讯联络组,紧急抢险组,安全疏散组,医疗救援组(负责职务),宣传组六个小组,并邀请专业消防队员参与到本次演练。

知识竞赛篇: 为进一步推广广大员工的安全生产意识和自我保护能力,促进安全生产工作进一步规范化,结合我公司月活动计划,深入贯彻落实本公司安全生产工作会议精神,坚持"安全第一、预防为主、综合治理"的方针,牢固树立以人为本,安全生产责任于泰山的思想理念;广泛开展员工安全生产知识普及活动,组织广大学习掌握安全生产知识、杜绝违章作业,抵制违章指挥,开展多样化的安全生产活动,强化企业安全管理,促进全厂安全生产责任目标的落实。

努力使安全生产和劳动保护工作得到进一步加强,保障安全生产形势持续稳定。

此次竞赛不仅是通用的安全知识,而且也增加了停车设备安全的专业安全知识题集。

培训篇: 公司全体人员参与了安全机构专门的安全培训,并且邀请萧平交警大队对交通安全也进行了培训,全体员工受益匪浅。

我们本着"关注安全、关爱生命"安全主题,遵循安全高于一切的管理理念,紧跟集团总部的安全要求,让石川岛的安全更上一层楼。

(黄峰)

关注儿童安全 呵护祖国未来

——"百城万校"儿童安全乘梯流动宣传活动正式启航

本报讯 电梯是大中型城市中,每天乘坐人数最多的近距离交通工具,与人民生活质量密切相关,注重电梯安全需要从娃娃抓起。

旨在通过儿童安全乘梯流动宣传车以及儿童安全乘梯知识包,向全国百个城市、万所学校递送安全乘梯知识,实现儿童安全部分化教育的"百城万校儿童安全乘梯流动宣传活动",于2013年5月30日下午在杭州江南实验学校正式启动。该活动由国家质检总局特种设备安全监察局、教育部基础教育司等联合主办,西子奥的斯电梯有限公司(以下简称"西子奥的斯")承办,协办本次启动仪式的单位还有浙江省质量技术监督局、浙江省教育厅、杭州市质量技术监督局和中国特种设备安全与节能促进会。

作为国家质检总局和教育部首次携手开展的大型安全乘梯公益活动,"百城万校儿童安全乘梯流动宣传活动"计划推广五年。活动以安全乘梯流动宣传车为平台,把安全乘梯理念和知识带进校园,帮助儿童从小树立安全乘梯意识,养成安全乘梯习惯。关心电梯安全状况,并借导全社会更多关注儿童乘梯安全,共同实现文明出行,正确乘梯。

安全乘梯流动宣传车作为本项活动的主平台,成功地将电梯"装进"大巴,在车内安装了多个电梯核心部件和高科技互动体验程序,让孩子们通过亲身感观和体验,生动地了解电梯的运转原理与安全知识。在杭州首站的活动现场,学生们不但积极参与互动游戏,纷纷走上小讲台,借助互动活动,而且对儿童安全表现出浓厚兴趣,在互动游戏的指导下,兴致勃勃地当起了"电梯安全操作员"。

除了有趣的安全乘梯流动宣传车外,"百城万校儿童安全乘梯流动宣传活动"还为孩子们准备了儿童安全乘梯知识包。知识包内不仅拥有儿童乘梯宣传画、《安全乘梯三字经》、安全乘梯海报等孩子们常喜见的、知识宝典",还配备了由浙江省质监局、浙江省教育厅和西子奥的斯联合编撰的《安仔带你坐电梯》儿童安全科普书籍等,学、看、做三位一体的互动教学,将让上万所学校的孩子们了解、全面地学习和掌握安全乘梯相关知识,提高安全乘梯的主动意识,养成安全乘梯的好习惯。

本项公益活动发起单位西子奥的斯以高度的社会责任感,多年来一直积极致力于电梯安全知识推广,并已先后开展了多项高度的社会公益活动,以实际行动回馈政府,百姓乃至全社会的关注和支持。西子奥的斯副总裁向就表示:"儿童乘梯安全是一项意义重大,倍受全社会关注的事情,我们有信心把'百城万校儿童安全乘梯流动宣传活动'办好,让孩子们能够系统学习安全乘梯知识。未来,西子奥的斯将在持续推出高品质电扶梯产品和周到服务的同时,做好安全乘梯教育工作。"

国家质检总局特种设备安全监察局副局长储祖旺,教育部基础教育一司管理处高君处长,浙江省质量技术监督局长高惠忠,副局长赵孟进,浙江省教育厅副厅长鲍学军,一同出席了"百城万校儿童安全乘梯流动宣传活动"启动仪式。

《打造"工业强省" 关键在于提升品质——王水福董事长在"工业强省"座谈会上的讲话》,来源:《西子报》2013年6月15日

打造"工业强省" 关键在于提升品质

——王水福董事长在"工业强省"座谈会上的讲话

（来源：《西子报》2013年6月15日）

成为工业强省，我们企业家是非常希望看到的。我们浙江省，原来是农业大省，改革开放以后成了工业大省，但我们的工业还是粗放型、简单型的经济增长模式，是当初短缺经济时代为了满足市场需要，以低质低价达到的一种供求平衡，这与现在所提的"工业强省"是完全不同的概念。从"大省"到"强省"，最重要的就是要有工业基础。其实，我们浙江的工业基础还是比较薄弱的，不像沈阳、上海等地方，拥有雄厚年久的工业基础。拿杭州来说，原来是以轻纺业为主，真正的制造业像杭氧、杭锅、杭汽轮等公司都只有五六十年的历史。可惜这样的企业并不多，而现在大部分的制造型企业都是在改革开放以后诞生的，所以基础还是比较薄弱的。

现在有一个非常值得深思的现象，就是很多老百姓对很多产品都不放心，这是一个非常严重的问题，应当成为我们浙江省在向工业强省转变过程中重点关注并需要解决的问题。一些企业经营者要求自己企业的出发点仅仅是满足市场需求，只求低价多销。但当他们作为消费者时，却执着于追求名牌、高品质的产品，这是极其矛盾的，说明有些企业经营者的社会责任感是非常欠缺的。我认为企业首要的就是提升产品品质，这是最基本的社会责任！

浙江省要成为"工业强省"，那么一定要从基础即产品品质做起。质量问题是长期以来困扰浙江工业发展的"致命伤"。昨天我在汇报中曾多次提到国内的奶粉问题，如果我们国内生产的奶粉质量百分百达标，那为什么还需要进口，欧洲等地为什么还要立法限购呢？中国为全世界提供大量的中低档产品，全世界却给我们提供奢侈品，这是非常令人担忧的现象。现在，我们浙江省并不需要增加所谓特色产业，而是坚持做好品质，提高产品附加值。据我所知，浙江省去年的GDP是3.7万亿元，假设我们浙江省的企业在原有的品质合格率99%的基础上，将质量再提高1个百分点，那这1个百分点就能创造3700亿元的增长。因此，我认为在浙江省从工业大省向工业强省的转变之中，关键在于品质，要以不断提升品质来引领浙江省的经济增长。

经过改革开放30年的飞速发展，很多企业家自我感觉良好，但归根结底还是改革开放的"东风"带给了我们财富，将我们吹上了更高的台阶。然而飞得越高，摔得越疼，因此我一直提倡我们企业家要为自己增添一副"翅膀"，一副能够适应风向、风速的"翅膀"。我更加希望我们的各大院校能与企业家们一起，围绕"品质"来展开研究，如何将产品做强，让社会认可我们的产品，改变我们浙江原来粗放型的、产品低档低价的生产与产品模式。我们浙江省要成为工业强省，一定要以品质为载体，用品质来引领经济增长，用品质来指导企业经营，用品质来强化制造基础，对假冒伪劣产品要严厉打击。通过5年、10年的努力，我相信我们一定可以扭转浙江工业的形象，将浙江打造成真正的工业强省！

西子航空与上飞公司正式签署 C919 大客项目 APU 舱门和 RAT 舱门研制合同

本报讯 8月12日，浙江西子航空工业有限公司与上海飞机制造有限公司正式签署《C919大客项目APU舱门和RAT舱门研制合同》，西子航空成为C919大飞机项目中首家签定机体结构研制合同的参研单位。

上飞公司副总经理徐晓飞与浙江西子航空总经理唐景洲分别代表双方签署了研制合同。上海飞机设计研究院、上飞公司采购及供应商管理部与财务部、西子联合控股、浙江西子航空、沈阳西子航空等相关人员参加了签约仪式。

仪式前，西子联合控股董事长王水福会见了上飞公司副总经理徐晓飞等一行。西子联合控股首席经济学家刘吉瑞、副总裁吴华、副总裁慧芬等人共同出席。

徐晓飞副总经理对西子航空在过去几年中参与C919项目的辛勤工作和密切配合表示感谢，对西子航空产业取得的进步表示祝贺，并对西子航空未来的发展寄予期望。

王水福董事长用三个词表达了他对举行此次签约的激动之情——"使命"、"努力"与"感谢"。王水福董事长表示，让中国的大飞机飞上蓝天不光是中国商飞全体员工的使命，更是所有中国人民的使命和梦想。西子作为民营企业有机会加入到国家大飞机项目的研制中感到无比的激动和光荣。从2009年5月26日签署C919大飞机MOU以来，西子航空感到肩负的使命极其重大。所以一直在努力，不断进行发展和提升。目前，西子航空板块已初步形成了在杭州开展金属零件机加、钣金、热表处理和部件装配为主的制造能力，在沈阳开展玻璃纤维和碳纤维复合材料制作生产的能力，在海宁开展航空高端挂芯钢件的研发和生产能力。随着今年年底前西子航空大江东制造基地的建成和投产，西子航空产业近几年来的业务发展也得到了中国商飞、上飞公司和上飞设计院的大力帮助和支持。对于中国商飞、上飞公司和上飞设计院我们表示衷心的感谢。

此次研制合同的签订标志着双方从"订婚时代"迈入了"结婚时代"。西子航空将一如既往地支持和配合主制造商，努力做好各项研制工作，为中国大飞机早日飞上蓝天贡献力量。

注：《C919大型客机项目是《国家中长期科学和技术发展规划纲要（2006年——2020年）》确定的十六个重大科技专项之一，上海飞机制造有限公司作为主制造商。浙江西子航空是C919大客项目九家机体供应商其中一员，也是国内唯一一家参与机体结构研制的民营企业，承担了APU舱门和RAT舱门研制工作。

西子电梯集团2013品质大会召开

本报讯 8月12日，西子电梯集团2013年品质大会在西子联合大厦15楼报告厅召开。西子联合董事长王水福、日本品质专家光泽直人、浙江西子航空总经理唐景洲、副总裁吴华、副总裁慧芬等，西子电梯集团总经理陈剑以及各公司总经理、各职能部门相关负责人出席了此次大会。此外，大会还特别邀请了主要客户代表和服务中心参加，通过现场充分沟通与交流，共同提出问题、解决问题、改进提升。

会议上，客户代表首先分别就西子孚信、西子优迈、西子富沃德、西子重工在产品、发运、软件服务等方面的问题，并且希望西子各公司能尽早解决。对此，各公司负责人针对客户代表提出的问题进行了现场的分析与解答，承诺今后将进一步加强管控，并采取相关措施加以改进、规避此类问题再次发生。

陈剑总经理建议各公司、供应商等各模块协同合作，确保产品质量；建议各公司实现资源共享、建立平台、统一产品状态，为内部客户、优质客户提供优先权；囊额品质与流程改进，建立起优先保障服务的绿色通道、强化销售及服务分配；进一步做好发货能力，因为新客户最关注发货问题，起步阶段的发货及时性直接决定对代理渠道的吸引力。

日本品质专家光泽直人在会上针对各家公司上半年的改进工作进行了点评，他认为针对非常重要的客户投诉时，必须要具备紧迫感与危机感，建议设置重要投诉对策会议、开展全员品质检点，充实发挥可靠性测试中心的功能，积极应对投诉根本原因、完善整个公司品质体系。此外，为进一步提升技术人员的能力、形成技术标准化，提升部门及公司的管理能力，日本品质专家还根据提供相应标准的资料供参考，下半年还需要制定APQF和FMEA的培训计划。

王水福董事长为本次品质大会做总结，他向在座各公司的总经理提出了三点要求：第一，常去倾听客户意见，认真对待客户反馈，那么现在80%的问题都能迎刃而解；第二，必须要有责任意识，出现问题责任必须落实到人，或奖或罚。由各公司总经理具体执行；第三，认真听取品质专家意见，希望各公司能够切实贯彻执行品质专家的建议，共同努力提升电梯零部件的质量。

（金剑）

王董推荐著名案例：企业能力建设的重要性——普惠公司的故事

1855年，萨缪尔·柯尔特在康涅迪格州的哈特福德建立了一个生产柯尔特枪支的工厂。由两名"北佬机械工"普拉特和惠特尼承包。1860年，积累了经验和资金的普拉特和惠特尼自己创办了加工枪支和零部件的作坊，这就是后来闻名世界的联合技术公司普惠发动机制造厂的前身。

普拉特和惠特尼在生产枪支和零部件时，推行了两条不同凡响的措施：一是自己造精密度高的量规、量具和量器，提升生产计量与检测的准确性和可靠性（检失生产中的筒、准星等，可是"失之毫厘，差之千里"）；二是自制大量的专门设备和机床，要求用专门的机器生产加工专门的零部件。结果，产生了两个直接后果，一是他们生产的枪支和零部件效率高、品质好，零部件还可以互换（这在当时的欧洲还根本做不到）；二是有强大的自制能力，自制能力使得这家小作坊逐渐成为专门生产各种机床的大公司。

思不到的惊喜和好事还在后面。1924年夏天，莱特航空公司总裁雷德里克·伦奇勒由于公司和银行不支持他生产风冷星形发动机的想法，离开公司便找上门。他需要普惠的投资，但更加有它拥有的大量熟练技工和自制能力。他们于1925年联系普惠并达成协议，以普惠投资100万美元占50%的股份的条件，购置闲置的厂房和设备生产鲨鱼型发动机。

在伦奇勒的领导下，普惠的6名工程师和20多名工匠在9个月内，设计并且制造出了三台黄蜂发动机的样机。试验数据：425马力的黄蜂发动机的功率比同类的装绛盘风冷发动机高出50%，重量却只有后者的39%（650磅/1650磅）。美国海军立即订购200台，到1929年，普惠发动机公司规模不太却早已成了世界航空发动机产业的领先者伦奇勒后来担任联合飞机公司董事长20多年。

俗话说"种瓜得瓜，种豆得豆"。佛家说"有因必有果"。从普惠的历史我们可以发现，在制造业，花费资金和下血汗功夫，甚至是笨功夫，来提升产品品质和制造能力，是一定会有回报的，有时这方面的回报比精明的投资还要高！

金剑：《西子电梯集团2013品质大会召开》，来源：《西子报》2013年8月31日

西子电梯集团2013品质大会召开

（金剑　来源：《西子报》2013年8月31日）

2013年8月12日，西子电梯集团2013年品质大会在西子联合大厦15楼报告厅召开，西子联合董事长王水福、日本品质专家光泽直人、首席经济学家刘吉瑞、副总裁吴华、副总裁沈慧芬、西子电梯集团总经理陈刚以及各公司总经理、各职能部门相关负责人出席了此次大会。此外，大会还特别邀请了主要客户代表和服务中心参与，通过现场充分沟通与交流，共同提出问题、解决问题、改进提升。

会议上，客户代表首先分别就西子孚信、西子优迈、西子富沃德、西子重工等公司在产品、发运、软件服务等方面提出了问题，并且希望西子各公司能尽早解决。对此，各公司负责人针对客户代表提出的问题进行了现场的分析与解答，承诺今后将进一步加强管控并采取相关措施改进，规避此类问题再次发生。

陈刚总经理建议各公司、供应商等各模块协同合作，确保产品质量。同时，他还建议各公司建立平台，实现资源共享和统一技术状态，为内部客户、优质客户提供优先权；兼顾品质与流程的改进，建立优先保障服务的绿色通道，强化销售和服务人员的配置；进一步提升发货能力，因为新客户最关注发货问题，起步阶段的发货及时性将直接决定对代理渠道的吸引力。

日本品质专家光泽直人在会上针对各家公司上半年的改进工作进行了点评，他认为针对非常重要客户的投诉时，必须要具备紧迫感与危机感；建议设置重要投诉对策会议，开展全员品质总点检，切实发挥可靠性测试中心的功能，积极应对投诉根本原因，完善整个公司的品质体系。此外，为进一步提升技术人员的能力，形成技术标准化，提升部门负责人的管理能力，日本品质专家组将根据需要提供相应标准以供参考，下半年还需要制订APQP和FMEA的培训计划。

王水福董事长为本次品质大会作总结，他向在座各公司的总经理提出了三点要求：第一，常去倾听客户意见，认真对待客户反馈，那么80%的问题都能迎刃而解；第二，必须要有责任意识，出现问题后责任必须落实到人，或奖或罚，由各公司总经理定夺；第三，认真听取品质专家意见，希望各公司能够切实贯彻执行品质专家组的建议，共同努力提升电梯零部件的质量。

切忌"萝卜快了不洗泥"

王水福

最近五年，对于提升产品和服务的品质，我是苦口婆心，逢会必讲。应该说，效果还是显著的。品质意识在西子的管理层和员工中更加强烈；以提升品质为核心的"供应商健康评估（SHA）"正在各公司积极推进；西子旗下公司的产品品质和服务，也得到了不同程度的改进和提升。

与此同时，我也发现一个现象，就是一些公司的产品品质不够稳定，尤其是在市场形势好、订单多、交货期紧的时候，往往"萝卜快了不洗泥"，产品瑕疵和错缺件现象增多。在一些人看来这是小事，但我认为这是一个不小的隐患。这个问题不解决，近期可能成为一些公司获取金牌供应商申请资格的障碍，长远则会严重影响西子产品品质的提升和公司品牌的打造。

我给大家讲一个冰箱行业的故事。

上世纪80年代，冰箱和电视机、洗衣机一起，是开始富起来的国人必买的"家庭三大件"。那时，国内生产刚刚起步，产品供不应求甚至出现排队抢购，厂家只要能生产出来，就能销售一空。1983—88年，全国冰箱产量从18.8万台上升到757.6万台，年均增长率高达109.3%。在这样的市场环境中，各地一哄而起，纷纷办厂生产冰箱，最多时全国有400多家生产厂，杭州更是一马当先，冰箱厂竟然达到100多家。但当时国民经济一治理整顿，功能简单、品质低劣的冰箱立即积压，大部分厂家也一哄而散。到现在，杭州除了华日冰箱还健在，极大多数冰箱厂已经杏无踪影，连当年最为著名的杭冷冰箱也人去楼空，它的资产卖给了余杭的一家企业。

与当时为赚快钱、只求速度不求品质的普遍做法相反的是，青岛海尔的张瑞敏认为质量是一个企业发展的灵魂，坚持把产品品质放在第一位。1985年，海尔冰箱遭到了客户的质量投诉，张瑞敏下令将仓库里的400台冰箱全部检查一遍，发现其中76台确实有问题，他当场砸掉了这76台不合格的冰箱。当时，在场的工人都流泪了。张瑞敏和副厂长杨绵绵也带头扣除了自己一个月的工资。三十年弹指一挥，注重产品品质的青岛海尔如今已经成了中国冰箱行业的领袖，并且走向了世界。

所以，我们做电梯零部件，一定不能迷忘于眼前两位数的增长，只求速度不重品质。电梯行业这几年得益于城镇化发展迅速，但400多家有资质的制造厂涌在一起，泥沙俱下，良莠不齐，一旦外部环境发生变化，或者行业优胜劣汰，兼并重组的数量规律开始发挥作用，冰箱行业的情景很可能在电梯业重演，这就能够生存下来的整梯厂也会屈指可数。其中可以肯定的是，当潮水退潮时，"山高月小，水落石出"，真正能够永续经营的，一定不是一时辉煌的速度型企业，而是一步一个脚印、持之以恒地追求品质卓越的企业。

儿童安全乘梯 寓教于乐普及
——西子奥的斯"百城万校"活动抵达上海

本报讯 9月5日，西子奥的斯旗下大型公益活动"百城万校"儿童安全乘梯流动（上海站）在上海市嘉定区金鹤小学举行。在活动现场，西子奥的斯以寓教于乐的形式向学生讲解了安全乘梯知识，帮助孩子树立起安全乘梯意识，真正将安全乘梯教育从孩子抓起落到实处。

当前，随着社会的进步和发展，电梯已经成为社会大众日常生活中密不可分的交通工具，使用频率更是日新增加。但大多数学生和成人，对于加强正确使用电扶梯产品知识却知之甚少。鉴于此，西子奥的斯与国家质检总院特种设备安全监察局、教育部基础教育一司两大权威部门携手，于今年正式启动了"百城万校"儿童安全乘梯流动宣传活动。该活动计划在未来的5年内，全国100座城市、10000所学校的孩子普及安全乘梯教育知识，帮助孩子树立安全意识，减少乘梯意外事故。

在上海站活动现场，西子奥的斯工作人员为该校学生准备了生动的教学案例，开展了诸如电梯标志竞猜、《三字经》朗读、填写游戏等一系列有趣的活动与同学们进行互动，并通过儿童安全乘梯知识包，以寓教于乐的形式将公众容易忽视的电梯安全标识和乘梯规则传递给学生们。

此外，西子奥的斯以安全乘梯流动宣传车作为主平台，成功地将电梯"装进"大厅，在车内安装了多个电梯核心部件和高科技互动体验程序，让孩子们通过亲身参观和体验，进而了解电梯运转原理与安全坐梯知识。而孩子们也在生动而有趣的活动中，实学到了知识以树立了安全意识。

金鹤小学相关校领导在接受记者采访时表示，当前，学生家长都非常关心孩子的乘梯安全，但是由于没有专业人士指导，所以儿童安全乘梯教育一直是一个空白。西子奥的斯用专业而生动的安全乘梯教育为学校搭建了这个平台，让学校的安全教育工作颇受启发，我们也欣喜此为良好开端，全力推进儿童的安全教育。

西子奥的斯电梯有限公司上海服务中心总经理朱大龙先生表示，西子奥的斯一直积极关注儿童乘梯安全，也高度重视儿童安全乘梯知识普及工作。之所以启动了"百城万校"全国儿童安全乘梯教育5年计划，正是希望用企业的实际行动为儿童安全贡献力量，也希望借助社会的力量，让正确的安全乘梯知识惠及更多孩子，为他们的安全出行保驾护航。

百城万校活动作为西子奥的斯今年年度的公益项目，上半年已走过浙江、新疆、河南等3个省市，自今年9月起，西子奥的斯在线下乘梯中在陕西、甘肃、四川、重庆等西部地区，帮助西部更多的孩子树立安全乘梯意识。

本报讯 9月3日，德国蒂森克虏伯电梯公司制造执行副总裁Mr. Peter Allaart、亚太区制造副总裁陈博等一行4人莅临西子富沃德考察交流。西子联合总裁陈夏鑫、西子电梯集团总经理陈渊、西子富沃德总经理杨志华等领导陪同参观。

作为世界领先的电梯公司之一，蒂森克虏伯电梯2011/2012财年销售总额达57亿欧元，客户遍布世界150个国家，拥有超过47,000名员工。公司产品包括乘客及载货电梯、自动扶梯、自动人行步道、旅客廊桥、无障碍设施及升降平台。是西子富沃德的重要客户之一。

在西子富沃德工厂，蒂森克虏伯执行副总裁Mr. Allaart一行参观了厂、磁材车间、装配车间。随后，双方在会所二楼会议室进行了深入友好的交流。Mr. Allaart表示，在参观完工厂后，我非常震惊于西子富沃德有序的生产现场、各工序的控制力和方法。特别是磁钢、铸件控制表现了强大的制造能力。亚太区制造副总裁陈博则表示此次参观让他印象非常深刻。

西子联合总裁陈夏鑫对Mr. Allaart一行的到来表示感谢，并针对国内市场和机会，向客户做了详细的分析，得到客户的一致认同。

此次来访加深了蒂森克虏伯对西子富沃德的全方位认识，尤其对技术、质量、服务等方面的认可，这将为双方在后期开展合作打下坚实的基础。（何斌）

陈夏鑫总裁参观杭州电子科技大学智能与软件技术研究所

本报讯 9月10日上午，陈夏鑫总裁参观了杭州电子科技大学智能与软件技术研究所，与研究所所长严义教授就如何深化双方在智能电梯控制系统上的合作进行了极富成效的交流。

我国已成为世界电梯生产和制造的第一大国，由于电梯核心控制系统开发方式的落后，国产化电梯控制系统的可靠性远远落后于国外，但这几年我国电梯软件系统的技术和理念都在不断地进步。西子早就引进了杭州电子科技大学具有国际先进水平的ePLC技术，研发出了新一代智能化安全型电梯控制系统。

陈总饶有兴趣地了解了严教授的软件图编程及方法以及嵌入式软件开发设计平台在各领域的应用情况，并就如何通过这个平台进一步深化双方的合作做出了详细布置。（郑燕）

杭锅集团召开2013年度供应商大会

本报讯 近日，杭锅集团2013年度供应商大会在杭锅召开，来自全国各地的41家供应商代表出席会议。杭锅总经理颜飞龙、副总经理德春出席大会。

供应商大会是杭锅集团与各家供应商交流、合作的一座重要桥梁，通过会议向各供应商传递产品服务信息和企业文化理念，让供应商解杭锅的生产需求和供应要求。大会重点就原材料、配套、外扩三类客户的交货、质量情况和注意事项进行了详细的说明，对质量、服务和工现场这三者关系进行了交流，对今后的工作提出了要求。

总经理颜飞龙在会上感谢各家供应商一直以来对杭锅的信任和持，给杭锅供应优良的原材料和产品，让杭锅可以生产出更多符合社需要、节能减排的工业产品。在行业内获得了声誉。颜总表示杭锅正处创新驱动、转型升级时期，未来需要与大家共同发展，共同进步。

会议对在供应商大会上对质量、交货进行了领军，根据各家供应商的交货、质量等况对其进行考核、评估。无锡市振特种钢管制造有限公司、舞阳钢有限责任公司、济南奥拓环保钢材有限公司、上海华电电子工贸公司基城控制机电设备（上海）有限公司、常州电站辅机有限公司荣杭锅集团授予的"优秀供应商"称号，并获得了证书。常州电站辅公司作为"优秀供应商"代表在会上作了发言。（姜佳）

王水福：《切忌"萝卜快了不洗泥"》，来源：《西子报》2013年9月15日）

切忌"萝卜快了不洗泥"

(王水福　来源:《西子报》2013年9月15日)

最近5年,对于提升产品和服务的品质,我是苦口婆心、逢会必讲。应该说,效果还是显著的:品质意识在西子的管理层和员工中更加强烈;以提升品质为核心的"供应商健康评估(SHA)"正在各公司积极推进;西子旗下公司的产品品质和服务,也得到了不同程度的改进和提升。

与此同时,我还发现一个现象,就是一些公司的产品品质不够稳定,尤其是在市场形势好、订单多、交货期紧的时候,往往"萝卜快了不洗泥",产品瑕疵和错缺件现象增多。在一些人看来这是小事,但我认为,这是一个不小的隐患。这个问题不解决,近期可能成为一些公司获取金牌供应商申请资格的障碍,长远则会严重影响西子产品品质的提升和公司品牌的打造。

我给大家讲一个冰箱行业的故事。

20世纪80年代,冰箱和电视机、洗衣机一起,是开始富起来的国人必买的"家庭三大件"。那时,国内生产刚刚起步,产品供不应求甚至出现排队抢购的情况,厂家只要能生产出来,就能销售一空。1983—1988年,全国冰箱产量从18.8万台上升到757.6万台,年均递增率高达109.3%。在这样的市场环境下,各地一哄而起,纷纷办厂生产冰箱,最多时全国有400多家生产厂,杭州更是一马当先,冰箱厂竟然达到了100多家。但1989年开始治理整顿后,功能简单、品质低劣的冰箱立即积压,大部分厂家也一哄而散。到现在,杭州除了华日冰箱还健在,绝大多数的冰箱厂已经杳无踪影,连当年最为著名的西泠冰箱也人去楼空,其商标卖给了余姚的一家企业。

与当时为赚快钱、"只求速度不讲质量"的普遍做法相反的是,青岛海尔公司的张瑞敏认为质量是一个企业发展的灵魂,坚持把产品质量放在第一位。1985年,海尔冰箱遭到了客户的质量投诉,张瑞敏下令将仓库里的400台冰箱全部检查一遍,发现其中的76台确实有问题,他当场砸掉了这76台不合格的冰箱。当时,在场的工人都流泪了,张瑞敏和副厂长杨绵绵也带头扣除了自己一个月的工资。30年弹指一挥间,注重产品品质的海尔公司如今已经成了中国冰箱行业的领袖,并且走向了世界。

所以,我们做电梯零部件,一定不能迷恋于眼前两位数的增长,只求速度不重品质。电梯行业这几年得益于城镇化的迅速发展,但400多家有资质的制造厂拥到一起,泥沙俱下、良莠不齐,一旦外部环境发生变化,或者行业优胜劣汰、兼并重组的发展规律开始发挥作用,冰箱行业的情景很可能在电梯业重演,全国最终能够生存下来的整梯厂也会屈指可数。可以肯定的是,当潮水退去时,"山高月小,水落石出",真正能够永续经营的一定不是一时辉煌的速度型企业,而是一步一个脚印、持之以恒地追求卓越品质的企业。

政企共聚庆中秋　千人团圆贺佳节
——"月圆西子·情系杭锅"2013 中秋晚会圆满落幕

本报讯 "海上生明月，天涯共此时"。9月17日晚上的杭锅集团，人声鼎沸，乐声如潮，"月圆西子·情系杭锅"2013中秋晚会在杭锅丁桥总部温馨上演。丁桥镇党委书记胡秋腾，党委副书记、镇长范国良，西子联合控股董事长王水福、总裁陈夏鑫，杭锅集团董事长吴南平，以及西子联合控股管理层及其旗下各子公司负责人与现场的700多名员工代表，一同观看了演出，共度中秋佳节。

本次晚会由西子联合主办，丁桥镇党委、政府与杭锅集团共同承办。晚会分为"花好月圆时"、"佳节人团圆"、"共圆西子情"三个篇章，分别围绕"月圆人圆，西子家圆"展开。整场晚会上，情景诗朗诵、搞笑小品、情歌对唱接二连三；儿童舞、民族舞、古典舞绚丽登场，古筝演奏、越剧选唱、书法武术轮番上演，领导互动和抽奖环节穿插组合，为在场所有观众奉献了一台温暖感动的中秋盛宴。

晚会伊始，陈夏鑫总裁便向所有西子大家庭的成员送上了美好的中秋祝愿，并发表了热情洋溢的中秋致辞。他说，西子是一个大家庭，三十年的发展有了今天瑰无瑕的家宴，而在座的这仅是员工代表，我们要珍惜相聚在杭锅中秋之夜的温情时刻，要增强互相之间的交流，相信在未来的三十年，西子大家庭会更加壮大。

晚会在舞蹈《中华全家福》中拉开了序幕，欢快的歌曲配上欢乐的舞蹈，让晚会一开始就进入佳境。由杭锅员工和员工父母带来的《常回家看看》上演了中秋佳节一家人团圆、温馨的画面，西子重工公司的温婉女中弹奏的《高山流水》，搭配才情男子的笔歌墨舞，引起台下观众的一片喝彩。随后吴南平董事长与丁桥镇胡秋腾书记的一曲《朋友》不仅唱出了政府对企业的关怀，也唱出了政企间的友好情谊。在观众的强烈要求下，吴董家与胡书记邀请现场的多位领导，继续高歌一首《真心英雄》，将晚会推向高潮。晚会设置的六轮抽奖，近一半的员工观众获得奖品，每轮抽奖环节的到来，都会激起又一轮新的高潮。

在进入晚会第三篇章"共圆西子情"前，王水福董事长代表管理层讲话，他用"三羊开泰"道出了自己，西子、杭锅作为一家人的缘分，并和大家分享了自己对当下中国宏观经济发展的理解。王董引用了国务院总理李克强在达沃斯论坛上的讲话。第一，选择既利当前，更惠长远的策略，保持宏观经济政策的稳定；第二，中国经济已经进入中高速经济阶段，改革大势不可逆转；第三，选择中国是跨国公司兴旺发达的明智之举、上策之策。今天，中国经济发展的奇迹已进入提质增效的"第二季"，后面的故事会更精彩，改革开放过去三十年是第一季，未来三十年是第二季，从第一季走向第二季，现在"修枝"的时间到了，回归主义到了，走战略的道路到了，但不能自由发展。他希望作为管理者应该学会沟通，应该了解方向，在考虑问题上面能够看得更远一些，理解社会宏观发展趋势。最后，王董认为凭借那团结进取的高风与锐意前行的脚步中，一定能开创西子更加美好的明天！

唱的不是歌声，是中秋佳节的感动跳的不是舞蹈，是欢乐氛围的蔓延；演的不是小品，是西子家庭的幸福。幸福无需度量，感动难以计量，"月圆西子·情系杭锅"2013中秋晚会，在伴着唱出西子大家庭温暖与和谐的《相亲相爱的一家人》中，落下了帷幕。

明确责任　强化沟通
——西子电梯集团召开SHA实施衔接沟通会

本报讯 9月18日，西子电梯集团SHA实施衔接沟通会在优迈园区1幢3楼培训教室召开。会上邀请西子联合董事长王水福亲临指示，召集西子电梯集团总经理陈刚、集团各职能线负责人和平信、优迈、富沃德、天津西子联合、成都平信工厂总经理以及SHA推进成员参加了此次会议。

首先，西子电梯集团总经理陈刚声明召开本次会议的目的是针对前期工作的小结并明确下一步的实施思路，他回顾了前期SHA事务局的人事变动，并基于工作考虑，宣布之后SHA和品质提升过程中任命西子电梯集团副总经理陈欣东为SHA总负责人。同时，为强化专业能力和实施保障，委任泉成都平信科技有限公司营运总监孟庆林负责管理电梯集团品质部和SHA事务局。

为进一步细化前期SHA的工作，SHA事务局负责人孟庆林向与会员解读了SHA实施方案。确定2013年度SHA的推进目标为条件符合性评价≥3分、产线精益质量改善幅度较同年8月提高≥30%，并将SHA实施阶段划为四阶段：一阶段（2013年9月-2013年12月）基础改造期，二阶段（2014年1月-2014年6月）全面展开期，三阶段（2014年7月-2014年12月）增效提升期，四阶段（2015年1月-2015年12月）平稳保持期。此外，他还从认知、技能、执行三个方面重新审视了当前SHA实施存在的问题，基于SHA以产品线和职能线展开的总体实施思路，更新相应组织机构和责任人，并定义分配各部门对应负责的SHA条款和2013年年底达成3分以上的风险度；同时，为明确责任归属，对各负责人的职责进行了详细解读；最后，他结合SHA实施绩效评估办法，就接下去SHA的实施方式从月度计划、自评月报告、实施会议、SHA事务局月度评价、专家组季度评估、供应商SHA实施、天津/成都工厂SHA实施七大方面——做了介绍。

随后，以电梯集团总经理陈刚为首，集团各职能线负责人和各工厂总经理分别上台签署了一阶段SHA目标责任书。责任书内承诺，在阶段一实施期间，将积极按照条款要求实施管理改进，并承诺达成阶段性目标。

日本品质专家光泽真人先生在会上发表点评，他要求各部门负责人必须负起责任，落实执行，并且强调SHA作为健康评估的意义在于通过正确的评估，时刻认识自己的不足并进行改善，才是管理的基本，真正地提升管理能力在于严格遵守和执行确定下来的规则。光泽先生对SHA负责人提出五点要求：一，各位负责人应首先主动学习SHA中所负责的内容，认真深入探索；二，根据工作需要定时召开特别培训，特别是技术部门；三，以改善提升水平为评估原则，因此自我学习实践从而能得出成果是很重要的；四，针对改进过程中不够努力的部门将提出告示，并指出问题点及改善建议；五，确定下来的相关标准必须全员遵守。最后，光泽先生重申实施SHA的目的是通过SHA打造西子的管理基础，建立西子的文化。

王水福董事长在会上对管理层作了重要讲话，正如早前在《西子报》上发表的《萝卜快了不洗泥》，从回顾空调、冰箱、洗衣机——"家庭三大件"走过的历程，反思电梯行业15年以后的前景，从而清醒认识自己应该做什么。此外，他还通过分享游戏故事，以管理者、中层干部和基层三者作比喻强调交流、培训与沟通。认为自己知道就好、自己接收就好、自己定成就好，是管理者常犯的错误，他要求管理者应当任思考如何在日常工作中将信息传达给基层员工、一线工人，进而提高自身管理水平。

最后，王董对SHA事务局的新任命表示赞同，并要求将精益制造和质量管理结合起来，在以电梯集团为典型做好SHA改进的基础上，继而逐渐拓展到其他公司，他希望管理层记住——中央强，中国强；领导强，企业强。

（西子电梯集团 周萍）

周萍：《明确责任　强化沟通——西子电梯集团召开SHA实施衔接沟通会》，来源：《西子报》2013年9月30日

明确责任　强化沟通
——西子电梯集团召开SHA实施衔接沟通会

（周萍　来源：《西子报》2013年9月30日）

2013年9月18日，西子电梯集团SHA实施衔接沟通会在优迈园区1幢3楼培训教室召开。西子联合董事长王水福、西子电梯集团总经理陈刚、集团各职能线负责人和孚信、优迈、富沃德、天津西子联合、成都孚信工厂等公司的总经理以及SHA推进成员参加了此次会议。

首先，西子电梯集团总经理陈刚说明了召开本次会议的目的是针对前期工作的小结并明确下一步的实施思路。他回顾了前期SHA事务局的人事变动，并基于工作考虑，宣布之后SHA和品质提升过程中任命西子电梯集团副总经理陈屹东为SHA总负责人。同时，为强化专业能力和实施保障，委任原成都孚信科技有限公司营运总监孟庆林负责管理电梯集团品质部和SHA事务局。

为进一步细化前期SHA的工作，SHA事务局负责人孟庆林向与会人员解读了SHA实施方案，确立2013年SHA的推进目标为条款符合性评价≥3分、产线精益质量改善幅度较同年8月底≥30%，并将SHA实施阶段规划为四阶段：一阶段基础改进期（2013年9月—12月）、二阶段全面展开期（2014年1月—6月）、三阶段绩效提速期（2014年7月—12月）、四阶段平稳保持期（2015年1月—12月）。此外，他还从认知、技能、执行力三个方面重新审视了当前SHA实施存在的问题后，在基于SHA以产品线和职能线展开的总体实施思路，更新相应组织机构和责任人，并定义分配各部门对应负责的SHA条款和2013年年底达成3分以上的风险度。同时，为明确责任到人，对各负责人的职责进行了详细解读。最后，他结合SHA实施绩效评估办法，就接下去SHA的实施方式从月度计划、自评报告、实施会议、SHA事务局月度评价、专家组季度评估、供应商SHA实施、天津/成都工厂SHA实施七大方面一一作了介绍。

随后，以电梯集团总经理陈刚为首，集团各职能线负责人和各工厂总经理分别上台签署了一阶段SHA目标责任书。责任书内承诺，在阶段一实施期间，将积极按照条

款要求实施管理改进，并承诺达成阶段性目标。

日本品质专家光泽直人先生在会上发表点评，他要求各部门负责人必须负起责任、落实执行，并且强调SHA作为健康评估的意义在于通过正确的评估，时刻认识自己的不足并进行改善，才是管理的基本，真正地提升管理能力在于严格遵守和执行确定下来的规则。光泽先生对各部门负责人提出五点要求：一、各位负责人应首先主动学习SHA中所负责的内容，认真深入探索；二、根据工作需要应定时召开特别培训，特别是技术部门；三、以改善提升水平为评估原则，因此自我学习实践从而能得出成果是很重要的；四、针对改进过程中不够努力的部门提出忠告，并指出问题点及改善建议；五、确定下来的相关标准必须全员遵守。最后，光泽先生重申实施SHA的目的是通过SHA打造西子的管理基础，建立西子的文化。

王水福董事长在会上对管理层作了讲话，从回顾空调、冰箱、洗衣机——"家庭三大件"走过的历程，反思电梯行业15年以后的前景，从而清醒认识自己应该做什么。此外，他还通过分享游戏故事，以管理者、中层干部和基层三者作比喻强调交流、培训与沟通的重要性。认为自己知道就好、自己接收就好、自己完成就好，这是管理者常犯的错误，他要求管理者应当经常思考如何在日常工作中将信息传递给基层员工、一线工人，进而提高自身管理水平。

最后，王水福董事长对SHA事务局的新任命表示赞同，并要求将精益制造和质量管理结合起来，在以电梯集团为典型做好SHA改进的基础上，继而逐渐拓展到其他公司，他希望管理层记住——中央强，中国强；领导强，企业强。

—西子联合奥林匹克技能大赛专栏—

没有一流的技工　就没有一流的产品
2013年西子联合奥林匹克技能大赛成功举办

12月14日，西子联合2013年度奥林匹克技能大赛在杭州市公共实训基地拉开帷幕。杭州市公共实训基地主任卢红华、杭州市技能鉴定指导中心办公室主任董农、江干区总工会副主席方伟、西子联合董事长王水福及各公司总经理以及裁判员、参赛选手共200余人参加了开幕式。

开幕式上，主持人首先分别介绍了来自各公司的参赛队伍，并进行参赛口号展示；随后，西子职工技能发展协会会长葛小青代表开幕词并简要介绍技能协会以及此次技能大赛的相关事宜；来自西子优迈的运动员代表与杭锅集团的裁判员代表进行宣誓，展现"公正、公平、公开"的比赛宗旨；最后，王水福董事长发表致辞并宣布西子联合奥林匹克技能大赛开幕。

本次技能大赛将持续两天，其中专业赛共设焊工、钳工、维修电工、加工中心操作工四个工种，八个竞赛组别，将理论考核与实践操作相结合；冷作钣金工、模具制造工作为兴趣赛分别在西子航空、西子紧固件厂区车间进行。其中，此次技能大赛的95位参赛选手是由各公司组织近800余人经过海选审核，直接推荐等方式进入到最终正赛。在奖励设置方面，专业赛奖励每组前6名，奖金分别为3000元、2000元、1000元、800元、600元、500元；兴趣赛奖励每组第一、二、三名，奖金为1500、1000、500元；此外，理论和擂台分数段即外达60以上的参赛选手，可申请获得相应工种的国家职业技能等级证书。

王水福董事长在致辞中首先指出三点：第一，现在社会，未来中国发展需要什么样的人才；第二，天才、专才、人才是如何炼成的；第三，作为企业，应当如何尽责社会责任。随后，他从这三方面阐述了西子举办此次技能大赛的因果关系。首先王董认为中国经过改革开放三十多年来的发展，社会消费水平产生的飞跃，从原来的供不应求到现在的供大于求。这就要求生产者需要适应社会发展变化，以品质为基础来实现差异化；同时社会消费观念也在不断改变——需要高档产品，而这都需要依靠我们的专业技能人才。王董给大家讲述了1985年卫加哥大学教育心理学教授皆明·布卢姆对天才关键因素的研究案例认为——专家并非天生，而是后天造就，要想成为出类拔萃的高手，没有任何捷径，需要付出极大的耐心和坚强的意志力，同时也离不开热心教学的师师以及助力相持的家人；最后，王董还表示我们对于专业技能人才的培养，并不仅仅是从企业发展的需要出发，更是从员工个人职业发展的需要出发，希望能为整个行业、整个社会提供合适的人才，这也是企业必须承担的社会责任之一。

西子联合奥林匹克技能竞赛的成功举办，相信一定会为公司广大职工搭建交流学习、切磋技艺、提高素质、展现风采的平台，调动公司广大职工学知识、练技能、强本领的积极性，最终培养造就一支适应现代经济社会发展需要特别是西子未来发展需要的结构合理、作风过硬、技术精湛的专业技工队伍，不断提升西子的核心竞争力，促进企业持续、健康、跨越发展！

（金剑）

2013西子联合奥林匹克技能大赛总结会圆满落幕

12月21日上午，2013年西子联合奥林匹克技能大赛总结会在位于杭州大江东的所西江子航空新厂区中举行。西子联合董事长王水福，西子航空总经理康景刚、西子职工技能发展协会会长葛小青，各竞赛组专家评委会以及所有参赛选手约一百余人参加了此次总结会。

总结会议程主要分为三部分：首先由协会会长葛小青同志通报本次技能大赛出勤情况、人员年龄层次分析和大赛获奖人员；随后，六个竞赛组的专家评委分别对各自的竞赛项目进行了详细的解读，从赛题的分析、工艺的探讨、个案点评到提问交流；所有在座的参赛人员仔细聆听评委们的讲解，更像是参加一门专业培训课程，而当他们回顾自己参赛的感受时，这样的体验也令他们更加印象深刻。随后，王董为到场的四位外部评委颁发了西子职工技能协会聘请专家聘书。

王董在总结会上讲话指出，他希望在座的一线工人都能认识到目前社会发展的机遇和危机——危机在于社会产业的发展必然带来机器设备的升级，必定会有人被机器所替代，而被取代的这些人必定就是只会简单操作、重复操作的普通工人；机遇在于在座的是西子技术工人中的精英，未来西子的车间主任、制造部长绝不会出自理论专业性强的学者，必须是有动手能力的人，因为再先进的设备也需要懂技术的人员去管理，所以他希望大家能认识机会、抓住机会，不断提高自己的专业技术水平。此外，王董还谈到了西子航空业的发展，航空是一定制造之花，对西子的技术工人提出了更高的要求，需要更多有动手能力的人，需要真正的高端技术人才，王董的定位是优秀部件供应商，这也是西子全球化、产品专业化、技能高端化战略发展的需要。最后，王董对所有一线技术工人提出要求，希望大家再接再厉，努力提高专业技能。

"磨刀不误砍柴工"，不管是竞赛还是总结会，目的都是在不断地找到差距与不足，不断提高、不断改进、不断突破、不断前行，这正是西子技能协会举办技能大赛的意义所在，也正如王董开幕式上所说的"技能大赛开幕，一百年后再结束"！

（蒋佳利）

高执行力成就团队
杭锅集团　吴如光

一个团队的好坏，就看它的氛围。氛围会影响每个团队成员的自身成长；而每个成员的自身表现，也会影响团队氛围的形成变化。要建设并维护团队良好的氛围，形成高执行力，积极的氛围。

在管理中上，有一个"破窗效应"。美国斯坦福大学心理学家菲利普·辛巴杜（Philip Zimbardo）于1969年进行了一项实验，他找来两辆一模一样的汽车，把其中的一辆停在加州帕洛阿尔托的中产阶级社区，而另一辆停在相对杂乱的纽约布朗克斯区。停在布朗克斯的那辆，他把车牌摘掉，把顶棚打开，结果当天就被偷走了。而放在帕洛阿尔托的那一辆，一个星期也无人理睬。后来，辛巴杜用锤子把那辆车的玻璃敲了个大洞。结果呢，仅仅过了几个小时，它就不见了。

一个良好的氛围也会成为一个小小的"破窗"而遭到全部破坏。因此，要下功夫，良根据平时对王朋所在团队的了解，这个团队积极向上的氛围是促进工作高效的重要因素，避免了破口的发生。

能力 + 态度 + 目标 = 执行力

高执行力不一定能带来高执行力。态度决定目标的渴望度，对能力的提升度。愿不愿意去执行，比能不能去执行更重要。有了态度，加上组织或者项目中任务所赋予的目标，人会磨炼练能力，提升自我。

能力来自于经验积累，经验积累来自于经历。经历来自于平时的磨练的机会。我所做的项目管理工作本质上是目标管理，而认，做任何事情，完成任何任务的时候，一定要清楚地知道目标所在。明确清晰的目标，可以帮助把握重点，控制节奏，提高工作效率，改进工作效果，达成是执行力的方向。

在王朋所在车间的看板上，可以清楚地看到每周的进度目标和每天的执行状态。更难能可贵的是整个团队都全力以赴朝着看板中的目标努力。为了完成目标，大家集思广益，从苦干到巧干，积极创新，就成了高加车间的高效性。

需要培养起"自律 + 顺从 + 自信"的态度

著名军事学校西点军校，曾培养出数千名将军，两位美国总统，诸多商界CEO，这跟其学校的治校方针不无关系。在西点军校中，有著名的二十四条规则，其中头两条分别是无条件服从和工作无借口。西点的学生们都经过了严格的纪律训练，使得他们能够在后来的事业中出人头地。部门团队也需要军队的自律，顺从与精神；同时，扎实的功底加上勇敢的进取就是自信的表现。

要有高执行力，必须要建立起自律，学会在团队中顺从，拥有自信。其实产品质量的保证，就是在于自律，技术、标准的自律和顺从，以及自己言行的自信。一个真正的自律、顺从、自信的团队，一定能够创造出良好的绩效。这在高加车间马来西亚高加、低功率产品制造时，接管一次性合格、穿管一次性通过、督校对管子焊缝一次合格等事实面前充分得到验证。

要将个人的发展融入到团队之中，要有团队归属感

新龟兔赛跑的故事告诉我们，当今社会，不再是英雄独霸的时代，而是靠团队协作取得成功。一个人的成长和发展，离不开其所在的团队和归属感，一个团队的平台越大，个人的成长空间更大。所以，我们需要对自己所在的团队有认同感和归属感，要自觉主动地去维护团队规定和制度，关心才能分享。

在与王朋的交谈中，我明显可以感受到他对杭锅这个大家庭的深厚情感，这就是一种认同感和归属感，而这弥足珍贵的情感是金钱买不到的。同时，彼此间给予一种肯定和认可，少一点拉扯与推诿，一定程度上也是增强团队认同感和归属感的有力方式，有助于形成团队的高执行力，发挥出企业核心竞争力的优势。

改变观念，从点滴小事做起，细节存在于我们身边的每一件小事之中。严格遵守工作时间，上班不迟到，下班不早退，不因私事影响工作，包括生活细节是细节；节约一滴水、一张纸、一度电，准时提交关门的习惯是细节；对于所提供的数据、撰写的文章、产品的工艺指标都能做到精益求精是细节；对经手的事，从时间、地点的确认、到准备什么、如何应对都有全盘考虑是细节；制造中减少跑、冒、滴、漏，实现安全无事故、设备无故障、装置长周期运行是细节；从对每一个工艺指标的变化，每一台设备的维护及运行情况都能细心中有数，这些都是细节。当养成关注细节的习惯后，你就会发现，无论待人接物，还是工作进展，都会顺手伸多，效率也会大大提高。

全民疯狂的"双11"已过去，短短的24小时，阿里巴巴创造了超过350亿的成交额，李克强总理在与云面谈中提到：质量和信誉必须保证。

质量是企业的生命，以修养业、以质取胜，每个人都耳熟能详；可是如何做到以质取胜，如何生产出客户满意的产品，我想单凭我们的能力是不够的。更多的取决于细节的管理、员工的责任。正所谓细节决定完美、责任胜于能力。

尽管大家对细节的重要性也有非常深刻的认识，然而能够真正做到的人不多。从各项检查报告反映的不合格情况来看，其实大家在日常工作中遇到的事情都很微小，比如材料填报无序、车间内放置的管子无标识等等，但正是这些小细节上的缺陷最终影响到了我们的产品质量。

培养注重细节的习惯，是个人与企业共同发展的必然要求，我们可以以下几方面着手。

改变观念，从点滴小事做起，细节存在于我们身边的每一件小事之中。重在坚持。细节是一种思维与行动意识的高效结合，在日常工作中有一段时间能做了订认真执着，一段时间又无法，这样就无法真正养成注重细节的好习惯。习惯的培养关键是"曲不离口、拳不离手"，这对"苇编三绝"，最终实现"百炼成钢"的人才能彰显。一旦养成良好的细节习惯，就不会再被短期意愿持好习惯与纠正坏习惯的矛盾心情所累，相反即种水到渠成，收放自如的自觉能力会让你不轻松松处中人一等。

作为一名企业的员工，除了能力、技术外，不可或缺的是那份责任心。比如我们的岗位王朋，他的这份责任心就深深感染了我，没有不下的工作，只有不负责任的员工。"工作意味着责任，责任必须落实"，"责任不分大小，关键在于是否落实"。落实责任，是每一位员工最基本的职责"。因此，一个企业真正需要的是既有能力又有责任心，又能在工作中完美落实责任的人。

工作无小事，细节定成败，用心才能见微知著。

杭锅集团　张美蓉

细节决定完美　责任胜于能力

金剑：《没有一流的技工　就没有一流的产品——2013年西子联合奥林匹克技能大赛成功举办》，来源：《西子报》2014年1月1日

没有一流的技工 就没有一流的产品
——2013年西子联合奥林匹克技能大赛成功举办

(金剑 来源：《西子报》2014年1月1日)

12月14日，西子联合2013年度奥林匹克技能大赛在杭州市公共实训基地拉开帷幕。杭州市公共实训基地主任卢红华、杭州市技能鉴定指导中心办公室主任董左、江干区总工会副主席方伟、西子联合董事长王水福及各公司总经理以及裁判员、参赛选手共200余人参加了开幕式。

开幕式上，主持人首先分别介绍了来自各公司的参赛队伍，并进行参赛口号展示。随后，西子职工技能发展协会会长葛小青发表开幕词并简要介绍技能协会以及此次技能大赛的相关事宜。来自西子优迈公司的运动员代表与杭锅集团的裁判员代表进行宣誓，展现"公正、公平、公开"的比赛宗旨。最后，王水福董事长发表致辞并宣布西子联合奥林匹克技能大赛开幕。

本次技能大赛将持续两天，其中专业赛共设焊工、钳工、维修电工、加工中心操作工4个工种、8个竞赛组，将理论考核与实践操作相结合；冷作钣金工、模具制造工作为兴趣赛分别在西子航空公司、西子紧固件公司的厂区车间进行。其中，此次技能大赛的95位参赛选手是由各公司组织近800人经过海选审核、直接推荐等方式进入到最终正赛的。在奖励设置方面，专业赛奖励每组前6名，奖金分别为3000元、2000元、1000元、800元、600元、500元；兴趣赛奖励每组第一、二、三名，奖金为1500元、1000元、500元。此外，理论和操作分数同时达60分以上的参赛选手，可申请获得相应工种的国家职业技能等级证书。

王水福董事长在致辞中首先指出三点：第一，现在社会、未来中国发展需要什么样的人才；第二，天才、专才、人才是如何炼成的；第三，作为企业，应当如何尽到社会责任。随后，他从这三方面阐述了西子举办此次技能大赛的来龙去脉，他首先认为中国经过改革开放30多年来的发展，社会消费水平产生质的飞跃，从原来的供不应求到现在的供大于求，这就要求生产者需要适应社会发展变化，以品质为基础来实现差异化。同时社会消费观念也在不断改变——需要中高档产品，而这都需要依靠我们的专业技能人才。王水福董事长在给大家讲述了1985年芝加哥大学教育学教授本杰明·布鲁姆对天才关键因素的研究案例后认为：专家并非天生，而是后天造就的，要想成为出类拔萃的高手，没有任何捷径，需要付出极大的耐心和坚强的意志力，同时也离不开热心教学的明师以及鼎力相持的家人。最后，王水福董事长还表示我们对于专业技能人才的培养，并不仅仅是从企业发展的需要出发，更是从员工个人职业发展的需要出发，希望能为整个行业、整个社会提供合适的人才，这也是企业必须承担的社会责任之一。

西子联合奥林匹克技能竞赛的成功举办，相信一定会为公司广大职工搭建交流学习、切磋技艺、提高素质、展现风采的平台，调动公司广大职工学知识、练技能、强本领的积极性，最终培养造就一支适应现代经济社会发展需要特别是西子未来发展所需的结构合理、作风过硬、技术精湛的专业技工队伍，不断提升西子的核心竞争力，促进企业持续、健康、跨越发展！

西子联合奥林匹克技能大赛专栏

没有一流的技工 就没有一流的产品
2013年西子联合奥林匹克技能大赛成功举办

12月14日，西子联合2013年度奥林匹克技能大赛在杭州市公共实训基地拉开帷幕。杭州市公共实训基地主任户红华、杭州市技能鉴定指导中心办公室主任董左、江干区总工会副主席方伟、西子联合董事长王水福及各公司总经理以及裁判员、参赛选手共200余人参加了开幕式。

开幕式上，主持人首先分别介绍了来自各公司的参赛队伍，并进行参赛口号展示；随后，西子职工技能发展协会会长葛小青宣发告开幕词并简要介绍技能协会以及此次技能大赛的相关事宜；来自西子优迈的运动员代表与杭锅集团的裁判员代表进行宣誓，展现"公正、公平、公开"的比赛宗旨；最后，王水福董事长发表致辞并宣布西子联合奥林匹克技能大赛开幕。

本次技能大赛将持续跨两天，其中专业赛共设焊工、钳工、维修电工、加工中心操作工四个工种，八个竞赛组，将理论等试与实践操作相结合；冷作钣金工、模具制造工作为兴趣赛分别在西子能它、西子紧固件厂区车间进行。其中，此次技能大赛的95位参赛选手是由各公司组织近800余人经过海选审核、直接推荐等方式进入到最终正赛的。在奖励设置方面，专业赛奖励各组前6名，奖金分别为3000元、2000元、1000元、800元、600元、500元；兴趣赛奖励前第一、二、三名，奖金为1500、1000、500元；此外，理论和操作分数加起60以上的参赛选手，可申请获得相应工种的国家职业技能等级证书。

王水福董事长在致辞中首先指出三点：第一、现在社会，未来中国发展需要什么样的人才；第二，天才、专才，人才是如何炼成的；第三，作为企业，应当如何尽社会责任。随后，他从这三方面阐述了西子举办此次技能大赛的因果关系。首先王董认为改革开放三十多年来的发展，社会消费水平产生质的飞跃，从原来的供不应求到现在的供大于求，这就要求生产者需要适应社会发展变化，以品质为基础来实现差异化；同时社会消费观念也在不断改变——需要高档产品，而这都需要依靠我们的专业技能人才。王董给大家讲述了1985年芝加哥大学教育学教授 Philip Zimbardo 布卢姆对天才关键因素的研究案例认为——专家并非天生，而是后天造就，要想成为出类拔萃的高手，没有任何捷径，需要付出极大的耐心和坚强的意志力，同时也离不开热心教学的师傅以及志同道合的家人；最后，王董还表示我们对于专业技能人才的培养，并不仅仅是从企业发展的需要出发，更是从员工个人职业发展的需要出发，希望能为整个行业、整个社会提供合适的人才，这也是企业必须承担的社会责任之一。

西子联合奥林匹克技能竞赛的成功举办，相信一定会为公司广大职工搭建交流学习、切磋技艺、提高素质、展现风采的平台，调动公司广大职工学知识、练技能、强本领的积极性，最终培养造就一支适应现代经济社会发展需要特别是西子未来发展所需的结构合理、作风过硬、技术精湛的专业技工队伍，不断提升西子的核心竞争力，促进企业持续、健康、跨越发展！

（金剑）

2013 西子联合奥林匹克技能大赛总结会圆满落幕

12月21日上午，2013年西子联合奥林匹克技能大赛总结会在位于杭州大江东的浙江西子航空新厂区内举行。西子联合董事长王水福、西子航空总经理唐敬洲、西子职工技能发展协会会长葛小青、各竞赛组专家评委以及所有参赛选手约一百余人参加了此次总结会。

总结会议程主要分为三部分：首先由协会会长葛小青同志通报本次技能大赛出勤情况、人员年龄层次分析和大赛获奖人员；随后，六个竞赛组的专家评委分别对各自的竞赛项目进行了详细的解读。从赛题的分析、工艺的探讨、个案点评到报问交流；所有在座的参赛人员仿佛又听评委们的讲解，更能参加一门专业培训课程，而当他们回顾自己参赛的感受时，又恰似那场大赛重新回忆重现。随后，王董为到场的四位外部评委颁发了西子职工技能协会特聘专家聘书。

王董在总结会上讲话指出，他希望在座的一线工人都能认识到目前社会的发展和危机——危机在于社会产业的发展必然带来机器设备的升级，必定会有人被机器代替，而被取代的这些人必定就是只会简单操作、重复操作的普通工人；机遇在于在座的都是西子技术工人中的精英，未来西子的车间主任、制造部长绝不会出自理论专业性强的学者，必须是有动手能力的人，因为手先进的设备也需要懂技术的人员去管理，所以他希望大家能认识机会，抓住机会，不断提高自己的专业技术水平。此外，王董还谈到了西子航空业的发展，航空是工业制造之花，对西子的技术工人提出了更高的要求，需要更多有动手能力的人，需要真正的高端技术工人，要的定位是优秀部件供应商，这也是西子全球化、产业专业化、技能高端化战略发展的需要。最后，王董对所有一线技术工人提出要求，希望大家再接再厉，努力提高专业技能，

"磨刀不误砍柴工"，不管是竞赛还是总结，目的都是在不断地找到差距与不足，不断提高、不断改进、不断突破、不断前行，这正如在开幕式上所说的"技能大赛开幕，一百年后再结束"！

（蒋佳利）

高执行力成就团队
杭锅集团 吴如光

一个团队的好坏，就看它的氛围。氛围会影响每个团队成员的自身成长；而每个成员的自身表现，也会影响团队的形成变化。要建设并维护团队良好的氛围，形成高执行力、积极的氛围。

在管理学上，有一个"破窗效应"。美国斯坦福大学心理学家菲利普·辛巴杜（Philip Zimbardo）于1969年进行了一项实验，他找来两辆一模一样的汽车，把其中一辆停在加州帕洛阿尔托的中产阶级社区，而另一辆停在相对杂乱的纽约布朗克斯区。停在布朗克斯的那辆，他把车牌摘掉，把顶棚打开，结果当天就被偷走了。而放在帕洛阿尔托的那一辆，摆了一周仍无人问津。后来，辛巴杜用锤子把那辆车的玻璃敲了个大洞。结果嘛，仅仅过了几个小时，它就不见了。

一个良好的氛围就是因为一个小小的"破窗"而遭到全部破坏。因此，要千万避免。根据平时对王胡所在团队的观察，一个团队积极向上的氛围是促进工作高效的重要因素，避免了破窗的发生。

能力 + 态度 + 目标 = 执行力

高执行力不一定能带来高执行力。态度决定对目标的渴望度，对能力的提升度。愿不愿意去执行，比能不能去执行更重要。有了执行力，加上组织或者项目中任务所赋予的目标，人会锻炼能力，提升自我。

能力来自于经验积累。经验积累来自于经历，经历来自于可以去行动的机会。我所做的项目管理工作本身上是品行管理、做好每件事情，完成任何任务的时候，一定要清楚地知道目标所在。明确清晰的目标，可以帮助你把握重点，抓紧节奏，提高工作效率，改进工作效果，这都是执行力的体现。

在王胡所在车间的看板上，可以清楚地看到每周的进度目标及每月的执行任务，更难能可贵的是整个团队都倾全力以赴努力着每个月的目标努力，为了完成目标，从苦干到巧干，

积极创新，成就了高加车间的高效性。

需要培养起"自律 + 顺从 + 自信"的态度

著名军事学校西点军校，曾培养出数千名将军、两位美国总统，诸多商界CEO，这跟其学校的治校方针不无关系。在西点军校中，有著名的十条准则，其中头两条分别是无条件服从和工作无借口。西点的学生们都经过了严格的纪律约束，使得他们能够在后来的事业中出人头地。部门团队也需要有军队的自律、顺从精神；同时，扎实的功底加上勇敢的进取就是自信的表现。

要有高执行力，必须要建立起自律，学会在团队中顺从，拥有自信。其实产品质量的保证，就是在于人对工艺、技术、标准的自律和顺从，以及对自己自信的自信。一个真正自律、顺从、自信的团队，一定能够创造出良好的绩效，这在高加马家西至高加、低加产品制造时，接管一次性合格、穿管一次性通过、管板穿管子焊接一次性合格等事实而又充分得到验证。

要将个人的发展融入到团队之中，要有团队归属感

新龟兔赛跑的故事告诉我们，当今社会，不再仅是英雄独霸的时代，而是靠团队协作取得成功。一个人的成长和发展，离不开其所在团队的成长和发展，团队的平台越大，个人的成长空间才更大。所以，我们需要对自己所在的团队有认同感和归属感，要自觉主动地去维护团队规范和制度，尽心尽责去做。

在与王胡的交谈中，我明显可以感受到他对杭锅与子大家庭的深厚情感，这就是一种认同感和归属感。而这种足珍贵的情感是金钱买不到的。有时候，被此间给予一种肯定和认可，少一点挑拣与推诿，一定程度上也是增强团队认同感和归属感的有力方式，有助于形成团队的高执行力，发挥出企业核心竞争力的效果。

全民疯狂的"双11"已过去，短短的24小时，阿里巴巴创造了超过350亿的成交额，李克强总理在与马云面谈中提到：质量和信誉必须保证。

质量是企业的生命，以精益为心，以质取胜，每个人都耳熟能详；可是如何做到以质取胜，如何生产出客户满意的产品，我想单凭技术与能力是不够的，更多的取决于细节的管理、员工的责任。正所谓细节决定完美，责任胜于能力。

尽管大家对细节的重要性也有非常深刻的认识，然而能够真正做到的人则不多。从各项检查报告反映的不合格情况来看，其实大家本日常工作中的许多事情都很微小，比如材料堆放无序、车间内放置的管子无标识等等，但正是这些小细节上的缺陷最终影响到我们的产品质量。

培养注重细节的习惯，是个人与企业共同发展的必然要求，我们可以以下几方面去着手：

改变观念。从点滴小事做起，细节存在于我们身边的每一件小事之中。严格遵守工作时间、上班不迟到、下班不早退、不因私事影响工作、良好的工作态度是细节；节约一滴水、一张纸、一度电、不随手关灯、关门是细节；而我们具体的数据、撰写的文章、产品的工艺指标都能做到没有差错是细节；对待手中的工作，从时间、地点的确认、到准备什么、如何应对都有全盘考虑是细节；制造中减少跑、冒、滴、漏、实现安全无事故、设备无故障、装置长周期运行是细节；对每一个工艺指标的变化、每一台设备的维护及运行情况都能做到心中有数，这些都是细节。当养成关注细节的习惯后，你就会发现，无论待人接物，还是工作进展，都会顺手多多，效率也会大大提高。

重在坚持。细节是一种思维与行动意识的高效组合，在日常工作中有一些人一段时间做到了认真执着，过一段时间又松懈了。这样就无法真正养成注重细节的好习惯。习惯的培养经过"曲不离口、拳不离手"，经过"锲而不舍、金石可镂"，最终实现"百炼成钢"的过程。一旦养成良好的细节习惯，就会坚持好习惯与纠正坏习惯的矛盾心情所带来的痛苦；养成自如的自控能力会让你干轻轻松松中甚人一种。

作为一名企业的员工，除了能力、技术外，不可或缺的就是那份责任心。比如我们的同事与朋友，他是这份责任心就深地感染了我。没有不负责任的工作，只有不负责任的员工。"工作意味着责任，责任必须落实"。"责任不分大小，关键在于落实"。没有实一切都是空谈"，"落实责任是每一位员工最基本的职责"。因此，一个企业真正需要的是既具有责任心，又能在工作中完美表责任的人。

工作无小事，细节定成败，用心才能吃微知著。

细节决定完美 责任胜于能力
杭锅集团 张美蓉

蒋佳利：《2013西子联合奥林匹克技能大赛总结会圆满落幕》，来源：《西子报》2014年1月1日

2013西子联合奥林匹克技能大赛总结会圆满落幕

(蒋佳利 来源:《西子报》2014年1月1日)

12月21日上午,2013年西子联合奥林匹克技能大赛总结会在位于杭州大江东的浙江西子航空新厂区内举行。西子联合董事长王水福、西子航空公司总经理唐景洲、西子职工技能发展协会会长葛小青、各竞赛组专家评委以及所有参赛选手约100人参加了此次总结会。

总结会议程主要分为三部分:首先由协会会长葛小青通报本次技能大赛出勤情况、人员年龄层次分析和大赛获奖人员。随后,6个竞赛组的专家评委分别对各自的竞赛项目进行了详细解读,从赛题的分析、工艺的探讨、个案点评到提问交流;所有在座的参赛人员仔细聆听评委们的讲解,更像是参加一门专业培训课程,而当他们回顾自己参赛的感受时,这样的体验也令他们更加印象深刻。随后,王水福董事长为到场的4位外部评委颁发了西子职工技能协会特聘专家聘书。

王水福董事长在总结会上讲话指出,他希望在座的一线工人都能认识到目前社会发展的机遇和危机——危机在于社会产业的发展必然带来机器设备的升级,必定会有人被机器代替,而被取代的这些人必定就是只会简单操作、重复操作的普通工人。机遇在于在座的都是西子技术工人中的精英,未来西子的车间主任、制造部部长绝不会出自理论专业性强的学者,必须是有动手能力的人,因为再先进的设备也需要懂技术的人员去管理,所以他希望大家能认识机会、抓住机会,不断提高自己的专业技术水平。此外,王水福董事长还谈到了西子航空业的发展,航空是工业制造之花,对西子的技术工人提出了更高的要求,需要更多有动手能力的人,需要真正的高端技术工人。西子的定位是优秀部件供应商,这也是西子全球化、产品专业化、技能高端化战略发展的需要。最后,王水福董事长对所有一线技术工人提出要求,希望大家再接再厉,努力提高专业技能,同时西子也会尽力为一线工人搭建最好的技术培养平台。

"磨刀不误砍柴工",不管是竞赛还是总结会,目的都是在不断地找到差距与不足,不断提高、不断改进、不断突破、不断前行,这正是西子技能协会举办技能大赛的意义所在,也正如王水福董事长在开幕式上所说的"技能大赛开幕,一百年后再结束!"

新春致辞

品质取胜的时代来到了

西子联合董事长 （签名）

各位西子同仁，大家好！

2013年，GDP增长连创新低、工业产能过剩、需求疲软、订单不足，中国制造面临严峻挑战。

我们西子人，万众一心、努力拼搏，在困难面前越战越勇，2013年集团销售收入再创新高，突破220亿，经营利润和上交税收也稳定增长。

我本人，同时代表西子联合董事会，向辛苦了整整一年、为西子的健康发展做出贡献的各位同仁，表示衷心的感谢！大家辛苦了，是你们的劳动和汗水，创造了西子的业绩和辉煌，谢谢你们！

此外，让我特别高兴的是通过职工技能比赛，包括电焊、钳工、电工、钣金冷作、数控机加和模具在内六个工种的46名技术工人获得了大奖，我向你们表示热烈祝贺！这是西子优秀技术工人的卓越代表，发挥你们的一技之长，一定能更好地完成生产任务和提高产品品质。由于你们的努力，我相信未来我们西子生产的可以替代进口的产品和其他高档产品，必然会像义乌小商品那样畅销全球！

展望2014年，我信心百倍，虽然明年企业经营还会碰到各种困难和挑战，但没有人能够阻挡我们西子人的前进步伐！

首先，中共十八大三中全会做出了深化经济体制改革的决定，7年时间60条改革措施，要把中国建设成为一个市场经济国家，并且使全国人民的收入大幅提高，向中等发达国家迈进。三中全会决定和深化改革，为中国经济的发展指明了方向、提供了动力！

第二，我们西子选择的产业、我们从事的事业，符合未来经济社会以及时代的发展潮流，未来势头看涨。

俗话说，男怕入错行。幸运的是，我们西子选择的行当都很好。

电梯产业，从1978年的一万台，到今年年底保有量300多万台，增长了300倍。随着城市化推进，未来10年，这个产业还会向上发展。因此，我们的合资企业西子奥的斯，将继续作为中国电梯行业的领军企业领跑行业，我们的零部件板块，在保持全国、全世界规模最大的同时，将努力成为最优最强的零部件供应商！

锅炉产业，我们主要从事清洁能源、节能减排。现在空气差、雾霾严重、工业能耗高，这些问题已经到了非解决不可的时候。明年开始，政府要实行PM2.5减排考核，会花大力气治理全国、建设美丽中国，所以，清洁能源、节能减排这个产业刚刚起步，方兴未艾！

航空产业，西子也是刚刚进入，但这个世界上，还有85%的人口没有坐过飞机。另外，美国现在有2万多个机场，我们中国已经建成的，也就200个；美国有20万架通用飞机，我们只有1000多架。随着人均收入达到中等收入水平以后，每人一年坐飞机出国旅游一次是很正常的，那么大家想一想，中国这么多人出国旅游，需要多少飞机？！航空产业的这个市场有多大、这个饼有多大？！所以，现在做航空，相当于我们1981年开始做电梯！

还有西子的现代服务业，房产和百货也是很有前途的产业。西子IUK立体停车产业，更是大家公认的朝阳产业。现在城市停车位稀缺、价格飞涨，而立体停车库造价相对便宜，又节约城市土地，所以这个产业的兴旺发展是必然的。

所以，我们西子选对了行，只要坚定不移地走下去，前途是十分光明的。当然我们不仅选对了行，而且还选对了合作伙伴，我们努力与世界500强合作，与行业中最优秀的企业合作，如电梯跟OTIS合资、锅炉跟美国GE、德国西门子、法国阿尔斯通等500强合作，立体车库跟日本IUK合资、航空跟中国商飞、加拿大庞巴迪、欧洲空客、美国波音等合作，我们站在巨人的肩膀上成长。

第三，我们西子具备许多竞争优势，使我们在经济转型升级的过程中，机会大于风险。譬如，西子30多年诚信经营，积累了较高的社会信用；我们整个集团稳健经营，始终保持财务健康，"手中有粮，心中不慌"；我们有多年的技术积累，杭锅58年余热锅炉生产工艺和技术、西子30多年的电梯生产工艺和技术；持续推行10多年的精益生产管理，在2011年制定了西子提升产品品质的五年规划，在一年前又升级到SHA品质管理等。所有这些，都为西子的转型升级做好了准备。

十八届三中全会决定，中国经济要从追求GDP的增长速度转变为提高经济增长的质量。这样，一个以质量取胜的年代来到了，我们西子这几年在提升产品品质方面所做的准备和努力，不仅不会白费，而且正是"适逢其时"。随着三中全会改革措施的落实和《特种设备安全法》的实施，明年应该是我们西子"十年磨一剑、扬眉剑出鞘"，是在以质取胜、提升品牌上大有作为的一年！

为迎接质量取胜时代的到来，2014年我们西子需要在以下几个方面，做出重要部署和工作安排：

一、全面贯彻《特种设备安全法》，将挑战转变为机遇。2014年1月1日起《特种设备安全法》正式实施，西子的制造业板块——电梯、锅炉、管道压力容器、立体车库、起重机等，几乎都在其中，我们一定要学好法，更要全方位执行。《特种设备安全法》的实施条例中，譬如对电梯缺陷产品实行召回制度，是一个很大的挑战，但对西子电梯零部件企业来说，应该是机遇大于挑战。因为有缺陷的产品必须召回，那么整梯企业就不会继续采用最低价中标的制度来进行零部件的采购，那些以低价低质竞争的企业就会被迫退出，这是电梯零部件行业优胜劣汰的开始，也是我们的机会。所以，我们要借《特种设备安全法》的东风，一方面提升自身的产品品质和服务，另一方面扩大中高端市场。

二、继续推进供应商健康评估（SHA），品质管理更上一层楼。SHA是我们原来实施的精益生产的升级版，推行一年来，取得了显著进步。2014年我们仍然要坚持不懈地实施下去，尤其是品质管理。另外，我个人每个月会对各个企业的进步和存在的问题进行一次评估。

三、加大研发投入和设备更新，保持和发挥领先优势。我们的许多产品，如杭锅的余热锅炉、地铁盾构、富沃德的电梯主机、IUK塔式车库，技术和品质在全国是领先的。但是，我们要继续加大研发投入，加快设备更新，使用更多的机器人，只有这样，才能保持和发扬我们在行业和产品方面的领先优势、扩大市场份额。

四、加强技术工人培训和队伍建设，一流的工人制造一流的产品。一支稳定的技术工人队伍，是企业的立足之本。一流的产品，靠一流的高素质熟练工人来制造。所以，我们要加强技术工人的培训和队伍建设，并且从生活上关心他们，把职工公寓建设好、管理好。

五、加快航空企业的资质认证和批量生产，上规模出效益。西子航空产业，是我们正在培育的新兴产业，投入几年，打好基础是必需的。随着大江东工厂的开工、航空紧固件研发取得突破，2014年开始，就是上资质、上批量、出效益的时候了，所以，西子航空板块要实行从科研到生产、从建设及小批量试制到批量生产的转变，迎接航空产业的起飞。

展望2014年，我对西子联合的前景充满期待和信心。祝愿所有西子同仁2014年健康快乐、马到成功！

王水福：《品质取胜的时代来到了》，来源：《西子报》2014年1月15日

2014年新春致辞

品质取胜的时代来到了

（王水福　来源：《西子报》2014年1月15日）

各位西子同仁，大家好！

2013年，GDP增长连创新低、工业产能过剩、需求疲软、订单不足，中国制造面临严峻挑战。

2013年，我们西子人万众一心、努力拼搏，在困难面前越战越勇，集团销售收入再创新高，突破220亿元，经营利润和上缴税收也稳定增长。

我本人，同时代表西子联合董事会，向辛苦了整整一年、为西子的健康发展作出贡献的各位同仁，表示衷心的感谢！大家辛苦了，是你们的劳动和汗水，创造了西子的业绩和辉煌，谢谢你们！

此外，让我特别高兴的是通过职工技能比赛，包括电焊、钳工、电工、钣金冷作、数控机加和模具在内6个工种的46名技术工人获得了大奖，我向你们表示热烈祝贺！你们是西子优秀技术工人的卓越代表，发挥你们的一技之长，一定能更好地完成生产任务和提高产品品质。由于你们的努力，我相信未来我们西子生产的用以替代进口的产品和其他高档产品，必然会像义乌小商品那样畅销全球！

展望2014年，我信心百倍，虽然明年企业经营还会碰到各种困难和挑战，但没有什么能够阻挡我们西子人的前进步伐！

第一，中共十八届三中全会作出了深化经济体制改革的决定，7年时间60条改革措施，要把中国建设成为一个市场经济国家，并且使全国人民的收入大幅提高，向中等发达国家迈进。三中全会决定和深化改革，为中国经济的发展指明了方向、提供了动力。

第二，我们西子选择的产业、我们从事的事业，符合未来经济社会以及时代的发展潮流，未来势头看涨。

俗话说"男怕入错行"，幸运的是，我们西子选择的行当都很好。在电梯行业，从1978年的1万台，到今年年底保有量300多万台，增长了300倍。随着城市化推进，未

来10年，这个产业还会向上发展。因此，我们的合资企业西子奥的斯公司，将继续作为中国电梯行业的领军企业领跑行业；我们的零部件板块在保持全国、全世界规模最大的同时，我们的公司将努力成为最优最强的零部件供应商！

在锅炉产业，我们主要从事清洁能源、节能减排的业务。现在雾霾严重、工业能耗高，这些问题已经到了非解决不可的时候。明年开始，政府要实行$PM_{2.5}$减排考核，会花大力气治理各种污染，建设美丽中国，所以清洁能源、节能减排这个刚刚起步的产业方兴未艾！

在航空产业，西子也是刚刚进入。世界上还有85%的人口没有坐过飞机。另外，美国现有2万多个机场，我们中国已经建成的也就200个左右；美国有20万架通用飞机，我们只有1000多架。随着人均收入达到中等收入水平以后，每人一年坐飞机出国旅游一次是很正常的。那么，大家想一想，中国有这么多人要出国旅游，需要多少架飞机？航空产业的这个市场有多大？所以，现在做航空产业，相当于我们1981年开始做电梯产业！

还有西子的现代服务业、房产和百货也是很有前途的行业。特别是西子的IUK立体停车产业，更是大家公认的朝阳产业。现在城市停车位稀缺、停车价格飞涨，而立体停车库造价相对便宜，又节约城市土地，所以这个产业的兴旺发展是必然的。

所以，我们西子选对了行，只要坚定不移地走下去，前途是十分光明的。当然我们不仅选对了行，而且还选对了合作伙伴，我们努力与世界500强企业合作，与行业中最优秀的企业合作，如在电梯行业跟奥的斯公司合资，在锅炉行业跟美国的GE、德国的西门子、法国的阿尔斯通等世界500强企业合作，在立体车库行业跟日本的IHI株式会社合资，在航空领域跟中国的商飞、加拿大的庞巴迪、欧洲的空客、美国的波音等企业合作，我们是站在巨人的肩膀上成长的。

第三，我们西子具备许多竞争优势，使得我们在经济转型升级的过程中，机会大于风险。西子30多年来的诚信经营，积累了较高的社会信用；整个集团的经营稳健，始终保持财务健康；我们有着多年的技术积累，如杭锅集团58年的余热锅炉生产工艺和技术、西子30多年的电梯生产工艺和技术；我们持续推行了10多年的精益生产管理，在2011年制订了西子提升产品品质的五年规划，并在一年前将精益生产管理升级到SHA品质管理；等等。所有这些都为西子的转型升级做好了准备。

党的十八届三中全会决定，中国经济要从追求GDP的增长速度转变为提高经济增长的质量。一个以质量取胜的年代就要来了，我们西子这几年在提升产品品质方面所做的准备和努力，不仅不会白费，而且是适逢其时。随着十八届三中全会改革措施的落实和《中华人民共和国特种设备安全法》（以下简称《特种设备安全法》）的实施，明年应该是我们西子"十年磨一剑,扬眉剑出鞘"的一年,是在以质取胜、提升品牌上大有作为的一年!

为迎接以质量取胜时代的到来,2014年,我们西子需要在以下几个方面作出重要部署和工作安排:

一、全面贯彻《特种设备安全法》,将挑战转变为机遇。2014年1月1日起,《特种设备安全法》正式实施,与西子的制造业板块——电梯、锅炉、管道压力容器、立体车库、起重机等几乎都有关联,所以我们一定要学好法,更要全方位执行。根据《特种设备安全法》,国家建立缺陷特种设备召回制度,但对西子的电梯零部件生产企业来说,应该是机遇大于挑战。因为有缺陷的产品必须被召回,那么整梯企业就不会继续采用最低价中标的方式采购零部件,那些以低价低质开展竞争的企业就会被迫退出,这是电梯零部件行业优胜劣汰的开始,也是我们的机会。所以,我们要借《特种设备安全法》实施的东风,一方面提升自身的产品品质和服务,另一方面扩大中高端市场。

二、继续推进供应商健康评估(SHA),让品质管理更上一层楼。SHA是我们原来实施的精益生产的升级版,推行一年来,取得了显著效果。2014年,我们仍然要坚持不懈地实施下去。另外,我个人每个月会对各个企业的进步和存在的问题进行一次评估。

三、加大研发投入和设备更新,保持和发挥领先优势。我们的许多产品,如杭锅集团的余热锅炉、地铁盾构机,富沃德公司的电梯主机、IUK塔式车库,其技术和品质在全国都是领先的。但是,我们要继续加大研发投入,加快设备更新,使用更多的机器人,只有这样,才能保持和发扬我们在行业和产品方面的领先优势,从而扩大市场份额。

四、加强技术工人培训和队伍建设。一流的工人制造一流的产品,一支稳定的技术工人队伍是企业的立足之本。一流的产品,靠一流的高素质熟练工人来制造。所以,我们要加强技术工人的培训和队伍建设,并且从生活上关心他们,把职工公寓建设好、管理好。

五、加快航空企业的资质认证和发展,实现上规模、出效益的目标。航空产业,是我们西子正在培育的新兴产业,打好基础是必须的。随着大江东工厂的开工、航空紧固件研发取得突破,从2014年开始,就是该产业上资质、上批量、出效益的时候了。所以,西子航空板块要实行从科研到生产、从建设及小批量试制到批量生产的转变,迎接航空产业的起飞。

展望2014年,我对西子联合的前景充满期待和信心。祝愿所有西子同仁在2014年健康快乐、马到成功!

做踏实肯干的西子一线人
——西子职工技能发展协会召开第一次会员交流会

本报讯 2月15日,西子职工技能发展协会第一次会员交流会在西子联合大厦举行。四位外部专家与15名首批技能协会会员应邀参加。出席会议的还有西子联合董事长王水福、西子联合大学执行副校长苏正芬、西子航空副总经理陈永拓、协会会长葛小青等。

会议首先进行了简单而庄重的会员颁证仪式和专家受聘仪式。技能发展协会会员资格由西子联合奥林匹克技能大赛优胜者获得,经本人申请,由各公司总经理推荐,协会审核后最终产生。15名首批会员将在享受会员各项权利的同时,履行技术攻关、培训、带徒等义务;四位受聘专家未来将在西子技能人才培养上给予指导。

随后,各位平时在岗位上埋头苦干的一线员工代表们,他们也展现了开放交流、献计献策的一面。各位会员分别畅谈了自己的成长历程,如何利用自己的优势带动一线技能提升和对协会的相关建议。

我们从各位优秀一线工人的成长历程发现,目标性强、踏实肯干是成为一名优秀工的前提,同时师傅的引导以及浓厚的学习氛围,是成长为优秀技工的催化剂。葛小青会长积极听取了各位会员的建议,指出今后技能协会的工作将会进一步重视内外部之间的学习交流,对内加强各类讲座,研讨会来探讨技能问题;对外加强不同企业间技术互补及校企合作等。同时,他希望各位会员要充分发挥好先锋模范作用,鼓励大家带好徒弟、传授好经验、培养好态度。

最后,王董指出中国制造业的未来要靠标准、质量、品牌,没有标准做不好质量,只有做好质量才有品牌,未来社会不断走向高端,那么我们的观念、技术、水平都需要转变、提升。西子进入航空的初衷就是希望通过以航空标准来指导所有产品的质量管理,虽然过程十分痛苦,但是前途一片光明;杭锅也正在积极准备在核电领域有所突破,希望通过核电标准来提升产品质量。假如未来西子的机械制造按照航空标准,压力容器按照核电标准,并且能够达到标准,那么相信西子未来三五十年必定会有长足的发展。同时,王董对在座的各位西子一线人也提出了要求,希望大家贯彻按照常规办事的理念,踏踏实实做事,老老实实做人,不投机取巧,不走捷径,只有这样,企业才会健康、稳定、有序发展。

(西子职工技能发展协会 蒋佳利)

蒋佳利:《做踏实肯干的西子一线人——西子职工技能发展协会召开第一次会员交流会》,来源:《西子报》2014年2月28日

做踏实肯干的西子一线人

——西子职工技能发展协会召开第一次会员交流会

(蒋佳利 来源:《西子报》2014年2月28日)

2月15日,西子职工技能发展协会第一次会员交流会在西子联合大厦举行,四位外部专家与15名首批技能协会会员应邀参加,出席会议的还有西子联合董事长王水福、西子联合大学执行副校长苏正芬、西子航空副总经理陈永拓、西子职工技能发展协会会长葛小青等。

会议首先进行了简单而庄重的会员颁证仪式和专家受聘仪式。技能发展协会会员资格由西子联合奥林匹克技能大赛优胜者获得,经本人申请、由各公司总经理推荐、协会审核后最终产生。15名首批会员将在享受会员各项权利的同时,履行技术攻关、培训、带徒等义务。4位受聘的专家未来将在西子技能人才培养上给予指导。

随后,各位平时在岗位上埋头苦干的一线员工代表们,他们也展现了开放交流、献计献策的一面。各位代表畅谈了自己的成长历程、如何利用自己的优势带动一线技能提升以及对协会的相关建议。

我们从各位优秀一线工人的成长历程发现,目标性强、踏实肯干是成为一名优秀技工的前提,同时有好的师傅引导以及浓厚的学习氛围,是成长为优秀技工的催化剂。葛小青会长积极听取了各位会员的建议,指出今后技能协会的工作将会进一步重视内外部之间的学习交流,对内会组织各类讲座、研讨会来探讨技术问题,对外则加强不同企业间的技术互补以及加强校企合作等。同时,他希望各位会员要充分发挥好先锋模范作用,鼓励大家带好徒弟、传授好经验、培养好态度。

最后,王水福董事长指出中国制造业的未来要靠标准、质量、品牌,没有标准就做不好质量,只有做好质量才有品牌。西子进入航空领域的初衷就是希望以航空行业标准来指导所有产品的质量管理,虽然过程十分痛苦,但是前途一片光明。杭锅集团也正在积极准备在核电领域有所突破,希望通过核电行业标准来提升产品质量。假如未来西子的机械制造按照航空行业标准和核电行业标准来发展,并且能够达到标准,那么相信西子在未来的三五十年必定会有长足的发展。同时，王水福董事长对在座的各位西子一线人也提出了要求，希望大家贯彻按照常规办事的理念，踏踏实实做事、老老实实做人，不投机取巧，不走捷径，只有这样，企业才会健康、稳定、有序发展。

学习一线标兵 弘扬"西子梦"力量
——西子联合召开"五·四"青年学习会

本报讯 4月29日下午，由西子联合团委组织的"学习一线标兵 弘扬'西子梦'力量——西子联合'五·四'青年学习会"在西子联合大厦隆重举行。西子联合集团各分公司表年干部共计140余人参与了本次活动。西子联合董事长王水福、党委书记副总裁吴华等高层领导也到场学习现场，与一线青年员工共同分享自己的"西子梦"。

在西子，有这样一群人，他们年纪轻、肯吃苦、肯钻研，在自己平凡的岗位上谱写不平凡的人生。他们不仅在打造敬业爱岗、诚信友善的企业品牌，更是在打造"百年西子、世界西子"的西子梦。本次学习会特邀他们中的7位优秀西子青年员工代表讲述他们的成长故事。分享他们的成功经验，旨在通过他们的视角引导西子的一线青年员工沿着正确的道路前进。第一位亮相的是浙江西子航空紧固件80后总工程师胡俊志，他从出茅庐的理工科大学生通过自身不断努力蜕变成为了填补国内航空紧固件领域技术空白的高级工程师，这样的成就来之不易。与此同时，他将领导的高度重视也赋予了举足轻重的作用，成功搭建与世界先进技术水平沟通的桥梁和平台，让我们年轻的工程师队伍站在巨人肩膀上学习。从而受益匪浅。迅速成长。再加上年轻的技术团队，他们抱着对工作的无限热情、攻坚克难、终于在这一领域取得了重大突破。不仅掌握了国际先进技术，更拥有自己的创新理念。用行动证明了自己。

接下来，主持人邀请三位来自一线的优秀师傅，分别是杭锅集团姜小青，西子远迈姐日友以及西子富沃德朱跃红。在历练过程中得知，他们不但有精湛的技术，还拥有与人分享的胸怀。三位师傅从带徒弟开始娓娓讲述了工作中最难忘的经历。他们的经历有着一个共同点——任务艰巨，条件恶劣。而平日培养的团队精神让他们征服了困难，突破了自我，完成了不可能完成的任务。他们总结了不可能完成的任务。他们总结了不可放弃的工作作风，树立了在各自领域的榜样形象。每个经历都打动了在座每一位青年员工的心，相信这份正能量会在每个人的心中传递。

第三位代表是刚获浙江省"五·一"劳动奖章来自杭锅集团的80后青年焊工鄢建。他由于在北京参加活动未达到现场但他整地通过视频讲话的方式传递了自己成长的心路历程和经验。他认为自己的师傅是他成长的关键，看到自己师傅精湛的技术让他树立了目标，一步一个脚印地步步打扎实的基础。如今取得的成绩是对他辛勤的褒奖，榜样的力量是他成长的源泉。

西子迈邵胜事业部部长陈良分享了自己十年来为实现员工的"西子梦"所做的努力。从他出茅庐的理工科大学生到现在身居要职，他无时不刻地管理着自己。再到带领技术团队能担当胜任的班当，他用高度的责任心对待每次的工作决定。踏实肯干必定会有所收获。十年磨一剑，陈良长的十年让很多在线的青年员工羡慕不已，坐居这位年轻的工程师，不仅要有为企业发展都会有所启迪。

杭锅集团高级焊工姜小青在谈及自己的徒弟时都会喜上眉捎，他总是将自身所学倾囊相授，毫不保留。这份大度与精神让在场的人无不为之折服。姜小青从小喜欢动手动脑，走上工作岗位后依然延续了这份专研精神，对高难度工作时他依旧充满了恒心和毅力，这种精神让他成为了焊接技术方面的佼佼者。现在的姜小青已成为西子职工技能发展协会的会长，更是西子内部焊接工艺专家。他爱这份工作，他身为一名焊接师傅感到自豪与骄傲，为我们一线青年员工树立了榜样。

最后，王水福董事长在学习会上发表讲话，他谈到自己在西子的年轻人分享了早年他作为"阿福师傅"的工作经历。勉励年轻人抓住每一个工作给予的机会，要有责任心，做事就要做到最好，与优秀的企业、优秀的人合作，自己也会变得优秀。随后，他谈到在座年轻的西子员工提出三句话：第一，社会在变、市场在变，我们应该怎么变？过去三十年中国为世界提供了大量的低档产品，我们未来就是要做高端产品，什么叫高端产品？就是要具备基础做到，高度重视标准。首先要学习熟悉企业标准、行业标准，其次要如何届标准的，并通过工艺装备来实现标准，通过检测中心检验未到了标准，通过检测来评估第二，要按照常规办事，老老实实做人，老老实实做事，不走捷径。我们真诚做过这么来犯基础做事。我们最近信最美的真理一定是按常规出牌。希望我们的年轻人静下心来学习，提升管理能力，否则将会一事无成；第三，天才是如何炼成的？要想成为天才绝非易事。没有任何捷径，需要付出极大的耐心和坚强的意志力。另外,想要在一领域扎实，你还需要一位足智多谋的教练。他不仅要指导你如何做有意识的训练，更要帮助你学会如何进行自我指导。在西子这个大家庭中，有很多优秀的教练式的管理人员、总经理，希望你们能够多多向他们学习，早日成为一名"天才"。

西子人王董借用他早年提出的愿右铭——"慢慢走、稳稳走、不停走，最终你会发现你是走在最前面的人"，期许当场的西子年轻人，因为年轻人的未来有无限的可能，希望所有西子年轻人把握好自己的人生发展方向，坚定目标，最终走上人生的巅峰！

（公司团委 孙超）

王水福董事长被评为杭州十大突出贡献工业企业优秀经营者
西子电梯集团荣获杭州十大突出贡献工业企业

本报讯 5月4日下午，杭州市政府在省人民大会堂举行全市发展实体经济大会，表彰2013年度全市发展实体经济先进单位及个人，并部署2014年度全市发展实体经济、开放型经济和民营经济工作任务。杭州市委书记龚正、市长张鸿铭等四套班子主要领导出席会议。

为表彰为推动发展实体经济过程中作出突出贡献的企业和个人，会上还隆重表彰一批工业兴市的先进典型。王水福董事长凭借西子联合2013年主营业务收入、纳税、企业增长、社会贡献等方面的突出表现被评为"杭州市2013年度十大突出贡献工业企业优秀经营者"荣誉称号；西子电梯集团荣获"杭州市2013年度十大突出贡献工业企业"。
（金刚）

杭锅焊接技能创新工作室成果颇丰
助推企业提效增盈

本报讯 4月18日，杭州工业工会职工技能创新工作室现场会在杭锅集团崇贤会议室召开。杭实集团党委书记徐虹，市总常委、市工业工会主任谭林燊及所属基层工会四十余人参加了会议。与会人员现场参观了杭锅焊接技能创新工作室的操作实践场所。

会上，工会主席王女士、焊接技能创新工作室领衔人题小青和中粮包装金属包装工艺创新工作室领衔人就职工技能创新工作室的建立、活动开展及成果做了介绍。身为青运会、杭锅焊接技能创新工作室的建立及成绩的取得离不开上级工会、企业党政工领导的关心与支持。今年公司正在加快推广机器换人，推广精益生产"的步伐，创新工作室正积极鼓励所有成员在分化和不代成本的难题下，利用产品余料废料和配置设备，参与车间班组活动、新产品及设备的创新及改造。通过小发明、小革新、小创造等方式引导其他职工在生产实践中多动脑筋、多想办法，从"小"做起，提高效率和资源循环利用的立方向，努力挖掘职工的发明创造能力，提高创新意识，提升岗位创新能力，帮助企业解决技术难题，助推企业提效增盈。

徐虹书记和谭林燊主任对杭锅焊接技能创新工作室发挥的作用与取得的成绩予以了肯定。徐虹表示，工作室的建立和发挥，不但有利于企业发展，提高企业的核心竞争力，而且有利于激发职工创新情绪，培养职工创新能力，各级党政部门要给予高度的重视、指导、支持职工创新工作室的建立和运作。为工作室提供活动开展必要的场地、资金，使创新工作室真正成为企业不断成长的摇篮，企业发展的有力助手。

同时，今年杭州市工业工会将再建十个工业系统职工技能创新工作室，并在下半年评选表彰职工技能创新工作室十大创新成果。
（杭锅集团 徐晶莹）

西子电梯集团召开第一季度SHA活动总结会

本报讯 4月17日，西子电梯集团第一季度SHA活动总结会在西子优迈召开。此次会议就各工厂和各职能部门的二阶段达成进展、改进策略、下个月的主要行动计划等进行了总结汇报。会议邀请西子电梯公投股王董事长亲临指导，召集西子电梯集团总经理陈陶、集团各职能线负责人西子孚信、西子优迈、西子富沃德等工厂高管参加了会议。

首先，SHA事务局负责人孟庆林向与会人员报告了SHA二阶段的总体实施进展，3月末进度达到73%。包括中，对比精益、质量、流程、资源四大模块以及各条款的实施情况，详细分析工厂产线的目标达成进展，从而阐明了下个月的关注重点。为使各工厂和各职能部门的负责人对督察爱推进度及时采取改进措施，孟部长提出今后采取非定期审核。

随后，西子优迈、西子富沃德等工厂和各职能部门的SHA负责人相继有针对性地进展报告SHA二阶段各款目标达成进展、SHA月度计划完成情况、工厂产线改进进展、工厂质量项目改善进展、SHA月度改进案例。SHA下月主要行动计划进行了汇报，孟部长分别就出后续推进建议。

根据上一次月度总结会上相关领导的建议，此次会议邀请西子重工分享A类客户合作案例，以送达项目为主线，结合中尾、日立等项目，分享了重工在项目过程中遇到的问题及应对方案。同时提出A类客户在市场上与目前西子奥的斯的差异，最后为其他工厂提出了总结性的建议。

之后，西子电梯集团总经理陈陶就达SHA一阶段的工作，顺利完成了5家工厂，所有职能的全面覆盖。并编制完成指导文件、逐渐能够与与实际行为的开展相结合。同时指出，进入第二阶段后仍能迎来，要有所建立方面的建议各单位以更简洁明了的方式分享对的案例，采取前后数据状态、照片对比、达到触类旁

通的效果。另外，他还建议第二阶段邀请客户来验证评估，希望有更多的同行、甚至同行以外的朋友来进行交流。更多针对性地带动内部培训，将交流学习到的东西融入到SHA中并形成西子自己的管理体系。

此次会议还邀请了日本品质专家光泽直人先生发表点评，他强调SHA不能仅停留在形式上，以项目经营成果和管理层行动结合在一起。建议S从Supplier 理解成 Self，通过自己和以正确地评估自身进展状态。光泽先生还逐一谈了品质的困难之处，他认为设计不良的改善不应止步于设计变更，而应通过到工厂到的设计评审、验证项目等管理环节，精益所带来的时间提高生产性、一件流、VSM 成为了减少库存而做；SHA的4等级以上必须与经营成果相结合。

最后，王水福董事长对首批8名SHA内审员表示了祝贺并提出期许，希望所有年轻人把目标、明确方向定位，朝着方向努力，人必须要在某一领域有专攻才能真正有所作为。此外，在事故频发、低档品充斥的中国质量现状下，王董指出未来不能再走向高端，要与优秀的企业、优秀的人合作，学习提升管理能力，特别是品质。意义在于它是一个航空标准，未来西子从原来的传统制造业向高端制造业转型升级，就必须要全面引入高标准、高要求，按照航空标准提高制品质，健全管理机制，要把SHA的相关标准，要求转化为西子自己的标准，并严格地执行。落实，在当前的质量阶段下，"大厂抓小厂"的现象频现。如果西子未来再走低价道路、与小厂竞争，那就一定是错误，请各位年轻的管理人员静下心来学习，提升管理能力，西子三十年多年来的进了大文化。我相信西子是完全有能力改变。

王董希望年轻人应多思考如何使新的产品、新的技术、新的理念、新的观念适应现代社会发展需要。社会在变，市场也在变，那么我们也必须学习，提升，跟上时代的步伐！

（西子电梯集团 周萍）

孙超：《学习一线标兵 弘扬"西子梦"力量——西子联合召开"五四"青年学习会》，来源：《西子报》2014年4月30日

学习一线标兵　弘扬"西子梦"力量

——西子联合召开"五四"青年学习会

(孙超　来源：《西子报》2014年4月30日)

4月29日下午，由西子联合团委组织的"学习一线标兵，弘扬'西子梦'力量——西子联合'五四'青年学习会"在西子联合大厦举行。西子联合集团各公司的青年才俊共计140余人参与了本次活动，西子联合董事长王水福，党委书记、副总裁吴华等高层领导也莅临学习会现场，与一线青年员工共同分享自己的"西子梦"。

在西子，有这样一群人，他们年纪轻、肯吃苦、肯钻研，力争在自己平凡的岗位上谱写不平凡的人生。他们不仅在打造敬业爱岗、刻苦钻研的个人"形象"，更是在打造"百年西子、世界西子"的"西子梦"。本次学习会特邀他们中的7位优秀西子青年员工代表讲述他们的成长故事，分享他们的成功经验，旨在通过他们的视角引导西子的一线青年员工沿着正确的道路前进。第一位亮相的是浙江西子航空紧固件"80后"总工程师胡俊志，他是初出茅庐的理工科大学生，通过自身不断的努力，蜕变成了填补国内航空紧固件领域技术空白的高级工程师，这样的成就来之不易。

与此同时，集团领导的高度重视也起到了举足轻重的作用，成功搭建了与世界先进技术水平沟通的桥梁和平台，让年轻的工程师队伍站在巨人肩膀上学习，从而受益匪浅、迅速成长。再加上年轻的技术团队，他们抱着对工作的无限热情，攻坚克难，终于在这一领域取得了重大突破，不但掌握了国际先进技术，更拥有了自己的创新理念，用行动证明了自己。

随后，主持人邀请了3位来自一线的优秀师傅参与访谈，分别是杭锅集团的姜小兵、西子优迈公司的胡日友以及西子富沃德公司的朱跃伍。在访谈过程中得知，他们不但有精湛的技术，还拥有与人分享的胸怀。3位师傅从带徒弟开始说起，并谈到了工作中最难忘的经历。他们的经历有着一个共同点——任务艰巨、条件恶劣，但平日里培养的团队精神让他们克服了困难，突破了自我，完成了不可能完成的任务，树立了在各自领域的榜样形象。他们的每个经历都打动了在座每一位青年员工的心，相信这份正能量会在每个人的心中传递。

第三位代表是刚获得浙江省五一劳动奖章、来自杭锅集团的"80后"青年焊工郦强。他因为在北京参加活动而无法来到现场，但他特地通过视频演讲的方式分享了自己成长的心路历程和经验。他认为自己的师傅是他成长的关键，看到自己师傅精湛的技术后让他树立了目标，一步一个脚印地夯实自己的基础，如今取得的成绩是对他最好的褒奖，榜样的力量是他成长的源泉。

西子优迈公司部件事业部部长陈良分享了自己10年来为实现自己的"西子梦"所做出的努力，从独自担当项目经理磨炼自己，再到带领技术团队能担当敢担当，他用高度的责任心对待每次的工作决定。踏实肯干必定会有所收获，十年磨一剑，陈良部长的10年历练让很多在场的青年员工频频点头，相信这些心得分享对于他们未来的发展都会有所启迪。

杭锅集团的高级焊工技师葛小青在谈及自己的徒弟时都会喜上眉梢，他总是将自身所学倾囊相赠、毫无保留，这份大度与精神让在场的人无不为之折服。葛小青从小就喜欢动手动脑，走上工作岗位后依然延续了这份专研精神，面对高难度工作时他仍旧充满了恒心和毅力，这些精神让他成为焊接技术方面的佼佼者。现在的葛小青已经成为西子职工技能发展协会的会长，更是西子内部的焊接工艺专家。他热爱这份工作，他为身为一名焊接师傅感到自豪与骄傲，为我们一线青年员工树立了榜样。

最后，王水福董事长在学习会上发表讲话，他首先与在座的西子年轻人分享了早年他作为"阿福师傅"的工作经历，勉励年轻人抓住每一个工作给予的机会，要有责任心，做事就要做到最好，与优秀的企业、优秀的人合作，自己也会变得优秀。随后，他向在座年轻的西子人提出三句话：

第一，社会在变，市场在变，我们应该怎么变？过去30年的中国为世界提供了大量的低档产品，我们未来就是要做高端产品，什么叫高端产品？就是要从基础做起，高度重视标准。首先要学习熟悉企业标准，其次要如何达到标准，并通过工艺工装来实现标准，最后要如何用数据来证明达到了标准，通过检测中心检验来实现。

第二，要按照常规办事，即老老实实做人，老老实实做事，不走捷径。我们应该回过头来把基础做好，把本事学好，我相信最后的真理一定是按常规出牌。希望我们的年轻人静下心来学习，提升管理能力，否则将会一事无成。

第三，天才是如何炼成的？要想成为出类拔萃的高手，没有任何捷径，需要付出极大的耐心和坚强的意志力。另外，想要在某一领域拔尖，你还需要一位足智多谋的教练，他不仅要指导你完成有意识的训练，更要帮助你学会如何进行自我指导。在西子这个大家庭中，有很多优秀的教练式的管理人员、总经理，希望你们能够多多向他们学习，早日成为一名"天才"。

最后，王水福董事长借用他早年提出的座右铭——"慢慢地走，稳稳地走，不停地走，不出几年，你就是走在时间前面的人"以期许在场的西子年轻人，因为年轻人的未来有无限的可能，希望所有西子年轻人把握好自己的人生发展方向，坚定目标，最终走上人生的巅峰！

学习一线标兵　弘扬"西子梦"力量
——西子联合召开"五·四"青年学习会

本报讯 4月29日下午，由西子联合团委组织的"学习一线标兵，弘扬'西子梦'力量"——西子联合"五·四"青年学习会在西子联合大厦隆重举行，西子联合集团各公司青年才俊共计140余人参与了本次活动。西子联合董事长王水福、党委书记副总裁吴华等高层领导也在临学习会现场，与一线青年员工共同分享自己的"西子梦"。

在西子，有这样一群人，他们年纪轻，肯吃苦，肯钻研，力争在自己平凡的岗位上谱写不平凡的人生。他们不仅在打造敬业爱岗、刻苦钻研的个人品牌，更是在谱写"百年西子、世界西子"的西子梦。本次学习会特邀他们中的7位优秀西子青年员工代表讲述他们的成长故事，分享他们的成功经验，旨在通过他们的榜样引导作用为一线青年员工的者正确的道路指进。第一位亮相的是浙江西子航空紧固件80后员工程师的姚志兵，他从初出茅庐的理工科大学生通过自身不断努力蜕变成为了填补国内航空紧固件领域技术空白的高级工程师。这样的成就来之不易。与此同时，集团领导的高度重视也起到了举足轻重的作用，成功搭建与世界先进技术水平沟通的桥梁和平台，让他们年轻的羽翼早日站在巨人肩膀上学习，从而受益匪浅，迅速成长。再加上年复的技术积淀，他们抱着对工作的无限热情，克服一切，终于在这一领域取得了重大突破，不但追赶上了国际先进技术，更拥有自己的创新理念。用行动证明了自己。

随后，主持人邀请三位来自一线的优秀师傅，分别是杭钢集团葛小青、西子优迅胡日友以及西子富沃德等工厂的优秀技能精英。在访谈过程中得知，他们不但有精湛的技术，还拥有与人分享的胸怀。三位师傅从带徒弟开始设起就读到了工作中最难忘的经历。他们的经历有着一个共同点——任务繁重，条件恶劣，而平日里培养的团队精神让他们征服了困难，突破了自我。可见，完成不可能完成的任务，树立了在各自领域的榜样形象。每个经历打动了在座每一位青年员工的心，相信这份正能量会在每个人的心中传递。

第三位代表是刚获得浙江省"五·一"劳动奖章来自杭钢集团的80后青年韩工丽。他由于在北京参加活动无法到现场但他特地通过视频演讲方式传递了自己成长的心路历程和经验，他认为自己的师傅是他成长的关键，看到自己师傅精湛的技术让他树立了目标，一步一个脚印地夯实自己的基础，如今取得的成绩是对他的奖赏。榜样的力量是成长的源泉。

杭钢集团高级理工教师葛小青在谈及自己的徒弟时愁容喜上眉梢。他总是将自己的所学倾囊相赠，毫不保留。这份大度与精神让在场的人无不为之折服。葛小青从小喜欢动手加，爱上工作时他仍然继续了这份专研和精神，面对高难度工作时他仍因充满了恒心和毅力。这核精神让他成为了焊接技术方面的佼佼者。现在的葛小青已经成为西子焊工技能安装协会的会长，更是西子内部焊接工艺专家。他热爱这份工作，他以身为一名焊接师傅感到自豪与骄傲，为我们一线青年员工树立了榜样。

最后，王水福董事长在学习会上发表讲话。他首先与在座所有的年轻人分享了早年他作为"阿福师傅"的工作经验，鼓励年轻人抓住每一个工作给予的机会，要有责任心，做事要做到最好行。**与优秀的企业、优秀的人合作，自己也会变得优秀。** 随后，他向在座的西子人提出三句话：第一，社会在变，市场在变，我们应该怎么变？过去三十年中国为世界提供了大量的低档产品，我们未来就是要做高端产品，什么叫高端产品？就是要从基础做起，高度重视标准。第二，要按照常规办事；老老实实做人，老老实实做事，不走捷径。我们应该回过头来思考最基础做好。本事学好，这是一种敬业的追求。我们必将相信最后的真理一定是按常规出牌。希望我们的年轻人静下心来学习，提升管理能力，吾辈将会一事无成。第三，天才是如何炼成的？要想成为出类拔萃的高手，追不开自己的兴趣，需要有什么极大的耐心和坚强的意志力。另外，需要借助于某一领域拔尖，你还需要一位贤者某某的教练。他不仅要指导你完成有意识的训练，更要帮助你学会如何进行自我指导。在西子这个大家庭中，有很多优秀的教练式的管理人员，希望他们能够多多向他们学习，早日成为一名"天才"。

最后，王董借用他早年提出的座右铭——"慢慢走，稳稳走，不停走，最终许在场的西子年轻人，因为年轻人的未来有无限的可能，希望所有西子年轻人把握好自己的人生发展方向，坚定目标，最终走上人生的巅峰！

（公司团委 孙超）

王水福董事长被评为杭州十大突出贡献工业企业优秀经营者　西子电梯集团荣获杭州十大突出贡献工业企业

本报讯 5月4日下午，杭州市政府在省人民大会堂举行全市发展实体经济大会，表彰2013年度全市发展实体经济先进单位及个人，并部署2014年度全市发展实体经济、开放型经济和民营经济工作任务。杭州市委书记龚正、市长张鸿铭等四套班子主要领导出席会议。

为表彰为推动发展实体经济过程中作出突出贡献的企业与个人，会上还隆重表彰一批工业企业和个人的先进典型。西子联合2013年主营业务收入、纳税、企业增长、社会贡献等方面的突出表现被评为"杭州市2013年度十大突出贡献工业企业优秀经营者"荣誉称号；西子电梯集团荣获"杭州市2013年度十大突出贡献工业企业"。

（金创）

杭钢焊接技能创新工作室成果颇丰 助推企业提效增盈

本报讯 4月18日，杭州工业工会职工技能创新工作室现场会在杭钢集团崇贤公司会议室召开。杭实集团党委副书记徐虹工，市总工委、市工业工会主任酆韩频及所属基层工会四十余人参加了会议，与会人员观摩杭钢焊接技能创新工作室的操作实践场所。

会上，工会主席王文君，焊接技能创新工作室领衔人葛小青和中粮包装金属包装工艺创新工作室领衔人就职工技能创新工作室的建立、活动开展及成果做了介绍。葛小青说，杭钢焊接技能创新工作室的建立和成绩的取得离不开上级工会、企业党政的重视和支持。今年公司正在加大推广机器人换、推广精益化生产的步伐，创新工作室正积极助推所有成员在产品的少化和不化的前提下，利用产品余料废料和闲置设备，参与车间现场工装、模具及设备的创新改造。通过小发明、小革新、小创造等方式引导其他职工在生产实践中多动脑筋、多想办法，从小"做起，困惑节能减排和资源循环利用的总方向，努力把创新工作的发明创造潜力、智能创新意识，提升岗位创新能力，帮助企业解决技术难题，助推企业提效增盈。

徐虹副书记和酆韩频主任对杭钢焊接技能创新工作室的作用与取得的成绩给予了肯定。他们表示，工作室的建立和运行，不但有利于企业发展，提高技能创新能力，而且有利于激发职工的创新热情，提高职工创新能力，各企业党政能了要扎扎实实在地重视、指导、支持职工创新工作室的建立和运作，为工作室提供活动开展必要的场地、设备和资金，使创新工作室真正成为企业人才成长的摇篮，企业发展的有力助手。

据了解，今年杭州市工会将再建十个工业系统职工技能创新工作室，并在下半年评选表彰职工技能创新工作室十大创新成果。

（杭钢集团 徐晶营）

西子电梯集团召开第一季度SHA活动总结会

本报讯 4月17日，西子电梯集团第一季度SHA活动总结会在西子优迅召开。此次会议就各工厂和各职能部门的二阶段达成进度、改进策例、下个月的主要行动计划等进行了总结汇报。会议邀请西子联合总裁王董事长亲临指示，召集西子电梯集团总理陈刚、集团职能线负责人和项目主管参加，集团副总及西子高管参加了会议。

首先，SHA事务局负责人孟庆林向与会人员报告了SHA二阶段的总体实施进度，3月末进度达到73%，随后，对比精益、质量、成本、资源四大橘块以及各条款的实施情况，详细分析工厂产线的目标达成进展、从而明确了下个月的关注重点。为使各工厂和各职能部门的负责人时刻掌握推进进度并及时采取改进措施，孟部长提出今后采取非官期地汇报。

随后，西子孚信、西子优迅、西子富沃德等工厂和各职能部门的SHA负责人就针对性地就工厂的主要产线绩效，SHA二阶段条数目标达成进展、SHA月度计划完成情况、工厂质量项目改善进展、SHA月度改进进展、工厂月度改进进展、工厂详细浩明了各工厂分享对的策例，采取前后数据状态、照片对比，达到触类旁通的效果。另外，他还提议第二阶段邀请客户来验证评估。希望更多地与同行、甚至同行以外的职能进行交流，更好针对性地参与与培训，将交流学习到的东西融入到SHA中并形成西子自己的管理体系。

此次会议还邀请了日本品质专家光泽直人先生发表点评。首先，他针对为何推进SHA进行了说明，他强调SHA不能仅停留在形式上，必须与经营成果和管理程行结合在一起；建议将SHA推Supplier理解成Self，通过自己和外部正确地评估自我健康状态。光泽先生还阐述了产品的的困境之处，他从为设计不良的改善不应立步于设计变更，而应追溯到图纸的设计评审、验证项目等管理环节，精益所作的设计评审、验证项目等管理环节，精益所作的成果是按照标准时间配置人员，然后改善标准时间提高生产率；一件流、VSM都是为了减少库存而做；SHA的4等项以上必须与经营成果相结合。

最后，王水福董事长对首批8名SHA内审员表示了祝贺并期许，希望年轻人进行标杆，明确方向定位，朝着方向努力，人必须要

在某一领域有专攻才能真正有所作为。此外，在事故频发、低档品充斥的中国质量现状下，王董指出未来西子必须面向高端，与优秀的企业、优秀的人合作，学习提升管理能力，特别是管理SHA。意义在于它是一个稳定标准，未来西子从原来的传统制造业向高端制造业发展时，就必须要全面引入高标准、高要求，按照航空标准推高端产品，健全管理机制，要把SHA的相关标准、要求转化为西子自己的标准，并严格地执行、落实。在当前的质量阶段下，工厂扬升厂"的现象倾现，血泉了未来其者在低价道路，与小厂竞争，那就一定是死胡同。所以，这就需要我们的管理人员懂"下心"研学习，提升管理能力，在了三十多年来创造了很多效益，我们相信在完全有能力改变。

王董希望年轻人应反思考如何使新的产品自发展需要、新的理念、新的观念适应现代社会发展需要。社会在变，市场在变，那么我们也必须学习、提升，跟上时代的步伐！

（西子电梯集团 周萍）

周萍：《西子电梯集团召开第一季度SHA活动总结会》，来源：《西子报》2014年4月30日

西子电梯集团召开第一季度SHA活动总结会

(周萍 来源:《西子报》2014年4月30日)

4月17日,西子电梯集团第一季度SHA活动总结会在西子优迈公司召开。此次会议就各工厂和各职能部门的二阶段达成进展、改进案例、下个月的主要行动计划等进行了总结汇报。会议邀请西子联合董事长王水福亲临指导,西子电梯集团总经理陈刚、集团各职能线负责人和西子孚信、西子优迈、西子富沃德等公司高管参加了会议。

首先,SHA事务局负责人孟庆林向与会人员报告了SHA二阶段的总体实施进展,3月末进度达到73%。报告中,对比精益、质量、流程、资源四大模块以及各条款的实施情况,详细分析了工厂产线的目标达成进展,从而明确了下个月的关注重点。为使各工厂和各职能部门的负责人时刻掌握推进进度并及时采取改进措施,孟庆林提出今后采取非定期审核的方法。

随后,西子孚信、西子优迈、西子富沃德等公司和各职能部门的SHA负责人相继有针对性地就月度主要客户绩效、SHA二阶段条款目标达成进展、SHA月度计划完成情况、工厂产线改进进展、工厂质量项目改善进展、SHA月度改进案例、SHA下月主要行动计划进行了汇报,孟庆林分别作出后续推进建议。

根据上一次月度总结会上相关领导的提议,此次会议特别邀请西子重工分享A类客户合作案例,以迅达项目为主线,结合申龙、日立等项目,分享了公司在项目过程中遭遇的问题以及应对方案,同时提出A类客户在标准要求上与目前西子奥的斯公司的差异,最后为其他工厂提出了总结性的建议。

为加强内部自主持续推进,SHA事务局于此次会议前举办了两场SHA内审员培训会,并由此诞生了8位首批SHA内审员。本次月度总结会上,王水福亲自为该8名内审员颁发了证书。

之后,西子电梯集团总经理陈刚总结了SHA一阶段的工作:顺利完成了5家工厂、所有职能线的全面覆盖,并编制完成指导文件,逐渐能够与实际工作的开展相融合。同时指出,进入第二阶段后挑战更大,需不断建立标准化。建议各单位以更简洁明了的方式分享好的案例，采取前后数据状态、照片对比，达到触类旁通的效果。另外，他还提议第二阶段邀请客户来验证评估，希望更多地与同行甚至同行以外的客户进行交流，更多针对性地参与培训，将交流学习到的东西融入SHA中并形成西子自己的管理体系。

此次会议还邀请了日本品质专家光泽直人先生发表点评。首先，他就为何推进SHA进行了说明，强调SHA不能仅停留在形式上，必须与经营成果和管理层行动结合在一起；建议将S从Supplier理解成Self，通过自己和外部正确地评估自我健康状态。光泽直人还阐述了品质的困难之处，他认为设计不良的改善不应止步于设计变更，而应追溯到出图前的设计评审、验证项目等管理环节；精益所带来的效果是按照标准时间配置人员，然后改善标准时间提高生产率；一件流、VSM都是为了减少库存而做；SHA的4等级以上必须与经营成果相结合。

最后，王水福对首批8名SHA内审员表示了祝贺并提出期许，希望年轻人建立目标，明确方向定位，朝着方向努力，指出人必须在某一领域有专攻才能真正有所作为。此外，在事故频发、低档品充斥的中国质量现状下，他指出未来西子要走向高端制造，与优秀的企业、优秀的人合作，学习提升管理能力，特别是推行SHA，意义在于它是一个航空领域的标准。未来西子从原来的传统制造业向高端制造业转型升级时，就必须要全面引入高标准、高要求，按照航空标准提高制造品质，健全管理机制，要把SHA的相关标准、要求转化为西子自己的标准，并严格地执行、落实。在当前的质量阶段下，"大厂挤小厂"的现象频现，如果西子未来再走低价道路，与小厂竞争，那就一定会走入死胡同。所以，这就需要我们的管理人员静下心来学习、提升管理能力，西子30多年来创造了很多效益，相信现在完全有能力改变。

王水福还希望年轻人应多思考如何使新的产品、新的技术、新的理念、新的观念适应现代社会发展需要。社会在变，市场在变，那么我们也必须学习、提升，跟上时代的步伐！

西子电梯集团召开4月份SHA月度总结会

本报讯 5月20日，西子电梯集团4月份SHA月度总结会在西子优迈召开。此次会议就各工厂和各职能部门4月份的达成进展、5月关注重点、具体案例分享等进行了总结汇报。西子联合董事长王水福，日本品质专家光泽直人以及西子电梯集团各职能线负责人和严孚信、西子优迈、西子沃德等工厂高管参加了会议。

首先，SHA事务局负责人孟庆林向与会人员报告了SHA在4月份的总体实施进展。报告中显示，2014年6月底起除特殊条款后目标为1468.4分，而4月末总体进度为78%（1145分）。在杭州地区各工厂，同总体实现88%，西子电梯集团各职能线实现95%，天津成都工厂（自评）实现62%。在杭州地区各工厂中，西子优迈和西子孚信均按照进度要求推进，西子沃德等会议前一天完成进展率89%。从四大模块实施进展来看，4月份在资源模块进展较大：从SHATOP10条款实施进展来看，供应商PPM、生产异常、关键特性、业务战略计划进展较快；从产线目标达成进展来看，西子优迈进展较大，天津成都相较落后；从西子电梯集团各职能线SHA实施改进展来看，安全、JT未达到4月目标90%；从工厂线和职能线月度计划完成率来看，成都工厂和IT部门的完成率最低。此外，5月份将重点关注：SHA第二批次内审培训；开展质量工具和方法培训：特殊特性和FTB防错控制辅导；修订SHA指南第三版并发布；拟定第三阶段实施方案和标轴。

随后，西子优迈、西子富沃德等工厂和各职能部门的SHA负责人相继针对性地就4月份的主要客户绩效、SHA相关条款目标达成情况、S4月份计划完成情况、工厂产线改进进展、工厂质量项目改善进展、月度改进案例、5月份主要行动计划等进行了汇报。

此外，西子优迈负责人还分享了关于西子优迈扶梯控制柜产线改善案例，基于该产线在过程同题多、生产效率低的问题，通过日本专家光泽先生的指导，针对产品盒分析、布置分析、作业分析改善、配料方案、人员配置分析、实现线体流动，缩短停拿时间，并根据标准时间和月计划配置所需的人员。孟部长分享了关于航空行业质量管理方法，以航空行业的垂直

式质量管理、职能设置和防错方法，并从中为西子提出借鉴意见。

光泽先生在会上指出，SHA月度会议召开的同时必须去发现是否能够吸收到新的、有价值的东西。首先，他针对西子优迈扶梯控制柜线改造案例分享做了点评。日本过去在经济环境非常好的时候，将所有装配改成自动化，导入了大批机器人并做成完全的流水线，大约在2000年左右有数量变少、种类变多时，就必须彻底重新改变生产线，不得不回到一件流、单元式生产方式。本次与西子优迈现场人员同时对线体改进时现场、现场配置了标准时间1倍以上的人员，而这些员工在时间富裕的时候需要经常跑去支援别的线体，这是非常大的不稳定因素。之后，光泽先生还针对西子奥的斯提出的2014年供应链管理提升计划书中有提到5S、TPM、QCPC，这是ACE最基础的3点。其实现在日本已不再流行5S，重新回到2S整理，整顿，将不好的和好的区分出来并将不好的处理掉就是整理，然后将好的放入制定位置定量。这就是整顿；TPM就是设备和计量器的维护；QCPC则是最难的，需发挥所有员工的智慧来进行改善。要做到这三点必须干到最上层的高度、改变现场、形成标准作业，并且必须转化成行动。负责人看不到现场和现场没有转变的话，就不可能产生利润。

最后，王水福董事长在会上指出，SHA推进从第一阶段到第二阶段，再到今后的第三，甚至第四阶段，越到后面会越难做。这是一个"爬坡"的过程。但做如我们能越过这个坎后面的路就会好走很多。这就替代我们国家从1978年改革开放到现在，在这三十多年里顾利地实现了从贫穷社会到富人社会，但是从小康社会变成为中等发达国家水平，这条路就非常难走。中等收入国家水平就是"山坡"比较难走，最重要在陡坡过程中还会遇到很多"陷阱"，世界上还没有任何一个人口超过10亿的国家能够踏入中等发达国家行列的。我们SHA

为什么要这么走，在今年1月15日《西子报》上刊登的《品质取胜的时代到来了》这篇文章中我曾提到——现在我们要走什么样的路？第一，今年是国家《特种设备安全法》实施的第一年，所以我们电梯、锅炉、管道压力容器、立体车库起重机等，几乎都在其中，这就是我们需要面对的一个环境；第二，我们要继续推进供应链健康评估（SHA），希望在品质方面能够更上一个台阶。

就在5月14日，我们翻西子奥的斯签署了《2014年供应链管理提升计划书》，5月15日仅仅相差四个月，西子奥的斯已经将品质改善作为今后工作的重中之重。UTC已经将其立足国与奥的斯电梯合并为Building & Industrial Systems（简称BIS），并全权负责生产品质方面的斯的品质提升。这次BIS的一位质量总监来考察了西子重工、西子优迈、对我们两家工厂的表现是比较满意，因此我认为这对我们西子来说是一次不断改进、提升品质的机会。我希望大家都做好准备。

今后我们要繁紧走路，一是保持现有的产品怎么"吃饭"；二是加大投入积极创新，所以这段日子西子奥的斯品质所谓的"重中之重"再是怎样的。而品质取胜的时代到来了，我们不能失去拼价格，那一定是死路！另外西子奥的斯电梯事故频发，如北京"7·5"事故，上海"4·2"事故等。我认为也许并不是质量本身，质量来我们的扶梯都是按照欧洲标准生产的，但欧洲的人流量没有中国这么多，可能这台扶梯在欧洲一天只工作几个小时，但在中国可能2小时需要不停运作，所以我们也必须要充分考虑欧洲标准能否适用于中国情况。其中的差异是什么。刚才孟庆林提到要以人源从设计上开始防错，陈总左提到需要所有部件品质管理是一次性的，这样我们相信我们西子就会有越来越好的工作几个小时，这样我们就相信我们西子就不负众人心！

（西子电梯集团 周泽）

SHA专栏

西子富沃德积极向兄弟公司对标学习

4月份SHA的月度审核结果显示，西子富沃德的分值提升计划未达成，分值达成和与西子其他兄弟公司存在较大的差距。

西子富沃德领导层非常重视这个问题。除了要求逐条重新梳理计划之外，还要求与各兄弟公司进行对标以找到差距和改进方法。

一方面，西子富沃德安排人员参与了西子孚信的评审过程，了解在组织形式上的差异；另一方面，积极组织各模块成都门人员前往三阶段进展较快的西子优迈，与西子优迈相关人员针对各款的理解、实施方法以及达标需要的证明材料等进行了深入地了解。通过对标学习，西子富沃德除了对各条款有更具体明确的认识之外，也总结了内部的推动存在以下不足：

第一、SHA推动节奏较慢，很多条款是计划在5、6月份完成，未考虑每月阶段目标的达成。

第二、SHA推动仍依靠SHA事务局安排的每月一天的审核时间而达到评审和答疑，缺少平时主动的咨询、计划进度讨论和指导需求的提出，所以部分条款的理解仍不透明，不能及时发现和纠正理解上的错误或歧义。

第三、资料的整理、归档工作有待提高，对SHA相关标准指南整理输出资料，很多事情做了但无法提供相关依据。

针对这些不足，西子富沃德积极学习西子孚信、优迈的做法。各部门调整了各条款的改进计划及4分达成的时间。经过这些努力，西子富沃德5月份已大大缩短了与其他兄弟公司之间的差距。

（西子富沃德品质部 李丹）

西子孚信开展质量工具以及SHA内审员培训

5月22日，西子电梯集团品质部部长孟庆林在西子孚信培训教室针对制造、CLC和品质等部门进行《质量工具应用》的培训，并结合西子孚信的实际案例进行了讲解。孟部长要求大家在进行问题分析之前，先要对问题进行分类，因为不同的问题分析方法，改进要求和关闭条件都是不同的。比如首次发生的轻微问题，要求其纠正，将不合格物料清除即可，但严重问题需要用MPS分析方法，找到根本原因，采取防错方法，并跟踪防错方法的实施，确保6个月内无再次发生。之后，孟部长又对8D和5个WHY如何正确使用进行了讲解。让大家对这两个质量工具的使用有了更深入的了解；最后，孟部长在讲解实际案

例时，大家发现之前提交的很多DIVE报告在原因描述和解决方案方面都是不到位的，大家都一致认为需要根据此次案例分析培训内容，让各部门重新制定分析模板。此次培训，相信我们工作在今后的工作中对于质量问题分析的思路将更加清晰。

5月24日，孟部长还在西子孚信针对SHA内审员进行了培训，此次内审员培训共分两阶，理论培训和实践培训，此次培训为理论培训。在当天理论培训结束之后，还对各学员进行了理论考试，其中理论成绩达到60分的学员将进入实践培训，而未达到60分者则会进行补考或淘汰认。

（西子孚信品质部 王利）

西子优迈通过SHA积极对质量管理进行改善

自2011年西子电梯集团启动SHA以来，就证实了我们已经开始了质量之旅，并坚定地走下去。为提高质量水平，满足客户需求，西子优迈开展了快速线纹项目、QCPC、追溯系统项目等一系列的质量改善活动。快速线纹项目使生产效率提高了一个台阶；QCPC活动开展以来，使员工更多地参与到发现问题，记录问题中，使质量分析更加深入地明确环节了员工的质量价值观；追溯系统项目正式运行以来使从出货管理各个过程的检验记录、出入库记录、生产记录都得到监控，通过扫描到物料码及产品条码、生产批次、订单号、维修上下线记录都定实摘、最终将数据记入库的溯系统软件库中，实现了系统溯源查询功能、为还原历史生产状况起到了关键性作用。

5月7日，西子电梯集团SHA事务局对西子优迈进行了月度审核，审核完成计划完成率100%，目标进展率92%，达到4月份目标进展率90%的要求。在84条中第1,7,8,9,12、

13,14,15,18,20,23,26,27,31,37,38,41、43,50,53,54,55,63,66条里有4等级。其中第55条外来文件管理系统，针对已经实施作为重点管控，在开展SHA后西子优迈进行了管理改进，从前段下单开始进行管理，例5月12日下发的PC需要到8月12日开始实施，在西子优迈原来的下单系统中，到了8月份前PC件将无效不可再次下单。

因此，针对品质实施监控，西子优迈已将下5月下2点之前会将下周所需要实施的PC清单下发给各检验员和审核工程师，并将PC下发/回收清单放至公享平台中共享（清单中有到期实施自动提醒功能），再由检验员每周5上2点前将上周PC实施的情况反馈到PC下发人员处做登记，有异常立即进行上报汇报给处理。若在5月对实施的PC做了防错控制，达到了受控的目的，确保了最新版文件使用的稳健系统。

（西子优迈品质部 徐蔚萍）

交流开阔眼界 沟通促进成长
—— 记西子职工技能发展协会会员参观GE工厂活动

本报讯 3月16日在下西子职工技能发展协会组织协会会员前往通用电气能源（杭州）萧山工厂进行参观学习，西子都分制造管理者也同行参加。

通用电气能源（杭州）萧山工厂总经理邱忠宇先生热情接待了西子技能协会会员一行23人。半天的参观活动主要安排了企业介绍、车间参观、膳谈交流三个环节。活动短短的三个小时，参观人员对GE萧山工厂的精益生产，可视化管理、人性化管理、质量会员身与及人力资源的培训发展项目印象深刻，也受益匪浅。

本次活动作为西子技能协会作为桥梁，组织学习优秀企业的第一次参观活动。协会希望通过向世界先进制造型企业学习、交流，自迫技术工人发展、多创新、多实践，力争打造出属于西子自己的高技术、强技能人才队伍。

通用电气能源（杭州）有限公司，主要产品为蒸汽轮机、燃汽轮机、风机、水轮机、清洁燃汽轮机、发电机、阀门及相关零件，是GE全球最大的发电设备生产基地之一。

（西子职工技能发展协会 蒋佳利）

西子石川岛开展钳工技能比武竞赛

本报讯 每年的五月一日，是全世界劳动人民共同拥有的节日。西子石川岛工会委员会与营运系统一起发起员工比武活动，活动旨在提升员工专业技能水平，展现员工竞技技术，体现公司员工技能水平的靓丽。

5月13日，制造部钳工技能比赛在下午3点准时开始，工会主席与营运领导纷纷到场加油打气，希望所有参赛员工在比赛中更加优秀。

参赛现场热火朝天，选手们有的在仔细测试图，有的在精准的测量，有的在准备操作工具，个个卯足劲，力求脱颖而出。经过紧张激烈的比赛后，最终获得比赛前三名的员工获得了丰厚的奖金，在场领导也提出了更高的要求，希望岗位员工通过竞赛充分认识自己的现有技能水平，从巩固基础开始并提升，争取在下次技能比武中赛出风采、赛出更优异的成绩。

（西子石川岛 严阜晶）

周萍：《西子电梯集团召开4月份SHA月度总结会》，来源：《西子报》2014年5月31日

西子电梯集团召开4月份SHA月度总结会

（周萍　来源：《西子报》2014年5月31日）

5月20日，西子电梯集团4月份SHA月度总结会在西子优迈公司召开。此次会议就各工厂和各职能部门4月的达成进展、5月关注重点、具体案例分析等进行了总结汇报。西子联合董事长王水福、日本品质专家光泽直人以及西子电梯集团各职能线负责人和西子孚信、西子优迈、西子富沃德等公司高管参加了会议。

首先，SHA事务局负责人孟庆林向与会人员报告了SHA在4月的总体实施进展。报告中显示，2014年6月底扣除特殊条款后目标分为1468.4分，而4月末总体进度为78%（1145分）。杭州地区各工厂总体实现88%，西子电梯集团各职能线实现95%，天津成都工厂（自评）实现62%。在杭州地区各工厂中，西子优迈和西子孚信均按照进度要求推进，西子富沃德至会议前一天完成进展率89%。从四大模块实施进展率来看，4月在资源模块进展较大；从SHA TOP10条款实施进展来看，供应商PPM、生产异常、关键特性、业务战略计划进展较低；从产线目标达成进展来看，西子优迈进展最大，天津、成都相较落后；从西子电梯集团各职能线SHA实施进展来看，安全、IT未达到4月目标的90%；从工厂线和职能线月度计划完成率来看，成都工厂和IT部门的完成率最低。此外，5月将重点关注：SHA第二批次内审员培训；开展质量工具和方法培训；特殊特性和FTB防错控制辅导；修订SHA指南第三版并发布；拟定第三阶段实施方案初稿。

随后，西子孚信、西子优迈、西子富沃德等公司和各职能部门的SHA负责人相继有针对性地就4月的主要客户绩效、SHA相关条款目标达成进展、4月月度计划完成情况、工厂产线改进进展、工厂质量项目改善进展、月度改进案例、5月主要行动计划进行了汇报。

此外，西子优迈负责人还分享了关于西子优迈扶梯控制柜产线改善案例，基于该产线存在过程问题多、生产效率低的问题，通过日本专家光泽先生的指导，针对产品族分析、布局分析、作业分析改善、配料实施、人员配置分析，实现线体流动，缩短

作业时间,并根据标准时间和每月计划配置所需的人员。孟庆林分享了有关航空行业质量管理方法,以航空行业的超高质量要求为引线,介绍了航空行业的垂直式质量管理、职能设置和防错方法,并从中为西子提出借鉴意见。

光泽先生在会上指出,SHA月度会议召开的同时必须去发现是否能够吸收到新的、有价值的东西。首先,他针对西子优迈扶梯控制柜线体改进案例分享作了点评。日本过去在经济环境非常好的时候,将所有装配改成自动化,导入了大批机器人并做成完全的流水线。但大约在2000年左右当数量变少、种类变多时,就必须彻底重新改变生产线,不得不回到一件流、单元式生产方式。本次与西子优迈现场人员共同探讨线体改进时发现,现场配置了标准时间1倍以上的人员,而这些员工在时间富裕的时候需要经常跑去支援别的线体,这是非常大的不稳定因素。之后,光泽先生还针对西子奥的斯《2014年供应链管理提升计划承诺书》中提到的5S、TPM、QCPC进行解释说明。他指出,其实现在日本已不再流行5S,重新回到了2S(整理、整顿)——将不好的和好的区分出来并将不好的处理掉就是整理,然后将好的放入框内定置定量,这就是整顿;TPM就是设备和计量器的维护;QCPC则是最难的,需发挥所有员工的智慧来进行改善。要做到这三点需站在最上层的高度,改变现场,形成标准作业,并且必须转化成行动,如果产品和现场没有转变的话,就不可能产生利润。

最后,王水福董事长在会上指出,SHA推进从第一阶段到第二阶段,再到今后的第三甚至第四阶段,越到后面会越艰难,这是一个"爬坡"的过程,但假如我们能越过这个坎,后面的路就会好走很多。这就好比我们国家从1978年改革开放到现在,在这30多年里顺利地实现了从贫穷社会到小康社会的飞跃,但是从小康社会要发展到中等发达国家水平,这条路就非常难走。不光光是"山坡"比较陡,最重要的是在爬坡过程中还会遇到很多"陷阱",世界上还没有任何一个人口超过10亿的国家能够踏入中等发达国家行列中。我们SHA为什么要这么走,在今年1月15日《西子报》上的《品质取胜的时代来到了》这篇文章中我曾提到——现在我们要走什么样的路?第一,今年是国家《特种设备安全法》实施的第一年,所以我们生产的电梯、锅炉、管道压力容器、立体车库、起重机等,几乎都在其中,这就是我们需要面对的一个环境;第二,我们要继续推进供应商健康评估(SHA),希望在品质方面能够更上一个台阶。

就在5月14日,我们跟西子奥的斯签署了《2014年供应链管理提升计划承诺书》,与1月15日仅仅相差4个月,西子奥的斯已经将品质改善作为今后工作的重中之重。UTC已经将开立空调与奥的斯电梯合并为Building & Industrial Systems(简称BIS),并全权负责管理奥的斯的质量提升。这次BIS的一位质量总监来考察了西子重工、西子优迈,还是比较满意的。因此我认为这对我们西子来说是一次千载难逢的提升品质的机会，我希望大家都要做好准备。

今后我们要两条腿走路，一是保持现有产品怎么销售，二是加大投入积极创新。我认为品质取胜的时代到来了，我们不能再去拼价格，那一定是死路！为什么奥的斯电梯事故频发，如北京"7·5"事故、上海"4·2"事故等，我认为并不是质量不好。原来我们的扶梯都是按照欧洲标准生产的，但欧洲的人流量没有中国这么多，可能这台扶梯在欧洲一天只工作几个小时，但是在中国可能需24小时不停运作，所以我们必须充分考虑欧洲标准能否适用于中国，其中的差异是什么。刚才孟庆林提到要从源头设计上开始防错、陈屹东提到需要所有部长级的管理层学习这个标准，这样我相信我们西子就会有希望。现在对于西子所有的部件企业来说都是千载难逢的机会，我希望大家都能抓住这个机会，功夫一定不负有心人！

西子联合党委召开庆祝建党93周年暨"七一"表彰大会

本报讯 6月27日晚，西子联合大厦15楼报告厅济济一堂，100余名西子党员在这里参加西子联合庆祝建党93周年暨"七一"表彰大会。

大会首先表彰了2013年度西子联合先进集体和个人，共有2家党组织和18位优秀党员受到表彰。公司党委书记副总裁吴华在会上就当前经济形势、企业战略规划等向党员们做了深刻分析，他借用著名经济学家许小年的观点——"宁可冻死，不可饿死"，提出公司在当前宏观经济放缓增长速度的情况下，积极做好产业转型升级准备，内部积极开展"开源节流"、扎扎实实做好品质、练好内功，保证西子未来健康稳定的发展。吴总勉励广大党员同志要学习如何从企业新的战略角度，实施层面来把握新机遇，发挥党员的最前沿先锋模范作用，不断适应社会新的变化，保持党员自身先进性，通过不断学习来提升自我。

表彰会后，杭州市委党校文化学教研部副教授陈仕伟《道家思想与身心调适》讲座。段教授采用通俗风趣的语言向大家介绍了中国传统道家思想的辩证法以及道家思想在我们日常工作生活与修身养性中的应用。

（公司党办）

西子联合 2013 年度先进基层党组织 先进党务工作者、党员积极分子表彰

先进基层党组织：西子富沃德党支部、西子石川岛党支部
优秀共产党员：西子奥的斯：胡红飞、孙为民、应庆国、曹克飞、赵越平
西子孚信：张伟初、许军军   西子富沃德：吴大将、沈洁   工程公司：程芳芸
浙江西子航空：邹叔戈   西子石川岛：王璐、尢亚珍   优迈科技：刘丹
西子重工：鲍慧泉、李春各   百大集团：陈金波、刘健

西子电梯集团召开5月度SHA活动总结会

本报讯 6月18日，西子电梯集团5月度SHA活动总结会在西子优召开。会议备各工厂和各职能部门的二阶段达成进展、改进案例，下个月的主要行动计划等进行了总结汇报。西子联合股王董事长、日本品质专家光泽直人先生、西子联合集团战略顾问、集团各职能部分负责人和西子孚信、西子优迈、西子富沃德等公司领导出席会议。

首先，SHA事务局负责人虞人庆林向与会人员报告SHA二阶段的总体实施进展，5月末进度达到79%。报告中，以全品种、四大模块、各款的实施进度进行对比，并详细分析工厂产线的目标达成进展，从而明确了下个月的关注重点。7月初将聚划开展二阶段专家检查。

随后，西子孚信、西子优迈、西子富沃德工厂和各职能部门主要客户战效、SHA二阶段各款目标达成进展、SHA月度计划完成情况、工厂质量项目改善进展、SHA月度改进案例、SHA下月主要行动计划进行了汇报。期间，西子富沃德工厂正芬顺利出席并表示，继4月份SHA月度总结会上，富沃德光泽董事长布置了从设计、工艺方面去解决上道工序情有法的基础，本次会议上，他分享了工艺源的评审与批准、不合格过程的控制、变更管理三大质量控制方法、计划转入SHA第三阶段质量模块的重点工作。

日本品质专家光泽直人先生在会上提出客户质量的重要性，并希望公司重视与西子奥的斯等客户间约定的质量会议。针对西子奥的斯提出的5S、TPM、QCPC的实施要求，光泽先生表示可提供伊藤华大学的案例以供参考，并希望西子能够取得最高性。此外，光泽先生简单介绍了日本专家抢越先生，米村先生在西子电梯集团的工作开展。

之后，电梯集团总经理陈刚从标准化和时势变化的角度，提出回顾过头末思考方向、价值和标准，并指出SHA的第一阶段是对标准化的解读，对架来在的事情厂可能标准化、模硬固化，标准的组织结构、流程和制度，查漏补缺，修改更新。第二阶段是对SHA的贯管理，依托与客户的沟通和供应链的把握做到组织适性，希望大家从根源上深刻理解推进SHA，并寻找契合下去的动力。逐而慢慢走向第三阶段。他还表示，希望SHA并非流于形式之上，不是简单的ISO9000的认证，不仅仅是工具的学习，而是能够独立从实际工作管理、标准推进、习惯养成、指标达成成效成这样，三个阶段的努力达成我们的目标。最后，他对SHA整个实施过程之中光泽先生的支持和之前团队的努力表示了感谢，并且希望今后在需要此方面的努力表示感激之情。

王木福董事长在会上表示，每次参加SHA活动认真听取SHA工作汇报与案例分享，对于自己来说也是一个学习、了解、认知的过程，在西子电梯集团SHA推进项目当中光泽先生的带领之下以及在光泽先生与虞庆林的支持下，进展得比较顺利，希望我们各公司部长级以上中高层都要学习这个标准。他还指出，在SHA的84项条款的已经分解落实到质量、财务、法律等各个部门，每一个人，包各公司SHA工作报告的没有每一个标准，很多名报内容都没有给人一个清晰、简单的表述，他希望各公司SHA负责人需要再深谋，如何让自己的汇报变得更清晰、简洁、重点突出。

王董认为改革开放这三十多年来，他们这一代人非常幸运。因为历史上很难有发现这么快的三十年，但是很多聪明的企业家被淘汰，就是因为他们太聪明。企业扩张太快，而且只停留在原来粗放的传统制造业，假如制造业全走不走向高端，那就能做什么呢？现在中国的高端制造还在起步，甚至奶粉都要靠进口。因此，西子各公司要把SHA学好，踏实实抓起，只有把品质做上去，而不是质量上不去的基础了场。他人为西子公司高精特，而是要满足用户需要并且足量能够稳定，这最重要的。此外，在西子公司的企业应结借鉴这个工艺，形成西子自己的企业标准。质量方法，这是西子能百尺百年企业的基础。因此，大家来学习了SHA标准，对于我们企业、个人来说也是百益而无一害。

（西子电梯集团 周萍）

西子富沃德顺利通过迅达电梯PRR2评审

本报讯 6月12日，迅达电梯对西子富沃德进行了PRR2即生产准备状态评审二阶段的审核。审核组一行三人主要针对西子富沃德的生产制造、物料采购、运输物流、检验控制等各方面进行了全面的评估。审核小组成员严格依照这各款、深入现场、各点取证。他们对西子的专业、严谨的工作态度更是让现场所有人感到敬佩。相信与这样优秀的客户合作，西子富沃德也将会更加优秀！

在审核过程中，迅达电梯审核组对西子富沃德现场、产品及管理方面进行了高度的评议。最终，经审核小组评定，西子富沃德顺利通过了此次评审，成绩为92.19%。

（西子富沃德 何燕）

成都西子孚信举行第三届家属开放日活动

本报讯 6月7日，成都西子孚信举行第三届家属开放日活动，50余位来自成都西子孚信工厂的员工及其亲属共同参加了开放日活动。

在活动开始的欢迎会上，成都西子孚信总经理谢信钏代表公司对大家的到来表示欢迎，对广大员工为公司的辛勤付出表示了感谢，并特别感谢了所有员工家属对员工工作的理解与支持。随后的活动中，谢总向员工家属们讲解了公司的发展现状和未来规划，并主动作为向导带领员工家属们参观了工厂车间，对车间布局、岗位、产品等进行了详细的介绍。

6月3日，承包商负责人来到西子重工安全办要求结合并缴纳2000元的罚款金额。同时表示愿意为施工人员配发劳保用品。在接受西子重工的安全教育后第二次安全培训后再重新开工。

严格"落实红线意识"，从心理、行动上真正做到敬畏生命，培养他们的"安全意识"，形成"安全习惯"，西子重工安全办仅仅是做了开始。

（西子重工安全办 俞文涛）

公司的快速发展离不开全体员工的共同努力，更离不开广大员工亲属背后默默的关注与支持。通过举行家庭开放日活动，员工亲属走进成都西子孚信，近距离了解公司主营业务、企业文化及员工的工作环境，同时增强了员工对公司的归属感和自豪感。今后，家属开放日活动将定期举行，成都西子孚信的大门将向更多的员工家属们敞开！

（成都西子孚信 马晓良）

安全工作专栏

强化红线意识 促进安全发展
——西子重工加强承包商安全管理工作

本报讯 承包商的管理在任何一家制造型企业都是安全管理的重中之重，这是因为承包商的作业员工大部分都是临时招聘，并没有接受过详细、全面的安全培训。在作业中缺乏最基本的安全意识，做出违规行为，常常是事故高发的群体和事故的直接受害者。

为了杜绝此类现象，西子重工在今年的承包商安全管理中引入"Workpermit"（工作许可证制度）。承包商在进入西子重工后必须履行以下五步，方可开始正式的开工作业：
- 签订（安全协议）
- 安全培训他到现场使用（工作许可证）
- 施工前安全检查与确认（PSSR）
- 施工中安全督导与"风险知会"交底（西子重工安全办主导）
- 项目结束时EHSF验收达标（西子重工安全办主导）

承包商只有在这批项目全部通过安全的验收后，凭西子重工的《项目验收合格单》到项目办公室及财务部进行结算。

五月份，一家来自德清的余姚公司承接了西子重工家家车间6号快搬库房的施工项目。开工前西子重工安全办为首先对他的员工做了人门安全领知及《西子重工承包商EHSF管理规定》的培训，并免费为其提供了安全用品。

但在施工中，西子重工安全办多次发现其施工人员不佩戴安全帽、不穿安全鞋（原则是承包商工人赚西子重工提供的安全鞋是假的。西

牢记红线 安全发展
——西子富沃德积极开展安全生产月活动

本报讯 今年六月是全国第十三个安全生产月。为进一步提高员工安全意识，西子富沃德以"强化红线意识，促进安全发展"为主题，结合生产实际积极开展了一系列安全活动。

6月初，西子富沃德制作大量安全生产月专题看板。在厂区各门部悬挂安全生产月主题条幅，从而营造安全生产月活动氛围；6月4日，公司安全借助一线员工资格考核表彰会，为员工宣贯安全生产月活动意义，动员广大员工定本职工作。我们安全红线意识，积极参与安全生产月期间的安全检查、安全教育与安全整改活动；为实现个人企业的长治稳健发展做出实在在的努力。6月9日开始，公司利用一时间，在员工餐厅循放一系列安全教育短片，主要包括生产现场的各项安全知识，不同于以往的主题的宣讲，还有对典型安全事故的剖析。

6月18日，西子富沃德安全办与铸件事业部共同组织71名一线铸造员工进行《安全不可随便》专题教育。引导大家吸取铸造行业的典型事故教训，以现场安全管理考评机制的推行为契机，减少和根除习惯性违章，积极防范安全生产事故发生。与此同时，西子富沃德专职消防队员不畏高温天气，挥汗训练，积极备战6月21日即将举办的消防安全大比武活动。

西子富沃德安全微博显信大赛、餐厅供应商安全教育计划正在火热进行中。

（西子富沃德 何燕）

周萍：《西子电梯集团召开5月度SHA活动总结会》，来源：《西子报》2014年6月30日

西子电梯集团召开5月度SHA活动总结会

(周萍 来源:《西子报》2014年6月30日)

6月18日,西子电梯集团5月度SHA活动总结会在西子优迈公司召开,会议就各工厂和各职能部门的二阶段达成进展、改进案例、下个月的主要行动计划等进行了总结汇报。西子联合董事长王水福、日本品质专家光泽直人、西子电梯集团总经理陈刚、集团各职能线负责人以及西子孚信、西子优迈、西子富沃德等公司高管参加了会议。

首先,SHA事务局负责人孟庆林向与会人员报告了SHA二阶段的总体实施进展,5月末进度达到79%。报告从分组、四大模块、各条款的实施进度进行对比,并详细分析了工厂产线的目标达成进展,从而明确了下个月的关注重点。7月初将策划开展二阶段专家组审核。

随后,西子孚信、西子优迈、西子富沃德和各职能部门的SHA负责人相继有针对性地就月度主要客户绩效、SHA二阶段条款目标达成进展、SHA月度计划完成情况、工厂产线改进进展、工厂质量项目改善进展、SHA月度改进案例、SHA下月主要行动计划进行了汇报。其间,西子联合大学苏正芬副校长发布了iCARE系统的试运行计划,旨在为学员提供网上学习的平台。

继4月份SHA月度总结会上,孟庆林分享了该如何在设计、工艺方面从源头建立防错方法,以实现成本最低、效果最好。在本次会议上,他又分享了工艺源的评审与批准、不合格过程的控制、变更的管理三大质量控制方法,并计划将其纳入SHA第三阶段质量模块的重点工作。

日本品质专家光泽直人在会上提出客户质量的重要性,并希望公司要重视与西子奥的斯等客户间约定的质量会议。针对西子奥的斯提出的5S、TPM、QCPC的实施要求,光泽直人表示可提供伊藤大学的教材以供参考,并希望西子能够取得最高分数。此外,他还简单介绍了日本专家近藤先生、米村先生在西子电梯集团的工作开展情况。

之后,陈刚从标准化和时势变化的角度,提出应回过头来思考方向、价值和标准,并指出SHA的第一阶段是对标准的解读,对原来在做的事情尽可能实现标准化,明确

战略目标以及标准的组织结构、流程和制度,查漏补缺、修改更新。第二阶段是对变更的管理,依托与客户的沟通和供应链的把握做到制造柔性,希望大家从根源上深刻理解推进SHA,并寻找坚持下去的动力,进而慢慢走向第三阶段。他还表示,希望SHA并非流于形式,不是类似ISO9000的认证,也不仅仅是工具的学习,而是能够真正从实际工作管理、标准推进、习惯养成、指标达成形成闭环,通过三个阶段的努力达成我们的目标。最后,他对SHA整个实施过程之中光泽先生的支持和之前团队的努力表示了感谢,并且希望今后在需重点支持的地方能够继续得到光泽先生的关注。

王水福董事长在会上表示,每次参加SHA月度总结会听取SHA工作汇报与案例分享,对于自己来说也是一个学习、了解、认知的过程。西子电梯集团SHA推进项目在陈屹东的主抓之下以及在光泽先生与孟庆林的支持下,进展得比较顺利,希望我们各公司部长级以上中高层都要学习这个标准。他还指出,现在SHA的84项条款已经分解落实到质量、财务、安全、法律等各个部门、每个人,但各公司SHA工作汇报仍然没有统一标准,很多汇报内容都没有给人一个清晰、简单的表述,他希望各公司SHA负责人需要再琢磨如何让自己的汇报更加清晰、简洁、重点突出。

王水福认为改革开放30多年来,他们这代人非常幸运,因为历史上根本没有发展这么快的30年。但其中有很多聪明的企业家被淘汰了,就是因为他们太聪明了,企业扩张得太快,而且只停留在原来粗放的传统制造业。假如制造型企业不走向高端,那还能做什么?现在中国的高档制造、奢侈品甚至奶粉都依靠进口。因此,西子各公司要把SHA学好、学透、落实到位,只有把品质做上去,我们才会有出路。当然质量也不是越高越好,而是要满足用户需要并且品质能够稳定,这是最重要的。

他在会上还提出了SHA项目给他的启发。西子有基础,但是如何把基础打稳,他认为请专家来培训只不过是解决表面问题,要在骨子里将SHA学习到位是一个漫长的过程。此外,在现有SHA的84项条款中,能否将空客、庞巴迪等航空企业的标准吸收进去,形成西子自己的企业标准、管理方法,这是西子能否成为百年企业的基础。因此,大家来学习了解这个标准一定是好事情,对于我们企业、个人来说也是百益而无一害。

以安全法为准则　以SHA为工具
——全面提升西子品质
王水福董事长在西子联合2014半年度会议上的讲话

时间过得很快，2014年半年已经过去，听取各公司汇报对我个人来说也是全面了解整个集团运营的相关情况。当前，可以说是中国整体宏观经济的"冬天"，但我们西子依然能够保持积极乐观、坚定不移的精神面貌，实在难能可贵，在此我谨代表西子联合对大家半年来的辛勤付出表示衷心的感谢！什么是伟大的公司？我认为只有在大风大浪中经过磨练，在经济进入"冬天"时依然能够保生存、求发展，这就是一个伟大的公司。

关于未来中国经济形势走向，我认为当前的经济困难只是暂时的，总体来说未来仍然是被看好的，这其中包括货币、调控等改革政策、"微刺激"策略、经济"新常态"以及对抗美国的"亚太再平衡"战略，都向世界证明中国的经济是非常健康、非常有活力、非常有希望的。另外，我们中国第三代领导人是有史以来最为强势、最具执行力的领导团队，因此我个人对于中国未来的经济发展充满了信心！

百大集团

作为企业，我们首先需要看到整体战略发展方向。百大集团未来还步向健康产业方向发展。我认为这是非常正确的。百大集团作为一家上市企业里虽然无负有负债。这在中国大部分上市企业里是绝无仅有的。因此，百大未来非常重点是透透过这个成长平台，从而充分发挥资金的最大效用。

西子电梯集团

西子电梯集团在国内电梯产业市场如此严峻的情况下，依然能够保持健康稳定发展，实属不易，特别是通过组织再造，集成管理，将成都、天津、杭州三方整合集成，不仅提高管理效率，更减少财务成本，这是非常明智的。西子沃德为瑞士迅速进行配套。一方面他们用最快的速度达到迅达的要求；另一方面，迅达针对配套产品向他们提出60多个改进项目，假如说达不到与西子富沃德的要求，它怎么会帮助你们来改进提升。因此，我觉得为优秀企业服务，你也会成为力的最有效途径与方法。西子优迈几年来在管理改造、技术提升方面投入了大量人力、物力，在控制柜、门机等设备上有大幅提升，BIS在参观后也给予了高度评价。

西子重工

西子重工这些年来在管理方面有非常大的提升，登上了新的台阶，特别是与一些全球优秀企业的合作，为我们未来三年打下了良好的基础。但是西子重工仍然存在需要重点关注的问题——如何实现标准化？只有实现标准化生产，才能真正创造效益，否则一定得不偿失，说到我们所有员工人家说是一个巨大的挑战，我希望西子重工全体技术人员、管理人员在标

准化、模块化方面要有新的突破和提升。

西子金融

西子金融目前发展还是较为健康的，他们能够从40多亿元的客户需求中经过层层筛选最终找到1.8亿元的业务量，这充分表明西子金融已经具备极高的风险意识与严谨的工作态度。我认为目前是金融行业最棘手的时候，很显然是机会最多，金融风险可能也最多，所以西子金融如何保持稳健、稳定，这需要我们管理层进一步思考。另外，西子金融与浙商资产管理公司合作，共同提高抗风险能力，这是非常大的战略发展突破。

杭锅集团

杭锅集团目前正在"瘦身"，我认为这非常正确，对于企业发展来说，"瘦身"同样十分重要，同时也希望杭锅管理层今后如何有效地利用资源，将新产品向垃圾焚烧、核电、新能源、石化等方面进行拓展方面多加思考。杭电装备是制造业中"高端制造"的标杆，杭锅集团也正在致力于进入核电行业，大型厂房能容纳1000吨的设备，接进入厂区内部。我觉得，随着经济发展和皮对气候变化的需求，煤化不依赖越来越严峻热法发的诉求，将成为中国建造核电调整优化的方向之一。因此，杭锅已经准备了4~5年的核电资格认证。明年年就很有希望成为中国核电主要部件的供应商，今年杭锅成立60周年，如果杭锅能成功争到核电许可证，相信这对于杭锅集团的知名度、社会美誉度、生产制造能力一定是极大的提升，也将为杭锅未来30~50年、甚至下一个60年做好准备！

西子航空

航空制造业前途是光明的，道路是异常曲折的，希望我们的航空人尽快走出阴影，逐步实现自负盈亏。航空制造业被称为"工

业之花"，是最高端的制造业之一，特别是要成为中国商飞、欧洲空客、美国波音、加拿大庞巴迪的供应商，会有三个过程：第一，他们会逼着你在管理上达到他们的要求，否则你不可能进入；第二，在进入以后，他们会积极地管理上、效益上帮助你，配合你、假如你没有效益、甚至亏损，他们也很担心，就会帮助你；第三，他们所派人员的会议和你捆在一起，你做不好对他也不利。这就是合作伙伴——国际顶尖航空企业培养供应商的方式与方法。西子航空现在正处于起步阶段，我们在巨人的帮助下快速成长，同时也将进一步打造一批技术基础好、综合素养高的人才，我相信如果你们能够得到空客、波音、庞巴迪这些世界国天航空企业手把手的指导，那么你们未来的价值是无限的。没想好你们来说是千载难逢的好机会！

未来的西子要取得两张许可证，一张是航空许可证，一张是核电许可证，西子拥有了这两张许可证，未来的几十年就会拥有永续经营的百年基因。

新华园房产

房地产行业持续低迷，举步维艰，但这正是锻炼人才、夯实基础的大好时机。我始终认为企业在发展过程中一定是顺风起浪的前进的，如果我们的房产公司能够在顺风形势下发展，在逆风形势下生存，那么这是非常成功。现阶段的行业困难对任何房地产企业来说都是公平的，如何度过难关，这就要看我们的能力与水平。

以上是我对西子各公司相关汇报情况的个人见解。我认为在困难来临时对于准备的人来说到处是机遇，下面我想与大家分享来自六个方面的机遇：

第一个机遇，坚持做好品质的机遇。 我在2010年年初《西子报》上发表新年致辞——《把产品说到日本去》；2011年发表新年致辞——《品质改变命运》；2012年发表新年致辞——《品质是和平占领市场最有效武器》；2013年发表新年致辞——《从品质到品牌之路》；2014年发表新年致辞——《品质取胜的时代到来了》。如何提升品质是我们大家这几年来共同努力、配合的事业。我认为做好品质不可能一蹴而就，而是要靠长年累月的交流、沟通、大家理解、认识、统一理念，这样比是慢火老鸭，浸入佳境。对西子来说，坚持做好品质是一个千载难逢的机遇，这几年来我们始终坚持质量、质量再质量、品质、品质再品质这些现念，那么我坚信西子在经济转型升级的过程中，机会大于风险。

第二个机遇，《特种设备安全法》颁布实施所带来的机遇。 2014年1月1日起《特种设备安全法》正式实施，西子的制造业板块——电梯、锅炉、管道压力容器、立体车库、起重机等，几乎都在其中，所以以去年12月28日开始，我们便组织各公司总经理、各部门的责人进行学习、宣贯、落实，我们不仅要学好法，更要全方位执行，加上《特种设备安全法》的实施条例的，我认为《特种设备安全法》的实施条例的，登知对电梯执业是生主来说一个很大的挑战，但对于电梯零部件企业来说，应该是机遇大于挑战。因为有缺陷的产品必须召回，那么整体上要对零部件的采购，那您以低价格保障企业就会迫退出。这是我们的机会。所以，我们要借好特种设备《安全法》的执行，一方面对自身产品质量服务，另一方面扩大中高端市场。

第三个机遇，美国联合技术公司（UTC）成立建筑与工业系统（BIS）带来的机遇。 今年5月15日，BIS全球质量控制汤姆哥队的第5人到西子优迈进行考评，对西子及SHA标准改善方面所做的工作给予了非常高的评价，对我们的制造业系统质量进行一个全面整体肯定。另外，今年2月、4月，BIS全球采购从队两次到访西子重工，主要针对西子重工的供

应商管理、生产模式等进行调研和交流，他们对西子重工总体表示满意。通过这三次的考察，BIS看到了我们西子改善管理，提升品质的信心与决心，对我们提出了许多改进建议，并且表示今后除了在货梯、扶梯等领域的合作外，可以考虑在消防安保方面进行合作，为我们今后赢得市场提供了一个很好的机遇。

第四个机遇，尊重伙伴、帮助培养供应商所带来的机遇。 今年上半年我们与西子石川岛为试点积极推行《特种设备安全法》的贯彻工作，目前西子石川岛已在其公司内推行"特定证"培训，合各施工工地、维保工地。其中具体做法：一是实行全面审核，从制造车间到全国各施工工地；二是全面实施合作伙伴审核，包括代理商和安装公司车库的委托安装公司，从代理商的资质、注册资金（即抗风险能力），到待作的安装公司安装资质和注册资金进行全面审核，无一遗漏，且将即将来的79家安装公司，通过一系列审核，首选到30余家，淘汰不合格的安装单位，挂靠单位40余家，达到50%以上；三是对全国各大区轮流审核。上半年已赶起东北、华南、上海、北京、天津等地电梯执行情况。通过上述做法，西子石川岛执行了安全国企，提升了产品品质。因此，我认为对于供应商的管控也是我们质量控制之一。既然是合作伙伴，我们就要尊重他、帮助他，假如我们的供应商没有效益，那么他一定不会用心，也是西子今后赢得市场和产品品质有效的途径！

第五个机遇，坚持推行供应商健康评估项目（SHA）带来的机遇。 我们为什么要坚持推行SHA，因为这是世界500强内部的标准，是一个没有公开的关于生产制造的国际标准。我们要走高端制造，要想到国际标准水平，这套标准体系就是我们与国际标准水平接轨的关键，也是西子今后战胜世界制造业国际通用方法体系认证标准。当初开展SHA是我们为我们提升品质的需要，并不是为了应付检查，不是别人要求做，或是应付别人有的。但是通过BIS的审核，特别是供应商的反馈，我们证明只要你们扎实实地着实意义的事情，总会取得人家尊、肯定。我们当时推动这项工作是自我要求，今天却得到了BIS认可，实践证明SHA是我们提升品质的最好工具。SHA的条款相对于精益管理（ACE）更为简单明了，只有84条，其中等分为四大部分：精益制造20条，流程管理31条，质量19条，资源管理14条。西子电梯集团在SHA推进过程中，将此工具分解落实到每一个部门、员工，其中财务12条，营销7条，服务7条，合同管理6条，法务4条，人力资源18条。IT5条。另外还有60多条分解在各部门的管理过程中。SHA作为一个信念与SHA推进的部门负责人和SHA内审员，你们干一项非常伟大的工作，为未来怎么把下一个最紧实的基础做好。因此，我想塑形有百全各的基础，是不是我们，希望各位坚守自己的最终标之，水平，培养员工的能力。因此这是员工与世界接轨的标准！

第六个机遇，智慧引领经济时代的开始与合作的机遇。"知识产权法案"的成立对于有文化、有智慧、有能力的人来说是一次千载难逢的机遇。去年中国政府向世界宣布中国是负责任的大国，在全世界树立起了品牌，首先从知识产权开始。中国推出了"一带一路"要成为重要的发展战略，新丝绸之路经济带和21世纪海上丝绸之路的"一带一路"战略形成了中国全方位开放新格局的战略构思，我们要回到传统的路线，回到谁也挡不了的时代。中国就是要利用这段国际法律恢复起丝绸之路，恢复大国形象，实现两个百年梦这个伟大目标，因此，我们来资本为知识打工的时代开始了，希望我们在座的年轻人把握住这个机会！

《以安全法为准则　以SHA为工具　全面提升西子品质——王水福董事长在西子联合2014年半年度会议上的讲话》，来源：《西子报》2014年7月31日

以安全法为准则 以SHA为工具 全面提升西子品质
——王水福董事长在西子联合2014年半年度会议上的讲话

（来源：《西子报》2014年7月31日）

时间过得很快，2014年半年已经过去，听取各公司汇报对我个人来说，也有助于全面了解整个集团运营的相关情况。当前，可以说是中国整体宏观经济的"冬天"，但我们西子依然能够保持积极乐观、坚定不移的精神面貌，实在难能可贵，在此我谨代表西子联合对大家半年来的辛勤付出表示衷心的感谢！

什么是伟大的公司？我认为只有在大风大浪中经过磨炼，在经济进入"冬天"时依然能够保生存、求发展，这就是一个伟大的公司。

至于未来中国经济的形势走向，我认为当前的经济困难只是暂时的，总体来说未来仍然是被看好的，这其中包括货币、调控等改革政策、"微刺激"策略、经济"新常态"以及对抗美国的"亚太再平衡"战略，都向世界证明中国的经济是非常健康、非常有活力、非常有希望的。因此，我个人对于中国未来的经济发展充满了信心！

百大集团

对于一个企业，我们首先需要看到的是其整体战略发展方向。百大集团未来会逐步向健康产业方向发展，我认为这是非常正确的。作为一家上市企业，百大集团几乎没有负债，这在中国大部分上市企业里是难能可贵的。所以，百大集团在未来需要重点思考的是如何充分利用好上市企业这个优质干净的平台，从而充分发挥资金的最大效用。

西子电梯集团

西子电梯集团在国内电梯产业市场如此严峻的情况下，依然能够保持健康稳定发展,实属不易,特别是通过组织再造、集成管理、网上销售、网上处理订单等一系列改进措施,将成都、天津、杭州三方整合集成,不仅提高了管理效率,而且减少了财务成本,这是非常明智的举措。西子富沃德为瑞士迅达公司生产配套产品,一方面西子富沃德以最快的速度满足迅达公司的要求;另一方面,迅达公司就配套产品向西子富沃德提出了60多项改进,如果双方没有合作,它怎么会帮助我们来改进提升?因此,我坚信为优秀企业服务,你也会成为优秀者,为优秀企业生产配套产品是我们提高自身能力的最有效途径与方法。西子优迈近几年来在管理改进、技术提升方面投入了大量人力、物力,在控制柜、门机等质量上有大幅提升,BIS在参观后也给予了高度评价。

西子重工

西子重工这些年来在管理方面有非常大的提升,登上了新的台阶,特别是与一些全球优秀企业的合作,为未来三年打下了良好的基础。但是西子重工仍然存在需要重点关注的问题——如何实现标准化?这是一个非常重要的课题,只有实现标准化生产,才能真正创造效益,否则一定得不偿失。这对我们所有重工人来说是一个巨大的挑战,我希望西子重工全体技术人员、管理人员在标准化、模块化方面有新的突破和提升。

西子金融

西子金融目前发展还是较为健康的,他们能够从40多亿元的客户需求中经过层层筛选最终找到1.8亿元的业务量,这充分表明西子金融已经具备了很高的风险意识与严谨的工作态度。我认为目前是金融行业最困难的时候,但这也是机会最多、资金最多的时候,所以西子金融如何保持健康、稳定,这需要我们管理层进一步思考。此外,西子金融与浙商资产管理公司合作,共同提高抗风险能力,这是非常大的战略发展突破。

杭锅集团

杭锅集团目前正在"瘦身",我认为这非常必要。对于企业发展来说,"瘦身"同样十分重要,同时也希望杭锅集团管理层今后就如何有效地利用资源,将新产品向垃圾焚烧、核电、新能源、石化等方面进行拓展多加思考。核电装备是制造业中"高端

制造"的标杆，杭锅集团也正在致力于进入核电行业，目前是国内主要燃气炉的主力生产企业，大型厂房能够容纳1000吨的船直接进入厂区内部。我坚信，随着经济发展和应对气候变化需要，适度甚至积极地发展清洁高效的核电，将成为中国能源结构调整优化的方向之一。因此，杭锅集团已经筹备了4~5年的核电装备制造资格认证，明后年就很有希望成为中国核电主要部件的供应商。今年是杭锅集团成立60周年，如果能成功拿到该许可证，相信杭锅集团的知名度、社会美誉度、生产制造能力一定会得到极大的提升，也将为杭锅集团的未来做好准备！

西子航空

航空制造业前途是光明的，道路是异常曲折的，希望我们的航空人尽快走出阴影，逐步实现自负盈亏。航空制造业被称为"工业之花"，是最高端的制造业之一，特别是要成为中国商飞、欧洲空客、美国波音、加拿大庞巴迪的供应商，会有三个过程：第一，他们会逼着你在管理上达到他们的要求，否则你不可能进入；第二，在进入以后，他们会积极地在管理上、效益上帮助你、配合你，假如你没有效益，甚至亏损，他们也很担心，就会帮助你；第三，他们所派人员的命运和你绑在一起，你做不好对他也不利，这就是合作伙伴——国际顶尖航空企业培养供应商的方式与方法。西子航空现在正处于起步阶段，我们在巨人的帮助下快速成长，同时也引进了一批技术基础好、综合素养高的人才，我相信如果你们能够得到空客、波音、庞巴迪这些世界顶尖航空企业手把手的指导，那么你们未来的价值是无限的，这对你们来说是千载难逢的好机会！

未来的西子要取得两张许可证，一张是航空许可证，另一张是核电许可证。西子拥有了这两张许可证，未来的几十年就会拥有永续经营的百年基因。

新华园房产

房地产行业持续低迷，举步维艰，但这正是锻炼人才、夯实基础的大好时机。我始终认为企业在发展过程中一定是呈现波浪式的前进，如果我们的房产公司能够在顺风形势下发展，在逆风形势下生存，这就已经非常成功。现阶段的行业困难对任何房地产企业来说都是公平的，如何渡过难关，这就要看我们的能力与水平。

以上是我对西子各公司相关汇报情况的个人见解。我认为在困难来临时对于有准备的人来说到处是机遇，下面我想与大家分享来自六个方面的机遇：

第一个机遇，坚持做好品质的机遇。我在2009年年初《西子报》上发表新年致辞——《把产品卖到日本去》；2010年发表新年致辞——《品质改变命运》；2011年发表新年致辞——《质量是和平占领市场的最有效武器》；2012年发表新年致辞——《从品质到品牌》；2013年发表新年致辞——《品质取胜的时代来到了》。如何提升品质是我们大家这几年来共同努力、默默坚持的事业，我认为做好品质不可能一蹴而就，而是需要通过长期的交流、碰撞，大家理解、认识、统一理念，这好比是慢火炖老鸭，渐入佳境。对西子来说，坚持做好品质是一个千载难逢的机遇，这几年来我们始终坚持"质量质量再质量、品质品质再品质"这些发展理念，那么我坚信西子在经济转型升级的过程中，机会一定大于风险。

第二个机遇，《特种设备安全法》颁布实施所带来的机遇。2014年1月1日起《特种设备安全法》正式实施，西子的制造业板块——电梯、锅炉、管道压力容器、立体车库、起重机等，几乎都在其中，所以从去年12月28日开始，我们便组织各公司总经理、各部门负责人进行学习、宣贯、落实，我们不仅要学好法，更要全方位执行。《特种设备安全法》的实施条例中，譬如对电梯缺陷产品实行召回制度，是一个很大的挑战，但对西子电梯零部件企业来说，应该是机遇大于挑战。因为有缺陷的产品必须召回，那么整梯企业就不会继续采用最低价中标的制度来进行零部件的采购，那些以低价低质竞争的企业就会被迫退出，这是电梯零部件行业优胜劣汰的开始，也是我们的机会。所以，我们要借《特种设备安全法》的东风，一方面提升自身的产品品质和服务，另一方面扩大中高端市场。

第三个机遇，美国联合技术公司（UTC）成立建筑与工业系统（BIS）带来的机遇。今年5月15日，BIS全球质量经理汤姆带队，一行5人到西子优迈进行考评，对西子在SHA标准改善方面所做的工作给予了非常高的评价，对我们的制造体系质量管控十分满意。此外，今年2月、4月，BIS全球采购人员两次到访西子重工，主要针对西子重工的供应商管理、生产模式等进行调研和交流，他们对重工总体表示满意。通过这三次的考察交流，BIS看到了我们西子改善管理、提升品质的信心与决心，对我们提出了许多改进建议，并且表示今后除了在货梯、桁架等领域的合作外，可以考虑在消防安保方面进行合作，为我们今后赢得市场提供了一个很好的机遇。

第四个机遇，尊重伙伴、帮助培养供应商所带来的机遇。今年上半年，我们以西子石川岛为试点，积极推行《特种设备安全法》的贯彻工作，目前西子石川岛已在其公司内推行"特安法"培训，含各施工工地、维保工地，其中具体做法：一是实行全面审核，从制造车间到全国各施工工地；二是全面实施合作伙伴审核，包括代理商和安装公司（车库的委托安装公司），从代理商的资质、注册资金（抗风险能力），到协作的安装公司安装资质和注册资金进行全面审核，无一遗漏，甚至将原来的79家安装

公司,通过一系列审核后减至30余家,淘汰不合格的安装单位、挂靠单位40余家,达到50%以上;三是对全国各大区轮流审核,上半年已赶赴东北、华南、上海、北京、天津等地审核执行情况。通过上述做法,西子石川岛减少了安全隐患,提升了产品品质。因此,我认为对于供应商的管控也是我们质量控制之一,既然是合作伙伴,我们要尊重他、帮助他、理解他,假如我们的供应商没有效益,那么他一定不会用可靠、优质的产品为我们进行配套,因此我们对待供应商要像对待自己的车间一样去关心、爱护,这也是提升我们产品品质非常有效的途径!

第五个机遇,坚持推行供应商健康评估项目(SHA)带来的机遇。我们为什么要坚持推行SHA,因为这是世界500强内部的标准,是一个没有公开的关于生产制造的国际标准。我们要走高端制造,要跟上国际水平,这套标准体系就是我们与国际水平接轨的标准,也是西子今后接轨世界制造网的具体方法保证体系。当初开展SHA是因为我们提升品质的需要,并不是为应付检查,不是别人要求做,更不是为给别人看的。但是通过BIS考察之后,他们给予了高度评价,这说明只要你们扎扎实实地做有意义的事情,总会被别人接受、肯定。我们当时推动这项工作是自我需要,今天却得到了BIS认可,实践证明SHA是我们提升品质的最好工具。SHA的条款相对于精益管理(ACE)更为简明扼要,只有84条,其内容分为四大部分:精益制造20条、流程管理31条、质量19条、资源管理14条。西子电梯集团在SHA推进过程中,将此工具分解落实到每一个部门、员工,其中财务12条、营销7条、服务7条、安全8条、合同管理6条、法务4条、人力资源18条、IT5条,另外还有60多条分解在质量与生产上,它是一整套非常科学的管理方法。在此我非常感谢光泽先生、陈刚、陈屹东、孟庆林以及我们各公司的总经理,还有各位参与SHA推进的部门负责人和SHA内审员,你们做了一项非常伟大的工作,为西子未来5~10年打下了最坚实的基础!同时,我希望所有西子全体同仁、各位管理者、各职能部门,今后在企业管理方法方面将SHA作为标准化工具来提升自己的能力、水平,培养更多的人才,因为这是真正与世界接轨的标准!

第六个机遇,智慧引领经济时代的开始是你们年轻人的机遇。"知识产权法院"的成立对于有文化、有智慧、有能力的人来说是一次千载难逢的机会,这标志着中国政府向世界宣布中国是负责任的大国,在全世界树立大国形象,首先从知识产权开始。中国提出了"一带一路"要成为重要的发展机遇,新提出的丝绸之路经济带和21世纪海上丝绸之路的"一带一路"倡议,形成了中国全方位开放新格局的构想,我们要回到传统的路、回到谁也挡不了的路,中国就是要利用这项法律来恢复丝绸之路、恢复大国形象,实现两个百年梦这个伟大创举。因此,我认为未来资本为知识打工的时代开始了,希望我们在座的年轻人把握好这个机会!

新春致辞

制造强　中国强
打造民族品牌的曙光

西子联合董事长

各位西子的同仁，大家新年好！

中国经济发展速度减缓已经成为一种新常态，这意味着中国经济从"高温期"进入了"常温期"，旧思路会越来越不适应。老办法会越来越不管用，这意味着一个"坐着就会飞的时代"已经过去，机会主义时代已经终结，市场会越来越理性。西子能够在如此复杂的经济形势下，再创业绩新高，2014年集团实现销售收入达到232亿元，经营利润和上交税收都实现稳步增长，做到了逆风飞扬！我首先要感谢各位西子同仁的智慧、劳苦与付出，在西子每一次成长的脚步中，都积累着你们点点滴滴的推动。在此我谨代表西子联合董事会，向辛苦了整整一年、为西子持续稳定发展做出贡献的同仁们，以及你们的家人，表示最衷心的感谢！过去的一年西子的发展，得到了各界的厚爱，也得到了社会的大力支持，这是社会对全体西子人的回报，也是我们西子人变真心铭记的。

锅炉板块，杭锅集团60年的岁月如同诗魂，一首杭锅人自创的《杭锅赋》尽显杭锅的发展历程，广址从中心走到了桥崇贤，产品从国内走到了世界。**能有这么一家60年历史的优秀企业，是所有西子人的骄傲！**

电梯板块，合心合力，通过内部整合、机构调整实现了30多个亿的销售收入。利润持续增长，特别是在电梯行业形势下滑的时候能够保持利润持续增长，是非常了不起的。

重工板块，西子重工与电梯产业一样，依然保持健康稳步的增长。

航空板块，去年西子航空在工艺体系审核与首件交付方面取得了骄人的成绩，这是他们辛勤付出与努力奋斗的成果。我对航空板块的总结是两句话——**越做越痛苦，越做希望越大！**

现代服务业板块，百大经营效益创历史最低，在转型方面也迈出了新的一步；房产有惊无险，跨过了劣势期，跨越了"死之谷"。未来一定会越来越好；金融在风险规避、开源节流等方面做了许多工作，取得了不少效益。

我们的非业务部门，如安全办、人力资源部、财务部、法务部、内审部等也在过去的一年为西子的发展做出了巨大的贡献。

可以预见，今年乃至今后的很长一个时期，中国制造业在结构调整转型升级中依然面临较大的困难和压力。但是，困难越多，压力越大，我们的机会越多。看着多年专注品牌的基础，加上各位西子人昂扬的斗志和积极的心态，我分明看到了**西子打造民族品牌的曙光。**

一、"曙光"在哪儿

在过去中国的发展历史中，曾经涌现一大批民族品牌、百年老字号企业。如解放牌汽车、红旗轿车、上海牌轿车、上海牌手表、上海缝纫机、上海电梯、天津电梯、凤凰自行车、飞鸽自行车、西湖摩托车、西泠冰箱、华美冰柜、乘风电器等，但在历经公私合营、文化大革命及改革开放之后，大多数企业发展不尽人意，或销声匿迹、或频临倒闭，很多产品没能跨过"死亡之谷"。

放眼全球，世界机床行业蓬勃发展。但是中国的机床业却不甚理想。此外，中国的机器人制造跟汽车制造业一样，90%的部件都是进口的，高端医疗仪器100%依赖进口。这表明**中国的崛起为世界高端装备制造业提供一个展示舞台**。

制造强，中国强。我国要想在全球经济一体化进程中有所作为，必须要提升民族品牌、发展民族品牌。

如今，从外部环境上讲，中央提出了富民强国的"中国梦"，各个地方政府和企业都在抓创新、促转型，可以说这是滋养民族品牌的最好土壤；从"制造资本"上讲，当今的许多"世界名牌"大都是"中国制造"，多年贴牌生产的经历，让我们拥有了打造民族品牌的"硬件"，包括技术、品质、管理等等。

而我看到到的民族品牌的曙光。

以电梯行业为例，目前总共有电梯厂约500家，合资品牌大约有10家左右，另有400多家是民族品牌。试想一下10年、20年以后中国电梯民族品牌将花落谁家，谁是中国电梯民族品牌的老大？

西子从1981年开始做电梯，1997年与奥的斯合资，从做整梯到做部件，我们既掌握了整梯组装生产经验，又掌握了电梯零部件生产配套经验，我更有18年的合资经验、管理经验、市场经验、服务经验。同时我们一直在运用精益制造理念，全面推行供应商健康评估体系（SHA），在不断的提升品质，我希望这些曙光能照亮西子打造民族品牌的前进道路。

二、在"曙光"中前行

中国经济步入新常态，但未来增长潜力仍然十分巨大，国家重启改革也是必然的选择！因此，**我们要认清新常态、抓住新机遇、迎接新挑战、布署新战略！**

浙江省委省政府在本届两会工作报告中要**大力推进标准强省、质量强省、品牌强省的发展战略。**所以，我们要从战略高度出发，处理好四个关系：

1. 满足市场和引领市场的关系

我们创办企业的最终目的是为了创造财富、造福人类。企业现有的产品是大多数为了满足市场，实现企业的生存。未来的产品是为了引领市场，满足企业持续发展。2014年中央经济工作会议上提出"创造需求"讲的就是这个意思。如Iphone就是创造需求最好的案例，而诺基亚虽然满足了市场，但最终还是被淘汰。苹果创造了市场，所以活了，甚至"火了"。企业在经营过程中面临的不仅仅是竞争问题，还有社会发展的潮流。**我们不能一味专注于提升竞争力，而忽视了社会发展的趋势。**未来的趋势一定是高端、利用好电梯板块的"组合拳"，把我们的产品推向更高端的4米／秒、6米／秒、10米／秒的产品，研发高端的制动器、10米／秒的主机、控制器、防护装置等，提高我们自身的研发水平、开发战略性的新产品，增强自身产品的可靠性、保护自主的知识产权。在电梯板块我们一定要努力去创造市场新需求，而不仅仅是满足！

2. 自动化生产与个性化生产的关系

未来的生产自动化一定是大势所趋。比如日本制造业的柔性生产线，又比如我们西子奥的斯两小时生产一台电梯的能力。但是像特种电梯、改造电梯自动生产线等，则无法实现完全自动化。很多"个性化"的生产还是需要靠员工的技能来保证。杭锅就是一个很好的例子，他一直为大高端的客户服务。如西门子、阿尔斯通等。最早配套的产品是卖给中国的，后来卖给东南亚国家，现在又卖给欧美国家。杭锅在这个过程中逐步培养出了自己"个性化"的生产能力。未来，我们西子既要具备像日本那样自动化流水线生产的能力，又要拥有像瑞士手表工匠一样心灵手巧的能工巧匠。作为现代工厂，在一线生产领域，西子要努力培养一种"工匠"文化。

3. 当前效益与长远效益的关系

我们在对效益的考核中，不能是单独片面的，不能只简单地看当前效益，而是既要考核当前效益又要考核长远效益。比方说，高速电梯的开发、自己拥有的专利等，虽然不一定马上就能有产出，但是对长远的战略布局，占领市场的制高点有着积极的作用。这些要作为长期效益列入我们的考核机制。要打造百年西子，我们一定要克服"近视眼"，更加注重企业长期效益。

4. 领导与学生的关系

西子发展三十余年，

培养和吸引了一大批优秀的管理人员。作为领导，管理者要通过自己的道德修养的提高，使企业的员工在道德威望的影响下，自然达到管理的良好状态。特别是如何关心员工、是我们企业负责人的头等大事，要像对待家人一样对待自己的员工。管理者还要成为教练的角色，帮助员工成功。

同时，西子又是一家学习型的企业，我们的管理者也要当好"学生"，不断学习、不断提升、学习新技术、新管理、新模式！。

三、以新的人才机制迎接曙光

希望根植于人才。只有解决了人才问题，打造西子民族品牌才能从"曙光"变成现实。

去年下半年，我们做了员工满意度调查，有些地方不尽人意。员工在某些方面有不同意见，这是很正常的事。解决的关键是在于如何将企业的愿景和员工个人的诉求结合起来。人是西子最核心的竞争力，人才是西子的第一资源，在人才的使用、引进和管理上，西子一定不能含心。西子也许做不到让每个员工都成为百万富翁，但一定为西子人实现家庭财富梦想提供最佳的平台！

华为一直是中国民族品牌的骄傲，是我们的学习榜样，他有三个机制——项目制、事业分红制、股份制。华为的成功说明未来的发展方向一定是分享机制。

1月23日，杭州市正式发布《杭州市高层次人才、创新创业人才及团队引进培养若干意见》，分为5部分27条。迎来"杭州人才新政27条"。对人才引进培养、创业扶持和生活保证等方面的政策进行创新完善。这是人才政策的升级版，为历年来分量最重，被称为全国领先、国内最具吸引力的"人才新政"。杭州市政府已经在这个方面跨出了这一步，认为未来的发展需要靠人、靠机制。所以西子在2015年，特别是人力资源部门，应该好好研究西子的人才新政、为西子今后的30年发展做好人才方面的战略部署。

最后向大家拜个早年，祝大家身体健康，阖家幸福，谢谢！

王水福：《制造强　中国强　打造民族品牌的曙光》，来源：《西子报》2015年2月1日

2015年新春致辞

制造强　中国强　打造民族品牌的曙光

（王水福　来源：《西子报》2015年2月1日）

各位西子的同仁，大家新年好！

中国经济发展速度减缓已经成为一种新常态，这意味着中国经济从"高温期"进入了"常温期"，旧思路会越来越不适应，老办法会越来越不管用，这意味着一个"猪都会飞的时代"已经过去，机会主义时代已经终结，市场将会越来越理性。西子能够在如此复杂的经济形势下，再创业绩新高，2014年集团实现销售收入达到232亿元，经营利润和上交税收都实现稳步增长，做到了逆风飞扬！我首先要感谢各位西子同仁的智慧、辛劳与付出，在西子每一次成长的脚步中，都积累着你们点点滴滴的推动，在此我谨代表西子联合董事会，向辛苦了整整一年、为西子持续稳定发展作出贡献的同仁们以及你们的家人，表示最衷心的感谢！过去一年西子的发展，得到了大家的厚爱，也得到了社会各界的大力支持，这是社会对全体西子人的回报，也是我们西子人要真心铭记的。

在锅炉板块，杭锅集团60年的岁月如同诗歌，一首杭锅人自创的《杭锅赋》尽显杭锅的发展历程，厂址从市中心搬到丁桥、崇贤，产品从国内走向了世界。能有这么一家60年历史的优秀企业，是所有西子人的骄傲！

在电梯板块，我们合心合力，通过内部整合、机构调整实现了30多亿元的销售收入，利润持续增长，特别是在电梯行业形势下滑的时候能够保持利润持续增长，是非常了不起的。

在重工板块，西子重工与电梯产业一样，依然保持健康稳步的增长。

在航空板块，去年，西子航空在工艺体系审核与首件交付方面取得了骄人的成绩，这是辛勤付出与努力奋斗的成果。我对航空板块的总结是两句话——越做越痛苦，越做希望越大！

在现代服务业板块，百大集团的经营效益创历史最佳，在转型方面也迈出了新的一步；房产板块有惊无险，跨过了劣势期，跨越了"死亡之谷"，未来一定会越来越好；金融板块在风险规避、开源节流等方面做了许多工作，创造了不少效益。

我们的非业务部门，如安全办、人力资源部、财务部、法务部、内审部等在过去的一年也为西子的发展作出了巨大的贡献。

可以预见，今年乃至今后的很长一个时期，中国制造业在结构调整转型升级中依然面临较大的困难和压力。但是，困难越多、压力越大，我们的机会也越多。有着多年专注品质的制造基础，加上各位西子人昂扬的斗志和积极的心态，我分明看到了西子打造民族品牌的曙光。

一、"曙光"在哪儿

在过去中国的发展历史中，曾经涌现出一批民族品牌、百年老字号企业，如解放牌汽车、红旗轿车、上海牌轿车、上海牌手表、上海缝纫机、上海电梯、天津电梯、凤凰自行车、飞鸽自行车、西湖摩托车、西泠冰箱、华美冰柜、乘风电器等，但在历经公私合营、"文化大革命"及改革开放之后，大多数企业的发展不尽如人意，或销声匿迹，或濒临倒闭，很多产品没能跨过"死亡之谷"。

放眼全球，世界机床行业蓬勃发展，但是中国的机床业却不甚理想。此外，中国的机器人制造跟汽车制造业，90%的部件都是进口的，高端医疗仪器100%依赖进口，这表明中国的崛起将为世界高端装备制造业提供一个展示舞台。

制造强，中国强。我国要想在全球经济一体化进程中有所作为，必须要提升民族工业，发展民族品牌。如今，从外部环境来讲，中央提出了富民强国的"中国梦"，各个地方政府和企业都在抓创新、促转型，可以说这是滋养民族品牌的最好土壤；从"制造资本"来讲，许多的世界名牌大都是"中国制造"，多年贴牌生产的经历让我们拥有了打造民族品牌的条件，包括技术、品质、管理等。

这就是我看到的民族品牌的曙光。

以电梯行业为例，目前总共有电梯厂约500家，合资品牌大约有10家左右，另有400多家是民族品牌。试想一下10年、20年以后中国电梯行业民族品牌将花落谁家，谁会是中国电梯行业民族品牌的老大？

西子从1981年开始做电梯，1997年与奥的斯公司合资，从做整梯到做部件，我们既掌握了整梯组装生产制造经验，又掌握了电梯零部件生产配套经验，我们还有18年的合资经验、管理经验、市场经验、服务经验。同时，我们一直在运用精益制造理念，全面推行供应商健康评估体系（SHA），不断地提升品质，我希望这些曙光能照亮西子打造民族品牌的前进道路。

二、在曙光中前行

中国经济步入新常态，但未来增长潜力仍然十分巨大，国家重启改革也是必然的选择。因此，我们要认清新常态，抓住新机遇，迎接新挑战，部署新战略！

浙江省委、省政府在本届两会工作报告中提出要大力推进标准强省、质量强省、品牌强省的发展战略。所以，我们要从战略高度出发，处理好四个关系：

1. 满足市场和引领市场的关系。

我们创办企业的最终目的是创造财富，造福人类。企业现有的产品大多数是为了满足市场，实现企业的生存。未来的产品是为了引领市场，满足企业的持续发展。2014年中央经济工作会议上提出"创造需求"讲的就是这个意思。如苹果手机就是创造需求最好的案例，而诺基亚手机虽然满足了市场，但最终还是被收购。苹果手机创造了市场，所以活了甚至"火"了。企业在经营过程中面临的不仅仅是竞争问题，还有社会发展的潮流。我们不能一味专注于提升竞争力，而忽视了社会发展的趋势。未来的趋势一定是高端制造，利用好电梯板块的组合拳，把我们的产品推向更高端的4米/秒、6米/秒、10米/秒的产品，研发高端的制动器、10米/秒的主机、控制器、防护装置等，提高我们自身的研发水平，开发战略性的新产品，增强自身产品的可靠性，保护自主的知识产权。在电梯板块，我们一定要努力去创造市场新需求，而不仅仅是满足市场需求！

2. 自动化生产与个性化生产的关系。

未来的生产自动化一定是大势所趋，比如日本制造业的柔性生产线，又比如我们西子奥的斯两小时生产一台电梯的能力。但是像特种电梯、改造电梯自动生产线等，则无法实现生产自动化，很多"个性化"的生产还是需要靠员工的技能来保证，杭锅集团就是一个很好的例子。他一直在为高端的客户配套，如西门子、阿尔斯通等，最早配套的产品是卖给中国的，后来卖给东南亚国家，现在又卖给欧美国家，杭锅集团在这个过程中逐步培养出了自己"个性化"的生产能力。未来，我们西子既要具备像日本那样拥有自动化流水线生产的能力，又要拥有像瑞士手表工匠一样心灵手巧的能工巧匠。作为现代工厂，在一线生产领域，西子要努力培养一种工匠文化。

3. 当前效益与长远效益的关系。

我们在对效益的考核中，不能是单独片面的，不能只简单地看当前效益，而是既要考核当前效益又要考核长远效益。比方，高速电梯的开发，虽然不一定马上就能有产出效益，但是对长远的战略布局、占领市场的制高点有着积极的作用，这些要作为长期效益列入我们的考核机制。要打造百年西子，我们一定要克服"近视眼"，更加注重企业长期的发展。

4. 领导与学生的关系。

西子发展30余年，培养和吸引了一大批优秀的管理人员。作为领导，管理者要通过自己的道德修养的提高，使企业的员工在道德威望的影响下，自然达到管理的良好状态。特别是如何关心员工，是我们企业负责人的头等大事，要像对待家人一样对待自己的员工。管理者还要成为教练的角色，帮助员工成功。

同时，西子又是一家学习型的企业，我们的管理者也要当好"学生"，不断学习，不断提升，学习新技术、新管理、新模式。

三、以新的人才机制迎接曙光

希望根植于人才，只有解决了人才问题，打造西子民族品牌才能由"曙光"变成现实。

去年下半年，我们做了员工满意度调查，有些地方不尽如人意，员工在某些方面有不同意见，这是很正常的事，解决的关键在于如何将企业的愿景和员工个人的诉求结合起来。人是西子最核心的竞争力，人才是西子的第一资源，在人才的使用、引进和管理上，西子一定不遗余力。西子也许做不到让每个员工都成为百万富翁，但一定为西子人实现家庭财富梦想提供最佳的平台！

华为公司一直是中国民族品牌的骄傲，是我们的学习榜样，他有三个机制——项目制、事业分红制、股份制，华为的成功说明未来的发展方向一定是分享机制。

1月23日，杭州市正式发布《杭州市高层次人才、创新创业人才及团队引进培养工作的若干意见》，分为5部分27条，也称"杭州人才新政27条"，对人才引进培养、创业扶持和生活保证等方面的政策进行创新完善。这是人才政策的升级版，为历年来分量最重，被称为全国领先、国内最具吸引力的"人才新政"。杭州市政府已经在这个方面跨出了一大步，认为未来的发展需要靠人、靠机制。所以西子特别是人力资源部门，在2015年应该好好研究西子的人才新政，为我们今后的30年发展做好人才方面的战略部署。

最后向大家拜个早年，祝大家身体健康、阖家幸福，谢谢！

SHA专栏

精益求精　日臻完美
——西子·电梯集团SHA三阶段圆满落幕

1月26日，西子电梯集团SHA三阶段总结分享会在临安西子电梯产业部件园会议中心二楼召开。会议就SHA总体进展、工厂栈和那能栈的实施情况及亮点进行了分享汇报，对三阶段中涌现的先进个人、团队及优秀改善案例进行了嘉奖，由此西子电梯集团SHA三阶段也宣告圆满落幕。

首先，SHA事务组负责人孟庆林对SHA总体进展情况作了介绍。截至2014年12月底，杭州地区已完成总进展的82%,天津成都地区达到4水平的共75条，完成总进展的94%。如果说SHA的一阶段、二阶段是对现有流程的不足及已发生问题的"改正"，那么SHA的三阶段转变

被动为主动。从工艺、执行力、标准化、变更管理等多方位切入，实现真正意义上的全面改善。

会上，孟庆林还就SHA四阶段实施方案进行了发布。2015年将是SHA第四阶段平稳保持期。四阶段，将建立健全的SHA指标管理体系，通过指标实现的对比驱动主动改善氛围的形成；通过作业分解进一步推进标准作业化、全面实施效率对比改善；实施专业岗位专业技能认定，引导和鼓励员工实施专业技能自我训练。四阶段改善范围将涉及西子孚信、西子富沃德、西子优迈、成都西子孚信，天津西子事务小组5家工厂以及营销、服务、CLC 3大职能部门；产线覆盖率将从原先的75%提升到100%；条款覆盖也将由84条增加至88条。

会议还就SHA四阶段的实施目标、评审方式以及重点改善事项进行了明确。四阶段所涉及的工厂、职能部门也当会签署了SHA四阶段目标责任书。

为奖励在三阶段中积极学习、技能提升显著的个人和成效显著的项目组，并以此鼓励更多员工主动参与进来，本次阶段性总结会设置了个人成长奖、案例改善奖和团队奖。西子孚信张伟刚、西子富沃德陈磊、西子富沃德李丹、西子优迈岑保平，成都西子孚信张天成荣获个人成长奖；西子优迈电器车间效率提升、西子富沃德金加工效率提升、西子富沃德制动器质量改善3个项目组获选案例改善优秀奖；西子孚信工艺改进、成都西子孚信喷粉-装箱单台流2个项目组获选案例改善鼓励奖。西子富沃德、西子孚信、成都西子孚信工厂如期达成了三阶段既定目标，集团CLC在总体进展和引导方面上领先其他职能部门，分别当选团队奖。王水福董事长亲自为他们颁发了奖励。

西子电梯集团副总经理陶克东在会上指出,2014年SHA事务组在王水福董事长的支持和关心下，坚持按照计划将SHA推进到公司，一开始被动接受SHA，到后来主动认真地去了解贯彻SHA。许多员工通过SHA的

工具运用和评估体系真正成长起来，这都非常振奋人心。她相信2015年在王董的支持与带领下，通过所有公司同仁的付出与行动，SHA推进一定能够做得更好，走得更远！

西子联合王水福董事长在会上做了重要讲话，他认为西子之所以要坚持推行SHA，是为西子今后三十年的发展打下坚实的基础！SHA的最终目的是培养我们的自信，提升我们的能力。西子和奥的斯合资以来，最大收获就是引进了一套国外先进的管理体系，但如何才能够把SHA不断推进与完善，那么子就有了属于自己的标准管理体系，这就是今后西子的核心竞争力！去年，浙江省委省政府提出打造"标准强省、质量强省、品牌强省"，在今年两会上又提出"浙江制造"发展战略，这都是国家和政府已经将质量提升到了高度，西子未来要走向高端制造，要跟上社会发展步伐，SHA必不可少！最后，王董希望西子各位管理者，各职能部门、公司同仁们，能够在企业管理方法方面将SHA作为标准化工具来不断提升自己的能力、水平，培养更多的人才，西子的未来将更加美好！（西子电梯集团　周萍）

SHA推进分享——西子优迈电器车间效率提升

供应商健康评估项目（简称"SHA"）的推进工作已经进入第四阶段。作为一套针对公司绩效评估与识别的系统，它的建立和实施对于加速公司改进及建设具有重要意义。

在相关领导的指导下，西子优迈电器车间开了一系列的效率提升改进项目，其中变频器、扶梯控制柜产线效率提升显著。正是对SHA更为深刻的理解，我们在第三阶段将SHA工具运用到了改进实战当中，如变频器产线主要通过时间研究、工序流程分析、E-

CRS等手法，实现了人均小时产能从2.9台提升到3.5台。

扶梯控制柜产线主要运用了意大利面条图、VSM图等工具进行了布局及流程的优化，最终产能提升4台/天。

随着SHA推进第四阶段的持续展开，我们又对这两条产线重新制定了改善目标，通过持续改善，打造更为高效的标杆产线！

（西子优迈产品工程部　王涛）

天津西子联合开展合理化建议活动

天津西子联合从去年开展合理化建议活动以来，随着各部门领导的高度重视、人力资源部的大力推进，全体员工的积极参与、成果较为显著。

2014年第三季度（8月底员工人数118人）共收集合理化建议120条；第四季度（12月底员工人数113人）共收集合理化建议100条。从数据中显示，天津西子联合合理化建议活动总体覆盖率达94%！

通过公司管理层的评审，三季度合理化建议共有76条被采纳，收集的每一条合理化建议都经过逐一审阅反馈，并以邮件及张贴的形式进行反馈。此外，为了鼓励员工持续参与到公司合理化建议活动中来，发挥企业主人翁精神，公司还向建议被采纳的员工发放相关礼品作为奖励。

通过此项活动，不仅使员工牢固树立"我靠企业生存、企业靠我发展"的理念，而且通过群策群力，破解生产经营中的各个难题，助力企业发展。

（天津西子联合人事部　张彦）

周萍：《精益求精　日臻完美——西子电梯集团SHA三阶段圆满落幕》，来源：《西子报》2015年2月1日

精益求精　日臻完美

——西子电梯集团SHA三阶段圆满落幕

（周萍　来源：《西子报》2015年2月1日）

1月26日，西子电梯集团SHA三阶段总结分享会在临安西子电梯产业部件园会议中心二楼召开，会议就SHA总体进展、工厂线和职能线的实施情况及亮点进行了分享汇报，对三阶段中涌现出的先进个人、团队及优秀改善案例进行了嘉奖，由此西子电梯集团SHA三阶段也宣告圆满落幕。

首先，SHA事务组负责人孟庆林对SHA总体进展情况进行了汇报。截至2014年12月底，杭州地区完成总进展的82%；天津成都地区达到4水平的共75条，完成总进展的94%。如果说SHA的一阶段、二阶段是对现有流程的不足及已发生问题的改正，那么SHA的三阶段变被动为主动，从工艺、执行力、标准化、变更管理等多方位切入，实现真正意义上的全面"改善"。

会上，孟庆林还就SHA四阶段实施方案进行了发布。2015年将是SHA第四阶段平稳保持期。四阶段，将建立健全的SHA指标管理体系，通过指标实现的对比驱动主动改善氛围的形成；通过作业分解进一步推进标准作业；全面实施效率对比和改善；实施专业岗位专业技能认定，引导和鼓励员工实施专业技能自我训练。四阶段的改善范围将涉及西子孚信、西子富沃德、西子优迈、成都西子孚信、天津西子联合5家工厂以及营销、服务、CLC 3大职能部门；产线覆盖率将由原先的75%提升到100%；条款覆盖也将由84条增加至88条。

会议还就SHA四阶段的实施目标、评审方式以及重点改善事项进行了明确，四阶段所涉及的工厂、职能部门也当场签署了SHA四阶段目标责任书。

为褒奖在三阶段中积极学习、技能提升显著的个人和成效显著的项目组，并以此鼓励更多员工主动参与进来，本次阶段性总结会设置了个人成长奖、案例改善奖和团队奖。西子孚信的张伟初、西子富沃德的陈磊、西子富沃德的李丹、西子优迈的岑保平、成都西子孚信的张天成荣获个人成长奖；西子优迈的电器车间效率提升、西子富沃德的金加工效率提升、西子富沃德的制动器质量改善等3个项目组获选案例改善优秀奖；西子孚信的工艺改进、成都西子孚信的喷粉—装箱单台流2个项目组获选案例改善鼓励奖。西子富沃德、西子孚信、成都西子孚信工厂如期达成了三阶段既定目标，集团CLC在总体进展率和目标进展率上领先其他职能部门，分别当选团队奖。王水福董事长亲自为他们颁发了奖励。

西子电梯集团副总经理陈屹东在会上指出，2014年SHA事务组在王水福董事长的支持和关心下，坚持按照计划将SHA推进到各公司，一开始被动接受SHA，到后来主动认真地去了解贯彻SHA，许多员工通过SHA的工具运用和评估体系真正成长起来了，这些都非常振奋人心。她相信2015年在王董事长的支持与带领下，通过所有公司同仁的付出与行动，SHA推进一定能够做得更好、走得更远！

王水福董事长在会上作了讲话，他认为西子之所以要坚持推行SHA，是为西子今后30年的发展打下了坚实的基础。SHA的最终目的是培养我们的自信，提升我们的能力。西子与奥的斯公司合资以来，最大的收获就是引进了一套国外先进的管理体系。假如我们能够把SHA不断推进与完善，那么西子就有了属于自己的标准管理体系，这就是今后西子的核心竞争力！去年，浙江省委、省政府提出打造"标准强省、质量强省、品牌强省"，在今年省两会上又提出"浙江制造"发展战略，这都表明国家和政府已经将质量提升到了战略高度。西子未来要走向高端制造，要跟上社会发展步伐，SHA必不可少！最后，王董事长希望西子的各位管理者、各职能部门、各位同仁，今后在企业管理方法方面将SHA作为标准化工具来不断提升自己的能力、水平，培养更多的人才，那么西子的未来将更加美好！

跨越"死亡之谷"
——对话西子联合控股董事长王水福

若做一张浙商排行榜，王水福无疑属于第一阵营。

与不少浙商一样，王水福以行事作风低调务实著称，而企业发展却是以称得上大开大合。从最初农机配件加工，到合资生产"西子奥的斯"电梯，再到工业锅炉、盾构机，以及六年前进入航空制造领域，在王水福的掌舵下，西子联合控股绘出了一条教科书般的转型升级上行曲线。

这样一位浙商，在历经30余年风雨洗礼后，如何看待步入新常态后的制造业和企业发展？对当下的经济走势又有怎样的判断？新年伊始，本报记者走访位于杭州大江东产业集聚区的西子航空产业基地，听王水福一一道来。

浙江工业化需补课

记者：刚才在航空装备车间，您有个细节让我们印象深刻，做了这么多年企业负责人，还会亲自给实习生示范如何正确使用锉刀。

王水福（以下简称王）：这些孩子是浙江职业技术学院的学生，多数是1994年出生的。他们到"西子"后，首先会有一位老师傅带着学"手艺"，就是用基本的机械加工工具做一份小东西，比如工具箱。一段时间后就能做得比较精细，你们也看到了，真像手工艺品一样。这之后，才开始进入生产线操作实习。

记者：很看重视技工培养，我们还听说"西子"现在每年都要举行技能大赛，每次您都要亲自颁奖。现在这会越来越先进，为什么还要如此重视技工培养？

王：改革开放30年来，浙江工业取得了了不起的成就。但我们也要有清醒认识，过去浙江制造满足的是短缺经济背景下的市场需求，价格便宜、品质一般。现在供需状况发生了根本变化，还像过去那样搞粗放的扩张走不下去了。那应该怎么做？我认为，我们浙江已经步入工业化中后期，还是要回头"补课"。我们为什么这么重视技工培养，就是在"补课"。

记者："补课"的观点很新颖，能详细说一下吗？

王："补课"主要是补两个方面，一是培养产业工人，二是抓好基础产业。

产业工人培养，我们千万不要以为现在设备越来越先进，产业工人会操作电脑就行了。实际上，在高端装备制造领域，对产业工人的要求是非常高的。我常对我们的年轻技工说，你们别小看自己的手艺，学好学精这门手艺，一辈子都不愁没饭吃。没有一支精益制造的产业工人队伍，我们的产业要迈向中高端是走不了的。

抓好基础产业。什么是制造业的基础产业？锻造、铸造、热处理，这些就是。要尽快把这几块打造成世界级水平，否则制造业要做成世界级水平也是不可想象的。

事实上，我的这些思考也是"他山之石"。现在全世界都把"德国制造"看作高品质的代名词。但"德国制造"也不是一开始就这么强的。19世纪末的时候，德国产品还得打上"当时英国要求德国产品必须打上德国制造标记以同英国产品区分开来，否则就不准进来。这对德国工业界是一大刺激，从此他们知耻而后勇，打好了工业基础，彻底改变了形象和竞争力。我们要学习这种经验。

要有二次创业精神

记者：从杭州市区到"西子"航空基地，我们单程就开了一个半小时的车。听说您现在几乎每天都这样，早上7点前就要出发。为什么还要这么辛苦，亲力亲为？

王（笑）：我爱人开始也这么说，辛苦了一辈子，事业也还算可以，为什么快到退休的年纪还要搞航空这么吃力不讨好的事情？二次创业就是吃二遍苦。

我呢，人总要有点二次创业的精神吧，不能总是靠吃老本混日子。我这个人喜欢做点有挑战的事情，从最初农机配件到做电梯、锅炉、盾构机再到航空制造，今年我们还有望拿到进军核电站关键设备制造的民用核级设备制造许可证。可以说，"西子"一路走来，就是不断创新、不断挑战。但即便这样，我们的差距还是很大，你看日本三菱公司，人家一家公司就能生产整架飞机。

记者：航空制造是高端制造业的代表，有"工业之花"美誉，从2009年"西子"成为国家重大专项C919大飞机项目9家一级机体结构供应商中唯一的民营企业至今，6年过去了，您还满意吗？

王：不久前我们刚刚交付了国产全球最大的水陆两用飞机蛟龙600飞机的首架舱门工作包。现在也已经进入加拿大庞巴迪、欧洲空客的供应商体系。应该说，付出了很大努力，取得了不少成绩，但我们也很清醒，对航空板块，我们要准备出十年的功夫"温火炖老鸭"。慢不得，也急不来。我总结了两句话：过程越曲越痛苦，方向越来越清晰。

记者：痛苦痛在哪里？

王：比如说，客户对你的产品和能力是认可的，但是又不可能让你很快成为主流供应商，这种磨合的过程近乎煎熬，没有对战略方向的清晰认识是很难坚持的。还有管理上的磨合，也是一个痛苦的过程，所以我说，转型是痛苦的，升级也是痛苦的，因为也是一个全新的开始。

记者：既然是二次创业，您怎么看待股权激励这个问题？

王：我已经60多了，不可能一直这么干下去了。今后让谁来做？要靠股权激励来解决问题。马云成功的一个重要原因就是股权激励。传统企业今后若没有不得不搞股权激励。股权一定要稀释，要学会怎么分钱和放权，把分钱机制搞好了，人才就会从"要我做"转变为"我要做"。能做到这一步，全世界的高端人才都可能为我们所用。某种意义上说，股权激励是吸引高端人才有效的办法。

对经济前景充满信心

记者：2015年已经来到，现在看经济下行压力依然较大，您对浙江制造业的未来前景怎么看？

王：我是充满信心的。现在中国经济下行压力升级的机遇期，制造业要抓住这个机遇期，二次创业。能走过这个过程是非常痛苦的，用经济学家的话来说，从低端制造迈向中高端，要跨越的是"死亡之谷"。

记者：从企业反映来看，最痛苦的似乎还是市场需求不足。

王：市场其实无可厚非。需求其实很大，问题是有没有能力满足需求。打个比方，站在桥上看，水里的鱼并不少，但己手里一条都没有，为什么呢？因为你手里没网。从中国市场趋势看，一定是迈向中高端发展。现在越来越多的人喜欢买进口产品，就足以说明这个趋势。制造企业应该抓住这个趋势，打好基础拥抱新市场。看待这个问题一定要有战略思维。

记者：您的比喻很形象。其实像"西子"、"万向"这样的浙江企业，不仅仅是适应新常态，更重要的是，要在新常态下引领发展。

王：从我们企业的角度来说，还是要扎扎实实打好基础。从政府的角度说，我觉得，在企业跨越"死亡之谷"的过程中，政府要做好搭建桥梁的工作。比如最近省委省政府提出打造"浙江制造"的统一品牌，就真正把握了转型升级落到了实处。这次李秘书长和省政府同行一些新年寄语吧。

配合省委省政府的部署，我有一个建议：浙江现在在全国数一数二的工业博物馆，把这些产品展示出去。让人们花上半天时间就能看一遍"浙江制造"的精华，这也是打造"浙江制造"品牌的一种有效方式。

记者：谢谢您接受我们采访，马上就要到春节了，请您给省内外的浙商同行一些新年寄语吧。

王：2015年是羊年，新的发羊财的机会到了！我看到了中国民族品牌的曙光，中国制造强，中国强！但我们还是要从基础做起，只有打好基础，才能行稳致远。

——转自2月12日《浙江日报》09版

本报讯 3月5日下午，浙江省政府秘书长李卫宁、副秘书长孟刚一行调研西子航空大江东飞机零部件项目。杭州市政府副秘书长李强陪同调研。

西子联合董事长王水福亲自陪同李秘书长一行参观了西子航空大江东新基地飞机零部件样品展示馆和生产车间，并向李秘书长介绍了西子航空在投产项目、产品市场销售及产业未来发展等方面的相关情况。

李秘书长勉励西子航空要在迈入航空工业领域的新起点上，敢于创新，勇于探索，不断拓展与国际顶尖航空公司合作，成为全省工业企业转型升级、创新发展的领头羊。

（金剑）

用高质量产品把消费者留在国内

中国游客在日本买断货的马桶盖，一部分是杭州生产；在日本售价相当于每公斤300元人民币的高质量大米，原产地是辽宁盘锦，在国内的售价仅为每公斤12元到30元。春节ంయ过，这两则颇具刺激性的新闻，让人感慨万千。

中国人在海外扫货的目标，已经从前几年的奢侈品，逐渐变为现在的日用品。从大到小家电，从马桶盖到电饭煲，无不被中国游客收入囊中。不能一味费尽国人扫淋蚌地，同样的产品，如果质量相当并且在国内的售价更便宜，谁愿意费时费钱跑到国外去当搬运工？国人在海外疯狂购物，折射出对"中国制造"的集体不信任。

这样的不信任如何消除？当然是产品质量的内外有别。新闻中提到的日本马桶盖杭州生产企业负责人就表示，出口日本的马桶盖完全依据日本的相关标准生产，从质量上讲要优于国内的同等产品。辽宁盘锦市有关部门也表示，出口日本的高质量大米是按日本标准进行种植和管理的，实行有机栽培，人工灭虫，不会喷洒对人体有害的化学农药。

由此可见，中国企业并不缺乏生产优质产品的能力，缺的是高水平的质量标准。同一类型的产品，欧美发达国家的质量标准往往严于中国，这就导致企业在生产中执行这样的双重标准、双重对待。出口产品严格按照对方国家的质量标准生产，内销产品则调侃已达标、"60分万岁"。有的企业甚至在内销产品中一次充好，难怪国内消费者给"用脚投票"。

国人跑到日本去买马桶盖等，实际上也是在提醒国内企业，在满足不同消费群体的多样化需求方面，仍有很大的市场空间和机遇。目前国内的中高收入群体日渐庞大，这部分人群注重生活质量、重视使用体验、愿意多花一些钱购买高端的产品。如果国内企业仍然沿袭过去那种粗放式的设计与生产，就很难满足这部分人群的需求，也等于是把这一极具购买力的群体推往国外市场。国内企业完全可以把品牌、品质做成高标杆、高品质标准来看，用高质量产品把消费者留在国内。

今年春节期间，中国游客仅在日本的消费额就达60亿元人民币，然而，同期中国国内零售额增幅却创下自2005年有统计以来的最低水平。中国人并不是"钱多人傻"，要提振消费、扩大内需，没有捷径可走，还是老老实实提升产品质量吧。

最后需要的是，"中国制造"不等于"中国货"。中国游客在日本疯狂购买的马桶盖，虽然部分产自杭州，但生产企业日本企业。对于中国企业来说，加快技术创新，依然任重道远。

——转自2015年3月3日《杭州日报》02版

刘刚：《跨越"死亡之谷"——对话西子联合控股董事长王水福》，来源：《西子报》2015年3月15日

跨越"死亡之谷"

——对话西子联合控股董事长王水福

(刘刚 来源:《西子报》2015年3月15日)

若做一张浙商排行榜,王水福无疑属于第一阵营。

与不少浙商一样,王水福以行事作风低调务实而著称,而企业发展却足以称得上大开大合。从最初的农机配件加工,到合资生产电梯,再到工业锅炉、盾构机,以及6年前进入航空制造领域,在王水福的掌舵下,西子联合绘出了一条教科书般的转型升级上行曲线。

这样一位浙商,在历经30余年的风雨洗礼后,如何看待步入新常态后的制造业和企业发展?对当下的经济走势又有怎样的判断?新年伊始,本报记者走访位于杭州大江东产业集聚区的西子航空产业基地,听王水福一一道来。

浙江工业化需补课

记者: 刚才在航空装备车间,您有个细节让我们印象深刻,即做了这么多年企业负责人,还会亲自给实习生示范如何正确使用锉刀。

王水福: 这些孩子都是浙江职业技术学院的学生,多数是1994年后出生的。他们到西子后,首先会有一位老师傅带着学手艺,就是用基本的机械加工工具做一些小东西,比如工具箱等。一段时间后就能做得比较精细。你们也看到了,真像手工艺品一样。这之后,才开始进入生产线操作实习。

记者: 看得出来,您很重视技工培养,我们还听说西子现在每年都要举行技能大赛,每次您都要亲自颁奖。现在设备越来越先进,为什么还要如此重视技工培养?

王: 改革开放30年来,浙江省的工业发展取得了了不起的成就。但我们也要有清醒的认识,过去浙江制造满足的是短缺经济背景下的市场需求,价格便宜、品质一般。现在供需状况发生了根本变化,还像过去那样搞量的扩张是走不下去了。那应该怎么做？我认为，尽管浙江已经步入工业化中后期，还是要回头"补课"。我们为什么这么重视技工培养，就是在"补课"。

记者："补课"的观点很新颖，能详细说一下吗？

王："补课"主要是补两个方面，一是培养产业工人，二是抓好基础产业。

产业工人培养，我们千万不要以为现在设备越来越先进，产业工人会操作电脑就行了。实际上，在高端装备制造领域，对产业工人的要求是非常高的。我常对我们的年轻技工说，你们别小看自己的手艺，学好学精这门手艺，一辈子都不愁没饭吃。没有一支精益制造的产业工人队伍，我们的产业要迈向中高端是不可能的。

抓好基础产业。什么是制造业的基础产业？锻造、铸造、热处理，这些就是，要尽快把这几块打造成世界级水平，否则制造业要做成世界级水平也是不可想象的。

事实上，我的这些思考也是"他山之石"。现在全世界都把"德国制造"看作高品质的代名词，但"德国制造"也不是一开始就这么强的。19世纪末的时候，德国产品也是低端货，当时英国要求德国产品必须打上"德国制造"标识以同英国产品区分开来，否则就不准进来。这对德国工业界是一大刺激，从此他们知耻而后勇，打好了工业基础，彻底改变了形象并提升了竞争力。我们要学习这种经验。

要有二次创业精神

记者：从杭州市区到西子航空基地，我们单程就开了一个半小时的车。听说您现在几乎每天都这样，早上7点前就要出发，为什么还要这么辛苦地亲力亲为？

王（笑）：我爱人开始也这么说，辛苦了一辈子，事业也还算可以，为什么快到退休的年纪还要做航空制造这么吃力吃苦的事情？二次创业就是吃二遍苦。

我想呢，人总要有点二次创业的精神吧，不能总是靠吃老本混日子。我这个人喜欢做点有挑战的事情。从最初做农机配件到做电梯、锅炉、盾构机再到航空制造装备，今年我们还有望拿到进军核电站关键设备制造的民用核级设备制造许可证。可以说，西子一路走来，就是在不断创新、不断自我挑战。但即便这样，我们跟别人的差距还是很大，你看日本的三菱公司，人家一家公司就能生产整架飞机。

记者：航空制造业是高端制造业的代表，有"工业之花"的美誉，从2009年西子成为国家重大专项C919大飞机项目9家一级机体结构供应商中唯一的民营企业至今，6年过去了，您还满意吗？

王：不久前我们刚刚交付了国产全球最大的水陆两用飞机蛟龙600飞机的首架舱门工作包，现在也已经进入加拿大庞巴迪、欧洲空客等公司的供应商体系。应该说，我

们付出了很多努力，取得了不少成绩。但我们也很清醒，对航空制造板块，我们准备拿出10年的工夫"温火炖老鸭"，慢不得，也急不来。我总结了两句话：过程越做越痛苦，方向越做越清晰。

记者：痛苦痛在哪里？

王：比如说，客户对你的产品和能力是认可的，但是又不可能让你很快成为主流供应商，这种磨合的过程近乎煎熬，没有对战略方向的清晰认识是很难坚持的。还有管理上的磨合也是一个痛苦的过程。所以我说，转型是痛苦的，升级也是痛苦的，因为都是一个全新的开始。

记者：既然是二次创业，您怎么看待股权激励这个问题？

王：我已经60岁了，不可能一直这么干下去了。今后让谁来做？要靠股权激励来解决问题。马云成功的一个重要原因就是股权激励，传统企业今后一定也不得不搞股权激励。股权一定要稀释，要学会怎么分钱和放权，把分钱机制搞好了，人才就会从"要我做"转变为"我要做"。能做到这一步，全世界的高端人才都可能为我们所用。某种意义上说，股权激励是吸引高端人才最有效的办法。

对经济前景充满信心

记者：2015年已经来到，现在看经济下行压力依然较大，您对浙江制造业的未来前景怎么看？

王：我是充满信心的。现在中国经济已经迎来了产业升级的机遇期，制造企业要抓住这个机遇期，进行二次创业。当然这个过程是非常痛苦的，用经济学家的话来说，从低端制造迈向中高端制造，要跨越的是"死亡之谷"。

记者：从企业反映来看，最痛苦的似乎还是市场需求不足。

王：市场其实无谓好坏。需求其实很大，问题是有没有能力满足需求。打个比方，站在桥上看，水里的鱼并不少，但自己手里一条都没有，为什么呢？因为你手里没网。从中国市场趋势看，一定是向中高端发展。现在越来越多的人喜欢买进口产品，就足以说明这个趋势。制造企业要认清这个趋势，打好基础拥抱新市场。看待这个问题一定要有战略思维。

记者：您的比喻很形象。其实像西子、万向集团这样的浙江企业，不仅仅是适应新常态，更重要的是，要在新常态下引领发展。

王：从我们企业的角度来说，还是要扎扎实实打好基础。从政府的角度来看，我觉得，在企业跨越"死亡之谷"的过程中，政府要做好搭建桥梁的工作。比如最近省委、省政府提出打造"浙江制造"的统一品牌，就真正把转型升级落到了实处。这次李强省长在政府工作报告中又提到了这个，我觉得特别兴奋。

配合省委、省政府的部署，我有一个建议：浙江现在在全国数一数二的工业产品有几百个，能不能建一个工业博物馆，把这些产品展示出去，让人们花上半天时间就能看遍"浙江制造"的精华，这也是打造"浙江制造"品牌的一种有效方式。

记者： 谢谢您接受我们的采访。马上就要到春节了，请您给省内外的浙商同行一些新年寄语吧。

王： 2015年是羊年，新的发羊财的机会到了！我看到了中国民族品牌崛起的曙光。制造强，中国强！但我们还是要从基础做起，只有打好基础，才能行稳致远。

（转自《浙江日报》2015年2月12日第9版）

工匠精神　成就梦想
——2015年第四届西子联合奥林匹克技能大赛隆重开幕

本报讯 12月12日，2015年第四届西子联合奥林匹克技能大赛在杭州职业技术学院隆重开幕。杭州市人力资源和社会保障局副局长方海洋、职业能力建设处处长骆锦伦、杭州市公共实训中心主任卢红华、杭州市职业技能鉴定指导中心主任余颖群、杭州职业技术学院友嘉学院院长陈加明，共青团杭州市委青工部副部长黄碧娜，共青团江干区委书记王盈、笕桥街道工会主席黄增才以及西子联合董事长王水福、西子电梯集团工会主席陆志萍等领导出席了此次开幕式。此外，来自西子电梯、锅炉、航空三大板块各公司高管、裁判员和参赛选手等共300余人参加了开幕仪式。

本届西子联合奥林匹克技能竞赛以"工匠精神，成就梦想"为主题，开展焊工、装配钳工、加工中心操作工、数控车工、折弯工、飞机铆装钳工和飞机钣金工的比赛，共有7个工种，11个组别，166名选手同场竞技。同时，今年我们邀请了行业标杆鸿哈集团优秀员工参与大赛比拼，共同交流促进。

开幕式上，西子职工技能发展协会会长葛小青首先简要介绍了本届大赛举项，并从"凝聚人""培养人""磨练人"三个方面介绍了2015年技能协会的相关工作。与往年相比，西子技能协会今年积极推动职工"五小"活动、会员"师徒"活动、高技能人才创新工作室建设等工作。同时，由协会推荐、富兴德申报的加工中心技师王春，成功参加浙江省"金蓝领"高技能人才国外培训项目，成为西子国外"镀金"第一人。

西子联合董事长王水福在开幕式上致辞，他首先感谢社会各级领导对于此次西子联合奥林匹克技能大赛的支持和帮助，感谢西子各位同仁们的努力付出及大力参与。他提到，在德国85%的创新来自于实践，来自于基层，他鼓励广大一线员工要勇于实践，通过西子奥林匹克技能大赛这个平台来展示水准、提高自我，这不仅是对自己能力的考验，更是实现自我价值的尊重。他指出，浙江制造业在过去30年走的是一个短缺经济时代，许多中小企业为国企配套、加工零部件；未来的30年，是需求为王的时代，企业要为世界500强配套。因此企业要好好基础，为从传统制造业走向高端装备制造业做好充分的准备；他还以富士康所属的台湾鸿海集团为例，鸿海集团在2014年财富世界500强中排名第32位，相比我们中国的四大银行，它的排名超过了中国银行、中国建设银行、中国农业银行，只有中国工商银行排名第25位，排在鸿海之前。富士康仅仅是一家代工企业，但是它在代工制造基础上不断练内功、提品质、走高端，"做人家做不了的订单、做人家不愿做的订单"，最终成为了代工业的"打工皇帝"，这是非常伟大的。

中国强要制造强，制造强要基础强。企业的基础是什么？那就是制造管理基础，员工技能基础、薪本分配基础。特别是工匠基础，优秀的工匠是踏实肯干的人而不是聪明走捷径的人。最后，王董鼓励各位参赛选手赛出水平、赛出风格，也预祝此次奥林匹克技能大赛圆满成功！

"严谨、专注、精益求精"是工匠精神的代名词。追求技能的极致化，坚持传承和钻研，兼承专注和坚守，是"西子制造"高技能人才的核心要素。西子技能协会将坚定不移地持续推动这"百年"技能大赛，因为——"工匠精神，成就梦想"。

(西子职工技能协会　蒋佳利)

蒋佳利：《工匠精神　成就梦想——2015年第四届西子联合奥林匹克技能大赛隆重开幕》，来源：《西子报》2016年1月1日

工匠精神　成就梦想
——2015年第四届西子联合奥林匹克技能大赛隆重开幕

(蒋佳利　来源:《西子报》2016年1月1日)

12月12日，2015年第四届西子联合奥林匹克技能大赛在杭州职业技术学院隆重开幕。杭州市人力资源和社会保障局副局长方海洋、职业能力建设处处长骆锦伦、杭州市公共实训中心主任卢红华、杭州市职业技能鉴定指导中心副主任余颂群、杭州职业技术学院友嘉学院院长陈加明、共青团杭州市委青工部副部长黄蔚娜、共青团江干区委书记王盈、笕桥街道工会主席黄增才以及西子联合董事长王水福、西子电梯集团工会主席陆志萍等领导出席了此次开幕式。此外，来自西子电梯、锅炉、航空三大板块的各公司高管、裁判员和参赛选手等共300余人参加了开幕仪式。

本届西子联合奥林匹克技能竞赛以"工匠精神，成就梦想"为主题，开展焊工、装配钳工、加工中心操作工、数控车工、折弯工、飞机铆装钳工和飞机钣金工的比赛，共有7个工种、11个组别的166名选手同场竞技。同时，今年我们还邀请了行业标杆娃哈哈集团的优秀员工参与大赛比拼，共同交流促进。

开幕式上，西子职工技能发展协会会长葛小青首先简要介绍了本届大赛事项，并从"凝聚人""培养人""磨炼人"三个方面介绍了2015年技能协会的相关工作。与往年相比，西子技能协会今年积极推动职工"五小"活动、会员"师带徒"活动、高技能人才创新工作室建设等工作。同时，由协会推荐、西子富沃德申报的加工中心技师王春，成功参加浙江省"金蓝领"高技能人才国外培训项目，成为西子到国外"镀金"第一人。

开幕式上，王春也向在场领导和员工交流了在德国为期三周培训的心得体会。最后，葛会长衷心感谢外部各级领导对西子高技能人才建设工作的帮助与支持，也感谢西子各公司总经理及相关部门的配合与协助。随后，西子职工技能发展协会对上飞技能鉴定、职工"五小"活动、协会优秀会员、西子联合高技能人才创新工作室等进行了颁奖和授牌。

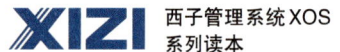

西子联合董事长王水福在开幕式上致辞，他首先感谢社会各级领导对于此次西子联合奥林匹克技能大赛的支持与帮助，感谢西子各位同仁的努力付出及大力参与。他提到，在德国85%的创新来自实践、来自基层，他鼓励广大一线员工要勇于实践，通过西子奥林匹克技能大赛这个平台来展示水准、提高自我，这不仅是对自己能力的考验，更是对实现自我价值的追求。他指出，浙江制造业在过去30年所处的是短缺经济时代，许多中小企业为国企配套、加工零部件；未来的30年，是需求为王的时代，要为世界500强企业配套，因此企业要打好基础，为从传统制造业走向高端装备制造业做好充分的准备。他还以富士康公司所属的台湾鸿海集团为例，鸿海集团在2014年财富世界500强中排名第32位，排名超过了中国银行、中国建设银行、中国农业银行，只有中国工商银行排名第25位，在鸿海之前。富士康仅仅是一家代工企业，但是它在代工制造基础上不断练内功、提品质、走高端，"做人家做不了的订单，做人家不愿做的订单"，最终成为了代工业的"打工皇帝"，这是非常伟大的。

中国强要制造强，制造强要基础强。企业的基础是什么？那就是制造管理基础、员工技能基础、智本分配基础。特别是工匠基础，优秀的工匠是踏实肯干的人而不是聪明走捷径的人。最后，王水福董事长鼓励各位参赛选手赛出水平、赛出风格，也预祝此次奥林匹克技能大赛圆满成功。

"严谨、专注、精益求精"是工匠精神的代名词。追求技能的极致化，坚持传承和钻研，秉承专注和坚守，是"西子制造"高技能人才的核心要素。协会将坚定不移地持续推动这一"百年"技能大赛，因为"工匠精神，成就梦想"。

2016年新春致辞

感恩感谢感天下——制造强要基础强

西子联合董事长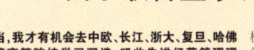

我今年六十岁,已到花甲之年,感慨万千。回顾四十年的创业创新历程,最大的感悟就是——**合作才能共赢,创新才能创业,创新才能转型升级**。过去三十多年是中国高速发展的三十多年,也是西子**不断创新创业的三十多年**。非常感谢与西子风雨同舟二十年的老西子人,感谢你们脚踏实地、兢兢业业并忠诚至今;也感谢新西子人的同心合力,为开创西子美好未来而奋斗,你们的加入为西子带来了源源不断的创新活力!

1981—1996年,赶上风口机遇——改革开放

1980年,我们为制杭州茶叶仓库的第一台电梯;1981年,我们筹建杭州西子电梯厂;1988年,我们试制第一台自动扶梯;1989年9月,西子第一台自动扶梯成功安装于杭州百货大楼,**成为国内第一批自动扶梯生产厂家**。那时,为顺利完成百大扶梯项目,我们一帮人吃住都在百大,八月半中秋节也是在百大度过的,百大为我们准备了月饼,这让我至今都记忆犹新。

从西子第一台电梯下线到1992年,西子发展缓慢,主要是受制于当时国内的电梯市场(据相关机构统计,1979年全国电梯大约只有一万台,目前全国电梯保有量400多万台)。

1992年邓小平南巡讲话后,中国经济进入高速发展阶段。正**因为有前十年的积累和基础,西子也乘着改革的春风,踏上高速发展的快车**。1996年,西子电梯已经位居**中国电梯民族品牌第1位**。

在此,我衷心感谢国家、感谢政府开放政策,为西子带来了千载难逢的发展机遇!

1997年,抓住发展机遇——合资合作

1996年,西子电梯位居中国电梯市场第6位,当时国内电梯市场**前5位都是合资品牌**。作为非合资企业,当时西子电梯面临很多困难,比如买新书难、引进技术难,**这是一个痛苦局**。在这种情况下,我们开始不断寻找合资、合作的机会。

1997年,西子跟乔层在反复酝酿后,认为**唯有合资才有出路**,虽然上级部门领导存在有不同的声音与质疑,但最终我们还是做出了与**世界电梯巨头——美国奥的斯(OTIS)电梯公司合资的决策**。当时,主要考虑着花园村70%的农民在西子工作,为了稳定就业、缓和压力等因素,在我们的不断争取下,奥的斯破例放弃了控股的原则,同意由西子先控股70%,五年后再由奥的斯控股,还同意合资品牌的主要部件由西子生产提供。**与奥的斯合资成功,我要感谢成谦在合资谈判过程中所做出的努力与贡献**;同时,要感谢原杭州副市长张明先,为西子找到了王秋湘、虞文蔚等拥有国际合资经验的资深法律专业人士,加速了西子与奥的斯的合资进程;还要感谢当时担任合资公司总经理的陈夏鑫总裁,正是由于他的担

当,我才有机会去中欧、长江、浙大、复旦、哈佛等高等院校学习深造,吸收先进经营管理理念,更好地掌握西子未来发展方向。

非常感谢奥的斯,正是与奥的斯的合资,给西子带来了规范的企业管理系统,为西子培养了众多管理人才。假如没有奥的斯,就不会有今天西子的成功,更不会迎来杭锅与百大的加盟!

此后,在"**合作重于竞争**"的一贯发展理念下,西子进一步广泛而深入地与多家世界500强企业展开合作。2004年3月12日,西子与日本石川岛合资成立了杭州西子石川岛停车设备公司,这是西子进军停车设备领域的开端;1997年我们成功开发了第一台立体停车库,之后她不断推动项目前进达并坚守至今,如今西子石川岛正迎来发展的新台阶,即将实现上市的发展目标。

2007年11月,西子联合旗下杭锅集团与日本川崎重工开展**地铁盾构机项目**的合作,还先后与美国GE、德国西门子、法国阿尔斯通等合作。我要感谢杨建生、颜飞龙、李宝发、金伟春等杭锅人对盾构机项目的积极推动,成功实现了西子"**地下钻**"的发展战略。

我们在与大型国企和世界500强企业的合作中学习、合资中成长、不断地提升自己的学习能力和管理能力。

2010年8月,西子总部从风起路搬迁至庆春东路西子论大厦,开启了西子发展史上的钱江新时代,也开拓了西子**自主创新的新时代**。在建造大厦时,技术部两位博士——林建杰和冯诚负责研发7m/s电梯,当时和他们进入西子,人事关系都是在浙大西子研究院。7m/s电梯的成功研发,为之后10m/s、6m/s、4m/s电梯及西子富沃德高速电梯主机的成功研发打下了一定的基础,更为西子今后开发20m/s电梯带来了可能。

感谢奥的斯、杭锅以及众多西子的合作伙伴,感谢你们为西子带来了**先进的管理念和技术**,在合作学习过程中,让西子具备了19年精益制造经验、高端制造业的能力、高资本投入的实力,形成了以技术、管理、团队、机制为**核心的制造竞争力**。

2009年,探索转型机遇——涉足航空

早在2004年,我带领西子管理层前往日本、韩国参观现代重工、斗山重工、大宇重工、三菱重工、石川岛重工,发现这些世界一流的企业有一个共同点:它们的产业都涉及航空航天。回国后,我就有了进军航空产业的构想,并在2004年4月19日《西子报》上提出西子未来十年"**天上飞,地下钻**"的发展战略。2009年5月26日,西子顺应国家号召开启产业调整,进入航空领域,在400多家报名单位中通知编号为第99位的西子联合最终脱颖而出,成为**国家重大专项C919大型客机项目9家一级机体结构供应商中唯一的中国民营企业**。

进入航空六年,我们痛并快乐着,非常感谢中国商飞把我们领进了航空产业的大门。正是由于C919大飞机的研制任务,西子开始与**中航工业、空客、波音、庞巴迪、塞斯纳**等世界著名的航空公司进行接触与交流,并保持了良好的沟通与合作。现在西子航空已成为**欧洲空客、美国波音、加拿大庞巴迪空客、中国商飞、中航工业的供应商**,我们修订了**企业健康评估体系**,拥有全这五大航空巨头供应商资质的企业。

2015年11月2日,西子航空按协鑫州飞机公司研制C919大飞机的部件研制任务,看到西子航空制造的首件产品在中国首架大飞机上,我们深感激动、光荣和自豪,这不仅是西子航空的骄傲,更是**中国民企参与民机产业的成功典范**!

2014年8月,西子航空生产的首件Q400飞

机部件,正式交付给加拿大庞巴迪宇航;2015年1月,西子航空在大江东基地举行了全球最大水陆两栖飞机蛟龙600的舱门工件包合架交付仪式;6月,西子航空C919大飞机应急发电机舱门(RAT门)工作包首架正式交付;7月3日,在中国总理李克强和法国总理瓦尔斯共同见证下,西子航空紧固件与法国空客签署合作框架协议;11月4日,沈阳西子航空与天津波音签署了了项目合作备忘录,双方决定在飞机复合材料零部件制造方面展开深入合作,沈阳西子航空先后有**41名员工通过天津波音培训**,并顺利拿到上岗操作证书。

2015年是西子航空最艰苦的一年,但也是成绩最出色的一年,这是所有西子航空同心们辛勤付出与努力奋斗的成果。进入航空给我的感受是,**越做越痛苦,但越做希望越大**,三年后有望在主板市场上市!

2016年,谋求新机遇——供给侧改革

2016年可能是中国改革开放30多年以来经济发展最困难的一年,经济进入新常态,社会浮躁之风渐盛;2016年也是最好的一年,机遇就在其中,"**供给侧改革**"的提出,相信会为**中国经济带来巨大的机遇和变化**。

2015年,对于手机的需求量很大,iPhone手机畅销,本土品牌却难有高端产品。中国有很多生产电饭锅、马桶的企业,但中国人却不会重金,不嫌麻烦从日本背回这些商品,这背折射出中国长期对"供给侧"的疏忽,造就了今日难以满足市场需求的尴尬。**哪些领域、哪些产业、哪些产品在"供给侧"需要加大投入和生产?中高端的领域、产业和产品,正是中国经济结构转型升级的需要。**

对于"**供给侧改革**",我的理解是政府清理僵尸企业、淘汰落后产能,对优质企业升级"**放水养鱼**",从多方面大量减少企业的负担,促进企业重回中高端的转型升级,加速企业完工中心落户中国的重大机遇,更是进入航空配套产业的黄金时期。

第一、中国要强制造强,制造强要基础强

"**中国制造2025**"已经不再是一个抽象的概念,更有了具体的实施路线图。我们更加清晰地认识到互联网、智慧制造的时代,是高速列车的时代,在这个高速的时代里要跟上时代必须夯实制造管理基础、员工技能基础、智本分配基础,否则就是沙滩上建大厦,越垫越危险!

在制造管理基础方面,西子通过19年与世界500强企业的合资合作,学习到了**精益制造的管理经验**,我们修订了**企业健康评估体系**。

在员工技能基础方面,西子航空与杭州职业技术学院合力创办了西子航空工业学院,重点打造**工匠基础**,希望为西子未来10年到30年培养一批高端匠艺人才。

在智本分配基础方面,我们要为有能力、有水平的年轻人提供平台,提供机会,积极响应"**大众创业,万众创新**"的号召,建立让贡献

者分享胜利果实的机制。

第二、围绕基础,不断创新

企业不断夯实基础的同时,要进一步加大科研创新力度,加快生产方式和管理模式改革,强化自主知识产权,打造品牌、拓展空间,创造更多满足客户需求的产品。西子一直致力于创新发展,朝高端制造迈进。

在电梯产业方面,208米超高速电梯试验塔在临平建成,并成功对接国家电梯产品质检中心,将引领电梯企业设计制造领域协同创新,带动电梯产业转型升级。去年我提到了"**看到打造中国民族品牌的曙光**",今年是西子"**十三五**规划的第一年,希望我们能为二十年后将西子电梯打造成为国际品牌而努力!

在锅炉产业方面,杭锅集团致力于进入核电领域,**核电资格证证**已经筹备了5年多,明后年根有希望成为中国核电站重要设备的供应商。

在燃气产业方面,经浙江省领导同意,我们在省内形成市政府共同合资组建**航空产业基金、重点投资西子航空,把西子航空打造成行业龙头企业**。

西子要取得两张许可证,一张是航空许可证、一张是核电许可证。西子拥有了这两张许可证,未来的几十年就会拥有永续发展的百年基因。

三、高端制造向传统制造管理转型

我们为什么要进入航空?航空制造是"**工业之花**",是高端制造的代表!航空制造的管理、质量、检验等严格程度,是我们想象不到的。**我们现在是做的不是试,是观念!**在进入航空制造领域后,我们常常看到电梯制造的漏洞环节。例如,为什么电梯事故多发顺总是在夏天?是因为夏天空航机流量,电梯运作环境噪振频繁,对电梯开关、控制系统等部件影响较大,因此故障率最高。

西子进入航空产业,全面引入**航空产业的质量管理体系**,按航空标准提高制造品质,健全管理机制,最终将**航空产业的质量管理体系实现对原有电梯、锅炉、盾构机、停车设备等产业领域的管理输出,这是高端、造品牌的绝佳体现!**希望西子所有公司向富沃德学习,强基础、重质量、促转型!

四、从"减量制造"向"增量制造"转变

未来三十年,中国乃至世界制造业的方向是什么?我认为是从"**减量制造**"向"**增量制造**"转变。什么是减量制造?举个例子,西子航空为C919大飞机加工的应急门框爬板件,毛料重约500公斤,加工完成零件净重15公斤左右,切削率高达97%,原材料损失大程度上是一种浪费,成本高居不下。什么是增量制造?就是3D打印。3D打印是一种以数字模型文件为基础,运用粉末状金属或塑料等可粘合材料,通过逐层打印的方式来构造物体的技术,具有**不受零件复杂程度限制、完全数字化控制、节约大量成本**等特点。

可以预见,"**增量制造**"势必将成为未来装备制造业发展的新趋势,这也是西子未来三十年努力的创新方向。希望西子所有管理层要充分重视未来3D打印的发展趋势,打好创新准备!

最后,请允许我以最诚挚的感恩之心,**感谢这个伟大的时代、感谢党和国家、感谢西子所有员工、感谢朋友与家人**,感谢你们对我40年来创业历程的肯定、感谢你们一如既往的支持与帮助、关心与鼓励!

在此也向大家拜个早年,祝大家在新的一年身体健康,阖家幸福,万事如意,谢谢!

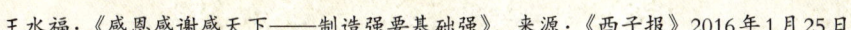

王水福:《感恩感谢感天下——制造强要基础强》,来源:《西子报》2016年1月25日

2016年新春致辞

感恩感谢感天下——
制造强要基础强

（王水福　来源：《西子报》2016年1月25日）

我今年60岁，已到花甲之年，不禁感慨万千。回顾40年的创业创新历程，最大的感悟就是——合作才能共赢，创新才能创业，创新才能转型升级。过去30多年是中国高速发展的30多年，也是西子不断创新创业的30多年。非常感谢与西子风雨同舟二三十年的老西子人，感谢你们脚踏实地、兢兢业业地奉献并忠诚至今；也感谢新西子人的同心合力，为开创西子美好未来而奋斗，你们的加入为西子带来了源源不断的创新活力！

1981—1996年：赶上风口机遇——改革开放

1980年，我们试制杭州茶叶仓库的第一台电梯；1981年，我们筹建杭州西子电梯厂；1988年，我们试制第一台自动扶梯；1989年9月，西子第一台自动扶梯成功安装于杭州百货大楼，成为国内第一批自动扶梯生产厂家。那时，为顺利完成百货大楼的扶梯项目，我们一帮人吃住都在百货大楼，甚至连中秋节也是在那里度过的，为我们准备的月饼至今让我记忆犹新。

从西子第一台电梯下线到1992年，西子发展缓慢，主要是受制于当时国内的电梯市场（相关机构统计，1979年全国电梯产量大约只有1万台，目前全国电梯的产量为400多万台）。

1992年后，中国经济进入了高速发展阶段。正因为有前10年的积累和基础，西子也乘着改革的春风，踏上高速发展的快车。1996年，西子电梯已经位居中国电梯民族品牌第1位。

在此，我衷心感谢国家，感谢改革开放政策，为西子带来了千载难逢的发展机遇！

1997年：抓住发展机遇——合资合作

1996年，西子电梯公司位居中国电梯市场第6位，当时国内电梯市场的前5位都是合资品牌。作为非合资企业，当时我们面临了很多困难，比如买标书难、引进技术难，这是一个痛苦期。在这种情况下，我们开始不断寻找合资、合作的机会。

1997年，西子电梯公司高层在反复酝酿后，认为唯有合资才有出路，虽然上级部门领导有着不同的声音与质疑，但最终我们还是作出了与世界电梯巨头——美国奥的斯电梯公司合资的决策。当时，主要考虑到花园村70%的农民在西子工作，为了稳定就业等因素，在我们的不断争取下，奥的斯公司破例放弃了控股的原则，同意由我们先控股70%，5年后再由奥的斯公司控股，还同意合资品牌的主要部件由西子电梯公司生产提供。与奥的斯公司的合资成功，我要感谢成谦在合资谈判过程中所作出的努力与贡献；同时，要感谢杭州市原副市长张明光，为西子找到了王秋潮、虞文燕等拥有国际合资经验的资深法律专业人士，加速了西子与奥的斯的合资进程。

非常感谢奥的斯公司，正是与它的合资，给西子带来了规范的企业管理系统，为西子培养了众多管理人才。假如没有奥的斯公司，就不会有今天西子的成功，更不会迎来杭锅集团与百大集团的加盟！

此后，在"合作重于竞争"的一贯发展理念下，西子进一步广泛而深入地与多家世界500强企业展开合作。2004年3月12日，西子与日本石川岛株式会社合资成立了杭州西子石川岛停车设备公司。在此，我要感谢周水妹，在她的努力下，1997年我们成功开发了第一台立体停车库。之后，她不断推动项目前进并坚守至今。如今，西子石川岛公司正迎来发展的新台阶，即将实现上市的发展目标。

2007年11月，西子联合旗下的杭锅集团与日本川崎重工开展地铁盾构机项目的合作，还先后与美国通用、德国西门子、法国阿尔斯通等企业合作。我要感谢杨建生、颜飞龙、李宝发、金伟春等杭锅人对盾构机项目的积极推动，成功实现了西子"地下钻"的发展战略。

我们在与大型国企和世界500强企业的合作、合资中学习并成长，不断地提升自己的学习能力和管理能力。

2010年8月，西子总部从凤起路搬迁至庆春东路西子联合大厦，开启了西子发展史上的钱江新时代，也开拓了西子自主创新的新时代。在建造大厦时，技术部两位博士——林建杰和冯斌负责研发7m/s的电梯。7m/s电梯的成功研发，为之后10m/s、6m/s、4m/s的电梯及西子富沃德的高速电梯主机的成功开发打下了一定的基础，更为

西子今后开发20m/s的电梯带来可能。

感谢奥的斯公司、杭锅集团以及众多西子的合作伙伴,感谢你们为西子带来了先进的管理理念和技术。在合作学习过程中,西子拥有了19年的精益制造经验、高端制造业的能力、高资本投入的实力,形成了以技术、管理、团队、机制为核心的制造竞争力。

2009年：探索转型机遇——涉足航空领域

早在2004年,我带领西子管理层前往日本、韩国参观现代重工、斗山重工、大宇重工、三菱重工、石川岛重工等企业时,就发现这些世界一流的企业有一个共同点：它们的产业都涉及航空航天领域。回国后,我就有了进军航空产业的构想,并在2004年4月19日的《西子报》上提出了西子未来10年"天上飞,地下钻"的发展战略。2009年5月26日,西子顺应国家号召和时代潮流,进入航空领域,在400多家报名单位中通知编号为第99位的西子联合最终脱颖而出,成为国家重大专项C919大型客机项目9家一级机体结构供应商中唯一一家中国民营企业。

涉足航空制造业6年,我们痛并快乐着。非常感谢中国商飞公司把我们领进了航空产业的大门。正是由于参与C919大飞机的研制工作,西子开始与空客、波音、庞巴迪、塞斯纳等世界著名的航空公司进行接触与交流,并保持着良好的沟通与合作。现在西子航空公司已经成为欧洲空客、美国波音、加拿大庞巴迪宇航、中国商飞等企业的供应商,是浙江省唯一拥有这些航空巨头供应商资质的企业。

2015年11月2日,西子航空公司按时高质量地完成了中国C919大飞机的部件研制任务。看到西子航空制造的舱门安装在中国首架大飞机上,我们深感激动、光荣和自豪,这不仅是西子航空的骄傲,更是中国民企参与民机产业的成功典范!

2014年8月,西子航空生产的首件Q400飞机部件,正式交付加拿大庞巴迪宇航公司;2015年1月,西子航空在大江东基地举行了全球最大水陆两栖飞机蛟龙600的舱门工作包首架交付仪式;6月,西子航空C919大飞机应急发电机舱门（RAT门）工作包首架正式交付;7月3日,在中国总理李克强和法国总理瓦尔斯的共同见证下,西子航空紧固件公司与法国空客公司签署合作框架协议;11月4日,沈阳西子航空公司与天津波音公司签署了项目合作备忘录,双方决定在飞机复合材料零部件制造方面展开深入合作,沈阳西子航空公司先后有41名员工通过天津波音公司的培训,并顺利拿到上岗操作证书。

2015年是西子航空最艰苦的一年,但也是成绩最出色的一年,这是所有西子航空同仁辛勤付出与努力奋斗的成果。进入航空领域给我的感受是，越做越痛苦，但越做希望越大——公司在三年后有望在主板市场上市！

2016年：谋求新机遇——供给侧改革

2016年可能是中国改革开放30多年以来经济发展最困难的一年，经济进入新常态，社会浮躁之风渐盛；2016年也是最好的一年，机遇就在其中。"供给侧改革"的提出，相信会为中国经济带来巨大的机遇和变化。

举个例子来说，中国人对手机的需求量很大，苹果手机畅销，本土品牌却难有高端产品。中国有很多生产电饭煲、马桶的企业，但不少中国人却不吝重金、不嫌麻烦地从日本买回这些商品。这背后折射出中国长期对"供给侧"的疏忽，造就了今日难以满足市场需求的尴尬。哪些领域、哪些产业、哪些产品在"供给侧"需要加大投入和生产？中高端的领域、产业和产品，正是中国经济结构转型升级的需要。

对于"供给侧改革"，我的理解是政府将清理"僵尸企业"，淘汰掉落后产能，对优质企业再一次实施"放水养鱼"，从多方面大量减少企业的负担，从而促进产业向中高端转型升级。比如波音完工中心落户中国是重大机遇，将开启大量企业进入航空配套产业的黄金时期。

供给侧改革对西子而言是转型升级的好机会。改革开放30多年来，政府通过各种优惠政策，花费巨大心血扶植中大型企业的成长。上百亿级、几百亿级企业是浙江省经济发展的中坚力量，只有让它们正确理解"供给侧改革"，让它们树立信心、明确方向，将发展方向锁定在新兴领域、创新领域，就能创造新的经济增长点，实现转型升级，并能更好地带动小微企业的发展。

对于西子来说，现在是最好的时代，是供给侧改革的时代，是高端制造的时代，是一次千载难逢的机遇。我们要从以下四个方向去努力把握机遇。

第一，中国强要制造强，制造强要基础强。

"中国制造2025"已经不再是一个抽象的概念，有了具体的实施路线图。我们更加清醒地认识到，当下是互联网、智慧制造的时代，在这个高速的时代更需要企业夯实制造管理基础、员工技能基础、智本分配基础，否则就是沙滩上建大厦，越急越危险！

在制造管理基础方面，西子通过19年与世界500强企业的合资合作，学习到了精益制造的管理经验，我们修订了企业健康评估体系。

在员工技能基础方面，西子航空与杭州职业技术学院合力创办了西子航空工业学院，重点打造"工匠"基础，希望为西子未来10年到30年培养一批高端蓝领人才。

在智本分配基础方面，我们要为有能力、有水平的年轻人提供平台、提供机会，积极响应"大众创业，万众创新"的号召，建立让贡献者分享胜利果实的机制。

第二，围绕基础，不断创新。

企业不断夯实基础的同时，要进一步加大科研创新力度，加快生产方式和管理模式改革，强化自主知识产权，打造品牌、拓展空间，创造更多满足客户需求的产品。西子一直致力于创新发展，朝高端制造迈进！

在电梯产业方面，208米超高速电梯试验塔在临平建成，并成功对接国家电梯产品质检中心，将引领电梯企业设计制造领域协同创新，带动电梯产业转型升级。去年我提到了"看到打造中国民族品牌的曙光"，今年是西子的"十三五"规划的第一年，希望我们能为20年后将西子电梯打造成国际品牌而努力！

在锅炉产业方面，杭锅集团致力于进入核电领域，核电资格认证已经筹备了5年多，明后年很有希望成为中国核电站重要设备的供应商。

在航空产业方面，经浙江省领导同意，我们将与浙江省政府、杭州市政府共同合资组建航空产业基金，重点投资西子航空，把西子航空打造成行业龙头企业。

西子要取得两张许可证，一张是航空许可证，另一张是核电许可证。西子拥有了这两张许可证，未来的几十年就会拥有永续经营的百年基因。

第三，高端制造向传统制造管理输出。

我们为什么要进入航空制造领域？航空制造是"工业之花"，是高端制造的代表。航空制造领域的管理、质量、检验等严格程度，是我们想象不到的，我们现在最缺的不是钱，是观念！在进入航空制造领域后，我时常看到电梯制造行业的薄弱环节。例如，为什么电梯事故多发期总在夏天？因为夏天闷热高温、电梯运作环境阴暗潮湿，对电梯开关、控制系统等部件影响很大，因此故障率最高。

西子进入航空产业，全面引入航空产业的质量管理体系，按航空制造标准提高制造品质，健全管理机制。最终利用航空产业的管理体系来实现对原有电梯、锅炉、盾构机、停车设备等产业领域的管理输出，实现真正的制造升级。

近日，省政府质量奖评审委员会办公室公示了2015年浙江省政府质量奖初选授奖企业，西子富沃德成为全省唯一一家中小企业列入初选授奖企业名单，这正是响应"浙江制造"转型升级，走高端、造品牌的绝佳体现。希望西子所有公司向富沃德学习，强基础、稳质量、促转型！

第四，从"减量制造"向"增量制造"转变。

未来30年，中国乃至世界制造业的方向是什么？我认为是从"减量制造"向"增量制造"转变。什么是减量制造？举个例子，西子航空为C919大飞机加工的应急门框试验件，毛料重约500公斤，加工完成零件净重15公斤左右，切削率高达97%，很大程度上造成了原材料的浪费，导致成本居高不下。什么是增量制造？就是3D打印，3D打印是一种以数字模型文件为基础，运用粉末状金属或塑料等可黏合材料，通过逐层打印的方式来构造物体的技术，具有不受零件复杂程度限制、完全数字化控制、节约大量成本等特点。

可以预见，增量制造势必将成为未来装备制造业发展的新趋势，这也是西子未来30年努力的创新方向。希望西子的所有管理层要充分重视未来3D打印的发展趋势，打好基础、做好准备。

最后，请允许我以最诚挚的感恩之心，感谢这个伟大的时代，感谢党和国家，感谢西子所有员工，感谢朋友与家人，感谢你们对我40年来创业历程的肯定，感谢你们一如既往的支持与帮助、关心与鼓励！

在此也向大家拜个早年，祝大家在新的一年身体健康、阖家幸福、万事如意！谢谢！

凑热闹的人离开了 坚守高端制造就是胜利

——王水福董事长在西子联合"奋斗的青春最美丽"演讲大赛上的致辞

各位西子的同仁们、青年朋友们：

今天，我们欢聚一堂，以激情演讲方式庆祝"五四"青年节，感谢各位评委的参与点评，感谢各位导师的悉心指导，感谢各位选手的精心准备，感谢各位西子同仁们的大力支持！在此，我谨代表公司党委、董事会向在座各位团员、青年员工并通过你们向各公司青年员工们致以诚挚的节日同候！

今天，来自杭锅集团、西子富沃德、西子石川岛、西子重工、西子航空、新华园房产的14名选手入围最终的决赛，我衷心祝贺你们！这场比赛不仅仅是才华的角逐、智慧的较量，更是心与心的交流、思想的互动，希望你们能用心诠释自我，分享历练心得，散播西子正能量，展示你们西子人务实勤奋，勇于创新，积极向上的精神风貌。

借此机会，我想向西子广大青年朋友提几点希望：

一是希望广大青年坚定信念，树立信心。2016年可能是中国改革开放30多年来经济发展最困难的一年，经济进入新常态、社会呼唤"工匠精神"。人们希望赚快钱、实业备受冷落；有人埋怨，中国最好的时代已经过去了，因为宏观经济上涨大势和各行业的红利期都已经不在。实际上，中国最好的时代就在眼下，因为凑热闹的人离开了，只剩下真正热爱这个行业的人在坚守。我坚信，坚守高端制造一定会获得最后的胜利。2014年，富士康所属的台湾鸿海集团在财富世界500强中排名第32位，相比于中国四大银行，只有中国工商银行排在鸿海之前，列第25位。富士康仅仅是一家代工企业，但是它在代工制造基础上不断练内功，提品质、走高端，"做人家做不了的订单，做人家不愿做的订单"，最终成为代工的"打工皇帝"，这是非常伟大的。未来西子要取得两张许可证、一张是航空许可证；一张是核电许可证。西子拥有了这两张许可证，未来的几十年就会拥有永续经营的百年基因。希望你们不论遇到什么困难和挫折，都不改初衷，坚守奋斗。因为机会始终是留给做好准备的人！

二是希望广大青年勤奋学习实践，打好成才基础。"合作重于竞争"是西子的一贯发展理念，因为与优秀的企业合作，我们才会更优秀。西子联合旗下杭锅集团三十多年以来一直为西门子、阿尔斯通、GE、三菱、川崎等世界巨头企业配套。西子电梯1997年开始与美国奥的斯合资；西子立体车库2004年与日本石川岛合资；杭锅集团地铁屏蔽门和日本川崎合作；中航工业、空客、波音、庞巴迪、塞斯纳等世界著名的航空公司进行接触与交流，并保持了良好的沟通与合作。现在西子航空已经成为欧洲空客、美国波音、加拿大庞巴迪宇航、中国商飞、中航工业的供应商。西子是浙江省唯一拥有这五大航空巨头供应商资质的企业。我们在与世界500强企业的合作中学习，合资中成长，不断地提升自己的学习能力和管理能力。希望年轻人树立终身学习的理念，不仅要钻研专业知识，提高岗位技能，而且要开阔视野，创新思维；不仅要学习书本知识，更要结合实践向前辈学习，向师傅学习，从工作实践中汲取营养，增长才干。

三是希望广大青年锐意创新，拼搏奋斗。中国有很多生产马桶盖的企业，但中国人却不会重金、不嫌麻烦从日本往国背这些商品。因为本土品牌没有高端货。这背后折射到国内市场对"高端消费"的疏忽、低端产品过剩，造就了今日难以满足市场真正"高端需求"的尴尬。踏踏实实做好产业、产品是"高端需求"要加大投入和生产，正是企业转型升级的方向标。但是，光针对"高端需求"，以为有用户就能赚钱，忘记了成本和效率，这是错误的。未来不管制造业如何发展，出现什么样的新技术、新模式，没有任何一家公司和国家可以打破经济基本规律。因此，日本企业的精益制造值得借鉴，日本企业奉行部门几到底的成本控制，将浪费视为企业管理的天敌，以浪费为耻，不以是想尽办法主杜绝浪费，日本企业认为凡是不产生价值的行为都浪费。我认为SHA 就是西子提升品质、控制成本的最好工具，我们要走高端制造，要跟上国际市场，这套标准体系就是我们与国际水平接轨的标准，也是西子今后接轨世界制造国的具体方法保证体系。希望年轻人认清经济新常态带来的挑战和机遇，发挥年轻人的拼搏与创新精神，敢于担当，在企业转型升级中敢于作为，有所作为！

四是希望广大青年要有坚定的事业心。世界是你们的，也是我们的，但是归根结底是你们的，你们是国家的未来，也是西子的未来。任何一个伟大的企业都会经过一个发展"阵痛期"，只有熬过最痛苦的"寒冬"，就会迎来新的发展曙光！中国是值得被尊敬的企业——华为也是如此。尊敬华为不单是由于它的业绩突出，更是因为它的发展过程——攻坚克难，不畏险阻，最终凤凰涅槃。华为的发展体现了一个真正社会责任感的企业发展规划；扎扎实实做企业，认认真真搞技术，与员工分享成功的果实——企业激励机制。华为的发展史凝聚了大多数中国企业缺少的东西。你们身上所肩负的责任不仅仅是一份工作，更是一份伟大的事业。中国能不能崛起，在当前的阶段中，的确实实是你们年轻人的责任，也是一个挑战。西子今后也应该像华为一样，担起在中国高端制造领域的责任与梦想，最后与大家共同分享胜利的喜悦和成果。希望我们西子年轻人都要有华为人这样的事业心！

年轻人，努力吧！时光易逝，惟有追求才能不虚度年华，惟有拼搏才能成就事业。古人云：一勤天下无难事。勤奋是从古至今几乎所有的成功者都在践行的真理：大多数的失败者基把成功寄托于勤奋之上的偶然性。希望你们能始终保持勤奋之心，老老实实做人，踏踏实实做事，我相信你们的未来一定会有无限的可能！

为梦想奋斗 向青春致敬！

——西子联合五四青年演讲大赛展风采

本报讯 5月6日下午，西子联合大厦报告厅掌声不断，14名西子青年围绕"奋斗的青春最美丽"这一主题展开精彩演讲。年轻的西子人讲述个人经历、家庭生活以及在西子各公司团队工作中的点点滴滴，诠释和演绎了他们的青春、奋斗与梦想。

比赛现场激扬文字，挥斥方道，气氛热烈，展现了西子青年对梦想坚定不移、勇往直前的态度和精神，对工作执着坚守、奉献青春的追求和情怀。

现场获得了豪华导师团郑霞、胡志斌、麻晓群、杨利、肖琳的热情鼓励和加油，更有场内外啦啦队微信投票参与支持。

评委导师精彩点评 亮点纷呈

西子联合副总裁吴华，共青团江干区委办公室副主任邓欣娜、西子社区中心主编石龙华、范桥街道团委书记郑燕以及西子联合党委副书记立文、西子联合科技部部长燕英担任本次比赛的评委嘉宾。在大赛临近结束之际，吴华副总就对本次参赛的14名选手进行了一一点评。

吴华表示："这次演讲比赛感受到了扑面而来青春的气息和满满的正能量。很多并不为人所知的人员、事迹和那份对梦想的追求，通过分享，传递给了大家，也激励了其他人。同时所有选手通过演讲表得了提升与历练，实现了最好的自我，最美的青春。"此外，吴华还表达了对西子青年们的期望和祝福。

导师助威拉票环节感点纷呈，温情四溢。导师精选手背后的故事和用心备考的细节下，让人动容。有穿着结婚时的衬衫下教导爱徒，"待产下初恋"的理工男喊麦，有在家人孩子面前不断练习演讲的成功转变后悔明，还有在赛前时间还抽了工作询问的敬业中间栏栏……

此外，西子大家长王水福董事长因然未亲身来到现场，但他非常重视此次演讲大赛，特地准备了致辞贺信。在致辞中他鼓励西子青年们拼搏奋进、勤奋努力并提出了四个希望，希望青年们坚定信念，树立志向；希望青年们勤奋学习实践，打好成才基础；希望青年们锐意创新，拼搏奋斗；希望青年们要有坚定的事业心。王董认为，惟有追求才能不虚度年华，惟有拼搏才能成就事业。只有始终保持勤奋之心，老老实实做人，踏踏实实做事，那么未来一定会有无限的可能！

演讲激励人心 西子人勇担使命

赛后，选手们用一首《感恩的心》向导师们表达自初赛以来的悉心指导。现场有观众曾已为80后的自己已渐失青春，听了选手们的演讲，感受到了同是80后，却对业务干劲十足的振奋劲头，还有观众发出"希望永远年轻，永远热泪盈眶"的感叹。

青春也许并不在年华，而在心境。执着追梦，永不低头，每一个青春里挥洒全力用心奋斗的人，都是最勇敢的战士，而西子青年，必将担负起"百年西子，世界西子"的宏愿。

（西子联合品牌部 徐升瑜）

一等奖
西子富沃德人事行政部 罗珊（导师：肖琳）

二等奖
房产集团营销部 蔡飞群（导师：郑霞）
杭锅集团总办 刘珍（导师：麻晓群）

三等奖
西子富沃德人事行政部 李曼（导师：郑霞）
房产集团营销部 王海霞（导师：杨利）
西子石川岛检验部 吴越玲（导师：杨利）

人气爆棚奖
房产集团营销部 蔡飞群（导师：郑霞）

《凑热闹的人离开了 坚守高端制造就是胜利——王水福董事长在西子联合"奋斗的青春最美丽"演讲大赛上的致辞》，来源：《西子报》2016年5月25日

凑热闹的人离开了　坚守高端制造就是胜利

——王水福董事长在西子联合"奋斗的青春最美丽"演讲大赛上的致辞

（来源：《西子报》2016年5月25日）

各位西子的同仁、青年朋友：

今天，我们欢聚一堂，以激情演讲的方式庆祝五四青年节。感谢各位评委的参与点评，感谢各位导师的悉心指导，感谢各位选手的精心准备，感谢各位西子同仁的大力支持！在此，我谨代表公司党委、董事会向在座的各位团员、青年员工，并通过你们向各公司青年员工们致以诚挚的节日问候！

今天，来自杭锅集团、西子富沃德、西子石川岛、西子重工、西子航空、新华园房产的14名选手入围最终的决赛，我衷心祝贺你们！这场比赛不仅仅是才华的角逐、智慧的较量，更是心与心的交流、思想的互动。希望你们能用心诠释自我、分享历练心得、散播西子正能量！展示好我们西子人务实勤奋、勇于创新、积极向上的精神风貌。

借此机会，我想向西子广大青年朋友提几点希望：

一是希望广大青年坚定信念、树立志向。2016年可能是中国改革开放30多年来经济发展最困难的一年，经济进入新常态，社会浮躁之风渐盛，人人都希望赚快钱，实业备受冷落。有人埋怨说，中国最好的时代已经过去了，因为宏观经济上涨大势和各行业的红利期都已经不在。实际上，中国最好的时代就在眼下，因为凑热闹的人都离开了，只剩下真正热爱这个行业的人在坚守。我坚信，坚守高端制造一定会获得最后的胜利。2014年，富士康公司所属的台湾鸿海集团在财富世界500强中排名第32位。富士康公司仅仅是一家代工企业，但是它在代工制造基础上不断练内功、提品质、走高端，"做人家做不了的订单，做人家不愿做的订单"，最终成为代工业的"打工皇帝"，这是非常伟大的。未来西子要取得两张许可证，一张是航空许可证，另一张是核电许可证。西子拥有了这两张许可证，未来的几十年就会拥有永续经营的百年基础。希望你们不论遇到什么困难和挫折，都不改初衷，坚守奋斗，因为机会始终是留给做

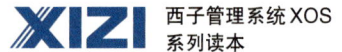

好准备的人!

二是希望广大青年勤奋学习实践,打好成才基础。"合作重于竞争"是西子的一贯发展理念,因为与优秀的企业合作,我们才会更优秀。西子联合旗下杭锅集团30多年以来一直为西门子、阿尔斯通、通用、三菱、川崎等世界巨头企业做配套产品。西子电梯公司在1997年开始与美国奥的斯公司合资;西子立体车库公司在2004年与日本石川岛株式会社合资;杭锅集团地铁盾构机公司与日本川崎株式会社合作;西子航空飞机零部件公司在2009年与中国商飞公司合作,之后与欧洲空客、美国波音、加拿大庞巴迪宇航、中国商飞、塞斯纳等世界著名的航空公司进行接触与交流,并保持着良好的沟通与合作。现在西子航空已经成为欧洲空客、美国波音、加拿大庞巴迪宇航、中国商飞等公司的重要供应商,是浙江省唯一拥有这五大航空巨头供应商资质的企业。我们在与世界500强企业的合作中学习、合资中成长,不断地提升自己的学习能力和管理能力。希望年轻人树立终身学习的理念,不仅要钻研专业知识、提高岗位技能,而且要开阔视野、创新思维;不仅要学习书本知识,更要结合实践向前辈学习,向师傅学习,在工作实践中汲取营养、增长才干。

三是希望广大青年锐意创新、拼搏奋斗。中国有很多生产马桶盖的企业,但中国人却不吝重金、不嫌麻烦地去日本购买产品,因为本土品牌难有高端货。这背后折射出国内市场对"高端消费"的疏忽,低端产品过剩造就了今日难以满足市场真正"高端需求"的尴尬。哪些领域、产业、产品需要加大投入和生产以应对高端需求,这正是企业转型升级的风向标。但是,光是针对"高端需求",以为有用户就能赚钱,忘记了成本和效率,这是错误的。未来不管制造业如何发展,出现什么样式的新技术、新模式,没有任何一家公司和国家可以打破经济基本规律。因此,日本企业的精益制造值得借鉴,日本企业奉行"抠门儿到底"的成本控制,将浪费视为企业管理的天敌,所以总是想尽办法杜绝浪费,还认为不产生价值的行为都是浪费。我认为SHA就是西子提升品质、控制成本的最好工具,我们要走高端制造,要跟上国际水平,这套标准体系就是我们与国际接轨的标准,也是西子今后接轨世界制造网的具体方法保证体系。希望年轻人认清经济新常态带来的挑战和机遇,发挥年轻人的拼搏与创新精神,敢于担当,在企业转型升级中敢于作为、有所作为!

四是希望广大青年要有坚定的事业心。世界是你们的,也是我们的,但是归根结底是你们的,你们是国家的未来,也是西子的未来。任何一个伟大的企业都会经过一个发展"阵痛期",只有熬过最痛苦的"寒冬",就会迎来新的发展曙光!中国最值得被尊敬的企业——华为公司也是如此,尊敬华为不单是由于它的业绩突出,更是因为它的发展过程——经过不断的攻坚克难,最终凤凰涅槃。华为的发展体现了一个真正有社会责任感的企业的发展模式：扎扎实实做企业，认认真真搞技术，与员工分享成功的果实（企业激励机制）。华为的发展史凝聚了大多数中国企业特别是中国企业家缺少的东西。你们身上所肩负的责任不仅仅是一份工作，更是一份伟大的事业。中国能不能崛起，在当前确确实实是你们年轻人的责任，也是一个挑战。西子今后也应该像华为一样，担起在中国高端制造领域的责任与梦想，与大家共同分享胜利的喜悦和成果。希望我们西子的年轻人都要有华为人这样的事业心！

年轻人，努力吧！时光易逝，唯有追求才能不虚度年华，唯有拼搏才能成就事业。古人云：一勤天下无难事。勤奋是从古至今几乎所有的成功者都在践行的真理；大多数的失败者是把成功寄托于勤奋之外的偶然性。希望你们能始终保持勤奋的心，老老实实做人，踏踏实实做事，我相信你们的未来一定会有无限的可能！

两年一度的省政府质量奖只颁给两家企业

西子富沃德——按航空制造标准生产电梯"心脏"

2015年省政府质量奖上周在杭颁发。作为两年一度的浙江省最高质量奖，只颁给了两家企业：浙江西子富沃德电机有限公司和浙江万丰奥威汽车股份有限公司。

西子富沃德到底是一家怎样的企业？又是靠什么拿下这个大奖？近日记者专门到位于临安经济开发区的公司所在地，采访了公司总经理杨志华。

生产电梯的"心脏"
市场占有率国内第一

"我们公司主要研制生产永磁同步无齿轮曳引机，曳引机被称为电梯的'心脏'，它的功能相当于汽车的发动机。"坐在记者面前的杨志华，言谈举止干练，不言而喻已有不少的白的头发。

"传统曳引机都要加一变速箱，采用永磁材料的曳引机无需再加变速箱，可节电30%以上，而且故障率大大下降。"杨志华介绍说，2001年，西子电梯集团与高校合作开发采用永磁材料的曳引机，到2004年研发成功后，西子电梯集团成立了生产曳引机的全资公司西子富沃德电机有限公司。

在杨志华的办公桌上，醒目地放着一架ARJ客机模型，那是西子联合控股集团董事长王水福在2009年的时候送给他的，意思是西子富沃德要按照航空制造业的标准来生产电梯的"心脏"。

新产品出市后，第一年销量就达到1万多台，当时国内电梯的销量一共只有20多万台。

之后，永磁同步无齿轮曳引机销量年复合增长率33%，成为行业的引领者。"目前为止，国内电梯保有量400万台左右，而我们生产的永磁同步无齿轮曳引机销量达到60万台，也就是说，我们产品的市场占有率达到15%。"杨志华说，"2014年永磁同步无齿轮曳引机销量有所下降，但到现在为止，我们产品的市场占有率是17%；去年市场占有率达到18%，市场占有率在稳步提升。"杨志华说。

原因在哪里？就是高标准严要求。用航空制造的标准来制造曳引机。"5年来，我们产品的客户投诉率下降了90%；产品一次性合格率从5年前的97%提高到了99.75%，交付时间则从2012年的12天缩短到现在的4天。"杨志华的自豪地说。永磁同步无齿轮曳引机本地被工信部列入第一批"国家重点推广的电机节能先进技术目录"。

急高精尖产品引路
新产品速度可达10米/秒

作为同类产品中的佼佼者，国际上知名电梯品牌，大部分都成了西子富沃德的客户。

一般的升降式电梯，升降速度为1米到2.5米/秒。2008年，西子富沃德在国内率先研发了7米/秒的超高速电梯曳引机；2014年再度研发成功10米/秒的超高速电梯曳引机，占领了行业的制高点，成为2015年浙江省装备制造业重点领域首台套入选。

"我们能为摩天大楼提供电梯的强有力心脏。"杨志华介绍说，西子富沃德的顶尖产品可供60层以上的摩天大楼使用。10米/秒是个什么概念？一幢200米高的大楼，如果你爬楼梯，可能要半个多小时；如果是普通的电梯可能要3至4分钟，如果中间停停走走就更耗时间。这是许多人无法忍受的；而乘坐这种超高速电梯，20多秒就够了。

在西子富沃德的产品展示厅，记者看到这种高速曳引机的块头要比普通曳引机大得多。"一台高速曳引机的重量达到5吨，而普通曳引机的重量只有300多公斤。"杨志华说。

公司去年还新研发了"安全抚梯的曳引机，主机里面用高效齿轮传动替代原来的链条传动。"它的好处是可以避免链条传动环节发生故障导致的电梯"吃人"事故。杨志华说。

——转自6月4日《钱江晚报》B8版

西子制造：浙江制造的金牌代言

日前，浙江省2014年至2015年的质量建设工作，被国务院评为第一等次A级，这标志着"浙江制造"吹响了向质量进军的号角。西子制造作为浙江制造的标杆企业，以质量升级、品牌增效为着力点，成为浙江制造的"领头羊"，推动浙江经济迈入质量时代、品牌时代。那么，西子制造到底有哪些？

中国最大的电梯部件供应商及服务商

作为中国最大的电梯部件供应商及服务商，西子凭借可靠的品质、先进的技术和完善的售后服务，赢得了国内外客户的广泛认同与尊重，这离不开西子人我行合作共赢的理念和拥抱自然的精神。通过19年来与世界500强企业的合资合作，西子学习到了精益制造的管理经验，修订了企业健康评估体系，同时潜心技术，关注质量，获得了各方认可。

目前，全国每4台电梯中，就有一台应用到西子孚信的门机产品。西子富沃德的H系列和C系列的曳引机在行业内遥遥领先，前者高效节能、产品达到国家二级能效标准，后者已成高速曳引机，已使电梯速度达到10m/s，且成本远低于进口电机。西子重工是中国最大的货梯部件供应商之一，产品涵盖扶梯部件＆预磁、货梯部件＆特种电梯、客梯部件、钢结构等。

中国最大的余热锅炉研发和制造基地

作为一家主要从事锅炉、压力容器、环保设备等产品的咨询、研发、生产、销售、安装及其它工程服务的大型综合性集团企业，杭锅的制造实力不容小觑。公司坚持"质量第一、顾客满意"的质量方针，保证所有锅炉、压力容器等产品的安全性、可靠性、适用性达到标准要求，甚至优于国际同类标准。

公司主要产品有：燃气一蒸汽联合循环余热锅炉、干熄焦余热锅炉、高炉煤气锅炉、循环流化床锅炉、煤粉锅炉、生物质锅炉、垃圾焚烧锅炉、核电及电站辅机设备、太阳能光热发电设备等。其中，燃气—蒸汽联合循环余热锅炉累计销售300余台，国内市场占有率近50%，首台世界最大的9H级HRSG项目正在实施中。

垃圾焚烧成套装备亮相国家科技创新成就展

6月1日～7日，杭锅集团旗下杭州新世纪能源环保工程股份有限公司牵头承担的国家"十二五"科技支撑计划项目成果——大型(700吨/日规模)智能化垃圾焚烧成套装备作为环境保护领域的成果之一，亮相国家"十二五"科技创新成就展。

该成套装备实现了大型垃圾焚烧设备的自主化、国产化和智能化，显著提升了我国垃圾焚烧装备水平和二次污染控制的水平。此产品已在国内销售了18套日处理垃圾9000吨，并赢得了泰国、印尼的订单4套日处理垃圾1700吨。本项目核心技术已实现产业化，并成为了国家鼓励发展的重大环保技术装备依托单位。

中国领先的盾构机制造商

杭州杭锅通用设备有限公司是目前浙江省唯一一家生产制造盾构机的企业。在"时重工"的技术基础上，通过不断的技术吸收消化，逐步实现了盾构机部件的自主设计开发，目前盾构机的国产化率达73%左右，2012年与浙江大学联合开发的盾构机液压机构获得机装备自主设计制造关键技术及产业化"国家科学技术进步一等奖"。

目前制造的产品已分别用于南京、苏杭、杭州、宁波、西安等城市的地铁建设，并产品顺利出口泰国、新加坡等国家，已成功打入海外市场。

西子为世界顶级航空公司提供产品和服务

2009年，西子顺应国家号召和时代潮流，进入被誉为"工业之花"的航空产业。西子也由此从传统制造转型升级到高端制造。西子联合董事长王水福说："我对航空产业充满信心！西子航空中开创了浙江企业进入航空产业的先河，是在为浙江制造打基础。功成不必在我。"

目前，西子航空已为欧洲空客A320、A350、美国波音B777、B787、加拿大庞巴迪Q400、中国商飞C919、ARJ21和中航工业蛟龙600等飞机提供零部件。西子航空承接的哈空客A320和A350飞机维修舱门、方向舵、升降舱金属零件工作包、英国空客公司的A320飞机机翼肋等工作包，将在今年实现批产交付。

中国最大的立体车库制造商

作为中国智能停车的领航企业，西子石川岛深耕多年在车库市场已有单位居前列，产品遍布海内外，已为近130余个城市解决停车难题，在全国有近三十万车位在使用中，并出口新加坡、越南、俄罗斯、希腊、中东、美国等世界各国。

西子石川岛拥有全球先进的车库研发和制造基地，公司研发技术领先，拥有自主专利技术100余项，中高级技术人员共有80余人。主打产品有PCS型梳齿垂直升降类立体车库、PCS型梳齿入翰梯类立体车库、PCS圆形塔库类立体车库、PPY机械平型循环类立体、PXD机械手类立体车库、PCS箱式垂直升降类立体车库，其中高层PCS型塔式车库高效利用土地，50平米土地上可停104辆车，且尾顶倾斜梁、新干驾驶福厅！

西子石川岛响应国家节能减排的号召，成功实现了立体车库与充电桩合二为一的技术创新，极大提高了发电设备的综合利用率，并同时解决了停车难、充电难两大难题。

《西子制造：浙江制造的金牌代言》，来源：《西子报》2016年6月15日

西子制造：浙江制造的金牌代言

(来源：《西子报》2016年6月15日)

日前，浙江省2014年至2015年的质量建设工作被国务院评为第一等次A级，这标志着"浙江制造"吹响了向质量进军的号角。西子作为浙江制造的标杆企业，以质量升级、品牌增效为着力点，成为浙江制造的"领头羊"，推动浙江经济迈入质量时代、品牌时代。那么，西子制造到底有哪些？

中国最大的电梯部件供应商及服务商

作为中国最大的电梯部件供应商及服务商，西子凭借可靠的品质、先进的技术和完善的售后服务，赢得了国内外客户的广泛认同与尊重，这离不开西子人践行合作共赢的理念和拥抱创新的精神。通过19年来与世界500强企业的合资合作，西子学到了精益制造的管理经验，修订了企业健康评估体系，同时潜心技术、关注质量，获得了各方认可。

目前，全国每4台电梯中，就有一台要用到西子孚信公司的门机产品。西子富沃德公司的H系列和C系列的曳引机在行业内遥遥领先，前者高效节能，产品达到国家二级能效标准，这在电机领域非常难得；后者以高速为特征，可以使电梯速度达到10m/s，且成本远低于进口电机。西子重工公司是中国最大的货梯部件集成供应商之一，涵盖扶梯部件、货梯部件、客梯配件、钢结构等产品。

中国最大的余热锅炉研发和制造基地

作为一家主要从事锅炉、压力容器、环保设备等产品的咨询、研发、生产、销售、安装及其他工程服务的大型综合性集团企业，杭锅集团的制造实力不容小觑。公司坚持"质量第一、顾客满意"的质量方针，保证所有锅炉、压力容器等产品的安全性、

可靠性、适用性达到标准要求，甚至优于国际同类标准。

公司主要产品有：燃气—蒸汽联合循环余热锅炉、干熄焦余热锅炉、高炉煤气锅炉、循环流化床锅炉、煤粉锅炉、生物质锅炉、垃圾焚烧锅炉、核电及电站辅机设备、太阳能光热发电设备等。其中，燃气—蒸汽联合循环余热锅炉累计销售300余台，国内市场占有率近50%。首个世界最大的9H级HRSG项目正在实施中。

垃圾焚烧成套装备亮相国家科技创新成就展

6月1日至7日，杭锅集团旗下杭州新世纪能源环保工程股份有限公司牵头实施的国家"十二五"科技支撑计划项目成果——大型（700吨/日级）智能化垃圾焚烧成套装备作为环境保护领域的成果之一，亮相国家"十二五"科技创新成就展。

该成套装备实现了大型垃圾焚烧处理设备的自主化、国产化和智能化，显著提升了我国垃圾焚烧装备及二次污染控制的水平。此产品已在国内销售了18套日处理垃圾9000吨，并赢得了泰国、印尼的订单4套日处理垃圾1700吨。本项目核心技术已实现产业化，公司也成了国家鼓励发展的重大环保技术装备依托单位。

中国领先的盾构机制造商

杭州杭锅通用设备有限公司是目前浙江省唯一一家生产制造盾构机的企业，在不断地消化吸收川崎重工公司技术的基础上，逐步实现了盾构机部件的自主设计开发，目前盾构机的国产化率达73%左右。2012年，公司与浙江大学联合开发的盾构机电液系统获盾构机装备自主设计制造关键技术及产业化"国家科学技术进步一等奖"。公司目前的产品已分别用于南京、苏州、杭州、宁波、西安等城市的地铁建设，同时，产品顺利出口到泰国、新加坡等国家，已成功打入海外市场。

西子为世界顶级航空公司提供产品和服务

2009年，西子顺应国家号召和时代潮流，进入被誉为"工业之花"的航空产业，也由此从传统制造转型升级到高端制造。西子联合董事长王水福说："我对航空产业充满信心！西子航空开创了浙江企业进入航空产业的先河，是在为浙江制造打基础，但功成不必在我。"

目前，西子航空已为欧洲空客公司的A320、A350，美国波音公司的B777、B787，加拿大庞巴迪宇航公司的Q400，中国商飞公司的C919、ARJ21等飞机提供零部件。西子航空承接的哈飞空客A320和A350的飞机维修舱门、方向舵、升降舵金属零件工作包和英国空客公司的A320飞机机翼翼肋等工作包，将在今年实现批产交付。

中国最大的立体车库制造商

作为中国智能停车的领航企业，西子石川岛公司连续多年在车库市场占有率位居前列，产品遍布海内外，已为全国130余个城市解决停车难题，在全国有近30万车位在使用中，并出口到新加坡、越南、俄罗斯、希腊、日本、美国、中东地区等世界各国和地区。

西子石川岛拥有全球先进的车库研发和制造基地，公司研发技术领先，拥有自主专利技术100余项、中高级技术人员80余人。主打产品有PCS型梳齿垂直升降类立体车库、PCS型梳齿大轿厢类立体车库、PCS圆形塔库类立体车库、PPY机械手平面移动类产品、PXD机械手类立体车库、PCS型高层垂直升降类立体车库等。其中高层PCS型塔式车库高效利用土地，50平方米土地上可停104辆车。

西子石川岛响应国家节能减排的号召，成功实现了将立体车库与充电桩合二为一的技术创新，极大提高了发电设备的综合利用率，并同时解决了停车难、充电难两大难题。

王水福：制造业守望者的凤凰涅槃

秋雨绵绵，在杭州庆春东路西子联合大厦21楼，记者见到了这座楼的主人——王水福。就在前不久，他从这里送走了一支12人团队的英国空客客人，这也是他在参加G20之后首次接待的外国规模合作商团队。

"这是我们合作三年以来前所未有的。"在王水福的记忆里，过去像这样的考察团队每次最多两三人。这种变化的背后，是今年9月G20峰会在杭州成功举行。王水福笑称，G20至少能给杭州企业的发展带来三年时间的红利。

历史总是惊人的相似，却又不是简单地重复。三十多年前，搭乘改革开放的东风，白手起家的王水福独辟蹊径，打造国内电梯业第一民族品牌，1997年与电梯业龙头美国奥的斯成立合资公司，最终铸就了装备制造集团西子联合；今天当杭州踏上国际舞台时，王水福又带着正在从传统制造业向高端制造业蝶变的西子联合再次出发，朝着素有"工业之花"美誉的航空产业前进。

在长达四十多年的工作生涯里，王水福既是一名制造业守望者，始终坚守"慢工出细活"的工匠精神，又是一位民族企业家，把居安思危、永不退缩视为不可磨灭的企业家精神。

杭州临安高于电梯部件产业园

借力：合作中勾勒商业帝国版图

起笔之作，出手不凡。上世纪80年代，笕桥还是一个以生产丝绸、茶叶等杭州本土特产而闻名的小镇，当时的王水福就在这里从事农机生产。随着中国经济腾飞，这些传统行业纷纷找回了发展，产量越来越大，随之而来的大难题是工厂产品的销路。

"当时，茶叶仓库鱼贯人找来一张图纸，让农机厂代为加工，为他造一台电梯。"说起这段40年前的往事，王水福记忆犹新。"那时候，国内几乎没有高楼大厦，全国的电梯总数不到一万台，许多人甚至连电梯长什么样都还不知道。"

肩负重担的王水福并没有退缩，而是积极组建队伍，专攻电梯生产。1981年，杭州西子电梯厂成立，王水福出任厂长。当年，西子第一台手拉交栅门货梯研制成功；八年之后，第一台西子牌自动扶梯安装于杭州百货大楼。

1992年邓小平南方谈话后，王水福的电梯厂迅速进入高速发展的上升通道。怀揣更大梦想的他发现，国内电梯市场基本由几大合资公司瓜分，西子这样草根起家的本土公司在研发、技术、品牌等方面的竞争力上与它们仍有较大差距，由此萌生了合资借力的想法。

正是这个念头，让西子与国际资本之间建立起了"超级链接"。1997年3月，西子电梯厂与世界电梯巨头——美国奥的斯电梯公司合资的决策。在中国"人世"的第一年，王水福同意奥的斯全面美方控股，加快了西子联合的国际化步伐。

"美方控股后，世界最先进的无机房、无齿轮的第二代电梯技术很快转让给了西子奥的斯。这给企业的发展带来了成倍效益。"不仅是技术，美国先进的制造管理与品质改善体系也引入合资企业，这些管理技术成了西子后来发展的核心软实力。王水福感慨，直到如今，奥的斯精细化的管理模式仍旧深刻影响着西子联合的企业文化。

此后，在西子联合延伸商业版图时，这种合作模式的成功案例屡屡可见。例如，立体车库西子是与日本石川岛合资、地铁盾构机是与日本川崎合作，锅炉是跟美国GE、德国西门子、法国阿尔斯通合作，诸多项目都从中受益匪浅。王水福说："与优秀的企业合作，我们才会更优秀。"

直觉：航空梦带领制造升级

成功者总是有一种异于常人的直觉，帮助他们审时度势。航空梦的实现，正是王水福拥有这种直觉的有力证明。

不少企业家还在感叹如何过冬时，王水福已经带领西子联合完成了第一个御寒保暖的小目标：去年11月，承载着中华民族飞行之梦的C919大飞机在上海浦东正式总装下线，作为大飞机应急发电机舱门的制造商，王水福亲眼见证了这一激动人心的时刻。

时间回溯至2004年，为了寻求企业创新的发展，王水福当时曾跋涉访了七八家日韩重工企业。善于总结规律的他发现，每一家重工企业都与生产航空零部件有关。"这时直觉告诉我，西子碰到了进入高端制造领域的时候。"凭着这种直觉，他调整了西子的发展战略。

凡事预则立，不预则废。很快，王水福的前瞻眼光让西子联合再次尝到了甜头。2009年，西子联合抓住了国家重大专项C919大飞机的机遇，从400多家单位中脱颖而出，成为这个项目九家一级机体结构供应商中唯一的中国民营企业。

"虽然经历了五六年的辛苦与痛苦，我们最期待的是国际上的认可。"王水福说，C919项目上拿回投入的人力、设备成本、起码要10年以上时间，但现在西子联合已成为中国商飞、中航工业、欧洲空客、美国波音、加拿大庞巴迪等国内外知名航空制造企业的供应商。

"航空代表了制造业的真正能力。如果能够接到航空制造，那么，西子最终能通过航空产业的管理体系，实现对原有电梯、锅炉、磨机械、停车设备等产业领域的管理输出，完成真正的制造升级。按照王水福的规划，30年后，西子航空将成为继电梯、锅炉产业之后的下一个百亿产业。

西子航空数控机加工生产集成

狼性：成为同类中的强者才能生存

在业内，许多接触过王水福的人对他有一个共同的评价——只要是王水福想做的事，一定就能做成功。不过，虽然在转型之路上风雨兼程一生水起。但是聊到当下国内传统制造业转型升级的话题时，王水福用了"爬坡过坎"这个词，来形容他的所见，所闻，所感。

前段时间，在一场行业交流会上，一项名为"软磁"的电梯技术新概念让王水福十分震撼。"原先电梯的齿轮箱是通过电机带动的，后来我们发现了永磁同步无齿轮曳引机，取消了齿轮箱，整个机体重量减轻了70%。而"软磁"新技术则进一步取消了截磁片，在永磁的基础上可以把重量再降低70%。王水福认为，一旦这种新技术落地，对电梯产业的影响将是颠覆性的。

"当下，企业转型既要保持生存，又要不断创新。"在王水福看来，这对于处在经济低潮的传统制造业来说是一种双重压力，所以这个过程不是辛苦，而是痛苦。

事物从外打破，是压力；从内打破，是成长。在王水福眼中，这种痛苦恰好是成就一家伟大企业的源头。"就像十月怀胎，只有经过这十个月的辛勤孕育，才能诞生一名伟大的母亲。企业也是一样——如果能花五年、十年时间用来爬坡过坎，承受常人所无法承受的痛苦之后，才能造就伟大的企业。"

身为商海中历经百战的老法士，王水福十分信奉狼性文化。他估道优胜劣汰的法则，据他估计，目前国内电梯企业有700多家，而两三年之后，生存下来的可能只有20%~30%。"草原上的羚羊不要总想着比豹跑得快，但一定要跑过其他羚羊才不会死，只有在同类中成为强者，才能获得生存的权利。"

王水福直言，面对不明朗的经济情形，许多企业家习惯"忆苦再等等"，但现在的时代发展已经进上了高速公路，再等很可能就失良机。"要想当领头头羊，你就要有思想准备，在企业的任何发展阶段都不能迟缓，要有耐心、决心，不管多难，多苦也要勇往直前。"

西子航空培训车间的能工巧匠作业操作过程

匠心：制造业的出路在于满足高端市场

王水福给自己设定了一个退休期限——等到航空制造成为足以让西子联合保持至少20年生命力的产业时。若按此推算，西子联合成为一家百年民族企业指日可待。但对于他来说，想要完成这个目标，首要的问题是解决技术人才这块短板。

"过去，中国的制造业来得太容易，只需要用低端的生活必需品满足国门。即便民来自出国门，还有中国中低端市场可以占据。而现在，这种好日子突然没有了。"王水福路越地写道说，其实，并不是市场变了，生活的本身是没有改变，在变化的是人的需求。面对这种变化，他认为企业的出路只有努力生产出满足高端市场的商品。

"工匠是制造业真正的基础，而制造业升级需要大量杰出的工匠。"王水福说，其实几十年前中国就已经提倡匠心，在任何行业，只要是专业技术过硬的老师傅，就能获得同行尊敬；只要是能够在自己岗位上干出成绩的员工，就能得到相似的社会尊重。而这是现代制造业需要传承发扬的。

回归到西子联合自身的转型升级过程中，王水福也一直在身体力行样起培养工人工匠精神的责任。2015年初，西子航空杭州职业技术学院联合成立了西子航空工业学院，每年从高职院校招收一批实习生，由老师傅手把手指导，成绩优异的可以直接进入西子航空上班。"今年我已经向政府提议，争取举办工匠技能大赛，让社会尊重，弘扬工匠精神，学好一技之长。"

不过，随着阅历的积累，王水福对工匠精神的认识也在更新。"我曾一度认为灵活的思维和手艺是工匠重要的品质，但经过了几十年在制造业的沉浸和摸索，我发现耐心和勤奋才是工匠精神最本质的内核。"他依次制造企业，如果要选人、用人，要选择踏实可靠的人，而不是聚小聪明走捷径的人。

西子电梯"智能化"工厂

《王水福：制造业守望者的凤凰涅槃》，来源：《西子报》2016年12月15日

王水福：制造业守望者的凤凰涅槃

（来源：《西子报》2016年12月15日）

秋雨绵绵，在杭州庆春东路西子联合大厦21楼，记者见到了这座楼的主人——王水福。就在前不久，他从这里送走了一支12人团队的英国空客客人，是他自G20峰会之后首次接待的外国规模合作商团队。

"这是我们合作3年以来前所未有的。"在王水福的记忆里，过去像这样的考察团队每次最多两三人。这种变化的背后，是今年9月G20峰会在杭州的成功举行。王水福笑称，G20峰会至少能给杭州企业的发展带来3年时间的红利。

历史总是惊人的相似，却又不是简单的重复。30多年前，搭乘改革开放的东风，白手起家的王水福独辟蹊径，打造国内电梯业第一民族品牌，1997年与电梯业龙头美国奥的斯成立合资公司，最终铸就了装备制造集团西子联合；今天当杭州踏上国际舞台时，王水福又带着正在从传统制造业向高端制造业蝶变的西子联合再次出发，朝着素有"工业之花"美誉的航空产业前进。

在长达40多年的工作生涯里，王水福既是一名制造业守望者，始终坚守"慢工出细活"的工匠精神，又是一位民族企业家，把居安思危、永不退缩视为不可磨灭的企业家精神。

借力：合作中勾勒商业帝国版图

起笔之作，出手不凡。20世纪80年代，笕桥还是一个以生产丝绸、茶叶等杭州本土特产而闻名的小镇，当时的王水福就在这里从事农机生产。随着中国经济腾飞，这些传统行业纷纷恢复了发展，产量越来越大，随之而来的大难题是工厂产品的搬运。

"当时，茶叶仓库负责人找来一张图纸让农机厂代为加工，为他们造一台电梯。"说起这段40年前的往事，王水福记忆犹新，"那时候，国内几乎没有高楼大厦，全国的电梯总数不到1万台，许多人甚至连电梯长什么样都还不知道。"

肩负重担的王水福并没有退缩,而是积极组建队伍,专攻电梯生产。1981年,杭州西子电梯厂成立,王水福出任厂长。当年,西子第一台手拉交栅门货梯研制成功;8年之后,第一台西子牌自动扶梯安装于杭州百货大楼。

1992年后,王水福的电梯厂迅速进入高速发展的上升通道。怀揣更大梦想的他发现,国内电梯市场基本由几大合资公司瓜分,像西子这样草根起家的本土公司在研发、技术、品牌等方面的竞争力上与它们仍有较大差距,由此萌生了合资借力的想法。

正是这个念头,让西子与国际资本之间建立起了"超级链接"。1997年3月,西子作出了与世界电梯巨头——美国奥的斯电梯公司合资的决策。在中国"入世"的第一年,王水福同意提前让美方控股,加快了西子联合的国际化步伐。

"美方控股后,世界最先进的无机房、无齿轮的第二代电梯技术很快转让给了西子奥的斯,这给企业的发展带来了成倍效益。"不仅是技术,美国先进的制造管理与品质改善体系也被引入合资企业,这些管理技术成了西子后来发展的核心软实力。王水福感慨,直到如今,奥的斯精细化的管理模式仍旧深刻影响着西子联合的企业文化。

此后,在西子联合延伸商业版图时,这种合作模式的成功案例屡屡可见。例如,在立体车库方面西子是与日本石川岛合资的,在地铁盾构机方面是与日本川崎合作的,在锅炉方面是跟美国通用、德国西门子、法国阿尔斯通等企业合作的,从中受益匪浅。王水福说:"与优秀的企业合作,我们才会更优秀。"

直觉:航空梦带领制造升级

成功者总是有一种异于常人的直觉,帮助他们审时度势。航空梦的实现,正是王水福拥有这种直觉的有力证明。

当不少企业家还在感叹如何"过冬"时,王水福已经带领西子联合完成了第一个御寒保暖的小目标:去年11月,承载着中华民族飞行之梦的C919大飞机在上海浦东正式总装下线,作为大飞机应急发电机舱门的制造商,王水福亲眼见证了这一激动人心的时刻。

时间回溯至2004年。为了寻求企业创新的灵感,王水福当时考察走访了七八家日韩重工企业。善于总结规律的他发现,每一家重工企业都与生产航空零部件有关。"直觉告诉我,西子联合到了进入高端制造领域的时候了。"凭着这种直觉,他调整了西子的发展战略。

凡事预则立,不预则废。很快,王水福的前瞻眼光让西子联合再次尝到了甜头。2009年,西子联合抓住了国家重大专项C919大飞机项目的机遇,从400多家单位中脱颖而出，成为这个项目9家一级机体结构供应商中唯一的中国民营企业。

"虽然经历了五六年的辛苦与痛苦，我们最终得到了国际上的认可。"王水福说。想要在C919项目上拿回投入的人力、设备成本，起码要10年以上时间，不过现在西子联合已成为中国商飞、欧洲空客、美国波音、加拿大庞巴迪宇航等国内外知名航空制造企业的重要供应商。

"航空制造代表了制造业的真正能力，如果能够做好航空制造，那么，西子联合最终能通过航空产业的管理体系，来实现对原有电梯、锅炉、盾构机、停车设备等产业领域的管理输出，完成真正的制造升级。"按照王水福的规划，30年后，西子航空将成为继电梯、锅炉产业之后的下一个百亿级产业。

狼性：成为同类中的强者才能生存

在业内，许多接触过王水福的人都对他有一个共同的评价——只要是王水福想做的事，一定就能做成功。不过，虽然在转型之路上走得风生水起，但是聊到当下国内传统制造业转型升级的话题时，王水福用了"爬坡过坎"这个词来形容他的所见、所闻、所感。

前段时间，在一场行业交流会上，一个名为"软磁"的电梯技术新概念让王水福十分震惊。"原先电梯的齿轮箱是通过电机带动的，后来我们发明了永磁同步无齿轮曳引机，取消了齿轮箱，整个机体重量减轻了70%。"而"软磁"新技术则进一步取消了截钢片，在永磁技术的基础上可以把重量再降低70%。王永福认为，一旦这种新技术落地，对电梯产业的影响将是颠覆性的。

"当下，企业转型既要保持生存，又要不断创新。"在王水福看来，这对于处在经济低潮的传统制造企业来说是一种双重压力，所以这个过程不是辛苦，而是痛苦。

事物从外打破，是压力；从内打破，是成长。在王水福眼中，这种痛苦恰好是成就一家伟大企业的源泉。"就像十月怀胎，只有经过这10个月的辛勤孕育，才能成就一名伟大的母亲。企业也是一样——如果能花5年、10年时间用来爬坡过坎，承受常人所无法忍受的痛苦之后，才能造就伟大的企业。"

身为在商海中历经百战的老战士，王水福十分信奉狼性文化。他深谙优胜劣汰的法则，据他估计，目前国内电梯企业有700多家，而两三年之后，生存下来的可能只有20%—30%。"草原上的羚羊不要总想着比狼跑得快，但一定要跑过其他羚羊才不会死。只有在同类中成为强者，才能获得生存的权利。"

王水福坦言，面对不明朗的经济形势，许多企业家习惯于说"再等等"，但现在的

时代发展已经驶上了高速公路，再等很可能会坐失良机。"要想当领头羊，你就要有思想准备，在企业的任何发展阶段都不能退缩，要有狠心、决心，不管多难、多苦也要勇往直前。"

匠心：制造业的出路在于满足高端市场

王水福给自己设定了一个退休期限——等到航空制造成为足以让西子联合保持至少20年生命力的产业时。若按此推算，西子联合成为一家百年民族企业指日可待。但对于他来说，想要完成这个目标，首要的问题是解决技术人才短缺这块短板。

"过去，中国的制造业来得太容易，只需要用低端的生活必需品满足国人。即便后来走出国门，还有国际低端市场可以占领。而现在，这种好日子突然没有了。"王水福轻描淡写地说。其实，并不是市场没了，生活的本身没有改变，变化的是人的需求。面对这种变化，他认为企业的出路只有努力生产出满足高端市场的商品。

"工匠是制造业真正的基础，而制造业升级需要大量杰出的工匠。"王水福说，其实几十年前中国就已提倡匠心：在任何行业，只要是专业技术过硬的老师傅，就能获得同行尊敬；只要是能够在自己岗位上干出成绩的员工，就能得到相应的社会尊重。而这是现代制造业需要传承和发展的。

回归到西子联合自身的转型升级过程中，王水福也一直在身体力行承担起培养工人工匠精神的责任。2015年初，西子航空和杭州职业技术学院联合成立了西子航空工业学院，每年从高职院校招收一批实习生，由老师傅手把手指导，成绩优异者可以直接进入西子航空上班。"今年我们还向政府提议，争取举办工匠技能大赛，让社会尊重、弘扬工匠精神，学好一技之长。"

不过，随着阅历的积累，王水福对工匠精神的认识也在更新。"我曾一度认为灵活的思维和手艺是工匠最重要的品质，但经过了几十年在制造业的锤炼，才发现踏实和勤奋才是工匠精神最本质的内核。"他建议制造企业如果要选人、用人，要选择踏实肯干的人，而不是耍小聪明走捷径的人。

西子报

●2017年1月20日 ●第2期（总第342期）●浙企准字第A018号

西子联合控股有限公司主办

欢迎访问公司网站 http://www.xiziuhc.com

新春致辞

精雕细琢、精打细算是转型升级的必由之路

——加快实现质量与管理的双向融合

西子联合董事长 王水福

各位西子的同仁，大家新年好！

一元复始，万象更新。值此新旧交替之际，我谨代表董事会暨全体董事会，向辛苦了整整一年、为西子持续稳定发展做出贡献的同仁们，以及你们的家人，表示最衷心的感谢！向支持和关心西子发展的各级领导、合作伙伴以及社会各界朋友，表示最诚挚的感谢和敬意！

2016年，面对市场持续低迷的严峻形势，西子人吼苦奋斗，排棘图强，在历经"脱胎换骨"式的转型升级阵痛后，坚定不移地实施内部瘦身，重塑了"统分有度、管控有序、执行有力"的扁平化管理体系；坚定不移地推进组织再造，实现管理者队伍与企业发展相匹配；坚定不移地深耕国内外市场，积极调整产品结构、业务结构和市场结构；坚定不移地整合制造系统资源，完善快速响应机制，适应客户订单式生产的个性化新需求、新趋势；坚定不移地推进研发投入，一系列智能、绿色产品诸如地铁用光电复合电缆、国内首台先进光平、2016年实现了全年256亿的销售收入，比去年增长8.5%！胜利的果实来之不易，彰显的是全体西子人的辛勤付出和无私奉献，凝聚的是大家的智慧和汗水！

当前，中国制造业在加速调整的强劲阵痛和经济下滑的双压下。关键时刻，我们尤其需要坚定信心与无畏精神，直面各种风险挑战；尤其需要深刻认识转型升级的双重任务，科学冷静分析发展道路上的各种不测；凝聚智慧寻找解决问题的方法；尤其需要我们继续保持想不等、争不等、能干成事的优秀文化，顽强拼搏，砥砺奋进，在应对挑战中开创新局面，在攻坚克难中夺取新胜利。

当前中国经济进入L型走势，产业流动加剧，急功近利者有之，实业暴受伤有之。有人理想，中国最好的时代已经过去了，因为宠观经济上涨大势和各方的红利期都不再存在。其实不是，中国最好的时代就在我下，因为漏鱼网的人都离开了，只剩下真正志坚定个行业的在坚守。我坚信，坚守高端制造一定会获得最丰的胜利的！

新的一年，只要坚定战略定力，在新需求、新方位、新动能引领下，坚持走高端制造不动摇，积极响应习近平总书记与国家政府对"工匠精神"的要求！因此，西子转型升级，走向制造必须首着精雕细琢、精打细算、管理雕打细算！并从以下五点出发：

第一、坚定信心，走好高端制造的"两万五千里长征"

我们知道，当年红军是被围追堵截下进行长征，但也正是两万五千里长征的艰苦卓绝，造就了我们党的胜利和辉煌，如果没有两万五千里长征，中国革命的历史就说是了。

西子已经宣告"两万五千里长征"的第一步，通过进入航空制造业，由传统制造迈步转向高端制造。西子航空获得了欧洲空客、美国波音、加拿大庞巴迪、中国商飞、中航工业这五大世界航空制造巨头的256项特种工艺资质认证：2016年，我们成功交付了空客A320飞机前起落舱部件项目部件，世界最精铣机型上有了西子制造的零部件，这是西子航空作为空客供应商的一大亮点。表明西子航空实现了从零件生产到飞机大中型复合结构部件生产的提升。沈阳西子航空与波音公司合资建造的沈阳波音航空复合材料有限公司正式投入运营，标志着沈阳西子航空成为波音中国高端应用中的首家优秀战略合作伙伴。西子航空在全美国本土以外唯一一家完工和交付中心落户舟山，我们才会更优秀。航空制造

作为最顶尖的制造业，能够重塑一个企业，指引企业**爬过坎，转型升级**。西子航空颠覆进入国际航空制造供应链，代表西子具备了做世界级企业的能力！

传统制造走向高端制造是中国企业的必经之路，不仅是跨越过坎辛苦的过程，更是脱胎换骨之过程，要做好走"两万五千里长征"的艰辛准备，才能取得成功，也是我们光荣的历史使命。

传统制造是中国的强项，高端制造是发达国家的强项，西子的目标就是从空到实到强，而目标就是全自觉世界航空制造配套企业的竞争，这些配套企业拥有50到100年甲常成熟的制造配套业，我们只有把质量、服务与价格都做到最优，才会有竞争力，否则很难真正进入这个行业。

普通管理相加、心态浮躁的中国制造要转向高端制造，是分抢欧美发达国家的奶酪，这是一场实力悬殊的生死较量，同样会遭到国法挡截，是对我们意志与智慧的极大考验。

第二、核心部件国产化是西子高端制造的突破口

1996年，西子电梯已经位居中国电梯民族品牌第1位。但由于国产部件的种种缺失，电梯质量时常受到客户抱怨、投诉，只能依靠进口部件来提高电梯整体品质与稳定性。1997年，西子与美国迅达合资成立西子迅达的那年始，在之后的十多年里，西子不能缺所有国产电梯核心零部件的研发与制造，川区十年不能缺所有国产电梯核心零部件的研发与制造，用国为是全球最大的电梯核心零部件供应商。

西子电梯集团研发出10m/s超高速电梯产品，不仅实现了超高速电梯关键部件的自主知识产权，而且掌握了超高速电梯中诸多核心技术（如安全性技术、减振和噪声优雅技术等），电梯的性能指标均达到国内诸多标准"双层轿厢电梯"的技术和产品上也取得了突破，西子电梯208米超高速电梯试验塔作临平建成，并成为对国家电梯产品检验认证。

西子富沃德水磁同步无齿轮曳引机，最年销量已达65万台，产品每年电30%以上，且故障率大大下降，每年平均电量达35亿度，相当于浙江省全省城乡居民1个月的用电量。2014年，西子富沃德成功研发10米/秒的超高速电梯曳引机，占领了行业的制高点。2015年，西子富沃德作为全省唯一一家中小企业荣获"浙江省政府质量奖"！

过去西子富工厂的持续梯架型恶性来自外配采购，2015年西子富工厂建世界发力于奇特项目，2016年顺利投入人生产开始到预期产品。也曾在2017年实现完全自制。核心竞争力得以提升。严格的市场形势下，西子宣工实现了以往被拉客的订单强潮困进，更主动的，现代、东芝等重点A类客户进一步深入合作，不断拉仕产品差异化。

我坚信，核心零部件国产化必定是中国制造的机遇。如汽车发动机、汽车变速箱、医疗仪器设备、机器人等核心零部件，**其特种材料和特种工艺，是高端被制造业来越重要**。中国制造产业、传统的变速箱动机工作的核心、大但会被发动机工作所困扰；未来，我们原有电机将逐步取代燃油动机，那么发速箱动机的面前面被动工的；未来自电机也突破的制约，真正开创新是核尖高端制造的前途。

第三、工匠精神与精益制造是高端制造的强劲动力

现在社会发展速度很快，互联网、大数据、机器换人、3D打印、智能化制造层出不穷。未来如汽车行业等大规模生产时代将会一段的过去，个性化生产时代已经开始，人们对于个性化生产的需求会越来越多，我们只不能拥有对制造所将使用的工装、模具，最终还是要喜具素质的"工匠"，最重要的是基础的！

从手工制造到机械制造，这是传统制造业发展的必然过程，但简单的机器换人可以提高效率，还不能实现高端制造。高端制造是有其特定的要求，我理解的高端制造，是工匠精神+精益制造+精益制造，比如钟表、医疗仪器、飞机发动机等，50%低端高精装设备，再用50%则需要依靠特种材料工艺及特种装配工艺法技巧加工控体系，即工匠底蕴与技能。

新工匠，不是传统的闭门造车与简单的细节蛋鸡，而是基于当今的各类设备与物料等的合理运的问题，一是是新的方法与品质控体系等等下的问题。以零缺陷、零伤亡与持续改进为支持的精益生产与工匠工匠精神与精益制造走向高端制造的必经之路。

第四、军民融合是中国制造转型升级的必由之路

2016年3月25日，习近平总书记主持召开中共中央政治局会议，审议通过了关于经济建设和国防建设融合发展的意见，正式将军民融合上升为国家战略。

三十年前，由于短缺经济时代，制造业被市场的巨大需求所拉动；三十年后，在供大于求的激烈市场竞争下，民营军民融合的管理水平、灵活性等灵活性等已经被接到动中，重新推动企业、国家经济发展。

随着军民融合正式上升为国家战略、后续政策的陆续出台以及军民融合的法律体系加速推进，民营军在军民融合中的投资合作机遇无疑将大大增加，第一，军工行业持续稳定增长；第二，民步军的渗透率持续提升；第三，订单增长和军民结合，外延式并购及产业链的持续延伸，民营军企行业进入发展新阶段。

美国的工业强的基础，处于军工产业链上游，进入军工产业链的重点，是市场竞争最充分的领域。这两年诸多民营企业，通过内生研发或外延收购加快切入军工制造业，这是西子未来发展于一切机遇，我们务必更加重视、多关注，顺应时代的发展潮流！

我在2010年年初《西子报》上发表新年致辞《把产品卖到日本去》，2011年发表新年致辞————《品质改变会运》，2012年发表新年致辞————《质量是和平占领市场的唯一武器》，2013年发表新年致辞————《从品质到品味》，2014年发表新年致辞————《精雕细琢、质为至尊》，2015年发表新年致辞————《品质是企业最大的成本》，2016年新年致辞————《中国制造业与工匠精神》，这一系列致辞主题其实都有一个千丝万缕的关联。这几年我们时时不忘品质、质量再质量，品质、品质再品质能成基发展。我坚信西子在经济转型升级的过程中，机会一定不会风险。

回首2016，有感悟、有遗憾，但更多的是欢欣鼓舞而已。展望2017，我们要更加坚定发展的目标和努力的方向。只要我们团结一心，努力开拓！越是艰难，就越能一定能够突破困境，全力推动各项工作不断向前迈进，让我们携手并进，共同学习西子的荣耀和成功！

第五、质量是西子走向国际化的唯一通行证

2017年新年刚过，我们就听到了一些企业或衰败收减产的消息。1月1日，台湾师傅公司宣布 2017 年 1 月 1 日零时，同一天，苹果公司宣布将在 2017 年第一季度将 iPhone 产能削减10%，最新款的 iPhone7 和 7 Plus 也未能幸免，这是罕见连续第二年大幅下调 iPhone产量，去年就已进行过高达30%的下调！1 月 3 日，韩国现代汽车公司向韩国宣布，召回2015年 9 月 5 日至2016 年 5 月 11 日之间生产的全新速胜汽车，共计96094 辆，这对处于困境中的现代公司无疑将是一个不小的打击！

台湾康师傅之所以失利，就是在出了质量问题。这则追溯到2014年的"顽劣油"事件。当时诸多媒体曝光台湾康师傅油榨使用地沟油、一盘"台湾全民抵制国产产品"、"饿断退出台湾油品市场"等字眼频频见于网络。台湾康师傅红了两年，终于在台湾"混不下去"、关门大吉。

苹果为什么减产？其主要原因也是质量问题。近来一段时间，有大批用户表示手中的 iPhone 6s 在电量还有 60% 的情况下就会自动关机，再次开机需要连接电源。这种质量问题，也大大伤害了苹果的口碑和销售。

华为的时间，这是生产中的各类设备与物料等的合理配置问题。存在安全隐患。去年的三星 Note7 手机"爆炸事件"，已经让正苦的手机成为了泡沫品，这不仅仅是经济损失的问题，而且还是品牌军心的问题！然而，在苹果成经停的今天，作为全球手机第一集团军的华为手机2016年5200亿营收的新数业绩，华为手机为什么能够如此快速地崛起？还是依靠质量！

2016 年 6 月 10 日，华为登上央视"寻找顶级制造"栏目，节目中记者了解华为手机在研发实测试试环节对细节的极高追求。华为的质量，不是天上掉下来的，每时、每刻对质量把控方式不断追求！

任正非曾说过：我们决不能为了降低成本而引进了八只黑天鹅，黑天鹅代表着不确定性，华为以此来警示未来世界是混沌的、迷茫的，也是危机四伏的，在一个不确定的世界里，华为正以更坚决的态度朝着规范化执行一艘的状态，才能生存下来。黑天鹅就是一只"黑天鹅"会将"劳动、加班、警醒迫力"变成一步发展。如不开会，质量是关键的要素！而品质量体是最大的成本！

天下大事，必做于细。在这个时代，对企业来说，品细是王。但是对于品牌，有战略、就失去了前进的方向，但仅没有战略还不够前进，不管细节问题重视，即使企业的报文不飞速前进，但是有一天，一个不知细末的质量问题，就会俘——条件无牛，会让这个企业马失前踪！

王水福：《精雕细琢、精打细算是转型升级的必由之路——加快实现质量与管理的双向融合》，来源：《西子报》2017年1月20日

2017年新春致辞

精雕细琢、精打细算是转型升级的必由之路
——加快实现质量与管理的双向融合

（王水福 来源：《西子报》2017年1月20日）

各位西子的同仁，大家新年好！

一元复始，万象更新。值此新旧交替之际，我谨代表西子联合董事会，向辛苦了整整一年、为西子持续稳定发展作出贡献的同仁们，以及你们的家人，表示最衷心的感谢！向支持和关心西子发展的各级领导、合作伙伴以及社会各界朋友，表示衷心的感谢和祝福！

2016年，面对市场持续低迷的严峻形势，西子人艰苦奋斗、拼搏图强，在历经"脱胎换骨"式的转型升级阵痛后，坚定不移地实施内部"瘦身"，重塑了"统分有度、管控有序、执行有力"的扁平化管理体系；坚定不移地推进组织再造，实现了管理者队伍与企业发展的相匹配；坚定不移地深耕国内外市场，积极调整产品结构、业务结构和市场结构；坚定不移地整合制造系统资源，完善快速响应机制，适应了客户"订单式生产"的个性化新要求、新趋势；坚定不移地推进研发提速，一系列智能、绿色产品进驻高端市场，继续引领行业技术先进水平。

2016年，西子实现了全年256亿元的销售收入，比去年增长8.5%！胜利的果实来之不易，彰显的是全体西子人的辛勤付出和无私奉献，凝聚的是大家的智慧和汗水！

当前，中国制造业面临调结构的强烈阵痛和经济不振的巨大压力。关键时期，我们尤其需要坚定信心与无畏精神，直面各种风险挑战；尤其需要深刻认识转型升级的艰巨性，科学冷静分析发展道路上的各种不测，凝聚智慧寻找解决问题的方法；尤其需要我们继续保持想干事、会干事、能干成事的优良传统，顽强拼搏、砥砺奋进，在应对挑战中开创新局面，在攻坚克难中实现新发展。

当前中国经济进入L型走势，产业洗牌加剧，急功近利日盛，实业备受冷落。有人埋怨说，中国最好的时代已经过去了，因为宏观经济上涨大势和各行业的红利期都不复存在了。实际上，中国最好的时代就在眼下，因为凑热闹的人都离开了，只剩下真正热爱这个行业的在坚守。我坚信，坚守高端制造一定会获得最后的胜利！

2017年，我们要坚定战略定力，在新常态、新方位、新动能的引领下，坚持走高端制造不动摇，积极响应习近平总书记与国家政府的号召——撸起袖子加油干！因此，西子想要转型升级，走高端制造，必须着重做好两条——产品要精雕细琢，管理要精打细算！同时要着重从以下五点出发：

第一、坚定信心，走好高端制造的"两万五千里长征"

我们知道，当年红军是在被围追堵截的情况下进行长征的，但也正是两万五千里长征的艰苦卓绝，成就了我们党的胜利和辉煌，如果没有两万五千里长征，中国革命的历史或被重写。

西子已经迈出了"两万五千里长征"的第一步，通过进入航空制造业，由传统制造逐步转向高端制造。西子航空获得了欧洲空客、美国波音、加拿大庞巴迪、中国商飞等世界航空制造巨头的256项特种工艺资质认证；2016年，我们成功交付了空客A320飞机前起落架舱部件项目首件，世界最畅销机型上有了西子制造的零部件，这是西子航空作为空客供应商的一个新起点，表明西子航空实现了从零件生产到飞机大中型复杂结构部件生产的提升。沈阳西子航空与波音公司签署驾驶舱内饰项目合同，标志着沈阳西子航空成为波音中国次级供应商中的首家民营企业。随着波音在美国本土以外唯一一家完工和交付中心落户舟山，西子航空将面临千载难逢的机遇。与优秀企业合作，我们才会更优秀。航空制造作为最顶尖的制造业，能够重塑一个企业，指引企业爬坡过坎、转型升级。西子航空顺利进入国际航空制造供应链，代表西子具备了做世界级企业的能力！

由传统制造走向高端制造是中国企业的必经之路，这不仅是爬坡过坎的辛苦过程，更是脱胎换骨般的痛苦过程，要做好走"两万五千里长征"的艰辛准备，才能取得成功，也是我们光荣的历史使命。

传统制造是中国的强项，高端制造是发达国家的强项，西子航空为空客、波音配套，面对的是来自全世界航空制造配套企业的竞争，这些配套企业拥有50到100年非常成熟的制造配套史，我们只有把质量、服务与价格都做到最优，才会有竞争力，否则很难真正进入这个行业。

普遍管理粗放、心态浮躁的中国制造要转向高端制造，去分抢欧美发达国家的奶酪，这是一场实力悬殊的生死较量，同样会遇到围追堵截，是对我们意志与智慧的极大考验。

第二、核心部件国产化是西子高端制造的突破口

1996年，西子电梯已经位居中国电梯民族品牌的第1位。但由于国产零部件存在种种缺陷，导致电梯质量时常受到客户的抱怨、投诉，只能依靠进口部件来提升电梯产品的整体品质与稳定性。1997年，西子与美国奥的斯公司合资成立西子奥的斯电梯公司。在之后的10多年里，西子开始深耕国产电梯核心零部件的研发与制造，目前已经成为中国乃至全球最大的电梯核心零部件供应商。西子电梯集团研发出10m/s超高速电梯产品，不仅实现了超高速电梯关键部件的自主知识产权，而且掌握了超高速电梯生产的诸多核心技术（如安全性技术、减振和噪声处理技术等），电梯的性能指标达到了国际一流水平。西子在"双层轿厢电梯"的技术研发和产品生产上也取得了突破。同时，西子电梯的208米超高速电梯试验塔在临平建成，并成功对接国家电梯产品质检中心。

西子富沃德的永磁同步无齿轮曳引机总销量已达65万台，产品可节电30%以上，且故障率大大下降，每年可节约电量达35亿度，相当于浙江全省城乡居民1个月的用电量。2014年，西子富沃德成功研发了10米/秒的超高速电梯曳引机，占领了行业的制高点。2015年，西子富沃德作为全省唯一一家中小企业荣获浙江省政府质量奖！

过去，西子重工的扶梯桁架矩形管均来自外部采购，2015年，西子重工重资开发方管线项目，于2016年顺利投入生产并达到预期产能，有望在2017年实现完全自制。方管线投入生产后，定制化生产所需原材料，大幅降低了材料的损耗，大大降低了成本，使得产品的核心竞争力得以提升。在严峻的市场形势下，西子重工实现了以往被抢走的订单逐渐回流，更是与通力、现代、东芝等重要A类客户进一步强化合作，不断往优质客户端爬升。

我坚信，核心零部件国产化必定是中国制造的机遇，如汽车发动机、汽车变速箱、医疗仪器设备、机器人等核心零部件，其特种材料和特种工艺，是高端精密制造的关键。如汽车制造产业，传统的变速箱齿轮工作时噪音大，但会被发动机工作所掩盖。未来，电动汽车电机将逐步取代燃油发动机，那么变速箱齿轮的噪音将成为突出问题，所以研发创新是转向高端制造的前提。

2015年11月，总装下线的国产C919大型客机所使用的材料国产化率很低，可以说民用航空的发展是中国材料工业发展革命性的机遇。如山东南山铝业顺利通过美国波音认证，成为其航空铝板供应商；东北中旺收购德铝镇江工厂，进入高端航空制造领域。

第三、工匠精神与精益制造是高端制造的强劲动力

现在社会发展速度很快,互联网、大数据、机器换人、3D打印、智能化制造层出不穷,未来如汽车行业等大规模生产时代将会成为过去,个性化生产时代已经开始,人们对于个性化生产的需求会越来越多。我们不可能将所有的制造需求都使用新的工装、模具,最终还是要靠高素质的"工匠",最重要的还是基础,我们的动手能力是基础中的基础!

从手工制造到机器换人,这是传统制造业发展的必然过程,但简单的机器换人可以提高效率,还不能实现高端制造。高端制造是有其特定要求的,我理解的高端制造,是工匠精神+精密制造+精益制造,比如瑞士手表、医疗仪器、飞机发动机等的生产,50%需要依靠高精尖设备,另外50%则需要依赖特种材料、特种工艺以及特种装配方法技巧和品控体系,即工匠素质与技能。新工匠,不是传统的闭门造车与简单的细节重复,而是掌握运用先进的管理技术,熟练操作先进的精密设备,又具有执着坚定、精益求精、持续改善的精神。

制造业的问题一类是生产中的各类设备与物料等看得到的问题,一类是精益方法与品控体系等看不到的问题。以零缺陷、零浪费与持续改善为支柱的精益生产是中国制造提升核心竞争力的有效方法,是传统制造业走向高端制造的必经之路。

第四、军民融合是中国制造转型升级的必由之路

2016年3月25日,习近平总书记主持召开中共中央政治局会议,审议通过《关于经济建设和国防建设融合发展的意见》,正式将军民融合上升为国家战略。

30年前,处于短缺经济时代,制造业被市场的巨大需求所拉动;30年后,在供大于求的市场饱和的情况下,只有军民融合的高端制造才能更好拉动市场、创造效益,从而推动企业、国家的经济发展。

随着军民融合正式上升为国家战略,后续政策的陆续出台以及军民融合的法律体系将加速推进,民参军在军民融合中的投资合作机遇值得看好:一是军工行业持续稳定增长;二是民参军的渗透率持续提升;三是订单增长带来业绩爆发;四是外延式并购及产业整合加深,民参军行业将进入发展新时期。

从细分行业来看,材料、工艺和信息技术是国防工业的基础,处于军工产业链上游,进入军工门槛较低,是市场竞争最充分的领域。这两年来,很多民营企业通过内

生研发或外延收购的方式进入军工领域，实现了企业的转型升级。这是西子未来发展千载难逢的机遇，我们务必要多重视、多关注，顺应时代的发展潮流！

第五、质量是西子走向国际化的唯一通行证

2017年新年刚过，我们就听到了一些企业或衰败或减产的消息。1月1日，台湾康师傅公司自2017年1月1日起解散；同一天，苹果公司宣布将于2017年第一季度将iPhone手机的产量砍掉约10%，最新款的iPhone7和7Plus也未能幸免，这是苹果连续第二年大幅下调iPhone产量，去年就已进行过高达30%的下调！1月3日，韩国现代汽车宣布，将于2017年2月13日起，召回2015年9月5日至2016年5月11日期间生产的全新途胜汽车，共计96094辆，这对处于困境中的现代公司来说将是一个不小的打击！

台湾康师傅之所以关闭，就是因为出了质量问题。这要追溯到2014年的"问题油"事件，当时诸多媒体曝光台湾康师傅涉嫌使用地沟油，之后"台湾全民抵制顶新产品""顶新退出台湾油品市场"等字眼频繁见于报端。台湾康师傅扛了两年，终于在台湾"混不下去"了，只好关门大吉。

苹果为什么要减产？其主要原因也是质量问题。近来一段时间，有大批用户表示手中的iPhone6s在电量还有60%的情况下会自动关机，再次开机需要连接电源。这种质量问题大大损害了苹果的口碑。现代企业公司的召回事件，当然也是因为质量问题——产品存在安全隐患。去年三星Note7手机的"爆炸事件"，已经让三星的手机成了危险品，这不仅仅是经济损失的问题，而且是品牌蒙尘的问题！

然而，在苹果减产被曝光的前一天，是华为公司2016年5200亿元营收的骄傲业绩。华为手机为什么能够如此快速地崛起？还是依靠质量！2016年6月10日，华为公司登上了央视的"寻找顶级制造"栏目，节目中记录了华为手机在研发、生产、测试环节对细节的极高追求。华为手机的质量，不是天上掉下来的，是每天、每时、每刻对细节孜孜不倦的追求！

任正非曾说过：我们决不能为了降低成本忽略质量，否则那就是自杀或杀人。搞死自己是自杀，把大家都搞死了，是杀人。正是因为任正非的这种危机思维，华为手机不仅没"杀人"，反而由于质量过硬而蜚声中外，据报道说华为手机还挡过子弹救过人！华为总部有个天鹅湖，养殖了公司花大价钱从国外引进的8只黑天鹅。黑天鹅代表着不确定性，华为以此来警示未来是混沌的、迷茫的，也是危机四伏的。在一个不确定的世界，只有像狼一样时刻保持着敏锐嗅觉和危机感，对细节保持偏执狂一般的执着，才能生存下来。果不其然！新年的第一只"黑天鹅"就突然来了，并警醒我们：

中国制造要进一步发展，崛起于世界之林，质量是关键的要素，而质量问题将是最大的"黑天鹅"之一！

天下大事，必作于细。在这个时代，对于企业来说，战略是上帝，但是细节是魔鬼。没有战略，就失去了前进的方向，但仅仅有战略却不注重细节，不管控好质量风险，即使企业看似在飞速前进，但总有一天一个突如其来的质量问题，就会像一条绊马索，会让这个企业马失前蹄！

我于2009年年初在《西子报》上发表了新年致辞《把产品卖到日本去》；2011年年初发表了新年致辞《品质改变命运》；2012年年初发表了新年致辞《质量是和平占领市场的最有效武器》；2013年年初发表了新年致辞《从品质到品牌》；2014年年初发表了新年致辞《品质取胜的时代来了》。对于西子来说，坚持做好品质是一个千载难逢的机遇，这几年来我们始终坚持质量质量再质量、品质品质再品质的发展理念，我坚信西子在经济转型升级的过程中，机会一定会大于风险。

回首2016年，我们有感悟，也有遗憾，但更多的是收获和喜悦。展望2017年，我们要更加坚定发展的目标和努力的方向。只要我们团结一心、努力拼搏、敢于担当、勇于创新，就一定能够克服各种困难，全力推动各项工作不断向前迈进。让我们携手并肩，共同开创更加美好的明天，共同分享属于西子的荣耀和成功！

最后，在此也向大家拜个早年，祝大家在新的一年身体健康、阖家幸福、事事如意！谢谢！

企业将迎接三大历史机遇

王水福董事长应邀在2017国家制造强国建设专家论坛发表主题演讲

本报讯 "当前企业和企业家迎来了三大历史机遇，我们要大力发展高端制造，提升整个中国的制造水平！"近日，西子联合董事长王水福参加2017国家制造强国建设专家论坛，成为唯一在该论坛上演讲的浙商代表之一。

在京举行的2017国家制造强国建设专家论坛，由国务院有关领导、工信部、发改委、财政部、科技部等国家制造强国建设领导小组成员单位代表，国家制造强国建设战略咨询委员会委员，各省区市制造业主管领导，有关高校和科研院所专家、学者，重点领域相关行业组织负责人、重点企业代表等300人，参加了论坛。

论坛开幕式由中国工程院长周济主持，国务院副总理马凯和全国人大前副委员长路甬祥致辞，并举行了《中国制造2025蓝皮书（2017）》发布仪式。其后，工信部副部长辛国斌、国家质检总局副局长吴清海与上海交通大学校长林忠钦等专家领导发表了主题演讲。

来自企业界的中国商飞总经理贺东风、小米科技董事长雷军、三一集团总裁向文波、西子联合董事长王水福等企业家在论坛上进行了主题发言。

王水福董事长演讲的题目是《航空品质与精益管理助力民营企业走向高端制造》，他介绍了西子从农机配件到航空部件的发展历程，包括西子在电梯、锅炉、停车设备等制造领域的实践成果，以及通过大飞机这扇门进入航空制造这扇高端制造的大门并逐步发展成为空客、波音、庞巴迪、中航工业和中国商飞的一级供应商的经历和感悟，表达了具有坚实制造基础和雄厚资本实力的西子融合强烈的事业报国情怀。

王水福董事长认为当前企业和企业家迎来了三大历史机遇，首先是"一带一路"，我们的优势产能带出去，把高端制造引进来；其次是"军民融合"，将极大推动新技术机制体制改革，促进民间企业发展；第三是航空制造，波音、空客的飞机订单已经排到2030年以后，未来全球民用飞机50%的市场在中国，空客落户天津，波音落户舟山，这将拉动航空高端制造迅速发展，助力传统企业转型升级。

王水福董事长认为中国要做企业强，企业强要基础强，而基础就是品质。从西子进入航空制造与空客波音等航空制造企业打交道，学习了他们对品质与基础的重视，这种理念和体系，可以对传统制造行业的提升有帮助，建议借鉴国外一些国家做法，给民航空等高端制造更多的政策支持，引导更多中小企业参与高端制造之中，形成中国制造的根基，提升整个中国的制造水平。

庆祝中国共产党建党96周年

——西子联合举行"不忘初心，健康前行"党员活动

本报讯 今年是建党96周年，也是推进"两学一做"学习教育常态化制度化的一年。7月1日下午，西子联合举行"不忘初心，健康前行"党员活动。西子联合党委班子、各直属党组织负责人、党员骨干，受表彰优秀共产党员、入党积极分子等70余人参加活动，共同庆祝党的生日。

西子联合党员身穿统一服装，沿着美丽的西湖健康行。党员们还参观了"五四宪法历史资料陈列馆"，并在神圣的党旗下，全体党员庄严地举起右拳，重温入党誓词，不忘初心、坚定信念，表达为党的事业奋斗终生的承诺。

此外，在当天活动上，西子联合党委委表彰了2016年度先进基层党组织和优秀共产党员。西子智能停车党支部、西子联合工程公司党支部被授予西子联合2016年度先进基层党组织；另有16名同志被评为西子联合2016年度优秀共产党员。西子联合党委号召各基层党组织、广大党员向先进学习，充分发挥党组织推动发展、服务群众、凝聚人心、促进和谐的作用。

最后，西子联合党委书记、董事长王水福发表讲话，他表示今天是个特殊的日子，不仅是党的生日，也是香港回归祖国20周年，我们西子党员们来到五四宪法历史资料陈列馆，缅怀中华人民共和国第一部宪法的诞生历程，并以健康行的方式共同庆祝，非常有意义！在此我也想与大家分享当前时代所面临的四大机遇，这是西子未来努力的方向。

第一、"一带一路"的机遇。这是一条顺风顺水的道路。"一带一路"不仅将中国的剩余及领先产能，如钢铁、水泥、纺织、高铁等产业带出去，同时也能激发民营企业一个有光照就灿烂、有雨露就发芽的草本特性。

第二、军民融合带动高端制造的机遇。军民融合已经上升为国家战略，也是民营企业从草本变为木本的契机。比如，美苏冷战时期，搞军备竞赛，美国的军工产业由国家与民营经济共同参与，而苏联则是完全依靠国家投入，最终经济拖垮，国家也四分五裂。再如，某大型国有航空制造企业，现有订单极度饱和，但是产能非常有限，又不能单纯依靠扩大企业规模，那该怎么办？只有通过军民融合之，让民营企业参与进来。

第三、航空制造引领高端制造的机遇。美国强调"制造业回归"，但波音还是落户中国，这是因为市场在中国，中国每年有400亿美金的大飞机市场，而且到2020年将有4亿的中产阶级。未来中国有望超越美国，成为全球最大的高端消费市场。企业借由航空制造的引领，借助外力将我们的基础提上来，可以使小树变为根深叶茂的参天大树。

第四、互联网时代大数据的机遇。关起门来培养人才的策略已经不完全适用于眼下这个时代。现在企业已经不需要亲力亲为去完成每一个环节的工作。除了核心部件的生产、编程、设计，销售完全可以实现社会化，使社会资源利用最大化，在提升效率的同时也降低了成本。如果新制造业不重视互联网与大数据，未来的路会越来越难走。

在面对社会发展的不断变化，我们必须要了解、适应社会发展的趋势，力争走在时间的前面，只有这样西子的未来就会充满希望！

（西子联合 徐升响）

《企业将迎接三大历史机遇——王水福董事长应邀在2017国家制造强国建设专家论坛发表主题演讲》，来源：《西子报》2017年7月25日

企业将迎接三大历史机遇

——王水福董事长应邀在2017国家制造强国建设专家论坛发表主题演讲

（来源：《西子报》2017年7月25日）

"当前企业和企业家迎来了三大历史机遇，我们要发力高端制造，提升整个中国的制造水平！"近日，西子联合董事长王水福参加2017国家制造强国建设专家论坛，成为唯一在该高端论坛上演讲的浙商杭企代表。

在京举行的2017国家制造强国建设专家论坛，以"提高供给质量水平，振兴先进制造业"为主题，围绕开展质量提升行动、提高质量技术标准、加强全面质量管理、发扬"工匠精神"、加强品牌建设等议题开展了深入的探讨和交流，旨在引导制造业朝着更高质量、更有效率和更可持续的方向发展。

国务院有关领导，工信部、发改委、财政部、科技部等国家制造强国建设领导小组成员单位代表，国家制造强国建设战略咨询委员会委员，各省区市制造业主管领导，有关高校和科研院所的专家、学者，重点领域相关行业组织负责人、重点企业代表等300人参加了论坛。

论坛开幕式由中国工程院院长周济主持，国务院副总理马凯和全国人大前副委员长路甬祥致辞，并举行了《中国制造2025蓝皮书（2017）》发布仪式。其后，工信部副部长辛国斌、国家质检总局副局长吴清海与上海交通大学校长林忠钦等专家领导发表了主题演讲。

来自企业界的中国商飞公司总经理贺东风、小米科技公司董事长雷军、三一集团总裁向文波、西子联合董事长王水福等企业家在论坛上进行了主题发言。

王水福董事长演讲的题目是《航空品质与精益管理助力民营企业走向高端制造》，他介绍了西子从农机配件到航空部件的发展历程，包括西子在电梯、锅炉、停车设备等制造领域的实践成果，以及通过大飞机这扇门进入航空制造这扇高端制造的大门并逐步发展成空客、波音、庞巴迪和中国商飞等公司的重要供应商的经历和感悟，表达了具有坚实制造基础和雄厚资本实力的西子联合强烈的实业报国情怀。

王水福认为当前企业和企业家迎来了三大历史机遇，首先是"一带一路"发展，把我们的优势产能带出去，把高端制造引进来；其次是"军民融合"，将极大推动高新技术机制体制改革，促进民间企业发展；最后是航空制造业的刺激，波音、空客的飞机订单已经排到2030年以后，未来全球民用飞机50%的市场在中国，空客落户天津，波音落户舟山，这将拉动航空高端制造迅速发展，助力传统企业转型升级。

王水福认为中国强要企业强，企业强要基础强，而基础就是品质。自西子进入航空制造领域与空客、波音等航空制造企业打交道后，学习了他们对品质与基础的重视，这种理念和体系对传统制造业有着巨大的带动作用。建议借鉴国外一些国家的做法，给以航空制造等为代表的高端制造业更多的政策支持，引导更多中小企业参与高端制造之中，形成中国制造的根基，提升整个中国的制造水平。

后浪推前浪，一代更比一代强
——王水福董事长在2017西子联合青年员工主题交流会上的讲话

导语： 8月4日上午，西子联合大学邀请王水福董事长为其领导力提升班、高阶营运班以及即将进入西子大家庭的2017应届生共150余人进行授课，王董用将近三个小时的时间向西子联合大学的同学们讲授他对于当前经济与社会发展的一些思考，还讲述了他所理解的中国当前三大机遇、西子三十多年来积累的优势基础以及未来社会的相关趋势，他还与同学们共同探讨了关于智能制造、绩效管理、人才激励等方面的困惑和问题。

今天非常高兴，看到很多新人加入到西子，西子的明天需要你们这些新鲜血液的不断注入，为西子未来的发展添加新的希望！西子创业发展三十多年，老一代西子人作为"前浪"已经为我们打下了一定的基础，我希望作为"后浪"的新西子人能够一代更比一代强！借此机会，我想与在座的年轻人分享7句话，包括我所理解的当前中国三大机遇、西子三十多年来所积累的三大优势基础以及社会未来的相关趋势，希望大家能够从中了解过去，看清当前，展望未来！

我一直认为自己是幸运的人，西子同样也是幸运的，能够在三十多年风风雨雨中一路走下来，这其中的酸甜苦辣只有我们自己最清楚。在座各位都是从正儿八经的高等院校毕业，有我们的学习环境与平台；而我们这代人却是从"社会大学堂"中一路摸爬滚打，在大浪淘沙中幸存下来。虽然，身体无恙、企业健康，我就已经非常自豪了，俗话说"人老话多，树老根多"，我也希望通过西子这么多年来的经验、教训、感悟让大家能够受到一些启发与借鉴！

中国当前的三大机遇——

第一，"一带一路"的机遇。这是一条顺风顺水的道路。"一带一路"不仅能将中国优势产能，如钢铁、水泥、纺织、高铁产业带出去，打开国际化市场，同时也更能激发民营企业"有光照就灿烂，有一有雨露就发芽"的草本特性。

第二，军民融合拉动转型升级的机遇。军民融合已经上升为国家战略，利用民间资本+军工技术，是转型升级不载难逢的机遇。比如，美苏冷战时期，搞军改备竞赛，美国的军工产业由国家与民营经济共同参与，而苏联则是完全依靠国家投入，最终经济被拖垮，国家也四分五裂。只有通过军民融合，让民营企业参与进来，形成混合经济，这样能帮助企业从草本经济向木本经济转变。

第三，航空制造引领高端制造的机遇。波音在《2017至2036年全球展望》报告中写道，未来20年全球市场将需要41030架新飞机，总价值6.1万亿美元。其中欧洲需要7530架、北美8640架、中东3350架、拉美3010架，但最大一部分、16050架将交付亚太地区，未来全球民用飞机50%的市场在中国，中国借由航空制造的引领，借助外力将基础提升来，可以使小树变为根深叶茂的参天大树。

西子的三大基础——

● **西子的管理基础：**

第一，西子有劳动模范"工匠精神"的传承。西子拥有深厚的工匠基础，自1956年第一届全国劳模评选以来，西子联合诞生了26人，42人次获得过各级劳模等。

第二，西子有先进的精益管理基础。西子与美国奥的斯合作20年，引进了先进的精益品质管理技术工具与方法，包含精益管理与品质管理十二大工具的ACE（获取竞争优势）体系和对企业进行量化评估的88条SHAI（企业健康评估），这些极大提升品质与效率的工具。让西子的制造管理如虎添翼，电梯生产周期从原来的30天缩短到现在的2小时，可以管理上实现高速度、低库存、款到生产的精益商业模式。现金流周转率也从以前的每年2次提高到现在的每年50多次。

第三，西子有优秀的合作伙伴。我们的电梯与美国奥的斯合作，我们的立体停车设备与石川岛合作，我们的锅炉与罗斯迪、GE、西门子合作，我们的地铁屏蔽机与日本川崎合作，我们的航空组件与波音、空客、庞巴迪合作。与优秀企业合作，我们才会更优。

另外，西子有坚持做好品质的传统。坚持为客户做好产品是西子多年来的核心发展战略，2010年我们提出把产品做到日本去的发展理念；2011年提出品质改变命运的发展理念；2012年提出质量是和平占领市场最有效武器的发展理念；2013年提出从品质品牌之路的发展理念；2014年提出品质取胜的时代到来的发展理念。西子始终坚持质量、质量、再质量，品质、品质再品质这些发展理念，我相信西子在经济转型升级中，机会一定大于风险。

一个企业要成为百年，不是靠一个人能力强，而是要依靠整体管理系统+基础。西子在与世界500强的合作中学到了先进的管理系统，引进了ACE（获取竞争优势）、SHAI（供应商健康评估）品质管理系统，再加上精益制造基础与工匠精神基础，西子未来发展目标就是要成为百年企业！

● **西子的产业基础：**

在电梯产业基础方面，30多年以前，我们希望提升西子电梯质量，但只能依靠进口部件来提升电梯整体品质与稳定性；1997年，西子与奥的斯合资成立合资公司，正是与奥的斯的合资，给西子带来了规范的企业管理系统、为西子培养了众多管理人才。30多年后的今天，西子已经实现了电梯核心部件的国产化与核心部件的国产化，并为世界十大电梯品牌配套，这是从传统制造转型升级到高端制造的过程。西子208米超高速电梯试验塔在临平建成，并成功设立国家电梯品质检测中心，将引领电梯企业品质领域协同创新，带动电梯产业转型升级。西子富沃德（主机）累计销售销量64.8万台，市场占有率11.4%，产品可节电30%以上，且故障率大大下降，每年节约电量达35亿度，相当于浙江省城乡居民1个月的用电量。还拿到了国家2000多万的节能补贴。2015年，西子富沃德荣获浙江"省政府质量奖"，成为全省唯一一家获此殊荣的中小企业。

在锅炉产业基础方面，杭锅集团已经生产了超过1800台（套）的节能环保型余热锅炉，综合市场占有率50%以上，是中国余热发电的领军企业。这些产品全部投运后年发电量超过1300亿度，超过了浙江省2015年全社会用电总量的1/3，每年相当于少烧了4550万吨标煤的燃烧、减少了90万吨二氧化碳，10400万吨二氧化碳的排放，处理了约1300万吨垃圾量，减少了2700万立方米的垃圾。此外，由杭锅参与研究、主导建设的光热发电项目已在青海德令哈地区稳定运行超过3年，这是国内首座大规模商业化运营的太阳能光热发电站。杭锅与日本川崎合作开发的屑构机已在杭州、南京、宁波等地铁建设中，并成功出口到加拿大、泰国。

在立体车库产业基础方面，西子智能停车从1995年便已开始布局，1997年成功开发第一台立体停车库，目前西子智能停车已连续多年在车库市场占有率第1位，并已为国内130余个大型城市解决停车问题，全国有近三十万个车位在使用中，产品遍布海外，出口新加坡、越南、俄罗斯、希腊、中东、日本、美国等世界各国。如今，西子智能停车正迎来发展的新台阶，即将实现上市的发展目标。

在重工产业基础方面，西子重工为东芝、日立、通力、迅达等电梯十大品牌配套零部件，我们的底盘管配件完全依靠自制，大大降低了原材料价格波动对企业的影响，提升了核心竞争力。此外，西子重工20吨大载量货梯已取得资质认证；还获得了钢结构总包资质，与目前如梯业务形成一站式服务；此外，西子重工还在开发提升高度15米扶梯，它也是具有巨大市场潜力以及核心竞争力的产品。

● **西子的高端制造基础：**

经过十年时间、十亿投入、十年磨一剑，西子在位于钱塘江边大江东开发区建起了具有世界水准的航空制造企业。目前西子航空已经获得欧洲空客、美国波音、加拿大庞巴迪、中国商飞、中航工业五大世界航空制造巨头的272项特种工艺资质认证，并成为他们的一级供应商。跻身成为中国航空制造民营企业中少有的符合国家标准、具有完整航空零部件制造体系和资质的企业。

在今年5月5日成功首飞的C919大型客机上，安装着西子航空制造的非气密性舱门产品；今年6月2日，西子航空成功交付了空客A320飞机第100架前起落舱门产品。表明西子航空实现了从零件生产到飞机大中型复杂结构部件生产的提升。同时，沈阳西子航空与波音公司签署了驾驶舱内饰项目合同，标志着西子航空成为波音中国次级供应商中的首家民营企业。

西子航空累围经过5年攻关，产品研制成功并已经批量交付应用，打破全年依赖进口的局面，填补了国内空白。该项目得到国家与工信部领导的支持与鼓励，是工信部"工业强基"项目产品，李克强总理及法国总理瓦尔斯也共同见证了欧洲空客公司委托我们研制供应航空紧固件产品的框架协议签字仪式。

航空制造业被称为"工业之花"，西子从农机配件向航空部件不断转换，坚持从传统制造业走向高端制造。我始终坚信当初的选择是正确的，西子航空已经以从生产零件发展到部件装配。继而希望能接收更大的飞机部件项目。配合中国民机产业在华东的布局和军民融合产业基地建设大势。在杭州策动中国商飞，对接舟山波音，直供美国波音、欧洲空客和加拿大庞巴迪，力争真正发展成为中国民营企业航空制造的生力军。

社会未来趋势——

在我看来，如何将互联网大数据与制造业有机结合，是值得我们思考的课题，这也是未来发展的必然趋势。假如制造业不重视互联网大数据，到时候就会产生冲击，未来的路也会越来越难走。但我们不能过度沉迷于互联网行业的做法，互联网只是一种工具、渠道、方法，关键在于我们如何利用它为制造服务。

在传统的制造业公司中，比如波音、空客等这些传统意义上的重资产公司，通过互联网模式开启经营经营，走企业之路。如在波音梦想787机型上，波音主要依赖一级供应商的模式，形成伙伴关系，而自己则主要承担系统集成商的角色，整个波音787机型有大约2/3的工作外包给供应商做。

小米公司是将互联网思维运用到极致的公司。它在准备生产电饭煲时，首先利用互联网大数据具备精准打击的优势；一、有数据；二、有用户。比如通过互联网公开征求电饭饭煲设计方案，邀请苹果、IBM、美的、松下、三洋跨洋界IT与家电两个行业的界外人才。当不同的思想、不同的领域、不同的知识、不同文化的交叉点上，碰到以将已知概念联系或混合在一起，大量不同凡响的新想法便迅速诞生。正是通过大数据的精准打击、多团队的思想碰撞和互联网思维的提高效率，最终使小米生产了一款在日本都非常畅销的电饭煲。

此外，在互联网企业中，如阿里、网易等均采用积分制方式对员工进行考核，积分最高格可获双倍奖金，一年连续三年积分最低档则会被淘汰。当然，互联网企业更新换代也快，传统制造业不能采用如此激进的方法。但仍可以通过广义上的积分制来进行考核，比如在公司原有绩效考核基础上引入员工的正能量。举个例子，某位员工在做好部门工作的同时，协助其他部门完成了一些工作。尽管这样员工本身的绩效也不会增加，但可以对员工增加积分。对于积分高的员工可以进行奖金、休假或实物奖励来进一步增加其积极性，从而慢慢调动整个工作氛围，增强员工积极性，让优秀员工不吃亏！

展望未来，你们这一代年轻人必将大有可为，也必将大有作为，这是"长江后浪推前浪"的历史规律，也是"一代更比一代强"的青春责任！当前，我们面临着众多机遇，也面临着前所未有的碰撞和挑战，但梦在前方，路在脚下，我急信自胜者强，自强者胜！希望你们学习好西子积累的优势基础，传承好中国的优秀传统文化，利用好互联网大数据，相信你们必定一代更比一代强！

《后浪推前浪，一代更比一代强——王水福董事长在2017西子联合青年员工主题交流会上的讲话》，来源：《西子报》2017年8月25日

后浪推前浪,一代更比一代强

——王水福董事长在 2017 西子联合青年员工主题交流会上的讲话

(来源:《西子报》2017 年 8 月 25 日)

导语:8 月 4 日上午,西子联合大学邀请王水福董事长为其领导力提升班、高阶营运班以及即将进入西子大家庭的 2017 应届生共 150 余人进行授课,王水福董事长用将近三个小时的时间向西子联合大学的同学们讲授了他对于当前经济与社会发展的一些思考,还讲述了他所理解的中国当前三大机遇、西子 30 多年来积累的优势基础以及未来社会的相关趋势,他还与同学们共同探讨了关于智能制造、绩效管理、人才激励等方面的困惑和问题。

今天非常高兴,看到很多新人加入西子,西子的明天需要你们这些新鲜血液的不断注入,为西子未来发展增添新的希望!西子创业发展 30 多年来,老一代西子人作为"前浪"已经为我们打下了一定的基础,我希望作为"后浪"的新西子人能够一代更比一代强!借此机会,我想与在座的年轻人分享 7 句话,包括我所理解的当前中国三大机遇、西子 30 多年来所积累的三大优势基础以及未来社会的相关趋势,希望大家能够从中了解过去、看清当前、展望未来!

我一直认为自己是幸运的人,西子同样也是幸运的,能够在 30 多年的风风雨雨中一路走下来,这其中的酸甜苦辣只有我们自己最清楚。在座各位都是从正儿八经的高等院校毕业的,有很好的学习环境与平台;而我们这代人却是从"社会大学堂"中一路摸爬滚打,在大浪淘沙中幸存下来的。因此,身体无恙、企业健康,我就已经非常自豪了,俗话说"人老话多,树老根多",我也希望西子这么多年来的经验、教训、感悟能够让大家受到一些启发与借鉴!

中国当前的三大机遇——

第一,"一带一路"的机遇——这是一条顺风顺水的道路。"一带一路"不仅能将中国的优势产能如钢铁、水泥、纺织、高铁等产业带出去,打开国际化市场,同时更能激发民营企业"一有光照就灿烂,一有雨露就发芽"的特性。

第二,军民融合拉动转型升级的机遇。军民融合已经上升为国家战略,利用民间资本+军工技术,是转型升级千载难逢的机遇。比如,美苏在冷战时期搞军备竞赛,美国的军工产业由国家与民营经济共同参与,而苏联则是完全依靠国家投入,最终经济被拖垮,国家也四分五裂。只有通过军民融合,让民营企业参与进来,形成混合经济,这样才能帮助企业从"草本经济"向"木本经济"转变。

第三,航空制造引领高端制造的机遇。美国波音公司在《2017至2036年全球展望》报告中写道,未来20年全球市场将需要41030架新飞机,总价值6.1万亿美元,其中欧洲7530架、北美8640架、中东3350架、拉美3010架,但最大的部分即16050架将交付亚太地区,而未来全球民用飞机50%的市场在中国,中国将成为世界最大的国内民航市场。企业借由航空制造的引领,借助外力将基础提上来,可以使小树变为根深叶茂的参天大树。

西子的三大基础——

西子的管理基础:

第一,西子有劳动模范"工匠精神"的传承。西子拥有深厚的工匠基础,自1956年第一届全国劳模评选以来,西子联合至今已有26人、42人次获得过各级劳模荣誉。

第二,西子有先进的精益管理基础。西子与美国奥的斯合资了20年,引进了先进的精益品质管理技术工具与方法,如包含精益管理与品质管理十二大工具的ACE(获取竞争优势)体系和对企业进行量化评估的88条SHA(企业健康评估)体系,这些极大地提升品质与效率的工具方法,让西子的制造管理如虎添翼,电梯生产周期从原来的30天缩短到现在的2小时,可从管理上实现高速度、低库存、款到生产的精益商业模式,现金流周转率也从以前的每年2次提高到现在的每年50多次。

第三,西子有优秀的合作伙伴。我们的电梯与美国奥的斯合资合作,我们的立体停车设备与日本石川岛合作,我们的锅炉与阿尔斯通、通用、西门子合作,我们的地铁盾构机与日本川崎合作,我们的航空是与波音、空客、庞巴迪合作。与优秀企业合

作,我们才会更优秀。

另外,西子有坚持做好品质的传统。坚持做好品质是西子多年来的核心发展战略:2009年,我们提出"把产品卖到日本去"的发展理念;2010年,提出"品质改变命运"的发展理念;2011年,提出"质量是和平占领市场的最有效武器"的发展理念;2013年,提出"从品质到品牌"的发展理念;2014年,提出"品质取胜的时代来到了"的发展理念。西子始终坚持质量质量再质量、品质品质再品质这些发展理念,我相信西子在经济转型升级中,机会一定大于风险。

一个企业要成为百年企业,不是靠一个人的能力强,而是要依靠整体管理系统与基础。西子在与世界500强企业的合作中学到了先进的财务管理系统,引进了ACE(获取竞争优势)、SHA(供应商健康评估)等品质管理系统,再加上精益制造基础与工匠精神基础,西子未来发展目标就是要成为百年企业!

西子的产业基础:

在电梯产业基础方面,30多年以前,我们希望提升西子电梯的质量,但只能依靠进口部件来提升电梯的整体品质与稳定性;1997年,西子与美国奥的斯合资成立合资公司,正是这次合资给西子带来了规范的企业管理系统,为西子培养了众多管理人才。30多年后的今天,西子实现了电梯核心部件的国产化与核心部件出口,并为世界十大电梯品牌配套,这是从传统制造转型升级到高端制造的过程。西子208米超高速电梯试验塔在临平建成,并成功对接国家电梯产品质检中心,将引领电梯企业设计制造领域协同创新,带动电梯产业转型升级。西子富沃德(主机)累计销售销量64.8万台,市场占有率11.4%,产品可节电30%以上,且故障率大大下降,每年节约电量达35亿度,相当于浙江全省城乡居民1个月的用电量,还拿到了国家2000多万元的节能补贴。2015年,西子富沃德荣获浙江省人民政府质量奖,成为全省唯一一家获此殊荣的中小企业。

在锅炉产业基础方面,杭锅集团已经生产了超过1800台(套)的节能环保型余热锅炉,综合市场占有率在50%以上,成为中国余热发电的领军企业。这些产品全部投运后,年发电量将超过1300亿度,超过了浙江省2015年全社会用电总量的1/3,每年相当于减少了4550万吨标煤的燃烧,减少了90万吨二氧化硫、10400万吨二氧化碳的排放,处理了约1300万吨垃圾量,减少了2700万立方米的垃圾。此外,由杭锅集团参与研发、参股建设的光热发电项目已在青海德令哈地区稳定运行超过3年,这是国内首座大规模商业化运营的太阳能光热发电站。杭锅集团与日本川崎公司合作开发的盾构机已成功应用于杭州、南京、宁波等地的地铁建设中,并成功出口到新加坡、泰国。

在立体停车产业基础方面,西子智能停车产业在1995年便已开始布局,1997年成功开发第一台立体停车库。目前西子智能停车产业已连续多年在车库市场占有率位居首列，并已为全国130余个各大中型城市解决停车难题，全国有近30万个车位在使用中；产品遍布海外，出口新加坡、越南、俄罗斯、希腊、日本、美国、中东等世界各国和地区。如今，西子智能停车公司正迎来发展的新台阶，即将实现上市的发展目标。

在重工产业基础方面，西子重工为东芝、日立、通力、迅达等电梯十大品牌配套零部件，我们的基础方管配件完全依靠自制，大大降低了原材料价格波动对企业的影响，提升了核心竞争力。此外，西子重工的20吨大载重货梯已取得资质认证，还获得了钢结构总承包资质，与目前加装梯业务形成一站式服务。另外，西子重工还在开发提升高度15米的扶梯，这是具有巨大市场潜力以及核心竞争力的产品。

西子的高端制造基础：

经过10年时间、10亿元的投入，十年磨一剑，西子在位于钱塘江边大江东开发区建起了具有世界级水准的航空制造企业。目前，西子航空已经获得欧洲空客、美国波音、加拿大庞巴迪、中国商飞等世界航空制造巨头的272项特种工艺资质认证，并成为它们的重要供应商，跻身成为中国航空制造民营企业中少有的符合国际标准、具有完整航空零部件制造体系和资质的企业。

在今年5月5日成功首飞的C919大型客机上，安装着西子航空制造的非气密性舱门产品；6月2日，西子航空成功交付了空客A320飞机第100架前起落架舱产品，表明西子航空实现了从零件生产到飞机大中型复杂结构部件生产的提升。同时，沈阳西子航空与波音公司签署了驾驶舱内饰项目合同，标志着西子航空成为波音中国次级供应商中的首家民营企业。

西子航空经过5年攻关，研制成功紧固件产品并已经批量交付应用，打破了完全依赖进口的局面，填补了国内空白。该项目是工信部"工业强基"项目，李克强总理与法国总理瓦尔斯也共同见证了欧洲空客公司委托我们研制供应航空紧固件产品的框架协议签字仪式。

航空制造业被称为"工业之花"，西子从农机配件向航空部件不断升级，坚持从传统制造业走向高端制造业。我始终坚信当初的选择是正确的，西子航空已经从生产零件发展到部件装配，继而希望能承接更大的飞机部件项目，配合中国民机产业在华东的布局和军民融合发展大势，在杭州策应中国商飞公司，对接舟山波音公司，直供美国波音、欧洲空客和加拿大庞巴迪等企业，力争真正发展成中国民营企业航空制造的生力军。

社会未来趋势——

在我看来,如何将互联网大数据与制造业有机结合,是值得我们思考的课题,这也是未来发展的必然趋势。假如制造业不重视互联网大数据,对制造业本身将产生冲击,未来的路也会越来越难走。但我们不能过度沉迷于互联网大数据,它毕竟只是一种工具、渠道、方法,关键在于我们如何利用它为制造服务。

在传统的制造业公司中,比如波音、空客等这些传统意义上的重资产公司,通过互联网模式开启轻资产经营,走外包之路。如在波音梦想787机型上,波音主要依赖一级供应商投入资金和开发技术,形成伙伴关系,而自己则主要承担系统集成者的角色,整个波音787机型有大约2/3的工作外包给供应商来做。

小米公司是将互联网思维运用到极致的公司。以生产电饭煲为例,小米公司首先利用互联网和大数据具备"精准打击"的优势,即一有数据二有用户的优势,通过互联网公开征求电饭煲设计方案,还从苹果、IBM、美的、飞利浦、三洋等公司聘请互联网技术与家电两个行业的跨界人才。当人的思想立足于不同领域、不同科学、不同文化的交叉点上时,就可以将已知概念联系或混合在一起,大量不同凡响的新想法便迅速诞生。正是通过大数据的"精准打击"、多团队的思想碰撞和互联网思维的提高效率,最终使小米生产出了一款在日本都非常畅销的电饭煲。

此外,在互联网企业中,如阿里、网易等均采用积分制方式对员工进行考核,积分最高档可获双倍奖金,而连续三年积分最低档则会被淘汰。当然,互联网企业更新换代太快,传统制造业不能采用如此激进的方法,但仍可以通过广义上的积分制来进行考核,比如在公司原有绩效考核基础上引入员工的正能量。举个例子,某位员工在做好部门工作的同时,协助其他部门完成了一些工作,尽管本身的绩效不会增加,但可以增加积分;对于积分高的员工可以用奖金、休假或实物奖励来进一步增强其积极性,从而慢慢调动整个企业的工作氛围。

展望未来,你们这一代年轻人必将大有可为,也必将大有作为,这是"长江后浪推前浪"的历史规律,也是"一代更比一代强"的青春责任!当前,我们面临着众多机遇,也面临着前所未有的困难和挑战,但梦在前方、路在脚下,我坚信自胜者强、自强者胜!希望你们学习好西子积累的优势基础、传承好中国的优秀传统文化、利用好互联网大数据,相信你们必定一代更比一代强!

新春致辞

逐梦高质量发展的新征程

西子联合董事长 王水福

各位西子的同仁，大家新年好！

一元复始山河美，万象更新锦绣春；凯歌高奏辞旧岁，豪情满怀迎新年！启航2018，又一年崭新时光，值此向始终支持、关心西子的各级政府领导、合作伙伴以及社会各界朋友致以节日的问候和最美好的祝愿！同时也向一直以来辛勤工作、为公司发展做出积极贡献的每一位员工及家属表示最衷心的感谢和敬意！

过去一年，回首来路，方知每一步所付出的都是艰辛与执着！2017年，西子联合以269亿的销售业绩再创历史新高，不断书写新篇章！

在电梯零部件制造方面，**西子电梯部件**直面原材料涨价等不利因素，修内功，勇改革，事业部体制激发员工创业热情，在寒冷的冬天依然旅火炖红！**西子富沃德**荣获"浙江制造"认证证书，标志着公司生产的曳引机产品已经达到国内一流、国际先进的水平；**西子优逸**战略组建地铁屏蔽门产业新公司并实现业务重大突破，为多个一、二线城市建设添砖加瓦；天津西子联合围绕生产自动化、信息系统化目标大幅提升了生产效率和数据处理的准确性；成都西子孚信生产现场精益改善卓有成效，**"让感动发生"**的价值服务系统获得越来越多核心客户的首肯与认可！

在电梯整梯制造方面，**西奥电梯**围绕"中国制造2025"战略，从制造到智造不断迈进，已成为杭州智能制造示范试点企业，在智能制造方面已经走在了最前列，**速捷电梯**在2017年业绩发展获得大幅增长，成绩骄人！

在锅炉板块方面，**杭锅**通过技术升级与创新，产品不断推陈出新，市场拓展成效显著，**成功参与"一带一路"建设**，把握价值链核心环节；同时，通过内部控制不断降低公司运营成本，全年业绩再创历史！

在重工板块方面，**西子重工**在面对国内电梯件产业产能过剩，钢材价格持续飞涨的不利环境下，不断夯实基础，**扶梯桁架产量**创历史新高，**加装梯业务拓展**初显成效，钢结构业务创新经营模式具有潜力；**西子智能停车**完成股份制改造，启动上市步入经营新阶段，业绩保持行业领先，新技术、新产品、市场容量持续增加！

在航空制造板块方面，**浙江西子航空**砥砺前行，顺利通过欧洲航空安全局（EASA）审核，成为**国内首家通过EASA民用飞机零部件转包生产资质批准的民营企业**；沈阳西子航空的波音、BE、军机三条产线实现全面批产，公司成功建立盈利模式；**西子航空紧固件通过国家工信部"工业强基工程"验收**，获得国家领导、相关政府部门的高度认可，填补了国内高端航空紧固件制造空白，为民族基础工业做出了贡献；**浙大西子研究院**聚焦精益管理输出，探索出社会价值与可持续兴趣的发展新链！

在现代服务业板块方面，**百大集团**引入新管理团队，积极寻求产业转型；**新华国际地产**成功转型为**集房产开发、项目代建及房产服务为一体的综合型房产集团**。值得一提的是，地处东站商圈的**东站西子国际综合体**大启幕并脱颖而出，获得政府、股东及商家的高度认可，在项目运营上取得超额利润；**西子三农物流**开始新启航，正在努力打造成为**国际化冷链物流市场**；**西子金融**在2017年业绩再创新高，风控更加严谨，积极寻求业务转型！

在这些成功背后，凝聚的是全体西子人的拼搏与付出，是各级领导、社会各界同仁对西子的支持与陪伴！

过去一年，在以习近平总书记为核心的党中央正确领导下，中国经济一直保持稳中有进、稳中向好的发展趋势；党的十九大的胜利召开，为我们擘画了新时期行进的宏伟蓝图，指明了新时期的发展道路。党的十九大明确指出：我国经济已由**高速增长阶段转向高质量发展阶段**，正处在转变发展方式、优化经济结构、转换增长动力的攻关期，建设现代化经济体系是跨越关口的迫切要求和我国发展的战略目标。

国家如此，企业更是如此。在进入"强起来"的新时代，在转型升级、结构调整的关键期，我们必须明确西子联合今后一个时期的核心任务就是逐步实现高质量发展！我们的所有工作都要围绕这个核心展开；各职能部门、各子公司都要围绕这一主题制定具体的工作目标和有效的实施方案。为此，我们应着重关注以下几个问题：

一、牢牢牵住企业未来发展的"牛鼻子"

就企业而言，在全球经济进入低速发展的新常态下，中国企业遇到了新的挑战。**大而不强、快而不优、多而不新等问题十分突出**。2017年中国企业500强收入增长率为7.63%，比去年上升7.66个百分点，利润为3.18%，比去年下降3.14个百分点。而同期美国企业500强收入增长率上升0.58%，利润增长大幅上升6.00%。传统产能过剩，名优产品不多，技术创新乏力等因素制约着中国企业的持续成长。这正是**传统发展模式——高增速、低质量**的弊端所在；中国经济要实现十九大提出的两步走战略目标，经济发展必须由**高速增长向高质量转换**！因此，推动高质量发展是我们今后一个时期内主要奋斗目标，也是企业发展的"牛鼻子"！

回顾近十年来我在《西子报》上发表的新春致辞的标题，都有一个共性，就是这些年我们始终没有离开**质量和品质**这个最本质的，始终强调**质量、质量、再质量；品质、品质、再品质**的发展理念。如2009年新春致辞的标题是《把产品卖到日本去》；2010年是《品质改变命运》2011年是《质量是和平占领市场有效武器》；2013年是《从品质到品牌之路》；2014年是《品质取胜的时代到来了》；2015年是《打造中国民族品牌的曙光》；2017年是《精雕细琢，精打细算着转型开放的2018——加快实现质量与管理的双向融合》。

今天，这样的发展理念，竟然与国家新时期高质量发展战略不谋而合。这无疑说明近十年来，我们企业发展的理念、质量的战略选择是正确的，在"强起来"的过程中，我们的理念、战略没掉队、没落后，甚至有些超前。也许正是因为有点超前才引来了一些非议和不解。但事实胜于雄辩，我们的选择没问题，要说有问题，那就是我们做的还不够，我们的能力还有限，还没有真正实现高质量发展，**任重道远，我们只是在路上！**

今天，面对习近平中国特色社会主义新时代，我们赶上了千载难逢的好时机，我们必须好好珍惜；只有这样，我们才能在"强起来"的新时代，不落后，真正实现从**高速增长向高质量发展的转型**，牢牢抓住这个"牛鼻子"不放松。为此我们要从**五"必须"**入手：

1. **必须抛弃原有的生产方式**：以量取胜、以规模取胜、薄利多销、低价竞争的"粗放"发展时代已经成为过去；

2. **必须剥离落后产能**：高耗能、高污染企业必将被淘汰，取而代之的是高技术、高品质、高环保的企业；

3. **必须牢固树立工匠意识**：工匠是企业的脊梁，特别是企业的管理人员更要具备工匠意识，否则永远留不住人才；

4. **必须增强企业创新能力**：企业要加大内部创新激励机制，研究新思维，培育新动能，跟上新时代；

5. **必须学会分享企业发展成果**：在这方面，华为、海康威视就是我们身边活生生的典范，是我们的学习标杆。他们的成功就在于创新与分享机制，企业与员工共同成长！

二、积极主动推进制造业的智能化

党的十九大进一步明确了**加快建设制造强国，加快发展先进制造业**的发展目标；明确了**推动互联网、大数据、人工智能和实体经济深度融合**的发展路径。

智能制造是传统制造业的一种转型升级，是助飞实体经济的**翅膀**，是今后经济发展的**引擎**。可以不夸张地说，**得智能制造者得天下**！在人类社会的四次工业革命中，人类已经实现了从机械化、电气化、自动化到智能化的转变。智能化必将成为制造业发展的大趋势！因此，从这个意义上讲，**智能化也是实现高质量发展的技术保障**！

大力发展智能制造，用人工智能技术改造传统制造业，并不是一朝一夕的事，要有**做好持久战的思想准备**；其难度大、风险大、压力大，但是**企业躲不过去的一道坎**！我们**不能为一时困难所困惑，不能为一时增长所迷惑，不能为一时快钱所引诱**，要主动适应需求，关注智能制造、机器换人、3D打印、互联网大数据等领域，深挖背后的工匠精神、高端制造技术等，为实现高质量发展打下坚实的技术基础。

三、依法治企，方得百年西子

依法治企是实现企业持续健康发展的根本保障，尤其是在以"百年西子，世界西子"的发展蓝图中，依法治企工作尤为重要。

通过依法治企，我希望**让所有西子联合的高管看清哪些钱可以赚，哪些钱不可以赚；让大家明白不能在法律的边缘做事，要切忌小人行为**。重点围绕**"办事依法、遇事找法、解决问题用法、化解矛盾靠法"**的原则，老老实实做人、规规矩矩做事！假如逾越了法律红线，**"百年西子、世界西子"将成为一句空谈**，所有西子人要切记这一点！！

在新时期，依法治企也是实现高质量发展的制度保障。高质量发展给我们的法务工作提出了新问题，不再仅仅是合同评审、风险防范等基本工作。高质量发展，要求企业不断增强技术进步在企业增长中的比重，由此将引发**专利、非专利保护等知识产权保护问题**；随着上市公司的增加，上市公司的管理、相关的公司治理结构及治理机制的构建，都是摆在管理者面前的新问题。**这些新问题不解决，高质量发展就无法实现！**

四、严防企业发展的"中年危机"

2018年改革开放40周年，是不惑之年，处于大变革的前夜。西子自1981年成立，也即将步入不惑之年，在经历初创期的快速增长后，它也和人一样，会遭遇"中年危机"。如何解决增长瓶颈，避免陷入消极性竞争，也是我们目前面临的严峻问题。

一般来说，"中年危机"公司都有四个征兆：

征兆一：拼劲退化，对"小钱"提不起兴趣。

征兆二：都想多分钱，却没有多赚钱。企业中高层职位长期固化，创业元老们不是靠贡献赚钱，而是靠"功劳"吃饭。

征兆三：决策短浅化，行动僵化过度。

征兆四：过分相信经验，不愿接受新思维，新方法。

显然，这些问题将严重制约、阻碍高质量发展理念的实施。

"中年危机"也许不是西子才有的问题，但是却是我们必须面对和解决的现实问题。如何通过公司治理机制的改善、内部的激励，将原有简单的雇佣关系变成一种**合作关系**，都将是克服"中年危机"的有效手段，也是我们企业管理需要提升的方向。村时下行年基业，其实有正当年，大家要倍加努力珍惜；让我们一起跨越中年危机，**将危机转化为动力**！

各位同仁：

高质量发展到底，需要高质量的人。西子的未来，需要一大批由高质量人才构成的团队。我们将不拘一格引进各类人才；我们需要打破原有的组织的壁垒、共享我们的所有成功与失败；为新时代的年轻人实现其人生价值提供更好的平台。

我们已经创造了一段辉煌的历史，我们将继续**勇立潮头**；用西子人的**实干精神、实业报国**的理念去感动上帝，再创辉煌。

习总书记在2018年新年贺词中强调，幸福是奋斗出来的！在我看来，奋斗是一个痛并快乐着的过程，但痛苦后的幸福，远远比快乐后的幸福来得更长更久！让我们撸起袖子加油干，抓住高质量发展的新机遇，千亿西子不是梦！

最后，向大家拜个早年，祝大家在新的一年身体健康、阖家幸福、事事如意，谢谢！

王水福：《逐梦高质量发展的新征程》，来源：《西子报》2018年2月10日

2018年新春致辞

逐梦高质量发展的新征程

（王水福　来源：《西子报》2018年2月10日）

各位西子的同仁，大家新年好！

一元复始山河美，万象更新锦绣春；凯歌高奏辞旧岁，豪情满怀迎新年！启程2018年，又是一年的崭新时光。值此向始终支持、关心西子的各级政府领导、合作伙伴以及社会各界朋友致以节日的问候和最美好的祝愿！同时，也向一直以来辛勤工作、为公司发展作出积极贡献的每一位员工及其家属表示最衷心的感谢和敬意！

过去一年，回首来路，方知每一步所付出的都是艰辛与执着！2017年，西子联合以269亿元的销售业绩再创历史新高，不断书写新篇章！

在电梯零部件制造板块，西子电梯部件直面原材料涨价等不利因素，修内功、勇改革，事业部体制激发员工创业热情，在寒冷的冬天依然傲立枝头；西子富沃德荣获"浙江制造"认证证书，标志着公司生产的曳引机产品已经达到国内一流、国际先进的水平；西子优迈战略组建地铁屏蔽门产业新公司并实现业务重大突破，为多个一、二线城市建设添砖加瓦；天津西子联合围绕生产自动化、信息系统化目标大幅提升了生产效率和数据处理的准确性；成都西子孚信生产现场精益改善卓有成效，"让感动发生"的价值服务系统获得越来越多核心客户的首肯与认可！

在电梯整梯制造板块，西子奥的斯围绕"中国制造2025"战略，从制造向智造不断迈进，已成为杭州智能制造示范试点企业，在智能制造方面已经走在了最前列；速捷电梯公司在2017年的业绩获得大幅增长，成绩喜人！

在锅炉制造板块，杭锅集团通过技术升级与创新，产品不断推陈出新，市场拓展成效显著，成功参与"一带一路"建设，把握价值链核心环节。同时，通过内部控制不断降低公司运营成本，全年业绩再创历史新高！

在重工板块，西子重工在国内电梯行业产能过剩、钢材价格持续飞涨的不利环境下，不断夯实基础，扶梯桁架产量创历史新高，加装梯业务拓展初显成效，钢结构业务创新经营模式具有潜力；西子智能停车完成股份制改造，启动上市步入经营新阶段，业绩保持行业领先，不断研发新技术、新产品，市场容量持续增加！

在航空制造板块，浙江西子航空砥砺前行，顺利通过欧洲航空安全局（EASA）审核，成为国内首家通过EASA民用飞机零部件转包生产资质批准的民营企业；沈阳西子航空的波音、BE、军机三条产线实现全面批产，公司成功建立盈利模式；西子航空紧固件公司通过国家工信部"工业强基工程"验收，获得国家领导、相关政府部门的高度认可，填补了国内高端航空紧固件制造空白，为民族基础工业作出了贡献；浙大西子研究院聚焦精益管理输出，探索出社会价值与可持续兼顾的发展之路！

在现代服务业板块，百大集团引入新管理层，积极寻求产业转型；新华园房产公司成功转型为集房产开发、项目代建及房产服务为一体的综合型房产集团。值得一提的是，地处东站商圈的东站西子国际综合体盛大启幕并脱颖而出，获得政府、股东及商家的高度认可，在项目运营上取得超额利润；西子三农物流开始新启航，正在努力打造成国际化冷链物流市场；西子金融在2017年业绩再创新高，在风控方面更加严谨，并积极寻求业务转型！

这些成功背后凝聚的是全体西子人的拼搏与付出，是各级领导、社会各界同仁对西子的支持与陪伴！

过去一年，在以习近平同志为核心的党中央的正确领导下，中国经济一直保持稳中有进、稳中向好的发展趋势。党的十九大的胜利召开，为我们绘制了新时期发展的宏伟蓝图，指明了新时期的发展道路。党的十九大明确指出：我国经济已由高速增长阶段转向高质量发展阶段，正处在转变发展方式、优化经济结构、转换增长动力的攻关期，建设现代化经济体系是跨越关口的迫切要求和我国发展的战略目标。

国家如此，企业更是如此。在进入"强起来"的新时代，在转型升级、结构调整的关键期，我们必须明确西子联合今后一个时期的核心任务就是逐步实现高质量发展！我们的所有工作都要围绕这个核心展开；各职能部门、各子公司都要围绕这一主题制订具体的工作目标和有效的实施方案。为此，我们应着重关注以下几个问题：

一、牢牢牵住企业未来发展的"牛鼻子"

就企业而言，在全球经济进入低速发展的新常态下，中国企业遇到了新的挑战。大而不强、快而不优、多而不新等问题十分突出。2017年，中国企业500强收入增长率为7.63%，比去年上升7.66个百分点；利润增长率为3.18%，比去年下降3.14个百分点。而同期美国企业500强收入增长率上升0.58%，利润增长率大幅上升6.00%。传统产能过剩、名优产品不足、技术创新乏力等因素制约着中国企业的持续成长。这正是传统

发展模式——高增速、低质量的弊端所在；中国经济要实现党的十九大提出的两步走战略目标，经济发展必须由高速增长向高质量发展转换！因此，推动高质量发展是我们今后一个时期内的主要奋斗目标，也是企业发展的"牛鼻子"！

回顾近10年来我在《西子报》上发表的新春致辞，都有一个共性，就是这些年来我始终没有离开质量和品质这两个基本理念，始终强调质量质量再质量、品质品质再品质的发展理念。如2009年新春致辞的标题是《把产品卖到日本去》；2010年的是《品质改变命运》；2011年的是《质量是和平占领市场的最有效武器》；2013年的是《从品质到品牌》；2014年的是《品质取胜的时代来到了》；2015年的是《制造强 中国强 打造民族品牌的曙光》；2017年的是《精雕细琢、精打细算是转型升级的必由之路》。

今天看来，这样的发展理念竟然与国家新时期高质量发展战略不谋而合。这无疑说明近10年来，我们企业发展的理念、具体的战略选择都是正确的，在"强起来"的过程中，我们的理念、战略没掉队、没落后，甚至有些超前。也许正是因为有些超前才引来了一些非议和不解。但事实胜于雄辩，我们的选择没问题。要说有问题，那就是我们做得还不够，我们的能力还有限，还没有真正实现高质量发展，任重道远，我们只是在路上！

今天，面对新时代，我们赶上了千载难逢的好时机，我们必须好好珍惜；只有这样，我们才能在"强起来"的新时代不掉队、不落后，真正实现从高速增长向高质量发展的转型，牢牢抓住这个"牛鼻子"不放松。为此我们要从"五必须"入手：

1. 必须抛弃原有的生产方式：以量取胜、以规模取胜、薄利多销、低价竞争的粗放型发展时代已经成为过去；

2. 必须剥离落后产能：高耗能、高污染企业必将被淘汰，取而代之的是高技术、高品质、高环保的企业；

3. 必须牢固树立工匠意识：工匠是企业的脊梁，特别是企业的管理人员更要具备工匠意识，否则永远管不好企业；

4. 必须增强企业创新能力：企业要加大内部创新激励机制，研究新思维，培育新动能，跟上新时代；

5. 必须学会分享企业发展成果：在这方面，华为、海康威视就是我们身边活生生的典范，是我们的学习标杆。他们的成功就在于创新与分享机制——企业与员工共同成长！

二、积极主动推进制造业的智能化

党的十九大进一步明确了加快建设制造强国、加快发展先进制造业的发展目标，明确了推动互联网、大数据、人工智能和实体经济深度融合的发展路径。

智能制造是传统制造业的转型升级,是助飞实体经济的翅膀,是今后经济发展的引擎。可以不夸张地说,得智能制造者得天下!在人类历史上的四次工业革命中,人类已经实现了从机械化、电气化、自动化到智能化的转变。智能化必将成为制造业发展的大趋势!因此,从这个意义上讲,智能化也是实现高质量发展的技术保障!

大力发展智能制造,用人工智能技术改造传统制造业,并不是一朝一夕的事,要有做好持久战的思想准备;其难度大、风险大、压力大,但是企业躲不过去的一道坎。我们不能为一时困难所困惑,不能为一时增长所迷惑,不能为一时快钱所引诱,要主动适应需求,关注智能制造、机器换人、3D打印、互联网大数据等领域,深挖背后的工匠精神、高端制造技术等,为实现高质量发展打下坚实的技术基础。

我坚信,只要我们齐心协力,坚守发展实业的定力,抱定"守得云开见月明"的决心与信心,一定能够开创制造业创新发展的新天地!

三、依法治企,方得"百年西子"

依法治企是实现企业持续健康发展的根本保障,尤其是在"百年西子、世界西子"的发展蓝图中,依法治企工作尤为重要。

通过依法治企,我希望让西子联合的所有高管看清哪些钱可以赚、哪些钱不可以赚;让大家明白不能在法律的边缘做事,要切忌小人行为。要重点围绕"办事依法、遇事找法、解决问题用法、化解矛盾靠法"的原则,老老实实做人、规规矩矩做事。假如逾越了法律红线,"百年西子、世界西子"将成为一句空谈,所有西子人要切记这一点!

在新时期,依法治企也是实现高质量发展的制度保障。高质量发展给我们的法务工作提出了新问题,不再仅仅是合同评审、风险防范等基本工作。高质量发展,要求企业不断增强技术进步在企业增长中的比重,由此将引发专利、非专利保护等知识产权保护问题。随着上市公司的增加,上市公司的管理、相关的公司治理结构及治理机制的构建,都是摆在管理者面前的新问题。这些新问题不解决,高质量发展就无法实现!

四、严防企业发展的"中年危机"

2018年是改革开放40周年,西子自1981年成立,也即将步入"不惑之年",在经历初创期的快速增长后,它也和人一样,会遭遇"中年危机"。如何解决增长瓶颈,避免陷入消极性竞争,也是我们目前面临的严峻问题。

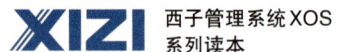

一般来说,"中年危机"公司都有四个征兆:

征兆一:拼劲退化,对"小钱"提不起兴趣。

征兆二:都想多分钱,却没有多赚钱。企业中高层职位长期固化,创业元老们不是靠贡献赚钱,而是靠"功劳"吃饭。

征兆三:决策链过长,行动僵化迟缓。

征兆四:过分相信经验,不愿接受新思维、新方法。

显然,这些问题将严重制约、阻碍高质量发展理念的实施。

"中年危机"也许不是西子才有的问题,但是却是我们必须面对和解决的现实问题。如何通过公司治理机制的改善、内部创业的激励,将原有简单的雇佣关系变成一种合作关系,将是克服"中年危机"的有效手段,也是我们企业管理需要提升的方向。相对于百年基业,其实我们正当年,大家要倍加努力和珍惜,让我们一起跨越"中年危机",将危机转化为动力!

各位同仁:高质量发展说到底,需要高质量的人。西子的未来,需要一大批由高质量人才构成的团队。我们将不拘一格引进各类人才;我们需要打破原有组织的壁垒,共享我们已有的成功与失败,为新时代的年轻人实现其人生价值提供更好的平台。

我们已经创造了一段辉煌的历史,将继续勇立潮头,用西子人的实干精神、实业报国的志向,再创辉煌。

习近平总书记在2018年新年贺词中强调:幸福是奋斗出来的!在我看来,奋斗是一个痛并快乐着的过程,但痛苦后的幸福,远远比快乐后的幸福来得更长更久!让我们撸起袖子加油干,抓住高质量发展的新机遇,千亿级西子也不是梦!

最后,向大家拜个早年,祝大家在新的一年身体健康、阖家幸福、事事如意,谢谢!

西子如何实现高质量发展

西子联合董事长 王水福

党的十九大报告描绘了中国经济的未来发展蓝图，做出了我国经济已由高速增长阶段转向高质量发展阶段的判断。党中央的决策为企业的发展指明了方向。摆在我们面前的一个现实问题，就是如何实现企业自身的高质量发展？这是事关西子联合今后生存、发展的大事，希望集团各公司管理层结合自身实际、围绕这个问题提出自己的想法、实施策略。我先讲几点个人体会，希望能够抛砖引玉，将实现高质量发展的理念变为实实在在的具体行动，为西子的发展献计献策！

一、实现高质量发展，首先要转变高速增长的生产方式。

什么叫增长？一台固定电话到一万台，还是固定电话，这叫增长，是电话量的增长；什么叫发展？只有固定电话被移动手机取代才叫发展，是电话的质的发展。

要实现从高速增长到高质量发展的转变就要清楚两者的生产方式不同。与高速增长相适应的生产方式一靠大量要素投入、大规模的生产，以量取胜来降低生产成本；二靠政策红利。

而与高质量发展相适应的发展方式，将贯彻创新、协调、绿色、开放、共享这五大发展理念。简单说就是，动力要创新，发展要协调、增长要绿色、思路要开放、资源要共享。通过这五大新发展理念的引领，实现从高速增长阶段向高质量发展阶段的稳步迈进。这其中，创新是核心！需要机制、模式（并购与重组）、动力的组合创新。

显然，我们必须逐步替代曾经为我们带来高速增长的生产方式，引入新理念，才有可能实现高质量发展这一目标。

二、实现高质量发展，必须找准经济发展新的增长点。

过去30多年，我们的电梯、锅炉、立体停车库……都在不同时期给我们企业带来了收入的增长，面对新时期，在强起来的征途上我们发展的新的增长点又是什么呢？

在原有的行业里我们的产品是否还集中在**附加值较低**的加工、制造、储运、分销环节，而不是**附加值较高**的设计、研发、智能化等高端环节？在以往的收入增长中多少来自量的增加？又有多少来自质的提升？

面对高端制造我们需要提升、创新的环节在哪里？

面对新经济(互联网、大数据与人工智能等)，我们现有产品与之融合的突破口又在何处？"无人超市"已成为一种趋势，改变着现有的商业模式，那么"无人工厂"的出现也为时不远，它将改变制造业的基本模式。创新无处不在！

美国3M公司是个百年企业，他们曾给自己设立过很多冲刺目标。比如：先将目标设定为在现有的**销售收入中，30%来自于过去四年所产生的新产品**；之后，为了树立危机意识，他们又增加了另一个目标，就是要将进入市场**一年的产品的销售收入贡献率提高到10%**。创新具有时间的敏感性，你需要迅速改变。3M的做法给了我们什么启示？我们可能短时间内达不到这样的高度，但关键是我们是否有这样的意识？

这些问题不去思考，高质量发展就是空话；这些问题不解决，我们很可能就会被时代淘汰！原有的**竞争优势**就可能变为**竞争劣势**，最后演变为**竞争均势**。模拟时代的摩托罗拉、数字时代的诺基亚、智能时代的苹果就是最好的说明！

面对网络时代，海尔提出**创客所有制**和**人单合一**等双创实践，继哈佛大学之后**斯坦福大学**把海尔这一模式引入商学院课堂；**美国通用电气**家电业务开始实行**人单合一**模式推动企业变革。张瑞敏认为电的发明使其产品称之为电器，而网络时代的产品就应成为网络的终端而被称之为**网器**。电器与网器一字之差，反映的理念却是天壤之别！家电变成互联网终端成为网器，而网器的未来就是**高度的智能化**。

由此，没有成功的企业，只有时代的企业。踏不准时代的节拍，就意味着失败的开始。海尔正是凭借着自己对时代脉搏的把握，再次走在了时代的前列，成为传统产业与互联网高度融合的典范！

三、实现高质量发展，需要与之相适配的人才匹配。

高质量发展说到底，需要高质量的人。西子的未来，需要一大批具有高质量发展意识的人才队伍。

一方面我们将从外部不拘一格地引进各类人才；另一方面我们将从内部打破原有组织的壁垒，为有**想法、敢担当**的西子人提供更多的机会，将原有简单的雇佣关系变成一种合作关系；同时，积极鼓励内部创业，为新时代的年轻人实现其人生价值提供更好的平台。

2018年是贯彻党的十九大精神的开局之年，是改革开放40周年，是决胜全面建成小康社会、实施"十三五"规划承上启下的关键一年。西子联合经过30多年的拼搏，我们曾经有过辉煌；但30年河东，30年河西。面对新时代，我们有些人依然沉醉在以往的功劳簿上，妄自为大，故步自封，安于现状；因为创新也好，转型升级也罢，都是要付出代价和冒着失败风险的！我们从事航空事业的十年就是最好的说明！西子航空的竞争对手，如波音的供应商，它们已经有102年的历史，已经经历3-4代人的运营，其成熟度、默契度、生产制造效率是我们难以想象的，**我们跟它们竞争，它们与它们竞争，这表明我们也是处于世界前列的航空制造企业，已经值得骄傲**！十年的坚守，使我们在高端制造方面奠定了坚实的基础；十年的坚守，使我们赢得了波音、空客、庞巴迪、中航工业、中国商飞等国内外世界级航空制造商的高度认可；十年的坚守，我们更是培育了一批适应高端制造发展的人才队伍。

在这条路上我们走的并不顺利、遇过来自企业内外部的多重质疑，但是我们凭着对于中国经济发展的精准把握，凭着西子人固有的拼搏奋斗精神，凭着我们已经与世界级的企业为伍，**我们在高端制造方面已经立足**！我们已经走在了高质量发展的路上！

最近中美之间的"**贸易战**"，本质上就是惧怕中国高端制造业的发展，这也从另一面说明我们战略选择的正确性！让我们在以习近平为核心的党中央的领导下，在"强起来"的新时代，砥砺前行、团结奋斗，努力实现西子联合从高速增长向高质量发展的转变，那么千亿西子就不是梦！

王水福：《西子如何实现高质量发展》，来源：《西子报》2018年3月31日

西子如何实现高质量发展

（王水福　来源：《西子报》2018年3月31日）

党的十九大报告描绘了中国经济的未来发展蓝图，作出了我国经济已由高速增长阶段转向高质量发展阶段的判断。党中央的决策为企业的发展指明了方向。摆在我们面前的一个现实问题，就是如何实现企业自身的高质量发展？这是事关西子联合今后生存、发展的大事，希望集团各公司管理层结合自身实际，围绕这个问题提出自己的想法、实施策略。我先讲几点个人体会，希望能够抛砖引玉，将实现高质量发展的理念变为实实在在的具体行动，为西子的发展献计献策！

一、实现高质量发展，首先要转变高速增长的生产方式

什么叫增长？固定电话销量从1台到1万台，这叫增长，是量的增长；什么叫发展？只有固定电话被移动手机取代才叫发展，是质的发展。要实现从高速增长到高质量发展的转变就要清楚两者的生产方式不同。与高速增长相适应的生产方式一靠大量要素投入、大规模的生产，以量取胜来降低生产成本；二靠政策红利。

而与高质量发展相适应的发展方式，将贯彻创新、协调、绿色、开放、共享这五大发展理念。简单说就是，动力要创新、发展要协调、增长要绿色、思路要开放、资源要共享。通过这五大新发展理念的引领，实现从高速增长阶段向高质量发展阶段的稳步迈进。这其中，创新是核心，需要机制、模式（并购与重组）、动力的组合创新。

显然，我们必须逐步替代曾经为我们带来高速增长的生产方式，引入新理念，才有可能实现高质量发展这一目标。

二、实现高质量发展，必须找准经济发展新的增长点

过去30多年，我们的电梯、锅炉、立体停车库……都在不同时期给我们企业带来

了收入的增长,面对新时期,在强起来的征途上我们发展的新的增长点又是什么呢?

在原有的行业里,我们的产品是否还集中在附加值较低的加工、制造、储运、分销环节,而不是附加值较高的设计、研发、智能化等高端环节?在以往的收入增长中多少来自量的增加?又有多少来自质的提升?面对高端制造,我们需要提升、创新的环节在哪里?面对新经济(互联网、大数据与人工智能等),我们现有产品与之融合的突破口又在何处?

"无人超市"已成为一种趋势,改变着现有的商业模式,那么"无人工厂"的出现也为时不远了,它将改变制造业的基本模式。创新无处不在!

美国3M公司是一家百年企业,曾给自己设立过很多冲刺目标。比如,先将目标设定为在他们的销售收入中,30%来自过去4年所生产的新产品;之后,为了树立危机意识,又增加了另一个目标,就是要将进入市场满1年的产品的销售收入贡献率提高到10%。创新具有时间的敏感性,你需要迅速改变。3M公司的做法给了我们什么启示?我们可能短时间内达不到这样的高度,但关键是我们是否有这样的意识。

不去思考这些问题,高质量发展就是空话;不解决这些问题,我们很可能就会被时代淘汰!原有的竞争优势就可能变为竞争均势,最后演变为竞争劣势。模拟时代的摩托罗拉、数字时代的诺基亚、智能时代的苹果就是最好的说明!

面对网络时代,海尔集团提出创客所有制和人单合一等双创实践,继哈佛大学之后斯坦福大学把海尔集团这一模式引入商学院课堂。美国通用电气公司的家电业务开始实行人单合一模式推动企业变革。张瑞敏认为电的发明使其产品称之为电器,而网络时代的产品就应成为网络的终端而被称为网器。电器与网器一字之差,反映的理念却是天壤之别!家电变成互联网终端成为网器,而网器的核心是高度的智能化。

由此,没有成功的企业,只有时代的企业。踏不准时代的节拍,就意味着失败的开始。海尔集团正是凭借着自己对时代脉搏的把握,再次走在了时代的前列,成为传统产业与互联网高度融合的典范。

三、实现高质量发展,需要与之相适应的人才匹配

高质量发展说到底,需要高质量的人。西子的未来,需要一大批具有高质量发展意识的人才队伍。

一方面,我们将从外部不拘一格引进各类人才;另一方面,我们将从内部打破原有组织的壁垒,为有想法、敢担当的西子人提供更多的机会,将原有简单的雇佣关系变成一种合作关系;同时,积极鼓励内部创业,为新时代的年轻人实现其人生价值提供更好的平台。

2018年是贯彻党的十九大精神的开局之年，是改革开放40周年，是决胜全面建成小康社会、实施"十三五"规划承上启下的关键一年。西子联合经过30多年的拼搏，我们曾经有过辉煌；但30年河东，30年河西，面对新时代，我们有些人依然躺在以往的功劳簿上，妄自尊大，故步自封，安于现状——因为创新也好、转型升级也罢，都是要付出代价和冒着失败风险的。我们从事航空事业的10年就是最好的说明。西子航空的竞争对手，如波音的供应商，它们已经有102年的历史了，已经经历3~4代人的运营，其成熟度、默契度、生产制造效率是我们难以想象的。我们跟它们竞争，相当于虎口拔牙！但能够与它们竞争，这表明我们也是处于世界前列的航空制造企业，已经值得骄傲了！10年的坚守，使我们在高端制造方面奠定了坚实的基础；10年的坚守，使我们赢得了波音、空客、庞巴迪、中国商飞等国内外世界级航空制造商的高度认可；10年的坚守，我们更是培育了一批适应高端制造发展的人才队伍。

在这条路上我们走得并不顺利，遭遇过来自企业内外部的多重质疑，但是我们凭着对中国经济发展的精准把握，凭着西子人固有的拼搏奋斗精神，我们已经与世界级的企业为伍，我们在高端制造行业已经立足！我们已经走在了高质量发展的路上！

最近中美之间的"贸易战"，本质上就是惧怕中国高端制造业的发展，这也从另一面说明我们战略选择的正确性！让我们在以习近平同志为核心的党中央的领导下，在"强起来"的新时代，砥砺前行、团结奋斗，努力实现西子联合从高速增长向高质量发展的转变，那么千亿级西子就不是梦！

西子联合聚焦"高质量" 奋写"八八战略"壮美篇章

本报讯 "八八战略"实施15年,给浙江带来了影响深远的变化。作为浙江制造业的杰出代表,西子联合从"造飞机"、"造电梯"到"造飞机"的发展历程,恰是杭州江干区产业转型升级,实现高质量发展的一个缩影。

回顾过去,西子联合正是在颠覆发展规律的战略谋划下,在激烈的全球竞争中,从传统制造向高端制造的转型升级定位进一步步地践行着八八战略"加快先进制造业基地建设,走新型工业化道路"的举措。

十年磨剑 加速融入全球供应链

早在2004年,西子联合董事长王水福掌舵管理层前往日本、韩国等民工企业考察电梯飞机后。发现这些世界一流的大型企业,没有一家不涉及航空航天产业,不少就是凭借生产航空零部件而奠定了其在高端制造业的地位。

回来之后,王水福认定,西子联合必须向航空业进发,才能改变在高端制造业的地位。"我给自己十年时间,十年投十个亿,打好我国航空制造的基础,实现从传统制造向高端制造的转型。"

2009年,西子航空应运而生,王水福联若有"工业之花"美誉的航空制造产业前进。同年3月26日,王水福带领的浙江西子联合控股有限公司报名参加"中国商飞"举办的潜在供应商大会,从400多家单位中脱颖而出,成为最终选定的9家机体结构供应商中唯一的民营企业,承接了C919大飞机的应急发电机舱门(RAT门)

和辅助动力装置门(APU门)的研制工作,由此奠定了西子航空在中国商用飞机制造业的重要地位。

C919飞机集成了世界先进的新工艺以及铝锂合金和碳纤维复合材料等新材料技术,承接C919相关的研制工作,对西子人来说困难重重挑战。然而,勇于挑战的西子人咬住在基础薄弱、经验不足的条件下,经过反复试验,从无到有,获得了各项航空技术认证和试验攻关,不仅完成了C919RAT门和APU门的研制工作,还承担了C919飞机的平尾盒段、垂尾盒段、升降舵、蒙皮壁板等试验件及研制任务,并为C919装鸟击验台提供了方向舵部件。在新材料加工工艺与面不断取得突破,同时也利用完善的技术体系为C919其他结构及系统供应商提供了各项研发服务。2012年,西子航空飞机零部件大订单项目奠基;2015年6月,成功向中国商飞交付C919大飞机首架舱门部件;2015年11月C919大飞机总装下线;2017年5月C919成功首飞。C919飞机的每次政变与进展,背后都离不开西子的制造业形。

"八八战略"带来的一切,远远超出了寻常的想象。如今,在航空领域耕耘了近十年的西子航空,厚积薄发,手中握着的已经不止是中国飞机C919大飞机,一级机体结构供应商中唯一的民企这一张"门票",还顺利成为欧洲空客、美国波音、加拿大庞巴迪、中航工业和中国商飞等国内外五大航空巨头的供应商,并获得了世界航空制造业五大航空巨头的286项特种工艺认证资质。西子航空正加速融入全球供应链体系,在世界制造业的版图中,一页长虹飞腾出属于西子的精彩。

转型升级 走高质量发展之路

实现高质量发展,创新驱动、转型升级是核心。创新需要机制、模式、动力的多方组合,而传统产品转型升级组合拳,需要引入新理念、找准经济发展的增长点。

"越做越苦,但是做不太。"望了曙光,谈及进入航空制造领域的感受,王水福董事长这样总结。而当下的大环境对于"口口吃吃、主动转型的西子联合控股集团而言,无疑是一个好时机。

从航空制造中摸爬滚打最造出的质量管理体系和精益制造理念,被用于电梯、电梯螺钉、锅炉、立体停车设备、地铁屏蔽门等西子旗下的各个制造板块,落地开花,实现产业升级。

在致力于装备制造的三十余年来,西子始终坚持"质量为本",高度关注市场和客户需求。特别是在关系民生大事的老旧小区加装电梯项目上,西子以政府政策为导向,专心研发,加速创新,提供优质的产品与服务。

2015年,西子重工参与制订的《浙江省既有多层住宅加装电梯设计导则》由浙江省住房和城乡建设厅印发。近年来,西子重工投入多层住宅加装电梯的研发,并取得相关发明专利。目前针对老旧小区的住宅开发了"预组装

式电梯"和"散装式电梯"等多款方案。实现电梯与钢结构井道进出工厂内完成拼装,现场安装需要48小时即可完成,最大程度减少对居民的干扰。

2017年,西子重工融合承接了浙江省机关事务管理局省级机关小区综合整治改造(电梯加装)工程项目,樟树东苑项目、南苑坊项目等。在推进老旧小区加装电梯业务中,西子重工实现了一站式总承包服务,无需将任何工序外包。聚焦全面质量管理,为老百姓提供安全、放心的高品质产品,是西子一直践行的目标和责任。

这些年在《中国制造2025浙江行动纲要》、《品字标浙江制造》品牌战略、《浙江省高端装备制造业发展规划(2014-2020)》等一系列鼓励制造业企业转型升级政策的推动下,西子制造正成为浙江制造从"取量"到"取质"再到"取优"的优秀典范。

企业能否转型成功,获得新生,往往就在关键时刻,决策快。如果不肯转,等来的可能是被淘汰的残酷结局。"面对新时代,企业只有格准时代的节拍,走在高质量发展的路上,才能再向走出在时代的前列。"在王水福看来,没有一个企业能够永远成功,只有一个跟着时代发展的企业才能生存。"面对新时代,企业只有格准时代的节拍,走在高质量发展的路上,才能再向走出在时代的前列。"

(西子联合品牌部)

比天气更热的是这场安全保卫战

本报讯 为贯彻落实全国第十七个安全生产月的活动,杭州西奥电梯有限公司积极行动,旨在深入贯彻党中央、国务院关于加强安全生产工作的决策部署,切实将安全生产月任务和要求落实到实处。全国各分公司纷纷响应,组织开展安全宣讲、应急演练、横幅宣传等形式多样的安全生产月教育活动,提高票客对安全防范意识和危急情况下的应急处置能力,牢固树立"生命至上,安全发展"的思想。

让世界听见安全的声音——连日来,西奥电梯分别走进学校、社区、商场、机场、高铁站等场所,向广大群众宣讲安全乘梯及应急警置的安全知识。

用行动守护每一寸土地——各分公司结合电梯夏季安全特点,分别就技能、电梯开展专项实战规范演练。

模拟演练在扶梯发生伤害事故,现场工作人员发现受伤客情,现场打开扶梯按钮,停止扶梯运行,安抚受伤客情,拨打120急救电话;值班员安抚受伤乘客,通知维保单位,向民警请求援助,医护人员赶来护理现场;维保人员解救受伤乘客,医护人员进行

治疗的全过程。

模拟演练在电梯发生困人事故,被困人员使用新附内的紧急报警装置,报警号码同时外发录,使用单位值班人员接到求救电话后,立即启动紧急救援程序实施救援,安全解救出被困人员,及时排除电梯故障,使电梯恢复正常运行的全过程。

拓宽安全乘梯的视野——除悬挂电梯安全条幅外,还以"西四侠"卡通形象制作展示安全乘梯动漫视频、展板,力争通过打造"西四侠"这样生动化、具象化的安全乘梯动漫形象IP,宽教于乐,提高乘客的电梯安全防范意识。

警钟长鸣不松懈——各分公司组织一线工程人员、分包商安装人员进行了安全停工日活动,通过观看电梯安装隐事故等视频、图片资料让大家心中警钟长鸣,具有了全面提高安全作业意识。

西奥电梯始终以"服务超越期望"为目标,以北斗量智慧服务系统提供360°保障式贴心守护,励志做出最好电梯,现在不变,以后也不会变!

(西奥电梯市场部)

安全至上 成就卓越
——西子电梯科技2018电梯安全万里行系列活动全面开启

本报讯 西子电梯科技积极践行"服务成就卓越"的市场战略,始终坚守产品质量和安全两大主题,高铭秉行"打造民族电梯第一品牌,2018年夏季西子电梯安全万里行系列活动全面开启。西子电梯科技积极践行以真诚服务每一台电梯,为广大提供安全快乐的产品。

2018年7月1日,以《安全至上 成就卓

越》为主题的西子电梯科技有限公司2018安全万里行活动正式启动。公司全体同仁积极行动,开展了各种形式的安全活动。

分公司安全自查——电梯安全检查不怕"小题大做",一定要从严要求,将电梯安全隐患彻底消除在萌芽状态。

开展安全教育培训——西子电梯科技有限公司同合作伙伴共输出《电梯安全管理知识》的培训,从电梯基本知识、电梯使用现场管理、电梯安全隐患识别及安全评估,提高一线作业人员的安全意识和专业技能。

员工关怀——为保障大家的出行顺畅与乘梯安全,西子电梯工程服务人员穿梭在城市的各个角落,为用户的乘梯安全保驾护航,公司为他们精心准备了高温降温用品,高温天,感谢"电梯医生"在一线的坚守!

(西子电梯科技市场部)

简讯

杭锅集团太阳能熔盐换热器首次制造完美收工

本报讯 太阳能热发电是被国家发改委列入国家战略性新兴产业的朝阳行业,也是杭锅集团正朝未来重点发展方向。公司主制研发打包订,储备迎接中国熔盐换热器是国家能源局首批光热改示范项目——中控德令哈50MW太阳能热发电项目的重要组成部分。

容器高加车间作为公司的核心制造车间,承担该项目10台产品的制作。太阳能熔盐换热器较其他常规熔热器有其特殊性;材质特殊,结构特殊。我们公司也是首次制作该换热器、制造工艺复杂,装配精度要求高,车间对此类产品制造经验不足,制造难度大。

为此,公司高层及车间领导尤为重视,自2018年1月进入生产制造开始,多次组织设计及工艺人员进行技术交底及现场指导,针对全不锈钢且壁厚较厚

的纵环缝装焊、筒体上堆焊不锈钢、壳体过滤器焊接等制造难点,通过头脑风暴讨论研究和制作辅助工装等多个办法着手攻关解决。特别是大厚度不锈钢的过热器管束环缝因具结构原因无法实现自动焊,更因其材质因全位置焊接方式难度大,合格率无法保证,由资深焊工和身边的车间主任严峻着提议,经工艺部门认可,更改焊接方式来横向焊,吊起工件采用横梁的焊接方式来提高焊接合格率,容器高加车间交出了一份满意的答卷——8只熔热器环缝及接管一次探伤合格率送到99.99%,特别是氩环焊接探伤一次合格。至此于6月自国家顺利发货到现场。

熔盐吸热器的制造也在车间全面展开,将于7月起进行首批发运。熔盐熔热器和吸热器的交货,保证了整个发电项目顺利推进,在光热领域公司继续保持先发优势,为后续产品销售和市场推广奠定基础。

(杭锅集团 寿琦炜)

新征程 新使命
——2018西子电梯科技有限公司品牌推广会首开春城

本报讯 7月7日,以"新征程,新使命"为主题的2018西子电梯科技有限公司半年度营销分享会在"春城"昆明盛大召开,来自全国各地的分公司代表与合作伙伴时团聚一堂,共同总结上半年,展望下半年。西子电梯科技有限公司营销执行已经理蔡蔚仁与与会人员共同分享了过去37年品牌历史,未来业务发展,明了方向。西子电梯科技有限公司致力于大数据交通的建设,以智能化、家居式智能体验。走进电梯领域新高点。

在本次会议上,西子电梯工程技术副总裁文野生生度发布了九项新品:XEP一体式深迎公立交型安全体梯、家居定制版智能迎型电梯,4500kg高速大载重双铜网蒂客电梯,西子全球宽服务系统。

最后,西子电梯科技有限公司总经理刘义敏发表了讲话,他表示,在过去的2018上半年中,公司半年订单突破万台,订单绝梯单月上升增长40%,继绝车网次稳居行业第一。这些都离不开合作伙伴的

鼎力支持,未来,西子电梯将坚持智能化断,引领行业发展,坚持智能精选,为客户提供并倡议为业定多价值,打造硬势电梯品,树立工品牌,提升品牌影响力;将智能化技术运用于客户服务,开启西子电梯发展的新远程。

最好的生活方式,不是能在大床上睡到自然醒,也不是坐在家里些不事事,更不是走在工,随意晃你,而是与一群志同道合的人,一起奔跑在理想的路上,回头有一条的故事。低头有坚定的脚步,向头有清晰的远方。

(西子电梯科技市场部)

《西子联合聚焦"高质量" 奋写"八八战略"壮美篇章》,来源:《西子报》2018年8月6日

西子联合聚焦"高质量"
奋写"八八战略"壮美篇章

(来源:《西子报》2018年8月6日)

"八八战略"实施15年来,给浙江带来了影响深远的变化。作为浙江制造业的杰出代表,西子联合从"造农机""造电梯"到"造飞机"的发展历程,恰是杭州江干区产业转型升级、实现高质量发展的一个缩影。

回望过去,西子联合也正是在顺应发展规律的战略谋划下,在激烈的全球竞争中,坚定地从传统制造向高端制造的转型升级之路迈进,一步步地践行着"八八战略""加快先进制造业基地建设,走新型工业化道路"的举措。

十年磨剑,加速融入全球供应链

早在2004年,西子联合董事长王水福就携管理层前往日本、韩国等重工企业考察地铁盾构机项目。他发现这些世界一流的大型重工企业没有一家是不涉及航空航天产业的,甚至不少就是凭借生产航空零部件而奠定了其在高端制造业的地位。

回来之后,王水福认定,西子联合必须向航空业迈进,才能奠定其在高端制造业的地位。"我给自己10年时间,10年投10亿元,打好航空制造的基础,实现从传统制造业向高端制造业的转型。"

2009年,西子航空公司应运而生,西子联合朝着素有"工业之花"美誉的航空制造产业前进。同年3月26日,浙江西子联合报名参加"中国商飞"举办的潜在供应商大会,从400多家单位中脱颖而出,成为最终选定的9家机体结构供应商中唯一的民营企业,承接了C919大飞机的应急发电机舱门(RAT门)和辅助动力装置门(APU门)的研制工作,由此奠定了西子航空在中国商用飞机制造业的重要地位。

C919飞机集成了世界先进的新工艺以及铝锂合金和碳纤维复合材料等新材料技术,承接C919相关的研制工作,对于西子人来说是巨大挑战。然而,勇于拼搏的西子人硬是在基础薄弱、经验不足的条件下，经过反复试验，从无到有，获取了各项航空技术认证，不仅完成了C919RAT门和APU门的研制工作，还承担了C919飞机的平尾盒段、垂尾盒段、升降舵、蒙皮壁板等试验件研制任务，并为C919铁鸟试验台提供了方向舵部件。在新材料制造工艺方面不断取得突破，同时也利用完善的技术体系为C919其他结构及系统供应商提供了各项转包服务。2012年，西子航空飞机零部件大江东项目奠基；2015年6月，成功向中国商飞交付C919大飞机首架舱门部件；2015年11月，C919大飞机总装下线；2017年5月，C919成功首飞。

西子联合的制造业之路，从最初的制造农机配件到后来的电梯、电梯零部件、锅炉、立体停车设备、地铁盾构机，再到现在的航空零部件制造，一个西子的"工字形"重工体系在转型升级中逐渐成形。

"八八战略"带来的一切，远远超出了寻常的想象。如今，在航空领域耕耘了近10年的西子航空厚积薄发，手中握着的已经不只是中国商飞C919大飞机一级机体结构供应商中唯一的民企这一张"门票"，还顺利成为欧洲空客、美国波音、加拿大庞巴迪和中国商飞等国内外航空巨头的重要供应商，并获得了世界航空制造业这些航空巨头的286项特种工艺认证资质。西子航空正加速融入全球供应链体系，在世界航空制造业的版图中气贯长虹，演绎出属于西子的精彩。

转型升级，走高质量发展之路

实现高质量发展，创新驱动、转型升级是核心。创新需要机制、模式、动力的多方组合，而能否打好转型升级组合拳，需要引入新理念，找准经济发展新的增长点。

"越做越苦，但越做希望越大，看到了曙光。"谈及进入航空制造领域的感受，王水福董事长这样总结道。而当下的大环境对于"自讨苦吃"、主动转型的西子联合控股集团而言，无疑是一个好时机。

从航空制造中摸爬滚打锻造出的质量管理体系与精益制造理念，被用于电梯、电梯核心部件、锅炉、立体停车设备、地铁盾构机等西子联合的各个制造板块，落地开花，实现了产业升级。

在致力于装备制造的30余年来，西子始终坚持"质量为本"，高度关注市场和客户需求。特别是在关系民生大事的老旧小区加装电梯项目上，西子以政府政策为导向，专注研发，加速创新，提供优质的产品与服务。

2015年，西子重工参与制定的《浙江省既有多层住宅加装电梯设计导则》由浙江省住房和城乡建设厅下发。近年来，西子重资投入多层住宅加装电梯的研发，并取得相关发明专利。目前，西子针对老旧小区的住宅开发了"预组装式电梯"和"散装式电梯"等多款方案；实现电梯与钢结构井道在工厂内完成预装，现场安装只需48小时即可完成，最大程度地减少了对居民的干扰。

2017年，西子重工陆续承接了浙江省机关事务管理局省级机关小区综合整治改造（电梯加装）工程项目、柳浪东苑项目、南光坊项目等。在推进老旧小区加装电梯业务中，西子重工实现了一站式总承包服务，无须将任何工序外包。聚焦全面质量管理，为老百姓提供安全、放心的高品质产品，是西子一直践行的目标和责任。

这些年在《中国制造2025浙江行动纲领》、"品字标浙江制造"品牌战略、《浙江省高端装备制造业发展规划（2014—2020）》等一系列鼓励制造业企业转型升级政策的推动下，西子制造正成为浙江制造从取量到取质再到取优的优秀典型。

企业能否转型成功获得新生，往往就取决于关键时期、关键几步。如果安于现状，等来的可能是被淘汰的残酷结局。"原来我们中国的电梯制造要靠进口部件来支撑，现在我们很自信，因为世界电梯行业的前十大品牌的核心部件都有西子在制造，这是一个质的飞跃。"如王水福所言，如今的西子已跻身为国内最大、世界前列的电梯部件集成商。

在王水福看来，没有一个企业能够永远成功，只有一个跟着时代发展的企业才能生存。"面对新时代，企业只有踏准时代的节拍，走在高质量发展的路上，才能再次走在时代的前列。"

袁家军省长调研西子联合
浙江航空产业发展 期待西子作出更大贡献

本报讯 装备制造业是国之重器，是实体经济的重要组成部分。当前经济转型升级，正是油制造做大有可为之机。西子联合在顺应"八八战略"等科学发展规律的战略谋划下，一步步从传统制造向高端制造的转型升级之路坚定迈进。

10月9日，浙江省委副书记、省长袁家军带领省政府相关职能部门负责人调研西子联合产业转型升级情况。杭州市委副书记、市长徐立毅，江干区委书记滕勇等市区领导陪同调研。

依托西子研究院 实现质量效益双提升

王水福董事长首先介绍了企业总体概况，西子从改革开放以来，紧紧抓住与时代同步的六大发展机遇，秉承"合作重于竞争"理念，与优秀企业合作共赢，实现从农机配件到航空部件的跨越。目前，西子旗下产业涵盖电梯及电梯部件、锅炉、地铁盾构机、智能停车、航空零部件、现代服务业等多元领域，跃升成为一家国内领先的装备制造集团。

同时西子以浙大西子研究院为依托，发挥西子"质量效益"研究院等四大校校平台的服务功能，以支持各产业持续、高质量发展，希望把精益制造、航空质量标准、智能工业互联网等宝贵的管理经验，通过研究院大平台做好价值输出，为西子的质量效益双提升而源源不断提供人才和技术服务支持。袁家军省长对西子研究院作为大平台培养专业人才、培训专业技能的创新方式给予了肯定。

北有商飞 东有波音 浙江航空产业有西子

袁省长关切地问到了西子联合的详细业务现状，包括电梯、锅炉、停车、航空等板块的订单、销量情况等，对西子稳定的资金链表示赞赏，对西子涉足航空并稳步推进与世界一流航空零部件制造企业合资合作给予

了高度肯定。

2014年8月21日，袁省长刚到浙江便考察了西子航空大江东飞机零部件制造基地，对西子联合在航空装备制造产业方面的投入发展给予了高度评价，不仅为浙江省积极开拓高端装备制造业的市场价格上不去，但企业又要转型又要吃饭，形成了矛盾的交叉点。

如今袁省长对西子联合提出了更高的期待，他表示："北有商飞、东有波音，未来浙江省航空产业的发展，希望西子作出更大的贡献！"王水福董事长表示，西子将努力把全世界最好的航空资源集聚到杭州大江东，通过与优秀的航空零部件制造企业合作，培育出更多高端核心零部件制造企业，为今年省委省政府提出的打造"万亿千亿"航空产业园作出应尽的贡献，为中国制造业的强大添砖加瓦。

关注民生 服务蓝领
助力小微企业园区健康发展

在听取了王董事长谈及企业实际，期望为蓝领工人提供更多生活保障，给予杭州大江东开发区小微企业员工提供充分的生活配套空间等相关民生话题时，袁省长表示下一步政府要更多地研究新模式，把原来传统的工业园区按照特色小镇来打造，配备生活居住设施，满足新需求以及相关民生业态要求。

"搞高端制造产业，西子作为主力企业在努力作出贡献的同时，政府应相对关注形成产业、生态、生活多方位保障模式，打造现代生活社区！"袁省长说到。

西子联合在顺应科学发展规律的战略谋划下，在激烈的全球竞争中，始终坚守实业，低碳奋进练好"内功"！"干在实处、走在前列、勇立潮头"的西子人也将肩负起新时代排头兵的使命，为推进中国制造核心部件国产化，为打造民族品牌贡献出西子智慧。

(西子联合品牌部 徐丹瑜)

王水福以学长身份喊话企业家：为中国制造业添砖加瓦
——杭州市企业家队伍建设暨"杭商学堂"2018届开班动员会

本报讯 这段时间以来，关于民营企业，社会上各种声音比较多。在杭州，来自民营企业界的声音，信心满满。在9月30日举行的杭州企业家队伍建设暨2018届"杭商学堂"开班动员会上，杭州市企业家协会会长、西子联合集团董事长王水福，阿里巴巴集团副总裁胡佳，微医集团董事长兼首席执行官廖杰远，以及数百名杭州企业家，从饱满八方赶来共话新时代的浙商担当。

这一天，以"学长"身份出现的王水福，向台下数百名"学弟学妹"喊话：打起新时代的浙商担当，为中国制造业、为杭州、为浙江的发展添砖加瓦。

15年间杭商学堂因时而变 今年新增独角兽等四个班

15年前，王水福是杭商学堂的第一届学员，只不过，那时候的杭商学堂还叫"356"工程，这是一个集中培训杭州全市重点骨干企业负责人的培训。

作为杭州市企业家协会会长，王水福把自己的身份定位在"学长"。他打趣地说，15年过去了，现在"学妹学弟"们聚在一起，见证杭州的钱塘江时代，"只是后浪推前浪，我们这一代推到沙滩上去了。"

王水福这番话，看似开玩笑，却是对杭商这一团体的赞赏，也是对杭商学堂的高度背定。因为他知道，优秀的企业家群体是一个地区的自豪和骄傲，也是一个地区的未来和希望。

由杭州市委组织部主办的杭商学堂，在杭商这一优秀群体崛起的过程中，扮演着助推者和见证者的角色。

杭商学堂最早可追溯到2004年。时至今日，以集中轮训重点骨干企业负责人形式"起家"的杭商学堂，已扩大到有发展潜力的中小企业和初创企业负责人。15年间，杭商学堂已培训企业高管5000余人次，覆盖了哈尔滨、吉利、传化等3500多家企业，并形成了一套卓有成效的培训模式，每年根据民营经济发展形势，建立专题研修班，打通企业家之间沟通和交流的渠道。此外，今年杭商学堂新增形势宣讲、独角兽班、传统制造赋能班，这是根据杭州民营企业发展最新形势而设立的专题研修班。

杭州的独角兽企业数量在北京、上海之后，排名全国第三。这座城市还在孕育一批互联网各分支领域活跃的头部企业，涵盖电商、金融、医疗、物联网等多个领域。杭商学堂今年新

增的独角兽班，就是要进一步助力济准独角兽企业的成长。

王水福喊话"学弟学妹"，为中国制造业添砖加瓦

9月30日的杭州企业家队伍建设暨2018届"杭商学堂"开班动员会，还有一个重要项目，便是与企业家共话杭商使命。围绕这一话题，杭州市企业家协会会长、西子联合集团董事长王水福，阿里巴巴集团副总裁胡佳，微医集团董事长兼首席执行官廖杰远进行了分享。

王水福用两个字概括转型升级下杭商的新使命：担当。转型升级是当今面临的最为紧迫的课题，关系到能否全面建成小康社会，能否实现中华民族伟大复兴的中国梦。

王水福认为，我们身处的时代与原来不一样了，曾经是短缺经济，生产什么卖什么。现在，转型升级进入深水区，制造业的市场价格上不去，但企业又要转型又要吃饭，形成了矛盾的交叉点。

如何解决矛盾？王水福说："看担当"。

他举了发达国家的例子。以德国工业4.0、美国工业互联网为代表，主要发达国家围绕建立制造竞争优势，谋求在技术、产业方面继续领先优势，占据高端制造领域全球价值链的有利位置。

改革开放40年，以装备制造、轻工、纺织、化工、医药、电力、建材、冶金、汽船等等十大民营企业起家的浙江，在这一年开始实施"两化"深度融合行动计划，从浙江制造走向浙江智造。随着浙江利用高端制造业的重视，王水福预计，今后，浙江一定会出现许多而有之企业。他也提议："我们应该静下心来，想一下自己的事情，为整个中国制造业强大添砖加瓦，为杭州的发展添砖加瓦。"

杭州是民营企业圣地？胜在坚韧不拔务实图强

这几天，一个经济学家称杭州为民营企业圣地。民营企业也撑起了杭州八大万亿产业，这篇文章在网络上还火了。

杭州市委常委、组织部长毛溪浩在动员会现场，对这篇文章作了回应。他说，杭州是不是民营企业的圣地，由企业家说了算。这些年，对标杭州民营企业发展需求，对接企业家需求，杭州培育了许多平台，杭商学堂是其中之一。比如，根据杭州民营产业发展的总体规划，杭州市聚焦数字经济、生物医药、金融服务等战略新兴产业，开设各类专题班次，学员企业迅猛发展，吉利、荣盛、恒逸等一批实力企业进入全国民营500强，占杭州全国民营500强企业的77.3%。

但是，毛溪浩认为，对标国际先进水准，对标企业发展需求，对标高质量发展要求，杭州还存在一定差距。"面对新时代新挑战，要进一步弘扬杭商精神，以低碳坚韧不拔、务实图强的创业品格，在引领夹平兴业中发挥更大作用。"改革开放40年，杭州浦现了一批世界级的企业和企业家，脱颖而出的宗庆后、马云等杭商代表，让杭商这一"经济生力军"群体成为公众目光焦点。

未来的杭商往何处去？毛溪浩所提的"坚韧不拔、务实图强"，是在竞争中继续走在前列的制胜法宝之一。杭商马云曾说，要让阿里巴巴活102年，许多人不理解为何精确到了一个具体的年数。阿里巴巴集团副总裁胡佳当天在现场释道："阿里巴巴成立于1999年，如果存活102年的话，刚好到了2100年。算上1999年，刚好横穿三个世纪。"

阿里巴巴集团副总裁胡佳在交流发言中也提到，企业文化就是永远坚定地坚持使命、愿景与价值观。"一个企业的愿景是可以调整的，就像阿里巴巴的愿景，它以随着时间推移而变化，但一个企业的使命是不变的，杭商的使命也是不变的。"

在杭州的积极孕育下，响应新时代对杭州的呼唤，响应老一辈企业家勇担当的呼唤，永葆敢为人先、勇立潮头创新精神，杭商一定会成为这座城市实现高水平新发展最最宝贵的战略资源。

(来源：浙江新闻客户端)

徐丹瑜：《袁家军省长调研西子联合：浙江航空产业发展 期待西子作出更大贡献》，来源：《西子报》2018年10月10日

袁家军省长调研西子联合：
浙江航空产业发展 期待西子作出更大贡献

(徐丹瑜 来源：《西子报》2018年10月10日)

装备制造业是国之重器，是实体经济的重要组成部分。当前经济转型升级，正是浙江制造大有可为之机。西子联合在顺应"八八战略"等科学发展规律的战略谋划下，一步步从传统制造向高端制造的转型升级之路坚定迈进。

10月9日，浙江省委副书记、省长袁家军带领省政府相关职能部门负责人调研西子联合产业转型升级情况。杭州市委副书记、市长徐立毅，江干区委书记滕勇等市区领导随同调研。

依托西子研究院实现质量效益双提升

王水福董事长首先介绍了企业的总体概况，西子从改革开放以来，紧紧抓住与时代同步的六大发展机遇，秉承"合作重于竞争"理念，与优秀企业合作共赢，实现从农机配件生产到航空部件制造的跨越。目前，西子旗下产业涵盖电梯及电梯部件、锅炉、地铁盾构机、智能停车、航空零部件、现代服务业等多元领域，跃升成为一家国内领先的装备制造集团。

同时，西子以浙大西子研究院为依托，发挥西子"质量效益"研究院等四大院校平台的服务功能，为支持各产业持续、高质量发展，希望把精益制造、航空质量标准、智能工业互联网等宝贵的管理经验，通过研究院大平台做好价值输出，为西子的质量效益双提升而源源不断提供人才和技术服务支持。袁家军省长对西子研究院作为大平台培养专业人才、培训专业技能的创新方式给予了肯定。

北有商飞，东有波音，浙江航空产业有西子

袁家军省长关切地询问了西子联合的详细业务现状，包括电梯、锅炉、停车、航

空等板块的订单、销量情况等，对西子稳定的资金链表示赞赏，对西子涉足航空并稳步推进与世界一流航空零部件制造企业合资合作给予了高度肯定。

2014年8月21日，袁省长刚到浙江时便考察了西子航空大江东飞机零部件制造基地，对西子联合在航空装备制造产业方面的投入发展给予了高度评价，认为其不仅为浙江省积极开拓高端装备制造业树立了标杆，更填补了浙江省航空制造产业的空白！

如今袁省长对西子联合提出了更高的期待，他表示："北有商飞，东有波音，未来浙江省航空产业的发展，希望西子作出更大的贡献！"王水福董事长表示，西子将努力把全世界最好的航空资源集聚到杭州大江东，通过与优秀的航空零部件制造企业合作，培育出更多高端核心零部件制造企业，为今年省委、省政府提出的打造"万亩千亿"航空产业园作出应尽的贡献，为中国制造业的强大添砖加瓦。

关注民生，服务蓝领，助力小微企业园区健康发展

在听取了王水福董事长谈及企业实际、期望为蓝领工人提供更多生活保障、给予杭州大江东开发区小微企业员工提供充分的生活配套空间等相关民生话题时，袁家军省长表示下一步政府要更多地研究新模式，把原来传统的工业园区按照特色小镇来打造，配备生活居住设施，满足新需求以及相关产业生态要求。

西子联合在顺应科学发展规律的战略谋划下，在激烈的全球竞争中，继续脚踏实地坚守实业，砥砺奋进练好"内功"！"干在实处，走在前列，勇立潮头"的西子人也将肩负起新时代排头兵的使命，为推进中国制造核心部件国产化、打造民族品牌贡献出西子智慧。

王水福：发挥浙江"土特产"优势 助力浙江大湾区腾飞

本报讯 8日，航空领域央企高校走进浙江大湾区专题对接会在省人民大会堂举行。省委袁家军，中国航空工业集团董事长谭瑞松，中国航空发动机集团董事长曹建国，中国商用飞机有限公司董事长贺东风，北京航空航天大学党委书记曹淑敏出席对接会并讲话，常务副省长冯飞主持。杭州市徐立毅出席。西子联合董事长王水福作经济推介发言。

合作重于竞争 辛苦走向欣慰

会上王水福董事长首先感谢了中航工业、中国航发、中国商飞对西子的支持，他们将西子融入了航空行业，步入航空工业大门，是一个从兴奋到辛苦到痛苦的过程，但西子抓住了转型升级的发展机遇，十年投入十亿，今年西子航空的现金流为正，终于进入了一个欣慰的过程。

王董介绍了西子联合的概况，并提出"合作重于竞争"的经营理念，推动了西子管理水平和能力的提升。自1997年起，西子与美国奥的斯、日本石川岛、GE、三菱、川崎等世界五百强开展了一系列合资合作。通过国际化的合资合作，形成了精益制造和管理方面的科学方法，积累了一整套宝贵的经验。

十年磨一剑 基础基础再基础

西子沉淀了37年的工匠精神，经历了十年磨一剑的痛苦过程，西子航空正是在这样的基础基础再基础之上，以优秀的企业合作，变得更优秀。如今西子航空已成为欧洲空客、美国波音、加拿大庞巴迪、中国商飞、中航工业五大航空制造企业的一级供应商，获得了287项特种工艺资质认证。

除了航空许可证，王水福董事长还提到了西子的另一大基础："我们花了8年时间，在12月3日拿到了国家核安全局和生态环境部颁发的核电锅炉制造许可证！今年我们还成立了浙江大西子"质量·效益"研究院，主要为西子未来的战略做好准备工作。西子的目标是到2025年质量成50%、效益提高50%，形成企业的全球竞争力和生存能力。"

发挥土特产优势 助力大湾区建设

王董着重讲述了为协同浙江大湾区战略，如何发挥集聚效应的思考。"浙江的"名优特"土特产是什么？浙江有铺天盖地的中小微企业近200万家，我们理解这就是浙江的"土特产"！"

为协同浙江民营经济特色，王董从四个点认识和体会：一是浙江有最好的营商环境，民营经济主大的关注；二是浙江已经历了40年的经济基础与制造实力；三是浙江企业家经历40年风风雨雨，锻造了"甘为风尾，不做鸡头"的浙江匠心精神；四是浙江企业是顶天立地大

央企的配套者，是高质量，高效益的高端制造的生力军。

航空产业将成为大湾区的金翅膀

袁家军在讲话中指出，当前，浙江已形成以波音项目为载体、航空航天网络布局为基础，航空产业园和航空特色小镇为重要抓手的航空产业格局。我们将对标国内外一流航空基地，深入贯彻落实国家航空产业发展战略规划，高水平实施浙江"大航空"战略，着力打造重大航空产业平台，全面实施航空全产业链，加快建设航空制造和通用航空产业发展新高地，为大湾区建设插上腾飞的"金翅膀"。

徐立毅市长在推介发言时说，杭州市委市政府高度重视航空产业发展，近年来出台了加快航空航天等一系列政策意见，一批优秀企业和优质项目先后落地。特别是杭州大江东产业集聚区，有空间平台支撑、重大项目牵引和西子航空、浙大艾美航空等龙头企业带动，航空产业发展已初具规模，培育形成了一些特色和优势。诚邀各位央机考察投资办学，共享浙江大湾区建设机遇，共促我国航空产业发展。

西子航空作为浙江航空领域民营企业的代表，将为浙江"大航空"战略的壮大做好配套！助力浙江大湾区建设，让我们携手为航空发展作出更大贡献！

(西子联合品牌管理部 徐丹瑜)

杭州要用400亿支持民企发展 王水福代表全市民营企业家发出倡议

本报讯 民企要倒逼经济强。为贯彻落实习近平总书记民营经济座谈会讲话精神，大力支持民营企业发展壮大，建设国际一流营商环境，争创民营经济高质量发展示范区，近日，杭州隆重召开"杭州市建设国际一流营商环境争创民营经济高质量发展示范区动员大会"。

会上发出了一系列重大信号，提振民营经济发展信心。概括起来，主要是"4+0"政策组合拳："4"指四大百亿计划，"0"是指加快推进涉企行政事业性收费零收费，降低企业成本。

全市200家重点企业，100家重点服务企业、10家行业协会、40家金融机构、30家科研机构主要负责人到场参加。会上，杭州市企业家协会会长王水福代表全市企业家发出倡议：

全市民营企业家朋友们：

11月1日，习近平总书记主持召开了民营企业座谈会并发表重要讲话。习总书记的讲话是新时代民营经济发展的"里程碑"，给民营企业家吃下了"定心丸"，为民营经济发展确定了"方向标"，标志着民营经济大发展的又一个春天已经到来。

刚才，周江勇书记就"建设国际一流营商环境、争创民营经济高质量发展示范区"作了重要讲话，吹响了新时代杭州再创民营经济新辉煌的号角，我们深受鼓舞，倍感振奋。

为此，我们向全市民营企业家发出以下倡议：

一、紧跟时代，面向未来。正确把握民营经济发展的时代方位，切实扛起发展壮大民营经济的历史责任，把个人命运、企业命运、国家发展紧密联系在一起，主动融入新时代中

国特色社会主义伟大事业，积极投身全面"两个高水平"建设和全市"六大行动"的火热实践中，在加快建设独特韵味别样精彩世界名城，打造展示新时代中国特色社会主义重要窗口中继续作出我们杭商无愧于时代的贡献。

二、坚定信心，不忘初心。我们要紧紧抓住全面深化改革开放的机遇、扩大内需的机遇、宏观政策调整的机遇、不断从困难中寻求实效的机遇，从"不可能"中汲取前行的力量，顽强拼搏、不懈努力，共创杭州民营经济更加光明的发展前景。

三、干在实处，勇立潮头。大力弘扬"诚信、包容、开放、创新、睿智"的杭商精神，以坚韧不拔的意志、先进的勇气、追求卓越、以科技创新为第一动力，加快信息化智能化技术改造，以传统与科技融合创新的态度奋进拼搏，在新时代全面变革转型新的赶潮中奋勇推进、永远保持民营企业家的精神、主动担当、积极作为，成为争创民营经济高质量发展示范区的实践底线军。

四、心无旁鹜，坚守主业。坚持主业为基，产业为本，始终致力于精研创新，优质量、强品牌，在聚焦本源中提高竞争力，以高端制造、智能制造和数字经济为突破口，拓展国际视

野，增强核心优势，不断适应新时代高质量发展新要求，打造更具有全球竞争力的世界一流企业。

五、守法经营，行稳致远。只有遵纪守法，才能奠定百年基业。要讲正气，走正道，把守法诚信作为安身立命之本、净化经济生态、塑造杭商风范、积极构建和谐劳动关系、努力维护亲清新型政商关系，与政府携手共建杭州国际一流的营商环境。

六、富商源本，回馈社会。倍加珍视自身的创业象征，热爱祖国，热爱人民，热爱共产党，践行社会主义核心价值观，主动承担社会责任，关爱弱势群体，创造就业岗位，助推各项公益慈善事业的发展，共筑奔向杭州经济社会发展的美好明天。

企业家朋友们！新时代呼唤新使命。让我们凝聚共识，只争朝夕，主建设国际一流营商环境，争创民营经济高质量发展示范区贡献力量，在中华民族伟大复兴的征程上留下我们杭州民营企业的辉煌华章。

杭州市工商业联合会
杭州市总商会
杭州市工业经济联合会
杭州市企业家协会
杭州市企业联合会

江干区民营企业发展工作大会 王水福等企业家传递发展信心

本报讯 为贯彻学习习近平总书记在民营企业座谈会上的重要讲话精神，听取民营企业家意见建议，部署做好江干区民营经济发展工作，近日江干区民营企业发展工作座谈会在天元大厦举行。

滕勇、楼建忠、黄爱芳、陆献德、许德清等四套班子领导，百余家民营企业负责人参加会议。作为在各领域不断领跑全国的江干区优秀企业代表，王子联合董事长王水福、万事利董事长屠红燕等3位企业家现场发言。

转型升级走高端

王水福会上表示，连日来从省中央到省市区各级政府召开大会，对民营经济和民营企业的重视、支持，对民营经济和民营企业家的关爱、鼓励，像冬天里的一把火，很燃！

作为迎着改革开放春风成长起来的第一代民营企业家，王水福分享了个人的成长经历，得到了历届江干区政府各级领导、职能部门的培育和厚爱，并一直以来关心和阿护民营经济的发展的各级领导干部表示由衷的感谢。"江干区是民营企业创业的天堂，有着深远的历史渊源，"王水福表示，"请铭当代史人在办好企业，在高质量发展的新时代做好领跑者！"

听了习总书记的讲话以及看到各级政府一系列落地动作后，王水福表示顺了气、听话和决心！转型升级这些年，西子进入航空领域非常不容易，但也看到了曙光，看到企业满足高端消费、拥抱全球市场是一个机遇。未来西子着力两张

许可证，一张是航空许可证，一张是核电许可证。西子拥有了这两张许可证，就有了永续经营的百年基因，这是西子转型升级成高端制造的基础！

拥江发展勇担当

江干区委书记滕勇强调，一部改革开放史，就是一部江干民营企业家敢为人先、敢闯敢搏的创业史，就是一部江干民营经济风起云涌、凤凰涅盘的奋斗史。没有民营经济的发展，就没有江干的发展没有民营企业家的拼搏，就没有江干的腾飞。期间，他多次提到王水福作为江干企业家代表发挥了"弄潮儿精神"，评到西子联合转型升级做得好！

座谈会播放的江干区宣传片中，西子联合向高端转型发展被作为经典案例多次出现。

杭州实行的拥江发展战略，江干全区域都

是主战场。坐落于钱塘江畔的西子联合，将以改革开放40周年、"八八战略"实施15周年为新起点，不忘初心，砥砺前行，为江干建设成为全域拥江发展的标杆贡献力量。

(西子联合品牌管理部 徐丹瑜)

《杭州要用400亿元支持民企发展 王水福代表全市民营企业家发出倡议》，来源：《西子报》2018年12月10日

杭州要用400亿元支持民企发展
王水福代表全市民营企业家发出倡议

(来源：《西子报》2018年12月10日)

民企强则经济强。为贯彻落实习近平总书记在民营经济座谈会上的讲话精神，大力支持民营企业的发展壮大，建设国际一流营商环境，近日，杭州隆重召开杭州市建设国际一流营商环境暨争创民营经济高质量发展示范区动员大会。会上发布了一系列重大信号，提振民营经济的发展信心。概括起来，主要是"4+0"政策组合拳："4"指的是四大百亿元计划，"0"指的是加快推进涉企行政事业性收费零收费，降低企业成本。

全市200家重点企业、100家重点服务企业、10家行业协会、40家金融机构、30家科研机构主要负责人到场参加。会上，杭州企业家协会会长王水福代表全市企业家发出倡议。

全市民营企业家朋友们：

11月1日，习近平总书记主持召开了民营企业座谈会并发表重要讲话。习近平总书记的讲话是新时代民营经济发展的"里程碑"，给民营企业家吃下了"定心丸"，为民营经济发展确定了"方向标"，标志着民营经济大发展的又一个春天已经到来。

为此，我们向全市民营企业家发出以下倡议：

一、紧跟时代，面向未来。正确把握民营经济发展的时代方位，切实扛起发展壮大民营经济的历史责任，把个人命运、企业前途和国家发展紧密联系在一起，主动融入新时代中国特色社会主义伟大事业，积极投身全省"两个高水平"建设和全市"六大行动"的火热实践中，在加快建设独特韵味、别样精彩的世界名城，打造展示新时代中国特色社会主义重要窗口中继续作出我们杭商无愧于时代的贡献。

二、坚定信心，不忘初心。我们要紧紧抓住全面深化改革开放的机遇、扩大内需的机遇、宏观政策调整的机遇，不断从困难中寻求突破，从"不可能"中汲取前行的力量，顽强拼搏、不懈努力，共创杭州民营经济更加光明的发展前景。

三、干在实处，勇立潮头。大力弘扬"诚信、包容、开放、创新、睿智"的杭商精神，以坚韧不拔、敢为人先的勇气追求卓越，以精益求精、传承创新的态度继续奋斗，在新旧动能转换的时代大潮中奋勇搏击，永远保持民营企业的新活力、新动能、新优势，特别是新一代民营企业家要继承和发扬老一辈人艰苦奋斗、敢闯敢干的精神，主动担当、积极作为，成为争创民营经济高质量发展示范区的中流砥柱。

四、心无旁骛，坚守主业。坚持主业为基、实业为重，始终致力于抓创新、优质量、强品牌，在聚焦本源中提高竞争力，以高端制造、智能制造和数字经济为突破口，拓展国际视野、增强核心优势，不断适应新时代高质量发展新要求，打造更多具有全球竞争力的世界一流企业。

五、守法经营，行稳致远。只有遵纪守法，才能奠定百年基业。要讲正气、走正道，把守法诚信作为安身立命之本，净化经济生态，塑造杭商风范，积极构建和谐劳动关系，努力维护亲清新型政商关系，与政府携手共建杭州国际一流的营商环境。

六、富而思源，回馈社会。倍加珍视自身的社会形象，热爱祖国、热爱人民、热爱共产党，践行社会主义核心价值观，主动承担社会责任，关爱弱势群体、创造就业岗位，助推各项公益慈善事业的发展，共同奔向杭州经济社会发展的美好明天。

企业家朋友们，新时代呼唤新使命，让我们凝聚共识，只争朝夕，为建设国际一流营商环境、争创民营经济高质量发展示范区贡献力量，在中华民族伟大复兴的征程上留下我们杭州民营企业的绚丽华章。

杭州市工商业联合会
杭州市总商会
杭州市工业经济联合会
杭州市企业家协会
杭州市企业联合会

新春致辞
幸福是奋斗出来的
向高质量发展要效益

西子联合董事长

各位西子同仁，大家新年好！

时光前行，步履不停，挥别2018，我们携手踏上了2019新征程。在此向始终关心并支持西子的各级政府领导、合作伙伴以及社会各界朋友致以最诚挚的问候和最美好的祝愿！同时也向一直以来兢兢业业、为公司发展作出积极贡献的每一位员工及家属表示最衷心的感谢和敬意！

2018年，西子联合旗下各板块转型升级、提质增效、载誉而归；杭锅集团正式获得国家生态环境部和核安全局颁发的民用核安全设备制造许可证；杭州西奥电梯入选国家级两化融合管理体系贯标试点企业，荣获浙江省政府质量奖提名奖；西子重工顺利通过"浙江制造"品字标认证；西子智能停车产品引领行业发展；西子航空与全球知名某美国航空制造公司达成合作意向。整铺和电梯部件公司继续保持稳定增长；西子富沃德作为电梯曳引机国家标准的制定者，发运台量再创新高。现代服务板块房产集团积极引入新项目，百大旗下杭州大酒店将通过美学与科技呈现崭新的品牌理念和居住体验。

在这些成绩背后，凝聚的是全体西子人的拼搏与付出，是各级领导、社会各界同仁对西子的支持与陪伴！再次感谢各位西子同仁，你们是西子的创造者和守护者，你们的坚守和奋斗驱散了2018异常的严寒。

走过2018这个改革开放40周年的重要节点，可谓"四十不惑"，何以"不惑"？缘于回看1981年至今，我创立西子以来走过的路，比较了别人选择的路，远跳了我们继续前行的路，更加清楚地知道了我们从哪里来、要到哪里去。我们一直在与时代同步，朝着正确的方向前进！

迈入2019，有机遇也有挑战。克危为机，着实不易，如何更好地把握新时代重要战略机遇期，继续勇攀高峰？我认为首要是做好自己的事，坚持走高质量发展之路，把质量和效益放在首位，使西子真正实现高端化、智能化、国际化。

一、以精益制造为基，促质量效益双提升。

中央以及省委经济工作会议精神明确提出，今年首要任务是推动制造业高质量发展。

很高兴，这一年来我坚定不移倡导的发展理念，与国家新时期高质量发展战略不谋而合。去年我在《西子报》上发表的新春致辞是《逐鲜高质量发展的新征程》，今年4月8日我从发展方式、新的增长点、人才匹配等与《西子如何实现高质量发展》，很欣慰看到各子公司总经理就该问题作了深入思考并积极发文反馈各司为践行高质量发展要做的诸多工作，我希望我们所有人在高质量发展的征途上，不断追求高效益。

与奥的斯合资的22年来，我理解了这家百年企业的长寿基因，源自宝贵的精益制造理念、科学的行法习惯以及契约精神。精益制造的最终目的就是致力于质量及效益的提高。

西子今年38周岁了，我们已经默默走到了世界经济的半山腰，为未来发展奠定了扎实的基础。我们成立西子"质量·效益"研究院，用科学的培训考核体系，打造成一个创新平台，目标是"质量效益每天进步一点点"，把精益制造、航空质量标准、智能工业互联网等先进管理经验梳理、总结，打造出属于西子自有的核心能力。

船到中流浪更急，人行半山路更陡，越往上，风雨越大无法预料，但只要我们把精益做到极致，坚持在高质量发展的上坡路，就一定能成功登顶。所以我们要继续坚定信心，坚守主业、稳扎稳打、直面挑战，用良好的精神状态，在激荡与变化中保持战略定力。

二、以契约精神为本，依法合规走国际化。

契约精神是西子走向国际化的根本。合作之前，合同就约定得清清楚楚，甚至把执行后的事情也讲清楚。而另一方面，签约之后就要彼此信任、诚信合作。奋斗精神替代不了契约精神，两者结合，就是巨大生产力。

2018年3月12日，我们成立商业道德委员会，旨在规范全体员工的商业道德行为，遵纪守法、保证公司的持续健康发展。

当前法治环境越来越好，2018年底，一系列保护民企合法权益的措施和意见出台，为民企发展"撑腰"。法治护航，让我们安心谋发展，纵有疾风起，何所惧？我信，法义之公正永不缺席；我坚信，时间是最好的答案，所有西子人坚守底线，注重学法、知法、懂法、守法，学会用法律的武器保护自己、保护企业。

"勿因以小博大之心，而成以小失大之祸。"所以我对管理层的要求也是依法合规，诚信经营。这不仅仅是国家政府的要求，同样也是我们个人发展的要求、企业基业长青的要求。

我们要做有根基的企业，以百年为期，与优秀的企业合作，用沉稳、恒久的发展模式向上向善生长。

三、以匠心文化筑梦，人才强企共创共享。

质量之魂，在于匠人，创新之魄，存于匠心。当前和未来，在制造业高质量的大背景下，我们最缺的是工匠人才和工匠精神。很高兴西子联合奥林匹克技能大赛一年比一年做得好，2018年又有25名员工通过比武拥有了申请国家承认的职业资格认证。我们要继续营造匠心文化，弘扬工匠精神，培育更多脚踏实地苦干、又勇于创新巧干的工匠，坚持做好本业，为家人谋福祉，为社会作贡献，为民族创未来。

匠心筑梦，实干兴邦。习总书记在2019年新年贺词中寄语：我们都是追梦人。在高质量发展的新时代，我们谋"人才强企"战略，通过管理层激励计划、共创共享财富；通过晋升机制、激励机制、福利机制惠及更多有为员工；通过建设蓝领公寓、人才公寓，更好地为员工提供生活保障，用心关爱员工。让更多的西子人体面生活，让大家有更多的获得感，来推动企业更好地发展。

四、以科技创新添翼，整合资源共赢未来。

创新是企业的灵魂。当前从中央到浙江，都提出要加大对企业创新力度的支持。我们要抓住机遇，用创新驱动发展。

（一）各制造板块上云。积极实施数字化改造，通过各子公司车间主动上云、深度用云，不断优化我们投资的工业互联网平台，强化云MES在各省人、省料、安全、管理方面的优势。智能制造是手段，是概念，是过程，我们的最终目的是通过智能化、数字化来提升管理水平，实现精益高效。

（二）制造与服务并重。以我多年的电梯从业经验看，电梯不光是制造业，更是服务业！所以我对西子各板块同仁重申以客户为中心，不断提升客户满意度的理念。我们不仅要盯住市场、满足客户，更要用创新思维、新兴技术研发新品、开拓市场、吸引客户，用我们的产品和服务创造社会新需求。通过物联网、大数据的应用，让我们的智慧电梯、智能停车为客户提供增值服务，真正致力于实现客户的梦想。

（三）用平台整合资源。经济低迷、资金紧缺对很多企业来说是灾难，对我们说正是机遇。我们要发挥好上市公司的平台功能，朝着产业链延伸、高精尖公司孵化、公司并购等方面精准发力。通过投资并购吸收高新技术，吸纳高端人才，做强做优产业，为西子下一个40年的发展谋篇布局。

新的一年，前进道路上风险和困难不可避免，但挑战和压力只会使我们变得更坚韧、更强大。让我们保持坚定的信念、凭借坚强的意志、依靠坚实的基础和正确的路径，携手同心、御风而行，共创新发展，共享新荣耀，共守振兴实业的初心，共圆百年西子的梦想。

比使命更重要的是行动！让我们在新起点上撸起袖子加油干，抢抓机遇开新局，不负家国、不负时代！

最后，向大家拜个早年，祝大家身体健康，阖家幸福、吉祥如意！

王水福：《幸福是奋斗出来的　向高质量发展要效益》，来源：《西子报》2019年1月28日

2019年新春致辞

幸福是奋斗出来的　向高质量发展要效益

（王水福　来源：《西子报》2019年1月28日）

各位西子同仁，大家新年好！

时光前行，步履不停，挥别2018年，我们携手踏上了2019年新征程。在此向始终关心并支持西子的各级政府领导、合作伙伴以及社会各界朋友致以最诚挚的问候和最美好的祝愿！同时也向一直以来兢兢业业、为公司发展作出积极贡献的每一位员工及家属表示最衷心的感谢和敬意！

2018年，西子联合旗下各板块转型升级、提质增效、载誉而归：杭锅集团正式获得生态环境部和国家核安全局颁发的民用核安全设备制造许可证；杭州西子奥的斯入选国家级"两化融合"管理体系贯标试点企业，荣获浙江省政府质量奖提名奖；西子重工顺利通过"浙江制造"品字标认证；西子智能停车上市工作稳步推进，黑科技智能停车产品引领行业发展；西子航空与全球知名某美国航空制造公司达成合作意向；整梯和电梯部件公司继续保持稳定增长；西子富沃德作为电梯曳引机国家标准的制定者，发运台量再创新高；现代服务板块房产集团积极引入新项目；百大旗下杭州大酒店将通过美学与科技呈现崭新的品牌理念和居住体验……

这些成绩的背后，凝聚的是全体西子人的拼搏与付出，是各级领导、社会各界同仁对西子的支持与陪伴！再次感谢各位西子同仁，你们是西子的创造者和守护者，你们的坚守和奋斗驱散了2018年异常的严寒。

走过2018年这个改革开放40周年的重要节点，可谓"四十不惑"，何以"不惑"？从1981年至今，我回看了自创立西子以来走过的路、比较了别人选择的路、远眺了我们继续前行的路，更加清楚地知道了我们从哪里来、要到哪里去。我们一直在与时代同步，朝着正确的方向前进！

迈入2019年，有机遇也有挑战。克危为机，着实不易，如何更好地把握新时代重要战略机遇期，继续勇攀高峰？我认为首要是做好自己的事，坚持走高质量发展之路，把质量和效益放在首位，使西子真正实现高端化、智能化、国际化。

一、以精益制造为基，促质量效益双提升

中央以及省委经济工作会议精神明确提出，今年首要任务是推动制造业高质量发展。

很高兴，这10年来我坚定不移倡导的发展理念，与国家新时期高质量发展战略不谋而合。去年我在《西子报》上发表的新春致辞是《逐梦高质量发展的新征程》，今年4月8日，我从发展方式、新的增长点、人才匹配等方面谈了《西子如何实现高质量发展》，很欣慰地看到各子公司总经理就该问题作了深入思考并积极发文反馈各子公司为践行高质量发展要做的诸多工作，我希望我们所有人在高质量发展的征途上不断追求高效益。

与奥的斯合资的22年来，我理解了这家百年企业的长寿密码，源自宝贵的精益制造理念、科学的方法习惯以及契约精神。精益制造的最终目的就是致力于质量和效益的提高。

西子今年38周岁了，我们已经默默走到了世界经济的半山腰，为未来发展奠定了扎实的基础。我们成立西子"质量·效益"研究院，用科学的培训考核体系，将其打造成一个创新平台，目标是"质量效益每天进步一点点"，梳理总结精益制造、航空质量标准、智能工业互联网等先进管理经验，打造出属于西子自有的核心能力。

船到中流浪更急，人行半山路更陡，越往上风雨越无法预料，但只要我们把精益做到极致，坚持走高质量发展的上坡路，就一定能成功登顶。所以，我们要继续坚定信心、坚守主业、稳扎稳打、直面挑战，用良好的精神状态，在激荡与变化中保持战略定力。

二、以契约精神为本，依法合规走国际化

契约精神是西子走向国际化的根本。一方面，合作之前，合同就约定得清清楚楚，甚至把结束后的事情也讲清楚。另一方面，签约之后就要彼此信任，诚信合作。奋斗精神替代不了契约精神，两者融合，就是巨大生产力。

2018年3月12日，我们成立商业道德委员会，旨在规范全体员工的商业道德行为和遵纪守法，保证公司的持续健康发展。

当前法治环境越来越好，2018年年底，一系列保护民企合法权益的措施和意见出台，为民企发展"撑腰"。法治护航，让我们安心谋发展。纵有疾风起，何所惧？我相

信，法义之公正永不缺席；我坚信，时间是最好的答案；我希望，所有西子人坚守底线，注重学法、知法、懂法、守法，学会用法律的武器保护自己、保护企业。

"勿因以小博大之心，而成以小失大之祸。"所以我对管理层的要求也是依法合规、诚信经营。这不仅仅是国家政府的要求，同样也是我们个人发展的要求、企业基业长青的要求。

我们要做有根基的企业，以百年为期，与优秀的企业合作，用沉稳、恒久的发展模式向上向善生长。

三、以匠心文化筑梦，人才强企共创共享

质量之魂，在于匠人；创新之魄，存于匠心。当前和未来，在制造业高质量提升的大背景下，我们最缺的是工匠人才和工匠精神。很高兴西子联合奥林匹克技能大赛一年比一年办得好，2018年又有25名员工通过比武拥有了申请国家承认的职业资格认证的机会。我们要继续营造匠心文化，弘扬工匠精神，培育更多脚踏实地苦干又勇于创新巧干的工匠，坚持做好本业，为家人谋福祉，为社会作贡献，为民族创未来。

匠心筑梦，实干兴邦。习近平总书记在2019年新年贺词中寄语：我们都是追梦人。在高质量发展的新时代，我们谋"人才强企"战略，通过管理层激励计划，共创共享财富；通过晋升机制、激励机制、福利机制惠及更多有为员工；通过建设蓝领公寓、人才公寓，更好地为员工提供生活保障，用心关爱员工，让更多的西子人体面地生活，让大家有更多的获得感，来推动企业更好地发展。

四、以科技创新添翼，整合资源共赢未来

创新是企业的灵魂。当前从中央到浙江，都提出要加大对企业创新力度的支持。我们要抓住机遇，用创新驱动发展。

（一）各制造板块上云。积极实施数字化改造，通过各子公司车间主动上云、深度用云，不断优化我们投资的工业互联网平台，强化云MES在省人、省料、安全、管理方面的优势。智能制造是手段、是概念、是过程，我们的最终目的是通过智能化、数字化来提升管理水平，实现精益、高效。

（二）制造与服务并重。以我多年的电梯行业从业经验来看，电梯行业不光是制造业，更是服务业！所以我对西子各板块同仁重申以客户为中心，不断提升客户满意度的理念。我们不仅要盯住市场、满足客户，更要用创新思维、新兴技术研发新品、开

拓市场、吸引客户，用我们的产品和服务创造社会新需求。通过物联网、大数据的应用，让我们的智慧电梯、智能停车为客户提供增值服务，真正致力于实现客户的梦想。

（三）用平台整合资源。经济低迷、资金紧缺对很多企业来说是灾难，对我们来说正是机遇。我们要发挥好上市公司的平台功能，朝着产业链延伸、高精尖公司孵化、公司并购等方面精准发力。通过投资并购吸收高新技术，吸纳高端人才，做强做优产业，为西子下一个40年的发展谋篇布局。

新的一年，前进道路上风险和困难不可避免，但挑战和压力只会使我们变得更坚韧、更强大。让我们保持坚定的信念，凭借坚强的意志，依靠坚实的基础和正确的路径，携手同心，御风而行，共创新发展，共享新荣耀，共守振兴实业的初心，共圆百年西子的梦想。

比使命更重要的是行动。让我们在新起点上撸起袖子加油干，抢抓机遇开新局，不负家国、不负时代！

最后，向大家拜个早年，祝大家身体健康、阖家幸福、吉祥如意！

同心同德 成就梦想
——王水福董事长在杭锅管理层会议上的讲话

导读 12月29日，杭锅集团在丁桥总部行政楼召开管理层会议。本部及旗下各子公司分别作了工作汇报。会上王水福董事长分析解读了近日中央经济工作会议以及省经济工作会议的众多观点与政策，高度肯定了新时代杭锅节能环保及新能源产品的发展利用。另外他还特别谈了8点对"杭锅集团的感悟，特此分享给大家。

杭锅的各位同仁，大家上午好！

当今世界大变局中，危机并存。虽然外部经济形势总体并不乐观，但是听了大家的话，我很有信心！克服了危机是机，失去了机遇是危，信心老总都努力在危机中抓住机会。

当前以中央经济工作会议到省委经济工作会议，各级党委的印把推进制造业的高质量发展放在首要位置，工业制造业的春天到了，这也是杭锅的重要战略机遇期，我们要靠自己，靠创新！

最想对杭锅说的8点：

1 对杭锅的感情

我是不下山身，对制造有天然的热爱手。早期的民企，对杭钢、杭氧、杭锅、杭汽等大国企都心存羡慕和敬意。2002年当杭锅的第一任董事长杨建生找我谈改制时，用需要资金会引进技术的想法沟通试我对杭锅的真爱，到今天毫不犹豫迎过去了，所以一直以来我对杭锅有着特殊的感情，割舍不断。我、杨普与1955年诞生的杭锅同龄，可谓"三羊开泰"。

2 对历史的肯定

2002年10月，杭锅加盟西子以后，迅速融入西子。将半个世纪的国企底蕴和西子的民企机制完美融合。开创了企业的新局面，销售收入连年翻番，公司赢面日上，成为了行业的佼佼者企业。我要感谢杭锅一代又一代人的辛苦奋斗和不懈努力！感谢员工的辛苦工作！更要感谢蒋雇超的鼎心付出，尤其是前两任董事长杨建生和吴尚平的努力。今天我托任了第三任董事长，就如同杭锅的产品一样，希望发挥"余热"。

3 对管理层的信任

在新时代新技术下，杭锅有新发展。公司的发展和进步都主要靠在座各位管理精英，包括集团本部管理层和各子公司的老总们。我会信任你们，支持你们，激励你们，创造条件让你们放开干。大干快上，希望你们不要有顾虑，不要有顾虑，在管理上大胆小心，在发展上群策群力，不要把我看成老板，把我看成保姆，多作沟通交流。

4 对工匠的敬意

杭锅在集团内最有工匠精神的根系，就在今天的西子联合奥林匹克技能大赛闭幕式上，66位获奖者中杭锅占了12位。60多年来出了4位全国劳模，比如杭锅的第一任厂长陈有生，杭锅还有几十位省市劳模，杭锅的电焊工、冷作工在全省全市都赫赫有名，培养蓝领精英有限的纸质和系统性培训计划。当前和未来，在制造业高质量提升的大背景下，我们最缺少的是工匠和工匠精神。请代表我向广大员工致意，希望他们再接再厉，大展手脚并且一代又一代传承工匠精神，并努力在新时代赋予工匠精神新的内涵，焕发新的精神。

5 对产业发展的信心

杭锅的产品是节能减排和高端装备制造产品，是完全符合国家发展政策的，这个政策将在今后长期得到国家的鼓励和支持。杭锅的事业是光彩的事业，杭锅的使命是为人类改善环境，为社会节约资源。随着生活条件的改善和国家的强盛，人们对环境的要求会越来越高。因此杭锅的业务也将得到越来越多的拓展，我对此充满信心。

6 对未来的向往

此次我担任杭锅的董事长，希望将杭锅63年的基础和优势发扬光大，杭锅一直以来是有根基的企业，未来希望借助大家的智慧，推动西子的长远发展，实现"百年西子"梦想！

我一直有个比喻，民营企业是草本植物，国有企业是木本植物。草本植物随着每年季节变化会长叶。遇到环境调变基会要死亡；但木本有风险能力，随着每位越长越久坚强，能够百年长青。因为杭锅有木本基因，能经受60多年的风云变幻仍然屹立不倒！所以这个平台上发展，一定会成功！

讲了这么多，都是我的真心话，希望你们能够理解。作为董事长，接下来我也覆行自己的职责，对大家提一些要求：

（1）依法合规，诚信经营。

这是一个行业，国家政府的要求，同样也是我们个人发展的要求、企业基业长青的要求。

（2）技术创新，引领未来。

技术创新是杭锅的灵魂。这源自杭锅余热锅炉研究所有一支科学家的传承，我们要尊敬尊崇技术创新者，也希望各位在引领未来时有新突破。社会发展如此快，人民需求多层次多元化。逆水行舟，不进则退。颠覆性技术，完全可能跨界洗牌，消灭原来产业。所以要敢舍得投入技术创新，才有未来。

（3）智能改造，提质增效。

从中央经济工作会议到省委经济工作会议透露的重点部署来看，都是在支持智能化改造，智能制造的春天到了。物联网时代，把智能化融入制造是大势所趋。我们要有自家的高端装备，一方面可以吸引客户的眼球；另外应对人工成本高、工人难招的现实；再则为提升效率、降低成本；还能避免工人情绪影响质量稳定。

（4）精益管理，提升品牌。

西子与OTIS合资后引进先进的管理系统与理念，改变了原有管理模式，提升了工厂厂管理形象。以客户为关注焦点，为提升客户满意度着想。理顺内部关系，减少内部矛盾。西子成立"质量·效益"研究院，即以质量、效益双提升为目标。

（5）双翼驱动，加快发展。

制造服务并重。围绕主业、发展石化、化纤、造纸等行业节能设备、分布式能源、导热油锅炉等新产品。服务业打的是总包服务、工程公司的工程项目。在风险可控基础上，利用核心技术能力扩展总包业务。当前，产业园又是一个服务业的新的增长点，建设好、运营好产业园对我杭锅的业绩提升具有实际的贡献。

（6）投资并购，精准发力。

经济困境、资金困难针对高负债、高杠杆的企业是灾难，杭锅倾向于是机会。未来希望抓住三个方面精准发力：①产业链延伸；②高精尖尖公司化；③跨行业公司并购的探索。

（7）善待员工，体面生活。

通过管理层激励计划，物质、精神相结合的机制、共创共享；通过晋升机制、激励机制、福利机制覆盖更多有为人才；通过建设蓝领公寓、人才公寓，更好地为员工提供生活保障、用心关爱员工。

8 上下同心，成就梦想。

上下同心同德，内部和谐，共同面对市场的严酷挑战。团结，依靠全体员工。我务力搭好这个舞台，让更多的人利用杭锅这个平台发挥才能！

企业慢慢地走，稳稳地走，不停地走，不出几年，你就会发现你走在了时间前面的人——待的是企业发展的决策要谨慎，但对管理层来说，一旦决策定下来，你们必须有快速、高效的执行力，这样，我们才不会失去机会。

从春天的播种走向秋天的收获
——王水福主持召开浙商总会智能制造委员会新春茶话会

智能制造是实现我国制造业高端化的重要路径，也是重塑中国制造业竞争优势的强力抓手。12月27日，浙商总会智能制造委员会在杭州开新春茶话会。主席单位西子联合以及浙江省机电集团、万马股份、宝石集团、老板电器、蒲墨智造、祥和实业、天通股份等企业的二十余位嘉宾参会。会议同时邀请了教育部江苏省特聘教授、浙江大学管理学院教授吴晓波和浙江省经信委工信院院长兰建平出席。

1 希望：智能制造的春天到了

会议深入探讨了智能制造的格局与趋势、浙商总会智能制造委员会主席、西子联合董事长王水福分享了26日省委经济工作会议的重要讲话精神和信息。"当前从中央到地方各级党政府都把推进制造高质量发展放在第一位，我们要坚定发展信心，保持战略定力，跟党走、听党的话！"王水福从企业实际出发，分析了经济工作会议上带来的很多建设

2 浪潮：智能制造"平地一声雷"

吴晓波教授带来了智能制造浪潮中的管

性意见。"报告非常接地气，对传统制造业的智能化改造是个千载难逢的机会，智能制造的春天到了！这是大势所趋，但是真正收获果，还要等到秋天，这期间还过一个夏天。"

对如何过好"夏天"走向秋天的收获，王水福从西子电梯、锅炉、停车设备领域的管理系统应用和制造服务方面的成功实践，提出了智能制造理想的革命性转变。他认为：智能制造要过三道坎——标准化、自动化、智能化。这三道坎中，很多制造企业要补上标准化这一课；由占领市场质地、企业发展等效益，所以要做好精益制造、工匠精神，创新机制这三个基础。西子拟成立"质量·效益"研究院即以质量效益双提升为目标，打造成为"吸收创新技术、支持专业人才、发挥精益制造"的创新平台。

3 让天下中小企业没有难管理的生产

蒲墨智造副总经理胡军君介绍了浙江蒲墨智造科技有限公司作为一家科技创新型企业，致力于"让天下中小企业没有难管理的生产"的理念。在创建离散制造业互联网技术平台基础之上，专为中小型企业上云提供服务，已经为400多家中小企业在线生产提供简单易用的效果好的云MES，解决了生产黑箱问题，提供的云MES在客人、资料、安全、掌控方面具备显著优势，获得了较好的客户反馈。

4 光亮：聚焦、融合、发展

浙商总会秘书长郑字民表示，要准确把握当前以及未来的发展形势，观察好"经济晴雨表"。改革开放40年，中国经历了农业化、商业化、城镇化、工业化、资本化、信息化、国际化，其中，最内核的是工业化，而工业化的灵魂是制造，制造最需要的是智能技术。他希望企业家们调整好智能技术与制造升级的协同性，将智能技术与管理思想、前沿技术、消费需求进行深度融合、良性互动，同时！理清智能制造与智能管理、智能制造与制造智能、智能制造与数字云、智能制造与工匠精神的关系，与互联网进行同步发展，让制造业更好地向上进阶。

"未来40年的前途是光明的，道路是曲折的，我们要踩定；把自己的事情做好！" 王水福最后鼓励道。

（徐丹瑜）

《同心同德 成就梦想——王水福董事长在杭锅管理层会议上的讲话》，来源：《西子报》2019年1月28日

同心同德　成就梦想

——王水福董事长在杭锅管理层会议上的讲话

（来源：《西子报》2019年1月28日）

导读：12月29日，杭锅集团在丁桥总部行政楼召开管理层会议，本部及旗下各子公司分别作了工作汇报。会上，王水福董事长分析解读了近日中央经济工作会议以及省经济工作会议上的众多观点与政策，高度肯定了新时代杭锅节能环保及新能源产品的发展机会。另外，他还特别谈了8点关于杭锅的感悟，特此分享给大家。

杭锅的各位同仁，大家上午好！

当今世界大变局中，危机并存。虽然外部经济形势总体并不乐观，但是听了大家的话，我很有信心！克服了危即是机，失去了机即是危，各位老总都努力在危机中抓住机会。

当前从中央经济工作会议到省委经济工作会议，各级党委、政府都把推进制造业的高质量发展放在首要位置，工业制造业的春天到了，这也是杭锅的重要战略机遇期，我们要靠自己，靠创新！在此，我最想对大家说的有以下几点：

1. 对杭锅的感情。

我是车工出身，对制造有着天然的热爱，对早期的民企，对杭锅、杭氧、杭汽等大国企，都心存羡慕和敬意。2002年，当杭锅的第一任董事长杨建生找我谈改制时，用需要资金引进技术的想法测试我对杭锅的真意，我当天就毫不犹豫地将资金汇过去了。一直以来我对杭锅都有着特殊的感情，割舍不断。我、杨董事长与1955年诞生的杭锅同龄，可谓"三羊开泰"。

2. 对历史的肯定。

2002年10月，杭锅集团加盟西子以后，迅速融入西子。将半个世纪的国企底蕴和西子的民企机制完美融合，开创了企业的新局面，销售收入连年翻番，公司蒸蒸日上，成为了行业的标杆性企业。我要感谢杭锅一代又一代人的艰苦奋斗和不懈努力！感谢

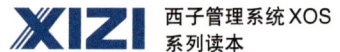

员工的辛苦工作！更要感谢管理层的倾心付出，尤其是前两任董事长杨建生和吴南平的努力。今天我担任了第三任董事长，就如同杭锅的产品一样，希望发挥"余热"的作用。

3. 对管理层的信任。

在新时代新技术上，杭锅会有新发展。公司的发展和进步最主要靠在座各位管理精英，包括集团本部管理层和各子公司的老总们，我会信任你们、支持你们、激励你们，创造条件让你们放开手脚大干快上。希望你们不要有包袱、不要有顾虑，在管理上大胆心细，在发展上群策群力，不要把我看成老板，把我看成保姆，多与我沟通交流。

4. 对工匠的敬意。

杭锅在集团内最具工匠精神的根基，就在今天的西子联合奥林匹克技能大赛闭幕式上，66位获奖者中杭锅就占了12位；60多年来，出了4位全国劳模，比如杭锅的第一任厂长陈有生；杭锅还有几十位省市劳模；杭锅的电焊工、冷作工在全市乃至全省都赫赫有名，说明对于培养蓝领精英有很好的氛围和系统性的培训计划。当前和未来，在制造业高质量提升的大背景下，我们最缺的是工匠和工匠精神。请代表我向广大员工致意，希望他们再接再厉，一代又一代地传承工匠精神，并努力在新时代赋予工匠精神新的内涵，让其焕发新的精神。

5. 对产业发展的信心。

杭锅的产品是节能减排和高端装备制造产品，是完全符合国家发展政策的，将在今后长期得到国家的鼓励和支持。杭锅的事业是光彩的事业，杭锅的使命是为人类改善环境、为社会节约资源。随着生活条件的改善和国家的强盛，人们对环境的要求会越来越高，因此杭锅的业务也将得到越来越多的拓展，我对此充满信心。

6. 对未来的向往。

此次我担任杭锅的董事长，希望将杭锅63年的基础和优势发扬光大。杭锅一直以来是有根基的企业，未来希望借助大家的智慧，推动西子的长远发展，实现"百年西子"的梦想！

我一直有个比喻：民营企业是草本植物，国有企业是木本植物，草本植物随着每年季节变化会枯萎，遇到环境剧变甚至会死亡；但木本植物有根基，有抗风险能力，年份越长越是坚强，能够百年长青。因为杭锅有着木本基因，能经受60多年的风云变幻仍然屹立不倒！所以在这平台上发展，一定会成功！

讲了这么多，都是我的真心话，希望你们能够理解。作为董事长，接下来我也得履行自己的职责，对大家提一些要求：

（1）依法合规，诚信经营。这是上市公司和国家的要求，同样也是我们个人发展的要求、实现企业基业长青的要求。

（2）技术创新，引领未来。技术创新是杭锅的灵魂，这源自杭锅余热锅炉研究所老一辈科学家的传承，我们要尊敬尊崇技术创新者，也希望各位在引领企业未来发展时做得更好。逆水行舟，不进则退，颠覆性的技术革新完全可能导致原有产业的重新洗牌甚至消亡，所以要舍得在技术创新上加大投入，这样才有未来。

（3）智能改造，提质增效。从中央经济工作会议到省委经济工作会议透露的重点部署来看，都在支持智能化改造，表明智能制造的春天要到了。物联网时代，把智能化融入制造是大势所趋。我们要有当家的高端装备，一方面，不仅可以提升效率、降低成本，应对人工成本高、工人难招的现实；另一方面，还能避免因工人情绪影响质量的稳定，从而吸引客户的眼球，提升我们的竞争力。

（4）精益管理，提升品牌。西子与美国奥的斯公司合资后引进了先进的管理系统与理念，改变了原有的管理模式，提升了工厂管理形象。西子拟成立的"质量·效益"研究院就是以质量、效益双提升为目标。

（5）双翼驱动，加快发展。我们要树立制造、服务并重的理念，围绕主业，发展石化、化纤、造纸等行业节能设备、分布式能源、导热油锅炉等新产品。服务业指的是总包服务、工程公司的工程项目。我们要在风险可控的基础上，利用核心技术能力扩展总包业务。当前，产业园是服务业的一个新增长点，建设好、运营好产业园将对杭锅的业绩提升起到实际的作用。

（6）投资并购，精准发力。资金困难对于高负债的企业来说将是致命的，但对杭锅而言是一次机会，未来希望杭锅能在产业链延伸、高精尖公司孵化、跨行业公司并购的探索等三个方面精准发力。

（7）善待员工，体面生活。要通过物质与精神相结合的激励机制，共创共享；让晋升机制、激励机制、福利机制覆盖更多有为员工；通过建设蓝领公寓、人才公寓，更好地为员工提供生活保障，用心关爱员工。

（8）上下同心，成就梦想。要团结依靠全体员工，上下同心同德，只有内部和谐才能共同面对市场的严峻挑战。我努力搭好这个舞台，希望更多的人利用杭锅这个平台发挥才能。

我讲慢慢地走，稳稳地走，不停地走，不出几年，你就是走在时间前面的人——指的是企业发展的决策要谨慎，但对管理层来说，一旦决策定下来，你们必须要有快速、高效的执行力，这样，我们才不会失去机会。

浙江省委书记车俊勉励西子把"剑"越磨越锋利！

本报讯 3月27日，浙江省委书记、省人大常委会主任车俊莅临西子航空专题调研，浙江省委常委、省委秘书长陈金彪，浙江省副省长、杭州市委书记周江勇，杭州市委副书记、市长徐立毅，大江东产业集聚区党工委书记、管委会主任何美华等领导陪同调研。车俊书记肯定西子航空十年磨一剑，勉励大家把西子航空这把"剑"越磨越锋利！

步履不停
与优秀企业合资合作 变得更优秀

西子联合董事长王水福对车俊书记一行的到来表示热烈欢迎，他向来访领导们介绍了西子近40年来，秉持"合作重于竞争"的经营理念，电梯、锅炉、停车、航空各制造板块一步步通过合资合作的道路，技术引进与科技创新相结合，推动企业高质量发展。西子联合已连续15年荣列中国民企500强。

创新平台孵化隐形冠军
实现质量效益双提升

西子拥有行业领先的精益管理系统专业培训与咨询机构。基于大西子研究院孵化了西子航空，西子紧固件等，总结提炼具有中国特色的管理理论，实施应用在西子各制造单元，并推广到国内众多制造型企业；基于ACE，创新"智慧精益"，打造一流的现代化工厂和先进管理技术高地，推动中国制造转型升级。

全球每月生产120多架飞机上均有西子制造的零部件，西子航空的部分产品已经成为波音和空客的全球唯一供应商。西子填补了中国在航空制造领域的诸多空白，成为大江东、杭州、浙江乃至中国民企的骄傲！

听了王水福董事长的汇报，车俊书记赞许道："十年磨一剑，能从无到有，非常不容易。有的人能磨得出来，有的人磨不出来。这需要定力、远见、智慧、韧劲，才能干出来。现在看来，你已经磨出来了。这一剑已经看到了剑锋，看到了曙光，看到了希望！"

高端制造高门槛
西子航空十年培育获赞誉

车俊书记仔细问询了西子航空的产品、技术水平、批产效益等情况。浙江西子航空总经理陈汉明介绍了西子航空的产品、技术、工艺认证以及业务拓展情况。西子航空承接的产品覆盖飞机的前起落架舱、服务门、APU舱门、RAT舱门、投水舱门、货舱门框、飞机内饰等。如今西子航空已成为欧洲空客、美国波音、加拿大庞巴迪、中国商飞、中航工业三大航空制造企业的一级供应商，287项特种工艺资质认证彰显了西子航空的实力！"这就是高端制造的门槛，也是十年积累的成果！"车俊书记肯定。

王水福董事长介绍了西子航空工业学院培训中心，"我们一直在培养具有习惯质量的工匠型技能人才，要像保护大熊猫一样关心爱护他们。"来访嘉宾赞许西子在培育工匠人才方面作出的努力，周江勇书记表示将继续支持在杭州营造匠心文化、弘扬工匠精神。

宝剑锋从磨砺出
西子再接再厉奋进新征程

王水福董事长表示，非常感谢党委政府始终与民营企业站在一起！感谢大江东管委会对西子航空的茁壮成长给予的高度重视，期待省委省政府继续支持大江东产业集聚区的发展，希望省里大力支持浙江省机电参与的CR929项目，发挥集聚效应，加快形成航空产业发展高地。

车书记勉励道："要继续坚定不移、保持信心、无论顺境、逆境，我们始终大力支持！西子要再接再厉、走在前列，形成规模化、产业化，在体制机制、研发投入、市场开拓方面进一步发力。浙江聚焦聚力高水平高质量发展离不开高端制造，高端制造最有代表性的就是航空制造，我们的航空制造已初现体系，现在应该着力把航空制造业作为高端制造的一个标志来重视、支持、发展。希望你这把剑越磨越锋利！"

西子联合在各级政府领导的支持和肯定下，继续脚踏实地坚守实业，砥砺奋进练好"内功"，"干在实处、走在前列、勇立潮头"的西子人也将以更加坚定的信心和决心、肩负起新时代排头兵的使命，在逐梦高质量发展的新征程上，贡献西子的智慧和力量！

（徐丹瑜）

浙商春声：如何看待时间与机遇？

本报讯 4月17日，"浙商春声·无边光景时时新"——浙商总会专项工作交流会在杭州召开，浙商总会各专委会主席、团体会员会长、历届全球浙商金奖得主代表等逾百人参加会议。无边光影时时新，新的是时代，是思想，是浙商全体凝聚、向上、奋慧的发展理念。

找到定位保持定力？

"人肯定都会老，但我希望这个企业能长寿。"浙商总会智能制造委员会主席王水福表示，"人要做自己喜欢做、应该做的事情。我从1976年就搞机械，从农机配件到航空部件，一直对机械情有独钟。要找到自己的定位，保持发展定力。"

制造业是长寿的行业

王水福认为制造业是必不可少且长寿的行业。"非常高兴看到杭州市把9月26日定为工匠日，也是全国第一个。从历次工业革命的发展历程来看，基础产业不能忘。"

在细分领域做到极致？

王水福表示进入高端制造航空产业，是痛并快乐着。"航空制造不简单，但是进入航空业也是一个乐趣。全社会需要各种各样的行业，才更健康。而我们在细分领域做到极致，也欣赏对得起这社会。"

需要更多碰撞与融合？

融合，联结了不同文化、不同产业，更体现在不同所有制经济之间的混合创新。

总会新动能委员会主席王敏说："国企，有制度优势，有资金优势。浙江国企与浙江民企的合作，有渊源，更有机会。"

王水福说：民企与国企，目标相通，特点鲜明，民企与国企的合作是稳健与灵活的互补，是创新与基础的契合。" （徐丹瑜）

徐丹瑜：《浙江省委书记车俊勉励西子把"剑"越磨越锋利！》，来源：《西子报》2019年4月26日

浙江省委书记车俊勉励西子把"剑"越磨越锋利!

(徐丹瑜　来源:《西子报》2019年4月26日)

3月27日,浙江省委书记、省人大常委会主任车俊莅临西子航空公司专题调研,浙江省委常委、省委秘书长陈金彪,杭州市委副书记、市长徐立毅等陪同调研。车俊书记肯定了西子航空的"十年磨一剑",勉励大家把西子航空这把"剑"越磨越锋利!

步履不停,变得更优秀

西子联合董事长王水福对车俊书记一行的到来表示热烈欢迎,他向来访领导们介绍了西子近40年来秉持"合作重于竞争"的经营理念,电梯、锅炉、停车、航空各制造板块一步步通过合资合作,实现了技术引进与科技创新的结合,推动了企业的高质量发展。西子联合已连续15年荣列中国民企500强。

全球每月生产的120多架飞机上均有西子航空制造的零部件,在部分产品方面,西子航空已经成为波音和空客的全球唯一供应商。西子填补了中国在航空制造领域的诸多空白,成为杭州、浙江乃至中国的民企的骄傲!

听了王水福董事长的汇报,车俊书记赞许道:"十年磨一剑,能从无到有,非常不容易。有的人能磨得出来,有的人磨不出来,这需要定力、远见、智慧、韧劲,才能干出来。现在看来,你已经磨出来了。这一剑已经让人看到了剑锋,看到了曙光,看到了希望!"

创新平台,实现质量效益双提升

西子拥有行业领先的精益管理系统专业培训与咨询机构。浙大西子研究院孵化出了西子航空、西子紧固件等公司的科研创新产品,总结提炼了具有中国特色的管理理论实施应用在西子的各制造单元,并推广到国内众多制造型企业;基于ACE,创新"智慧精益",打造一流的现代化工厂和先进管理技术高地,推动中国制造转型升级。

西子质量效益研究院以质量效益双提升为目标,打造"吸收创新技术,支持专业人

才，发挥精益制造"的创新平台，致力于融合精益制造、航空质量标准、智能工业互联网等管理经验，打造出西子自有的核心能力。西子自2010年投资工业互联网平台以来，于2018年成立蒲惠智造，赋能30余家中小企业生产管理可视化，为它们提供上云服务系统。

高端制造高门槛，十年培育获赞誉

车俊书记仔细询问了西子航空的产品、技术水平、批产效益等情况。西子航空总经理陈汉明介绍了西子航空的产品、技术、工艺认证以及业务拓展情况。西子航空承接的产品覆盖飞机的前起落架舱、服务门、APU舱门、RAT舱门、投水舱门、货舱门框、飞机内饰等。如今，西子航空已成为欧洲空客、美国波音、加拿大庞巴迪、中国商飞等航空制造企业的重要供应商，287项特种工艺的资质认证彰显了西子航空的实力！"这就是高端制造的门槛，也是十年积累的成果！"车俊书记肯定道。

王水福董事长介绍了西子航空工业学院培训中心："我们一直在培养具有习惯质量的工匠型技能人才，要像保护大熊猫一样关心爱护他们。"来访领导赞许西子在培育工匠人才方面作出的努力，表示将继续支持西子在杭州营造匠心文化、弘扬工匠精神。

宝剑锋从磨砺出，再接再厉奋进新征程

王水福表示，非常感谢省委、省政府始终与民营企业站在一起，感谢大江东管委会对西子航空的茁壮成长给予的高度重视，期待省委、省政府继续支持大江东产业集聚区的发展，希望省里大力支持浙江省机电参与的CR929项目，发挥集聚效应，加快形成航空产业发展高地。

车俊书记勉励道："要继续坚定不移、保持信心，无论顺境、逆境，我们始终并大力支持！西子要再接再厉、走在前列，形成规模化、产业化，在体制机制、研发投入、市场开拓方面进一步发力。浙江聚焦聚力高水平高质量发展离不开高端制造，高端制造最有代表性的就是航空制造，我们的航空制造已初成体系，现在应该着力把航空制造业作为高端制造的一个标志来重视、支持、发展。希望你这把剑越磨越锋利！"

西子联合在各级党委、政府领导的支持和肯定下，继续脚踏实地坚守实业，砥砺奋进练好"内功"。"干在实处、走在前列、勇立潮头"的西子人也将以更加坚定的信心和决心，肩负起新时代排头兵的使命，在逐梦高质量发展的新征程上，贡献西子的智慧和力量！

浙江省政协副主席马光明一行莅临杭锅集团视察

本报讯 11月25日，浙江省政协副主席马光明、市政协副主席汪小玫、市总工会党组书记、常务副主席王越剑等一行领导莅临杭州锅炉集团股份有限公司崇贤分公司进行视察交流。在杭锅集团董事长王水福的陪同考察下，马主席与代表领导们一起走进车间参观锅炉现场的生产制造，并对"杭州劳模工匠委员会客厅"该项目提出了推进性的工作指导。

座谈会上，马主席指出，创建杭州劳模工匠委员会客厅是加强思想政治引领、促进团结联谊的客观需要，是广泛凝聚共识作为履职工作的重要途径，是助推制造业高质量、高效益发展的必然要求。首先，要发挥好牵头委员个人力量，同时注重发挥政协组织和其他相关组织的作用，把后援力量建设好；其次，要规范化管理，完善每个工作流程中的规章制度，确保每一个委员会客厅功能定位不偏离；最后，要常态化，注重发挥委员主体作用，把界别协商、对口协商等常态化履职结合起来，把杭州劳模工匠委员会客厅开设起来，让大家在交流交融交锋中凝聚界别群众的共识，更好汇聚正能量，建设一支创新型、技能型的高素质工匠队伍。

会晤中，王水福董事长对市政协领导们表达诚挚谢意，表态将全力支持委员会客厅在杭锅的建设，致力于从政治上关心工匠，让他们坚守制造业更有信心、更有力量，助力制造业高质量发展。从杭州设立全国首个"926工匠日"，到新制宜推广，形成让品质奇才事业高于一切"的核工业精神，从我做起，担负起百年西子高品质发展的任务与使命。

（杭锅集团总经办 寿琦琦 陈羽莎）

如何不错过这班航船 成为新时代的领航者
——王水福董事长在杭锅集团品保人员培训开课仪式上的讲话

我们拿到了驶向梦想的两张船票

"世界的西子，百年的西子"一直是我心中的梦想，而驶向梦想航程的船票是两张证：一张是航空制造准入证，另一张是核安全设备许可证。

西子十年前开始布局航空制造业，现在拥有了287张质量与工艺认证证书，产品安装在空客、波音、庞巴迪的大飞机上飞行在世界各地。十年磨一剑，今年10月份西子航空与全球飞机结构件龙头制造企业美国势必锐公司合资成立西子势必锐航空。可以想象，西子航空制造将向高质量、高增长迈进。

进入核电设备制造是我们杭州的梦想，历经十年努力，如今梦想成真。就在本月15号，我和娄龙一起去北京参加考试，从国家核安全局领导手中接过来《民用核安全设备制造许可证》，他对我说，发出这张证，国家核安全局、企业法人代表和品质人员的命运就联系在一起，我们走同一条船上了。我深切感受到一纸证书的千钧之重，做得好，将引领杭锅更高更远的前行，做得不好，关系着企业主管的身家性命。但是，我还是非常骄傲地拿到来，敢拿这张证，是因为我身后有你们，你们是百年西子的追梦人，实践者。

从上船到实现梦想
还有十万八千里

请大家查一查，同时拥有航空与核电大型装备准入资格证书的企业在全世界有几家？可能也就是日本三菱、德国西门子少数几家，我们西子也有幸成为其中一家，这是十年磨一剑的结果，值得我们庆祝，但是，从拿到船票到顺利航行，到达目的地，我们还有很远的路要走，这也是我们周末还聚在这里学习的原因。

千变万变，
质量的高要求永远不会变

大家知道，今年我们导入传世智慧进行管理变革的咨询合作，质量管理人员要清楚，一切的变革，都是为了更高质量发展和更高速度增长，千变万变，质量的高要求永远不会变。在航空制造领域，做到一丝不苟往往还不够，要求做到"零点一丝不苟"，在核电制造领域，做到万无一失往往也不够，要求做到"万万无一失"，能够有机会在如此高标准的产业中学习与实践，在座是幸运的，希望你们能把握这次学习的机会。

诚信、精进与担当
是新制造业质量人的素质要求

过去的20世纪是生产率的世纪，而21世纪是质量的世纪。作为一名质量从业人员，一定了你的饭碗没有选择。然而，从特种设备行业到核电、航空行业，质量标准准对质量人员的能力的稀缺，更高的要求有哪些，不折不扣地做到，并不断提升自己和组织的能力。做一个卓越的质量专家，建设一个优秀的质量组织。

在诸多要求中，我认为诚信、精进与担当是新制造业质量人的重要素质要求。

我们拿到这两张沉甸甸的证书，意味着要肩负更大的责任与担当，特别是在座质量管理人员们应加倍重视。

首先要为国家担当，我们知道，西子航空的加工设备大多是国外的，C919大飞机上的材料也基本上没有国产的，这既是我国家发展大国重器的挑战，也是企业转型高端制造的机遇，错过了这次机会，就会落后挨打，位来未敢忘忧国，在座的西子人应该担当起这个历史重任。

其次要为企业担当，你们肩负着打造世界上最严苛的品质保证体系，并确保将这一体系应用于产品质量链的每一个环节。要不断宣传推广"掩盖错误就是犯罪"的航空品质文化与"事业高于一切，责任重于一切，严细融入一切，进取成就一切"的核工业精神，从我做起，担负起百年西子高品质发展的任务与使命。

同时也要为个人与家庭的未来担当，你们算一下，如果60岁退休，到90岁还有30年，30年前的一碗豆浆只要3分钱，现在翻了几百倍，在货币贬值速度加快的情况下要有多少积累才能给你们的家庭与退休生活，想清楚这个问题，年轻时如何奋斗与担当就有了方向和动力。

以奋斗者为本，不让奋斗者吃亏

我们正在制定公司的"十四五"发展规划，将以国家质量奖为引领，并制定机制化的质量人才培养规划，建立监视人员奖励晋升通道，形成让品质奇才脱颖而出的机制。以奋斗者为本，不让奋斗者吃亏。

我想再有一张船票，
共圆高品质西子梦

有了航空与核电制造2张船票之后，我还想拿一张船票，就是中国最高质量奖项——国家质量奖。

今年杭锅集团申报了杭州市市长质量奖，我希望在大家的努力下，在十四五期间，杭锅集团能够早日拿到国家质量奖，到时候，我的给多少奖励，我一让一奖励给大家。

这些来之不易的船票，既是我们多年来慢慢地走，不停地走，取得的成果，也是承载着我们的梦想，把我们十年来的绑在这一艘船的船票，希望在座质量人员都不要错过这班航船，同舟共济，成为新时代新商业文明的领航者。

《如何不错过这班航船 成为新时代的领航者——王水福董事长在杭锅集团品保人员培训开课仪式上的讲话》，来源：《西子报》2019年11月30日

如何不错过这班航船　成为新时代的领航者
—— 王水福董事长在杭锅集团品保人员培训开课仪式上的讲话

（来源：《西子报》2019年11月30日）

拿到了驶向梦想的两张"船票"

"百年西子、世界西子"一直是我心中的梦想，而驶向梦想航程的"船票"是两张证：一张是航空装备制造准入证，另一张是民用核安全设备制造许可证。

西子10年前就开始布局航空制造业，现在拥有了287张质量与工艺认证证书，产品安装在空客、波音、庞巴迪等航空巨头企业的大飞机上。今年10月，西子航空与全球飞机结构件龙头制造企业美国势必锐公司合资成立西子势必锐航空公司。可以想象，西子航空制造将向高质量、高增长迈进。

进入核电设备制造是我们杭锅集团的梦想，历经10年努力，如今梦想成真。就在本月15日，我和姜龙一起去北京参加考试，从国家核安全局领导手中接过来《民用核安全设备制造许可证》，他对我说：发出这张证，国家核安全局、企业法人代表和品质人员的命运就联系在一起了，我们都在同一条船上了。我深切地感受到这一纸证书的千钧之重：做得好，将引领杭锅更高更好地前行；做得不好，关系着企业主管的身家性命。但是，我还是非常骄傲地拿回来了，敢拿这张证，是因为我身后有你们，你们是"百年西子"的造梦人、实践者。

从上船到实现梦想还有十万八千里

大家可以查一查，同时拥有这两张"船票"的企业在全世界有几家？可能也就是日本三菱、德国西门子少数几家，我们西子也有幸成为其中的一家，这是十年磨一剑的成果，值得我们庆祝。但是，从拿到"船票"到顺利航行到达目的地，我们还有很远的路要走，这也是我们周末还聚在这里学习的原因。

千变万变，质量的高要求永远不会变

大家知道，今年我们导入传世智慧进行管理变革的咨询合作。质量管理人员要清楚，一切的变革都是为了更高质量的发展和更高速度的增长。千变万变，质量的高要求永远不会变。在航空制造领域，做到一丝不苟往往还不够，要求做到"零点一丝不苟"；在核电制造领域，做到万无一失往往也不够，要求做到"万万无一失"。能够有机会在如此高标准的产业中学习与实践，在座的各位是幸运的，希望你们能把握住这次学习的机会。

诚信、精进与担当，是新制造业质量人的素质要求

过去的20世纪是讲求生产率的世纪，而21世纪是讲求质量的世纪。作为一名质量从业人员，这一行你们没有选错。然而，从特种设备行业到核电、航空行业，质量标准特别是对质量人员的能力要求更高了。我们都需要清晰地知道更高的标准、更高的要求有哪些，不折不扣地做到，并不断提升自己和组织的能力，即做一名卓越的质量专家，建设一个优秀的质量组织。

在诸多要求中，首先，我认为诚信、精进与担当是新制造业"质量人"的重要素质。这次的北京培训考试中，有一家企业没有拿到生产许可证，原因是监控系统发现该企业的质量主管在考试时作弊，反映出质量人员缺乏诚信，而这是任何质保体系一票否决的大忌。每一个质量人都要坚持实事求是的诚信品质，绝不掩盖错误，这是基本要求。

其次，我们的产品越来越复杂，工艺与质量标准越来越高，我们当前的质量状况和质量损失还有很大的改善空间。我知道你们也很有压力，我们身处高端制造，涉及核安全、航空安全的追责体系中，希望你们能抓住机遇努力学习，不断精进，掌握先进的质量管理与控制方法，成为专家，并学有所用。

精进的实质是与时代同步的，不同时期的标准就会不同，就如同小学、中学、大学一样，不同阶段有不同的学习内容。如今，是我们西子进入航空以及核电领域的时期，如果你们还停留在以前传统制造时期的做法沾沾自喜，就会被时代无情地淘汰。

今天来的学员中，我看不少是质量部门的处长。你们要成为专家与表率，不是处长的学员许多都是家长，有句话叫作"家长好好学习，孩子天天向上"。质量人员的职责是规范、检查、督促员工，如同学生的家长一样，希望你们给自己设立更高的目标

与标准，努力学习精进，每天进步一点点，成为质量的标杆与员工的表率。

我们拿到这两张沉甸甸的证书，意味着要肩负起更大的责任与担当，特别是在座的质量管理人员们更加任重道远。

首先要为国家担当。我们知道，西子航空的加工设备大多是国外的，这既是国家发展大国重器的挑战，也是企业转型高端制造的机遇，错过了这次机会，就会落后挨打。位卑未敢忘忧国，在座的西子人应该担当起这个历史重任。

其次要为企业担当。你们肩负着打造世界上最严苛的品质保证体系，并确保将这一体系应用于产品质量链的每一个环节的重任。要不断宣传推广"掩盖错误就是犯罪"的航空品质文化与"事业高于一切，责任重于一切，严细融入一切，进取成就一切"的核工业精神，从我做起，担负起百年西子高质量发展的任务与使命。

最后也要为个人与家庭的未来担当。你们算一下，如果60岁退休，到90岁还有30年。30年前的一碗豆浆只要3分钱，现在翻了几百倍，在货币贬值速度加快的情况下，要有多少积累才能有一个体面的家庭与退休生活？想清楚这个问题，年轻时如何奋斗与担当就有了方向和动力。

以奋斗者为本，不让奋斗者吃亏

我们正在制订公司的"十四五"发展规划，将以国家质量奖为引领，并制订机制化的质量人才培养规划，建立质量人员奖励晋升通道，形成让品质奋斗者脱颖而出的机制。以奋斗者为本，不让奋斗者吃亏。

我想再有一张"船票"，共圆高品质西子梦

有了2张"船票"之后，我还想再拿1张"船票"，就是中国最高质量奖项——国家质量奖。

今年的杭锅集团申报了杭州市市长质量奖，我希望在大家的努力下，在"十四五"规划期间，杭锅集团能够早日拿到国家质量奖。到时候，政府给多少奖励，我也给予一比一的奖励。

这些来之不易的"船票"，既是我们多年来慢慢地走、不停地走取得的成果，也是承载着我们的梦想，把我们牢牢地绑在一艘船上的"船票"。希望在座的质量人员都不要错过这班航船，让我们同舟共济，成为新时代新商业文明的领航者。

省委经济工作会议
西子联合董事长王水福传递发展信心和机遇

本报讯 12月26日,省委召开经济工作会议,全面贯彻中央经济工作会议精神,研究部署明年经济工作。省委书记车俊讲话,省委副书记、省长袁家军主持并作具体部署。葛慧君、郑栅洁和其他副省领导干部出席。西子联合董事长王水福作为民营企业家代表受邀参会。

大会不仅为明年浙江经济发展擘画了蓝图,还发布了一系列支持民营企业改革发展的务实举措,如加大对小微企业、制造业贷款规模,在今年2200亿基础上,再为企业减负500亿元,新增20000亩土地指标,保障全省重大企业项目等,让与会企业家受到鼓舞。

西子联合董事长王水福接受浙江卫视采访时表示:"我们也是从小企业成长起来的,把小微企业的各种成本降低,对小微企业的支持、金融服务政策非常重要!"

前不久国务院发布的《关于营造更好发展环境 支持民营企业改革发展的意见》,成了参会企业家热烈讨论的话题。王水福说,《意见》的出台,对民营企业是重磅利好!31个"支持"、19个"鼓励",19个"完善",有望进一步激发民营企业活力和创造力,充分发挥民营经济在推进供给侧结构性改革、推动高质量发展、建设现代化经济体系中的重要作用。

王水福董事长表示,今年西子可谓"双喜临门"——拿到了步入高端制造的两张门票,一张是航空制造准入证,另一张是核安全设备许可证。王水福对省委经济工作会议有自己的理解:"稳"字当头,首先方向不再是以量和规模取胜,而致力于高质量发展。车书记会上提到的"人生难得几回遇",明年既有收官之年的机遇,又是我们走向高端、走向世界千载难逢的大机遇。民企要在世界经济中找到自己的定位和方向。

董事长在民企座谈会上建议省委省政府在十四五规划中增加两件事:

1. 质量是和平占领市场最有效的武器。期待各级政府将颁布与培育质量奖纳入十四五规划的重要战略举措,这是浙江民营企业强身健体的基础,也是转型升级的基础。未来如有50家企业提升水平拿到中国质量奖、100家企业拿到浙江政府质量奖、1000家企业拿到市政府质量奖,浙江企业的高质量发展水平将迈上新台阶,这也是推动企业走向世界舞台中央的通行证。

2. 法治是最好的营商环境。期待政府进一步配合民企加大力度打击内部蛀虫和专利腐败的问题,为我省民营经济高质量发展提供强有力支撑,为浙江企业做大做强提供支撑。

面对未来,我们依然能清醒地看到可能存在的众多不确定性,但唯一能确定的是,把能抓在手上的事做好,用大概率思维应对小概率事件,用工作的确定性应对形势的不确定性,努力争取最好的结果。补强短板,就是优势;战胜挑战,就是机遇!

(综合浙江日报、浙江卫视)

推动杭州工业向高质量发展 全面落实杭州新制造业计划
——2019年度杭州市"三会"会员大会在东站西子国际顺利召开

本报讯 12月9日下午,杭州市工业经济联合会、杭州市企业联合会、杭州市企业家协会(以下简称"三会")在东站西子国际举行2019年度会员大会。副市长柯吉欣,市经信局局长夏积亮和各会并讲话。会长王水福致辞,新任秘书长李泰熠主持会议。"三会"名誉会长沈坚、王大父及300多名会员单位代表出席会议。市有关部门负责人及江干区领导莅会。

换届大会旨在为深入贯彻习近平新时代中国特色社会主义思想和党的十九大精神,弘扬新时代企业家精神,营造企业成长发展环境,增强企业的创新能力和核心竞争力,推动企业高质量发展。会上表彰了第十五届杭州市优秀企业家、2019年杭州市企业管理现代化创新成果获奖单位。

柯吉欣副市长代表杭州市政府向选举产生的新一届市"三会"领导班子以及王水福同志再次当选会长表示热烈祝贺,向获奖的同志们表示衷心祝贺,广大杭企业来得到长足的发展作出了重要贡献,向大家表示感谢!企业是创造财富的市场主体,企业家是解决宝贵的人才资源。企业家有信心,则杭州经济发展有信心。这么多年杭州的发展,离不开各位企业家的辛勤努力,希望和广大企业家一起,为杭州全面完实新制造业计划和数字经济的双引擎发展而共谋未来!

柯副市长强调杭州工业的重要地位,要正确理解制造业和服务业的关系,切实增强信心,把握好杭州全面落实新制造业计划的良机遇。他介绍了"新制造业计划"和企业直接相关的主要措施,并指出广大企业家要坚定信心,坚持致实,持续创新,坚守主业,助力杭州加快建设现代化经济体系和别样精彩的世界名城。一是希望永葆创业激情,持续推进制度创新、科技创新、品牌创新,努力把企业做成"常青树"企业。二是希望企业家要能培养世界眼光,具有国际化的开阔视野,科技投身"一带一路"建设。三是希望弘扬企业家精神,讲求和谐合作的团队意识、诚信意识的契约意识和义利并举的人义品格。四是希望品牌行企业,情系条件,2019年世界名城建设、国家发展大局多作贡献。五是希望市"三会"加强自身建设,更好履行职能、服务会员,树立良好口碑,努力成为企业家相互学习、沟通交流的大平台。

杭州市经信局局长夏积亮发表讲话,这一年杭州的经济总体向好,取得了不俗的成绩,杭州的企业家们真正诠释了"散作满天星、聚能成一团火"的精神,向各位企业家朋友这一年的艰辛努力表示衷心感谢!夏局长分享了"三个新",肯定了市"三会"在积极服务杭州经济发展大局、联系政府、组织架构方面的新变化,分享了趋好的宏观环境上下市经信局正在全力帮助企业做大、做强、做保障。

江干区委常委、常务副区长王文硕致欢迎词时表示,推动区域发展,特别离不开像西子联合这样的大企业集团的发展和奉献。王副区长强调,将以海纳百川的胸怀,"店小二"式的服务姿态,一如既往地做好企业的坚强后盾,坚持做到"四个不宁"——宁可财政减一点,也要替企业减负担;宁可权力小一点,也要减政增活力;宁可辛苦累一点,也要精准送服务;宁可现在难一点,也要转型减效果,努力营造海乡、亲商的发展氛围,让大家更好地分享江干机会。

选举新一届理事会及"三会"领导机构全体举手表决通过。

此次大会是一次承上启下、继往开来的大会。会议审议通过了"三会"工作报告、财务报告、章程以及一系列议题,选举产生了新一届理事会及"三会"领导机构,王水福连任会长,李蕴煜担任新一届"三会"秘书长。

王水福会长作为新当选的市"三会"会长作热情洋溢的表达讲话,"非常感谢大家长久以来的信任和支持,推选我连任会长,不忘初心、不辱使命,我将继续带头做好商会服务工作,凝心聚力,共同让'三会'成为企业家相互学习的'大学校'、沟通交流的'大平台',相互关爱的'大家庭'。"

王会长和与会人员分享了"三个要":一是要有信心。2020年是第一个百年奋斗目标、十三五计划以及全面建成小康社会的收官之年。从大的宏观环境来看,我个人认为稳增长是未来趋势,我相信明年的各类政策不仅会比今年更宽松。今年9月20日,周江勇书记启动了杭州"新制造业计划",给企业出台了一系列"含金量"的配套政策和计划,也反复强调了企业家是企业的主心骨,是制造业高质量发展要宝贵、最稀缺的资源。所以,大家要有信心,信心比黄金更重要,让我们踏踏地加油干!

二是要有恒心。国家各级政府政策环境趋好,最关键的还要靠决于企业家自身。纵观历史,再好的形势下,也会有倒闭的企业;再艰难的时期,也有优秀的企业涌现。经济形势一定有春夏秋冬,四季中想应有利于人的健康,也有利于企业健康。

三是要有终身学习的决心。在企业、董事长、总经理较好学习,我们的员工才能大无尤!未来五年十年,我们民营企业必须转型的管理、战略和创新观的新模式,才有可能在行业"集中整合"和"头部效应"的过程中存活下来。我们不仅要学习提升领导力,还要学习如何保护企业的合法权益不受侵害。董事长不要把当前管理放松。记住一条,千万不要"上山打野鸡,家里丢了老母鸡"。

我们企业家要时刻牢记和践行习近平总书记对浙江的"干在实处永无止境,走在前列要谋新篇,勇立潮头为己担当"的期望,谨记周书记去年在三会年度会员大会上的重要讲话以及对我们广大企业家的希望,在这里我与广大企业家共勉!

王会长建议"三会"成立企业家终身学习委员会,请浙大社科学部副主任,原管理学院院长吴晓波教授担任委员会的主任。吴教授是华为管理的研究专家,请他帮助我们让"雷锋式"的人才、员工先富起来。三会今后要组织企业家多走出去学习、交流、提升。

王会长最后表示,杭州的企业家要有历史担当,"今天是12月9日,是一个非常有历史意义的日子,同时'129'又是一个寓意美好的日子,寓意我们市'三会'像大家庭一样,共同学习,要得久一点,让企业活得久一点。站在2019年末,祝各位鼠定2020,敢拼才会赢!"

(徐丹瑜)

徐丹瑜:《推动杭州工业向高质量发展 全面落实杭州新制造业计划——2019年度杭州市"三会"会员大会在东站西子国际顺利召开》,来源:《西子报》2019年12月30日

推动杭州工业向高质量发展
全面落实杭州新制造业计划

——2019年度杭州市"三会"会员大会在东站西子国际顺利召开

(徐丹瑜 来源:《西子报》2019年12月30日)

12月9日下午,杭州市工业经济联合会、杭州市企业联合会、杭州市企业家协会(以下简称"市三会")在东站西子国际举行2019年度会员大会。杭州市副市长柯吉欣、市经信局局长夏积亮到会并讲话,会长王水福发言,新任秘书长李强煜主持会议。

换届大会旨在深入贯彻习近平新时代中国特色社会主义思想和党的十九大精神,弘扬新时代的企业家精神,营造企业家成长发展环境,增强企业的创新能力和核心竞争力,推动企业高质量发展。会上表彰了第十五届杭州市优秀企业家、2019年杭州市企业管理现代化创新成果获奖单位。

柯吉欣副市长代表杭州市政府向选举产生的新一届市三会领导班子以及王水福同志再次当选会长表示热烈祝贺,向获奖的同志们表示衷心祝贺,向为杭州发展作出了重要贡献的广大在杭企业表示感谢。企业是创造财富的市场主体,企业家是特别宝贵的人才资源。企业家有信心,则杭州经济发展就有信心。这么多年杭州的发展,离不开各位企业家的辛勤努力,希望和广大企业家一起,为杭州全面实施新制造业计划和数字经济的双引擎发展而共谋未来。柯吉欣副市长还强调了杭州工业的重要地位,要正确理解制造业和服务业的关系,切实增强信心,把握好杭州全面实施新制造业计划的发展机遇。他介绍了"新制造业计划"和企业直接相关的主要措施,并指出广大企业家要振奋精神、坚持改革、持续创新、坚守主业,助力杭州加快建设独特韵味、别样精彩的世界名城。一是希望大家永葆创业激情,持续推进制度创新、科技创新、品牌创新,努力把企业打造成"常青树"企业。二是希望大家能培养世界眼光,具有国际化的开阔视野,积极投身"一带一路"建设。三是希望大家能弘扬企业精神,讲求和谐合作的团队意识、诚信重诺的契约意识和义利并举的人文品格。四是希望大家能履行社会责任,情系桑梓、反哺家乡,为世界名城建设、国家发展大局多作贡献。五是希望市三会加强自身建设，更好履行职能、服务会员，树立良好口碑，努力成为企业家相互学习、沟通交流的大平台。

杭州市经信局局长夏积亮表示，这一年杭州的经济总体向好，取得了不俗的业绩，杭州的企业家们真正诠释了"敢拼才会赢"的精神，向各位企业家朋友这一年来的艰辛努力表示衷心感谢！夏局长分享了"三个新"，肯定了市三会在积极服务会员、服务杭州经济发展大局、联系政府、组织架构方面的新变化，分享了趋好的宏观环境之下杭州新制造业的新机遇，以及对企业家们的新期待，市经信局愿意给市三会会员做专门的政策辅导，鼓励并帮助企业做大做强。

江干区区委常委、常务副区长王文硕致欢迎词时表示，推动区域发展，特别离不开像西子联合等大企业大集团的发展和奉献。

会议还邀请了深圳传世智慧科技有限公司总裁范厚华，作了"打造变革领先的核心竞争力"的主题分享。他以标杆企业华为公司为例，通过技术进步和管理优化来打造核心竞争力。他认为，变革是推动数字化转型与升级的重要方法，也是推动企业规则、流程、组织、IT的改变。企业家的首要责任，是找到企业现在与未来活下去及商业成功的方法。企业通过独特的核心竞争力来创造顾客需要的真正价值，最终的目的是创造更加美好的社会。

此次大会是一次承上启下、继往开来的大会。会议审议通过了市三会的工作报告、财务报告、章程以及一系列议题，选举产生了新一届的理事会及市三会的领导机构，王水福连任会长，李强煜担任新一届市三会秘书长。

王水福会长作了热情洋溢的表态讲话："非常感谢大家长久以来的信任和支持，推选我连任会长，不忘初心、不辱使命，我将继续带头做好商会服务工作，凝心聚力，共同让市三会成为企业家相互学习的大学校、沟通交流的大平台、相互关爱的大家庭。"

王会长和与会人员分享了"三个要"：一是要有信心。2020年是第一个百年奋斗目标、"十三五"规划以及全面建成小康社会的收官之年。从大的宏观环境来看，我个人认为稳增长是未来趋势，我相信明年的各类政策不会比今年更紧了。今年9月20日，杭州"新制造业计划"启动了，为企业出台了一系列高含金量的配套政策和计划，也反复强调了企业家是企业的主心骨，是制造业高质量发展最宝贵、最稀缺的资源。所以，大家要有信心，信心比黄金更重要，让我们撸起袖子加油干！

二是要有恒心。国家各级政府的政策环境趋好，最关键的还要取决于企业家自身。纵观历史，再好的形势下也会有倒闭的企业；再艰难的时期，也会有优秀的企业涌现。经济形势一定有"春夏秋冬"，四季分明反而有利于人的健康，也有利于企业的健康。

三是要有终身学习的决心。在企业，董事长、总经理好好学习，我们的员工才能天天向上。未来5至10年，我们民营企业必须转型向管理、战略和创新驱动的新模式，才有可能在行业"集中整合"和"头部效应"的过程中存活下来。我们不仅要学习提升领导力，还要学习如何保护企业的合法权益不受侵害。同时，不能放松内部管理，记住一条：千万不要"上山打野鸡，家里丢了老母鸡"。

我们企业家要时刻牢记和践行习近平总书记对浙江的"干在实处永无止境，走在前列要谋新篇，勇立潮头方显担当"的期望，我与广大企业家共勉！

王会长建议市三会成立企业家终身学习委员会，请浙大社科学部主任、管理学院原院长吴晓波教授担任委员会的主任。王会长最后还表示，杭州的企业家要有历史担当，共同学习，要爱得久一点，让企业活得久一点。

外部媒体·质量报道

财经 FINANCE

A31 | 今日早报 2011年1月18日 星期二

高端访谈 9 NINE TOP

西子联合控股董事长王水福谈浙商"富而思进"之道
"产品是企业家的第二生命"

□本报记者 徐秀雰 文/摄

"质量是和平占领市场最有效的武器。"王水福不仅喜欢书法，而且专谈企业之道。

"30年前浙商求思变，30年后的今天，浙商要想的是富而思进。"王水福在他的办公室里对记者说。

给全世界造电梯和电梯部件；给中国 C919 大型客机和美国庞巴迪的动态飞机造零部件；和绿城合作房地产；控股百大、涉足百货业；给杭州的地铁造屏蔽门……王水福所领的西子联合控股，早已不能和30年前的村办企业同日而语。

就在记者采访的前两天，杭锅股份在A股上市，作为控股方西子电梯集团有限公司的董事长王水福的个人身家，已然成了热门话题。最新出炉的2010年福布斯中国富豪榜上，他以93亿元的财富排在第63位。

这次随着上市后，相比8年前的投资涨了近43倍，王水福却说，"男人有了钱是个麻烦，因为责任更大。"最近，他最忧的不光是自己，还有经历30年发展的浙商们，"有了钱，怎么把这个钱花好？"

观点

● 品牌化和品质化的竞争一定是未来10年的主导。

● 我们有时候挺傻，老是讲"降本增效"，节约成本，做低端。现在是不是该反过来考虑了？应该增加成本，提高产品和服务的质量，提高价格。

● 世界500强靠的是体系，是六个字：安全、道德、内控。

● 未来企业，资产一定证券化，产品一定高端化，服务一定精细化。

● 全国都在培养CEO，重视的都是总经理这个位置。但我认为现在必须重视总工程师和总质量师的作用。

是否该把"降本增效"的"降"字改成"增"？

过去我们周边的温州柯桥市场需求，市场要什么，我们制什么，时代变迁了。王水福跟记者这几天70多位高的同行，他购同在座的所有人，期间的最高一字是什么呢？限前的答案是，只有啊吧。

据记者报料，王水福又翻看最上的POLO毛衣，"贴一个品牌就可以比普通的衣服贵上10倍。有什么启发？

王水福认为是降本化和品质化的，不透，可是事实是我们的生活中，大家或多或少在用国外品牌。

"10年前，我们出国，带的一整都挤户的使用品。我们的要把国外进去。现场上也改变了出国消费的习惯。人的惰性是最难的，惯性是很难改变的。这个"变"，有个漫长的过程。

"我们有时候挺傻，老是讲"降本增效"，节约成本，做低端。现在是不是该反过来考虑了？他对当前企业的生存状况很焦虑，"许多企业为什么会死？就是市在只关注低端市场，我们应该引领市场下的。消费者的意识要提高，满足的市场需求，未来十年我们浙商一定要的百年企业。走向高端，我最最的百年企业，我们要走的百年，还有很长的路要走。"

世界500强靠的是"体系"

王水福这几年和世界500强企业都接触，其对真的第分去生气产品。王水福的公司还和日本的石川岛合资生产体停车库，很多次事察时王水福感受到他们与中国传统企业有着本质的区别，"世界500强企业早就走过了劳则易富而富思进阶段。他们的是体系，是六个字：安全、道德、内控。"

"原来我们合作方庞巴迪的很多做法不理解，后来明白了，他们做企业靠的是制度和体系。"王水福认识到，要做成世界一流的企业，除了有激情，还得有一套先进的企业制度。虽然产品已经出口到几个国家，但王水福还是十分抓开拓日本市场。"日本市场小且挑剔，非常难进。但是只有进入日本市场，才能证明产品的质量过硬。"王水福请了多位日本专家来为他的电梯部件产品的质量把关。在他眼里，这才是和"安全、道德、内控"这六字标准最接近。

我们都在培养CEO，却没有人培养车间主任

采访王水福时，一架由欧洲空客母公司EADS刚刚送来的A380客机模型正搭在桌上。当天，这家世界最大的飞机制造企业专家跟人起来杭州与王水福洽谈合作事宜。

而事实上，去年西子联合已经为庞巴迪跨州交付了150架小型飞机的零部件，这些飞机，80%的机械加工零件和100%的复合材料部件，来自西子联合控股旗下的西子航空板块。

2009年5月，西子已经成功跻身中国C919大型客机机体结构的一级供应商，如果西子和空客公司这样跟国际航空制造业紧密地合作。意味着西子将有更多的机会学习世界领先的质量管理体系，加快研发西子的航空制造板块，同时促进西子现有产业的转型升级。

"全国都在培养CEO，重视的都是总经理这个位置。但我认为现在必须重视总工程师和总质量师的作用。"

"定是航空的目的，王水福透露，其实在于工用航空产品的严格生产管理，提升子现有产品的品质。王水福认为，"总经理、总工程师、总质量师，这三驾马车一驾也不能少！"

为了严格把控质量，王水福特别强调了车间主任的重要性，在他所领的集团中就有专门培训车间主任的学校——西子联合大学。到目前为止已培养300多人。最近，新一期的西子联合大学正式开学，王水福又有了一个新身份，校长。

质量是和平占领市场的最有效武器

采访中发现，王水福有时也会忙里偷闲临书法。古朴的中式桌上，放着一叠宣纸，上面写着："质量是和平占领市场的最有效武器。"

"我们国家的家电业在世界是最大，但却是"量"大不是"质"大的。王水福向保有机床、船舶没有危机感就是最大的危机。王水福曾经引用"中国质量管理之父"刘源张博士的话，"缺乏认真和诚信是中国质量问题的症结。"这与访问他所持有感触，这也是他迫切想进入航空领域的原因。

未来我们的浙商应该如何面对挑战，如何化危机为动力？

"资产一定证券化。产品一定高端化。服务一定精细化。"这是在庆贺机械上市成功的仪式上，王水福送的三句话也是他觉得新的最新制上市奋斗的努力方向。也始挤开推出了一番琢磨。

"为什么要证券化？证券化是企业家面向多者。这是他的产品高端化这方面，我相信就像食品采购，也会越来越高端化。很多企业已经做了。比如欧洲玛莎带售的专业化鸡蛋助采购，而城城帮别人代采购上。这就是专业，让人做专业的事，精细化。"

除了这三句话，王水福还提出了三个"品"。除了好好的人品、最高品质的产品，还有好服务和品牌。他认为不能讲道理，讲的是情理。对员工就要像对老婆一样，要王水福将是怎么说的？

虽然最近几年，王水福给人们的印象是一度在运作房地产。但他的核心目标一直是个，走向高端装备制造业，做船的"隐形冠军"。

"企业家不能老是妙短妙棉花。好化的中国集团里，一个小小的万向节能敲钉世界从大，那么我晓成的。就算你赚了几个亿，十个亿，10年时间，你也未必能够做好的。所以我说企业家要像对老婆一样，要王水福说的。企业家要真正的把企业做成百年企业，才是企业家真正的"第二生命"。

徐秀雰：《西子联合控股董事长王水福谈浙商"富而思进"之道："产品是企业家的第二生命"》，来源：《今日早报》2011年1月18日

西子联合控股董事长王水福谈浙商"富而思进"之道："产品是企业家的第二生命"

(徐秀雳　来源：《今日早报》2011年1月18日)

"30年前的浙商穷则思变，30年后的今天，浙商要想的是富而思进。"王水福在他的办公室里对记者说。

给全世界造电梯和电梯部件；给中国C919大型客机和美国塞斯纳运动型飞机造零部件；和绿城集团合作房地产项目；控股百大集团，涉足百货业；给杭州的地铁造盾构机……王水福带领的西子联合，早已不能和30年前的村办企业同日而语了。

就在记者采访的前两天，杭锅股份在A股上市，作为控股方西子电梯集团有限公司的董事长王水福的个人身家，已然成了热门话题。最近出炉的2010年福布斯中国百强富豪榜上，他以93亿元的财富排在第63位。

这次杭锅股份上市后，相比8年前的投资涨了近43倍。王水福却说："男人有了钱是个麻烦事，因为责任更大了。"最近，他最忧虑的不光是自己，还有经历30年发展的浙商们。"有了钱后，怎么把这个钱花好？"

* 观点

- 品牌化和品质化的竞争一定是未来10年的主导。
- 我们有时候挺傻，老是讲"降本增效，节约成本，做低端"。现在是不是该反过来考虑了？应该增加成本，提高产品和服务的质量，提高价格。
- 世界500强靠的是体系，是六个字：安全、道德、内控。
- 未来企业，资产一定证券化，产品一定高端化，服务一定精细化。
- 全国都在培养CEO，重视的都是总经理这个位置。但我认为现在必须重视总工程师和总质量师的作用。

是否该把"降本增效"的"降"字改成"增"?

"过去我们思考的是怎样满足市场需求,市场要什么,我们给什么。可是现在时代已经变了。"王水福前几天给70多位高管开会,他询问在座的所有人,谁用的是国产手机?得到的答案是只有两位。

面对记者,王水福又指着身上的POLO毛衣说:"贴一个商标就可以比普通的衣服贵上10倍,有时候有点想不通。可是事实是我们的生活中,大家或多或少都在用国外品牌。10年前,我们出国带的是一整箱的方便面,而现在出国回来带的是国外的食品。很多人从香港往内地带一个手机、一罐奶粉,就像蚂蚁搬家一样,这是为什么?"

王水福认为品牌化和品质化的竞争一定是未来10年的主导,他对当下企业的生存状况很忧虑。"许多企业为什么会死?就是死在只知道满足市场需求的习惯上,我们应该引领市场了。人的惯性思维很重要,惯性思维不变,行为就没办法变。这个'变',有个痛苦的过程。"

"我们有时候挺傻,老是讲'降本增效'、节约成本、做低端产品。现在是不是该反过来考虑了?应该增加成本,提高产品和服务的质量,提高价格。"王水福说,改革开放30年来,浙商靠的是穷则思变,满足的是市场需求,未来30年我们浙商一定要富而思进,走向高端制造。"我最羡慕百年企业,我们西子要走向百年还有很长的路啊。"

世界500强靠的是"体系"

王水福这几年和世界500强企业频繁接触,除了和奥的斯公司合资生产电梯产品,王水福的公司还和日本的石川岛公司合资生产立体停车库。多次考察过这些企业的王水福感受到他们和中国传统企业有着本质的区别。"世界500强企业早就走过了穷则思变和富而思进的阶段,他们靠的是体系,是六个字:安全、道德、内控。原来我对合作方奥的斯的很多做法不理解,后来明白了,他们做企业靠的是制度和体系。"王水福认识到,要做成世界一流的企业,除了有激情,还得有一套先进的企业制度。

虽然产品已经出口到几十个国家和地区,但王水福还是十分想开拓日本市场。"日本市场小且挑剔,非常难进,但是只有进入日本市场,才能证明产品的质量过硬。"王水福请了多位日本专家常年为他的电梯部件产品的质量把关。在他看来,这才是向"安全、道德、内控"这六字标准靠近。

我们都在培养CEO，却没有人培养车间主任

采访王水福时，一架由欧洲空客母公司EADS刚刚送来的A380客机模型正摆在桌上。当天，这家世界最大的飞机制造企业专程派人赶来杭州与王水福洽谈合作事宜。

而事实上，西子联合去年已经为美国塞斯纳公司交付了150架小型飞机的零部件，这些飞机80%的机械加工零件和100%的复合材料部件，来自西子联合控股旗下的西子航空板块。

"航空产品的不合格率是汽车、电梯、医疗机械产品的千分之一。如果一个人每天坐一次飞机，那么平均需要13698年才可能会遇上一次飞机事故。欧洲空客公司的质量监管人员是法国政府直接派驻的。因为空客公司的产品质量已经上升到了国家的意志，如果空客公司有质量问题了，那么国家的声誉也会受到影响。"王水福说道。

2009年5月，西子已经成功跻身中国C919大型客机机体结构的一级供应商。如果西子和空客公司这样国际顶尖航空制造企业能成功合作，意味着西子将有更多的机会学习世界领先的质量管理体系，加快培育西子的航空制造板块，同时促进西子现有产业的转型升级。

"全国都在培养CEO，也都很重视总经理的作用。但我认为现在必须重视总工程师和总质量师的作用。"涉足航空的目的，王水福的"醉翁之意"其实在于用航空产品的严格生产管理，来提升西子现有产品的品质。王水福认为："总经理、总工程师、总质量师，这'三驾马车'一驾也不能少！"

为了严格把控质量，王水福特别强调了车间主任的重要性。在他带领的集团中就有专门培训车间主任的学校——西子联合大学，到目前为止已培养300多人。最近，新一期的西子联合大学正式开学，王水福又有了一个新的身份——校长。

质量是和平占领市场最有效的武器

采访中发现，王水福有时也会忙里偷闲练书法。古朴的中式书桌上，放着一沓宣纸，上面写着："质量是和平占领市场最有效的武器。"

"我们国家的家电业在世界是老大，但却是数量的老大，而不是品质的老大。"王水福向来很有危机感，他曾说没有危机感就是最大的危机。王水福经常引用"中国质量管理之父"刘源张院士的话："缺乏认真和诚信是中国质量问题的癌症。"这句话让他深有感触，这也是他迫切想进入航空领域的原因。

未来我们的浙商该如何富而思进？如何化危机为动力？

"资产一定证券化，产品一定高端化，服务一定精细化。"这是在庆祝杭锅集团上市成功的仪式上王水福的发言。这三句话总结的是杭锅上市后的努力方向，也给浙商指出了一条道路。

"为什么要证券化？中国进入股市的企业像雨后春笋，这是趋势；产品高端化也是趋势，我相信就拿食品行业来说，也会越来越高端；至于服务的精细化，很多企业已经在做了，比如沃尔玛公司请香港的专业代购公司帮助采购，而绿城集团帮别人代建房子，这就是专业的人做专业的事——精细化。"

除了这三句话，王水福还提出了三个"品"：除了培养好的人品、做高品质的产品，还要提供优良的服务品质。他认为对客户要像处理家庭关系一样。"两夫妻不能讲道理，讲的是情理，对客户就要像对老婆一样，因为客户永远都是对的！"

虽然最近几年王水福给人的印象是一个资本运作的高手，除了主业，他还控股百大集团涉足百货业，联手绿城集团涉足房地产，但他的核心目标却一直是一个，即走向高端装备制造业做细分市场的"隐形冠军"。

"企业家不能老是炒煤炒棉花，如果像万向集团那样，将一个小小的万向节做到世界第一，那么也就成功了。就算给你5亿元、10亿元，10年时间，你也未必能够撼动他的地位。这就是'隐形冠军'。"王水福说，浙江的企业家走过了之前的30年，现在应该静下心来做实业了，只有把企业做成百年企业，那才是企业家真正的"第二生命"。

浙江日报
聚焦两会 5

2011年1月20日 星期四
责任编辑：李建

代表委员共商"十二五"传统产业提升之路——
浙江制造，转型进行时

本报记者 吴妙丽 李建

品质铸就高端制造
——访省人大代表、西子联合控股集团董事长王水福

记者 张丹丹 通讯员 章成

省人大代表 王水福
本报记者 黄曙林 摄

> 扎实推进块状经济向现代产业集群转型提升示范区建设，加快完善研发、物流、检测、信息、培训等公共服务平台，促进块状经济产业链纵向延伸和横向拓展。
> ——摘自吕祖善省长《政府工作报告》

嘉宾：
省人大代表、永康市人大常委会主任 刘淑芬
省政协委员、省经信委副主任 郑一方
浙江大学管理学院常务副院长、教授 吴晓波
浙江海洋学院教授 潘家和

舟山造船业成为浙江制造转型着力点之一。 CFP 供图

做强"产业航母"，先破行政框框

紧盯战略性新兴产业

智慧与产业走得更近

打造五金产业集群

记者 汪成明 报道组 叶宁

■ 链接

张丹丹、章成：《品质铸就高端制造——访省人大代表、西子联合控股董事长王水福》，来源：《浙江日报》2011年1月20日

品质铸就高端制造

—— 访省人大代表、西子联合控股董事长王水福

(张丹丹 章成 来源:《浙江日报》2011年1月20日)

王水福喜欢到处走走。作为西子联合控股集团董事长的他,去了一趟法国,深受触动。他认识了一位原本是空客公司质量管理者的法国人,目前被选任为国家分管航空质量的管理人员。"法国人已经将空客产品的质量上升到国家的高度,可见发达国家对产品质量的重视程度。"

这一两年来,王水福一直都在强调质量,特别是以精益制造模式出名的丰田也发生了召回事件,更加触动了他对产品质量的追求乃至执着。他一直强调,质量是和平占领市场最有效的武器。"中国是制造大国,但不是质量大国,很多企业仍然处于满足市场的生产惯性,浑然没有发现这个世界正在起变化。"

从中国每年快速上涨的奢侈品消费数量来看,消费市场正不知不觉向高档品牌转移。人们的消费习惯正在改变,几乎每个人身上都能寻找到一两件高档品牌的产品。对浙江来说,这意味着一些靠低价竞争的企业将面临洗牌,但也预示着浙江制造将迎来第二个春天——高端制造产业的春天。

高端制造业的生命就是品质。现在,王水福拿来衡量旗下产品是否高品质的标准,是航空产品的标准。用他的话说,就是"用航空的标准造电梯"。

航空产品是公认的高品质产品,不合格率是普通工业产品的千分之一。王水福打了个比方,如果1个人每天坐1次飞机,平均需要13698年才可能遇到一次飞机事故。航空产品与普通产品为何会存在如此大的品质差距?他解释说,关键在于它拥有独立的质量管理团队。"一般企业拥有的质量管理团队,都隶属于企业内部,而航空产品不同,它的质量管理团队是独立于企业之外的。"这个团队里,有政府背景的人员,也有其他企业的专家,还有客户代表。这样的团队才能够毫不留情地指出企业产品的质量问题。

目前,西子联合聘请了多名日本专家做顾问。他们每天要干的事,就是到各个分公司"挑刺"，尤其是质量问题，并提供解决方案。不过，王水福说，这种方法还不够彻底，他打算在集团内部建立像航空板块那样的独立质量管理团队，以全程监控产品质量。这也是西子联合在2009年全力争取大飞机项目的原因。民营企业进军航空产业，短期内很难盈利，但对企业品质提升却有很大的意义。

在西子联合有个有趣的现象：当大部分企业都千方百计打造金牌CEO时，西子联合则在努力培养金牌总质量师。相对应地，在中层干部中，车间主任也受到高度重视。今年，王水福将正式担任西子联合大学的校长，并将进一步增加培训经费，重点培养一批质量管理的内训师，也就是能够"传帮带"的种子选手。西子联合对质量的重视，可见一斑。

王水福对质量的理解，甚至深入品牌概念。采访间，他多次提到万向集团："万向把小小的万向节做到了世界第一。给任何人10亿元，追赶10年时间，也无法超越它，因为万向产品的品质已经铸就了它在高端制造业领域的品牌。"这种现象，被他定义为真正品牌的力量。当一个企业花去几十年甚至上百年时间去精耕细作品质，它所建立起来的品牌，才是真正的品牌，是难以超越的。这远远不是短时间的广告轰炸、宣传就能够获得的。目前，省委、省政府已经作出建设"质量强省"的部署，这是十分具有前瞻性和战略意义的。如果都能够朝着这个方向努力，经过"十二五"规划期间的发展，浙江的民营企业很有希望从"草本"走向"木本"。

24 消费

2011年4月22日 星期五

浙江日报 ZHEJIANG DAILY

新商业文明·对话企业

质量，新商业文明的基石

对话人物：王水福，西子联合控股有限公司董事长

沙德安 仇欢/文 沙德安/摄

30年的发展使西子联合控股公司从一个小小的村办农机厂成长为总资产达130亿元，有全资、控股、参股企业20余家的大型企业集团，已然成为浙东的主要制造业者之一。谈到新商业文明的内涵，董事长王水福认为，从事30年的主作也是，新商业文明的核心内容，"30年的经验告诉我，30年的经营环境，及经营的总宗旨是：诚信是新商业文明对诚信质品的最高标准。"

质量强省
新商业文明的基石

近日，浙江省最近公布了《关于加快建设质量强省的若干意见》，将质量目标纳入发展方式转变评价体系。可以说浙商是为主力军的响应着，正在努力实现从产品质量向发展质量转变，从浙江制造向浙江创造转变，从浙江制造向浙江创造转变，从浙江制造向浙江创造转变，从浙江制造向浙江创造转变。"过去我们方面做品牌、做品牌、做品牌、做品牌、做品牌、做品牌、做品牌、做品牌、做品牌、做品牌、做品牌、做品牌、做品牌、做品牌、做品牌、做品牌，王水福的"质量强省"是建品牌、打品牌、护品牌的重要方法。

提高素质
让员工体面生活

为了严格把控质量，王水福特别强调了其品员工素质，特别是员工培训方面的重要性。在他带领的集团中就有专门培训中心和高端管理人员的学校——西子联合大学，到目前为止已培养300多人。除了西子联合大学，王水福还把培养中国白领企业的愿景。是把各部门的资深技术人员组织起来，"是把各部门的资深技术人员组织起来，"西子联合与浙江大学合作建立了"浙江大学西子研究院"。这里实现从"制造"到"创造"联手的重要基石。这一切都要从基础保证质量开始。为此，王水福把这需求和确的企业和员工一同作为，不仅实现从员工的基本生活需求，还要对他临助管理层。

制度保障
品质为尊严而干

王水福对新商信质的的知识产权保护不力和人才流失等问题甚为重视，也建议旗下为更多研究院外企业在知识产权保护以及快速发展。比较为宽松。现在，王水福和每位骨干，已经有意识地组织他们为自己的员工提出一切"质量"体系运作，为"2009年——把产品卖到日本去"2010年——"品质流变合运"，2011年——"质量是和平占领市场的最有效武器"，每一句都是人深思。

西子联合合于3月15日"国际消费者权益日"隆重举行全集团"品质大会"。目的就是在于设立各部门质量工作。强调品质为尊严而干。

另外，近两年，王水福每年都会把自己的员工提出一切"质量"体系运作，为2009年——把产品卖到日本去"2010年——"品质流变合运"，2011年——"质量是和平占领市场的最有效武器"，每一句都是人深思。

诚信之外，更需创新、坚持、务实

对话人物：陈敏，铭德广场·利星名品董事长

王静 沈丹萍/文 沙德安/摄

对于新商业文明的话题，铭德广场·利星名品的女掌门人陈敏从"创新"才能吸引消费者

"诚信经营是任何一家企业必须具备的素质，利星也不例外"，陈敏对"诚信经营是任何一家企业必须具备的素质，利星也不例外"，陈敏对"诚信经营是任何一家企业必须具备的素质，利星也不例外"，陈敏对"诚信经营是任何一家企业必须具备的素质，利星也不例外"，陈敏对"诚信经营是任何一家企业必须具备的素质，利星也不例外"。

2008年年底第一家快时尚品牌ZARA开店，他已经在思考，在3年多的发展当中，她探索出了"定位年轻快时尚，聚焦主题门门、创造零售新不同于其它商场的经营之路，以及"诚信、创新、坚持、务实"四条商业文明准则。3万多平方米的铭德广场·利星名品在杭州并不算大商场，但是眼楼里的快时尚"品牌特征位，便利吸引国际潮流，聚焦人气，带来了业绩。

"创新"才能吸引消费者

"诚信经营是任何一家企业必须具备的素质，利星也不例外"，陈敏对消费者。

"坚持"赢得供应商青睐

在商利国际一流资源的同时，陈敏认为只有"坚持"，才能取得共赢。"坚持做诚意，新完度更大的创新，也是一种形式的创新。在新商业文明的诉求中，坚持因为能够随个多人思考，但是我更加重视坚持。"

与别人不同的是，陈敏更注重在坚持中把握中快乐的精神。陈敏把三年时的心路回顾进来，并把是在商业自说创始的杭州百货店旅游期，才把是在商业自说创始的杭州百货店旅游期，才把是在商业自说创始的杭州百货店旅游期。作为一家定位于年轻快时尚的特色商场，如今利星旗下经营着大量的品牌的有经验者。一个关于"坚持"的故事，"记得2008年ZARA开业和2009年无印良品入市时，来自西班牙和日本的负责人曾讲过，杭州的第一家门店之所以选择开在西湖边，原因之一是因为与利星的周边增长快。

"务实"精神培育员工

一个企业的发展为然离不开应和消费者的支持。但是员工是企业的源泉，在只有基石稳固了，企业才有发展的潜力。陈敏说："在新商业文明现实展现出来，对伟成商消费者员工之的影响，另一种。在新的商业模式之下，陈敏认为用人要合理的有价值的，干是提出了"三流即风才，有为才有位"的人力资源的。在为消费者提供服务中为一个发展的企业需要务实的年轻人。"

新商业文明·标杆样本

联华华商：品质生活倡导者

王静 沈丹萍

1997年12月25日，杭城第一家连锁超市联华华商集团旗下"家友超市"开门迎客。2005年，联华华商从"家友超市"变成为"世纪联华"，标志着发展进入了快车道。14年的发展之路，联华华商集团已从单一品牌发展成为多业态、多渠道的国连锁超市。旗下分别有世纪联华、联华超市、CITYLIFE、联华购物网、莱茨大卖场、综合超市、标准超市、高端超市以及网上超市等业态，实现了浙江集团连锁数最多、业态最丰富的连锁超市集团品牌。

世纪联华：超市＋百货，体验一站式购物

与上海联华集团市合实施全国发展战略，世纪联华在浙江进入了快速发展通道。从2003年的3家发展到已拥有118家，全年实现销售额28.8亿元。2005年，世纪联华庆祝8周年的销售破10亿元。当时的业绩算一骑绝尘。

信息、公司领导及并没有对达在商贸、购物这块、2006年公司确立了"超市+百货"的新业态模式应对市场变化。超市+百货的模式就是回应国现状。

回风战这一应还并不，百货类发展之根，那如下一个"千百货"在各地发现，"新纪元"，"百盛"等热门品牌，不同商家消费不同的。当时实现是2亿元销售，成为公司的主要展现。

从2007年开始，世纪联华余悦超市业态正式为"超市＋品牌百货"的新型业态模式试利。转型的世纪联华，不仅满足消费者高端选择性各产品的需求，其与副食、百副、双立人、KFC等国际一流商家的合作，让让消费体验到一站式的购物乐趣。

联华超市：居民的菜篮子，社区的好邻居

联华超市在社区具有很高的根，几百平方米的"标准超市"，虽然不大，但是实现了消费者从购物到时到30分钟的便民生活对需要10分钟的便民生活对需要10分钟的便民生活对需要10分钟的便民生活对需要。

加大生鲜，满足居民菜篮子是"标超"受百姓关注的原因。顾客购物后品，使大领大葱、水严草、鱼肉、米面、菜品。这些顾客当为新门顾问买，掀开了"联华超市"的民的菜篮子，社区的好邻居。

CITY LIFE：美好生活来自全球

每天航空直达的鄂威深海三文鱼片、来自族额表庄的限量红色葡萄酒、85%来自世界各地购买到100家门门10%来自本地、360°开放式空间设计……2010年9月16日，联华旗下高端生活超市 City life即将生活另是开幕。City life是一家开在西湖景区的家庭店。

City life西湖翠店进一驱运经营了两年半时间，作为联华华商旗下的高端品牌。

2010年6月22日，联华华商旗下联华购物网(www.lhgw.com.cn)在线上线。城市家庭用户。

联华购物网站正是联华、联华电子商务市场建立，也是联华华商集团多元发展战略的重要一环。集团公司从线下门门上线同时，新的生活方式促进着企业的发展。

联华购物网：足不出户 轻松购物

于浙江消费者来说，足不出超市大包小包往家里拿东西购物行为可以简便成网中现在交点。

联华购物网立足杭州，覆盖江浙沪，为消费者提供精选的食品、日用品、饮料食品、美容护理、家居清洁等八大类，涵盖门万余种商品，同上商品金额为报告西湖店 City life 是其打造的家庭店。

这次推出的City life，可以说是品牌的高端升级版，是对精致生活方式的诠释，延续散发出了优雅健康的核心理念，也提供高品质的食材菜蔬和科学的饮食方式。

为消费者提供更好的服务是我们希望的其打造的家庭店，加入以量会员，白领小香的人生一生形的向往感，"我们"是将信任度享。

环境发送达上一定关节，消费体验试送。时间上保证送上门，时出门门服。每到一周一家小时、一小时门门门店服区、网上订单24小时门门店送。也是业界首家送的服务的一部分。

消费者体验的核心上建店的消费理念，以便、健康，我们希望购物其打造的过程。

品位、生活。环保，代表着每个人家来发的主文化价值化。以责任和文和成熟从生产活动。可以说City life 积营的商品是多、是展现代都市人族先进，是提供高品质的食材菜蔬和科学的饮食方式。

会员卡，购物满100元起退，购100元，免费送货到家，支付方式一是刷卡用服务卡支付，另一种是货到付款。可以支付现钞。联华购物网主推"一小时门门"配送服务，对于上班族，网店服务。

对于当今的年轻一族来说，在网上购物，成为他们随意简单种方式的一种新品种东西，通过联华华商服多元化的客户，可以城市各角，提供不同方式的消费服务。

消费资讯

全球首款变频精控电压力煲问世

宝珀表新品亮相巴塞尔

仇欢：《质量，新商业文明的基石》，来源：《浙江日报》2011年4月22日

质量,新商业文明的基石

(对话人物:王水福,西子联合控股有限公司董事长)

(仇欢 来源:《浙江日报》2011年4月22日)

30年的发展使西子联合控股公司从一家小小的村办农机厂成长为总资产逾130亿元,有全资、控股、参股企业20余家的大型企业集团,已然成为商业时代变迁的重要角色。谈到对新商业文明的理解,董事长王水福认为,品牌化和品质化的竞争一定是未来30年的主导,也是新商业文明的核心内容。"30年前浙商穷则思变,30年后的今天,浙商要想的是富而思进。新商业文明对制造行业来说其核心就是质量。从'草本'变'木本',品牌背后是品质。"

质量强省:新商业文明的基石

近日,浙江省公布了《关于加快建设质量强省的若干意见》,将质量目标纳入发展方式转变评价体系,可见以浙商为主力军的响应者们正在努力实现从产品质量向发展质量转变,从质量监管向质量建设转变,从浙江制造向浙江品质转变。"过去我们思考的是怎样满足市场需求,市场要什么,我们给什么,老是讲'降本增效',节约成本,做低端。可是时代已经变了,现在是不是该反过来考虑了?应该增加成本,提高产品和服务的质量,提高价格。"

涉足航空的目的,王水福的"醉翁之意"其实在于用航空产业的质量管理体系来提升西子现有产品的品质。

提高素质:让员工体面生活

为了严格把控质量,王水福特别强调了提高员工素质、培养车间主任的重要性。在他带领的集团中就有专门培训车间主任和高级管理人员的学校——西子联合大学,

到目前为止已培养300多人。除了西子联合大学，通过初始创业和跨国合资合作，完成了从"仿造"到"制造"的跃升，积累了相当的资本、技术和人才资源要素。西子还与浙江大学合作建立了"浙江大学西子研究院"，这是实现从"制造"到"创造"跃升的重要基石。

这一切都要从基础保证质量开始，王水福说这需要和谐的企业和员工之间的劳动关系，让员工体面地生活，不仅要保证满足新员工的基本生活需求，还要不时地激励管理层。

制度保障：品质为尊严而干

王水福对于浙商面临的知识产权保护不力和企业人才流失等问题甚是担忧，他建议浙商应多多研究国外企业在知识产权的保护以及管理战略中的特征，学习他们的做法，注重专利的申请，讲究权益的保护，将专利申请与投资活动有效地结合。

西子联合在今年3月15日"国际消费者权益日"那天举行全集团的"品质大会"，目的就在于动员和部署质量工作，强调品质为尊严而干。

另外，近些年来，王水福每年都会对自己的员工提出一句"质量"座右铭：2009年的"把产品卖到日本去"，2010年的"品质改变命运"，2011年的"质量是和平占领市场最有效的武器"……每句话都发人深省。

诚信示范企业创建 | Good faith demonstration enterprise

西子联合控股有限公司：诚信治企

西子联合控股有限公司前身为西子电梯厂，创办于1981年，总部位于浙江杭州，是以装备制造业为主跨行业经营的综合型企业集团。西子联合旗下产业涵盖电梯、电梯部件、立体停车库、锅炉、盾构机、钢结构、航空、商业、房产、金融投资等多个领域，是中国500强企业之一，员工1万人。

西子联合旗下拥有百大集团和杭锅股份两家上市公司，西子的节能电梯、电梯部件、立体车库、余热锅炉业务连续多年全国第一。西子联合通过与美国奥的斯、日本石川岛、德国西门子等世界500强企业合资合作模式，具备精益制造和国际化管理优势，遵循研发、制造、服务并重的发展战略，开拓进取，2009年正式进入航空制造领域，并成为唯一进入国家C919大飞机项目的中国民营企业。

西子联合获得了"国家科技部国家级火炬计划重点高新技术企业"、"浙江省工业行业龙头骨干企业"等众多荣誉。2011

《西子联合控股有限公司：诚信治企》，来源：《信用浙江》2013年第1期

西子联合控股有限公司:诚信治企

(来源:《信用浙江》2013年第1期)

西子联合控股有限公司前身为西子电梯厂,创办于1981年,总部位于浙江杭州,是以装备制造业为主,跨行业经营的综合型企业集团。西子联合旗下产业涵盖电梯、电梯部件、立体停车库、锅炉、盾构机、钢结构、航空、商业、房产、金融投资等多个领域,是中国500强企业之一,员工超1万人。

西子联合旗下拥有百大集团和杭锅股份两家上市公司,西子的节能电梯、电梯部件、立体车库、余热锅炉等业务连续多年居全国第一。西子联合通过与美国奥的斯、日本石川岛、德国西门子等世界500强企业合资合作模式,具备精益制造和国际化管理优势,遵循研发、制造、服务并重的发展战略,开拓进取,于2009年正式进入航空制造领域,并成为唯一一家进入国家C919大飞机项目的中国民营企业。

西子联合获得了"国家科技部国家级火炬计划重点高新技术企业""浙江省工业行业龙头骨干企业"等众多荣誉。2011年,集团旗下产业营业收入达172亿元,总资产达263亿元。2012年的营业收入达206亿元,同比实现20%的增长。

健全的社会责任管理体制,坚持诚信经营

西子联合秉承"诚信、品质"的理念和文化,走合作共赢的发展道路,以诚信为本,打造永续经营环境,打造西子品牌,努力实现"百年西子、世界西子"的愿景。

2007年,西子联合发布了全国民营企业首份企业社会责任报告,从"发展、诚信、守法、资源、环境、文化、慈善、就业、安全"九个方面作出承诺,提高企业社会责任执行程序的透明度。自此以后,西子联合本着真实、客观、透明的原则,每年都发布年度企业社会责任报告,逐一阐述西子联合对企业社会责任的理解并归纳总结过去一年中的履行情况。为了更好地履行企业社会责任,西子联合还设立专职委员会,负责评估经营决策对利益相关者及环境与社会的潜在影响,评估企业履行社会责任的整

体表现，制订西子联合履行社会责任的行动计划。

西子联合始终将依法纳税视为企业重要的社会责任，自觉遵守法律法规，缴纳税款，曾获得"浙江省非公经济纳税状元"荣誉称号。西子联合连续三年以上每年上缴税金超过10亿元，其中2011年上缴税金15.43亿元，2012年上缴税金约18亿元，约占全国纳税总额的万分之一。

品质为先，为客户提供高品质产品

西子联合建立了全面质量管理体系，坚持最严格的质量标准，确保西子联合每一件产品都达到行业最高品质。经过多年的努力，西子联合的品质管理一直处于行业领先水平，达到并超过众多世界500强企业的全球最高采购标准。

2011年3月15日，西子联合"十二五"品质规划启动会召开，以打造世界500强企业美国联合技术公司UTC的"金牌供应商"为目标，通过五年实施品质规划，全员积极行动，精益求精持续改进，全面提升质量和品牌。西子联合旗下已有一家电梯部件公司具备了申请UTC金牌供应商的资格，即做到了"连续12个月产品质量合格率和交货及时率都达到100%"。

西子联合通过参与航空产业，实现从传统制造业向位于高端核心的航空制造业拓展的路径，并借鉴航空产业的质量保证体系和方法，以航空制造的高标准全面提升西子联合的制造品质，将西子联合打造成世界一流的制造企业。

在西子联合内部有一句话：用飞机制造的标准，提升电梯制造标准。这正是西子联合所走的转型升级之路。

健全的经营管理结构和内部控制体系

西子联合建立了以董事会为核心的清晰、完善、高效的公司治理制度。董事会下设战略发展委员会和内部审计委员会，公司总裁对日常生产经营活动负责。同时，西子联合以"为了国家更富强，为了社会更和谐，为了企业更健康"为企业使命，建立了有效的企业社会责任制度，并由各子公司总经理负责。

西子联合建立了完整的集团管控体系和机制，构建内部控制系统，实现专业化分工、集团化运作、集成化服务的管理模式，运用充分授权、有效监督、持续激励等机制组合，提升企业整体管理水平和效率。

西子联合采用国际化的财务管理体系和方法，实行财务管理数字化，从集团总部

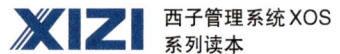

到各子公司建立了规范的财务管理制度和流程，运用ERP和OA等现代化IT管理系统，实现财务管理的透明化，让财务数据做到真实可靠。

西子联合基于公司治理建立财务信息网络控制机制，确立责任追究控制保障机制，同时强化审计管理，运行审计监督管理机制，实现内部控制系统中的分级控制、职责分工和全员性岗位的控制措施，实施适时、有效监督，促进改善经营和提高效益。

良好的经营状况和良好的信用等级

西子联合旗下杭锅股份先后荣获浙江省国家税务局AAA级纳税信誉等级称号、杭州市企业信用等级AAA级称号。旗下西子电梯集团先后荣获"中国最佳诚信企业""浙江省信用管理示范企业""浙江省工商企业信用AAA级'守合同重信用'单位""杭州市诚信企业"等荣誉。2012年5月8日，西子电梯集团拿到了中国银行间市场交易商协会关于短期融资券的《接受注册通知书》，意味着西子电梯集团可以在2年内发行15亿元额度的短期融资券，这是社会和市场对西子电梯集团良好信用的有力肯定和证明。

资信评估公司对西子电梯集团发行的短期融资券的信用评级结果为"AA+"，评级展望为"稳定"，反映了公司具备良好的信用和运营环境、经营状况、盈利能力、发展前景等。

首期8亿元的短期融资券在短短几十分钟内就被认购一空，超额认购2倍以上。"这次西子短期融资券的发行利率是5.2%，比一年期贷款利率6.56%低136BP。"此次西子短期融资券主承销商北京银行相关负责人说，这也是浙江同规模民营企业中发行短期融资券注册规模最大、发行利率最低的。西子联合此举为浙江乃至全国大型民企探索新的融资渠道、融资方式树立了典范。

关爱员工，关注员工利益

在西子联合，不仅公司董事会和监事会中有职工代表，而且还建立了职代会，实行"厂务公开"制度，保障职工依法行使民主管理的权利。除此之外，在日常的经营管理中，西子联合还有一系列规章制度确保公司与员工的互动发展，包括专设"对话"信箱，并由"对话官"负责，以促进管理层与员工的互动交流；实行安全高管负责制，长期坚持对员工进行安全法制、责任、意识教育，不断更新员工的安全保障设施，并定期举办安全月活动；创办西子联合大学，投入巨资进行员工培训，形成了完善的人才培养体系，为企业可持续发展不断注入生机与活力。

西子联合建立起关爱员工的长效机制，组织各种形式的活动，帮助员工提升生活品质，增强企业凝聚力。2009年，西子联合开设了两家店："人生4S店"和"生态农产品店"。"人生4S店"即集团健康维护办公室，为西子联合员工及其亲属提供健康服务，即提供传播（Spread）健康资讯、筛查（Survey）健康隐患、服务（Service）健康需求和督导（Supervise）健康行为等一系列以健康维护为目标的服务。"汽车都有4S店，人更加需要勤做保养。"这是西子联合董事长王水福在公司设立健康维护办公室的初衷。

集团健康维护办公室会不定期举办各种健康讲座以及提供各种体检，如果员工遇到什么健康问题也能直接咨询。健康办为员工建立健康档案，存档管理，还提供预约医生、专业陪护、全程记录等就诊服务，帮助员工省去了很多看病时的麻烦。"现在，公司爱喝酒的少喝了，爱抽烟的逐渐戒了，健身室里运动的人也多了。"公司的一名员工说，"这都归功于健康的传播和倡导，有了健康办，就相当于在公司里办了个小型的保健中心。"值得一提的是，西子联合的健康办不仅关心员工的身体健康，照顾员工家属也不在话下。

2012年1月中旬，西子联合健康办接到集团一家下属公司的电话，说该公司职工郑女士的丈夫朱先生在温州出差途中，因过度劳累突发脑溢血，虽然经过当地医院抢救暂时保住了性命，但仍处于昏迷状态，随时有生命危险。万分焦急的郑女士希望健康办帮忙将其丈夫转往浙大二院脑科中心接受进一步的治疗。经过多次的电话与短信沟通，健康办的工作人员终于不负众望，为患者在浙大二院脑科中心争取到了一张宝贵的床位，并联系好了主诊医师——中心副主任沈宏教授的医疗团队。很快地，朱先生被送往浙大二院救治。在医护人员的精心医治下，朱先生终于恢复了意识，原本丧失的部分肢体功能也有所改善。

除了帮助员工家属挂号，健康办还提供包括咨询、体检、陪诊等在内的健康服务。2012年5月的1个月内，健康办工作人员为西子联合员工的家属共代理了挂号78人次，完成了全程陪诊44人次，全年服务总人次约2000人次。

"生态农产品店"即"杭州市优质农产品展示展销中心"，该中心以生态种养基地为后盾，以农业龙头企业品牌为主力，以进出口国际质量要求为标准，为公司骨干员工和广大市民提供放心、安心的农产精品。

重视合作伙伴的利益，实现与客户双赢

为了实现与供应商的共同发展，西子联合很多供应商的设计是由其授权的，西子联合在设计产品时充分考虑到环保要求，通过控制和改进设计来对供应商施加影响，

从而确保供应商与其共同发展。对于供应商，西子联合还建立了完善的应付账款管理制度，由财务部、采购部和制造部在每月根据月付款余额账龄、实际到货及材料质量情况，确认需要付款的供应商，并在承诺付款期限内向供应商付款。

西子联合与客户的关系都建立在合法、高效和公正的基础上，寻求的是长期稳定、共赢的合作关系，绝不允许歧视或欺骗。为此，西子联合关注客户的产品和服务质量及其社会责任，并乐于将自己在管理、技术方面的经验与客户分享，帮助其向日趋严格的需求标准看齐，带动其与西子联合共同成长，并使西子联合能够为客户提供更好的解决方案。

多年来，西子联合坚持认为，企业最重要的责任仍然是把自己的企业做好，使企业真正为消费者创造价值、为客户创造价值、为合作伙伴创造价值；强调为利益相关者服务，而不仅仅是为股东服务，这些都得益于其诚信经营理念和完善的公司治理结构。

伟大的企业在为社会提供优质的产品和服务的同时，更会去创造美好的世界。西子联合在为客户和整个社会创造价值、履行责任的同时，也将逐步实现走向世界、成就百年企业的梦想。

封面文章

作为浙江制造的标杆企业之一，西子联合在耕耘三十载后，向"现代工业的皇冠"——航空制造业发起了挑战。在王水福的梦想里，他始终在找寻一条绝对高端的制造路线，因为那是西子联合的最终归宿。事实上，王水福的梦想和努力，不仅是西子联合的追求，也折射出一个制造业大国在反思之后作出的重要战略抉择。

王水福
西子联合控股有限公司董事长

自1981年以来，西子联合在王水福领导下，通过与美国奥的斯、GE、日本石川岛、川崎、德国西门子、法国阿尔斯通等世界500强企业合资合作，发展成为以装备制造业为主，旗下产业涵盖电梯及电梯部件、立体停车库、锅炉、航空、商业、金融投资等多领域的综合型企业集团，是中国500强企业之一。如今，西子联合旗下拥有杭锅股份和百大集团两家上市公司，节能电梯、电梯部件、塔式立体车库、余热锅炉连续多年全国销售量第一。2009年，西子联合进军航空制造领域，并成为C919大型客机首批9家机体供应商中唯一的民营企业。

王水福拥有浙江大学EMBA硕士学位，曾荣获"全国劳动模范"、"优秀中国特色社会主义事业建设者"、"中国最受尊敬的民营企业家终身成就奖"等众多荣誉，并担任中国企业联合会副会长、浙江省工商联直属商会会长等社团职务。

2012年8月20日，艳阳当空，浙江省杭州大江东产业集聚区前进工业园区的一块空地上，西子联合控股有限公司（以下简称"西子联合"）董事长王水福顶着烈日，奔走在红地毯上，招呼着前来的嘉宾。

这一天，西子联合的航空零部件项目正式落户大江东——这里是未来浙江高端制造的重镇。该项目预计于2013年一季度竣工，三季度正式投产，在2014年形成年产300架份飞机部件、200万件航空零部件的数控机加及部件装配生产能力。

进入航空领域的一千多个日夜里，王水福常常为公司高端制造梦想的蓝图而激动。借助于大江东项目，西子联合高端制造的图卷，正徐徐展开……

民企"联姻"中国大飞机

2009年5月26日，一个注定要载入西子联合发展史的日子。

这一天，中国商用飞机有限责任公司与大飞机项目首批供应商签约仪式在上海华亭宾馆举行。作为公司代表，西子联合总裁陈夏鑫走上了红地毯。这天，他特意打上了一条红色领带。

西子联合获得的是大飞机的非气密性舱门订单。在C919项目首批机体供应商中，西子联合是唯一的一家民营企业。多年的梦想成为现实，陈夏鑫激动不已，他在致辞中用了"非常非常"来表达荣幸。

当王水福得知顺利签约时，一种无以名状的喜悦在内心升腾，他对身边的人说："做成功了是件快乐的事。"

王水福一直有个航空梦。作为中国领先的电梯及锅炉制造商，"天上飞，地下钻"是王水福的未来产业发展思路。

《西子联合圆梦中国大飞机》，来源：《大飞机》2013年第1期

西子联合圆梦中国大飞机

(来源:《大飞机》2013年第1期)

作为浙江制造的标杆企业之一,西子联合在耕耘三十载后,向"现代工业的皇冠"——航空制造业发起了挑战。在王水福的梦想里,他始终在找寻一条绝对高端的制造路线,因为那是西子联合的最终归宿。事实上,王水福的梦想和努力,不仅是西子联合的追求,也折射出一个制造业大国在反思之后作出的重要战略抉择。

2012年8月20日,艳阳当空,杭州大江东产业集聚区前进工业园区的一块空地上,西子联合控股有限公司董事长王水福顶着烈日,奔走在红地毯上,招呼着前来的嘉宾。

这一天,西子联合的航空零部件项目正式落户大江东产业集聚区——这里是未来浙江高端制造的重镇。该项目预计于2013年第一季度竣工,在第三季度正式投产,到2014年形成年产300架份飞机部件、200万件航空零部件的数控机加及部件装配生产能力。

进入航空领域的1000多个日夜里,王水福常常为公司高端制造梦想的蓝图而激动。借助于大江东项目,西子联合高端制造的图卷正徐徐展开……

民企"联姻"中国大飞机

2009年5月26日,一个注定要载入西子联合发展史的日子。

这一天,中国商用飞机有限责任公司与大飞机项目首批供应商签约仪式在上海华亭宾馆举行。西子联合获得的是大飞机的非气密性舱门订单。在C919项目首批机体供应商中,西子联合是唯一一家民营企业。多年的梦想成为现实。

当王水福得知顺利签约时,一种难以名状的喜悦在内心升腾,他对身边的人说:"做成功了是件快乐的事。"

王水福一直有个航空梦。作为中国领先的电梯及锅炉制造商,"天上飞,地下钻"

是王水福的未来产业发展思路。早在2004年去日本考察三菱重工、川崎重工等制造企业时，王水福就发现"没有一家重工企业不跟航空有关"。由此，他意识到西子联合如果不进入航空领域是没有出路的。此后，他便一直筹谋进军航空领域，希望借此打通由传统制造业向高端制造业拓展的路径。在与日本川崎重工合作开展盾构机项目，实现了"地下钻"之后，王水福就把目光投向了天空。

2006年1月，大型客机项目被列入《国家中长期科学与技术发展规划纲要》时，王水福便看到了机会。2007年9月，西子联合与上海飞机制造厂洽谈合作事宜，开始试制飞机零部件。一年后，当双方签订飞机零部件数控加工合作意向书时，上飞厂大门已重新装修，"上海飞机制造厂"前已冠上了"中国商飞"四个大字，中国民用航空产业整合、发展的时代已经来临，西子联合在第一时间进入了航空制造领域。

2009年3月，西子联合获得中国商飞公司的潜在供应商资格，王水福带回一份《C919大型客机项目信息征询书》。当晚，他便召集人员，安排落实完成中国商飞公司提供的信息征询函。在400多家报名单位中，西子联合最终脱颖而出，成为获得参加供应商大会资格的企业之一。

4月14日，在获得投标资格之后，时任浙江西子工业研究院院长的樊小刚带领着项目组团队，开始了紧锣密鼓的标书准备工作。"当时，我们从一个外行开始，到最后制作出一本厚厚的标书，几乎是一边学一边做，因为我们在航空制造方面没有扎实的基础。"樊小刚感慨道。那段日子里，会议室里常常挤满了来自集团质量、工艺等相关部门的人员，有时甚至连夜从外地请来专家帮忙支着儿。为了迈入大飞机的门槛，西子联合可谓是"汇集团之力，聚集团之智"。

5月6日，西子联合递交的"C919大飞机非气密性舱门工作包投标文件"放在了评审专家的案头。西子联合的标书是所有标书中最厚的，是别的标书的5到10倍。有专家称赞道："投标的门是最小的，标书是最厚的，虽然是新手，态度是最认真的。"

然而，中标仅仅是一个开始。要真正形成研发和生产能力，还需要一个漫长的过程。浙江没有航空产业的基础，市场和配套都比较弱，相关的技术人员难以招到。起初，西子联合只能从国外或者西安、成都等具有航空产业基础的地方招聘人才。为了快速积累航空制造经验，西子联合必须借助外力。2009年9月，西子沈阳航空产业有限公司成立，通过与沈阳飞机工业集团合作逐步培养航空制造经验。

初到沈阳，几乎是"门外汉"的王水福常常带人到相关企业登门求教，仔细观摩场地建设和生产布局。此时，西子联合积累了15年的精益制造和高效管理很快发挥了作用。结果，仅用了专家估计的三分之一的场地和资金便建设起一个车间，并且仅花了3个月时间就完成了工艺准备，产品交付合格。

西子沈阳基地的快速成长，使其成为西子航空人员、管理、技术的输出地，也成为西子航空板块扩张的桥头堡。有了沈阳基地的经验之后，此后两年中，西子联合又孵化出浙江西子航空工业有限公司和浙江西子航空紧固件有限公司两家公司。

目前，西子联合的航空板块主要由浙江西子航空、沈阳西子航空、浙江西子航空紧固件三家公司组成。浙江西子航空主要承担C919大型客机舱门工作包研制和生产任务，主要基地将搬迁至大江东产业集聚区前进工业园区。沈阳西子航空主要负责美国塞斯纳L162运动型飞机等商用飞机的数控机加、复材制件和部件装配。浙江西子航空紧固件则负责航空紧固件的研制和生产。

随着三家公司开始独立运作，西子的航空板块已经初具规模。

用100%的努力解决1%的问题

在不少人眼里，能够搭上C919的"航班"，西子联合是幸运的。但是，这幸运绝不是简单的上天垂青。在制造领域三十载的专注、与世界500强企业的"亲密接触"、超前的战略规划，使西子联合拥有了获得这张机票的底气和资格。

在西子联合30余年的发展中，总是少不了世界500强企业的影子。

1997年，西子联合与美国奥的斯电梯公司合资，揭开了与世界500强携手合作的序幕。通过合资合作，西子联合不仅学到了奥的斯最先进的技术，还引进了奥的斯的精益制造体系。奥的斯采取的ACE管理体系和UTC金牌供应商模式，是美国联合技术公司（UTC）在套用航空标准的前提下倡导的企业管理体系，达到了装备制造工艺顶级品质的要求。由此，西子的库存缩小了，厂房缩小了，产量却大大增加了。不到10年的时间，西子奥的斯电梯公司便成为奥的斯全球最大的电扶梯制造基地和中国最大的电梯制造商和服务商之一。

2002年，西子联合收购杭州锅炉厂，使其迅速重焕生机，营业额从2亿元直线飙升至数十亿元，余热锅炉的销售量连续多年居全国第一。在这背后，是西子的锅炉产业与通用、西门子、阿尔斯通等30多家世界500强企业的联合。

2004年，西子联合又与日本石川岛、中国台湾地区的东元集团合资成立西子石川岛停车设备有限公司。通过融合三方的产品、技术、管理经验，西子迅速在中国塔式立体车库制造企业中名列前茅。

在借鉴学习世界500强企业先进经验的基础上，西子联合保留了自身对中国市场的敏锐把握，由此形成了日本的现场管理、美国的财务管理和西子的营销管理相结合的"西子模式"。在这一模式的催化作用下，西子不断提升其在制造领域的影响力。

在制造领域已经拥有了多个"第一",下一步,西子联合将何去何从?

尽管西子联合的产业涉及电梯及电梯部件、锅炉、立体车库、商贸、金融等领域,但王水福心里始终十分清楚:无论是现在还是未来,西子联合的主业都是装备制造业。

中国制造还有巨大的发展空间!王水福确信,把品质做到极致,就是中国制造的出路所在——"西子已经做到99%,还差1%,因此要用100%的努力去解决1%的问题。"这最后的1%意味着产品质量的零缺陷,这要求近乎苛刻。

西子研究院先进制造管理研究所所长汪泉发表示,若用6西格玛管理的统计概念来解释这最后的1%,做到99%的合格率仅相当于3.8个西格玛水平,而要达到100%,则至少要达到6个西格玛水平,几乎接近零缺陷。一般来说,做到3.8个西格玛水平,只要通过管理手段,但要从3.8个西格玛到6个西格玛水平,需要重新审视质量管理的五个要素,即人、机、料、法、环,并提供相应的资源和人员储备。这样的改善相当于"将盖了一半的楼房拆掉,重新打地基"。

为做好这1%,王水福数赴国外,邀请光泽直人等4位资深精益顾问入驻西子,请他们对集团的制造能力进行改进。

王水福非常急迫地希望尽快提升中国制造的品质,迫切地希望每一个人都能了解品质改善的重要性,于是不厌其烦地向周围的人强调这最后1%的重要性。"在众人面前,他只是以温和的姿态鼓舞身边的人,却在内心压抑着自己的一团火。"曾在松下和日本奥的斯工作的品质顾问团团长光泽直人说,"要回应他的期待,我时常感到很痛苦"。

在专家团队的指导和帮助下,西子联合旗下一家电梯部件公司已经具备了申请UTC金牌供应商的资格,满足了申请金牌供应商的4个硬指标:一年内质量投诉率为零、一年内准时交付率100%、客户满意度6分和供应商健康评估320分以上。

在2012年半年度会议上,王水福这样说道:"我们现在是世界500强企业的一般供应商,我们一定能成为金牌供应商。总有一天,我们也会成为世界500强企业。"在王水福看来,做好最后的1%,不仅能够拉开西子联合与其他企业的差距,也是打造百年西子的坚实基础。

制造业的红海深处必将出现新的蓝海

"未来10年,航空产业必将成为西子联合上百亿元的主导产业,今天我们在这里为西子航空零部件加工项目奠基,让我们以钱塘江潮水汹涌澎湃的激情,放飞中国人飞上蓝天的梦想。"

在王水福眼中，西子航空板块是一片巨大的蓝海，西子联合的未来，在大江东。西子联合将在大江东投资建设集数控机加、钣金和部件组装为一体的航空零部件制造基地，主要承接中国商飞公司、空客、波音、庞巴迪等国内外航空制造商的转包加工业务。而这个总投资7亿元的项目，投产后将达到年产值10亿元。

王水福希望将西子航空打造为"世界最优秀的航空零部件供应商"，最终成为国际顶尖的"风险供应商"。为此，他准备给自己10年时间，"10年不赚钱，打好航空制造的基础"，以此实现西子由传统制造向高端制造的跨越。

10年不赚钱！这样的坚守需要巨大的勇气。专注制造业的王水福，亲历了中国制造快速跃进的"黄金三十年"，感受着中国制造转型时期的阵痛和苦楚，思索着中国制造突破重围的方向和路径。

这是一位理想主义者对中国制造从低端走向高端的坚守。他终将证明，制造业的红海深处会出现新的蓝海。

五年建"银矿" 十年得"金矿"

西子联合控股有限公司董事长王水福在浙江省"两会"上建议以政府立法手段提升产品质量，建设全球先进制造业基地

本报记者 周慧敏

西子联合控股有限公司董事长 王水福

"今年我要向政府报告，我发现了浙江的一个'金矿'和'银矿'。"正在召开的浙江省十二届人大一次会议上，老代表浙江联合控股有限公司董事长王水福在接受记者采访时说，"'金矿'和'银矿'在哪里呢？关键在质量。"

王水福说，改革开放以来，浙江的制造业突飞猛进，但促进GDP增长、居民收入提高和经济社会发展方面，做出了卓有成效的贡献。然而，浙江制造业供上还处在互工伪制的阶段，浙江货在国内外市场还是廉价低质产品的代名词。

"那么，浙江制造的出路在哪里呢？"王水福说，"我认为，唯一的出路就是提升产品质量，以企业领军来说，像浙江企业要根据市场需求，实现产品的转型升级，做到技术领先、品质可靠，同时再以一带十来做，浙江省将各界要物色本地宿门、质量出彩，提升所有出品、质量的打响浙江制造的品牌，把产品质量'银矿'，打响品牌是'金

矿'，挖好品质品牌这两座'银矿'，浙江经济的持续发展根本不用担心！"

王水福记者算了一笔观账，浙江的GDP是3000万亿，如果产品的品质提高一个档次，那么产生的效益起码是10个百分点，也就是300亿元，这是'银矿'，如果品质在提升上再上一个档次，那就是品牌，品牌的价值就起不少是10个百分点了，'金矿'自然就在了。

"只要我们润下心，他时可以做到百年以上"，他不无兴奋地说，'王水福在金心里最使浙江的，他给记者举了个例子。

19世纪80年代，德国产品开始大量出口，有两大特点：一是质低劣；二是模仿英国。1876年在美国费城的世博会上，德国作为"廉价劣质的代名词"，德国人本身也承认"德国货是价廉质劣"。1887年英国国会甚至通过《商品标识法》，要求所有进口德国产品均须在产品标上"德国制造"的标签，以别于英国产品。面对这个带有侮辱性的"德国制造"，从商人、企业家，到大规模研发投入、技术培训，仅仅10

年一举改变面貌。到1896年，不仅美国民众甚至英国上层社会也承认德国产品品质优良可靠，直到现在，"德国制造"还是品质优良可靠的象征。

为此，王水福建议省"提升浙江产品质量、打响浙江制造品牌"作为浙江省经济工作的"书记工程"或者"省长工程"，同时，为了加强这一工程的重要性以及保证政策的延续性，应同时加强地方政府立法，和以地方立法的形式强有力推进产品品质提升，并且每年由人大专门委员会对进行考评。全省为打造"品质浙江"，加快推进全球先进制造业基地真正更扎实的制造基地。

"浙江企业同向发展为天下之忧，浙江政府唯一靠男于在改革开放和现代化建设方面仍在中先行一步。王水福说，"如果我们浙江能够驻立并实施"品质提升"的方针，在产品质量方面走在全国的前列的话，就为实现中国这一伟大的使定能贡献出自己应有的努力。"

民航大省需要机场净空管理立法

浙江省政协委员、杭州萧山机场候机楼管理部总经理毛新宇在省"两会"上建议机场净空管理立法，确保航空运输安全

本报记者 徐萍

浙江省政协委员、杭州萧山机场候机楼管理部总经理 毛新宇

为浙商回归构建平台

浙江省政协委员、名门世业集团董事长谢招修建议各级政府对"浙商回归"要首先构建好回归平台，制定明确的回归政策

本报记者 董皓娉

浙江省政协委员、名门世业集团董事长 谢招修

声音

基层群众文化活动策划四要

从需求出发
寻找精神富有的实现途径

周慧敏：《五年建"银矿"　十年得"金矿"》，来源：《中国企业报》2013年1月29日

五年建"银矿" 十年得"金矿"

(周慧敏 来源:《中国企业报》2013年1月29日)

"今年我要向政府报告,我发现了浙江的一个'金矿'和'银矿'。"正在召开的浙江省十二届人大一次会议上,老人大代表西子联合控股有限公司董事长王水福在接受记者采访时说,"'金矿'和'银矿'在哪里呢?关键在质量。"

王水福说,改革开放以来,浙江的制造业突飞猛进,在促进GDP增长、居民收入提高和经济社会发展方面,作出了卓有成效的贡献。然而,浙江制造总体上还处在加工仿制的阶段,浙江货在国内外市场还是廉价低档产品的代名词。

"那么,浙江制造的出路在哪里呢?"王水福说,"我认为,唯一的出路就是提升品质。从企业微观来说,每家企业要根据市场需要,实现产品品质的转型升级,做到技术领先、品质可靠、服务周到;从宏观来说,浙江全省各界需要确立品质意识,卧薪尝胆地提升浙货品质,建设品质强省,打响浙江制造的品牌!提升品质是'银矿',打响品牌是'金矿',挖好品质品牌这两座'银矿''金矿',浙江经济的持续发展就根本不用担心了!"

王水福给记者算了一笔粗账。浙江的GDP是3万亿元,如果产品的品质提高一个档次,那么产生的效益起码是10个百分点,这是"银矿";在品质提升的基础上再上一个档次,那就是做品牌了,品牌的价值就远远不是10个百分点了,"金矿"的含义就在于此。

"只要我们痛下决心,绝对可以做到5年上一个台阶、10年大变样。"王水福的信心不是盲目的,他给记者举了个例子。19世纪80年代,德国产品开始大量出口,其有两大特点:一是品质低劣,二是仿冒英国。1876年,在美国费城的世博会上,德国产品是"廉价劣质品"的代表。1887年,英国国会更是通过《商品标识法》,要求德国产品因为其品质低劣必须打上"德国制造"的标签后才能在英国销售。德国人把这个法案看作"德国的耻辱",从而洗心革面,大规模开展研发投入、技术培训,仅仅10年就一举改变了面貌。到1896年,不仅英国民众甚至英国上层社会也承认德国产品的品质是优良可靠的。直到现在,"德国制造"还是品质优良可靠的象征。

为此,王水福建议将"提升浙江产品品质,打响浙江制造品牌"作为浙江省经济工作的"书记工程"或者"省长工程"。同时,为了加强这一工程的重要性以及保证政策的延续性,应同时加强地方政府立法,即以地方立法的形式强有力地推进产品质量提升,并且每年由人大专门委员会进行检查评估和考核,为全方位打造"品质浙江"、加快建设全球先进制造业基地奠定更扎实的制度基础。

"浙江企业向来敢为天下先,浙江省政府也一直勇于在改革开放和现代化建设方面在全国先行一步。"王水福说,"如果我们浙江能够确立并实施'品质强省'的方针,在产品品质提升方面走在全国的前面,那么,建设美丽中国这一伟业,浙江定能贡献出自己应有的努力。"

评论

投资品质的回报会超出你的预期

惠普的经验

西子航空是我们刚刚在培育的产业,从C919(中国商飞的一款大型客机)一脚踏进航空零部件产业。在这个过程中,我们没有退路,也走了许多弯路。接触航空制造业以来,最大的感悟是能力建设远比市场营销重要,产品品质与过程控制的要求可以用苛刻来形容,同时也感到我们西子制造业基础能力的不足,如模具加工、精密数据加工、表面处理、热处理等,因此我们目前正积极地寻求空客、庞巴迪等知名航空企业为我们做咨询与人才培训。

未来我希望通过我们不断的艰苦奋斗,沈阳西子航空能跻身航空碳纤维装备制造企业第一梯队,杭州大江东项目能逐渐形成集总部、研发、制造、销售为一体的飞机零部件制造业基地,西子航空能成为全世界最优秀的航空零部件制造企业之一。

惠普公司的发展史给了我们很多启发,西子高速发展的十年,积累了一定的实力、财富与高素质人才,然而在未来的变化发展中,我认为大家不能操之过急,需要从快节奏转向慢节奏,适当地放慢脚步并不一定是坏事,我们需要勤练内功,打好基础。另外,我们还可以发现,在制造业,花些资金和功夫,甚至是笨功夫,来提升产品品质和制造能力,是一定会有回报的,有时回报比精明的投资还要高。

利润来源的比例

现任美国联合技术公司(UTC)董事长路易·谢沃纳曾经表示,通过不懈的努力,他已经为UTC在2013年以后两位数的增长打下了坚实的基础。的确,2011年UTC斥资大约165亿美元收购了美国另外一家飞机发动机公司——美国古德里奇公司(Goodrich Corp.),联合技术公司完成此项交易后将进一步提升在航空和防务行业的地位。目前,UTC公司57%的收入来自于制造业,40%来自服务业,包括电梯系统服务、智能安防系统服务、航空系统服务等。路易·谢沃纳认为世界资源中三分之一消耗在建筑中,假如可以减少1/3的能耗,那将是一个天文数字,这足以说明他未来产业已经思考得很远。我想西子与UTC进行合资合作,虽然过程中有阻力,但是通过合资也让我们了解到世界上最先进的产业、技术与管理理念。在过去十年中,UTC是靠Otis电梯、开利空调分产业来支持航空产业,而现在航空产业已成为UTC的核心来反哺其他产业,这足以说明正确的产业战略指导思想对于企业发展的必要性。

西子该怎么做

今天的主题,我借用上海市委书记韩正对上海自由贸易区的一句话——"改革没有退路,什么是担当,担当就是必须闯、必须试、必须成功"。我认为,上海自由贸易区改革的重点不是政策优惠,而是制度,希望在制度上有所突破。假如上海自由贸易区改革成功,想必会对舟山自由贸易区产生巨大的冲击,毕竟上海拥有很好的地理位置与资本技术优势,那西子未来就应该走进自由贸易区,走到国外去。我们必须要闯,现在我国已经达到中等收入国家水平,要走向高等收入水平,防止"拉美陷阱"现象再现,这是目前中国要闯的一条路。

我们西子要怎么闯,我想很重要的一点就是冲破质量这一关,争取成为品牌供应商。为什么UTC从原来的ACE(获取竞争优势)精益管理要向S进行转变,因为这套管理模式是以航空产业为标准的,也是基于奥的斯电梯2011年7·5北京地铁事故后的品质改进,从供应商前端渠道开始进行健康评估,确保电梯生产质量。我想未来西子面对市场竞争时,不能再降价、抢量,而是要积极改善品质,质量做到100%,要把质量作为我们西子的撒手锏,相信只要大家齐心协力闯过质量这一关,那未来我们的市场潜力一定是巨大的。

我认为企业拥有自主品牌研发能力是非常重要

王水福
西子联合控股集团董事长

《投资品质的回报会超出你的预期》,来源:《浙商》2013年第20期

投资品质的回报会超出你的预期

(王水福 来源:《浙商》2013年第20期)

惠普公司的经验

西子航空是我们刚刚在培育的产业,借由C919(中国商飞的一款大型客机)项目一脚踏进了航空零部件产业。在这个过程中,我们没有退路,也走了许多弯路。接触航空制造业以来,最大的感悟是能力建设远比市场营销重要,产品品质与过程控制的要求可以用苛刻来形容,同时也感到我们西子制造业基础能力的不足,如模具加工、精密数据加工、表面处理、热处理等。因此,我们目前正积极地寻求空客、庞巴迪等知名航空企业为我们做咨询与人才培训。

未来,我希望通过我们不断的艰苦奋斗,沈阳西子航空能跻身航空碳纤维装备制造企业第一梯队,杭州大江东项目能逐渐形成集总部、研发、制造、销售于一体的飞机零部件制造业基地,西子航空能成为全世界最优秀的航空零部件制造企业之一。

惠普公司的发展史给了我们很多启发,西子高速发展的10年积累了一定的实力、财富与高素质人才,然而在未来的变化发展中,我认为大家不能操之过急,需要从快节奏转向慢节奏。适当地放慢脚步并不一定是坏事,我们需要勤练内功,打好基础。另外,我们还可以发现,在制造业,花些资金和功夫甚至是笨功夫来提升产品品质和制造能力,是一定会有回报的,有时回报比精明的投资还要高。

利润来源的比例

现任美国联合技术公司(UTC)董事长路易·谢沃纳曾经表示,通过不懈的努力,他已经为UTC在2013年以后两位数的增长打下了坚实的基础。的确,2011年,UTC斥资大约165亿美元收购了美国另外一家飞机发动机公司——美国古德里奇公司,

UTC完成此项交易后将进一步提升在航空和防务行业的地位。目前，UTC公司57%的收入来自制造业，40%的来自服务业，包括电梯系统服务、智能安防系统服务、航空系统服务等。路易·谢沃纳认为世界资源中的1/3消耗在建筑中，假如可以减少1/3的能耗，那将是一个天文数字，这足以说明他对未来产业已经思考得很远。我想西子与UTC进行合资合作，虽然过程中有阻力，但是通过合资也让我们了解到世界上最先进的产业、技术与管理理念。在过去10年中，UTC是靠奥的斯电梯、开利空调分产业来支持航空产业的，而现在航空产业已经成为UTC的核心产业来反哺其他产业，这足以说明正确的产业战略指导思想对于企业发展的必要性。

西子该怎么做？

今天的主题，我借用上海市委书记韩正对上海自由贸易区的一句话——"改革没有退路，什么是担当，担当就是必须闯、必须试、必须成功"。我认为，上海自由贸易区改革的重点不是政策优惠，而是制度，希望在制度上有所突破。假如上海自由贸易区改革成功，想必会对舟山自由贸易区产生巨大的冲击，毕竟上海拥有很好的地理位置与资本技术优势，那西子未来就应该走进自由贸易区，走到国外去。我们必须要闯，我国人均国民总收入要想走向高等收入水平，为了防止"拉美陷阱"再现，这是目前中国要闯的一条路。

我们西子要怎么闯？我想很重要的一点就是冲破质量这一关，争取成为品牌供应商。为什么UTC要由原来的ACE（获取竞争优势）精益管理向SHA体系进行转变，因为这套管理模式是以航空产业为标准的，也是基于奥的斯电梯自2011年"7·5"北京地铁事故后的品质改进，从供应商前端渠道开始进行健康评估，确保电梯生产质量。我想未来西子面对市场竞争时，不能再降价、抢量，而是要积极改善品质，质量要做到100%，要把质量作为我们西子的撒手锏。相信只要大家齐心协力闯过质量这一关，那么，未来我们的市场潜力一定是巨大的。

我认为企业拥有自主品牌研发能力是非常重要的，为此必须要多去尝试。之前我与电梯集团的高管们谈到电梯试验塔的问题，假如我们用售后质量维持标准，这就是掌握主动，这就是科学发展。对于消费快、生产慢的市场环境，我们一定要做到心中有数，一定要多去试。

作为企业，要有担当的勇气，要有责任的意识。西子有两家上市公司，那我们应该要考虑当初购买我们公司股票的那些股民现在是盈利了还是被套牢了。UTC在10年内的股票回报大约提高了220多倍，因此我认为中国今后的股票应该要朝着这个方向走。我们各公司的高管也必须要有担当，要具备责任意识，要为股东负责、为股民负责，树立企业的良好形象。另外，我们要担当民族精神。品质一直是中国制造被诟病的地方，如果单纯依靠进口，那还要我们企业家做什么？最近政府希望国产轿车在公务车市场能占据一席之地，但是凭借什么去跟国外轿车企业竞争呢？假如国产轿车行业在10年前就狠抓质量，发展核心技术，那现在应该是另一番天地了，所以机会都是留给准备好的人。

我们要有担当、责任，胡雪岩在100多年前为"济世于民"创立了胡庆余堂，相信在几百年以后仍然能够存在，这就是我们要学习的榜样，即要为社会多作贡献。所以，在未来的发展道路上没有退路，我们必须要有担当，必须敢闯、必须敢试，也必定能够成功！

实业兴市

王水福：
"四个时代"赋予制造业发展新机遇

文化引领经济的时代到来了！中国已经成为全球第二大经济体，在中国之前是日本，在日本之前是德国。上世纪的日本、德国在发展经济过程中强势崛起，外界普遍认为它们会赶超美国，但三四十年下来美国仍然是世界经济老大。我认为这是一种文化的原因，日本人用日语人才，德国人用德语人才，而美国人使用英语，他利用了全世界的人才，所以美国得天下，文化是一种无穷的力量！

高端制造时代到来了！比方说航空产业，现在我们的飞机制造产业与发达国家相比差距大致为10到15年，发动机产业可能会相差30年。这条路非常艰难，但是这个差距就是我们中国制造业的机会，也是高端制造业的机会！

美国机器人协会统计的数据显示，机器人产业未来的产值将达上万亿美金。与此同时，中国已经成为机器人使用大国和进口大国，但目前90%以上的核心部件仍然依靠进口。我认为企业应该积极进入到这些领域，哪怕只做一个小部件也有很大的商业发展空间与市场潜力。

西子航空已经成为C919大型客机项目的一级机体供应商、庞巴迪的一级供应商，还要争取成为空客的一级供应商，建立以航空零部件等为主的生产与服务体系。现在，西子航空是西子制造业板块中的一个重要组成部分，西子航空的愿景是成为世界最优秀的航空零部件供应商，要把零部件做到极致，做到品质最优、成本最低。

品质取胜的时代到来了！未来，中国的消费能力超过美国将是一个不争的事实，中国2013年全年网络零售交易额达到1.8万亿元，但其中大部分是进口产品。我认为品质好的东西不一定是高端产品，但一定是能够满足客户需要、让老百姓放心的产品。质量是和平占领市场最有效的武器，所以这其中我们的机会很多！

在我接触航空产业的五年中，我发现在一般制造业中90%以上的质量问题来自于产品设计因素。很多人会将产品质量问题归结于工人和管理问题，但其实最大的问题是没有设计防错能力，特别是在设计产品时一定要考虑设计工艺、工装、工程，从设计源头上为确保质量提供保障。

智慧引领资本的时代到来了！我们做企业的，千万不能把资本看得太重，否则很容易被时代淘汰。现在在美国、欧洲、中国，甚至在杭州，只要有好的项目，肯定会有人来投资，因为我相信"美丽的姑娘"谁都愿意娶进门。因此，企业家们特别是年轻的企业家一定要尊重知识，因为资本为知识打工的时代到来了！

《王水福："四个时代"赋予制造业发展新机遇》，来源：《三会信息》2014年11月

王水福:"四个时代"赋予制造业发展新机遇

(来源:《三会信息》2014年11月)

文化引领经济的时代到来了!中国已经成为全球第二大经济体,在中国之前是日本,在日本之前是德国。20世纪的日本、德国在发展经济过程中强势崛起,外界普遍认为它们会赶超美国,但三四十年后,美国仍然是世界经济老大。我认为这是一种文化的原因,日本人用日语人才,德国人用德语人才,而美国人使用英语,他利用了全世界的人才,所以美国可以得天下。文化是一种无穷的力量!

高端制造时代到来了!比方说航空产业,现在我们的飞机制造产业与发达国家相比差距大致为10到15年,发动机产业可能会相差30年。这条路非常艰难,但是这个差距就是我们中国制造业的机会,也是高端制造业的机会!

美国机器人协会统计的数据显示,机器人产业未来的产值将达上万亿美金。与此同时,中国已经成为机器人使用大国和进口大国,但目前90%以上的核心部件仍然依靠进口。我认为企业应该积极进入这些领域,哪怕只做一个小部件也有很大的商业发展空间与市场潜力。

西子航空已经成为C919大型客机项目的一级机体供应商、庞巴迪的一级供应商,还要争取成为空客的一级供应商,建立以航空零部件等为主的生产与服务体系。现在,西子航空是西子制造业板块中的一个重要组成部分,西子航空的愿景是成为世界最优秀的航空零部件供应商,要把零部件做到极致,做到品质最优、成本最低!

品质取胜的时代到来了!未来,中国的消费能力超过美国将是一个不争的事实,中国2013年全年网络零售交易额达到1.8万亿元,但其中大部分是进口产品。我认为品质好的不一定是高端产品,但一定是能够满足客户需要、让老百姓放心的产品。质量是和平占领市场最有效的武器,所以我们的机会还有很多!

在我接触航空产业的5年中,我发现在一般制造业中90%以上的质量问题来自产品设计因素。很多人会将产品质量问题归结于工人和管理问题,但其实最大的问题是没有设计防错能力,特别是在设计产品时一定要考虑设计工艺、工装、工程,从设计源头上为质量提供保障。

智慧引领资本的时代到来了！我们做企业的，千万不能把资本看得太重，否则很容易被时代淘汰。现在在美国、欧洲、中国，甚至在杭州，只要有好的项目，肯定会有人来投资，因为我相信"美丽的姑娘"谁都愿意娶进门。因此，企业家们特别是年轻的企业家一定要尊重知识，因为资本为知识打工的时代到来了！

质量讲话稿

在2017年国家制造强国建设专家论坛的讲话

(2017年6月30日)

王水福

尊敬的各位致力于制造强国建设事业的领导、专家和嘉宾：

大家下午好！我是西子联合控股有限公司董事长王水福，很荣幸能够在这个高端专家论坛上与大家共同分享我在制造行业的一些实践和感悟。

一、从农机配件到航空部件的奋斗历程

西子联合是位于浙江杭州的一家民营企业，我们从村办农机厂开始，逐渐发展成一家生产电梯、电梯零部件、锅炉、地铁盾构机、立体车库和航空零部件等产品的大型装备制造企业。2016年，实现销售额256亿元，缴纳税收20余亿元，已经连续10年缴税占全国税收总额的万分之一。

1981年，西子电梯厂成立。1996年，西子电梯在国内的市场份额已经排在第6位，居民族品牌第1位，而前5位都是合资品牌。作为非合资的民营企业，当时的西子电梯厂面临很多困难，比如找标书难、融资难等。所以，在这种情况下，我们开始不断寻找合资、合作的机会。

"与优秀的人合作，你才会更优秀。" 1997年，西子与美国奥的斯合资成立西子奥的斯电梯有限公司，这是西子发展过程中的一个里程碑。从此，与行业最优秀的企业合作成了我们发展的既定模式，在立体车库方面与日本石川岛合资发展，在锅炉方面和美国通用合作，在盾构机方面与日本川崎合作，在航空制造方面与空客、波音合作……这些优秀伙伴的专业精神与严谨态度，促使我们快速成长。"合作重于竞争"的理念已经成为我们发展的座右铭，我们同样期待与在座的优秀企业携手合作，共赢发展。我们提出"质量是和平占领市场最有效的武器"，西子深耕国产电梯核心零部件的

研发与制造，自主生产的电梯关键核心部件已经实现了从依赖进口到国产化的飞跃，并为世界十大电梯品牌进行配套，目前已经成为中国乃至全球最大的电梯零部件供应商。同样地，我们的余热锅炉和立体车库产业也在全国处于领先地位。

通过合资合作，西子向世界优秀企业学习并引入了先进的精益品质管理技术工具与方法，如包含精益管理与品质管理十二大工具的ACE（获取竞争优势）体系和对企业进行量化评估的SHA（企业健康评估）体系，这些极大提升品质与效率的工具方法，让西子联合制造管理团队如虎添翼，电梯生产周期从原来的30天缩短到现在的2小时，可从管理上实现高速度、低库存、款到生产的精益商业模式，现金流周转率也从以前的每年2次提高到现在的每年50多次。

工字形的产业战略

2004年，我带领西子管理层前往日本、韩国参观现代、斗山、大宇、三菱、石川岛等重工企业，发现这些世界一流的企业有一个共同点：它们的产业都涉及航空航天。回国后，我就有了进军航空产业的构想，并在当年《西子报》上提出了西子未来10年"天上飞，地下钻，中间有电梯"的发展战略。2009年5月26日，西子顺应国家的号召和时代潮流，进入航空领域，最终在400多家报名单位中脱颖而出，成为国家重大专项C919大型客机项目9家一级机体结构供应商中唯一的民营企业。

进入航空制造10余年，西子航空从零开始，走上了充满鲜花与荆棘之路，经过艰苦卓绝的努力，我们获得了欧洲空客、美国波音、加拿大庞巴迪、中国商飞等世界航空制造巨头的272项特种工艺资质认证，并成为它们的重要供应商，跻身中国航空制造民营企业中少有的符合国际标准、具有完整航空零部件制造体系和资质的企业之列。

在今年5月5日成功首飞的C919大型客机上，就安装着西子航空制造的非气密性舱门产品；今年6月2日，西子航空成功交付了空客A320飞机第100架前起落架舱产品，表明西子航空实现了从零件生产到飞机大中型复杂结构部件生产的提升。同时，沈阳西子航空与波音公司签署了驾驶舱内饰项目合同，标志着西子航空成为波音中国次级供应商中的首家民营企业。

在这个过程中，我们还得益于国家对于空客、波音的补偿贸易要求，特别感谢国家发改委和工信部对西子航空的大力扶植。现在看来，我们的选择是正确的，我们已经从生产零件发展到部件装配，继而希望能承接更大的飞机部件项目，配合中国民机产业在华东的布局和军民融合的发展大势，在杭州策应中国商飞公司，对接舟山波音公司，直供欧洲空客和加拿大庞巴迪，力争不负众望，真正发展成中国民营企业航空制造的生力军。

二、当前企业的三大机遇

1. "一带一路"发展的机遇。这是一条顺风顺水的道路,中国企业总承包,不仅能将中国的剩余产能通过亚投行带出去,带到发展中国家,也能激发民营企业"一有光照就灿烂,一有雨露就发芽,一有冰雪就枯亡"的"草本"特性。

2. 军民融合带动高端制造的机遇。军民融合已经上升为国家战略,也是民营企业从"草本"变为"木本"的契机。举个例子来说,美苏在冷战时期搞军备竞赛,美国的军工产业由国家与民营经济共同参与,但苏联则是完全依靠国家投入,最终经济被拖垮。

再举个例子,国内某大型国有航空制造企业,现有员工2万人,但要将现有的订单全部完成,需要再增加6万人,可是国家不允许再增加一个人、一台设备,那怎么办?只有通过军民融合,让民营企业参与进来。

3. 航空制造引领高端制造的机遇。美国强调"制造业回归",但波音还是落户中国,这是因为市场在中国,中国每年有400亿美金的市场,而且到2020年将有约4亿的中产阶级,未来中国将有望超越美国成为全球最大的高端消费市场,企业借由航空制造的引领,借助外力将我们的基础提上来,可以使小树变为根深叶茂的参天大树。

这也是航空制造的机遇,这个世界上还有85%的人口没有坐过飞机。另外,美国现在有2万多个机场,我们中国已经建成的也就200多个;波音、空客的飞机订单已经排到2030年以后,未来全球民用飞机50%的市场在中国,这是中国航空制造的机遇。

高端制造拉动不了暂时的GDP,但这是结构调整千载难逢的机遇,必定能提升整个中国制造的水准,特别是对于汽车发动机、变速箱、控制系统、医疗仪器等核心零部件产业,是走向高端的机遇!

三、中国强要企业强,企业强要基础强,基础就是品质

感谢中国商飞把我们引进航空产业的大门,我们才有和空客、波音等国际巨头合作的机会,在这个过程中,我们学到了许多。

在航空领域,犯错不可耻,但隐瞒错误就是犯罪。

航空制造检查的不仅是产品的质量,而是员工的行为习惯。发展航空制造的初衷之一,也就是希望将航空制造中严苛的质量管理理念、方法与体系,运用到传统产品制造中去,向高端制造迈进。

四、几点建议

1. 建议借鉴国外对于航空制造业的政策支持，加大政策支持力度。举个例子，意大利从20世纪60年代开始就对进入航空制造的企业给予大力扶持，政府出资30%，企业出资70%，公司盈利后政府资本再慢慢退出。目前，新加坡、马来西亚、菲律宾等国的政府对进入航空制造领域的企业出资比例甚至高达50%。

2. 建议为进入中国的外资总装厂提供政策优惠。

3. 建议建立航空等高端制造业与军民融合的国家风险引导基金，对中国配套制造企业给予直接的支持和更大的政策优惠。

4. 建议加强推进精益制造，专门设立质量博士专业学科。

5. 建议扩大工业强基工程范围，鼓励对于航空制造基础材料的开发。政府要鼓励更多的企业进入航空基础材料工业开发等高端制造领域，补贴其开发认证费用。

以上是我的一些粗浅体会和认识，请专家们批评指正，谢谢大家！

加快推动制造业高质量发展

——在国家发改委"215经济茶座"上的研讨材料

（2018年12月4日）

王水福

从高速增长向高质量发展转变，转型升级提了很多年（2013年的中共十八届三中全会报告中首次提出），如何走出转型升级的泥坑、向高质量发展，可能中美贸易战能解开这个难题。

中美贸易战打醒了我们，大家变理性了。企业对赚快钱有了深刻的理解，知道了为什么现在很脆弱，我们应该做什么。靠原来模仿的粗放时代一去不复返，真正能活下来的企业都是有根基的，没有根基的企业就像浮萍一样，经不起风浪，可能就没有希望。

企业要转变赚快钱的思维方式，经过40多年的发展，浙江的"小五金"、小配件、轻纺工业等走向高端的机会到了。总结40年的发展经验，我们要为未来的高质量发展下一个"十年磨一剑"的决心！

我们要沉下心来，从上到下都能有大局观，不浮躁，企业、政府都是。C919大飞机有400万个零件，却没有任何材料是中国的，是因为我们的材料若得不到国外的认可，飞机是飞不出去的，只能在国内飞，因为标准是他们定的。可想而知，我们不光光要研究材料，还需要有很大的耐心做认证，而认证过程没有5年时间成不了。我们要静下心来做这个。政府好好引导，集中产业优势，让各地形成产业集群。

我们既要有顶天立地的大企业，也需要铺天盖地的中小微企业。期待政府关心支持"慢公司、小公司、笨公司"，而我们的"慢公司、小公司、笨公司"要有耐心去通过认证，如能为大飞机配套。中国制造应为国产核心零部件崛起而奋斗。

长久以来，核心零部件的缺失始终是横在工业机器人国产化道路上的一块大石。国产核心零部件要想从本质上获得突破，不仅需要长期深入的研究，大量资金投入和长时间的市场验证，对技术、资金、人才要求都较高。为实现真正的国产替代，我们要付出更多的耐心和投入，通过历史积累，加快技术攻坚，促进产品优化升级。

中央领导于2010年到浙江调研时召开过座谈会，我在会上提了西子要建中国电梯试验塔的方案。获批后，我们在杭州市临平区投建了208米的超高速电梯试验塔，成功开发了10米/秒的高速电梯，在国内处于领先地位。产品培育总有一个从无到有的过程，我们在助力中国制造做基础工程。我们还在嘉兴海宁建立了70米高的全球载重量最大的试验塔。这种大吨位载重电梯，很多重大工程都有需求。有时候企业在承担研发的重任。这么做，基础就有了。西子如今已经成为国内最大的货梯部件集成供应商。还有我们自动扶梯生产线的投入，这样就有了根基。

无论是企业还是国家，基础工程和基础技术一定要有。百年的发展一定要靠积累才能起来。我们要把一个行业做深做透做细，要争取理解转型升级的实质，在传统制造上创新，发挥好集成能力，补企业的短板，也是在补国家的短板。

从中国和以色列的航空产业历史发展对比来看，为防止基础工业的断层，需要长远的战略考量。保留人才队伍，星星之火才能燎原，比如中国的核电产业有了人才支撑就没有断层。制造业要靠深远的基础基础再基础的培育，才能不怕风吹草动。

我们成立西子"质量·效益"研究院，旨在打造"吸收创新技术，支持专业人才，发挥精益制造"的创新平台，同时源源不断地为小微企业的发展提供人才和技术服务支持，输出精益制造、航空质量标准、智能工业互联网等先进管理经验，关注、培养、扶持更多的"隐形冠军"企业，助推打造属于中国的核心部件制造品牌。

在航空领域央企高校走进大湾区对接会上的讲话

(2018年12月)

王水福

感谢中国商飞、中国航发多年来对西子的支持!

2007年,西子与上海飞机制造厂签订了飞机零部件数控机床加工协议。

2009年,浙江西子航空成为中国商飞C919飞机9家机体结构供应商中唯一一家民营企业,承担了中国商飞C919飞机APU舱门和RAT舱门的工作包。同年,西子在沈阳成立沈阳西子航空产业有限公司,开始了与中航工业沈飞公司进行塞斯纳162飞机和C系列飞机以及部分飞机项目的合作。

2011年,西子航空紧固件公司国产飞机配套航空抽芯铆钉,实现了航空抽芯铆钉国产化并大幅拉低进口抽芯铆钉的价格。同年,沈阳西子航空与航天十一院开启合作序幕,此后承接了无人机复合材料的零件生产。

2014年,沈阳西子航空承接中国航发的商发短舱工艺试验件生产装配。

2015年,浙江西子航空为中航工业鲲龙600项目生产8个投水舱门和1个顶部逃生舱门并顺利交付。

沈阳西子航空分别在2016年、2018年为中国航发"长江1000"发动机试制并交付进气道与涵道组件实验大部件。

目前西子航空联手省机电集团积极参与国家CR929项目,通过与世界级先进企业合资合作,引进复合材料机身大部段研制和生产技术,缩短我国在复合材料飞机制造领域与国外的差距。

经历10年培育,西子航空还处于发展初期,希望央企一如既往地支持西子航空,对我们严格要求,以帮助西子提高。

抓住机遇"十年磨一剑",奠定西子基础

早在20世纪30年代,杭州笕桥就成立了中国最先进的飞机制造厂(中杭厂);由

于历史原因，浙江地处东南沿海，航空基础制造总体薄弱；随着中国商飞在上海成立，中航工业不断推出新的飞机型号，波音737项目落户舟山，给浙江带来了航空制造业发展新的历史机遇。

西子抓住了历史机遇，积极参与发展航空制造业。自2009年起进入航空制造领域，西子已累计投入10亿元，建立了满足各大航空巨头要求的工艺技术和质量控制体系，建立了全要素管理流程；购置高端装备，开展技术研发，形成了一定的数控机加、复合材料成型、钣金成型、热表处理、部件装配等综合生产能力。

目前，西子航空已获得空客、波音、庞巴迪、中国商飞等航空制造业巨头的287项特种工艺资质认证。作为它们的重要供应商，西子航空已跻身为中国航空制造民企中少有的符合国际标准、具有完整航空零部件制造体系和资质的企业。

面向未来：协同大湾区战略，谋高质量发展

民用航空过去20多年来保持持续增长，且未来几十年的发展也前景光明，是持续增长的行业。世界一流企业无不将航空产业作为他们的核心主业之一，航空产业的引领和带动效应巨大。西子通过参与航空产业的发展，提升了质量文化，培育了严谨习惯，弘扬了工匠精神，增强了精益理念，更提振、激励了1.6万余名西子人坚守实业的信心，增加了整个西子产业的含金量，得到了国内外一流航空企业的认可。

浙江具有发达的民营经济，改革开放40年的发展更是积累了足够的资源。浙商具有创新、艰苦奋斗的精神，更是推动浙江低端产业向高端高质量发展的基础，我们要谋求长远战略。浙江需要有阿里巴巴这样顶天立地的大企业，但更需要的是铺天盖地的小企业。企业要转变赚快钱的思维，总结改革开放40年来的经验，我们要为高质量发展下一个十年磨一剑的决心！

航空产业需要长期投入和精心打造，更需要我们的耐心和坚韧精神。航空产业不仅需要核心企业的引领，对产业链的配套要求更强，还需要上下游的密切协作。我们期待更多的地方企业能够参与进来，希望政府和航空央企继续支持我们、帮助中小航空企业茁壮成长。

协同大湾区战略，发挥集聚效应。我们要以开放的姿态向外主动对接央企；向内则聚合力与在座的浙江各航空领域企业形成互动协作；欢迎更多的高校、科研院所参与进来，吸引和集聚高端科技创新和成果转化人才，参与发展壮大航空产业生态链。航空行业需要政府的引导、支持，需要其他航空企业的帮助，需要更多的参与者发挥自身的努力，携手为促进浙江航空工业发展作出更大贡献。

质量人大代表议案建议

关于申办国际技能大赛
提升技术工人技能水平和社会地位的建议

(2012年1月,浙江省十一届人大五次会议)

王水福

一、技术工人是制造业的重要基础

制造业是我国国民经济的支柱产业,是经济增长的核心和经济转型的基础,是经济社会发展的重要依托。制造业基础是否牢固对于浙江经济社会的转型升级是否成功有至关重要的影响。

在制造行业,技术工人的专业技能水平在很大程度上决定了生产效率和产品品质,对于企业和行业的竞争力都有着直接的影响,可以看作基础的基础。"基础不牢,地动山摇。"浙江是制造业大省,目前正处在从低端低附加值的传统制造业向高端高附加值的先进制造业进军的过程中。然而当前我省制造业的基层工人仍然是以农民工为主,普遍缺乏专业系统的培训,其技能素质很难满足转型升级的要求。根据省人保厅的数据:大致有2000万名来自本土或外省市的工人奋战在浙江制造业一线,他们中只有700万名算得上技术工人,拥有高级技工、技师或高级技师头衔的不过117万名,浙江企业要提升产品档次,至少缺600万名技术工人。

另外,目前社会上普遍有种错误认识,认为当"蓝领工人"、从事一线的生产工作没有前途,甚至"低人一等"。许多家长也不愿意子女走上面向生产一线的教育和职业道路。如何加快形成尊重技能人才的风气是我省制造业技能人才队伍培养中的重要课题。

二、世界技能大赛概况

世界技能大赛又被称为"国际技能奥林匹克竞赛",始于1947年,参赛选手都是

22岁以下的年轻技术工人。竞赛项目包括汽车装配、焊接、机械加工和组装，以及建墙铺瓦、安装水管、网页设计、服装裁剪、做糕点、造家具、美容美发等。

2011年10月5日至8日，第41届世界技能大赛在英国伦敦举行，来自世界51个成员代表队的944名青年选手参加比赛。我国今年第一次参加这一赛事，取得总平均分第二、焊接项目比赛银牌等佳绩，其中浙江工业职业技术学院学生盛国栋获得数控车工比赛优胜奖。中共中央政治局委员、国务院副总理张德江批示："祝贺我国首次组团参加世界技能大赛获得良好成绩！技能人才的数量和水平，关系国家的综合竞争能力，我国要大力培养技能人才，宣传技能人才典型事迹，在全社会形成尊重劳动、尊重技能人才、争做技能人才的良好氛围。"

韩国从1965年开始共参加过25届世界技能大赛，其中17次获得团体冠军。在最近的41届大赛上，韩国实现了三连冠，在数控车、数控铣、焊接等项目中都摘得金牌。日本历年的成绩也十分优秀，仅次于韩国。日韩等国之所以能取得如此优秀的成绩，和他们对参赛选手选拔和培训的高度重视和精心组织是分不开的。

以韩国为例，韩国早在1966年就成为国际技能奥林匹克组织委员会会员国，韩国奥委会会长由韩国总理亲自兼任。韩国国内技能大赛分为由省、市地方自治团体主办的地方技能大赛和由劳动部、国际技能奥林匹克大赛韩国委员会主办的全国技能大赛。通过全国的技能大赛选拔出来参加国际技能奥林匹克大赛的国家代表选手。根据职种情况分别由国家选择训练场地，制订周密的训练计划，进行强化训练。选手训练的全部费用由国家承担，有关原材料、设备由国家和企业提供。

全国大会举办公告以劳动部部长和国际技能奥林匹克委员会韩国委员会名义在中央级报刊上发布。韩国总统或总理亲自到召开现场参加大会活动。41届世界技能大赛成绩揭晓后，韩国总统李明博电贺代表团为国争光，并称赞代表团通过夺冠证明了韩国国民的优秀素质，也使韩国的"技术强国"声名远扬。

我国参加世界技能大赛的选手选拔也参考了国外的经验，一般通过国内相关技能竞赛选拔。例如数控车工、铣工的选手是通过"第四届全国数控技能大赛学生组"选拔，焊工是通过"第三届全国技工院校技能大赛焊工组"选拔，然后再通过多轮集训淘汰最后确定。而参加这两项国家级赛事的选手需要首先通过省一级的选拔赛。例如在2010年，我省人力资源和社会保障厅牵头组织了"全省技工院校技能大赛暨第三届暨全国技工院校技能大赛选拔赛"和"全省数控职业技能大赛暨第四届全国数控技能大赛选拔赛"（与省教育厅、省总工会联合主办）。

三、建议我省申办世界技能大赛

近些年来，省委、省政府高度重视技能型人才培养问题，已经出台了《浙江省中长期人才发展规划纲要（2010—2020年）》《浙江省高技能人才队伍建设三年行动计划》，提出了具体的高技能人才培养目标和工程。计划实施以来已经取得了显著的成效。例如2011年11月，48位技术工人受省政府资助赴德国培训，在社会上产生了强烈的反响。

为了乘势而上，建议争取世界技能大赛落户浙江。目前，2013年世界技能大赛已确定在德国举行，2015年在西班牙举行，英国伦敦从2005年就开始申办2011年大赛。建议浙江省有关部门采取以下的措施：

1. 争取国家主管部门支持，申办2017年世界技能大赛。

2. 积极申办作为世界技能大赛选拔赛的"全国数控技能大赛""全国技工院校技能大赛"等国家级的技能竞赛。

3. 对参加全国和世界技能竞赛的我省选手和单位提供支持，对获奖选手和单位进行表彰宣传和经验推广。

这些工作的开展将十分有利于为技能型人才的培养营造更浓厚的氛围，树立"三百六十行，行行出状元"的社会风气，促进技术工人技能水平和社会地位的提升，从而加快我省制造业的转型升级。

关于实施绿色制造，推进浙江工业企业转型升级的建议

(2012年1月，浙江省十一届人大五次会议)

王水福

加快经济发展方式转变，是党的十七大提出的重大战略任务，也是贯彻落实科学发展观的基本要求。中国是世界的制造大国，但离成为制造强国的差距还很大。在当前过剩经济的背景下，用工成本不断上升、原材料价格大幅上涨、能源供应紧张、人民币升值、环境约束进一步加大，制造型企业要避免上述危机的冲击就要脱离同质化和产能过剩的路线，必须从高能耗、高污染、低附加值的粗加工模式向低消耗、高效率、绿色环保且发展潜力大的战略性新兴产业领域扩展，通过转型升级以提升企业的可持续发展能力、提高产品品质、增强市场竞争力和抗风险能力，这是关系到企业长期持续稳定发展的关键。

"绿色制造"是综合考虑环境影响和资源消耗的现代制造模式，其目标是使产品在从设计、制造、包装、运输、使用到报废处理的整个生命周期中，对环境的负面影响最小，资源利用率最高，并使企业经济效益和社会效益协调优化。绿色制造这种现代化制造模式，是人类可持续发展战略在现代制造业中的体现。

面向环保的生产技术是绿色制造的重要组成部分，主要研究减少生产过程中的污染，包括减少生产过程的废料、减少有毒有害物质（废水、废气、固体废弃物等）、降低噪声和振动等。

浙江是轻工业、机械制造业和电子工业大省，同时也是中国民营经济最为活跃的地区。作为制造生产过程中必不可少的一个环节，金属表面处理及电镀生产受到工业生产大量需求的推动，已形成了一个庞大的产业。然而就整体而言，浙江省很大一部分金属表面处理企业缺乏合理布局，行业内部发展水平参差不齐，小型企业数量过多，废水废气处理技术不够先进，经营分散，污染物产量大，对省内众多河流湖泊都造成了极大的污染，但是电镀污染治理的长效机制始终没有合理地建立起来。虽然政府采取关、停、并、转等行政治理政策，但是对浙江省内制造企业的生产和发展产生了很大的影响，也使得浙江省发展高端制造业出现瓶颈。而且在可预见的未来，欧美对于进口产品的环保标准必将进一步提高。因此，表面处理目前面临的污染问题将成为阻碍我国高端制造业深度发展和壮大的重大障碍。

欧美国家对绿色制造技术的研究和应用已经走在世界前列。以金属表面处理工艺为例，空客公司和波音公司已于2007年宣布将在A380飞机和B787飞机上采用环保型的表面处理新技术及加工生产的产品，并于2013年全面实施这些标准。今后用于这些飞机的配套零部件必须符合这些新的环保标准，而国内目前尚没有企业具备这样的技术能力。

目前，随着大飞机项目落户上海和长三角地区高端制造业的飞速发展，特别是随着波音、空客、庞巴迪、巴西航空、达索等世界一流航空制造企业外包业务向中国的转移，迫切需要在江浙一带建立符合航空产业标准和高端制造业的表面处理加工园区，也有意向支持和帮助中国本土企业进行环保型航空零件表面处理技术的研发和应用。

鉴于上述情况，建议省委、省政府进一步加大对绿色制造研究和应用的支持力度。特别是加强对产学研合作和国际合作的支持，整合和优化我省表面处理加工产业结构，引进国际先进环保型表面处理技术以及三废处理方法，建立起工程化开发、开放式服务和科技成果转化能力，从而引领表面处理行业技术进步和产品创新，降低环境污染，加快实现绿色制造，为推动我省表面处理加工产业结构调整和可持续性发展发挥重要作用，也有助于促进我省机械制造、汽车、电子和日用品等行业国际竞争力的提升，加快转型升级。

关于在浙江（杭州）举办
第43届世界技能大赛的建议

（2013年1月，浙江省十二届人大一次会议）

王水福

"一流的工人，制造一流的产品。"为提高浙江产品的品质、打响浙江制造品牌，企业和各级政府都要为建设一支一流的职工队伍而努力。

世界技能大赛是全球青年技术工人的奥林匹克。世界技能大赛起始于1947年的西班牙，当时是为了提高青少年的技能而进行比赛。1950年，葡萄牙参加比赛，后来欧洲各国也纷纷参赛。20世纪60年代，在亚洲国家当中日本率先参赛，而韩国最为活跃。韩国于1966年成立了世界技能大赛韩国委员会，成为会员国。1967年首次参加第16届马德里（西班牙）大赛时，在西装和皮鞋项目获得了金牌。截至2009年，韩国技能代表队共参加了25次比赛，获得16次冠军。1981年，美国也参加了比赛。至此，世界技能大赛发展成为名副其实的国际技能大赛。

世界技能大赛由世界技能组织举办。世界技能组织前身是"国际职业技能训练组织"（IVTO），成立于1950年，由西班牙和葡萄牙两国发起，后改名为"世界技能组织"。目前其总部设在荷兰阿姆斯特丹，有61个国家和地区成员。其宗旨是通过成员之间的交流合作，促进青年人和培训师职业技能水平的提升；通过举办世界技能大赛，在世界范围内宣传技能对经济社会发展的贡献，鼓励青年投身技能事业。

该组织的主要活动为每年召开一次全体大会，每两年举办一次世界技能大赛，以1人参加1项比赛为原则。随着时代进步，每次大赛比赛项目都有增加或改变。目前，涉及40余个工种（项目）。

2010年10月3日至10日，世界技能组织在牙买加召开2010年世界技能组织大会，并于10月7日表决通过中国正式加入世界技能组织。2011年，第41届世界技能大赛在伦敦举行，中国第一次派代表团参赛。我国派出的6名青年技能选手参加了数控车、数控铣、CAD机械设计、美发、网站设计、焊接等6个项目的比赛，参赛选手总平均分在51个代表团中排名第二，获得1枚银牌、5个优胜奖，其中浙江工业职业技术学院的盛国栋在数控车项目获得优胜奖。

第42届世界技能大赛于2013年7月在德国工业重镇莱比锡举行。我建议，浙江应该向世界技能组织申请在杭州举办第43届世界技能大赛！

在杭州举办第43届世界技能大赛，有以下几点好处：

1. 激励浙江青年技术工人奋发向上；
2. 鞭策企业、政府乃至全社会关爱技术工人，健全教育培训体系；
3. 向世界展示浙江和杭州，提升浙江制造品牌形象！

关于将《浙江省产品质量监督条例》修改为《浙江省产品质量条例》的议案

(2013年1月,浙江省十二届人大一次会议)

王水福

一、浙江省产品质量情况

改革开放以来,浙江的制造业突飞猛进,在促进GDP增长、居民收入提高和经济社会发展方面作出了卓有成效的贡献。可以说,没有浙江制造业的坚实支撑,就没有浙江经济社会欣欣向荣和人民生活不断提高的大好局面。

另一方面,目前浙江制造业确实碰到了发展的瓶颈,企业遇到了前所未有的困难。近年来,浙江省相继发生了"新型地沟油"事件、"毒胶囊"事件和"问题蜜饯"事件,食品安全和产品质量问题再次引发人们的高度关注。在世界市场上,中国制造的产品似乎也经常出现"质量门""毒牙膏""含铅玩具""含超量抗生素水产品"等事件。随着中国成长为经济大国和制造大国,中国似乎也成了问题产品的最大来源,中国产品在世界市场上正在面临着空前的信任危机。当然,世界上鼓吹中国产品质量低劣,可能是某些人出于宣扬"中国威胁论"的别有用心,但不可否认,我国现在是制造大国,但还不是制造强国,也远称不上质量强国。客观而言,我省乃至我国制造业产品的质量水平确实存在需要大幅提升的必要,特别是与德国、日本等工业发达国家相比,我们制造业的产品质量水平差距是巨大的。随着企业用工成本上升,居民对产品和服务的需求升级,以及国外反倾销措施的日益严厉,加工仿制、低成本低品质低价格的道路已经难以为继。

二、关于立法提升产品质量的意义

那么,浙江制造的出路在哪里呢?

据国家统计局、商务部数据,浙江已经有500多种工业品市场份额居于全国前三,这些产品是浙江工业经济发展的一座金矿。有关数据统计,产品质量水平每提高一个西格玛,利润率可增长20%,产出能力提高12%,减少劳动力12%。中国的崛起首先是中国制造的崛起,浙江要继续走在全国前列,首先是浙江制造走在全国前列。浙江要在2020年实现四个翻番的目标,必须在产品质量上实现几个翻番,通过5～10年的努力,使浙江成为"高品质产品制造基地、奢侈品品牌的输出中心"。

在近代世界史上,也不乏"品质强国、后来居上"的例子,可以作为我们浙江的借鉴:

案例一:19世纪80年代,德国产品品质低劣,多是仿冒英国。1887年,英国通过《商品标识法》,要求德国产品因为其品质低劣必须打上"德国制造"才能在英国销售。德国人把这个法案看作德国的耻辱,从而洗心革面,仅仅10年就一举改变面貌。到1896年,不仅英国民众甚至英国上层社会也承认德国产品的品质是优良可靠的。直到现在,德国制造还是品质优良可靠的象征。

案例二:第二次世界大战后,日本经济百废待兴。美国管理学家戴明建议日本"以品质复兴日本,以品质赶超美国"。1951年开始,日本工业科技协会设立经营管理最高奖"戴明奖",全面推行质量管理。20年以后,日本制造和日本的产品品质为全世界认可,日本也相应崛起成为经济强国。

另外从企业微观来说,每家企业要根据市场需要,实现产品品质的转型升级,做到"技术领先,品质可靠,服务周到";从宏观来说,浙江全省各界需要确立品质意识,卧薪尝胆地提升浙货品质,打造品质强省,打响浙江制造的品牌!"提升品质是银矿,打响品牌是金矿",挖好品质品牌这两座"银矿""金矿",浙江经济的持续发展根本不用担心。

三、立法的必要性

目前,政府抓产品质量、品牌建设,有用的政策缺乏、手段落后、力度不大,社会大众对质量提升的意识不够强,强调"创"的比较多,但真正注重现有产品质量和品质提升的远远不够,致使多年来浙江产品、浙江制造仍然在较低层次上徘徊,也未

能形成全省以品质制造、品质经济为导向的转型升级指导思想。省政府于2012年提出了工业强省战略，强就应该强在质量上、强在品质上，但关键在于落实。

建议借鉴上海市的做法，在原有《产品质量监督管理条例》基础上修改制定全省《产品质量条例》，以地方立法的形式强有力推进产品质量提升，并且每年由人大专门委员会进行检查评估和考核，为全方位打造"品质浙江"、加快建设全球先进制造业基地奠定更扎实的制度基础。

四、《浙江省产品质量条例》主要框架内容：

第一部分　总则
1. 制定目的
2. 适用范围
3. 实施主体和对象
4. 对相关政府部门的要求
5. 如何鼓励、支持条例的实施

第二部分　实施对象的责任和义务
1. 产品质量的要求
2. 界定的标准
3. 实施对象对产品质量如何管控的具体措施
4. 各类产品的具体要求，如进口产品的要求、复杂耐用品的要求、危险品的要求等

第三部分　行政监督
1. 实施监督的主体
2. 监督计划
3. 监督方式

第四部分　违规责任

浙江企业向来敢为天下先，浙江省政府也一直勇于在改革开放和现代化建设方面在全国先行一步。如果我们浙江能够确立并实施"质量强省"的方针，在产品品质提升方面走在全国的前面，那么，浙江企业的发展前景和居民的生活品质一定会更加美好。

关于"品质强省、打响浙江制造品牌"的建议

(2014年1月,浙江省十二届人大二次会议)

王水福

改革开放以来,浙江的制造业突飞猛进,在促进GDP增长、居民收入提高和经济社会发展方面作出了卓有成效的贡献。可以说,没有浙江制造业的坚实支撑,就没有浙江经济社会欣欣向荣和人民生活不断提高的大好局面。

另一方面,目前浙江制造业确实碰到了发展的瓶颈,不少企业甚至遇到了前所未有的困难。我走访了许多企业,作了调查研究,发现存在的普遍现象是:浙江企业的产品品质处于中低档水平,功能少、可靠性差;仿制产品多,技术含量低、工业创新少;以低价取胜,而不是创造品牌提升附加值;侧重营销,不注重服务。总之,浙江制造总体上还处在加工仿制的阶段,浙江货在国内外市场还是廉价低档产品的代名词。

随着企业用工成本上升,居民对产品和服务的需求升级,国外反倾销措施的日益严厉,浙江制造加工仿制、低成本低品质低价格的道路已经难以为继。

那么,浙江制造的出路在哪里呢?我认为,唯一的出路就是提升品质。从企业微观来说,每家企业要根据市场需要,实现产品品质的转型升级,做到"技术领先,品质可靠,服务周到";从宏观来说,浙江全省各界需要确立品质意识,卧薪尝胆,提升浙货品质,打造品质强省,打响浙江制造的品牌!"品质是银矿,品牌是金矿",挖好品质品牌这两座"银矿""金矿",浙江经济的持续发展根本不用担心!

在近代世界史上,不乏"品质强国、后来居上"的例子,可以作为我们浙江的借鉴:

案例1:19世纪七八十年代,德国产品开始大量出口,其有两大特点:一是品质低劣,二是仿冒英国产品。1876年在美国费城的世博会上,德国产品是"廉价劣质品"的代表。1887年,英国国会更是通过《商品标识法》,要求德国产品因为其品质低劣必须打上"德国制造"的标签后才能在英国销售。德国人把这个法案看作"德国的耻辱",从而洗心革面,大规模开展研发投入、技术培训,仅仅10年就一举改变面貌。到

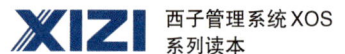

1896年，不仅英国民众甚至英国上层社会也承认德国产品的品质是优良可靠的。直到现在，"德国制造"还是品质优良可靠的象征。

案例2：第二次世界大战后，日本经济百废待兴。美国管理学家戴明建议日本"以品质复兴日本，以品质赶超美国"。1951年开始，日本工业科技协会设立经营管理最高奖"戴明奖"，全面推行质量管理。20年以后，日本制造和日本的产品品质为全世界认可，日本也相应崛起成为经济强国。

为提升浙江产品品质、打响浙江制造品牌，我提议：

一、以"卧薪尝胆、发愤图强"的浙江精神，追赶德国和日本产品的品质，提升浙江企业的制造能力和水平为目标，动员全省花10年时间打一场全面提升浙江产品品质的持久战，使浙江制造成为国际品牌。

二、将"提升浙江产品品质，打响浙江制造品牌"作为浙江省经济工作的"一号工程"或者"省长工程"。制订浙江省全面提升产品品质的10年规划，在全社会公示并由省人大审查立法后，由各级政府组织实施，并且每年由人大专门委员会进行检查评估和考核。

三、邀请德国、日本和美国等国一流的品质管理专家，组成以他们为主的"浙江省产品品质评审团"，独立、客观、公正、严格、认真地评审浙江企业的产品品质，达到国际水平的优胜者可以获得"浙江省省政府品质奖"或者"浙江省省长品质奖"。

四、利用政府主导媒体和舆论的优势，在全省开展品质危机、品质意识、品质生活和品质立省的教育，让品质深入人心、融入生活并且化为行动。

五、成立民间独立的浙江品质工程师协会，参照国际标准制定浙江省产品品质标准，承担产品品质评估和检查检验、行业规则制定、品质管理人员培训、考试和职称评定、企业品质管理体系认定等功能，并要求该组织尽快与国际接轨并取得国际权威组织认可。

六、对在改善产品品质和提升品牌方面取得重大进步、作出贡献的企业，特别是产品品质居于国内第一甚至国际前列的企业，经"浙江省产品品质评审团"评审通过，各级政府应当在精神和物质两方面进行重奖。

七、对生产假冒伪劣产品的企业，要像治理酒驾、醉驾那样从严查办、依法处理。

八、"一流的员工生产一流的产品"，各级政府应该加大对技术工人教育、培训的投入并且列入预算。健全工人技能等级和职称的考核体制，每年举行工人技能大赛。

浙江企业向来敢为天下先，浙江省政府也一直勇于在改革开放和现代化建设方面在全国先行一步。如果我们浙江能够确立并实施"品质强省"的方针，在产品品质提升方面走在全国的前面，那么，浙江企业的发展前景和居民的生活品质一定会更加美好。

关于创建浙江制造精品馆的建议

(2014年1月,浙江省十二届人大二次会议)

王水福

全面推进"三名"工程是省委、省政府加快推进产业调整、提升区域经济竞争力的重大战略部署,在2013年12月16日召开的全省经济工作会议上,李强省长明确指出要启动实施浙江制造品牌培育工程,在研制一批具有国际水平的浙江制造产品标准、培育"百千万"企业在品牌建设上取得突破。建议通过设立浙江制造精品馆,展示浙江制造的风采,引领浙江经济转型升级,再创浙江经济竞争的新优势。

一、项目提出背景

我省是中国经济的第一方阵,30多年的改革开放历程是浙江工业化实现程度不断提高的真实写照。目前,我省相当一部分的工业产品已经在全国甚至世界范围内具有举足轻重的地位。2010年,省经信委调查发现:浙江省220类518个产品在全国市场占有率占前三位。在这些产品中,不仅有服装、鞋帽、打火机等劳动密集型产品,也包括了一大批高新技术产品和高端装备制造产品。

以杭州为例,乙烯冷箱、余热锅炉、工业汽轮机、船用齿轮箱、汽车轮毂、轴承、万向节、空分设备等产品,在国内市场的占有率超过50%;高空作业车、电能表、滚子轴承、内燃叉车的市场占有率超过30%;另外超过20%的还有集散控制系统、汽车用组合开关、工程机械变速箱、工业链条和自动扶梯等。

其他地区则形成了一批产业集群,如温州的高低压电器、阀门,台州的汽车零部件和工业缝纫机,绍兴的纺织机械和制冷元器件,宁波的塑料机械,舟山的船舶制造,金华的汽车、摩托车轮毂等,也已在国内具有较强的影响力和竞争力。

这些行业中涌现出了一批实力雄厚的龙头骨干企业。例如,杭汽轮已经成为目前

全球最大的工业汽轮机制造企业；万向集团是全球规模最大的万向节产品制造商；杭氧集团是亚洲最大的大型空气分离设备企业；西子联合控股集团已经成为全国最大的电梯零部件生产制造企业；"盾安环境"和"三花股份"在制冷配件领域形成了双寡头格局，两家企业在截止阀和四通阀等主要配件产品的全球市场份额已达到70%。

尽管浙江已经拥有一大批优秀的工业企业和高档产品，但缺少集中展示的平台。义乌中国小商品城、永康中国科技五金城等市场虽然规模庞大、交易活跃，在国内外享有较高的知名度，但其展示交易的商品大多仍然是以服装鞋帽、工艺礼品、玩具、"小五金"等轻工业品和日常生活用品为主。这种情况造成信息和渠道资源的分散，一方面，使客商特别是国外政府代表团和跨国公司难以了解浙江工业水平的全貌，增加了商务成本；另一方面，使本土企业特别是一批优秀的中小企业过于依赖单一的销售渠道，错失了大量与高端客户接触的机会，贻误商机。

与此同时，其他一些兄弟省份已经看到了类似的问题并且开展了行动。目前，广州已经正式开建全球规模最大的商品展示交易中心——广州国际商品展贸城。该项目已立项为广东省新十项工程，规划占地约4800亩，投资超过145亿元，欲打造成全球规模最大、商品种类最全、功能最完善的现代化国际展贸交易平台。

在2013年上半年，为了推进产业结构的调整，省委、省政府把装备制造业发展作为重要突破口，专门制定了装备制造业的规划和政策。省委、省政府提出的"机器换人"战略也为我省高端制造业的发展提供了广阔的市场前景。

基于上述情况，建议创建面向全国和全世界、集中展示代表"浙江制造"和"浙江创造"最高水平的工业产品展示平台，为企业在家门口架设通往世界的桥梁，为促进实体经济发展和相关产业的转型升级创造更多的机遇。

唐代著名诗人孟郊（浙江德清人）曾写下千古流芳的名句："春风得意马蹄疾，一日看尽长安花。"如果上述展示平台能够建成，成为省外、国外政府或企业代表团考察过程中的经典"景点"，让他们能够在紧凑的行程中尽可能全面地了解最优秀的浙江制造的产品，"半日看尽浙江造"，那么极有可能为我省企业带来更多的商机，创造可观的经济效益。

该平台是浙江制造精品的展示中心、经济贸易合作的交流中心、企业创新发展的接单中心、人民群众感受现代科技的体验中心。平台面向机关、学校、企事业单位和普通市民开放，使他们增加对我省工业的认识，增强信心，特别是可以成为广大学生和家长了解各类工业行业和企业的窗口，增强他们投身制造业，参与实体经济发展的兴趣和决心。平台所展示的就是浙江制造的"大国重器"，就是浙江精品的典型示范，就是浙江经济的竞争力。

二、项目选址建议

杭州是浙江省省会,是全省政治、经济、科教和文化中心,是长江三角洲经济圈两个副中心城市之一,也是都市经济圈时代的核心区域。杭州具备了较为雄厚的工业基础,汇聚了一批颇具实力的工业企业。2011年的中国制造业企业500强中杭州就占了30家。

特别是杭州有着良好的区位优势与产业发展背景。已经建成通车的沪杭高铁使"上海的浦东国际机场=杭州国际机场"这个等式几乎成立。比如,一个美国客商搭乘飞机从美国到上海需要12个小时,出站0.5个小时,乘坐高铁到杭州0.5个小时,总共只要13个小时,这样杭州就与更加广阔的国际市场走到了一起。

因此,在杭州创建该工业产品展示平台是最为适宜的选择。为了加快速度、节约投入,项目初期可以考虑利用现有场地进行改造。目前位于武林广场的浙江省展览馆在相当长的时期里是浙江省最有影响力的展览馆,位于杭州市中心,交通便利,客流量大,特别是地铁项目建设完成后交通条件将更为优越。与之比邻的浙江科技馆、西湖文化广场也是杭州现代经济展示的重要高地。建议相关部门研究依托浙江省展览馆为主体,联合省科技馆、西湖文化广场联动,共同打造浙江制造精品馆。

从长期的角度看,选址新建规模更大、功能更完善的展示中心十分必要。建议在城东新城依托杭州新东站,建立一个配备拥有产品展示厅、国际会议厅和酒店宾馆的展示交易综合体(平台)。建议整体规划、分步实施,形成以现代综合交通枢纽为依托,集工业产品展示中心、旅游集散中心和商务住宿功能于一体的城市新中心,并成为"西湖博览会"期间开展各类经贸活动的主要平台,将"西湖博览会"打造成一个类似于德国汉诺威国际展览中心的国际品牌,像广交会那样设置常年与短期的各式展示中心,重现当年辉煌。

关于构建浙江制造质量发展指数，促进制造业提质增效升级的建议

（2015年1月，浙江省十二届人大三次会议）

王水福

当前，我国进入经济发展新常态，以创新驱动为抓手，提高经济发展质量和效益已经成为各级政府的中心工作。制造业是我省乃至我国经济发展主体，制造业的发展质量关乎经济发展的质量与效益。构建能综合反映制造业质量发展水平和效益的指数统计系统并实施动态跟踪与快速响应，是指导各级政府部门提升制造业发展质量的重要工作。然而我省乃至国内至今未建立可反映制造业质量发展水平的动态指数，现有的质量相关考核指标均是年度性指标，存在反应滞后、指标过多等问题，基于滞后信息制定的政策难以及时有效指导质量工作。2013年，省政府出台了《浙江省质量工作考核办法》，构建了相应的考核指标体系，将企业主导产品采用国际标准和国外先进标准的比率（以下简称"采标率"）、制造业产品质量合格率等纳入质量工作考核，统计部门已建立"采标率"的年度统计，质监部门建立了制造业产品质量合格率的季度统计，为建立制造业质量发展指数提供了较为充分的基础。构建浙江制造质量发展指数工作不仅意义重大，而且具有较强的可行性。为了有效推进浙江制造质量发展指数构建工作，提出以下具体内容：

一、科学构建浙江制造质量发展指数

以反映浙江制造业质量发展水平和趋势为目的，以标准与品牌为主要特征，定点产品质量检测与顾客满意评估为手段，构建一个能动态反映质量发展水平的浙江制造质量发展指数。从制造业国际化水平、品牌发展水平、产品质量水平、顾客满意程度等四个维度来构建浙江制造质量发展指标体系，建立指数评价模型。建议由省统计局牵头，会同经信、质监、食药、出入境检验检疫等部门，共同研究各维度指标的统计边界、统计方法、指标权重等关键性问题，构建科学的浙江制造质量发展指数。

二、建立浙江制造质量发展指数统计分析制度

将浙江制造质量发展指数各指标纳入有关部门的日常统计工作中，建立统计报表制度，规范数据填报要求，使浙江制造质量发展指数的统计分析工作规范化、常态化。设立浙江制造质量发展指数统计分析专项经费，用于指数统计分析所费资金需求，保障浙江制造质量发展指数统计分析工作的持续有效开展。

三、加强浙江制造质量发展指数的应用

建立浙江制造质量发展指数发布的长效机制，以每季度或每半年为周期进行定期发布，保持指数动态反映质量发展水平的及时性。将制造业质量发展指数作为经济形势分析的重要内容，用于衡量和分析经济发展的质量水平，使注重质量和效益成为经济发展的新常态。发布制造业年度质量发展报告，从地区、行业等多个角度进行指标分析，供各级政府部门、企业、研究机构参阅。

关于将老字号与历史经典产业一起作为振兴发展对象的建议

(2015年1月,浙江省十二届人大三次会议)

王水福

老字号,是数百年商业和手工业竞争中留下的精品,是我国商业文化的瑰宝。而浙江省素有"丝茶之府、文物之邦"的美誉,省内老字号产业涉及茶叶、丝绸、黄酒、特色餐饮、中药、文房、宝剑、木雕、根雕、石刻、竹编、铜建筑、陶瓷以及中式服装等多个行业。这些产业都有百年甚至千年的历史文化传承,凝聚着浙江人民的聪明才智,蕴含着深厚的文化底蕴。

截至2014年年底,全省有中华老字号企业91家、省级老字号413家、产值2500亿元,从业近20万人,有中国驰名商标36个、中国名牌14个、浙江省著名商标72个、浙江省知名商标55个、浙江省名牌55个,全省老字号企业取得非遗名录109个,其中国家级28个、省级39个、地市级42个。

老字号企业在历经公私合营、"文化大革命"及改革开放后,发展不尽如人意,同时又因城市发展、旧城改造等因素,很多老字号企业被迫迁离原址,退出老城区。迁址之后,流失了许多老顾客,又由于经营环境改变、运营成本增大等因素,老字号想既保品质又保品牌,面临着极大的困难和挑战。如"毛源昌""邵之岩""雪舫蒋""叶受和""素春斋""浣花斋"等数十家老字号面临知识产权侵权、商业环境、生产基地等一系列生存发展的困难。

去年,由省政府研究室提交的《关于振兴发展历史经典产业的建议》的报告,拟将茶叶、丝绸、黄酒、中药、青瓷、宝剑等10个产业作为我省重点产业来培育,列入明年省政府工作中,加以进一步推进,以传承和保护传统产业,加快产业发展,促进文化和商业繁荣,这让我倍感振奋与激动。因为这10个产业当中,老字号产业占有很大的比重,这将给老字号企业带来强劲的发展动力。因此,我希望省政府在振兴发展历史经典产业的同时，能够兼顾振兴老字号品牌，一举两得，既振兴了产业，又恢复了百年品牌。我建议将浙江省的老字号品牌一并列入省政府明年的工作计划之中，和历史经典产业一起制定发展规划和扶持政策，并对扶持的老字号提出特别建议如下：

1. 设立老字号保护和发展专款专项资金，用于振兴老字号企业发展。参考北京对老字号企业的扶持模式，每年拨专项款或设立专款专项基金，以无息贷款、按期归还的模式，扶持我省有关老字号的企业文化资源保护与开发、经营服务规模扩大、品牌文化推广、网点发展建设、商标注册保护、技术改造、工艺创新、新产品开发、知识产权保护、人员培训等项目。

2. 规划老字号城市发展商业区块。大力支持老字号企业恢复原址，迁回主城区，或入驻符合老字号企业发展的商业区块，帮助老字号企业在相对较好的商业区快速重建。同时，开展老字号文化创意活动，推进老字号新兴文化产业发展；建立老字号电商平台，推行"微营销"；推动建立老字号商业文化建设的场所，培育老字号特色商业街；举办各具特色的老字号品牌文化节，打造以老字号为主的诚信浙商的商业文化体系，把老字号振兴工作推向新的高度。

3. 加强老字号企业传承力度。加强对老字号企业传承人、新掌门人的培养；建立老字号企业信息库，利用文字、录音、录像、多媒体等方式，加强对老字号传统手工技艺、发展史料和实物的收集、整理工作，加快抢救濒临失传或受到破坏的老字号工艺手艺、重要文献、珍贵实物，建立健全老字号档案。

4. 强化促进机制，提高老字号市场竞争力。通过培训会、交流会等形式，鼓励和支持老字号企业把传统经营方式与现代服务手段、管理方法有机结合起来；将保持传统、创新交易方式、健全营销网络、技术改造、技艺创新、文化创新等方面有效整合，提升老字号的企业市场竞争力；鼓励老字号走出国门，去海外办展，向世界展示中华民族的传统瑰宝。

（五）支持公共平台的发展，营造老字号企业健康发展环境。老字号企业协会、研究院等组织是政府与企业间重要的桥梁纽带，大力支持协会筹建老字号电商平台，开展老字号掌门人研修班、新掌门培训班、老字号商贸对接、交流考察等活动；加强老字号健康发展的舆论环境建设，在主流媒体上采用多种方式展示老字号的传统文化精华；支持和推进有关老字号的刊物、网站、丛书、报纸、电视纪录片等开办、拍摄和制作；发行老字号消费指南、手册和地图等；在公共平台开展老字号地图、丛书、纪录片等整体宣传的项目，为老字号企业营造健康发展环境。

关于重点打造大江东航空小镇
构建航空产业集群的建议

(2016年2月,浙江省十二届人大四次会议)

王水福

在浙江省委、省政府"创业富民、创新强省"总战略的指导下,浙江制造业已形成产业基础扎实、特色优势明显、集聚程度较高的局面,发展了一批具有国际竞争优势的高端产品、重点企业和优势行业,电器机械、汽车制造等都取得了较好发展。但浙江制造业普遍市场集中度低、技术层次不高,浙江制造业要走在发展前列,必须从传统制造走向高端制造。面对新一轮的工业革命和科技进步,浙江企业界求新变革的愿望十分强烈,产业转型升级的需求巨大,如何抓住供给侧改革的机遇,如何抓住波音完工中心落户中国和航空产业市场的历史性发展机遇,充分调动企业的积极性,积极投入新兴产业的大潮,是摆在浙江政府和企业面前共同的课题。

航空产业作为高端装备制造业的典型代表,素有"工业之花"的美称,是国家五年规划确认的战略性新兴产业之一。产业发展的聚集效应,对经济和技术的带动效应、引领效应十分突出,是企业转型升级、从传统制造升级到高端制造最好的拉动力和驱动力。

在国家的大力推动下,全国各地进入航空基地建设快速发展期。截至2013年8月,我国共建设国家级航空航天高科技产业基地10座;116个县级及以上城市开始建设通用航空产业园。中国航空制造业已形成六大聚集区:环渤海、长三角、珠三角、中部地区、西部地区和东北地区。其中西部地区是国内传统航空装造产业链最为完善的地区,长三角地区航空制造业则快速发展,各类航空制造企业蓬勃兴起,成为国内航空制造发展的新兴力量。

中国航空制造业已初步形成集聚,区域性的产业集群将进一步增长;区域分工、协同将在各区域性产业集群中得到体现。各地政府都在积极把握航空制造产业发展机遇，从资源集聚、配套环境、供应链培育和市场等方面入手，为航空制造业的发展提供强有力的支撑平台，带动区域航空制造产业的发展。

由于历史原因，浙江省航空产业基础薄弱，目前参与企业较少，位于杭州大江东的浙江西子航空工业有限公司是为数不多的航空制造业的代表，嘉兴、绍兴、义乌等地有少量航空制造和通用航空企业。整个浙江没有形成一个成熟规模的航空产业园区，缺乏航空产业配套，仅有的航空企业"独木难以成林"，难以形成规模化发展。

韩国土地面积、人口、地理情况都与浙江相似。韩国通过航空产业集群模式快速发展航空制造产业的经验，天津滨海航空城产业集聚的发展经验，值得我们浙江借鉴。

案例1：20世纪90年代以前，韩国航空制造业一个显著的特点是分散，韩国不少大型企业都有航空业务，但占公司整体业务收入的比例都在30%以下。在经历亚洲金融危机后，韩国意识到要发展航空产业，首先要形成一定规模。在韩国政府的指导下，大宇重工、现代集团和三星公司三家大型企业将其航空航天业务合并，于1999年10月1日正式组建韩国航空工业第一大企业韩国航宇工业有限公司（KAI）。

韩国政府以KAI公司为依托，将转包生产作为提高航空制造体系水平的重要突破口。KAI公司于2001年4月正式涉足航空转包生产，通过构建以自身为核心、诸多专业化厂为辅助的供应链形态，形成产业集聚式的供应商网络集群。以提高生产效率为核心，围绕着KAI相继诞生了众多的航空零部件专业制造厂，KAI转包生产中80%的工作量由其供应商完成，以此形成了韩国著名的位于泗川的飞机制造集群。

在以KAI公司为核心的泗川飞机制造集群建立的过程中，韩国政府发挥了积极作用，从效率最优和成本最低的角度，对航空产业进行整体规划、布局和扶持。近年来，韩国航空制造业发展迅速，2012年，韩国民机转包收入已经超过中国，成为中国民机转包生产的重要竞争对手。

案例2：天津以空客A320飞机总装线和中航直升机总装基地两个航空制造企业落户天津为契机，重点打造天津滨海航空城，吸引一级和二级配套企业，形成航空制造业的集聚，并向研发、设计、工业配套和航空维修、物流、商贸、教育等相关产业扩展。通过横向扩展和纵向延伸产业链，形成航空产业与本地区的相关产业互动，形成各产业的集聚和协调发展，为天津滨海航空城构建了交通、区位、科技、政策等有利条件，形成航空产业发展优势。

为了浙江省航空制造产业的快速发展，早日形成航空产业发展优势，引领制造业转型升级，我建议：

1. 重点打造大江东航空小镇，形成航空产业集群。

在政府的战略重视和大力支持下，重点打造杭州大江东航空小镇，引入波音、空

客、大飞机、通用等航空项目的配套商以及更多的国内外航空配套企业，与优秀的国际航空巨头和一级供应商合资合作，按照企业生态链、价值链引导形成航空供应链产业集群。在航空供应集成商周围，建立OEM、次级供应商的产业集群，同时注重开展国际合作，承接国际产业转移，提高航空产业的市场感知度、制造响应速度、精益化等核心竞争力。

杭州大江东产业集聚区管委会已经有航空产业园的初步规划：首期以西子航空为核心，将周边的1.9平方公里规划为"大江东航空航天产业园"，重点发展航空研究院、研发中心以及航空关键零部件的制造和装配，由杭州职业技术学院进行技工人才配套，依托西子航空总包形成航空配套产业链，打造"航空智造+服务基地"和产、学、研高地，成为国内外航空企业重要的关键零部件供应地之一，与其他航空产业园形成差异化定位。产业园主要招商对象为商用航空关键设备制造商、关键部件制造商、通用航空的整机和服务商等。二期的规划面积将达到3.8平方公里。

2. 政府总体上做好航空制造产业集群布局，以政府投入带动社会资本投入，构建精益的供应集成商，重点扶持本地航空制造企业。

政府引入多家航空外资大配件厂，引导组建航空产业基金，投资航空制造企业。同时，鼓励供应集成商与中小型专业化制造企业的双向选择，自主配套，合作共赢，形成航空产业与本地区相关产业互动，培育航空研发、制造、服务网络，最终融入全球航空产业链，形成浙江省航空产业发展优势。

关于把旧小区加装电梯
作为重大民生工程来抓的建议

（2017年1月，浙江省十二届人大五次会议）

王水福

据调查，浙江老年人选择居家养老的占88.7%，选择老年公寓和其他养老机构的仅占11.3%。而据省老龄办的统计，预计到2020年，全省户籍老年人口将达到1186万人，约占总人口的24%。随着老龄人口比重的逐年上升，高龄老人、独居老人、生活不能自理的老人快速增加，可以自如上下楼、方便老人出行已成为影响城市老年人生活质量的一个重要因素。随之而来的是，对既有住宅加装电梯的呼声也逐年增多，成为各个城市改善管理、提升城市品质的重要突破口，国内各主要省会城市正争相探索解决这一重大现实问题。

国内最早进入老旧房加装电梯试点的城市是厦门（2009年），上海于2011年出台加装电梯指导意见，广州则是在2012年出台加装电梯相关政策。

据了解，浙江省住建厅、发改委、公安厅、民政厅、财政厅、国土资源厅、环保厅、质监局、机关事务管理局联合下发《关于开展既有住宅加装电梯试点工作的指导意见》。自2016年5月1日起实施至今，杭州市政府已临时组建老旧住宅加装电梯的综合管理处，置于杭州市房管理局下属危改办办公。从杭州市危改办了解到，杭州20世纪七八十年代多层房约有8万多个单元。杭州城内加装电梯的咨询量不断增加，而落实审批实施的还没有。为何这么利民的好政策达不到良好的预期效果？究其原因有两个方面：一方面是老百姓层面的邻里协调不畅，另一方面是政策涉及的政府部门比较多，协调性有待加强。

研究国内各地目前的做法，在按照《中华人民共和国物权法》76条原则执行时，大致分三种办法通过业主申请：一是按单元全体业主通过；二是按单元三分之二的业主通过+方案公示通过；三是按单幢三分之二的业主通过。其中第一方案的实施效果很不理想；目前上海主要是执行第三方案，但效果同样不理想；效果比较好的是第二方案，厦门、福州、广州目前都是采取此种方案；而杭州市目前主要执行的是第二方案。持不同意见的业主主要是从日照采光、视线隐私和消防通道为由提出反对意见，这些意见正是政策执行细则上有待探讨的地方。

各地在出台既有老旧住宅加装电梯指导意见时，一般都是以建筑标准为依照，在日照采光、消防通道、环境保护、建筑间距、建筑结构等方面审核批准。既有老旧住宅多数是20世纪八九十年代的建筑，按这些规范去衡量，很难达到标准。再加上施工时遇到的水、电、燃气、电信、网络、排水等垄断性单位的审批执行难问题，这个困扰老年人上下出行的民生问题，在现有政策基础上操作有一定难度。

杭州是浙江的省会城市，老旧住宅数量也是全省最多的。如何破解既有老旧住宅加装电梯，解决老年人尤其是困难老人的上下楼问题，在全省范围内做出样板，需要政府部门的大力支持和各部门、各界人士的共同努力。在此我提议：

1. 根据省政府九厅局联合颁发的《关于开展既有住宅加装电梯试点工作的指导意见》，结合杭州实际情况，市政府尽快颁发实施细则，起到示范作用。

2. 省级管理机构协调相关的水、电、燃气、电信、网络、排水等企事业单位制定相关的指导支持政策，加强各相关部门的协调机制，有效推动加装电梯政策的落地。针对老旧住宅小区实际情况制定相应标准或一事一议，建立完善的既有住宅加装电梯综合评估评定审批的权威机构。

3. 加强宣传，统一认识，促进社会各部门协调一致、积极支持的局面，以期得到水、电、燃气、电信、网络、排水等国企单位高效配合与合理收费。

4. 建议社区管理部门参与小区居民对加装电梯的协调工作，同时起到资金合理使用、物业有效管理及设备日常安全维护管理等监督作用。

5. 研究制定社会化、市场化解决老旧小区加装电梯设施的政策，鼓励社会资金利用广告、物流等小区资源融资解决建设资金问题。

6. 加强政府对此项工作的组织协调。市政府设立由市城建委、发改委、经信委、公安局、民政局、财政局、国土资源局、环保局、质监局、机关事务管理局等部门联合组成的领导小组，进一步加强对此项工作的领导。

关于在全国率先打好质量提升组合拳的建议

(2017年1月,浙江省十二届人大五次会议)

王水福

这次中央经济工作会议上,习近平总书记特别指出要牢固树立质量第一的强烈意识,全面提高质量,用质量优势对冲成本上升的劣势。省委经济工作会议也指出要突出"浙江制造"品牌建设,全面开展质量提升行动,下最大力气提高产品和服务质量。可以说,不管是宏观战略层面,还是微观操作上,党中央和省委都更加突出了质量对推动经济转型升级、振兴实体经济的重要作用。

近年来,省委、省政府高度重视质量发展,把"三强一制造"纳入转型升级系列组合拳,质量工作被提升到了一个新的高度,质量发展呈现出良好的发展势头,涌现出了一批质量效益好的企业。比如,杭汽轮、方太、西子等企业,都能够立足本行、深耕品牌,打造了一流的产品、一流的企业,成为"浙江制造"的高品质、高质量的代表。但是,当前我省质量发展仍然存在一些问题,具体表现在以下几个方面。1. 产业质量效益不高。我省工业增加值率仅为20.86%,低于全国平均水平近2个百分点。2. 产品质量供给不足。2015年,我国出境人数超过1亿人次,境外消费超过1万亿元,充分表明了产品质量供给不足的问题;网络交易商品合格率不高引起了社会高度关注,网购产品质量问题令人担忧。3. 企业质量的基础不牢。企业质量管理基础仍然薄弱,全省导入卓越绩效评价模式的企业共有7051家,仅占规模以上企业的17.6%,比例不高。另外,企业还普遍缺乏对质量精益求精的高水平工匠人才。对此,我们建议在全国率先打好质量提升组合拳,加快推动浙江制造向浙江创造转变、浙江速度向浙江质量转变、浙江产品向浙江品牌转变。具体来讲,就是要强化四大质量基础,抓好重点产业的质量提升。

一是打牢质量技术基础,为质量提升提供支撑。要以提升服务经济社会发展水平为主线,做强、做优、做实质量技术基础建设,打好"技术牌",念好"服务经"。抓

标准,以开展国家标准化综合改革试点为契机,全面实施标准化战略,深入开展标准化+技术创新、新兴业态等10个领域专项行动,不断优化提升地方标准管理机制。抓计量,围绕产业转型升级和社会发展急需,着力建立高水平的计量基(标)准体系,抓好计量检测机构、计量中心建设,督促企业完善计量保证体系。抓认证认可,推进绿色产品认证,建立各有关行业主管部门、各级地方政府共同参与、共同推动,认证机构及企业自愿参加的绿色产品体系实施工作机制。抓检验检测,进一步整合检验检测资源,加快环杭州湾国家级检验检测高新技术服务业集聚区建设,构建一批高水平检验检测公共服务平台。

二是打牢质量管理基础,为质量提升构筑载体。要充分发挥质量建设综合载体的引领作用,大力开展"国字号"质量示范创建。积极鼓励和引导符合条件的企业和单位申报"中国质量奖",支持有条件的县级市争创全国质量强市示范城市,支持已获省级区域名牌的农业示范园区、工业园区和现代服务业聚集区争创全国知名品牌示范区。要引导企业练好内功,加强全面质量管理,让质量管理(QC)小组活跃起来,兴起群众性质量管理活动新热潮。要积极推广先进质量管理理念和现代质量管理方法,推广卓越绩效管理等先进质量评价模式,引导企业提升质量素质。要建立健全全员、全过程、全方位的质量管理体系,加强质量比对、质量改进,提高产品全生命周期质量追溯能力。

三是打牢质量人文基础,为质量提升提供动力。弘扬先进质量文化。鼓励企业根植专注制造、专注质量、以人为本的企业质量文化,推动企业精于制造,深耕品牌创建,打造百年老店。强化质量人才建设。大力实施"千人计划"等,引进培育一批高层次创新创业人才和团队。实施企业家素质提升工程,培养造就一批具有全球化视野的高素质企业家。充分发挥质量研究院、质量学校作用,强化质量管理人才培养。建议以浙江大学和中国计量大学对质量管理人才的现有培养体系为基础,适时成立质量和标准化学院,主要面向"三名企业"、上市公司、骨干工业企业的质量管理主管,招收和培养质量管理博士研究生。大力弘扬工匠精神。"德国制造"和"日本制造"享誉全球,他们的共同特点就是中小企业、工人都具有令人尊敬的匠人精神。要建立褒扬工匠精神制度,弘扬"热爱本职、专心制造、精益求精、创造精良"的工匠精神。实施"千企千师"高技能人才培养工程,加快省市县三级高技能人才公共实训基地建设,打造一批对质量精益求精、对制造精雕细琢、对完美孜孜追求的高水平工匠队伍。

四是打牢质量社会共治基础,为质量提升营造氛围。政府主导作用要优化好。落实好"放管服"改革要求,积极探索行政审批方式改革,激发市场活力。强化事中事后监管,推进"互联网+监管""市场反溯""百姓买样团"等监督方式,筑牢监管防火墙。完善信用浙江体系，健全质量失信黑名单制度，推动建立质监、经信、税务、工商等部门失信联合惩戒机制。行业协会作用要发挥好。充分发挥行业协会尤其是质量协会在推进质量提升方面的积极作用，不断增强行业协会（质量协会）在质量建设中的组织、协调、服务和自律功能。调动好消费者的积极性。积极构建以消费者权益保护为核心的社会质量监督体系，提高消费者质量意识，完善消费者投诉、举报和处理机制，引导消费者"用脚投票"。

五是以产业转型升级为突破口，打出质量提升组合拳。瞄准8大万亿级产业和10个传统产业，一个产业一个产业地抓，一个企业一个企业地推，一个产品一个产品地育，通过以点带面，实现浙江制造业的整体提升。要借助"浙江制造"品牌建设，充分发挥标准提档、质量提升和品牌提效对转型升级的组合效用，以标准引领发展，以质量铸就品牌，以品牌拓展市场，最终打造形成品质高端、信誉过硬的"浙江制造"品牌，推动浙江经济迈向中高端。要以优势产业龙头企业、"隐形冠军"、"单打冠军"和"老字号"等为目标，建立"浙江制造"培育梯队，努力打响一批能够代表"浙江制造"品牌的企业。要找出"8+10"每个行业的"第一"和"唯一"，通过标杆引领，打响一批能够代表"浙江制造"的知名行业。要通过争创各级政府质量奖、质量强市示范城市和全国知名品牌示范区创建等活动，打响一批有知名度的区域质量高地，以此带动我省整体迈上质量发展的快速轨道，形成质量提升共建的大格局，真正打造成为质量提升标杆省。

最后，我想说只要我们同心协力，撸起袖子加油干，用实实在在的行动为浙江质量添砖加瓦，我们浙江制造一定会在全球制造"大洗牌"过程中赢得地位，浙江经济一定会在新一轮的"转型锦标赛"中赢得主动。

关于设立质量管理博士研究生班的建议

(2017年1月,浙江省十二届人大五次会议)

王水福

经过改革开放以来的快速发展,我省制造业规模已位居全国前列,成为推动经济增长的中坚力量。然而,由于企业"低小散"的特点,浙江制造总体仍是"大而不强",在外观设计、生产工艺、产品质量等方面和国际先进水平都存在较大差距。我省导入卓越绩效评价模式的企业共有7051家,仅占规模以上企业17.6%;我省排名前十的品牌价值之和不足可口可乐公司的三分之一。

面对新一轮科技革命和产业变革的发展机遇,我省深入贯彻落实《中国制造2025》的决策部署,并按照习近平总书记提出的"推动中国制造向中国创造转变、中国速度向中国质量转变、中国产品向中国品牌转变"三个转变要求,联动实施标准强省、质量强省、品牌强省战略,积极打造"浙江制造"品牌(简称"三强一制造"),用质量优势对冲成本上升的劣势。2014年年底,浙江在全国率先以标准和认证为手段打造首个区域性公共品牌——"浙江制造"品牌。到2017年,"浙江制造"产品将100%采用国际标准、国外先进标准或关键指标达到国际先进水平,100%拥有自主知识产权,自主品牌出口比重大幅提升,市场占有率居同行业领先。

然而,与政府部门对质量标准工作的日益重视和市场主体对质量标准人才的日益渴求不相适应的是,现有的学科设置对质量标准的研究和人才培养支撑明显不足。目前,大部分企业中的首席质量官、质量工程师、内审员等并非来自质量管理工程科班,而是通过培训等方式进行自主培养而来的。

质量是和平占领市场最有效的武器。按照习近平总书记提出的"秉持浙江精神、干在实处、走在前列、勇立潮头"要求,我省应在全国率先打好质量提升组合拳,进一步突出质量对推动经济转型升级、振兴实体经济的重要作用。其中,应将强化质量人才尤其是高端质量管理人才建设作为重中之重。

建议由省级政府部门牵头,以浙江大学和中国计量大学对质量工程管理人才的现有培养体系为基础,适时成立质量和标准化学院,主要面向"三名企业"、上市公司、骨干工业企业的质量管理主管,招收和培养质量管理博士研究生;大力支持质量和标准化学院建设,聘请国际国内知名专家,提升师资力量;探索与企业联合培养的模式,扩大招生规模;落实专项研究经费,推进一批支撑"三强一制造"的重大研究类项目实施。

关于把军民融合上升为
浙江转型升级核心战略的建议

(2017年1月,浙江省十二届人大五次会议)

王水福

过去30多年,浙江依靠敏锐的市场嗅觉和充满活力的民营力量,创造了经济发展的传奇。未来30年,浙江经济该走怎样的发展道路,才能继续"走在前列"?面对新一轮科技革命和产业变革的发展机遇,国家提出了制造强国和网络强国两大战略。作为经济大省、制造大省的浙江,再次因时而动,提出要走产业高端化的发展道路。

军民融合蕴含着推动经济转型升级的强大动能,是推进产业高端化发展的有效途径。军工技术具备可靠性、维修性、测试性、保障性、安全性、环境适应性、电磁兼容性、经济可承受性等特点,过去在推动浙江产业转型升级中发挥了重要的作用。近年来,我省在与中国电子科技集团第三十六研究所和第五十二研究所、中国船舶重工集团公司七一五研究所、中国兵器工业集团第五二研究所等院所机构的合作过程中,推动了电子信息、航空航天、船舶工业、核电配套工业、新材料等高端制造领域不断发展,孵化培育了海康威视、杭州瑞利科技有限公司、浙江省智慧车联网有限公司等具有影响力的优秀高新技术企业。

当然,与四川、重庆、陕西、北京等省(市)相比,浙江是军工小省。但是,作为经济大省的浙江,未来一定会成为军民融合大省。军民融合发展已经上升为国家战略,国家为避免走苏联国家主导的单一投入模式,大力推进军工央企、科研院所加快向具有经济和市场活力的区域布局,相应的政策环境利好也持续释放,浙江军民融合发展迎来了巨大发展机遇。

我省要更好地抓住制造强国和网络强国战略实施机遇,推动制造业向中高端发展,必须顺应军民深度融合发展的新趋势,把握军民融合上升为国家战略的政策机遇,将军民融合列为浙江转型升级的核心战略。未来,我省应加快推进军民融合专项政策研究，加大扶持力度；大力支持杭州大江东产业集聚区创建国家级军民融合示范基地；主动谋求与我省产业关联度强、产业带动性强、科技实力强的国有军工集团在杭州大江东产业集聚区落户，参与我省军民融合重大项目建设，合力推进高端军民融合大型活动组织等；谋划和支持一批军民两用重大创新项目、国防科技成果重大产业化项目、军用技术改造传统产业项目实施；探索建立与四川、重庆、陕西、北京等军工大省（市）的合作机制；等等。从而推进我省民间资本优势和一流军工技术深度融合发展，为未来30年浙江经济继续"走在前列"奠定坚实基础。

关于高质量发展时期在我省设立质量工程师职称并大力培养质量工程师的建议

（2018年1月，浙江省十三届人大一次会议）

王水福

党的十九大明确提出我国经济已由高速增长阶段转向高质量发展阶段，并将"质量第一""质量强国"首次正式写入报告。习近平总书记要求浙江要"干在实处、走在前列、勇立潮头"，车俊书记在全省经济工作会议中也部署了统筹实施"质量提升大行动"的路径要求，这场质量大会战是浙江勇做时代弄潮儿的历史机遇！

质量提升大行动需要一大批既掌握国际先进质量理论工具又有丰富实践经验的优秀质量工程师队伍。然而，据我了解，在2014年之前，工程师系列质量专业实行全国统一的初级与中级职业资格考试制度，考试合格者，由人事厅颁发全国通用职业资格证书。到了2014年7月，依据《国务院关于取消和调整一批行政审批项目等事项的决定》精神，质量专业技术人员职业资格许可和认定被取消。同年9月，人社部办公厅、质检总局办公厅联合发布《关于做好取消质量专业技术人员职业资格后续工作的通知》，提出对取得质量资格证书的人员不再实行注册管理，国家将结合工程技术人员职称制度改革，研究建立质量工程技术人员新的人才评价制度，并要求各地区做好政策衔接工作。

此后三年多，在国家层面上，质量工程师的考试及认证工作一直处于政策空白期。这种现状，不利于质量人才的培养与发展，与新时期我们对质量工作与质量人才越来越高的需求不相适应。

因此，我提出高质量发展时期在我省率先设立质量工程师职称的提案，将原有职业资格考试（作为上岗、准入资格）转为相应职称考试（作为能力储备），各单位根据具体情况进行评聘。具体如下：

1. 根据国务院"放、管、服"的要求，职称考试应从政府职能中解放出来，走社会化之路。建议由专业协会制定质量工程师评定标准（在我省职称系列设置助理质量工程师、质量工程师和高级质量工程师），具体培训、考核委托浙江大学工程师学院进行，具体评聘由各企事业单位根据需要自行解决。

2. 制定相关政策，鼓励企业培养与发展质量工程师队伍，支持员工参加质量工程师培训，争取在未来5年内，全省培养与评定10万名各级质量工程师，平均每家工业规模以上企业拥有2名以上，企业车间主任以上任职需通过质量工程师资格考试。

关于在我省成立世界技能大赛备赛
工作协调领导小组的建议

(2018年1月,浙江省十三届人大一次会议)

王水福

世界技能大赛被誉为"技能界的奥林匹克",每两年一届,是展示和交流职业技能的重要平台。世界技能大赛比赛项目共分为6个大类,分别为结构与建筑技术、创意艺术和时尚、信息与通信技术、制造与工程技术、社会与个人服务、运输与物流,共计46个竞赛项目。大部分竞赛项目对参赛选手的年龄限制为22岁,制造团队挑战赛、机电一体化、信息网络布线和飞机维修4个有工作经验要求的综合性项目,选手年龄限制为25岁。

2011年,中国首次派出代表团参加这一赛事,参加数控车床、焊接等6个项目的比赛。中国石油天然气第一建设公司员工裴先峰勇夺焊接项目银牌,使中国首次参赛即实现了奖牌零的突破。之后,2013年至2017年,中国分别参加了第42届、43届、44届世界技能大赛。在第43届世界技能大赛中,中国代表团实现金牌零的突破;在2017年10月的第44届世界技能大赛中,中国代表团获得15枚金牌、7枚银牌、8枚铜牌和12个优胜奖,这是我国在此项大赛中获得的最好成绩。

2017年10月13日,中国上海获得2021年第46届世界技能大赛举办权。在上海申办第46届世界技能大赛的过程中,习近平主席高度重视,亲自批准申办工作,并在申办报告中作书面致辞。党和国家对该赛事申办工作的关注,所体现的是对我国技能人才培养和职业教育培训事业发展的高度重视和大力支持。

党的十九大进一步明确了要加快建设制造强国,加快发展先进制造业,推动互联网、大数据、人工智能和实体经济深度融合,为我国经济发展指明了发展方向。近期的中央经济工作会议,明确了我国经济已由高速增长阶段转向高质量发展阶段。推动高质量发展是当前和今后一个时期确定发展思路、制定经济政策、实施宏观调控的根本要求。

要实现制造强国、推动高质量发展的目标，相应的人才培育是关键所在。我们不能再指望依靠普通农民工去完成这样的目标，去与世界500强企业竞争。我们需要各行各业的高技能人才和大量的工匠。

参与世界技能大赛，是培养和选拔技能人才的重要途径，是促进优秀技能人才脱颖而出的重要手段，是激励广大职工和青年学生钻研技能技术、展示工匠精神的大舞台，是我们大力建设高技能人才队伍和进一步弘扬工匠精神的良好契机。从历届参赛所取得的成绩看，除参赛个人努力之外，各级部门的出色组织协调功不可没。为此，我提出成立浙江省世界技能大赛工作协调小组的建议。具体如下：

1. 建议省、市、区各级人力社保部门和相关部门主动对接《中国制造2025浙江行动纲要》和创新驱动等重大发展战略，重点围绕先进制造业、现代服务业和重大基础设施建设来组织开展技能竞赛新三年行动计划。

2. 积极谋划第45、46届世界技能大赛备赛工作，成立备赛工作领导小组，组织有关专家对赛事规则、流程等问题进行专门研究，以便对各项备赛工作进行协调、指导。

3. 加大投入，建设认定一批世界技能大赛省级集训基地，并积极争创国家级集训基地，给予相应的经费资助。

4. 积极聘请国内外专家前来指导，组织国内外竞赛交流，提高训练质量。

5. 扩大选拔对象的参与面，除中职院校、高校外，还要面向广大企业进行选拔，更大范围内选拔优秀预备选手。

关于加快建设高端装备制造业公共服务平台促进产业转型升级的建议

(2019年2月,浙江省十三届人大二次会议)

王水福

装备制造业是国民经济的支柱产业,高端装备制造业是装备制造业水平的集中体现,更是一个国家国力的重要标志。它是以高新技术为引领,处于价值链高端和产业链核心环节,决定着整个产业链综合竞争力的战略性新兴产业,是推动工业转型升级的引擎。近年来,全国各省市紧紧围绕国家《十三五规划》《中国制造2025》等纲领性文件,出台了系列相关配套政策文件,旨在占领未来经济和科技发展制高点,加快推动产业转型升级。我省先后出台了《浙江省高端装备制造业发展规划(2014—2020年)》《浙江省高端装备制造业发展重点领域》等一批政策文件,从规划引导、政策扶持、企业培育、载体建设等方面加快推进装备制造业向智能化、特色化方向发展。但是,当前我省高端装备制造业自主创新能力薄弱、产业链高端缺位、新产品试验检测难、专业人才缺失等问题仍然突出,关键核心技术、装备受制于人,亟须政府精准施策,加大扶持力度。通过走访浙江省特种设备检验研究院等检验机构,认为建立高质量公共服务平台,以技术机构公益履职这种模式值得借鉴和推广,能够有效推动我省高端装备制造业发展,夯实产业基础。

一、产业现状

1. 产业基础扎实。2017年,我省共有规模以上装备制造企业16495家,占全省规模以上工业企业的41%;实现规模以上工业总产值26266亿元,占全省规模以上工业总产值的37.6%;2017年,实现工业增加值1975亿元,同比增长8.1%,占装备制造业总量的35%,产业规模位居全国第四。

2. 集聚特色鲜明。浙江省装备制造业主要集中于环杭州湾和甬台温沿海产业带，区域集中度极高，已形成杭州装备制造、滨江电子信息装备、宁波装备制造、金华台州和瑞安的汽车及零部件、乐清工业电气、黄岩模具、湖州物流装备、诸暨环保、绍兴纺机、温州包装机械、南浔电梯、温岭泵业等一批具有代表性的产业集群。其中船舶制造、电子元器件、轴承、数控机床、纺织机械、包装机械、特种设备、模具等装备产业在全国具有较强的竞争力，数控机床、空分设备、工业汽轮机、电除尘设备、余热发电锅炉、DCS控制系统等已为国内重大工程配套或替代进口。

3. 新兴领域潜力巨大。除传统装备制造向智能化、超常化发展，我省企业家积极布局战略性新兴产业，如航空装备、高性能泵阀、特种电机、高端装备核心材料等，具有高精尖特点，发展空间大，基础性强，辐射效应明显，能够成为我省未来新的工业增长点。如被喻为"工业之花"的航空装备，预计未来20年世界民机市场新飞机采购需求达5万亿美元，会为浙江省航空产业发展带来极大的机遇。

二、主要问题

1. 高层次人才短缺，创新能力不足。装备制造业是技术密集型产业，浙江省企业存在高级技术和管理人才严重不足现象，无法为自主创新提供充足的人才保障，导致自主研发和创新能力薄弱，一些高端装备尤其核心技术为国外所垄断。如中国80%的集成芯片制造装备、40%的大型石化装备、70%的汽车制造装备等仍依靠进口，拥有自主品牌的不足20%。同时，企业引进消化再吸收能力明显不足，缺乏为国家重大工程配套的设计与制造能力，严重制约产业结构的优化升级。

2. 产业结构矛盾突出。浙江省装备制造业以基础装备和一般机械装备为主，国家重大技术装备较少，高新技术产业装备比重偏低，成套设备制造更少。总体来看，全省装备制造业在国际分工中仍处于产业链的低端，对上下游产业的带动性较弱。

3. 质量技术基础能力不足，高端材料检测能力薄弱。质量技术基础（NQI）可为产业发展提供检验检测、计量、标准、认证认可等公共服务。当前我国NQI建设刚刚起步，尤其是高端材料检测能力亟待加强，已成为严重制约产业创新和高质量发展的瓶颈。如超超临界锅炉合金钢材料已经在国内普遍应用，但我国基本依靠进口，企业普遍缺乏高精尖检测能力和技术手段，相应的材料测试公共服务平台也未建立。

三、建议措施

1. 建议创新公益技术机构履职，打造政府主导的高质量公共服务综合体。我省具有良好的平台基础，从科技创新平台、公共服务平台到特色小镇，累计超过1000余个，通过落实产业扶持政策、支持企业发展等有力地促进了行业的转型升级，但在高端装备制造业的公共服务平台建设亟须加强。政府应积极引导公益技术机构向公共服务综合体改革发展，强化技术机构履职能力，拓展技术机构产业服务范围。

平台的建立，一是成为搭建政府与企业的桥梁和纽带。及时精准掌握政府的政策信息、产品导向，第一时间引导企业的产业布局、战略规划，享受政策红利，把握行业机遇，助推企业转型升级。二是打造以服务企业为宗旨、政产学研一体化的技术创新体系。以企业需求为目标，整合优良创新资源，集中力量攻克制约企业的共性关键技术难题，减少企业间的重复投入和人才需求，有效实现企业、高校、科研院所的互通互联。三是建议由财政资助平台设立"高智服务岗位"，引进专职或兼职专家、博士等高层次人才定向为企业和产业服务。四是建议由财政资助平台开展"高端装备共享"，购置高端设备供企业开展产品研发试验。

2. 建议政府加大质量技术基础投入，加强高端核心领域检验检测能力建设。紧贴高端装备制造业需求，针对高端产业发展的核心技术，聚焦高水平的检验检测、计量、标准、认证认可等公共服务，提升材料检测、可靠性检测等一批关键技术能力，加强标准化创新和新兴产品的认证认可。在高端材料检测方面，建议加强在杭州大江东建设中的"国家特种金属结构材料质量监督检验中心（浙江）"建设，这是定位于国内一流、国际先进的极端承压设备、航空、核电等特种金属结构材料检测国家中心，可有效服务于我省高端装备制造业，能够成为我省高端材料领域质量技术基础建设的有力抓手。

通过以上举措，实现高端装备制造企业的良性快速发展，加快培育具有国际竞争力的高端装备制造业的大企业、大集团，对外塑造中国高端装备制造的有国际影响力的品牌，对内作为技术研发应用的排头兵、行业的领导者。

关于中小微企业上云的建议

(2019年1月,浙江省十三届人大二次会议)

王水福

中国就业网及国税局统计,2017年中小微企业提供的就业岗位有1184.4万个,比去年增加了近50%;同年的税收统计达到1392.25亿元,中小微企业在全国企业的占比达83%,是一个庞大的群体,他们在企业创新贡献上占比达80%。

中国的中小微企业不应缺席数字化转型的大潮流,这是因为:一方面,中国不仅有各个细分行业的中小微企业,也有跨国企业的分支机构,更有国有企业中的大量"子孙"公司,可以说中小微企业是中国企业中数量最为庞大、最具活力的企业群体。

另一方面,中国的中小企业在过去几十年的发展过程中成长迅猛,对信息化的需求越来越旺盛。随着公司规模的不断扩展,他们对IT的需求也越来越多,特别是在新技术的驱动下,中小企业的数字化转型需求同样势不可当。而中小微企业上云将为它们解决自身的"生产过程黑箱"问题,给企业带来不可估量的价值。

1. 降低库存,盘活资金。上云能使得企业的采购更加准确,不会造成因经验而自主采购过多导致库存积压的情况,从而加速资金流动。

2. 提升效率,缩短周期。上云能够帮助企业生产透明化,在制造过程中实时发现生产中的问题,使生产更高效,从而缩短生产周期。

3. 提升质量,追溯问题。上云能让企业对产品进行质检,在各关卡对质量进行把关,并能够追溯产品质量,更能确保质量的准确性。

同时,中小微企业上云也将为地方区域经济带来巨大的推动作用。一是对浙江数字经济的支撑。比如,湖州城市大数据中工业经济数据的运用,打破了信息孤岛,促进了数据的整合开放共享,推动政府数字化转型和智慧城市的建设。二是盘活区域产能形成协同效应。中小微企业上云后能给社会带来这些价值,但中小微企业却不能如愿上云,原因主要源于三个方面。

首先是中小微企业上云本身存在的问题。（1）资金少。上云需要一定的费用，而普通的中小微企业支付不了。（2）人才缺乏。没有工作经验或经验不足的员工在中小微企业学习之后，发展得好的话会跳槽到大企业，中小微企业付不起高工资，决定了他们的人才范围。（3）对规划设计、实现路径缺乏清晰的认识。中小微企业人员的学历普遍不高，习惯于听从领导的安排，对未来没有实际的规划。（4）经不起折腾。中小微企业的订单数本就不多，上云需要一定的时间成本，会造成企业生产的短暂停工，对企业的发展造成严重影响。

其次是中小微企业上云过程中存在服务商的问题。（1）缺乏针对中小微企业上云的专业服务商。没有专门的服务商导致小企业上云困难重重。（2）缺乏成熟可复制的解决方案。每个企业都不一样，解决上云难题的方案也不同，若有一套统一的模板，中小微的上云会更加容易。（3）一般产品价格昂贵、实施周期长。中小微企业年产值不高，负担不起太贵的产品，且没有过多时间花在产品的实施周期上，这样会加大它们的上云成本。

最后是有关中小微企业上云相关配套政策缺失的问题。

综上所述，对于帮助中小微企业上云，我提出以下建议：

1. 建议成立中小微企业上云服务机构，开展从人才培养到企业上云体验、从方案设计规划到实施验收带动的一系列服务，形成"一条龙服务"。

2. 建议制定扶持中小微企业上云的配套政策，鼓励并协助中小微企业上云，帮助中小微企业解决"生产过程黑箱"问题，实现企业价值的最大化。

荣誉及资质

▲ 2011年12月23日,王水福主要创造的"制造企业以'五务'为核心的卓越运营管理"获第十八届国家级二等企业管理现代化创新成果奖

▲ 2011年12月,王水福获"中国最受尊敬的民营企业家终身成就奖"称号

▲ 2012年，王水福获瑞士维多利亚大学管理学院工商管理博士学位

▲ 2014年4月，王水福获"杭州市2013年度十大突出贡献工业企业优秀经营者"称号

◀ 2015年，王水福获"风云浙商"称号

▲ 王水福的浙江省第十二届人民代表大会第三次会议出席证（2015年）

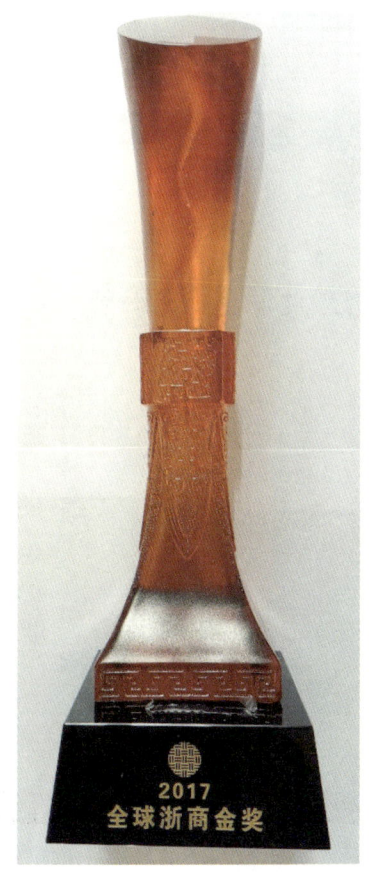

▶ 2017年，王水福获"2017全球浙商金奖"称号

▲ 2018年10月，王水福获"浙江省非公有制经济人士新时代中国特色社会主义事业建设者"称号

▲ 王水福的浙江省第十三届人民代表大会第一次会议出席证（2018年）

▲ 2019年7月，浙江大学西子研究院获"浙江省优秀管理咨询与培训机构（2018年度）"称号

▲ 2019年11月15日，杭锅集团正式获颁中华人民共和国民用核安全设备制造许可证

▲ 2019年，杭锅集团获杭州市人民政府质量奖

▲ 杭州西奥电梯有限公司获浙江省人民政府质量奖

▲ 2019年，获颁中华人民共和国成立70周年纪念章

21世纪20年代
（2020年 — 未来）
实现高质量基础上的高增长

质 量 事 记

▲ 2020年3月12日，西子联合质量大会暨"十四五"规划启动会

◀ 2020年7月25日，西子联合获2020浙江省制造业企业高质量发展优秀案例奖

▲2020年11月18日,浙江大学—杭锅集团先进能源联合研发中心成立仪式

▲ 2021年9月16日，王水福获第四届中国质量奖个人奖提名奖

西子报·质量报道

不负时代 只争朝夕
实现高质量基础上的高增长

西子联合董事长

时光如梭,脚步匆匆,我们又迎来了辞旧迎新的新春日子,在此向各位同仁道一声辛苦了!感谢西子创立以来历经的第三十九个春节,一年年的寒来暑往,一次次的过坎闯关,不历历在目,感慨万千。在喜忧参半的大环境中我们仍然能够保持稳步健康的发展势头,除了赶上时代发展机遇的运气之外,更深深得益于我们坚守实业、坚持高端的执着精神,以及合作发展、精益运营的战略定力,一路前行,我们是幸运的,珍惜现在,更觉未来任重道远。

01 耐得住不一般的寂寞 才能成就不一般的企业

在西子联合发展的征程中,1997年与美国奥的斯合资成立西子奥,的起步无疑是一次重要的里程碑。和优秀的人合作,我们才会变得更优秀,我们穿过巨人、通过打着明,汲取了奥的斯160多年的国际化经验和管理方式,走上了国际化精益管理之路,上善若水,好学为赢,成就了西子的今天。

2019年9月9日,在与奥的斯合资22年后,我们又一次实现了与"巨人"的握手,与百年世界航空部件制造巨头美国势必锐航空系统公司合资成立**西子势必锐航空**。这意味着西子在自主发展航空制造十年后,以my品的品质和执着的精神赢得了行业巨头的信任和青睐,通过与行业巨头技术、市场、资金、人才、管理的深度融合,也将西子航空板块推到了与世界一流并肩的赛道上。

耐得住不一般的寂寞,才能成就不一般的企业。做制造业一定要有根基,根深才能叶茂。在高端航空制造业这条转型路上,我们过去十年跳坐"冷板凳",才能在世界竞争的舞台上脱颖而出,也希望航空板块能在二十一世纪二十年代的新十年里,向营收10亿美元的目标迈进。

02 从西湖时代、钱塘江时代到太平洋时代 抵御风浪袭的是品质与品格

"百年西子、世界西子"一直是我们西子人的梦想,而我们的梦想航程的船票是两张证:一张是航空装备制造准入证,另一张是核电装备制造许可证,也是我多年对高端制造情有独钟追求的目标。如今,在航空制造领域,我们已经成为欧洲空客、美国波音、加拿大庞巴迪、中航工业和中国商飞的零部件供应商。西子联合旗下的杭锅集团经过近十年的努力,在2019年,又拿到了国家核安全局领的民用核安全设备制造许可证,让我们在高端装备制造领域又迈出了新的一步,甚感欣慰。

同时拥有航空和核电装备准入资格证的企业,即便在世界范围内也是凤毛麟角,可以说我们拿到了驶向世界装备制造远洋的两张船票,拥有了向世界进军的资本,但距离世界级制造强国的梦想彼岸还有十万八千里。这艘**西子湖时代**的小船,经过了**钱塘江时代**,开始驶向**太平洋时代**,由小变大,由弱变强,今后一定会看到不一样的风景,也同样会遇到不一样的风浪,而我们抵御风浪最好的武器就是品质与品格这两块基石。

作为一家以特种设备起家的制造型企业,我更能深切体会到,质量是西子的生命线。从十年前我提出"**质量是和平占领市场最有效的武器**",到去年"**幸福是奋斗出来的,向高质量发展要效益**",过去十年是西子转型升级、品质攻关的十年,从航空制造的"**零点一丝不苟**"到核电生产的"**万无一失**",高端制造实践将极致苛求的品质文化注入了企业的灵魂深处,专注实业、走向高端成为我们一直触以生存的品牌特色和抵御风浪的稳固基石。很高兴我们子联合旗下各公司在争创质量奖上卓有成效,比如西子富沃德拿到了浙江省政府质量奖、西奥电梯拿到了浙江省政府质量奖提名、杭锅集团拿到了杭州市政府质量奖,我们还要继续向着中国质量奖这样更高的目标迈进。获奖不是最终目的,而是倒逼企业高质量发展的新引擎。

产品就是人品,小赢靠智,大赢靠品。坚持优良的品格是我们企业能够长期远航、抵御风浪的又一重要基石。依法合规、诚信经营、履约成交贵任的经营之本,这既是长期经营实践中形成的经验,也是我在摸爬滚打中的亲身感悟出来的酸甜苦辣,学好法律,才能保护自己,保护企业。未来西子在国际化高端制造与产业生态圈打造中,希望各位同仁坚持这些原则与底线,我相信,一个树正风、讲正气、走正道的公司才能得到社会的尊重与认可,才能飞得更高更远、活得更久。

03 持续变革 打造西子特色的卓越运营体系

西子自成立以来,从夹缝中生存到发展成为一家以装备制造为主的国际化综合集团,是精益管理与组织变革在关键的时候发挥了关键的作用。从与美国奥的斯合资开始,秉承"合作重于竞争"的经营理念,西子引进了先进的精益管理与技术创新体系(下称"**西子工匠文化**");2019年,我们迈出学习标杆企业华为的变革管理,激发了员工的奋斗意愿,又为企业持续发展注入了新的活力和动能。

当前的大环境趋万变,我们只有眼晴向内,苦练内功,以内部管理的确定性应对外部挑战的不确定性,这是面对变化与挑战的必然选择。迎难而上方为企业成长的致胜法宝。通过管理体系的优化与内部变革的持续推进,激发企业持续创新,提质增效与不断进步的组织活力。

授人以鱼不如授人以渔,将精益管理、变革管理与西子实践融合起来,将战略、运营与绩效激励的"**铁三角**"用流程制度固化下来,打造具有西子特色、又对其他企业有指导意义的卓越运营体系XOS(西子管理系统),将成为我们为客户提供差异化价值主张、帮助合作伙伴共同成长、为社会提供企业责任与回报的又一核心竞争力。

04 不忘初心让奋斗者先富起来

我们这一代人,经历过物质极其匮乏的年代,加上国家鼓励乡镇企业与私营企业发展的契机,激发了我的奋斗热情,促使我在年轻时就投身创办企业,一路走来,感谢许许多多志同道合的伙伴加入进来,共同奋斗,才有了西子今天的成就。

从花园村大学生宿舍到今天的西子人公寓;从浙大西子电梯港到今天的西子联合大学、西子技能教练协会,我始终认为,人力资源是是第一资源!长江后浪推前浪,我热切希望,年轻的西子人敢拼搏、勇担当,奋力向前立于潮头之上!

过去的一年,我们引入标杆企业的管理变革,将标杆企业的奋斗者方案的分享机制植入管理体系,逐步完善绩效考核与组织激励相结合、短期激励与长期激励相结合的机制,搭平台、建机制、树文化,给有能力的人以机会,识别奋斗者,认可奋斗者,让奋斗者先富起来,绝不让忠诚担当、长期和西子一起奋斗的"老黄牛"和雷锋式的员工吃亏。

05 不负时代
只争朝夕实现高质量基础上的高增长

过去的三十九年,西子大致可分为三个发展阶段,1981年至1996年是初创成长期,1997年至2008年是高速发展时期,2009年至2019年是高质量发展时间,可以说在从高速度到高质量发展的大潮中,我们摸爬打了十年。如今,无论航空制造,还是电梯、锅炉、停车设备、钢结构、盾构机,西子联合的主业——制造业都已经做好了高质量基础上高增长发展的准备;西子旗下蕴惠智造为企业数字化和工业互联网提供支持,通过制造业服务化有效提升产业竞争力,我们已经为继续向高端制造方向的**稳健前行**持续打好了平台,打好了基础,我希望内部培养、外部寻找更多有奋斗精神的人才,吸引同道人、同心人、同路人,也欢迎有制造情怀的志同道合者加入西子、壮大西子。

百尺竿头思进步,发展才是硬道理。2019年底,西子联合举行了集团战略研讨会,专题讨论了战略目标和"十四五"发展规划,明确了方向,统一了思想,将围绕产业价值链的延伸、优化和协同这条主线,通过内部管理运营和外部资本运作"双轮驱动",不负时代,只争朝夕,开启实现"**高质量基础上的高增长**"这一新十年奋飞征程。

变革声中旧岁除,春风送暖新征途。2020年既是我国全面建成小康社会的圆梦之年,又是"十三五"规划发展的收官之年,也是新年代的开春之年,我们竖深刻总结过去,励精图治,知耻后勇,带领西子人踏准新十年的每一个关键发展节点,迈入新的更强劲的生命发展周期。

值此鼠年新春到来之际,向始终关心并支持同子联合的各级政府领导、合作伙伴以及社会各界朋友以最诚挚的问候和最美好的祝愿!也向一直以来兢兢业业、为公司发展作出积极贡献的每一位员工及家属表示衷心的感谢和敬意!

恭祝大家新春快乐,阖家幸福,事业顺利,万事如意!

王水福:《不负时代 只争朝夕 实现高质量基础上的高增长》,来源:《西子报》2020年1月16日

2020 年新春致辞

不负时代 只争朝夕
实现高质量基础上的高增长

(王水福 来源：《西子报》2020 年 1 月 16 日)

时光如梭，脚步匆匆，我们又迎来了辞旧迎新的新春日子，在此向各位同仁道一声辛苦了！这是西子联合创立以来历经的第 39 个春节，一年年的寒来暑往，一次次的过坎爬坡，无不历历在目，感慨万千！在喜忧参半的大环境中，我们仍然能够保持稳步健康的发展势头，除了赶上时代发展机遇的运气之外，更深深得益于我们坚守实业、坚持高端的执着精神，以及合作发展、精益运营的战略定力，一路前行，我们是幸运的，珍惜现在，更觉未来任重道远。

一、耐得住不一般的寂寞，才能成就不一般的企业

在西子联合发展的征程中，1997 年与美国奥的斯公司合资成立西子奥的斯电梯公司无疑是一次重要的里程碑。和优秀的人合作，我们才会变得更优秀，我们学习巨人、追随巨人，汲取了奥的斯公司 160 多年的国际化经验和管理方式，走上了国际化精益管理之路。上善若水，好学为福，成就了西子联合的今天。

2019 年 9 月 9 日，在与奥的斯公司合资 22 年后，我们又一次实现了与"巨人"的握手，与百年企业世界航空部件制造巨头美国势必锐航空系统公司合资成立西子势必锐航空公司。这意味着西子联合在自主发展航空制造 10 年后，以卓越的品质和执着的精神赢得了行业巨头的信赖和青睐，通过与行业巨头技术、市场、资金、人才、管理的深度融合，将西子联合的航空板块推到了与世界一流并肩的赛道上。

耐得住不一般的寂寞，才能成就不一般的企业。做制造业一定要有根基，根深才能叶茂。在高端航空制造业这条转型路上，我们过去 10 年敢坐"冷板凳"，才能在世界竞争的舞台上脱颖而出，也希望航空板块能在 21 世纪 20 年代的新 10 年里，向营收 10 亿美元的目标前进。

二、从西湖时代、钱塘江时代到太平洋时代，抵御风浪靠的是品质与品格

"百年西子、世界西子"一直是我们西子人的梦想，而驶向梦想航程的船票是两张证：一张是航空装备制造准入证，另一张是核电装备制造许可证，也是我多年来对高端制造情有独钟追求的目标。如今，在航空制造领域，我们已经成为欧洲空客、美国波音、加拿大庞巴迪和中国商飞等公司的零部件供应商。西子联合旗下的杭锅集团经过近10年的努力，在2019年拿到了国家核安全局颁发的民用核安全设备制造许可证，使得我们在高端装备制造领域又迈出了新的一步，甚感欣慰。

同时拥有航空装备制造和核电装备制造准入资格证的企业，即便在世界范围内也是凤毛麟角，可以说我们拿到了驶向世界装备制造远洋的两张船票，拥有了向世界进军的资本，但距离世界级制造集团的梦想彼岸还有十万八千里。这艘西子湖时代的小船，经过了钱塘江时代，开始驶向太平洋时代，由小变大，由弱变强，今后一定会看到不一样的风景，也同样会遇到不一样的风浪，而我们抵御风浪最好的武器就是品质与品格这两块基石。

作为一家以特种设备起家的制造型企业，我更能深切地体会到，质量是西子联合的生命线。从10年前我提出"质量是和平占领市场最有效的武器"，到去年"幸福是奋斗出来的，向高质量发展要效益"，过去10年是西子联合转型升级、品质攻关的10年，从航空制造的"零点一丝不苟"到核电生产的"万万无一失"，高端制造实践将极致苛求的品质文化注入了企业的灵魂深处，专注实业、走向高端成为我们一直赖以生存的品牌特色和抵御风浪的稳固基石。很高兴我们西子联合旗下各公司在争创质量奖上卓有成效，比如西子富沃德公司拿到了浙江省政府质量奖、西奥电梯公司拿到了浙江省政府质量奖提名奖、杭锅集团拿到了杭州市政府质量奖，我们还要继续向着中国质量奖这样更高的目标迈进。获奖不是最终目的，而是倒逼企业高质量发展的新引擎。

产品就是人品，小赢靠智，大赢靠品。坚持优良的品格是我们企业能够长期远航、抵御风浪的又一重要基石。依法合规、诚信经营、履约社会责任始终是西子生存与发展的原则和底线，这既是在长期经营实践中形成的经验，也是我在摸爬滚打中亲身感悟出来的酸甜苦辣，学好法律，才能保护自己、保护企业。未来西子在国际化高端制造与产业生态圈打造中，希望各位同仁坚持这些原则与底线。我相信，一个树正风、讲正气、走正道的公司才能得到社会的尊重与认可，才能飞得更高更远、活得更久。

三、持续变革,打造西子特色的卓越运营体系

西子自成立以来,从夹缝中生存到发展成一家以装备制造为主的国际化综合集团,是精益管理与组织变革在关键的时候发挥了关键的作用。从与美国奥的斯公司合资开始,秉承"合作重于竞争"的经营理念,西子引进了先进的精益管理与技术创新体系。近10年走向航空、核电等领域的实践积累,带给西子转型升级、走向高端的质量体系与工匠文化。2019年,我们顺势而为,通过学习标杆企业华为公司的变革管理,激发了员工的奋斗意愿,又为企业持续发展注入了新的活力和动能。

当前的大环境瞬息万变,我们只有眼睛向内,苦练内功,以内部管理的确定性应对外部挑战的不确定性,这是面对变化与挑战的必然选择,也是企业打造核心竞争力的制胜法宝。通过管理体系的优化与内部变革的持续推进,激发企业持续创新、提质增效与不断进步的组织活力。

授人以鱼不如授人以渔。将精益管理、变革管理与西子实践融合起来,将战略、运营与绩效激励的"铁三角"用流程制度固化下来,打造既具有西子特色又对其他企业有指导意义的卓越运营体系XOS(西子管理系统),将成为我们为客户提供差异化价值主张、帮助合作伙伴共同成长、为社会提供企业责任与回报的又一核心竞争力。

四、不忘初心,让奋斗者先富起来

我们这一代人,经历过物资极其匮乏的年代,加上遇到了国家鼓励乡镇企业与私营企业发展的契机,激发了我的奋斗热情,促使我在年轻时就投身创办企业。一路走来,感谢许许多多志同道合的伙伴加入进来,共同奋斗,才有了西子今天的成就。

从花园村大学生宿舍到今天的西子人才公寓;从浙大西子电梯班到今天的西子联合大学、西子技能发展协会,我始终认为,人力资源是第一资源!长江后浪推前浪,我热切希望,年轻的西子人敢拼搏、勇担当,奋力向前立于潮头之上!

过去的一年,我们引入标杆企业的管理变革,将标杆企业以奋斗者为本的分享机制植入管理体系,逐步完善绩效考核与组织激励相结合、短期激励与长期激励相结合的机制,搭平台、建机制、树文化,给有能力的人以机会,识别奋斗者,认可奋斗者,让奋斗者先富起来,绝不让忠诚担当、长期和西子一起奋斗的"老黄牛"和雷锋式的员工吃亏。

五、不负时代，只争朝夕，实现高质量基础上的高增长

过去的39年，西子大致可分为三个发展阶段，1981年至1996年是初创成长期，1997年至2008年是高速度发展时期，2009年至2019年是高质量发展时期，可以说在从高速度到高质量发展转变的大潮中，我们提早干了10年。如今，无论航空制造，还是电梯、锅炉、停车设备、钢结构、盾构机，西子联合的主业——制造业，都已经做好了高质量基础上高增长发展的准备；西子旗下蒲惠智造为企业数字化及工业互联网提供支撑，通过制造业服务化有效提升产业竞争力，我们已经为继续向高端制造方向稳健前行搭好了平台、打好了基础，我希望内部培养、外部寻找更多有奋斗精神的人才，吸引同德人、同心人、同路人，也欢迎有制造情怀的志同道合者加入西子、壮大西子。

百尺竿头需进步，发展才是硬道理。2019年年底，西子联合举行了集团战略研讨会，专题讨论了战略目标和"十四五"发展规划，明确了方向，统一了思想，将围绕产业价值链的延伸、优化和协同这条主线，通过内部管理运营和外部资本运作"双轮驱动"，不负时代，只争朝夕，开启实现"高质量基础上的高增长"这一新十年奋飞征程。

变革声中旧岁除，春风送暖新征途。2020年既是我国全面建成小康社会的圆梦之年，又是"十三五"规划发展的收官之年，也是新时代的开春之年，我们要深刻总结过去，励精图治、知耻后勇，带领西子人踏准接下来的每一个关键发展节点，迈入新的更强劲的生命发展周期。

值此鼠年新春到来之际，向始终关心并支持西子联合的各级政府领导、合作伙伴以及社会各界朋友致以最诚挚的问候和最美好的祝愿！也向一直以来兢兢业业、为公司发展作出积极贡献的每一位员工及其家属表示最衷心的感谢和敬意！

恭祝大家新春快乐、阖家幸福、事业顺利、万事如意！

高质量基础上的高增长
——"3·12"西子联合召开战略主题会议

本报讯 3月12日是我国的植树节，"3·12"对西子人更是意义非凡的数字。今年的"3·12"大会，一场以高质量基础上的高增长为主题的西子联合战略第一阶段会议，采用全新的线上直播方式开展，1110名西子人相约云上。

一开场，西子联合首席战略官樊小刚和与会者回顾了西子历年的"3·12"大事件，发布了西子联合2025战略目标与战略主题：围绕"工"字形产业价值链的延伸，优化与协同，以产业运营与资本运作为路径，以中国质量奖为引领，建立以奋斗者为本企业文化，打造精益数字化核心竞争力，实现高质量基础上的高增长。为"百年西子、世界西子"目标而奋斗。会上，西子联合正式启动了"十四五"战略规划编制，"未来是你吸引过来的，心中所想能变成现实。我们期待着共创十四五发展蓝图，早日成为现实。"樊小刚说道。

疫情倒逼变革，企业如何提高免疫力？西子联合副总裁廖海燕作了"质量之路"的主题分享：高质量是长寿之路，运用好质量工具是一条专业之路。合法合规遵循质量法是一条责任之路，同时质量提升只是一条学习之路。廖海燕提及十四五规划中，西子旗下各公司将以质量最高奖作为追求卓越之路，并期待争取拿到"董事长特别重奖"。

杭锅质量部长姜龙表示将以政府质量奖为驱动，实现质量改进和管理提升。他总结了杭锅集团取得杭州市政府质量奖的过程，汇报了浙江省政府质量奖的工作策划，通过组织运营市场开发与服务、供应链管理、研发流程、生产流程、质量流程六大行动计划，朝着省奖奋进。

资深技术专家蔡华博士作了"疫情倒逼变革"——对工业

数字化的思考"的主题分享。他通过工业数字化版图，解读了数字化的内涵，并以钉钉、蒲惠云MES为例分享了数字化办公的发展趋势和迫切性、尤其是制造型中小企业依托轻量化、标准化、持续集成的蒲惠云MES系统，实现了生产管理可视化、数字化。

西子联合总工程师颜飞龙以太阳能光热电站远程调试的案例分享，给与会者带来诸多启示。他解读了对工业数字化实施方案思考，并提出了工业数字化战略四步走实施方案：如网上办公、远程协同设计、产业链整合，及至国际化运作，建议管理层增强数字化转型意识，加速新装备与新平台应用，以实现西子工业数字化的发展。

最后，王水福董事长以"高质量基础上的高增长"为主题，给与会者提出四个问题：

一、为什么要启动十四五规划？

从3月12日开始，到9月19日发布，191天时间，我们可以像雷神山、火神山的创建速度一样，创造奇迹、创造效益，希望各位老总、各位西子人参与其中，群策群力，为西子贡献智慧，为自己的人生作出规划。

二、为什么要把质量放在第一？

质量是和平占领市场最有效的武器。西子主要从事的都是特种设备行业、电梯、锅炉、压力容器(核电产品)、起重机、立体车库，特别是我们进入航空制造，我们要居安思危，每到"3·12"我们还不是很踏实，因为再过3天就是"3·15"，我不希望因为我们的产品质量问题而在消费者权益日被媒体负面报道。

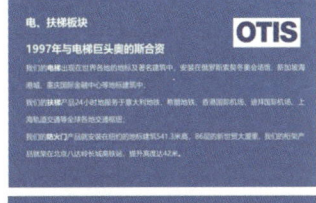

电、扶梯板块
1997年与电梯巨头奥的斯合资

我们的电梯出版在世界各地的地标以及老机建筑中，如国家大剧院，新加坡海港城，重庆国际金融中心C座地标建筑中。我们的装修产品24小时地服务于意大利地铁、希腊地铁、香港国际机场、迪拜国际机场、上海轨道公交线等各东站交通枢纽。

我们包揽大门户品质实体在世界的地标超541.3米高，86层的新世贸大厦，我们官网房经销售在北京八达岭长城脚站，提升高度达42米。

西子航空
2010年与美国劳斯莱斯飞机制造零部件
2013年与庞巴迪 2014年与法国空中客车
2018年波音737飞机维修跨轨交付美国

全世界既能做航空零部件又能做核电设备的企业凤毛麟角，GE、三菱这两家是我们的标杆，我们只有坚持不懈的追求质量精益求精，可能50年以后，我们就是第三家。我希望西子能在十四五规划期间拿到中国质量奖，全员都成为"质量绿带"，高管成为"质量黑带"，这样企业才有未来。

三、为什么要重(chóng)提精益化？重(zhòng)提数字化？

1 关于精益化。我们和奥的斯合资已经有23年的基础了，有了精益管理，才有西子今天的成就，也造就了一大批精益人才，进入更多制造企业，受到欢迎。他们对社会的贡献，可能超过了对西子的贡献。

2 关于数字化。听了蔡华博士和颜总的报告，我感觉对于数字化，我们还远远落后于时代。大家要有紧迫感。现在蒲惠智造为中小微企业提供上云服务，我们正在"西子云"架构上要做好重点规划，希望西子公司老总以及人事部门引入专业人才，做好西子的数字化发展。

3 把23年的精益化管理和数字化技术有机结合起来，我们就有了新的西子核心竞争力。这是西子的杀手锏。

四、为什么要以奋斗者为本？

1 为什么要重金引入咨询公司进行管理变革？华为等标杆企业是世界企业学习的榜样。我们以前学美国奥的斯，现在学华为。不学习，死路一条；但是西子仍然活着，还能有发展，我想是因为西子一直在学习，我是希望西子至少活100年，活100年，就要学习100年。

2 奥的斯的精益是生产工具，华为的管理是激发人的内心激情的工具；两个中西工具的结合，可能是走向世界舞台中央的最有效工具。我们从干部到员工，要好好掌握应用这个新工具。

3 西子是创业的平台。我们始终不分年龄、不分性别、不分学历，只认价值和贡献。有贡献的就是奋斗者。在十四五规划当中，建立以奋斗者为本的分享和激励机制，让奋斗者先富起来。

《高质量基础上的高增长——"3·12"西子联合召开战略主题会议》，来源：《西子报》2020年3月31日

高质量基础上的高增长

——"3·12"西子联合召开战略主题会议

（来源：《西子报》2020年3月31日）

3月12日是我国的植树节，"3·12"对西子人更是意义非凡。今年的"3·12"大会，一场以"高质量基础上的高增长"为主题的西子联合战略第一阶段会议，采用全新的线上直播方式举行，1110名西子人相约"云上"。

一开场，西子联合首席战略官樊小刚和与会者回顾了西子历年的"3·12"大事件，发布了西子联合2025年战略目标与战略主题：围绕"工"字形产业价值链的延伸、优化与协同，以产业运营与资本运作为路径，以中国质量奖为引领，建立以奋斗者为本企业文化，打造精益数字化核心竞争力，实现高质量基础上的高增长，为"百年西子、世界西子"目标而奋飞。会上，西子联合正式启动了"十四五"战略规划编制。"未来是你吸引过来的，心中所想能变成现实。我们期待着共创'十四五'发展蓝图，早日成为现实。"樊小刚说道。

疫情倒逼变革，企业如何提高免疫力？西子联合副总裁廖海燕作了"质量之路"的主题分享：高质量是长寿之路，运用好质量工具是一条专业之路，合法合规遵循质量法是一条责任之路，同时质量提升又是一条学习之路。廖海燕提及在"十四五"规划中，西子旗下各公司将以质量最高奖作为追求卓越之路，并期待争取拿到"董事长特别嘉奖"。

杭锅集团质量部部长姜龙表示将以政府质量奖为驱动，实现质量改进和管理提升。他总结了杭锅集团取得杭州市政府质量奖的过程，汇报了浙江省政府质量奖的工作策划，通过组织运营、市场开发与服务、供应链管理、研发流程、生产流程、质量流程六大行动计划，朝着省奖奋进。

资深技术专家蔡华博士作了"疫情倒逼变革——对工业数字化的思考"的主题分享。他通过工业数字化版图，解读了数字化的内涵，并以钉钉、蒲惠云MES为例分享了数字化办公的发展趋势。

西子联合总工程师颜飞龙分享了太阳能光热电站远程调试的案例,给与会者带来了诸多启示。他解读了对工业数字化实施方案的思考,并提出了工业数字化战略四步走实施方案:从网上办公、远程协同设计、产业链整合,及至国际化运作,建议管理层增强数字化转型意识、加速新装备与新平台应用,以实现西子工业数字化的发展。

最后,王水福董事长以"高质量基础上的高增长"为主题,给与会者提出了四个问题:

一、为什么要启动"十四五"战略规划?

从3月12日开始,到9月19日发布,共191天时间,我们可以像雷神山、火神山的创建速度一样,创造奇迹、创造效益。希望各位老总、各位西子人参与其中,群策群力,为西子贡献智慧,为自己的人生作出规划。

二、为什么要把质量放在第一?

质量是和平占领市场最有效的武器。西子主要从事的都是特种设备行业,电梯、锅炉、压力容器(核电产品)、起重机、立体车库,特别是我们还进入了航空制造领域。我们要居安思危,每到"3·12"时我都不是很踏实,因为再过3天就是"3·15",我不希望我们的产品因质量问题在消费者权益日被媒体负面报道。

全世界既能做航空部件又能做核电设备的企业凤毛麟角,GE、三菱这两家企业是我们的标杆,我们只有坚持不懈地追求质量质量再质量,可能50年以后,我们就是第三家了。我希望西子能在"十四五"战略规划期间拿到中国质量奖,全员都成为"质量绿带",高管成为"质量黑带",这样企业才有未来。

三、为什么要重(chóng)提精益化、重(zhòng)提数字化?

1. 关于精益化。我们和奥的斯公司合资已经有23年了,借鉴实施精益化管理,才有西子今天的成就。我们也造就了一大批精益人才进入更多的制造企业并受到欢迎,他们对社会的贡献可能超过了对西子的贡献。

2. 关于数字化。听了蔡华博士和颜总的报告,我感觉在数字化方面,我们还远远落后于时代,对于这一点大家要有紧迫感。现在蒲惠智造为中小微企业提供"云上"服务,我们在"西子云"架构上要做好重点规划,希望各子公司老总以及人事部门引

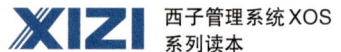

入专业人才,做好西子的数字化发展。

3. 把23年的精益化管理和数字化技术有机结合起来,我们就有了新的西子核心竞争力,这是西子的撒手锏。

四、为什么要以奋斗者为本?

1. 为什么要花重金引入咨询公司进行管理变革?华为等标杆企业是世界企业学习的榜样。我们以前学美国奥的斯公司,现在学华为公司。不学习,就是死路一条,但是西子仍然活着,还能有发展,我想是因为西子一直在学习,我是希望西子至少能活100年,所以就要学习100年。

2. 奥的斯公司的精益是生产工具,华为公司的管理是激发人的内心激情的工具;两个中西工具的结合,可能是企业走向世界舞台中央的最有效工具。我们从干部到员工都要好好掌握和应用这个新工具。

3. 西子是创业的平台。我们始终不分年龄、不分性别、不分学历,只认价值和贡献。有贡献的就是奋斗者,要在"十四五"规划中建立以奋斗者为本的分享和激励机制,让奋斗者先富起来。

11月24日，2020（第十三届）《浙商》年会举办。2020（第十三届）《浙商》年会以"破题'双循环'"为主题，再次深度回应和来自时代浪潮的呼吸节奏，见证浙商与中国经济的宏伟航行图景，为2021年立下新的锚点，重整再启程。年会特别邀请了中国国际经济交流中心副理事长黄奇帆、西子联合党委书记、董事长王水福等知名专家和企业家，分享来自沧海最前沿的实践者与思想者的分享。下文为王水福董事长在年会上的讲话节选。

融入双循环 实施双战略 实现双高发展
西子联合董事长王水福在2020《浙商》年会上的讲话

在11月12日上海浦东开发开放三十周年庆祝大会上，习近平总书记发表重要讲话。对于未来的浦东，他提出"要全力做强创新引擎，打造自主创新新高地"。

长三角区域具有人才富集、科技水平高、制造业发达、产业链供应链相对完备和市场潜力等诸多优势。上海既有飞机制造也有发动机制造，对长三角高端制造方面有着极大的引领和带头作用。对于身处长三角地区的民营企业来说，无疑是一次重大历史性机遇。西子联合也将乘势而上，加快在长三角区域的投资与产业布局。

高技术带来高增长

在打造自主创新新高地的过程中，西子抓住了六个机会。

1997年，西子联合通过与美国嘉的斯电梯公司的合资，快速成长为全球领先的电梯零部件供应商；2002年，成功收购杭锅集团；2004年，与日本石川岛、中国台湾东元集团合资成立西子石川岛停车设备有限公司，展开了与世界500强企业的第二次强强合作，这也是一个传统乡镇企业脱胎换骨的转型；2006年，控股百大集团；2009年，进军航空制造业；2019年，与世界航空部件制造巨头美国势必锐成立合资公司。

这六大重要的机会，给西子带来了技术上的高提升、高技术带来高增长，西子联合控股集团的发展是一条不断迈向高端制造的过程。我们在航空制造投入了10年时间、10亿元资金，成为欧洲空客、美国波音、加拿大庞巴迪、中国商飞和中航工业的一级供应商。现在我们拥有两个权威的制造许可：航空部件制造许可和核电设备制造许可。放眼全球也只有美国GE、日本三菱等极少数公司同时拥有航空与核电大型装备制造资质。西子联合旗下拥有杭锅股份、百大集团、西子智能停车（拟）三家上市公司，在电梯及部件、立体车库、余热锅炉、民营民用航空部件四个领域位列全国第一，未来业要朝着工业互联网、智慧产业园、新能源、新制造和新服务"五新发展"方向前进。

未来实行两大战略

西子联合的"十四五"发展规划，目标是以客户为中心，以奋斗者为本。为了向标杆型企业学习，我们专门从华为"挖"来了一批人才，聘请了曾在华为工作过的智翼团队为我们制订公司管理规范等。前后整整花费了两年时间，通过更具针对性和计划性的措施，让企业的管理能力得到了真正的提升。同时，既激发了员工潜能，提高了工作积极性，让员工为自己的体面生活而奋斗，也大幅提升了工作效率，达到事半功倍的效果。

在高质量发展的道路上，西子联合将实行两大战略。

一是低成本战略。富士康在精益制造、低成本制造等方面是行业标杆，我们要学习真正的先进标杆企业。目前，国内锅炉行业有1000多家企业，按照电梯行业的市场规律，不超过5年可能就会有80%的锅炉企业消失，我们希望西子是剩下的20%。西子要继续推进精益管理，从管理要效益。

二是技术创新战略。我们要不断学习如何合作、如何创新、如何共享，找到创新落地的钥匙。目前，西子旗下杭锅集团已跟浙江大学签订了战略合作协议，建立了"浙江大学-杭锅集团先进能源原创研发中心"，以打造世界一流的集科学研究、人才培养和技术辐射基地于一体的"产学研"共同体。此外，我们还跟上海交大、浙交大、清华大学和中科院进行了合作，共同探索可行的、互惠的创新模式，让技术实现产业化落地。

未来，西子联合将继续实现"高质量基础上的高增长"，"为国家繁荣富强、为企业健康发展、为员工体面生活"，这是我们2万西子人永远的初心和使命。（浙商杂志 记者楼华灿整理）

《融入双循环 实施双战略 实现双高发展——西子联合董事长王水福在2020〈浙商〉年会上的讲话》，来源：《西子报》2020年11月30日

融入双循环 实施双战略 实现双高发展
——西子联合董事长王水福在2020《浙商》年会上的讲话

(来源:《西子报》2020年11月30日)

在11月12日上海浦东开发开放30周年的庆祝大会上,习近平总书记发表重要讲话。对于未来的浦东,他提出"要全力做强创新引擎,打造自主创新新高地"。

长三角区域具有人才富集、科技水平高、制造业发达、产业链供应链相对完备和市场潜力大等诸多优势,上海既有飞机制造也有发动机制造,对长三角高端制造方面有着极大的引领和带头作用。对于身处长三角地区的民营企业来说,无疑是一次重大的历史性机遇。西子联合也将乘势而上,加快在长三角区域的投资与产业布局。

高技术带来高增长

在打造自主创新新高地的过程中,西子抓住了六大机会。

1997年,西子联合通过与美国奥的斯公司的合资,快速成长为全球领先的电梯零部件供应商;2002年,成功收购杭锅集团;2004年,与日本石川岛、中国台湾东元集团等合资成立西子石川岛停车设备有限公司,展开了与世界500强企业的第二次强强合作,这也是一个传统乡镇企业脱胎换骨的转型;2006年,控股百大集团;2009年,进军航空制造业;2019年,与世界航空部件制造巨头美国势必锐成立合资公司。

这六大重要的机会,给西子带来了技术上的高提升,高技术带来高增长,西子联合控股集团的发展是一条不断迈向高端制造的过程。我们在航空制造业投入了10年时间和10亿元资金,成为欧洲空客、美国波音、加拿大庞巴迪、中国商飞等企业的重要供应商。现在,我们拥有两个权威的制造许可证:航空部件制造许可证和核电设备制造许可证,放眼全球也只有美国通用、日本三菱等极少数公司同时拥有航空与核电大型装备制造资质。西子联合旗下拥有杭锅股份、百大集团、西子智能停车(拟)三家上市公司,在电梯及部件、立体车库、余热锅炉、民营商用航空部件四个领域位列全国第一，未来要朝着工业互联网、智慧产业园、新能源、新制造和新服务"五新发展"方向前进。

未来实行两大战略

西子联合的"十四五"发展规划，目标是以客户为中心，以奋斗者为本。为了向标杆型企业学习，我们专门从华为公司"挖"来了一批人才，聘请了曾在华为工作过的智囊团队为我们制定公司管理规范等。前后整整花费了两年时间，采取更具针对性和计划性的措施，让企业的管理能力得到了真正的提升。这既激发了员工的潜能，提高了工作积极性，让员工为自己的体面生活而奋斗，也大幅提升了工作效率，达到事半功倍的效果。

在高质量发展的道路上，西子联合将实行两大战略。

一是低成本战略。富士康集团在精益制造、低成本制造等方面是行业标杆，我们要学习真正的先进标杆企业。目前，国内锅炉行业有1000多家企业，按照电梯行业的市场规律，不超过5年可能就会有80%的锅炉企业消失，我们希望西子是剩下的20%中的一员。西子要继续推进精益化管理，从管理要效益。

二是技术创新战略。我们要不断学习如何合作、如何创新、如何共享，找到创新落地的钥匙。日前，西子旗下的杭锅集团跟浙江大学签订了战略合作协议，建立"浙江大学—杭锅集团先进能源联合研发中心"，以打造世界一流的集科学研究、人才培养和技术辐射于一体的"产学研"共同体。此外，我们还跟上海交大、西安交大、清华大学和中科院进行了合作，共同探索可行的、互惠的创新模式，让技术实现产业化落地。

未来，西子联合将继续实现"高质量基础上的高增长"，"为国家繁荣富强、为企业健康发展、为员工体面生活"，这是我们西子人永远的初心和使命。

新春致辞

栉风沐雨抓住战略机遇，忆40年创业路
奋战全面高质量攻坚年，启40年新征程

西子联合党委书记、董事长

光阴如梭，岁月荏苒，就如同太阳天天起落，月亮月月亏盈，草木年年荣枯，生命是在这种摆般循环中实现了进化，企业也是在这如柳夕时光中历经了升华。

在此辞旧迎新之际，我们回忆过去40年创业路上艰苦跋涉，从小到大，从弱到强，感慨万千。我们展望未来40年新征程中砥砺前行，量质齐升，宏图大展，信心坚定。

一、栉风沐雨创业行

1981年从制造农机具的花园农机厂成立了西子电梯厂，转型做电梯，1997年和美国奥的斯合资。如今电梯及部件市场占有率全国领先。

2002年控股杭锅集团，老牌国企注入民企活力，形成发展新态势。2011年杭锅股份在深圳上市。2012年成为锅炉行业唯一一家国家认定企业技术中心。2019年取得了民用核安全设备制造许可证，布局的光热储能发电项目成功受益，余热锅炉市场占有率全国领先。

1996年布局立体车库，2004年与日本石川岛合资，开发了9大系列停车设备产品，布局全国，解决城市停车难问题，已发展成为立体车库市场占有率全国领先的智能停车设备公司。

2009年成为C919大型客机9家机体供应商中唯一的民营企业，开始发展航空制造，成为波音、空客、庞巴迪等世界航空巨头的一级供应商。2019年西子航空与美国势必锐航空合资，发展成为全国领先的民营商用航空制造企业。

过去40年西子联合的持续发展，正是跟对了中国改革开放康庄大道，也是民营企业爬坡过坎的生动写照。西子在历史关键时点总能紧跟时代步伐，抓住关键的发展机会，用精心筹谋的前瞻战略，书写了40年从农机配件到飞机部件的历程，并取得了引人注目的成绩。连续17年蝉联中国民营企业500强和中国制造企业500强，多次荣获中国企业500强。

所有这一切的成绩，离不开一直以来兢兢业业、无私奉献、挥洒智慧和汗水的每一位员工，在此我代表西子联合向表示最衷心的感谢！也向一路走来始终关心并支持西子联合的各级政府领导、合作伙伴以及社会各界朋友致以最诚挚的感谢和敬意！

二、逆行飞扬奋斗路

2020年是极不平凡的一年，记得去年春节前，我们雄心勃勃地制定了全年业务计划，却没预料一场疫情持久的疫情改变了全球的行动和发展轨迹。再加上一些国家对中国经济与中国企业的不断施压，一度让我们感到迷茫甚至灰微的恐惧。

西子人面对严峻无常的大环境奋起抗争，开展了一场改变命运的搏斗，如今回首盘点，成绩斐然。2020年整个集团实现营收336亿，其中主要工业板块规模与效益双双实现了历史上少有的高幅度增长，即便在受影响最为惨烈的航空制造板块，也实现了与2019年同期持平的业绩，同时西子势必锐航空荣获全国唯一的空客"挑战者供应商"称号。金融板块攻坚克难实现逆势增长，商贸板块也努力拼搏，将疫情的影响减少到最低程度。从开门红到全年红，我们打赢了疫情防控和经济发展这两场"大战"。

这一年我们在转型升级方面也硕果累累，杭锅集团参与建设的青海德令哈光热储能发电站正式并网发电，平均发电量达成率为全球同类型电站投运后同期的最高纪录；建筑面积达42万方的西子智慧产业园盛大开园，并成功引入中科院资本、沃尔玛山姆会员店等高端合作伙伴；蒲惠智造也在中小企业上云的数字化高端服务中逐步形成了自己的特色与品牌，获得工信部2020年制造业与互联网融合发展示范项目及浙江省第一批省级工业互联网平台。

2020年，西子联合举行了首届"919奋斗节"，开启了企业设立"奋斗节"的先河。奋斗节邀请了180多位公司劳模，欣赏一场由上海交响乐团表演的交响音乐会。我们还举行了第九届西子奥林匹克技能大赛，启动了西子工匠评选，制定了一系列向奋斗者倾斜的激励机制，让奋斗者先富起来，具有西子特色的奋斗者文化逐步形成。

"为国家繁荣富强，为企业健康成长，为公司的员工体面生活"是我们办企业的初心。我期待着更多的奋斗者在西子涌现。

三、逐光前行万里阔

2020年9月22日及12月12日，习近平主席两次向全世界宣布：中国提高国家自主贡献力度，力争2030年前二氧化碳排放达到峰值，努力争取2060年前实现碳中和。到2030年，中国单位GDP二氧化碳排放将比2005年下降65%以上，非化石能源占一次能源消费比重将达到25%左右，森林蓄积量将比2005年增加60亿立方米，风电、太阳能发电总装机容量将达到12亿千瓦以上。习主席的这两次宣布，标志着中国"国家自主贡献"承诺进一步提高。这同时也为我们未来40年的发展指明了方向。

随着"30·60"目标的落实，国家的能源结构调整，将发生重大变化。能源生产环节从"一煤独大"向清洁主导转变，能源消费环节从化石能源向电为中心转变，能源配置环节将从就地平衡向大范围互联互通转变的三转变。

杭锅集团至今已生产节能环保余热锅炉2000多台（套），产品全部投运后，每年可发电1600亿度，总装机容量28000MW，年节约标准煤5500万吨，年减排二氧化硫110万吨，年减排二氧化碳12700万吨，约占全国碳排放总量1%。我看到了西子在能源领域更加广阔的方向，看到了到未来四十年企业发展新的更大的"绿色金矿"。

科创越早助，我们和浙江大学建立了全天候战略合作，成立了先进能源联合研究中心，双方将在太阳能发电、生物质高效利用、二氧化碳捕集与综合利用、固废处理等辐射开展合作，形成集科学研究、人才培养和技术辐射于一体的"产学研"共同体。此外，我们与西安交大、上海交大、中科院等优秀科研院校建立紧密合作，用更开放的态度让全国乃至全球的人才资源为我们所用。这是企业自己花费多少年都很难培养出来的智慧金矿。同时我们意识到，当今的竞争不再是企业之间点对点的竞争，而必须通过打造创新生态链来提升竞争力。我们希望有机会与优秀的战略合作伙伴在技术、管理与资本层面形成更紧密的合作，结成命运共同体，共同打造具有竞争力的共生共荣产业生态系统。

经四十载创业风雨，启十四五发展新篇，迎一百年建党华诞，正是磨难创造了无限的机会，中国高端制造的国运来了。机会是留给准备好的人，四十年厚

积薄发，已届不惑的西子联合，已经迈入了新的更加富有挑战的四十年。

我们制定并发布了西子联合集团"十四五发展规划"，明确了发展战略目标和实现路径。

未来，我们将坚守实业，聚焦主业，秉承"以客户为中心，以奋斗者为本，品质领先，持续改善"的核心价值观，围绕"工"字形产业价值链的延伸、优化与协同，以产业运营与资本运作为路径，以中国质量奖为引领，实施"低成本"与"创新合作"两大战略方向，打造精益数字化核心竞争力，大力推进"I+XIZI"十大关键任务，为实现高质量基础上的高增长的战略目标而努力。

四、行稳致远质量年

质量是增长的基础与前提，只有高质量基础上的高增长长才是增长。过去十年，我一直强调高质量理念和文化。去年我们通过了全员绿带考核，为质量变革和质量提升打下了基础。

我们将2021年定义为"质量年"，做好质量年，我们在抓好产品质量的同时，要着重抓好管理质量，管理质量就是工作质量，工作质量保证产品质量。质量年里天天都是"3.15"，质量问题"零容忍"，打赢全面高质量攻坚战，为实现未来40年的持续增长打下基础。全面高质量，就是要把高质量要求延伸到每个产品与服务的全流程，全价值链乃至整个产业生态链。我们要充分重视质量人员的培养，把最优秀、敢担当的人放到质量管理上去；要把质量带领项目深入做下去，全员学会用"微创新"提质增效，培养一批懂理论实战的质量黑带人员；还要培养一批供应商质量管理人才，将质量链延伸到供应商中去，带动产业链上下游企业共同发展。将质量变革作为提升质量的强大推动力。

很高兴我们各公司在争创质量奖上卓有成效，比如西子富沃德、杭州西奥电梯拿到了浙江省政府质量奖、杭锅集团拿到了杭州市政府质量奖、西子重工拿到了海宁市质量奖、西子势必锐航空拿到了钱塘新区质量奖。希望今年西子旗下再有一家企业拿下省政府质量奖，并朝着国家质量奖目标不断前进。

面对复杂多变、充满不确定性的外部环境，唯有通过内部规划的确定与建立，激活人与组织潜能，提升组织能力，这也是西子近四年锐意变革着力打造的主旋律。不断学习引进先进标杆企业的变革管理，以奋斗者为本，并结合西子实践，形成了一套让人才脱颖而出的识别培养机制和让组织充满活力的激励管理方法，这种变革文化成为我们破茧化蝶的持续动力来源。

对于奋斗者来说，打工的时代慢慢结束了，进入了合伙股份分享制的时代。2020年我们在分配机制的建立与实施上有了积极的探索与落实，这项工作的深入展开，也是今年的重要工作内容。年初，我们聘请的专业顾问团队已经进场，将根据企业情况设计科学有效的合伙制、股份制分享体系，将企业与员工联结成为命运共同体，将能发挥出巨大的能量。平台搭好了，机制建好了，同行人就会变成同心人，有志之士，有才之人就会蜂拥而至，平台就会不断发展。我相信，西子将会人才辈出，英雄辈出！

我们将继续坚守初心，牢记使命，矢志不渝坚持高质量，励精图治创造高增长，期待和各位共同开启新征程，携手奔向国运，打造"百年西子、世界西子"，联合创造美好未来！

值此牛年新春到来之际，我代表西子联合及我个人向全体员工及家属以及社会各界朋友致以新春最诚挚的问候和最美好的祝愿！

在当前复杂的疫情形势下，各地员工要积极响应政府号召减少流动，鼓励大家留在企业所在地过年，并做好防疫工作，过一个健康、安全、欢乐、祥和的新年。

恭祝大家新春快乐，阖家幸福，牛年牛运连连，牛气冲天！

王水福：《栉风沐雨抓住战略机遇，忆40年创业路 奋战全面高质量攻坚年，启40年新征程》，来源：《西子报》2021年2月1日

2021年新春致辞

栉风沐雨抓住战略机遇,忆40年创业路
奋战全面高质量攻坚年,启40年新征程

(来源:《西子报》2021年2月1日)

光阴如梭,岁月荏苒,就如同太阳天天起落、月亮月月亏盈、草木年年荣枯,生命在这钟摆般循环中实现了进化,企业也是在这逝者如斯夫的时光中历经了升华。

在此辞旧迎新之际,我们回忆过去40年创业路上的艰苦跋涉——从小到大、从弱到强,不禁感慨万千;我们展望未来40年新征程中的砥砺前行——量质齐升、大展宏图,不禁信心坚定。

一、栉风沐雨创业行

从1981年制造农机具的花园农机厂到成立西子电梯厂,转型做电梯行业,再到1997年和美国奥的斯电梯公司合资,如今我们的电梯及部件的市场占有率领先全国。

2002年,我们控股了杭锅集团,为老牌国企注入民企活力,形成了发展新态势;2011年,杭锅股份在深圳上市;2012年,我们成为锅炉行业唯一一家国家级企业技术中心;2019年,取得了民用核安全设备制造许可证,布局的光热储能发电项目成功运营,余热锅炉市场占有率领先全国。

1996年,我们布局立体车库产业,并在2004年与日本石川岛株式会社合资,开发了九大系列停车设备产品,布局全国市场,解决城市停车难问题。目前,我们智能停车设备公司的立体车库市场占有率领先全国。

2009年,我们成为C919大型客机9家机体供应商中唯一的民营企业,开始发展航空制造,成为波音、空客、庞巴迪等世界航空巨头的重要供应商;2019年,西子航空与美国势必锐航空合资,发展成全国领先的民营商用航空制造企业。

过去40年西子联合的持续发展,正是跟对了中国改革开放的康庄大道,也是民营企业爬坡过坎的生动写照。西子在历史关键时点总能紧跟时代步伐,抓住关键的发展

机会，用精心筹谋的前瞻战略，书写了40年从生产农机配件到飞机部件的历程，并取得了引人瞩目的成绩：连续17年蝉联中国民营企业500强和中国制造企业500强，多次荣获中国企业500强。

所有这一切的成绩，离不开一直以来兢兢业业、无私奉献、挥洒智慧和汗水的每一位员工，在此我代表西子联合表示最衷心的感谢！也向一路走来始终关心并支持西子联合的各级政府领导、合作伙伴以及社会各界朋友致以最诚挚的感谢和敬意！

二、逆行飞扬奋斗路

2020年是极不平凡的一年，记得去年春节前，我们雄心勃勃地制订了全年业务计划，却没预料到一场旷日持久的疫情改变了全球的发展轨迹；再加上一些国家对中国经济和中国企业的不断施压，一度让我们感到迷茫甚至些许的恐慌。

西子人面对严峻无常的大环境奋起抗争，开展了一场改变命运的搏斗，如今回首盘点，成绩斐然。2020年，整个集团实现营收336亿元，其中主要的工业板块规模与效益双双实现了历史上少有的高幅度增长，即便在受影响最为惨烈的航空制造板块，也实现了与2019年同期持平的业绩，同时西子势必锐航空公司荣获全国唯一的空客"挑战者供应商"称号。金融板块攻坚克难，实现逆势增长，商贸板块也努力拼搏，将疫情的影响减小到最低程度。从"开门红"到"全年红"，我们打赢了疫情防控和经济发展这两场"大战"。

这一年，我们在转型升级方面也硕果累累：杭锅集团参与建设的青海德令哈光热储能发电站正式并网发电，平均发电量达成率为全球同类型电站投运后同期的最高纪录；建筑面积达42万平方米的西子智慧产业园盛大开园，并成功引入中科院资本公司、沃尔玛山姆会员店等高端合作伙伴；蒲惠智造也在中小企业上云的数字化高端服务中逐步形成了自己的特色与品牌，获得工信部2020年制造业与互联网融合发展示范项目及浙江省第一批省级工业互联网平台。

2020年，西子联合举行了首届"9·19奋斗节"，开启了企业设立"奋斗节"的先河。奋斗节邀请了180多位公司劳模，欣赏了一场由上海交响乐团表演的交响音乐会。我们还举行了第九届西子奥林匹克技能大赛，启动了西子工匠评选，制定了一系列向奋斗者倾斜的激励机制，让奋斗者先富起来，具有西子特色的奋斗者文化逐步形成。

"为国家繁荣富强，为企业健康成长，为奋斗的员工体面生活"是我创办企业的初心。我期待着更多的奋斗者在西子涌现。

三、逐光前行万里阔

2020年9月22日及12月12日，习近平主席两次向全世界宣布：中国将提高国家自主贡献力度，采取更加有力的政策和措施，二氧化碳排放力争于2030年前达到峰值，努力争取2060年前实现碳中和；到2030年，中国单位国内生产总值二氧化碳排放将比2005年下降65%以上，非化石能源占一次能源消费比重将达到25%左右，森林蓄积量将比2005年增加60亿立方米，风电、太阳能发电总装机容量将达到12亿千瓦以上。习近平主席的这两次宣布，标志着中国"国家自主贡献"的承诺进一步提高。这同时也为我们未来40年的发展指明了方向。

随着"30·60"目标的落实，国家的能源结构调整将发生重大变化，实现能源生产环节从"一煤独大"向清洁主导转变、能源消费环节从化石能源向以电为中心转变、能源配置环节从就地平衡向大范围互联互通转变的三大转变。

杭锅集团至今已生产节能环保余热锅炉2000多台（套），产品全部投运后，每年可发电1600亿度，总装机容量28000MW，年节约标准煤5500万吨，年减排二氧化硫110万吨，年减排二氧化碳12700万吨，约占全国碳排放总量的1%。我看到了西子在新能源领域更加广阔的方向，看到了未来40年企业发展新的更大的"绿色金矿"。

科创越早动，发展越主动。我们和浙江大学建立了全天候战略合作，成立了先进能源联合研发中心，双方将在太阳能发电、生物质高效利用、二氧化碳搜集与综合利用、固废处理等领域开展全面合作，形成集科学研究、人才培养和技术辐射于一体的"产学研"共同体。此外，我们与西安交大、上海交大、中科院等优秀科研院校建立紧密合作，用更开放的态度让全国乃至全球的人才资源为我们所用，这是企业花费多少年都很难培养出来的"智慧金矿"。同时我们还意识到，当今的竞争已不再是企业之间点到点的竞争，而是必须通过打造创新生态链来提升竞争力。我们希望有机会与优秀的战略合作伙伴在技术、管理与资本层面形成更紧密的合作，结成命运共同体，共同打造具有竞争力的共生共荣产业生态系统。

经四十载创业风雨，启"十四五"发展新篇，迎一百年建党华诞，在我看来，正是磨难创造了无限的机会，中国高端制造的国运来了。机会是留给准备好的人，四十年厚积薄发、已届不惑的西子联合，已经迈入了新的更加富有挑战的四十年。

我们制订并发布了西子联合集团"十四五"发展规划，明确了发展战略目标和实现路径。未来，我们将坚守实业、聚焦主业，秉承"以客户为中心，以奋斗者为本，品质领先，持续改善"的核心价值观，围绕"工"字形产业价值链的延伸、优化与协

同，以产业运营与资本运作为路径，以中国质量奖为目标，实施"低成本"与"技术创新"两大战略，打造精益数字化核心竞争力，大力推进"I+XIZI"十大关键任务，为实现高质量基础上的高增长的战略目标而努力。

四、行稳致远质量年

质量是增长的基础与前提，只有高质量基础上的高增长才有价值。过去的10年，我一直强调高质量的理念和文化。去年，我们通过了全员"绿带考核"，为质量变革和质量提升打下了基础。

我们将2021年定义为"质量年"，我们要在抓好产品质量的同时，着重抓好质量管理，管理质量就是工作质量，以工作质量保证产品质量。质量年里天天都是"3·15"，质量问题"零容忍"，我们要打赢全面高质量攻坚战，为实现未来40年的持续增长打下基础。

全面高质量，就是要把高质量要求延伸到产品与服务的全流程、全价值链乃至整个产业生态链。我们要充分重视质量人员的培养，把最优秀、敢担当的人放到质量管理上去；要把质量带级项目深入做下去，让全员学会用"微创新"提质增效，培养一批懂理论能实战的"质量黑带"人员；还要培养一批供应商质量管理人才，将质量链延伸到供应商中去，带动产业链上下游企业共同发展。我们要将质量变革作为提升质量的强大推动力。

很高兴我们各公司在争创质量奖上卓有成效，如西子富沃德和杭州西奥电梯拿到了浙江省政府质量奖、杭锅集团拿到了杭州市政府质量奖、西子重工拿到了海宁市质量奖、西子势必锐航空公司拿到了钱塘新区质量奖。希望今年西子旗下能再有一家企业拿下省政府质量奖，并朝着中国质量奖的目标不断前进。

面对复杂多变、充满不确定性的外部环境，唯有通过内部规则的确定与建立，激活人与组织潜能，提升组织能力，这也是西子近两年来锐意变革并着力打造的主旋律。西子不断学习引进先进标杆企业的变革管理经验，以奋斗者为本，并结合西子的实践，形成了一套让人才脱颖而出的识别培养机制和让组织充满活力的激励管理方法，这种变革文化将成为我们破茧化蝶的持续动力来源。

对于奋斗者来说，打工的时代慢慢结束了，进入了合伙股份分享制的时代。2020年，我们在分配机制的建立与实施上有了积极的探索与落实，这项工作的深入展开将是今年的重要工作内容。年初，我们聘请的专业顾问团队已经进场，将根据企业的情况设计科学有效的合伙制、股份制分享体系，将企业与员工联结成命运共同体，这必将发挥出巨大的能量。平台搭好了，机制建好了，同行人就会变成同心人，有志之士、有才之人就会蜂拥而至，平台就会不断发展。我相信，西子将会人才辈出、英雄辈出！

我们将继续坚守初心，牢记使命，矢志不渝地坚持高质量，励精图治地创造高增长，期待和各位共同开启新征程，携手共赴"国运"，打造"百年西子、世界西子"，联合创造美好的未来！

值此牛年新春到来之际，我代表西子联合及我个人向全体员工及其家属以及社会各界朋友致以新春最诚挚的问候和最美好的祝愿！

在当前复杂的疫情形势下，各地员工要积极响应政府号召减少流动，鼓励大家留在企业所在地过年，并做好防疫工作，过一个健康、安全、欢乐、祥和的新年。

恭祝大家新春快乐、阖家幸福，牛年牛运连连、牛气冲天！

【"浙"一年，了不起】

省人大代表、西子联合董事长王水福：淬炼过硬的"浙江质量"

2020年对浙江来说极不平凡——"两手硬、两战赢"取得重大战略成果，新发展理念引领高质量发展不断迈上新台阶，法治浙江、平安浙江建设全面深化，美丽乡村图景更动人，富民惠民安民取得新实效，治理能力显著提升，在大战大考中交出了卷面的高分报表。且看省人大代表、西子联合控股有限公司董事长王水福心里极不平凡的"浙"一年。

一季度即实现"开门红"，前三季度累收同比增长近八成。在充满不确定性的2020年，西子联合旗下的杭州锅炉集团股份有限公司表现颇为亮眼。

"过去的一年，我们贯彻落实省委、省政府按着推进疫情防控经济社会发展'两手硬、两战赢'的部署，疫情防控倾转劲的，经济发展力求有效点。"省人大代表、西子联合控股有限公司董事长王水福说，在最困难的时期，省委、省政府为企业发展指明了方向，在不确定性中找到发展的"确定之锚"，为高质量发展定了调。

"政府支持我们，我们也要主动对位、主动作为，提升自身硬实力。"王水福代表说，质量是企业打赢

仗的关键，也是面对风险时的定力所在，必须咬紧不放。

西子联合现拥有民用航空制造和民用核电设备制造两大许可证，这正是其多年来淬炼质量硬实力的成果。王水福代表今年带来的建议之一，便与质量建设有关，希望我省以省政府质量奖为抓手，让"浙江质量"在"十四五"期间走在前列。

"要进一步提升经济发展的抗风险能力，必须在质量关上继续下功夫。"王水福代表说，面对疫情战线，我省一些中小企业受到的冲击不小，一个重要原因是质量不过硬——产品质量不过硬导致难以稳住市场份额，管理质量不过硬导致难以应对突发情况，创新质量不过硬导致难以提升发展后劲。

"质量建设是一个系统工程，我们要以系统思维推进质量建设，把它融入发展的方方面面。在'十四五'实现发展质量跃升。"王水福代表表示，只有淬炼过硬的"浙江质量"，未来再面对诸如疫情之类的特殊情况时，"两手硬、两战赢"的底气才会更足。

（来源：浙江日报 记者王世琪）

杭锅人"追星"追到浙大 盯着的是这"两碗饭"

"今天来浙大，就是要把杭锅当前最急的课题和企业当下的痛点，都跟浙大的老师们仔细研讨一下。"1月4日上午，浙大玉泉校区，浙大能源工程学院的大会议室一角，杭锅集团常务副总经理侯晓东跟浙大杭锅联合研发中心主任彭梦科嘀咕着。

到当天上午9点半，大会议室里"塞"进了近40人，他们之中既有来自西子集团、杭锅集团的管理层、技术骨干们，也汇聚了浙大能源工程领域的"最强大脑"。

这是一场承前启后的研讨会。2020年的最后一天，中国工程院院士、浙大热能工程研究所所长岑可法领衔西子智慧产业园，作了一场长达3小时的能源行业报告，结合碳中和等国家能源领域的战略部署，介绍了29个热能和多年来具备国际国内领先水平的项目。

而2021年首个工作日，董事长王水福带队，这些项目的具体负责人都来到了研讨会现场。

"选择比努力更重要"

"我不怕揭家丑。"研讨会现场，侯晓东的开场有点激烈。

"某种炉型锅炉的产品可能因为腐蚀问题，堵灰问题，在长周期连续运行上，需要进一步研究、优化。"他说，再往深一步想，除了产品技术的升级，双方能不能通过合作，在推散这一块产生影响的技术阶加码？

2020年11月18日，浙江大学-杭锅集团先进能源联合研发中心在临安青山湖成立。在过去的一个半月里，双方快马加鞭，推进首批4个合作项目的"进度条"稳步前行。

"今天我们的管理层可以说是倾巢而出，

前来拜见。"西子联合控股集团董事长兼杭锅集团董事长王水福说，听完报告大家都很兴奋。"我们1日组织了开会，2日也开会，3号已经算忘假了。"现场传出轻松的笑声。

"杭锅的业务发展思路和国家提倡的能源行业、环保行业相吻合。"王水福说，按照中国2060年实现碳中和的目标，杭锅希望跟随国家战略，成长为百年企业。"这里面有很多空间，我们了一些'皮毛'，这次过来，希望和各位合作交流、沟通、寻找新的机会。"

杭锅人是追切的。侯晓东认为，当下杭锅面临的市场竞争愈发激烈，自身所沉淀的优势却不够明显。他以杭锅一项独创技术为例，当时大家都感觉不错，但放置在市场长周期下观察，却与竞争对手的其他创新没有拉开太大差距。

也有"起了个大早，赶了个晚集"的时候。侯晓东说，杭锅早在2006年就引进国外先进的鼓锅技术，但项目一完成后这项技术就被"束之高阁"了，没有科较超低排放执行业带来的新机遇。

"现在只凭锤子已经不行了。有句话说，选择比努力更重要。"他认为，企业的弱项在于方向。"如果能把未来的方向看得更清楚，我们的成功几率也会更大。"

企业要"两条腿走路"

这是一次难得的技术交流。原定两个半小时的研讨交流根本"刹不住车"，一直持续到13时30分左右。

"要在萌芽的先进技术上抢先沾试！"侯晓东准则国内另一家锅炉厂与某大学的合作：通过技术改造升级，该企业的产品不仅获得了数十亿元的营收颠。更让侯晓东在意的

是，手握技术话语权，才可以在市场上挽杂户。

"这种情况下，杭锅是低价也能赢，高价也能赢"他认为，与浙大的合作关键在于要借助科研院所的"大脑"帮杭锅"把把脉"，找到合适的方向和产品线，打造属于杭锅和浙大的标杆项目。

在杭锅方面介绍完情况后，浙大的教授们结合自己所长、轮流介绍。"储能将是支撑碳中和可再生能源的一个很重要的大平台，我们希望就太阳能的下一代和下下代技术和杭锅展开更深层次的合作。"热能所副所长、教授肖刚第一个发言。下午，他还要赶到嘉兴去。

就在当天，嘉兴市秀洲区与浙江大学光电科学与工程学院、浙江大学能源工程学院、浙江大学计算机科学与技术学院签订协议，成立浙大嘉兴研究院三大创新中心。"未来这些创新成果也能支撑我们企业的哪些项？"肖刚说。

能源清洁利用国家重点实验室副主任王智化教授跟随多院士读博时就开展了对活性分子多种燃烧污染物一体化脱除技术的研究，现场介绍自己对于生物质锅炉的思考。

双方的技术人员们彼此交流着技术领域关键的指标数据，又默契地就某些共识点点头，对一些细节问题展开讨论、交换联系方式。

"能源行业是面向国民经济的主战场，我们要通局大地考虑系统问题，也必须积极地进行原创创新。"岑可法院士总结了四点：要在光热新能源方面展开深探；要继续清洁高效、超低排放等能源新技术；要探索氢能源；要借助大数据能源系统开展智慧能源探索，通过"听诊器"更好地给行业"治病"。

"今天的探讨特别畅快，有很多宝藏！"西子联合总工程师顾飞龙说，在看经营管时，"看今天吃什么饭"的同时，杭锅人必须要认真"明天吃什么饭"。

"我们必须两条腿走路。"顾飞龙建议，杭锅不要把今天全上提出的四个方向都作在一个负责人手上。"我们回去要专门确定小组对接人，加快研究、加快投入，合分段分条买施，一刻不能放弃。"

"哪些为力的能源，今天的研讨之后更具体。"侯晓东以煤炭的分级高效利用为例，他告诉记者，之前关注到的技术在这一方面的技术积累，这里面隐藏了很多技术，可以拆分到杭锅不同的产品线上去试验。

（浙江日报 记者祝梅）

王世琪：《省人大代表、西子联合董事长王水福：淬炼过硬的"浙江质量"》，来源：《西子报》2021年2月1日

省人大代表、西子联合董事长王水福：
淬炼过硬的"浙江质量"

（来源：《西子报》2021年2月1日）

2020年对浙江来说极不平凡——"两手硬、两战赢"取得重大战略成果，新发展理念引领高质量发展不断迈上新台阶，法治浙江、平安浙江建设全面深化，美丽乡村图景更动人，富民惠民安民取得新实效，治理能力显著提升，在大战大考中交出了亮丽的高分报表。且看省人大代表、西子联合控股有限公司董事长王水福点赞极不平凡的"浙"一年。

一季度即实现"开门红"，前三季度营收同比增长近四成——在充满不确定性的2020年，西子联合旗下的杭州锅炉集团股份有限公司表现颇为亮眼。

"过去的一年，我们贯彻落实省委、省政府统筹推进疫情防控和经济社会发展'两手硬、两战赢'的部署，疫情防控慎终如始，经济发展力求有亮点。"省人大代表、西子联合控股有限公司董事长王水福说，在最困难的时期，省委、省政府为企业发展指明了方向，在不确定性中找到谋发展的"确定之锚"，为高质量发展定了调。"政府支持我们，我们也要主动担当，提升自身硬实力。"王水福代表说，质量是企业打胜仗的关键，也是面对风险时的定力所在，必须常抓不懈。

西子联合同时拥有民用航空制造和民用核电设备制造两大许可证，这正是其多年来淬炼质量硬实力的成果。王水福代表今年带来的建议之一便与质量建设有关，希望我省以省政府质量奖为抓手，让"浙江质量"在"十四五"期间走在前列。

"要进一步提升经济发展的抗风险能力，必须在质量关上继续下功夫。"王水福代表说，面对疫情挑战，我省一些中小企业受到的冲击不小，一个重要原因是质量不过硬——产品质量不过硬导致难以稳住市场份额、管理质量不过硬导致难以应对突发情况、创新质量不过硬导致难以鼓足发展后劲。

"质量建设是一个系统性工程，我们要以系统思维推进质量建设，把它融入发展的方方面面，在'十四五'期间实现发展质量跃升。"王水福代表表示，只有淬炼出过硬的"浙江质量"，未来再面对诸如疫情之类的特殊情况时，"两手硬、两战赢"的底气才会更足。

（摘自《浙江日报》2021年1月26日第3版）

做企业是一场长跑！
王水福董事长7000字长文献礼西子四十周年

3月12日，春风满园。西子迎来自己的40周年生日，杭锅集团也迎来了66岁。

四十年光阴似箭，但对王水福而言，一路的风风雨雨皆在眼前。从农机配件到航空部件，他始终坚信：要在制造业这条路上走得更长久，必须占领高端制造的制高点。

越往桃林深处，越觉春深。古人云"四十不惑"，王水福觉得，正是因为"不惑"，让他想明白了很多事：以奋斗者为本，让不可能成为可能，就是"西子精神"！

"做企业是一场长跑。在制造业这条大道上，我还想再跑十年，跑到76岁，我还想拿个好名次，最好是夺冠！

——在这样值得纪念的一天，66岁王水福专门发表了这篇文章。这也是作为第一代浙商杰出代表的王水福，致敬大时代的最深情告白。

一

今天西子40岁了，杭锅与我同龄，66岁了。看到今天我们国家和企业取得的巨大成就，回首往事，百感交集。上世纪90年代初我走访了欧美、日本等多个发达国家学习考察。在国外我看到四通八达的高速公路，非常震惊。1996年12月6日才有浙江第一条高速公路——杭甬高速开车，而今天我们的交通四通八达，在硬件上完全走到世界一流。年轻一代可能习以为常，但却超越了我当初的想象。很多变化是我们当年想都不敢想的事情。

我是杭州江干花园村农民的孩子，14岁开始半工半读，17岁初中毕业后回到农村生产队种地。那时大量菜地都用有机肥料，从良山门坝子桥用农船运到菜地，一艘大概有300担肥料。我用粪桶沿脚踊挑走跳板，走船边，踩泥路，浇粪菜地，又臭又脏。从早上6点干到晚上8点，挣10个工分，9毛5分钱。卖菜也不容易。凌晨12点我就蹬上白行车，装上菜筐，载着100多斤的小白菜从家里出发，蹬63公里到德清以上的余杭黄湖百丈集镇，卖掉小白菜，买回番薯，弥补粮食紧缺。70年代的中国农村人多地少，养不下众多人口，所以花园村搞副业，派送人杭州机床厂培训。因为要吃苦耐劳，勤奋好学，26岁的我成为了花园农机厂的厂长，至此才有机会开始在从农机配件到制空部件40年的旅程。现在回想起来，少年时的艰苦经历磨炼了我的意志，培养了我吃苦耐劳、坚忍不拔的精神，也正是这种精神，始终支撑着我克服种种困难，创造了西子的今天。苦尽甘来，借用中国一句老话：艰难困苦，玉汝于成。

二

1981年，杭州土特产公司的茶叶仓库需要一台电梯，他们找到我，提供了一张电梯厢图纸。在完全没有电梯制造相关技术的情况下，我从上海电梯厂请来"星期天工程师"，在他们的指导下，原本制造农机具的花园农机厂造出了西子历史上第一台电梯，并成立了西子电梯厂。

"西子"的厂名也是客户取的。现在回想起来，这张伟大的图纸改变了我的事业轨迹，开启了从农机到电梯的飞跃。这个转变并不是偶然的，而是顺应了城市建设对电梯的巨大需求，以及大力发展乡镇企业的国家大势。

时间到了上世纪90年代，"想要富，先修路"，我想，路修好了，车自然会多了。1996年，当小轿车在中国还属于奢侈品时，我们就开始涉入并布局立体停车设备制造领域，成立西子立体停车库有限公司。经过二十多年的发展，如今的西子停车设备公司，已经发展成为行业龙头。步入21世纪后，中国经济持续快速发展。但是，传统粗放增长模式带来的环境问题也越来越突出。当时，正好国家在推进一些国有企业的产权改革，1955年成立的老牌国有企业杭州锅炉厂寻求股权合作，在众多竞争对手中，我在第一时间做出了投资杭锅的决定。2003年，杭锅加盟西子。国有企业的技术人才优势加上民营企业的灵活机制，让杭锅进发出了前所未有的经营活力。凭着国家大力推进节能减排的东风，融入西子后的杭锅3年收入超过了前47年的总和。2004年，通过与日本川崎重工等国际巨头合作，杭锅生产的盾构机陆续出口到日本、马来西亚、新加坡等国家。杭州第一条地铁使用的盾构设备就是"西子造"。2011年1月，杭锅成功在深圳主板上市。

企业快速发展，我们也赚到了一点钱，但是，我们的质量、管理、工艺基础还非常薄弱，比标杆国际电梯的质量还差得远。我认为，今后中国经济发展的关键一定是高质量，企业之间的竞争一定是高质量、高水平的竞争，企业要在制造上走得更长久，必须继续占领高端制造的制高点。1980年，瑞士迅达在上海成立合资公司。1984年，美国奥的斯在天津成立合资公司。这就是我内心的标杆。西子电梯出生在中国这一天，就面临着国内市场占有率全国领先。2009年，当初中国商飞提出要"举全国之力，聚全球之智，民机要有民参与"。因此，我们西子组成8个工作组日夜奋战，以对航空制造毫无经验到实际现场的精彩表现，西子从400多家民营企业中脱颖而出，成功中标"非气密舱门工作包"，成为C919大型客机9家机体供应商中唯一一家民营企业。同年9月，西子生产的C919舱门在香港举行的亚洲航展上首次亮相，震动航空制造行业。凭借这扇门，西子叩开了被称为"工业之花"的航空制造的大门，开启了高端制造新征程。迈进航空制造的大门远比我当初预想得还要艰辛。我们坚持了十年，投入十亿元以上，把做电梯做锅炉赚的钱都拿来造飞机零部件。但我认为，这是值得的。这为西子未来的二十年打下了坚实的产业基础，也实现了西子天上飞、地下跑、中间有电梯的"工"字型产业结构。

也有人对我的坚持持不以为然。但是，我想，人总是要理想情怀的，企业家要要有与国家发展、与时代需要同频共振的自觉。

我算是第一代浙商的其中一个代表，我们这一代人，深深感恩党和国家，深深感恩时代机遇。西子能够有今天，是民营企业的艰苦奋斗、风雨兼程的成功，也是改革开放与国计民生的顺势之为。我们有幸在历史关键时点紧跟时代步伐，抓住关键的发展机会。书写了从农机配件制造到飞机配件制造的历程，在装备制造领域走向了高质量、高增长持续发展道路。我们会一直这样坚持走下去。

三

方向是第一。方向对了，第二重要的事就是选择路径。西子"摸着石头过河"，走出了一条有特色的合作发展之路。西子电梯过16年艰苦创业、发展成为民族电梯第一品牌之后，于1997年3月12日与美国联合技术公司（UTC）旗下的奥的斯合资成立西子奥的斯公司，开始了具有里程碑意义的经典合作征程。

西子奥的斯成立后，引进了世界先进的电梯技术与精益管理，再加上西子的本地优势，迅速发展成为奥的斯亚太体系中业绩最好的公司。西子立体车库经过8年的独立发展之后，2004年3月与日本石川岛机械合资成立西子石川岛停车设备公司，再一次实现与世界五百强企业的联合体验。与国际巨头的合作路径，使如今的西子停车设备公司发展成为行业龙头企业，立体停车设备市场占有率全国领先。十年磨一剑，西子航空已经发展成为欧洲空客、美国波音、加拿大庞巴迪、中国商飞等世界航空巨头的一级供应商，成为民营民用航空制造业的翘楚。西子航空在2019年9月与全球飞机结构件排名第一的美国奥公司合资成立浙江西子奥航空有限公司。这次合资，将使厚积薄发的西子航空制造板块加速步入国际化快速发展赛道，成为拉动产业链发展的引领工业新制造的靓丽风景线。合作重于竞争，这是我40年来一直坚持秉承的核心发展理念。正是通过合作，西子找到了世界级标杆，快速进人了全球化赛道，从而在众多民营企业中持续脱颖而出。现在国家提出构建"双循环"新发展格局，我个人理解，这其中很重要的一点启发就是：中国企业要更加自觉地与全球企业开展广泛合作，更好地利用国际国内两个市场。习近平总书记在2018年民营企业座谈会上也指出，民营企业还要拓展国际视野，增强创新能力和核心竞争力，形成更多具有全球竞争力的世界一流企业。

四

站在巨人的肩膀上，我们才能学习巨人，未来还要超越巨人。

当我们和世界制造巨头并肩作战时，才发现差距如此巨大，也正是这种差距，变成了我们学习与成长的源动力。1997年西子与奥的斯成立合资公司，通过合资给西子带来了规范的企业管理系统，特别是引入以精益品质为核心的获取竞争优势（ACE）管理工具，为西子培养了众多具有国际视野掌握先进工具的管理人才，提升了西子联合各业务板块的质量和效益。

凭借质量与效益这两张"王牌"，西子在电梯、锅炉、盾构、立体停车库、起重机械等特种设备行业实现快速发展。在浙江高端装备制造领域率先地确定了标杆地位，这些向巨人学来的理论与方法结合民营企业家的理念与企业实践，逐步成为西子管理模式。2009年进入航空领域后，我对航空制造品质与精益的严苛要求有了更深的体会，其后，我与年的新春致醉萃会把质量当成最核心的主题。从《把产品卖到日本去》《品质改变命运》到《从品质到品牌》《制造强，中国强，打造民族品牌的曙光》，再到近两年的《逐梦高质量发展的新征程》、《幸福是奋斗出来的，向高质量发展要效益》。我们将航空品质管理体系及员工品质素养的要求纳入到西子的管理系统中，并逐步移植到电梯、锅炉等其他制造板块，全方位提升西子联合的制造水平，实现航空品质全面落地。我们将西子的精益现场管理、航空品质管理与运营变革管理相结合，以战略为引领，以技术创新为驱动，以精益品质为核心，以持续变革与改善为路径，以达到高效运营、品质极致、竞争优势的蓝图战略，不断追求高质量、高增长。近年来，国内外经济形势分外跌宕，对企业的持续发展提出了更严峻的挑战。（下转第3版）

亚运好声音 "西子"来传韵
西子助力杭州亚运会首批优秀音乐作品发布

本报讯 3月12日晚，"亚运好声音'西子'来传韵"杭州亚运会首批优秀音乐作品发布活动在杭州奥体中心网球中心（"小莲花"）盛大举行。这场晚会由西子联合冠名赞助，是西子"四十周年庆典"系列活动，在群星助力和各界瞩目见证下，杭州亚运会首批优秀音乐作品正式发布。

亚运委副主席、亚残组委副主席、杭州市委副书记、市长刘忻现场发布优秀音乐作品

亚组委副秘书长、亚残组委副秘书长、浙江省体育局长郑翔，亚残组委副秘书长、浙江省残联理事长鄢国圈，浙江广电集团党委书记、总裁吕建楚，亚组委副秘书长、杭州市委常委、宣传部长戚哮虎，杭州市委常委、秘书长、政法委书记许明，杭州市人大常委会副主任、西子日有限公司总工会主席郑荣胜，亚组委副秘书长、杭州市副市长陈卫强、杭州市绘副秘书长、江干区委书记滕勇出席活动。西子联合董事长王水福作为特邀嘉宾出席。

亚残组委副秘书长、杭州市副市长陈卫强致辞

活动在杭州亚运会宣传形象大使、著名钢琴家郎朗和说唱歌手TangoZ钟根充满柳州韵味的"隔空互动"中开场。由西子联合负责执行的数百架无人机在西湖上空变幻出书物、号号和杭州、西子图案等，为晚间夜晚渲染了浓厚的宣运氛围。

整场晚会围绕音乐和运动主题，用光影特效和数字技术，突显年轻、活力、多元的风格。阿兰、AKB48TeamSH、单依纯、张沅、高嘉朗、蔡程昱，中国好声音优秀学员实力唱将和不同的音乐风格演绎亚运歌曲。特邀儿童艺术团、少年棒球队队带来温暖、真挚的特别演出，杭州亚运会宣

传形象大使陶沙骝、薇娅等携手知名经济学家吴晓波等各界嘉宾互动。秉承工匠精神由西子奋斗者组成的"西子合唱团"在晚会上演唱两首曲目，与明星共同唱响"亚运好声音"。

西子联合董事长王水福在发布会上分享了西子助力亚运的心得体会。据了解，西子联合的很多产品启用在奥运和亚运场馆中，包括"奥巨运动场、大运河亚运公园、杭州亚运桂节乌木球馆等。王水福说自己做过2008年奥运火炬手，每天坚持在西湖边运动，鼓了老运动员了。他认为，有了健康的体魄，才能带领企业发展。西子40岁，刚刚跑了个"半马"，他有"小野心"去跑全马，"日日有信心拿个制造业"单项冠军"。在现场，王水福董事长特别致敬时代，称自己只是做了点力所能及的事情，感谢东四年的政策，感谢合作伙伴的帮助，感谢全体员工的拼搏以及家人的理解和付出。

西子联合相关负责人、西子嘉宾、浙江广电集团相关负责人、评审委员会代表、参赛歌手和关负责人。亚组委音乐作品集活动各分赛区代表、亚运会官方合作伙伴，以及高校、文体界、新闻媒体代表千余人参加启动式。

本场发布会共揭晓10首优秀歌曲作品、10首优秀乐曲作品和10首优秀歌词作品。

（西子联合品牌管理部 戎柱芬）

王董事长与财经作家吴晓波对谈西子助力亚运

西子合唱团与明星唱响"亚运好声音"

朗朗倾情演绎

（上接第1版）西子不断学习引进先进标杆企业的变革管理。与奋斗者为本，并结合西子实践，形成了一套搭平台、树文化、让人才脱颖而出的识别堆养机制与激励管理方法；给有抱负的人以机会，识别奋斗者，让奋斗者优先起来，绝不让忠诚担当、长期和西子一起奋斗的"老黄牛"吃亏的激励式的员工文化，为西子精神熊化的优势产业，西子电梯及电梯部件产品比翼齐飞，成为电梯领域民族品牌的领军企业。经过二十多年的精益制造与品质提升，我们的电梯整梯交付周期只有6天，库存周转率为4.5天，制造人均产出大大高于行业平均水平，电梯部件公司荣获2015年浙江省政府质量奖，整梯公司获得2019年浙江省政府质量奖。除电梯之外，我们的其他业务板块也取得了令人瞩目的成绩。西子的立体车库在全国共建50余万车位，余热锅炉行业全国占比70%、全球80%以上的新商用飞机上都有西子造。

我们拿到了航空制造和核电设备制造两大许可证，同时西子做到核心关键部件，全世界只有三家。我们还取得了电梯及部件、立体车库、余热锅炉、民营商用航空部件等多项全国第一。西子这些年的实践让我更加坚信，如果没有与世界级巨头的对话资格的，我们就没死在还正摸索中继续前行。所以，我还是那句老话：向优秀的人学习，我们才会更优秀。

五

2006年上半年，我从国外考察回来后，提出民营企业也要像国外先进企业一样履行企业的社会责任，并启动西子联合社会责任报告编制工作。2007年2月5日，西子率先发布了民营企业社会责任报告，由中国社会科学院专家组认定，"西子是国内第一家全面、科学、系统发布企业社会责任的民营企业。这份报告是浙

江民营企业发布的第一份系统性的企业社会责任报告。这件事当时备受媒体关注，特别是《浙江日报》，在头版头条做了报道，引起热烈反响。

发布社会责任报告只是一个新的开始。我始终认为，企业的发展离不开政府的支持与社会的支持。因此，企业在坚持发展同时，一定要关爱社会，税报与公益，善事业，履行企业社会责任。西子始终坚持通过自主技术创新、生节能减排，绿色发展的道路，在追求公司业绩增长的同时，关注能源、环境和增长方式的可持续性。杭锅集团至今已生产节能环保余热锅炉2000多台（套），产品全部投运后，每年可发电1600亿度，总装机容量28000MW，年节约标煤5500万吨、年减排二氧化碳12700万吨，约占全国碳排放量1%。企业是一个事业共同体，也是一个命运共同体，企业发展壮大了，员工收益一定要水涨船高，这是企业持续发展的根本之道。"为国家繁荣富强，为企业健康发展，为企业家愉悦的生活"，一直都是我们办企业的初心。这么多年，企业发展变化很大，但是这个初心从来没有改变过。这次全国两会期间，我看到报道浙江要打造西方富裕示范区。我非常激动，因为推动共富也是西子多年办企业的事情。我一直强调把改帮助员工富，推动共同富裕。我这一代浙商是经历过苦日子的，我真心希望中国更富的获得感让每一位中国人都能充分感受到。作为一个企业家，更要知行合一、身体力行去实践行。

六

2020年，习近平主席向全世界宣示：中国将提高国家自主贡献力度，采取更加有力的政策和措施，二氧化碳排放力争于2030年前达到峰值，努力争取2060年前实现碳中和。

对我来说，这是一条特别振奋的消

息。从中，我看到了未来四十年中国科技创新的国运，也看到了未来四十年西子发展的新、更大的"绿色金矿"。西子一直在朝隐隐的发展方向努力。2019年，杭锅集团投资参建的我国首座规模化熔盐光热储能电站在青海德令哈成功并网发电，这也是世界上继西班牙、美国之后的第三座光热储能电站。27513面聚光镜将太阳光投射到300米之上的吸热塔上，成为茫茫戈壁"金色世界"德令哈地上空的神奇之光。

电站使用的熔盐吸热器，熔盐蒸汽发生器、内部钢板结构、快速电梯系统均由西子旗下公司生产，该项目也标志着杭锅集团新能源产业转型的开始。还有数字经济。今年春节后，浙江省省政府召开的第一个大会，就是数字化改革大会。"十四五"期间，浙江将突出数字化引领、嵌合、赋能作用，推动数字经济和实体经济深度融合。西子也在为这个目标助力。我们旗下的蓝墨智造是一家工业互联网代表企业，通过应用工业互联网帮助制造型企业提能增效、业务上云。凭借西子在制造领域的深厚根底，蓝墨智造建立了云上工业4.0MES平台，为广大中小制造业企业数字化问题，锻造数字经济时代的竞争力。未来，我们西子将实施创新作战略，以工业数字化赋能新制造，以"灯塔工厂"为目标，持续发力清洁能源，以高端制造向高端服务延伸，通过高端服务助推地市化进程，专注"蓝天白云"事业，为"30·60碳目标"奋斗，努力为人类创造更美好的未来贡献自己的力量。

七

回望40年艰苦创业路，西子从小到大、从弱到强，我的内心感慨万千。我这一代浙商是伴随着改革开放成长起来的，秉承着浙商敢忍不拔的创业精神，敢

为人先的创新精神、兴业报国的担当精神，开放大气的合作精神、诚信守法的法治精神和追求卓越的奋斗精神，一步闯出一条属于西子自己的发展道路。一路走来，我们得到了诸多贵人相助，无数西子人在默默奉献，西子的成长中缘入了你们的汗水和泪水，让我刻骨铭心。借这次机会，我向始终关心并支持西子的各级政府领导、合作伙伴以及社会各界朋友，向一直以来鼓做企业、为公司发展付出极贡献的每一位员工及家属表示衷心的感谢。王家事到天上，西子这40周年庆，主动配合亚组委在亚运场馆"小莲花"举行一场"亚运好声音"西子未来韵"的主题晚会。这让我联想到，西子40年始终没有停下奋斗的脚步，一直地跑到尾，企业还能在，体面也能来越好，对于这个与拉松比赛，我现在越来越有信心。中国经济的发展势不可挡，西子一路走来锻造出的坚忍不拔、大胆创新、善作善成的精神，一定会不断创造新的佳绩。

我从1976年从农业转入工业的，我这辈子就认定了制造业了。在制造业这条大道上，我还想再跑十年，跑到76岁，我还想拿个好名次，最好是夺得冠军！

40年弹指一挥，40年收获满满。40年的坚守，我慢慢地梳理出了西子的企业精神，我给她命名——"西子精神"。概括起来，就是奋斗精神，就是让不可能成为可能的精神！让可能成为常态！没有这种精神就没有西子的今天，我们这一代人的选择就是：只要我的智慧，更加满的奋斗精神，将"西子精神"发扬光大，永续传承！江山代有才人出，我今年66岁了，是老一代浙商了。但是，我很想给新一代浙商分享一句话：慢慢走、稳稳走、不停地、一定会走在时间的前面。像西子40年创业发展最重要的感悟。做企业是一场长跑，我们人人都是长跑运动员，未来就立志成为长跑冠军！亚运会是倡导的体育精神不也正是这样吗？

《做企业是一场长跑！——王水福董事长7000字长文献礼西子四十周年》，来源：《西子报》2021年3月31日

做企业是一场长跑！
——王水福董事长7000字长文献礼西子四十周年

（来源：《西子报》2021年3月31日）

编者按： 3月12日，春风满园。西子迎来自己的40周年生日，杭锅集团也迎来了66岁生日。

四十年光阴似箭，但对王水福而言，一路的风风雨雨皆在眼前。从农机配件到航空部件，他始终坚信：要在制造业这条路上走得更长久，必须占领高端制造的制高点。

越往桃林深处，越觉春深。古人云"四十而不惑"，王水福觉得，正是因为"不惑"，让他想明白了很多事：以奋斗者为本，让不可能成为可能，就是"西子精神"！

"做企业是一场长跑。在制造业这条大道上，我还想再跑10年，跑到76岁，我还想拿个好名次，最好是夺冠！"

——在这样值得纪念的一天，66岁的王水福专门发表了这篇文章。这也是作为第一代浙商杰出代表的王水福，致敬大时代的最深情告白。

一

今天西子40岁了，杭锅集团与我同龄，也66岁了。看到今天我们国家和企业取得的巨大成就，回首往事，我不禁百感交集。20世纪90年代初，我走访了欧美、日本等多个发达国家学习考察。在国外，我看到了四通八达的高速公路，非常震惊。1996年12月6日，浙江才有第一条高速公路——杭甬高速；而今天，我们的交通四通八达，在硬件上完全达到了世界一流水平。年青一代可能习以为常，但这却超越了我当初的想象。很多的变化是我们当年想都不敢想的。

我是杭州江干区花园村农民的孩子，14岁开始半工半读，17岁初中毕业后回到农村生产队种地。那时大量的菜地都使用有机肥料，从艮山门坝子桥用农船运到菜地，一船大概有300担肥料。我赤着脚肩挑粪桶，走跳板、走船边、踩泥路，将肥料浇到菜地，又臭又脏。从早上6点干到晚上8点，挣10个工分，值9毛5分钱。卖菜也不容易，凌晨12点我就蹬上自行车，装上菜筐，载着100多斤的小白菜从家出发，蹬63公里到德清边上的余杭黄湖百丈集镇，卖掉小白菜、买回番薯，弥补粮食紧缺。20世纪70年代的中国农村人多地少，养不了众多人口，所以花园村搞副业，为杭州废品回收公司运废品。以前都是人力代替运输，我要从家里出发走26公里路，到杭州南星桥火车货运站运1吨的废铁，拉28公里到杭钢，再从杭钢回家8.5公里，一天来回需走60多公里，就是为了挣10个工分。1976年，我进入生产农机配件的村办企业——花园农机厂当车工，随后被送入杭州机床厂培训。因为吃苦耐劳、勤奋好学，26岁的我成为了花园农机厂的厂长，至此才有机会开始我从生产农机配件到航空部件40年的旅程。现在回想起来，少年时的艰苦经历磨炼了我的意志，培养了我吃苦耐劳、坚忍不拔的精神。也正是这种精神，始终支撑着我克服种种困难，创造了西子的今天。苦尽甘来，借用中国一句老话：艰难困苦，玉汝于成。

二

1981年，杭州土特产公司的茶叶仓库需要一台电梯，他们找到我，提供了一张电梯轿厢图纸。在完全没有电梯制造相关技术的情况下，我从上海电梯厂请来"星期天工程师"，在他们的指导下，原本制造农机具的花园农机厂造出了西子历史上第一台电梯，并成立了西子电梯厂。

"西子"的厂名也是客户取的。现在回想起来，这张伟大的图纸改变了我的事业轨迹，开启了从生产农机到电梯质的飞跃。这个转变并不是偶然的，而是顺应了城市建设对电梯的巨大需求，以及大力发展乡镇企业的国家大势。

时间到了20世纪90年代，"想要富，先修路"，我想，路修好了，车自然会多了。1996年，当小轿车在中国还属于奢侈品时，我们就开始涉入并布局立体停车设备制造领域，成立西子立体停车库有限公司。经过20多年的发展，如今的西子停车设备公司已经发展成行业龙头。步入21世纪后，中国经济持续快速发展，但是，传统粗放增长模式带来的环境等问题也越来越突出。当时，正好国家在推进一些国有企业的产权改革，1955年成立的老牌国有企业杭州锅炉厂寻求股权合作，在众多竞争对手中，我在第一时间做出了投资杭锅的决定。2002年，杭锅集团加盟西子，国有企业的技术人才优势加上民营企业的灵活机制，让杭锅迸发出了前所未有的经营活力。乘着国家大力推进节能减排的东风，融入西子后的杭锅3年收入超过了之前47年的总和。2004年，

通过与日本川崎重工等国际巨头合作，杭锅生产的盾构机陆续出口到日本、马来西亚、新加坡等国家。杭州第一条地铁用的盾构设备就是"西子造"。2011年1月，杭锅成功在深圳主板上市。

企业快速发展，我们也赚到了一点钱，但是，我们的质量、管理、工艺基础还非常薄弱，比国际电梯标杆的质量还差得远。我认为，今后中国经济发展的关键一定是高质量，企业之间的竞争一定是高质量、高水平的竞争，西子要在制造上走得更长久，必须占领高端制造的制高点。1980年，瑞士迅达在上海成立合资公司。1984年，美国奥的斯在天津成立合资公司。这就是我内心的标杆。西子电梯出生在中国这一天，就面临着国内市场国际竞争的状态。2009年，当初中国商飞提出要"举全国之力，聚全球之智，民机要有民企参与"。我们西子组成8个工作组日夜奋战，从对航空制造毫无经验到竞标现场的精彩表现，西子从400多家民营企业中脱颖而出，成功中标"非气密性舱门工作包"，成为C919大型客机9家机体供应商中唯一一家民营企业。同年9月，民营企业西子航空在香港举行的亚洲航展上首次亮相，轰动航空制造行业。凭借C919这扇门，西子叩开了被称为"工业之花"的航空制造的大门，开启了高端制造新征程。迈进航空制造的大门远比我当初预想得还要艰辛。我们坚持了10年，投入10亿元以上，把做电梯、做锅炉赚的钱都拿来造飞机零部件。但我认为，这是值得的。这为西子未来的20年打下了坚实的产业基础，也实现了西子"天上飞，地下钻，中间有电梯"的"工"字形产业结构。

也有人对我的坚持不以为然。但是，我想，人总是需要理想情怀的，企业家更要有与国家发展、与时代同频共振的自觉。

我算是第一代浙商的其中一个代表，我们这一代人，深深感恩党和国家，深深感恩时代机遇。西子能够有今天，是民营企业艰苦奋斗、爬坡过坎的生动写照，也是融入中国改革开放与国计民生的顺势之为。我们有幸在历史关键时点紧跟时代步伐，抓住关键的发展机会，书写了从农机配件制造到飞机部件制造的历程，在装备制造领域走向了高质量基础上的高增长持续发展道路。我们会一直这样坚持走下去。

三

方向是第一重要的事。方向对了，第二重要的事就是选择路径。西子"摸着石头过河"，走出了一条有特色的合作发展之路。西子电梯经过16年艰苦创业，发展成民族电梯第一品牌之后，于1997年3月12日与美国联合技术公司（UTC）旗下的奥的斯合资成立西子奥的斯公司，开始了具有里程碑意义的经典合作征程。

西子奥的斯成立后，引进了世界先进的电梯技术与精益管理，再加上西子的本地优势，迅速发展成奥的斯亚太体系中业绩最好的公司。西子立体车库经过8年的独立发展之后，2004年3月与日本石川岛机械合资成立西子石川岛停车设备公司，再一次实现与世界五百强企业的联合腾飞。与国际巨头的合作路径，使如今的西子智能停车设备公司发展成行业龙头企业，立体停车设备市场占有率全国领先。"十年磨一剑"，西子航空已经发展成欧洲空客、美国波音、加拿大庞巴迪、中国商飞等世界航空巨头的重要供应商，成为民营民用航空制造业的翘楚。西子航空在2019年9月与全球飞机结构件排名第一的美国势必锐公司合资成立浙江西子势必锐有限公司。这次合资，将使厚积薄发的西子航空制造板块加速驶入国际化快速发展新赛道，成为拉动产业链发展的重要力量和引领工业新制造的亮丽风景线。合作重于竞争，这是我这40年来一直坚持秉承的核心发展理念。正是通过合作，西子找到了世界级标杆，快速进入了全球化赛道，从而在众多民营企业中脱颖而出。现在国家提出构建"双循环"新发展格局，我个人理解，这其中很重要的一点启发就是：中国企业要更加自觉地与全球企业开展广泛合作，更好地利用国际国内两个市场、两种资源。习近平总书记在2018年民营企业座谈会上也指出，民营企业还要拓展国际视野，增强创新能力和核心竞争力，形成更多具有全球竞争力的世界一流企业。

四

站在巨人的肩膀上，我们才能学习巨人，未来还要超越巨人。

当我们和世界制造巨头并肩作战时，才发现差距如此巨大，也正是这种差距，变成了我们学习与成长的原动力。1997年，西子与奥的斯成立合资公司，通过合资给西子带来了规范的企业管理系统，特别是引入以精益品质为核心的获取竞争优势（ACE）管理工具，为西子培养了众多具有国际视野、掌握先进工具的管理人才，提升了西子联合各业务板块的质量和效益。

凭借质量与效益这两张"王牌"，西子在电梯、锅炉、盾构机、立体停车库、起重机械等特种设备行业实现快速发展，在浙江高端装备制造领域牢牢地确定了标杆地位，这些向巨人学来的理论与方法结合民营企业家的理念与企业实践，逐步成为西子管理模式。2009年进入航空领域后，我对航空制造品质与精益的严苛要求有了更深的体会，其后，我每年的新春致辞都会把质量当成最核心的主题。从《把产品卖到日本去》《品质改变命运》到《从品质到品牌》《制造强　中国强　打造民族品牌的曙光》，再到近两年的《逐梦高质量发展的新征程》《幸福是奋斗出来的　向高质量发展要效益》，我们将航空品质管理体系及员工品质素养的要求纳入西子的管理系统中，并逐步将其移植到电梯、锅炉等其他制造板块，全方位提升西子联合的制造水平，实现了航空品质西子造。我们将世界先进的精益现场管理、航空品质管理与运营变革管理相结合，以战略为引领、以技术创新为驱动、以精益品质为核心、以持续变革与改善为路径，以达到高效运营、品质极致、竞争优势的运营目标，实现高质量与高增长。

西子不断学习引进先进标杆企业的变革管理，以奋斗者为本，并结合西子实践，形成了一套搭平台、树文化、让人才脱颖而出的识别培养机制与激励管理方法：给有能力的人以机会，识别奋斗者，认可奋斗者，让奋斗者先富起来，绝不让忠诚担当、长期和西子一起奋斗的"老黄牛"和雷锋式的员工吃亏，这也是我们破茧化蝶的持续动力来源。作为西子长期精耕细作的优势产业，西子电梯及电梯部件产品比翼齐飞，成为电梯领域民族品牌的领军企业。经过20多年的精益制造与品质提升，我们的电梯整梯交付周期只用6天，库存周转率为4.5天，制造人均产出大大高于行业平均水平，电梯部件公司荣获2015年浙江省政府质量奖，整梯公司获得2019年浙江省政府质量奖。除电梯之外，我们的其他业务板块也取得了令人瞩目的成绩。西子的立体车库在全国承建50余万个车位，余热锅炉行业在全国占比50%，全球80%以上的新商用飞机上都有"西子造"。

我们拿到了航空制造和核电设备制造两大许可证，同时拿到这两张证的企业，全世界也没有多少。我们还取得了电梯及部件、立体车库、余热锅炉、民营商用航空部件等多项全国第一。西子这些年的实践让我更加坚信，如果没有与世界级巨头的合资合作，我们或许现在还在摸索中缓慢前行。所以，我还是那句老话：向优秀的人学习，我们才会更优秀。

五

2006年上半年，我从国外考察回来后，提出民营企业也要像国外先进企业一样履行企业的社会责任，并启动西子联合社会责任报告编制工作。2007年2月5日，西子率先发布了民营企业社会责任报告，由中国社会科学院专家组认定，"西子"是国内第一家全面、科学、系统地实施企业社会责任的民营企业，这份报告是浙江民营企业发布的第一份系统性的企业社会责任报告。这件事当时备受媒体关注，特别是《浙江日报》，在头版头条作了报道，引起热烈反响。

发布社会责任报告只是一个新的开始。我始终认为，企业的发展离不开政府与社会的支持。因此，企业在坚持发展的同时，一定要关爱社会，积极参与公益慈善事业，履行企业的社会责任。西子始终坚持通过自主技术创新,走节能减排、绿色发展的道路,在追求公司业绩增长的同时,关注能源、环境和增长方式的可持续性。杭锅集团至今已生产节能环保余热锅炉2000多台(套),产品全部投运后,每年可发电1600亿度,总装机容量28000MW,年节约标准煤5500万吨,年减排二氧化硫110万吨,年减排二氧化碳12700万吨,约占全国碳排放总量1%。企业是一个事业共同体,也是一个命运共同体,企业发展壮大了,员工收益一定要水涨船高,这是企业持续发展的根本之道。"为国家繁荣富强,为企业健康发展,为员工体面生活",一直都是我创办企业的初心。这么多年,企业发展变化很大,但是这个初心从来没有改变过。这次全国两会期间,我看到报道说浙江要打造共同富裕示范区,我非常激动,因为推动共同富裕也是西子在努力做的事情。我一直提倡先富带动后富,推动共同富裕。我这一代浙商是经历过苦日子的,我真心希望中国发展的获得感让每一位中国人都能充分感受到。作为一个企业家,更要知行合一、身体力行去践行。

六

2020年,习近平主席向全世界宣布:中国将提高国家自主贡献力度,采取更加有力的政策和措施,二氧化碳排放力争于2030年前达到峰值,努力争取2060年前实现碳中和。

对我来说,这是一条特别振奋的消息。从中,我看到了未来40年中国科技创新的国运,也看到了未来40年西子发展新的、更大的"绿色金矿"。西子一直在朝着绿色发展的方向努力。2019年,杭锅集团投资参建的我国首座规模化熔盐储能光热电站在青海德令哈成功并网发电,这也是世界上继西班牙、美国之后的第三座光热储能电站。27513面聚光镜将太阳光投射到200米之上的吸热塔上,成为茫茫戈壁"金色世界"德令哈城市上空的神奇之光。电站使用的熔盐吸热器、熔盐蒸汽发生器、内部钢结构、快速电梯等系统均由西子旗下公司生产,该项目也标志着杭锅集团向新能源产业转型的开始。

还有数字经济。今年春节后,浙江省委、省政府召开的第一个大会,就是数字化改革大会。"十四五"期间,浙江将突出数字化引领、撬动、赋能作用,推动数字经济和实体经济深度融合。西子也在为这个目标助力。我们旗下的蒲惠智造是一家工业互联网代表企业,通过应用工业互联网帮助制造型企业提质增效、业务上云。凭借西子在制造领域的深厚积淀,蒲惠智造建立了云上工业4.0MES平台,为广大中小制造业企业提供一双数字化翅膀,系统性解决上云难的问题,锻造数字经济时代新的竞争力。

未来，我们西子还将实施创新合作战略，以工业数字化赋能新制造，以打造"灯塔工厂"为目标，持续发力清洁能源，从高端制造向高端服务延伸，通过高端服务助推城市化进程，专注"蓝天白云"事业，为"30·60碳目标"奋斗，努力为人类创造更加美好的未来贡献自己的力量。

七

回望40年艰苦创业路，西子从小到大、从弱到强，我的内心感慨万千。我们这一代浙商是伴随着改革开放成长起来的，秉承着浙商坚忍不拔的创业精神、敢为人先的创新精神、兴业报国的担当精神、开放大气的合作精神、诚信守法的法治精神和追求卓越的奋斗精神，才闯出了一条属于西子自己的发展道路。一路走来，我们得到了诸多贵人相助，无数西子人在默默奋斗，西子的成长中融入了你们的汗水和泪水，让我刻骨铭心。借这次机会，我向始终关心并支持西子的各级政府领导、合作伙伴以及社会各界朋友，向一直以来兢兢业业、为公司发展作出积极贡献的每一位员工及家属表示衷心的感谢和敬意！我们西子这次40周年庆，还将配合亚组委在亚运场馆"小莲花"举行一场"亚运好声音、西子来传韵"的主题晚会。这让我联想到，西子40年就好像是一场马拉松比赛。很幸运，跑到现在，企业还健在，体质也越来越好，还将继续跑下去。对于这个马拉松比赛，我现在越来越有信心。中国经济的发展势不可挡，西子一路走来锻造出的坚忍不拔、大胆创新、善作善成的精神，一定会不断创造新的佳绩。

我是1976年从农业转入工业的，我这辈子就认定制造业了，在制造业这条大道上，我还想再跑10年，跑到76岁，我还想拿个好名次，最好是夺冠！

40年弹指一挥，40年收获满满。40年的经历，我慢慢地梳理出了西子的企业精神，我给她命名——"西子精神"。概括起来，就是奋斗精神，就是让不可能成为可能的精神！让可能成为常态！没有这种精神就没有西子的今天。面对未来，我们唯一的选择就是：用更高的智慧、更饱满的奋斗精神，将"西子精神"发扬光大，永续传承！

江山代有才人出，我今年66岁了，是老一代浙商了。但是，我很想和新一代浙商分享一句话：慢慢地走、稳稳地走、不停地走，不出几年，你就是走在时间前面的人。这是我40年创业发展最重要的感悟。做企业就是一场长跑，我们人人都是长跑运动员，未来要立志成为长跑冠军。亚运会倡导的体育精神不也正是这样吗？

外部媒体·质量报道

《西子联合：打造XOS管理系统，实现高质量基础上的高增长》，来源：《哈佛商业评论》2020年12月

西子联合：
打造XOS管理系统，实现高质量基础上的高增长

（来源：《哈佛商业评论》2020年12月）

2019年11月，西子联合旗下杭锅集团获得国家民用核安全设备制造许可证，这是西子联合继2009年成为C919大飞机机体一级供应商中唯一一家民营企业取得航空制造准入证之后，在高端制造领域的又一张高含金量的证书。

40年来，西子通过自身实践探索和行业标杆学习，逐步形成了吸取国际先进理论工具又具有中国企业特色的以品质为核心的精益与变革管理系统，即XOS（XIZI Operating System）运营管理系统，并在西子联合进行了多年有效实践，为企业走向高端、提质增效，推进高质量基础上的高增长提供了可以借鉴的管理理论和系统方法探索，为实现西子联合高质量基础上的高增长提供支持保障。

一、通过合作向巨人学习管理

改革开放彻底改变了中国贫穷落后的面貌，让世界重新认识了新中国的速度和活力。作为成立于1981年的制造型公司，西子联合与许多粗放型生长的民营企业一样，在快速成长的同时也深深体会到大而不强的阵痛。每每在技术上被卡脖子，管理上效率低下，品质上无法突破提升，导致产品竞争力低，附加值不高，尤其是高端装备制造领域。乘着改革东风，1996年的西子电梯已经成为民族品牌第1位，但相比日本三菱、美国奥的斯等行业巨头，西子电梯无论在质量、技术还是管理、品牌上都有着巨大的鸿沟，以王水福董事长为核心的管理层经过反复讨论，排除各种质疑和不解，提出与世界电梯巨头合资的决策，王水福董事长认为只有通过合资，西子电梯才能学习世界一流的电梯生产制造技术和质量精益管理方式，西子电梯才能在市场化的道路上走得更远，也只有学习先进的技术和管理方法，西子制造才有希望，中国制造才能真正强大。1997年，西子与奥的斯成立合资公司，通过合资给西子带来了规范的企业管

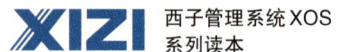

理系统，特别是引入以精益品质为核心的ACE（Achieving Competitive Excellence）十二个管理工具，为西子培养了众多具有国际视野掌握先进工具的管理人才，提升了西子联合各业务板块的质量和效益，使西子能够在众多夹缝中生存的民营企业中脱颖而出，在电梯、锅炉、盾构机、立体停车库、起重机械等特种设备行业凭借质量与效益实现快速发展，在浙江高端装备制造领域牢牢地确定了标杆地位，这些向巨人学来的理论与方法结合民营企业家的理念与企业实践，成为西子管理模式的基础内容。

从2009年起，王水福董事长每年的新年致辞都会把质量当成最核心的主题：从《把产品卖到日本去》《品质改变命运》到《从品质到品牌》《制造强　中国强　打造民族品牌的曙光》再到近两年《逐梦高质量发展的新征程》《幸福是奋斗出来的　向高质量发展要效益》，这一篇篇致辞，既是王水福董事长对西子人的殷切要求，也是西子联合的成长秘籍，更是董事长孜孜以求的企业经营的质量道心。

二、通过航空制造提升精益品质与素质

2017年5月5日，中国大飞机C919成功首飞，上面搭载着西子航空制造的非气密性舱门，这一天距离2009年5月西子联合成为首批九家入选中国大飞机机体供应商中唯一的民营企业已经过去了8年。"十年磨一剑"，进入航空制造这一被誉为"工业之花"的高端制造领域，对西子的质量与精益管理水平又是一次严苛的考验与提升。

一般工业产品质量要求是2西格玛水平，对应产品缺陷率是20000～50000PPM，汽车、电梯以及医疗器械行业的质量要求是5西格玛水平，对应产品缺陷率是200～500PPM，世界顶级企业的质量要求是6西格玛水平，对应产品缺陷率是3.4PPM，而航空业的质量要求是6.5～7西格玛水平，对应缺陷率仅0.2～0.5PPM。为了达成"零"缺陷，西子航空按照AS9100标准和空客、波音、庞巴迪以及中国商飞等国内外航空巨头的要求建了最为严苛的质量管理体系和流程。同时结合实践，西子航空创造性提出"零点一丝不苟"的质量观，1毫米等于100丝，一个公差要求不超过3丝的航空零件，如果每道工序相差1丝，经过数道工序后，公差累计就有可能会造成超差，0.1丝就是1微米，为了确保产品符合要求，西子航空把客户的要求加严，把产品质量做到极致。视问题为金矿，旗帜鲜明地倡导改善文化和底线责任，树立"犯错不可耻，掩盖错误就是犯罪"的质量观念，质量问题不可怕，可怕的是掩盖问题，这是西子航空的红线，任何人都不得触犯。正是基于对质量的极致追求，对客户要求不折不扣的满足，西子航空成为唯一一家中国商飞、空客、波音、庞巴迪等航空巨头的重要供应商，填补了中国民营航空制造的空白。

正是航空制造对于品质与精益的严苛要求，促使我们将航空品质管理体系及员工品质素养的要求纳入XOS管理系统中，并逐步将其移植到电梯、锅炉等其他制造板块，全方位提升西子联合的制造水平，实现航空品质西子造。

三、通过持续变革保证管理措施落地

面对当今复杂多变、充满不确定性的内外部环境，唯有通过内部规则的建立与确定，来激发人的潜能、激活组织、提升组织能力。变革是企业构建成长的强大推动力。我们认为当方向与方法正确有效，组织活力就成为企业成功的关键要素。西子能够持续发展40年并不断转型升级，得益于民营经济的灵活性等优势，在不同阶段一直找到并保持第二发展曲线的跃升，与时俱进，锐意变革。西子不断学习引进先进标杆企业的变革管理，以奋斗者为本，并结合西子实践，形成了一套搭平台、树文化、让人才脱颖而出的识别培养机制与激励管理方法，给有能力的人以机会，识别奋斗者，认可奋斗者，让奋斗者先富起来，绝不让忠诚担当、长期和西子一起奋斗的"老黄牛"和雷锋式的员工吃亏，这也是我们破茧化蝶的持续动力来源。

四、打造先进高效的运营管理系统

西子的XOS运营管理系统将世界先进的精益现场管理、航空品质管理与运营变革管理相结合，主要内容与特色是以卓越绩效模式为框架、以战略为引领、以技术创新为驱动、以"精益+品质"为核心、以持续变革与改善为路径，包括战略、技术创新、精益与品质、变革与激励等模块，每个模块包含若干核心理念与方法，以达到高效运营（零浪费）、品质极致（零缺陷）、客户愉悦（零投诉）、快速反应（短周期）、竞争优势（低成本）的运营目标。

五、形成全员参与的系统推广机制

制造强，国家才能强。先进的技术和管理模式才是企业强大的根本。为确保XOS系统的复制传承，西子联合将XOS系统总结开发成标准化课程体系，打造愿景理念可以意会言传、结果可以描述衡量、过程可以管理重复、方法工具可以落地学习的管理系统，在集团内分为"质量绿带、质量黑带和质量大黑带"三个层次进行推广。

"质量绿带"面向全体员工，通过理论课程学习和实践让员工掌握质量精益知识与

改善方法，具有质量意识与现场改善能力；"质量黑带"更侧重现场改善实效，通过项目实战，让员工具备带领团队运用现场改善方法达成挑战性改善目标的能力；"质量大黑带"通过领导完成变革项目来提升管理人员的综合领导能力，由面到点再回归到面，通过分层次有侧重地推进基于XOS的终身学习体系来构建各业务板块持续的质量精益改善能力，最终提升企业的核心竞争力。内部倡导奋斗者文化，消化吸收华为的激励机制，为XOS运营管理系统和整个集团注入活力。西子联合为"十四五"设定了雄心勃勃的目标：集团100%的员工取得绿带资格，30%的绿带成为黑带，30%的黑带成为大黑带，并力争拿到中国质量最高荣誉——中国质量奖！

"一枝独秀不是春，百花齐放春满园"，西子联合XOS运营管理系统的有效实践吸引并带动了上下游企业共同发展，这也增强了我们继续优化提炼更多的管理经验，造福更多企业的信心，我们愿意与有志者一道共同提升中国制造业水平，为实现制造强国的中国梦贡献西子力量。

六、高质量成就高增长

博观约取，厚积薄发。得益于扎实的质量精益管理基础，40年来无论外部环境如何风云变幻，西子联合始终保持健康发展。凭借夯实的内功，西子联合面对今年突如其来的新冠肺炎疫情，做到了疫情防控和生产销售两不误，上半年锅炉等主要核心工业板块综合销售收入比去年同期实现了超过50%的增长；西子势必锐航空工业有限公司入选空客"挑战者供应商"，是中国地区唯一；杭州西奥电梯有限公司获得2019年全国质量奖鼓励奖、2019年浙江省人民政府质量奖；杭州锅炉集团有限公司获得2019年度杭州市人民政府质量奖；浙江西子重工机械有限公司获得2017年海宁市市长质量奖；浙江西子富沃德电机有限公司获得2015年浙江省人民政府质量奖……这一系列质量奖项的获得是政府和市场对西子联合践行质量第一工作的认可，也吹响了西子联合"十四五"实现高质量基础上的高增长的冲锋号角！

西子联合四十载专注质量精益的发展是中国改革开放举世成就的一个缩影，与伟大的时代同行，与伟大的企业共舞。"慢慢地走，稳稳地走，不停地走，不出几年，你就是走在时间前面的人。"

连续9年举办技能大赛，西子联合以工匠精神撬动高质量发展

（蔡杨洋　来源：《杭州日报》2020年12月5日）

今天，第九届西子联合奥林匹克技能大赛在西子智慧产业园开幕。来自西子联合控股有限公司旗下的杭州锅炉集团、西子势必锐、西奥电梯、西子重工、西子电梯、西子石川岛等子公司的193名选手参赛，参加焊工、钳工、铣工、飞机钣金工、质量检验员等工种的比拼。

这是西子联合连续第9年举办技能大赛。表演《工匠之歌》、分享工匠精神、讲述工匠故事、开展工匠评选……与其说是一场竞赛，不如说这是西子人的一个节日。

为什么要坚持做这件事？一向重视工匠精神的西子联合董事长王水福用三句话给出了答案：为国家繁荣富强，为企业健康发展，为员工体面生活。

频频参与"中国之最"重大项目

作为国内领先的装备制造业集团，西子联合已经连续17年荣登中国民营企业500强。经过40年发展，西子联合旗下产业涉及电梯及部件、锅炉、压力容器、起重机、停车设备、盾构机等特种设备领域，近10年更是进军核电设备制造、航空部件制造、光热储能发电设备制造等高端制造领域。

"培养高技能的人才，是高质量发展时代的需要。工匠是高端制造的基础。不管机器如何高精尖，核心都是人。"王水福说道。他举例说，杭锅集团生产的9H燃机余热锅炉，管子长度约400公里，相当于杭州往返南京的距离；其绕制的鳍片长度约为1.3万公里，相当于绕地球三分之一圈；有近2万个焊口，绝大部分可以靠机器焊接，最难的还是要靠人来焊接。

这也是西子联合连续举办奥林匹克技能大赛的初衷：为西子培养高技能人才，为大国工匠储备"国之重器"。

依托于此，西子联合近年频频参与众多堪称"中国之最"的重大项目——由杭锅集团投资建设的德令哈中控太阳能光热电站项目，是继美国和西班牙之后的第三座规模投运电站，设计年发电量1.46亿度，每年可节约4.6万吨标准煤，同时减排二氧化碳气体约12.1万吨，成为新能源项目的标杆。西子势必锐航空公司不仅是国产大飞机C919大型客机九家机体结构供应商中唯一的民营企业，而且是空客、波音、庞巴迪等国际航空巨头的供应商。初步统计，目前全球95%的新飞机上都有"西子造"的配件。由西奥电梯生产的八达岭长城高铁站超长扶梯，高度提升了42米，刷新了世界高铁领域扶梯的新高度。

"差不多"等于"差很多"

开幕式上，来自杭锅集团管子车间的焊工高级技师丁师傅以《放下钢枪，拿起焊枪，再创辉煌》为题作了分享。作为氩弧焊组成员，丁师傅严格要求自己，在岗位上日复一日地刻苦钻研。氩弧焊对焊工的技能要求很高，一条焊缝内在质量好坏直接影响产品的安全性。丁师傅焊出来的焊缝，高低差、宽度差能控制在1毫米以内。"'差不多'，就等于'差很多'。"他在分享中说到的这句话，阐述了工匠精神的内涵。

在西子，像丁师傅这样的工匠还有许多。数据显示，西子联合累计有6名技术工人获得"全国劳模"荣誉称号，有3名技术工人获得"浙江省劳模"荣誉称号，有9人次获得省市级"首席技师"荣誉称号，有14人次获得省市区各级"工匠"荣誉称号。

如何培养大国工匠？

与往年不同，今年大赛特别设立焊工学徒组，邀请了金华市技师学院、宁波技师学院、慈溪技师学院、浙江机电职业技术学院、诸暨技师学院、舟山技师学院、遂昌县职业中等专业学校和杭州西子机电技术学校等省内院校的优秀学生代表参赛。其中的用意，在于"拥抱"年轻人。

"我们永远欢迎来自各地、崇尚工匠精神的年轻人来西子施展才华和能力，为我们实现高质量基础上的高增长献计献策、奉献力量。"王水福说。西子联合将为奋斗者做好全面的考评体系和制度保障，让更多西子工匠实现自我价值。

"90后"陈佳威，是西子势必锐航空公司最年轻的车间副主任。从杭州师范大学毕业后，他进入公司的一线工作，并在奥林匹克技能比赛中连续三年获得第一名。"我父母都是西子电梯厂的职工，受他们影响，我毕业后就进入了西子工作。"陈佳威说，

"技能大赛检验了自己的水平,增加了自己的自信,感谢西子为我提供了提升自我和展现能力的平台。"

今年,西子联合发布"十四五"规划,提出以客户为中心、以奋斗者为本。所谓以奋斗者为本,就是要让所有奋斗者体面地生活,在物质和精神方面都有获得感。据悉,杭锅集团的氩弧焊焊工,月收入最高时可以拿到1.5万元以上。

当天,西子联合还启动"西子工匠"荣誉评选活动,旨在助力西子联合工匠梯队建设,不断增强西子员工的获得感、幸福感、安全感。被评为"西子工匠"的员工,不仅能获得荣誉和奖金,还能获得由西子联合提供的百万元购房贷款。

跌宕的2020年也是高端制造业崛起的关键之年，且看杭锅人如何五湖四海去"追星"

（祝梅　来源：浙江新闻客户端2020年12月28日）

2020年，注定是一个分水岭。严峻复杂的国际局势、突如其来的疫情大考，让所有企业都站在了发展的十字路口。在中国经济构建新发展格局的背景下，浙江企业的2020年过得怎样？作为观察浙江经济的微观窗口，我们将目光投向其中发展质量较高的冠军企业。它们既包括工信部评选的国家单项冠军，也包括浙江省评选的隐形冠军。它们是浙江制造核心竞争力的重要载体。每一家冠军企业，都不是敲锣打鼓、轻轻松松就成长起来的。今天起，本报推出年终报道"夺冠"栏目，讲述浙江冠军企业的2020年故事，希望对浙江省其他企业的发展有所启示。

即将作别2020年，总结过去这一年，王水福觉得最有意义的事就是"追星"。作为西子联合控股集团董事长兼杭锅集团董事长，他要追的"星"不是演员、偶像，而是能源行业的院士、科学家、专家和技术人员。为此，今年65岁的王水福和团队成员一起，从青海德令哈"追星"到成都，又从西安"追"到临安青山湖……

作为行业龙头企业，今年杭锅集团的日子还不错——前三季度营收同比增长近四成，净利润同比增长超五成。这种情况下，为什么还要花大力气大代价五湖四海地去"追星"？王水福说，再过20年回头看，2020年会是埋下创新种子的关键一年，也是高端制造业崛起的关键之年。"追星"的杭锅集团，就是为了寻找到未来5年、10年发展的"金矿"。

校企深度嵌合，这次合作不一样

11月18日，浙江大学—杭锅集团先进能源联合研发中心在临安青山湖成立。这是杭锅与浙大第三次牵手，但这一回，双方签订的是一份长期合作合同。"浙大能源学科有那么多从'0到1'的创新成果，杭锅有自信、更有能力把这个1做成高品质的10乃至无限大,实现高质量基础上的高增长。"王水福说。

杭锅集团董事长特别助理陈伟是第一个接洽浙大项目的人,是杭锅的技术"星探"。头一次去浙大基地探访,陈伟就两眼放光:"杭锅的产品设备都是'大体格',以前只能在投用效果不好时再做优化。而青山湖基地投入了逾2亿元的能源研发设备,恰好都是杭锅最需要的实验室环境,对提高产品稳定性很有帮助。"

听取汇报后,9月下旬,王水福亲自去了一趟青山湖,与多位浙大能源学科的院士、教授们交流。赶着国庆假期,他又提醒陈伟提前约好浙大副校长、能源专家严建华细细交流。最终,双方达成共识,一个校企深度嵌合的创新联合体应运而生。

杭锅人意识到,当今的竞争已不再是企业之间点到点的竞争,而是必须通过打造创新生态链来提升竞争力。在王水福的提议下,能源情报研究室被提上议程。双方将探索形成常态化的沟通互动机制:杭锅将搜集到的市场信息反馈给浙大,浙大则将定期与企业进行交流。

这样的合作也让科学家感到兴奋。"全体师生都很愿意和杭锅集团的工程师、技术人员、工人们一起把新型能源研究搞好。"中国工程院院士、浙大热能工程研究所所长岑可法说。

人才在哪里,就"追星"到哪里

今年招聘,杭锅集团常务副总经理侯晓东注意到一个显著变化:好些专业对口的博士主动投来简历。"资源会向好企业靠拢,行业门槛越高,对杭锅而言越是优势明显。"杭锅一位高管向记者透露,凭借过硬的产品技术指标,这一年,杭锅多次以更高的报价拿下了市场订单。

但在原地等待远远不够。6月,杭锅有了今年"追星"的第一个大动作:在成都设立分公司。选择成都的原因在于,这里是锅炉行业的产业高地,集聚了不少能源领域的人才。当地有不少人对杭锅感兴趣,但对离开家乡来杭州工作生活有些犹豫。"既然如此,不如我们把公司开过去。"王水福说。人才在哪里,杭锅就"追星"到哪里。

10月底,杭锅集团—西安交大能源科技研究院在西安交大成立,这是杭锅第一次走出浙江与省外高校达成研究院级的合作。初次沟通意向后,今年王水福曾3次专门排出时间准备前往西安,却因新冠肺炎疫情一再搁置,直至8月才最终成行。

"西安交大的热能专业在国内领先,正好可以补杭锅在燃烧锅炉方面的技术短板。"杭锅集团总经理助理王漫笠说。让王漫笠没想到的是,王水福提出,要让科研人员与企业共享创新红利,不光一起研发技术产品,还要通过开放的长期合作,合力将产品

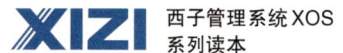

打造为产业。

这背后,是杭锅人新的发展认知:只有共享才能共赢、共生。原来,杭锅的技术创新大多靠自主研发,速度不够快,也存在局限性。现在,杭锅提出打造行业创新平台的思路,要用更开放的态度让全国乃至全球的人才资源为杭锅所用。

目前,杭锅希望将科研院所的"大脑",与企业的产业化、市场化能力强强联合,打造一批创新能力强的技术人才梯队。

跟着时代走,机遇大门越开越大

7月下旬,王水福带领团队去了一趟青海德令哈。尽管行前设想了许多次,眼前的景象还是让他颇为震撼:2.7万余面反射镜伴随日照角度的微妙变化,以3至5秒一次的自动调节聚集太阳直射光,让青海中控太阳能德令哈50兆瓦塔式熔盐储能光热电站的塔尖发出耀眼的光芒。

早在2010年,杭锅集团就联合中控太阳能、杭汽轮等企业开始对新能源领域"无人区"的探索。目前,德令哈这个塔式熔盐储能光热电站的熔盐吸热器系统、熔盐蒸汽发生系统等均为杭锅制造。

考察返杭后,杭锅集团决定,加大对新能源的技术投入。"跟着时代走,机遇的大门会越开越大。"王水福说,今年杭锅集团明确了"十四五"规划期间的两大发展战略:精益制造的低成本战略要通过管理创新从内部出效益,要用技术创新战略解决技术难题。侯晓东说,今年王水福几乎周周来杭锅集团开会、抓管理效能提升,每次发现问题,全场最兴奋的就是他。杭锅集团从去年4月开始做管理变革,目标提高之后,原先平缓增长曲线下的短板更清晰地暴露出来。

杭锅"追星"的步伐还在继续,今年杭锅在唐山、武汉、济南等多地设立办事处,布局之处越多,杭锅人与创新、人才的距离也越近。"2020年是艰苦的一年,但也是为未来大创新埋下种子的关键之年。"王水福说。

在制造业赛道上,我要夺冠

——西子联合掌门人王水福披露创业心路

(来源:《浙江日报》2021年3月17日)

从在花园农机厂收到一张电梯轿厢图纸开始,西子联合控股集团(以下简称西子)董事长、杭锅集团董事长王水福便与制造业结下了不解之缘。从电梯、锅炉到盾构机、立体停车库再到飞机零部件的生产,过去40年,西子一次次向制造业的高端领域发起挑战,走出了一条高质量发展之路。

3月12日,创立于1981年的西子迎来了40周岁生日,对66岁的王水福而言,一路的风风雨雨皆在眼前。"要在制造业这条路上走得更长久,必须占领高端制造的制高点。"该公司40周年庆典上,王水福以"马拉松"比喻过往艰苦创业的历程:西子如今跑完了一个"半马",将以不断强健的体质,向"全马"发起冲锋。

"做企业是一场长跑。在制造业这条大道上,我还想再跑10年,跑到76岁,我还想拿个好名次,最好是夺冠!"王水福为本报独家撰写一篇长文,回顾西子一路成长的心路历程。本报记者编辑整理后以飨读者,希望给所有在制造业高质量发展"长跑"中坚守的人们以启迪。

"这张图纸改变了我的事业轨迹"

西子40岁了,杭锅与我同龄,66岁了。看到今天我们国家和企业取得的巨大成就,回首往事,百感交集。

我是杭州江干花园村农民的孩子,14岁开始半工半读,17岁初中毕业后回到农村生产队种地。那时大量菜地都用有机肥料,从艮山门坝子桥用农船运到菜地,一船大概有300担肥料。我用粪桶赤脚肩挑走跳板、走船边、踩泥路,浇到菜地,从早上6时干到晚上8时,挣10个工分,值9角5分钱。

1976年,我进入生产农机配件的村办企业——花园农机厂当车工,随后被送入杭

州机床厂培训，26岁时，我成了花园农机厂的厂长，至此才有机会开始我从生产农机配件到航空部件40年的旅程。

赤脚船上挑农粪、肩拉大板车、百里贩运蔬菜……现在回想起来，少年时的艰苦经历磨炼了我的意志，培养了我吃苦耐劳、坚忍不拔的精神。也正是这种精神，始终支撑着我克服种种困难，创造了西子的今天。

1981年，杭州土特产公司的茶叶仓库需要一台电梯，他们找到我，提供了一张电梯轿厢图纸。在完全没有电梯制造相关技术的情况下，我从上海电梯厂请来"星期天工程师"，在他们的指导下，原本制造农机具的花园农机厂造出了西子历史上第一台电梯，并成立了西子电梯厂。

1989年9月，西子第一台自动扶梯成功安装于杭州百货大楼，成为国内第一批自动扶梯生产厂家。可以说，这张图纸改变了我的事业轨迹，开启了西子从生产农机到电梯质的飞跃。

这个转变并不是偶然的。西子能够有今天，是民营企业艰苦奋斗、爬坡过坎的生动写照，也是融入中国改革开放与国计民生的顺势之为。

21世纪初，国内正在推进国有企业的产权改革。1955年成立的老牌国有企业杭州锅炉厂寻求股权合作，我在第一时间作出了投资杭锅的决定。2002年，杭锅集团加盟西子，国有企业的技术人才优势加上民营企业的灵活机制，让杭锅迸发出了前所未有的经营活力。乘着国家大力推进节能减排的东风，融入西子后的杭锅3年收入超过了之前47年的总和。

企业步入了快速发展阶段，但对标国际标杆企业，我们的质量、管理、工艺基础还非常薄弱。我认为，今后中国经济发展的关键一定是高质量，企业之间的竞争一定是高质量、高水平的竞争，西子要在制造上走得更长久，必须继续占领高端制造的制高点。

2009年，中国商飞提出要"举全国之力，聚全球之智，民机要有民企参与"。从对航空制造毫无经验到竞标现场的精彩表现，西子的8个工作组日夜奋战，最终从400多家民营企业中脱颖而出，成为C919大型客机9家机体供应商中唯一一家民营企业。

迈进航空制造的大门远比我当初预想的还要艰辛。我们坚持了10年，投入10亿元以上，把做电梯、做锅炉赚的钱都拿来造飞机零部件。但我认为这是值得的——这为西子未来20年打下了坚实的产业基础，也实现了西子"天上飞，地下钻，中间有电梯"的"工"字形产业结构。

摸着石头过河，西子在装备制造领域走向了高质量基础上的高增长持续发展道路。我们会一直这样坚持走下去。

"向优秀的人学习，我们才会更优秀"

企业发展，选择方向是第一位，第二重要的事就是选择路径。西子电梯从诞生之初就面临着国内市场国际竞争的状态，1997年，西子与美国奥的斯签署合资合作协议，这也开启了西子合资、并购的新发展阶段。

西子奥的斯成立后，引进了世界先进的电梯技术与精益管理，再加上西子的本地优势，迅速发展成奥的斯亚太体系中业绩最好的公司。

合作重于竞争，这是我40年来一直坚持秉承的核心发展理念。正是通过合作，西子找到了世界级标杆，快速进入了全球化赛道，在众多民营企业中持续脱颖而出。

2009年进入航空领域后，我对航空制造品质与精益的严苛要求有了更深的体会，每年的新春致辞都会把质量当成最核心的主题。如今，西子航空已经发展成欧洲空客、美国波音、加拿大庞巴迪、中国商飞等世界航空巨头的重要供应商，成为民营民用航空制造业的翘楚。

2019年9月，西子航空与全球飞机结构件排名第一的美国势必锐公司合资成立浙江西子势必锐有限公司。这次合资，使厚积薄发的西子航空制造板块加速驶入国际化快速发展新赛道，成为拉动产业链发展的重要力量和引领工业新制造的亮丽风景线。

结合民营企业家的理念与企业实践，我们学来的理论和方法也逐步沉淀为西子的管理模式，为西子培养了众多具有国际视野、掌握先进工具的管理人才，提升了西子联合各业务板块的质量和效益。

站在巨人的肩膀上，我们才能学习巨人，未来还要超越巨人。我们将航空品质管理体系及员工品质素养的要求纳入西子的管理系统中，并逐步将其移植到电梯、锅炉等其他制造板块，全方位提升西子联合的制造水平，实现航空品质"西子造"。

我们将世界先进的精益现场管理、航空品质管理与运营变革管理相结合，以战略为引领、以技术创新为驱动、以精益品质为核心、以持续变革与改善为路径，以达到高效运营、品质极致、竞争优势的运营目标，实现高质量与高增长。

近年来，国内外经济形势扑朔迷离，对企业的持续发展提出了更严峻的挑战。西子不断学习引进先进标杆企业的变革管理，以奋斗者为本，并结合西子实践，形成了一套搭平台、树文化、让人才脱颖而出的识别培养机制与激励管理方法：给有能力的人以机会，识别奋斗者，认可奋斗者，让奋斗者先富起来，绝不让忠诚担当、长期和西子一起奋斗的"老黄牛"和雷锋式的员工吃亏，这也是我们破茧化蝶的持续动力来源。

我们拿到了航空制造和核电设备制造两大许可证,同时拿到这两张证的企业,放眼全世界也是凤毛麟角。我们还取得了电梯及部件、立体车库、余热锅炉、民营商用航空部件等多项全国第一。经过20多年的精益制造与品质提升,西子的电梯整梯交付周期只用6天,库存周转率为4.5天,制造人均产出大大高于行业平均水平。其他板块的成绩也很亮眼:西子的立体车库在全国承建50余万个车位,余热锅炉行业在全国占比50%,全球80%以上的新商用飞机上都有"西子造"。

西子这些年的实践让我更加坚信,如果没有与世界级巨头的合资合作,我们或许现在还在摸索中缓慢前行。所以,我还是那句老话:向优秀的人学习,我们才会更优秀。

"我还想拿个好名次,最好是夺冠"

2020年,中国向全世界宣布:将提高国家自主贡献力度,采取更加有力的政策和措施,二氧化碳排放力争于2030年前达到峰值,努力争取2060年前实现碳中和。

对我来说,这是一条特别振奋的消息。从中,我看到了中国科技创新的机遇,也看到了未来40年西子发展的"绿色金矿"。

西子始终坚持通过自主技术创新,走节能减排、绿色发展的道路,在追求公司业绩增长的同时,关注能源、环境和增长方式的可持续性。

杭锅集团至今已生产节能环保余热锅炉2000多台(套),产品全部投运后,每年可发电1600亿度,年节约标准煤5500万吨,年减排二氧化硫110万吨,年减排二氧化碳1.6亿吨,约占全国碳排放总量1%。

2019年,杭锅集团投资参建的我国首座规模化熔盐储能光热电站在青海德令哈成功并网发电,这也是世界上继西班牙、美国之后的第三座规模化投运的储能光热电站。电站使用的熔盐吸热器、熔盐蒸汽发生器等系统均由西子旗下公司生产,该项目也标志着杭锅集团向新能源产业转型的开始。

数字经济也是我们的发展机遇。今年春节后,省委、省政府召开的第一个大会就是数字化改革大会。我们旗下的蒲惠智造是一家工业互联网代表企业,通过应用工业互联网帮助制造型企业提质增效、业务上云。凭借西子在制造领域的深厚积淀,蒲惠智造建立了云上工业4.0MES平台,为广大中小制造业企业提供一双数字化翅膀,锻造数字经济时代新的竞争力。

未来,西子还将实施创新合作战略,以工业数字化赋能新制造,以打造"灯塔工厂"为目标,持续发力清洁能源,从高端制造向高端服务延伸,努力为人类创造更加美好的未来贡献自己的力量。

40年的经历，我慢慢地梳理出了西子的企业精神，我给她命名——"西子精神"。概括起来，就是奋斗精神，就是让不可能成为可能的精神！让可能成为常态！没有这种精神就没有西子的今天。面对未来，我们唯一的选择就是：用更高的智慧、更饱满的奋斗精神，将"西子精神"发扬光大。

现在联想起来，西子40年就好像参加了一场马拉松比赛。很幸运，跑到现在，企业还健在，"体质"也越来越好，还有机会向"全马"进军。

我是1976年从农业转入工业的，我这辈子就认定制造业了，在制造业这条大道上，我还想再跑10年，跑到76岁，我还想拿个好名次，最好是夺冠！我们这一代浙商是伴随着改革开放成长起来的，深深感恩时代机遇。我很想和新一代浙商分享一句话：慢慢地走，稳稳地走，不停地走，不出几年，你就是走在时间前面的人。这也是我40年创业发展最重要的感悟。

做企业就是一场长跑，我们人人都是长跑运动员，未来要立志成为长跑冠军。对于这个"马拉松"比赛，我现在越来越有信心。中国经济的发展势不可当，西子一路走来锻造出的坚忍不拔、大胆创新、善作善成的精神，一定会不断创造新的佳绩。

杭州市"三会"党史故事"最红声音"

——半个世纪的质量长跑

(来源:"杭州市企业家协会"微信公众号2021年7月1日)

庆祝中国共产党成立100周年,深入推进党史学习教育,杭州市"三会"推出"最红声音秀"讲好党史小故事活动。通过诵读,学党史、悟思想,激发大家推进高质量发展的激情,凝聚奋进的力量。

半个世纪的质量长跑

1971年,正值建党50周年,一个17岁的小伙子成为一名蔬菜植保员,从花园农机厂的车工到创办西子电梯厂,开始了半个世纪的质量长跑。

当时的电梯还是用继电器控制,可靠性远不如现在的微机处理器。有一次,一名孕妇被困电梯里,事后家人找上门来。这件事让他感受到质量对于企业是一件大如天的事情。从此,"要么质量,要么关门"的质量理念在他心中扎下了根,企业也发展成中国民营企业500强。但他仍然不满足于现状,力排众议投入10亿元,投入航空质量管理体系,并逐步将最严苛的管理系统应用到电梯、锅炉、盾构机、清洁能源等其他制造板块。

转眼到了建党100周年,当年的小伙子也已过了花甲之年。你们可能也猜到了,这就是我——王水福。在质量的长跑中,我已经跑过了50年,但如同在跑马拉松,我仅仅只跑了"半马",还有机会向"全马"进军。我更深知,这"全马"的后半程,将更加艰辛,但我仍充满信心。

习近平总书记说,人民对美好生活的向往,就是我们的奋斗目标。作为一名34年党龄的老党员,我将不忘初心,"为国家繁荣富强、为企业健康发展、为员工体面生活"继续跑下去,在质量上再创高峰,跑出高质量发展的加速度!

涌金重磅 | 中国质量奖提名奖候选名单出炉 唯一入围浙商是他！

（来源："涌金楼"微信公众号2021年8月16日）

8月16日，第四届中国质量奖提名奖候选名单公示。名单显示，全国范围内共有90家组织、10名个人入围第四届中国质量奖提名奖候选名单。据涌金君统计，其中有10家组织、1名个人来自浙江。

中国质量奖于2012年设立，是目前我国在质量领域的最高荣誉。前三届分别于2014年、2016年和2018年进行颁奖。今年9月，第四届中国质量大会将在杭州举行。

此前三届，浙江省在中国质量奖领域尚无斩获。第四届大会上我们能否实现零的突破？期待浙江拿下好成绩！

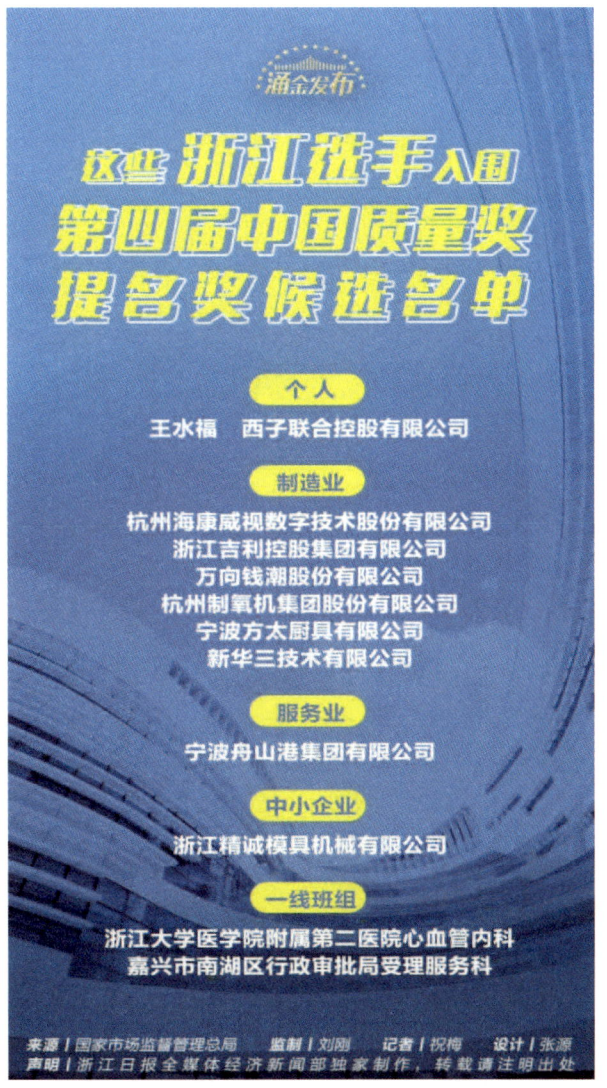

质 量 讲 话 稿

在杭锅集团质量总结和策划专题会议上的讲话

(2020年1月18日)

王水福

首先祝贺杭锅集团拿到杭州市政府质量奖。

一、我为什么要一直强调质量？

大家都知道波音是一家伟大的百年企业，但是一宗波音737 MAX的空难事故，导致整个企业的巨大危机，甚至是灭顶之灾。强大的波音公司尚且如此，更何况我们这样的民营企业。西子是从制造特种设备起家，锅炉也是非常重要的特种设备。任何质量和安全事故都会牵动我们的神经，可以说质量就是我们的生命线。我之所以后来进入航空制造领域，就是希望将航空制造的高端质量要求和管理体系引入电梯、锅炉等特种设备企业，在业界制造出质量最好的产品，希望各位担负起这个责任！

二、我的责任和使命是什么？

我的责任就是制定质量发展战略，建立激励体系，让一批质量的奋斗者脱颖而出，以支撑企业的高质量发展。

1. 我们的质量目标是在2025年前拿到中国质量奖，这是集团已经确定的"十四五"发展规划的重要内容。而拿到这个奖的前提是首先拿到省、市政府质量奖，所以杭锅集团迈出了可喜的第一步，距离我们的质量梦想越来越近！下一步，希望杭锅集团在两年内能够拿到浙江省政府质量奖。

2. 以"创奖"引领企业建立卓越绩效管理体系，实现高质量发展。围绕这个战略目标，我们一定要切实地建立科学而又符合西子实际的卓越绩效管理体系，这次会议就是来策划并确定实现这一战略目标的具体举措，非常重要！大家要集思广益，运用科学方法，分析现状，找出差距，明确战略举措。比如，有些项目存在质量问题影响客户信心，影响正常收款；设计与制造方面也还存在一些质量损失的问题有待我们进行改善。我认为有问题是正常的，只有企业关闭了才没有问题。发现问题是"金矿"，掩盖问题是犯罪，解决问题是英雄。刚刚姜龙也提到了如何挖掘杭锅集团的质量"金矿"，很好。我们要把这些切实地贯彻运用到实际工作中去，杜绝那些熟视无睹、不把问题当作问题，以致大事化小、小事化了的习惯作风。问题不暴露，就无法得到根本解决。要制造一流的产品，就要建立敢于发现问题、暴露问题、解决问题的机制。

3. 建立质量激励机制，不要让雷锋式的"老黄牛"吃亏。方向大致正确，但还要让组织充满活力。在我们明确了战略后，建立鼓励奋斗者的激励机制就显得尤为重要。我们在对质量人员充分授权后，必须将质量结果和个人的奖惩直接挂钩，对质量事故的发现与解决、质量成本的削减、质量体系的建立以及在质量创奖等关键事件推进中的有功人员给予奖励。

4. 建立质量"黄埔军校"，培养"质量卫士"，打造出一支质量铁军！人力资源是第一资源，在"十四五"质量规划中，我们明确要加强质量管理队伍建设，建立质量人员的培养机制，培养出500名质量工程师。"质量卫士"要自己主动加强学习，协助我们的总经理、车间主任、工人开展工作。大家要一起遵守杭锅集团的质量方针：质量第一，顾客满意，尊法守规，持续改进。

今天应该是杭锅集团在2020年的第一个工作大会，也是春节过年前收尾的最后一个大会。我们在这个特别意义的节点开这么重要的会议，是因为我始终认为：质量是企业健康的关键指标。

在此也祝福大家鼠年吉祥、身体健康、阖家欢乐！

在制造业高质量发展研讨会上的讲话

（2020年1月18日）

王水福

当今世界，全球经济格局面临纵深调整，浙江制造业正处于全面工业化攻坚期、深度工业化攻关期、产业智能化奠基期。浙江制造业，不进则退，慢进也是退！当前，省委、省政府吹响了制造业高质量发展的号角，我们感到很兴奋，也很有信心。今天，我想从西子转型发展的实际，谈点关于制造业高质量发展的想法。

1. 所有的智能制造再柔性，也取代不了人，人永远是第一生产力，制造业高质量发展离不开"匠心"，要重视对高级技能人才的培养。

瑞典的斯凯孚集团（SKF）成立于1907年，是世界最大的滚动轴承制造公司之一。高铁基础零部件的高速列车轴承就是他们做的。很多国外先进的轴承制造，并非我们想象的由智能化设备制造出来的，而是由一批工匠打造的。比如，一家航空领域的轴承工厂只有几十个工人，真的是用匠心在制造。

大家知道，西子10年前开始进入航空制造领域，今天我们已经能为空客、波音、庞巴迪等顶尖航空公司做配套。比方说，我们为庞巴迪公司打造的舱门，一个月他们最多也只能打磨出4扇这样的舱门，可一扇舱门的价格就能超过一辆宝马三系轿车。

一个长1.5米、宽0.8米的小舱门上，组合排布着400多种零件，铆钉更是不计其数。尽管每款都有对应的设计图纸，但图纸上给出的往往只是一个个数值区间，要给成百上千个部件定位、钻孔、施铆，让它们严丝合缝地在这方小天地里"安家"，则需要反复测试、反复打磨。

举这个例子是想说，航空制造的精细化要求高，机械化和自动化程度相对较低，手工劳动是主要工作方式。不能一谈到高端制造、制造业高质量发展，就是智能化，

好像脱离了机器人，我们的制造就不高端了一样。要知道，人的匠心也很重要，不能重"器"轻人。所有的智能制造再柔性，也取代不了人。大批量生产，智能制造能够做得出来，但个性化产品，智能制造其实很难。所以，人永远是第一生产力。

我看到一个新闻，说的是前不久袁家军省长在两会前的百忙之中特意抽空接见了浙江的优秀高技能人才。袁家军省长说，浙江高质量发展需要做精品，需要做高质量的产品，需要优秀高技能人才的强力支撑，需要把工匠精神体现在每个环节和细节上。这说明，省委、省政府已经把这项工作摆在很重要的层面，我们企业家更应当有这个认识，政府部门也应该有这个认识。

2. 强化制造业的创新能力，创新体制机制，对一些关键领域的关键技术、设备，建议省里相关部门牵头，由民营企业作为主体参与，联合攻关。

日本的科技创新是制造业腾飞的关键因素和根本动力，科技成果的产业化应用水平高于欧美等国。

有关机构对21世纪38种重大革新产品的"发明国""商品化国"（首先实现其商品化的国家）进行比较表明：日本贡献的发明是零，而实现商品化的产品却有24种；美国贡献的发明多达29种，而实现商品化的仅有6种。比如录像机、电传设备、机器人、数控机床、复印机等，均由欧美国家发明，而日本通过技术引进，在产业规模上超过了发明国。

强化制造业创新能力，这个问题说起来很复杂，这里我就想讲一点，我们的制造业要强化关键共性技术供给，建立以企业为主体的产学研一体化创新机制。比如，我们浙江制造业对高端机床的需求非常大，据我所知，我们目前大多数企业的高端机床大多是国外进口。是不是可以考虑，由省里相关部门（或者国有企业）牵个头，让有兴趣的民营企业一起来参与，联合攻关，在浙江制造出我们自己的高端机床。

这个事情很有现实意义，也很有长远价值。我跟很多企业家都提过，想做的人很多，但一两家企业来做风险大、力量也不够，所以我才提出来，是不是能够在体制机制上创新，由政府牵头，民企作为主体来参与，一起为浙江制造迈向高端化出力。

3. 对传统企业进行转型或向新兴领域拓展，企业作为市场主体当然是第一责任人，但是没有精准产业政策的加持，企业的转型会很难。

运用产业政策指导和协调经济发展，是日本战后经济赶超过程中的一个创造，也是其在经济上迅速崛起并取得世界领先地位的重要秘诀。

我看到一份材料，日本的静冈县跟我们浙江省结为友好省县已经有30多年了。该县的一个特点是，传统产业转型和新兴产业的培育齐头并进，这背后就有产业政策的支持。比如，静冈县在6个新兴产业培育方面都有专项产业政策，主要集中支持企业的新产品开发、新设备投入、新市场开拓。

一家汽车加工锻造零部件企业，逐步向航天航空产业领域转型，在2015年取得了航空宇宙防卫品质管理体系认证，2018年被日本内阁省定为"亚洲N0.1航空宇宙产业集群特区"国际战略综合特区。企业的转型主要依靠2009年新投入的航空宇宙大型真空炉以及拥有的航天航空配套产品的加工锻造能力。从汽车零部件企业成功转型为航空制造企业，这个漂亮转身的背后，政府的产业政策扶持扮演了很重要的角色。这家企业在日本国内购买航空宇宙大型真空炉需720万元，能获得政府补助600万元，补助比例近5/6。

4. 注重制造业企业发展环境的营造，在全社会大力宣传浙江制造业的优良传统，让全社会都能形成一种支持制造业发展、投身制造业发展的氛围。

这几年，因为各种原因，浙江制造企业外迁的比较多。怎么看这个问题？我觉得一方面这是个趋势，各种成本升高之后，企业要生存发展，只能顺应市场规律，去成本更低的地方。另一方面，我们要思考的是，我们需要以更好的营商环境，留住那些高附加值、高质量的制造业企业。怎么留住它们？我们政府要注重制造业企业发展环境的营造。

在一些发达国家也是这样。比如说日本，这些年随着日本制造业生产经营成本的居高不下，越来越多的制造业企业外迁，这一现象反而倒逼日本政府把重心放到软环境的营造上。

我前面说到，制造业发展需要高级研发人才，也需要高技能人才。怎么从教育阶段就去思考培养这样的人才呢？怎么吸引这些人过来？来了之后怎么把人留下来？这个要由政府来下功夫。

这里我还想特别提一下的是，要营造"聚能量"的社会文化环境。工业发展有三个非常重要的因素——资源、技术、文化，其中文化具有最长久的影响力。与其他因素相比，文化有自己独特的"个性"，它无法靠简单的"复制""粘贴"来实现，是最不能模仿、不能转移、不能交易的核心竞争力，建议政府要下大力去发掘、培养、营造。我们西子航空是浙江第一家进入航空领域的民营企业。我不知道大家清不清楚，

其实中国最早的飞机制造厂就是在杭州诞生的——中央（杭州）飞机制造厂，它是20世纪三四十年代中国航空制造业的开拓者，也是第一家中外合资的航空制造企业。无论从宏观的事业发展、社会贡献、历史影响来看，还是就微观的创设过程、厂区建设、管理制度等方面而言，它都不失为浙江制造的珍贵资源和时尚元素。

我觉得我们的政府要在全社会大力宣传浙江制造业的优良传统，让全社会能形成一种支持制造业发展、投身制造业发展的氛围。

在浙江省经信厅关于浙江省制造业高质量发展文件企业意见征求会的发言

(2020年1月19日)

王水福

昨天,我们在公司召开了质量总结与策划专题会议,高质量发展是我们西子这10年来贯彻始终的方针。

我认为制造业高质量发展包含三个层次的内容:产品制造高质量、企业发展高质量、产业发展高质量。下面分别就这三个层次谈谈我的想法与建议,供参考:

一、产品制造高质量

用"零缺陷"目标提高员工的"习惯质量"意识:从粗放的质量管理到精益质量管理,我们交了不少"学费",我们对产品质量的认识也在不断提高。其实,一次性把事情做对是成本最低的,这就要求员工必须在每道工序都以"零缺陷"为目标,严格按照工艺标准操作(比如航空培训时的苛刻要求),形成"习惯质量",用"习惯质量"保证产品质量。

用航空、核电等行业的高端制造标准引领质量标准建设与过程监控:西子是靠制造特种设备起家的,质量是我们的生命线。在向高端制造的转型中,我们拿到了两张证,一张是航空装备制造准入证,一张是核电装备制造准入证,花费了我们10年的时间与精力,对高端品质要求有了全新的理解与感触。在航空部件制造过程中,掩盖错误就是犯罪,做到一丝不苟还不够,要做到零点一丝不苟;在核电装备制造过程中,做到万无一失还不够,要做到万万无一失。高端制造对于源头品质把控、制造过程控制以及可追溯性等方面的严格精准要求,值得推广引入到传统制造企业中,在提高产品质量的同时,提升企业的效益。

二、企业发展高质量

1. 以"质量奖"倒逼卓越运营体系的建立。中国质量奖与省、市政府质量奖是以卓越绩效模式为主导的质量引领奖项，这个模式旨在用系统的思维和方法推进工作，并不断与先进的、优秀的标杆对比，不断改善，永无止境。建议省、市各级政府成立质量发展委员会，统筹推进质量发展规划制订、质量提升建设、质量品牌发展、质量基础设施建设等工作；建议政府设立质量专项基金，支持企业导入卓越绩效模式，支持企业引入管理专家和企业实战专家，助力提升企业的管理水平和整体素质；希望能够扩大省、市政府质量奖的获奖比例，以"质量奖"倒逼企业卓越运营体系的建立。

2. 建立"持续改善"的企业文化。西子当年与美国奥的斯公司合资后，即引入了以"零缺陷""零浪费"为目标，以"持续改善"为路径的精益制造管理工具与方法，使我们电梯的制造周期从35天缩短到2小时，现金流周转率从每年1.5次提高到50次。这种以世界行业标杆为目标的持续改善机制，极大地促进了制造型企业的发展，提升了企业的效益与竞争力，值得借鉴与推广。

3. 重视对高级技能人才的培养。所有的智能制造再柔性，也取代不了人，人永远是第一生产力，制造业高质量发展离不开"匠心"，强固山脚比强固山顶更重要。

前不久，我看到了一个新闻，报道的是袁家军省长在省"两会"前的百忙之中特意抽空接见了浙江的优秀高技能人才。袁家军省长说，浙江高质量发展需要做精品，需要做高质量的产品，需要优秀高技能人才的强力支撑，需要把工匠精神体现在每个环节和细节上。这说明，省委、省政府已经把这项工作摆在很重要的层面，我们企业家更应当有这个认识。

三、产业发展高质量

政府的眼光要放远，要加大对重点高端制造业的扶植力度，这是基础的基础。制造业中的有些行业是短平快，有些则需要更大的耐心等待其扎下深根，比如航空制造业就是这样，其高端拉动作用明显，但不一定能快速带来地方GDP的增长。浙江省应识别确立一些高端引领产业，立足长远，加大扶植力度，鼓励深耕细作。

1. 建立高质量的产业生态链。未来的竞争，已经不再局限于企业与企业之间的竞争，而是包含上下游合作伙伴在内的全价值链产业生态的竞争。要促进制造业的高质量发展，就要在这方面提早谋划布局，出台政策鼓励产业并购与协作，培养大型龙头企业，并以龙头企业为龙骨，建立若干产业生态链，实现产业集群化、生态化发展。

2. 加强对从业人员精益与质量技能的培养与认定。人力资源是第一资源，要实现我省制造业的高质量发展，除了强化制造强省的文化氛围外，还要建立具有特色的制造型人才培养与提升机制。如同以前的八级工体系一样，突出体现技能员工的荣誉与地位，建议建立机制鼓励相关机构全面加强从业人员精益与质量技能的培养与认定工作，培养质量人才（西子联合大学在"十四五"期间要培养和输送500名质量工程师），加强全员精益品质素质教育，让精益品质融入全社会的方方面面。相信通过一系列促进高质量发展的举措，在不久的将来，浙江制造将成为中国的金名片！

高质量基础上实现高增长

——在《浙商》杂志年会上的发言

（2020年11月24日）

王水福

在11月12日上海浦东开发开放30周年庆祝大会上，习近平总书记发表重要讲话。对于未来的浦东，他提出"要全力做强创新引擎，打造自主创新新高地"。

长三角区域具有人才富集、科技水平高、制造业发达、产业链供应链相对完备和市场潜力大等诸多优势，上海既有飞机制造也有发动机制造，对长三角高端制造方面有着极大的引领和带头作用。对于身处长三角地区的民营企业来说，这无疑是一次重大历史性机遇。西子联合也将乘势而上，加快在长三角区域的投资与产业布局。

高技术带来高增长

在打造自主创新新高地的过程中，西子抓住了六个机会。

1997年，西子联合控股集团通过与美国奥的斯电梯公司的合资，快速成长为全球领先的电梯零部件供应商；2002年，成功收购杭锅集团；2004年，与日本石川岛、中国台湾东元集团合资成立西子石川岛停车设备有限公司，展开了与世界500强企业的第二次强强合作，这也是一个传统乡镇企业脱胎换骨的转型；2006年，控股百大集团；2009年，进军航空制造业；2019年，与世界航空部件制造巨头势必锐成立合资公司。

高技术带来高增长，西子联合控股集团的发展是一条不断迈向高端制造的道路。我们在航空制造投入了10年时间、10亿元资金，现在我们拥有两个权威的制造许可证：核电设备制造许可证和航空部件制造许可证；旗下拥有杭锅集团、百大集团、西子智能停车（拟）三家上市公司，在电梯及部件、立体车库、余热锅炉、民营航空制造四个领域全国领先，未来要朝着工业互联网、智慧产业园、新能源、新制造和新服务"五新发展"前进。

未来实行两大战略

西子联合的"十四五"发展规划，目标是以客户为中心、以奋斗者为本。为了向标杆型企业学习，我们专门从华为"挖"来了一批人才，聘请了曾在华为工作过的智囊团队为我们制定公司管理规范等。虽然前后整整花费了两年时间，但通过更具针对性和计划性的措施，让企业的管理能力得到了真正的提升。同时，既激发了员工潜能，提高了工作积极性，让员工为自己而奋斗，也大幅提升了工作效率，达到事半功倍的效果。

另外，在高质量发展的道路上，西子联合将实行两大战略。

一是低成本战略。富士康在精益制造、低成本制造等方面做得很好，我们要学习真正的先进标杆企业。未来，西子联合将继续实现"高质量基础上的高增长"。目前，国内锅炉行业有1000多家企业，按照电梯行业的市场规律，不超过5年可能就会有80%的锅炉企业消失，我们希望西子是剩下的20%中的一员。

二是技术创新战略。我们要不断学习如何合作、如何创新、如何共享，找到创新落地的钥匙。西子旗下杭锅集团跟浙江大学签订了战略合作协议，建立"浙江大学—杭锅集团先进能源联合研发中心"，以打造世界一流的集科学研究、人才培养和技术辐射基地于一体的"产学研"共同体。此外，我们还跟上海交大、西安交大、清华大学和中科院进行了合作，共同探索可行的、互惠的创新模式。

"为国家繁荣富强，为企业持续健康，为员工体面生活"，这是我们西子人永远的初心和使命。

打造产业生态链　形成命运共同体
——在杭锅供应商质量大会上的讲话

（2021年1月3日）

王水福

各位供应商伙伴、杭锅集团的同仁，大家新年好！

今天我要分享三点认识：

一、为什么又谈质量？

2008年9月，原三鹿集团掌门人、66岁的田文华因为三鹿奶粉质量问题被逮捕，后被依法判处无期徒刑。

这是一位有着全国劳模、三八红旗手、全国政协委员光环的女强人，在她的领导下，一家曾经只有几十人的小作坊发展成百亿级的乳业集团。大家都知道三鹿奶粉出问题是因为在奶粉中掺入了三聚氰胺，实际上这并不是发生在三鹿集团的产品制造过程中，而是供应鲜奶的奶站掺入的。后来蒙牛、伊利的奶粉也出现了质量问题，有一位全国人大代表说："内蒙古的蒙牛、伊利这两家公司没有任何的毛病，问题出在源头。"你说他们冤不冤？

我认为，问题还是出在他们自身。一个高质量的产品，是由环环相扣的高质量生态链作为保障的。主制造商出现问题，往往都会追溯到供应商，而供应商出现的质量问题，又会造成主制造商的灭顶之灾。

在我们杭锅集团的历史上，也出现过这样的问题。前不久，一家由其他公司总包的锅炉系统发生蒸汽阀门爆裂事故，联合调查组就包括了业主、总包方、锅炉制造厂以及阀门等零部件供应商。所以说，大家荣才能俱荣，而一损就会俱损。

二、西子的质量观

今年是西子联合成立40周年，也是杭锅集团成立66周年，我今年也66岁了，这几十年来我一直对质量问题都是战战兢兢、如履薄冰。因为我们生产的电梯、锅炉、立体车库、起重机械都是特种设备，都是关系到人们生命安全的特种设备。

我们这10年来发展航空制造业，杭锅集团进入核电设备制造领域，就是要把航空制造业的"掩盖错误就是犯罪""零点一丝不苟"的安全生产理念以及"万万无一失"的核电安全文化引入并应用于传统的特种设备制造管理过程中。做好这些，才能让我安心睡个好觉！

近10多年来，质量一直是西子的中心议题。在2009年的新春致辞中，我提出了"把产品卖到日本去"，就是要使我们的质量能够让挑剔的日本人也满意；在2011年的新春致辞中，我提出了"质量是和平占领市场的最有效武器"；在2014年的新春致辞中，我提出了"品质取胜的时代来到了"；在2017年的新春致辞中，我提出了"精雕细琢、精打细算是转型升级的必由之路"；在2019年的新春致辞中，我提出了"幸福是奋斗出来的 向高质量发展要效益"；在2020年，我们制订了"十四五"发展规划，提出要"实现高质量基础上的高增长"。2021年是我们"十四五"发展规划的开局之年，我们把今年定义为"质量年"，这也是为什么新年伊始我们就召开这个重要会议的原因。

三、携手高质量之路

中国经济已经从高增速发展转变为高质量发展。我认为，高端制造与高端装备发展的"国运"到来了！这是千载难逢的机会。作为同一个产业生态的命运共同体，我们一定要抓住机遇携手发展，打好高质量攻坚战。

质量是增长的基础，只有高质量基础上的高增长才有价值。

（1）今年我会带领高管团队走访重点供应商。

（2）我们的质量带级课程可以分享给大家，西子管理系统XOS中相关质量精益模块的内容也可以输出给各位。

（3）在供应商管理方面：我们选择供应商的标准是总成本最低，而不是只看价格；供应商管理要体现奖罚分明，好的供应商需激励，差的则要改进、处罚甚至淘汰；供应商要体现互补分工的原则，如果供应商的生产能力强、成本低，就给供应商去生产。我们希望有机会与优秀的战略供应商形成更紧密的包括在技术、管理与资本层面的合作。

当前国际形势仍然扑朔迷离，国内疫情也有反复的趋势，积极参与以国内大循环为主、国际国内双循环的新发展格局仍是今年的主旋律。今年仍然是至关重要、任重而道远的一年。杭锅集团制定了以客户为中心、以奋斗者为本，向着百亿元目标努力的发展规划，期待和各位共同开创新篇章！

最后，提前给各位拜个早年！距离春节还有30天，祝大家牛年牛气冲天！

在第四届中国质量大会上的主题发言

(2021年9月16日)

王水福

尊敬的各位嘉宾、各位专家,大家下午好!

对于今天论坛的主题我深有感触,因为我在制造业摸爬滚打了接近半个世纪,对于"产品质量提升与制造业高质量发展"深有体会。正因为我"半个世纪的质量长跑",国家给了我质量提名奖,这对我来说是很大的荣幸,也赋予了我余生在质量事业上更大的责任和义务。

我主要分享一个小故事和两个观点,来谈谈"半个世纪的质量长跑"的体会。

首先讲讲自己的一个小故事:我1971年时担任蔬菜植保员,后来进入农机厂工作,在1981年筹建了西子电梯厂。80年代的电梯由继电器控制,运作时噼里啪啦地响,噪声有五六十分贝。由于震动大,开关松动是常态;可能电梯维修工刚把电梯修好,骑自行车还没有到家,电梯又坏了,于是我们干脆让电梯维修工留在现场观测,记录分析事故原因。记得有一次,一名孕妇被困在电梯里,其家人找上门来,那时的情景至今令我刻骨铭心、终生难忘。当时生产电梯的效益还不错,但是人总是要有尊严的,因为质量问题,我都不敢说我是造电梯的。所以,说得夸张一点,我是在客户的抱怨声中成长、在客户的骂声中成长的,深知质量对于企业是一件大如天的事情,这是我对质量的敬畏感、责任感和使命感。我的梦想就是,希望西子生产让客户满意的商品,成为受人尊敬的企业。

从电梯、锅炉、压力容器、立体车库、盾构机到航空部件,从事特种设备制造数十年,我确立了"要么质量,要么关门"的质量理念。也正是这个理念,才让我们的企业生存下来。所以,今天在"产品质量提升与制造业高质量发展"的主题论坛上,我的感悟就是,质量管理是第一管理。我们要以质量为抓手,提高产品质量、工作质量、系统质量,从而全面提升习惯质量。

"质量长跑"了50年,我还想和大家分享两点感悟:"学"和"域"。

第一个就是"学"字,好学为福,向同行人(世界500强企业)学习。我一直认为,与优秀的人合作,我们才会变得更优秀。1997年,我带领西子与美国奥的斯公司合资,引进ACE等先进管理与技术。此后,又先后与日本石川岛、美国通用、美国势必锐等世界500强企业合资合作,持续学习推进精益品质管理,让西子在高质量发展上迈入国际赛道。

我们通过合资合作学习之路,成为引领电梯行业发展的力量。长期推进精益品质管理与改善,实现了西子在用电梯运行故障率不超过10PPM(百万分之十),电梯交付周期缩短为3天,达到国际先进水平。我见证了中国电梯行业40年来从依赖进口到走在世界前列的整个过程,现在全球每10台电梯有9台是"中国制造"。

质量是西子人的生命线,是西子人的尊严。我要求全员在"十四五"发展规划期间学习并取得西子"质量绿带",其中的30%成为"黑带",并建立"技能比武培育劳模工匠"的机制。2012年至今,我们已连续举办9届西子奥林匹克技能大赛,带动上万人次的岗位技术练兵,百余位优秀技术工人通过大赛获得国家职业资格认证和各级政府的补贴。持续开展全员质量文化活动,目的是让质量理念、质量文化代代传承。

第二个感悟是"域",区域的"域"字。域是大空间的意思,也就是要持续不断地艰苦奋斗,这样才能持续不断地成长,才能走向世界经济舞台的中央。

做了电梯、锅炉之后,我一直想引入一种更高要求的质量管理体系,进入更高水平的质量空间。2009年,正好碰到C919大型客机招标,我们有幸成为了C919大型客机9家机体供应商中唯一一家民营企业。我们学习空客公司建立具有工匠性格的人才识别与培养机制,引入了波音公司"犯错不可耻,掩盖错误就是犯罪"的质量理念,投入10亿元在西子航空公司建立制造业最严苛的质量保证体系,取得了287张特种工艺质量认证证书,成为全球五大航空制造巨头的重要供应商。极致的质量要求让西子在解决"卡脖子"工程上实现突破,我们投入上亿元资金研发的航空基础零部件产品,打破了60年来完全依赖进口的瓶颈。

十年磨一剑。2019年,我们通过了国家核安全局组织的现场考试,西子旗下杭锅集团取得了国家核安全局正式颁发的民用核安全设备制造许可证。这是西子继取得航空制造准入证之后,在高端制造领域的又一张高含金量的证书,成为为数不多同时拥有航空与核电两个大型装备制造资质的企业之一。

十年再磨一剑,我们和浙大合作研发光热储能技术,在德令哈先后成功完成了10兆瓦、50兆瓦太阳能光热储能电站示范项目,这也是全球第三座规模化投运的塔式熔盐储能光热电站,是发电效率最高的光热储能电站。我们从此占据了熔盐储能等清洁能源制造技术的制高点。

在进入航空与核电领域之后，我对质量有了更深刻的认识。我认为，做航空一丝不苟是不够的，要做到"零点一丝不苟"；做核电，万无一失是不够的，要做到"万万无一失"。航空、核电行业对环境、工序的严苛要求，将产品质量提升到"习惯质量"。我希望逐步将航空及核电行业的质量管理体系应用到电梯、锅炉、盾构机、立体车库、新能源等其他制造板块，不断提升西子制造的质量能力，持续培养西子制造的"质量习惯"。这种升维倒逼的理念，也正是我们今天"产品质量提升与制造业高质量发展"值得借鉴与推行的工作。

抓质量不是一蹴而就的，还要抵得住诱惑、耐得住寂寞。我一直跟年轻人说，要慢慢地走，稳稳地走，不停地走，不出几年，你会发现，你是走在时间前面的人。40多年来，尽管有很多赚快钱的机会，但是西子一直扎根制造业专注质量、持续改善。现在想想还是对的，只有用高质量作为西子的金字招牌，企业才能持续高质量发展。

党的十九大提出，我国经济已由高速增长阶段转向高质量发展阶段。西子近10年在高质量发展上走了一条艰难的路，但也为未来打下了坚实的基础。今天的西子厚积薄发，在"十四五"期间正朝着新能源、航空、核电方向迈进。特别是新能源产业，我认为，新能源一定是制造出来的。空客公司希望我们的制造工厂绿色、低碳，我们西子航空公司的"零碳工厂"也将在今年的11月中旬正式投产。我们要把高质量制造应用到清洁能源领域，一定能够为"30·60"双碳目标作出贡献，抓住高质量发展的新的巨大红利，实现高质量基础上的高增长。

各位领导、各位朋友，制造业正在迎来最好的发展时机，制造兴则中国兴，质量强则中国强！高质量发展的中国，比以往任何时候都需要一场质量革命。我呼吁，我们的各级政府和所有企业一起努力，在"十四五"规划期间，花大力气将质量推向新的高度，为中国制造跑出加速度作出新贡献。

质量人大代表议案建议

关于促进制造业和城市化融合发展
助力制造业扎根城市中心的建议

（2020年1月，浙江省十三届人大三次会议）

王水福

制造业是国民经济的主体，是立国之本、兴国之器、强国之基。习近平总书记多次强调制造业的重要作用、重要地位。"制造业是实体经济的基础，实体经济是我国发展的本钱，是构筑未来发展战略优势的重要支撑。"习近平总书记2019年在河南考察时，深刻指出了实体经济在我国发展中的基础性地位，深刻阐明了实体经济对于未来发展的重要意义，作出了"把我国制造业和实体经济搞上去"的重要指示，为我们振兴实体经济、推动我国经济行稳致远指明了努力方向。

一个国家要提高竞争力，归根结底要靠实体经济。从世界范围看，一些国家之所以出现收入差距拉大、传统产业衰落、蓝领失业增多等矛盾，正是因为实体经济衰败、产业空心化。我国是个大国，必须发展实体经济，不断推进工业现代化、提高制造业水平，经济发展任何时候都不能脱实向虚。当前，我国经济已由高速增长阶段转向高质量发展阶段，正处在转变发展方式、优化经济结构、转换增长动力的攻关期。只有致力于建设现代化经济体系，着力加快建设实体经济、科技创新、现代金融、人力资源协同发展的产业体系，不断增强我国经济创新力和竞争力，显著增强我国经济质量优势，才能有效应对各种风险挑战，为高质量发展筑牢根基。

当前，除杭州提出的"新制造业计划"以外，国内很多大中城市都踏上了"回归"制造业的道路——上海提出"再战工业"，制定出台了巩固提升实体经济的50条政策意见，明确提出，要确保制造业占生产总值比重不低于25%；南京则提出"四五六"目标，即通过两年努力，到2020年时全市工业投资占比要达到40%以上；长沙提出了到2025年培育一批世界一流企业和"单项冠军"企业。无论是上海、南京还是杭州，制造业再次向一线、二线城市聚拢已经成为了大势所趋。然而一、二线城市因环保、交

通、土地资源等问题的局限,导致制造类企业不断迁出城市中心,在城市融合度上还缺乏配套的政策体系支撑。

杭州的新制造业计划创造了一种新的产业模式,让数字经济和实体经济协同发展,这是解决城市制造业空心化的重要举措。但是在实施过程中,制造业企业遭遇的一系列问题亟待政策支持。比如,在市区制造业物流上,面临与城市化发展的矛盾。制造业企业亟待获得交通管理部门的支持,才可能减少外迁。例如奥的斯机电公司的九堡工厂每天货运车辆达320车次,车型从4.2米到17米不等,以6.8米和9.6米的居多。因为货运车大多是外地牌照,而外地牌照每天要开通行证,且早晚高峰禁行。高频的物流需求、低效的物流运输、繁复的交通管制,在一定程度上限制了企业的发展。

为更好地推进新制造业计划落实落地出成效,我提出如下建议:

(一)重视城市发展"双引擎"的战略定位。制造业赚不得快钱,不能有短期思维,必须久久为功、一以贯之、一抓到底。新制造业计划是杭州数字化经济的重要补充,城市化发展并不意味着要把所有制造业外扩到城市边缘,建议在市区保留一些产业园,用于发展一些关键核心零部件制造企业以及不带来环保问题的总装企业。一来总装厂的附加值高、环境污染少,是城市经济高质量发展的重要支撑;二来这也有利于人才与工匠的聚集,方便他们在市区就近工作与生活,也便于带动更多的退休工人发挥余热。

(二)建议相关部门在解决上述制造类工厂带来的物流问题方面进行统一规划和周密布局,出台清晰的交通管制服务保障政策,有效保障新制造业计划的实施和高附加值工厂切实扎根城市,与城市共生共荣。同时,进一步降低实体经济发展的政策性成本,不断激发民营经济发展的主体活力。

关于以"创奖"倒逼浙江企业高质量发展的建议

(2020年1月,浙江省十三届人大三次会议)

王水福

全世界超过100年的企业中,日本有2万多家,而中国超百年的企业可谓凤毛麟角。在中国企业打造全球品牌的过程中,质量应该扮演什么样的角色,这值得所有人深思。

令人欣慰的是,质量这一问题已经引起了从党中央到社会各界的高度重视——开展质量提升行动,是党中央、国务院作出的重大部署。2014年5月,习近平总书记在河南考察时曾提出"三个转变":推动中国制造向中国创造转变、中国速度向中国质量转变、中国产品向中国品牌转变。

在十八届中央委员会报告中,习近平总书记提出了"质量强国"的要求,在党的十九大报告中首次明确提出了"高质量发展"的概念。这些指示为我们浙江企业指明了清晰的发展方向。

一、他山之石——从日本和美国走过的路来认识"质量"的意义

接下来的问题是:我们浙江企业如何实现高质量发展?我认为可以先借鉴日本和美国的高质量发展过程。

"二战"后的日本生产力薄弱,百废待兴,严重短缺下的日本制造是劣质的代名词,这一时期被称为"日本质量危机",亟须所谓"日本质量革命"。为了鼓励日本企业重视质量,日本政府和社会团体设立了日本质量奖——戴明奖。自此之后,日本制造开始了质量腾飞的发展期,并业已成为世界高质量的代表。

20世纪80年代,由于受到日本制造的冲击,美国制造节节败退。1980年,惠普公司公布了一个惊人的事实——惠普对三家美国公司和三家日本公司的RAM芯片进行了测试,结果发现三家美国公司的入厂故障率分别为1.1%至1.9%,而日本产品为0。在使用1000小时后,美国芯片的故障率上升到原来的27倍。

这一时期也被称为"美国质量危机",美国管理大师彼得斯据此诊断:美国现在压倒一切的是质量;需要发动一场质量革命;一场质量革命意味着在吃饭、睡觉和休息时都念念不忘质量。1987年,美国政府设立了世界影响最大的质量奖——美国波多里奇国家质量奖,美国从此开启了我们现在所说的卓越绩效模式。

卓越绩效模式是世界最卓越、最杰出的公司管理实践的结晶,是国际公认的最佳管理系统方法之一,得到世界顶级企业的认可和应用。它关注的不仅仅是产品质量,而是整个企业的经营质量、管理质量。

二、我的理解——为什么浙江企业都要积极争创中国质量奖

在质量时代,如何将政府的引导和驱动作用发挥出来,评奖是一个重要方式,也是国际上通行的管理模式。

目前国际上已有美国、德国、日本等88个国家和地区设立了国家质量奖。中国质量奖经中央批准后在2012年6月设立。这一奖项的评选由质检总局负责组织实施,是目前国内质量领域的最高政府性荣誉,每两年评选一次。

中国质量奖评选着重于"评管理""评理念",旨在树立质量管理标杆,激励质量管理创新,进而促进质量升级,推动经济转型升级,具有特殊意义和重要作用。

但是,浙江省到目前为止在中国质量奖上仍然没有实现突破。对于浙江这样一个制造大省而言,这不能不说是一个遗憾!对比江苏、广东、四川、湖北已在中国质量奖上实现突破,作为制造大省、经济大省的浙江,我相信完全有基础也理应迈向更高的台阶。

为什么我说浙江企业都应该去争创中国质量奖?我认为,创奖的过程,就是学习的过程,就是进步的过程。在这个过程中,随着卓越绩效模式的深入推进,直接或间接地改变着我们的思想和行为。

卓越绩效模式之所以好,我个人的认识是:一是这个模式用系统的思维和方法推进工作;二是不断与先进的、优秀的标杆比,永无止境。因此,获奖不是最终目标,深入推进卓越绩效模式的创奖过程才更加有意义。

三、我的建议——以争创"中国质量奖"为抓手,打造"质量高峰"

追求中国质量奖,最终目的是通过鼓励浙江企业争创这一最高奖项,倒逼我们的企业全面提升质量管理水平。为此,我提出如下建议:

1. 建议省政府成立质量发展委员会,统筹推进质量发展规划制订、质量强省建设、质量品牌发展、质量基础设施建设。与此同时,各设区市、多数县(市、区)也要相

继成立相应机构，为质量发展提供坚强的组织保障。据我了解，我们隔壁的江苏省就专门成立了质量发展委员会，而江苏也在2019年实现了中国质量奖零的突破。

2. 建议今年我省以争创"中国质量奖"为抓手，打造"质量高峰"，引领更多企业走质量效益型发展之路。希望省级层面能成立一个专门机构，统筹协调协助浙江有代表性的企业申报中国质量奖。同时，希望能够扩大省、市政府质量奖的获奖比例。浙江省最近两届省政府质量奖每次只有两家，而且是每两年评选一次，评选数量少，不利于企业推行卓越绩效模式和提升创奖的积极性。

此外，可以邀请中国计量大学等机构对影响重点产业和优势产品质量提升的关键因素和主要环节开展质量"会诊"，努力攻克一批影响质量提升的关键共性质量技术。

3. 建议以适当方式引导、激励企业负责人更新观念，真正抓质量、促转型。质量需要资本、时间和人力成本的投入，当前很多企业的全面质量管理之所以成效不显著，主要原因之一在于企业管理者不够重视。优秀企业之所以能产生优秀的质量，这和企业负责人的思想、理念密不可分。很多优秀企业的负责人对于中国质量奖的态度早已超越了荣誉的范畴，而是将质量、标准和创新等贯穿到了企业发展的全过程。

4. 建议政府设立质量专项基金，支持企业导入卓越绩效模式，支持企业引入管理专家和企业实战专家，助力提升企业的管理水平和整体素质，真正做优做强。

相信通过一系列促进高质量发展的举措，在不久的将来，"浙江制造"将真正成为中国的一张金名片，成为助力浙江经济高质量发展的新引擎。

关于出台首台（套）产品扶助政策，促进浙江重大技术装备发展的建议

（2021年1月，浙江省十三届人大五次会议）

王水福

重大技术装备是国之重器，事关综合国力和国家安全。而国内企业通过自主创新、自主研发的首台（套）重大技术装备是实现重大技术突破的体现，对推进整个国家的供给侧结构性改革、实施创新驱动发展战略、建设制造强国的决策部署意义重大。加强对首台（套）重大技术装备的资助和扶持对于鼓励企业持续投入研发和创新更是具有非凡的意义。

国家发展改革委科技部、工业和信息化部、司法部、财政部、国资委、国家市场监督管理总局、知识产权局于2018年4月发布了《关于促进首台（套）重大技术装备示范应用的意见》，以首台套示范应用为突破口，推动重大技术装备水平整体提升。为响应国家关于促进首台（套）示范应用的政策，杭州市于2020年出台了《杭州市装备制造业重点领域首台（套）产品推广应用资金补助实施细则》，对符合国家、省、市首台（套）重大技术装备推广应用指导目录，且被国家、省、市认定3年内的首台（套）产品进行资助。具体对象为：向杭州市用户销售首台（套）重大技术装备产品的，资助杭州市用户单位，每个企业每年最高资助可达300万元。

2019年，江苏省工信厅发布了《关于促进首台（套）重大技术装备发展的实施意见》，鼓励各市（县）设立配套资金，对获得认定的首台（套）重大装备研制和应用予以支持。苏州市对首台套装备政策奖励最高提至1000万元，2018年新申报首台套150个，申报数接近上一年的4倍。

河南省对省内研制和购买使用经省认定的成套设备、单台设备和关键部件的单位，按照其销售价格的5%分别给予奖励，奖励总额最高达500万元。郑州市对经过国家认可或省认定的首（台）套重大技术装备产品，且获得国家或省首台（套）重大技术装备奖励资金支持的，市财政分别按照国家和省级奖励金额的1:1给予奖励，最高不超过1000万元。

深圳市对购买应用本市工业企业首台（套）产品的本市用户，按购买价格的30%给予奖励；对向市外用户销售首台（套）产品的，按销售价格的30%对本市工业企业给予奖励。单个项目最高奖励达1000万元，采取事后直接资助方式，流程为申报单位自愿申报、专家评审、专项审计、社会公示、资助机关审定。

为更好地鼓励企业尤其是浙江省内企业采购和使用浙江省内制造企业开发的具有自主知识产权、技术含量高、经济效益好的装备产品，推动重大技术装备水平整体提升，大力推进新时代制造业高质量发展，建议在浙江省设立首台（套）产品资助，切实帮助我省制造企业首台（套）产品的推广和应用：凡是购买经省经信厅认定的，在3年内的国家、省内装备制造业重点领域首台（套）产品的应用企业，均可申请资助。

资助标准可为：对购买应用本省制造业企业首台（套）产品的省内用户，销售单价在1000万元以上的，按购买价格的10%给予资助；销售单价在1000万元以下的，按购买价格的15%给予资助。每家企业每年最高可获资助500万元。

关于在"十四五"期间以省政府质量奖为抓手，奋战五年，狠抓全面工作质量，让"浙江质量"走在前列的建议

（2021年1月，浙江省十三届人大五次会议）

王水福

在十八届中央委员会报告中，习近平总书记提出了"质量强国"的要求；在党的十九大报告中，首次明确提出了"高质量发展"的概念。质量这一问题已经引起了从党中央到社会各界的高度重视——开展质量提升行动，是党中央、国务院作出的重大部署。

回顾世界历史上的质量演变与推进过程，质量奖在其中起到了关键的推动作用。世界各国家和地区纷纷设立质量奖以促进全面质量管理的普及和提升企业的管理水平及企业竞争力。在我国，中国质量奖由中国质量协会于2001年设立。中国质量奖由国家质检总局于2012年6月设立，是目前国内质量领域的最高政府性荣誉。2009年11月，浙江省设立省政府质量奖，每两年评选一次，获得质量奖的企业为浙江经济和浙江企业的高质量发展发挥了重要作用。

2020年，浙江省实现了"两手硬、两战赢"，但要进一步提升经济发展中的抗风险能力，必须在质量关上下功夫。在疫情中，浙江量大面广的中小企业受到的冲击不小，主要原因是质量不过硬，其中包括：产品质量不过硬导致难以稳住市场份额；管理质量不过硬导致难以应对突发情况；创新质量不过硬导致难以鼓足发展后劲。通过各级政府狠抓全面工作质量，包括产品质量、管理质量、创新质量等方面，打造出一套能够应对极端、复杂情况的质量管理体系。

1. 建议在"十四五"期间以省政府质量奖为抓手,把2021年定义为"质量年",让"浙江质量"走在前列。

2021年是"十四五"规划开局之年,第四届中国质量大会也将在杭州召开,我建议把2021年定义为"质量年",将质量作为"十四五"规划开局的重要突破口,集中精力进行一场提升全面工作质量的"革命"。质量建设是一个系统性工程,我们也要以系统性思维推进全省的质量建设,把质量建设融入发展的方方面面,在"十四五"规划期间实现发展质量跃升。只有淬炼出过硬的"浙江质量",未来在面对诸如疫情之类的特殊情况时,我省"两手硬、两战赢"的底气也会更足!

建议省委、省政府加快推动成立质量发展委员会,统筹推进质量发展规划制订、质量强省建设、质量品牌发展、质量基础设施建设。在"十四五"规划期间,在质量发展委员会的领导下,统一部署五年"浙江质量攻坚与全面工作质量提升计划",指导各级政府以政府质量奖为抓手,狠抓五年落实,让"浙江质量"走在前列。

2. 建议建立以最高行政主官挂帅的"政府质量奖"运作体系。

作为新时代中国特色社会主义制度优越性的重要窗口,浙江现在压倒一切的是质量,需要发动一场质量革命。这场革命需要一套浙江质量改进的框架体系。这个框架体系就是建立以最高行政主官挂帅的"政府质量奖"运作体系。

政府质量奖的核心价值并不在于评奖本身,而是在组织中建立卓越绩效模式并系统化推进,这是一个学习的过程,也是进步的过程,将改变着我们的思想和行为。

从省、市政府质量奖到市、县(市、区)各级政府质量奖,各级主管直接负责,通过质量奖这个有力抓手,全面推进本地区的质量革命,在质量奖系统的量化评估标准基础上,建立全省各地质量竞赛机制,开展比学赶帮超的质量运动。

高质量的企业才会有强竞争力。为了提升企业的竞争力,为了企业的发展,我们必须为质量而战。在省委、省政府的带领下,今年开始攻关,奋战5年,将浙江打造成高质量之省,让高质量成为"重要窗口"的亮丽风景线,为我国加快建设质量强国、迈进质量新时代尽到应有责任。

荣誉及资质

▲ 2020年5月，西子联合获"大爱浙商抗疫英雄"称号

▲ 2020年6月，浙江西子慈善基金会获"浙江十佳企业慈善基金会"称号

▲ 2020年，王水福撰写的管理案例《西子联合：打造XOS管理系统，推进高质量基础上的高增长》获拉姆·查兰管理实践奖优秀奖

西子奋斗之歌

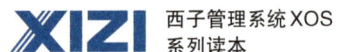

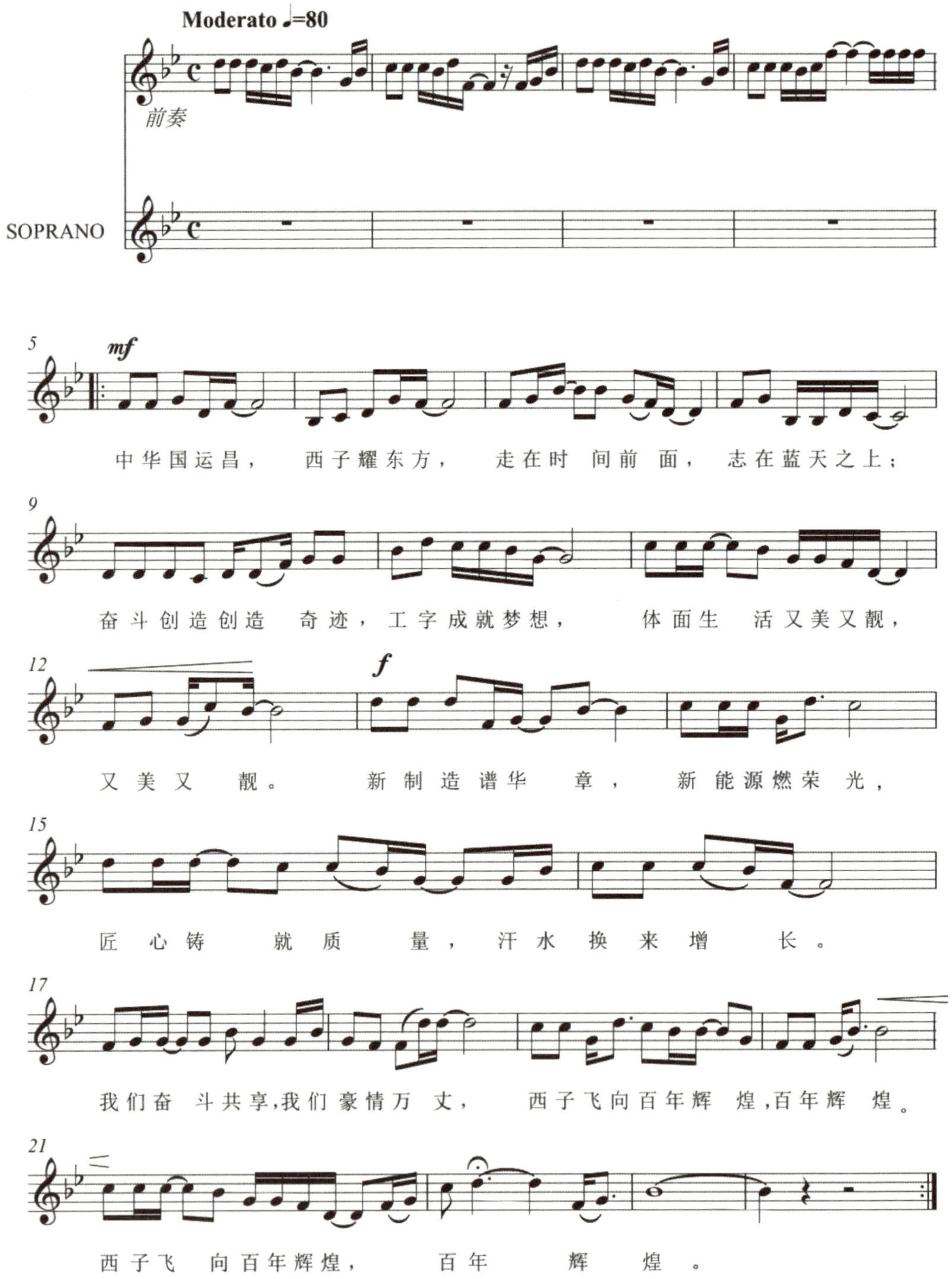
Moderato ♩=80
前奏
SOPRANO
5
mf
中华国运昌， 西子耀东方， 走在时 间前 面， 志在蓝天之上；
9
奋斗创造创造 奇迹， 工字成就梦想， 体面生 活又美又靓，
12
f
又美又 靓。 新制造谱华 章， 新能源燃荣 光，
15
匠 心铸 就 质 量， 汗水 换 来 增 长。
17
我们奋 斗共享,我们豪情万 丈， 西子飞向百年辉 煌,百年辉 煌。
21
西子飞 向百年辉煌， 百年 辉 煌 。

索 引

西子报·质量报道

序号	标　题	来源	日期	页码
1	质量,质量,还是质量! ——"百名西梯人论质量"活动小结	西子电梯报	1996年7月22日	031
2	我VVVF电梯受国家通报表扬　扶梯产品质量居全国前十位	西子电梯报	1996年10月28日	036
3	进志气大学　走志气之路	西子电梯报	2000年9月28日	088
4	西子联合被授予2002年全国质量效益型先进企业	西子报	2003年12月10日	092
5	从"中国玩具召回事件"引发的思考:西子联合提高全员质量意识	西子报	2007年9月12日	094
6	西子联合成立质量管理委员会	西子报	2007年9月30日	097
7	把产品卖到日本去 ——西子以核心能力导向的品质提升战略	西子报	2009年1月21日	099
8	王水福董事长荣膺"品质杭商"	西子报	2009年9月30日	104
9	品质改变命运	西子报	2010年2月8日	159
10	从"穷则思变"走向"富而思进" ——质量是和平占领市场的最有效武器	西子报	2011年1月28日	165
11	质量是和平占领市场的最有效武器 ——王建满副省长鼓励西子打造质量强省典范企业	西子报	2011年2月28日	170

序号	标　题	来源	日期	页码
12	质量是和平占领市场的最有效武器　提高品质就是提高我们所有人的尊严	西子报	2011年3月25日	173
13	西子优迈开展全员品质活动	西子报	2011年3月25日	175
14	西子联合召开"十二五"品质规划启动会	西子报	2011年3月25日	179
15	落实行动确定目标　品质铸就百年西子	西子报	2011年4月18日	183
16	集团品质会议在西子孚信举行	西子报	2011年5月15日	186
17	浙江省召开质量强省建设工作推进会　王水福董事长作为唯一企业代表发言	西子报	2011年6月15日	188
18	从优秀到卓越 ——王水福董事长在西子联合2011年半年度会上的讲话	西子报	2011年7月28日	191
19	卓越质量管理班举行开学典礼　刘源张院士给学员们上第一堂课	西子报	2011年8月18日	196
20	用100%的努力解决1%的问题 ——王水福董事长在西子联合大学"卓越质量管理班"开学典礼的讲话	西子报	2011年9月6日	199
21	品质战略初见成效　明确目标再接再厉 ——西子联合召开"十二五"品质规划半年总结会	西子报	2011年9月28日	205
22	感恩三十年	西子报	2012年1月16日	208
23	质量与技能 ——王水福董事长在"3.15"质量大会上的讲话	西子报	2012年3月30日	213
24	王水福董事长宣读中国商帮宣言： 和谐合力攻坚克难　创业创新再创辉煌	西子报	2012年8月23日	217
25	以质取胜　赢者通吃 ——西子联合董事长王水福在SHA启动大会上的讲话	西子报	2012年11月12日	219
26	从品质到品牌	西子报	2013年2月6日	223

序号	标 题	来源	日期	页码
27	坚定信念　勇夺金牌 ——西子电梯集团SHA誓师大会顺利召开	西子报	2013年3月31日	228
28	学习欧美企业做品质　不与低价企业拼价格 ——王水福董事长在电梯集团SHA推进会上的讲话	西子报	2013年5月2日	231
29	责任到人　蓄势启程 ——西子电梯集团SHA负责人推进大会召开	西子报	2013年5月31日	234
30	打造"工业强省"　关键在于提升品质 ——王水福董事长在"工业强省"座谈会上的讲话	西子报	2013年6月15日	237
31	西子电梯集团2013品质大会召开	西子报	2013年8月31日	240
32	切忌"萝卜快了不洗泥"	西子报	2013年9月15日	242
33	明确责任　强化沟通 ——西子电梯集团召开SHA实施衔接沟通会	西子报	2013年9月30日	245
34	没有一流的技工　就没有一流的产品 ——2013年西子联合奥林匹克技能大赛成功举办	西子报	2014年1月1日	248
35	2013西子联合奥林匹克技能大赛总结会圆满落幕	西子报	2014年1月1日	251
36	品质取胜的时代来到了	西子报	2014年1月15日	253
37	做踏实肯干的西子一线人 ——西子职工技能发展协会召开第一次会员交流会	西子报	2014年2月28日	257
38	学习一线标兵　弘扬"西子梦"力量 ——西子联合召开"五四"青年学习会	西子报	2014年4月30日	260
39	西子电梯集团召开第一季度SHA活动总结会	西子报	2014年4月30日	264
40	西子电梯集团召开4月份SHA月度总结会	西子报	2014年5月31日	267
41	西子电梯集团召开5月度SHA活动总结会	西子报	2014年6月30日	271

序号	标题	来源	日期	页码
42	以安全法为准则 以SHA为工具 全面提升西子品质 ——王水福董事长在西子联合2014年半年度会议上的讲话	西子报	2014年7月31日	274
43	制造强 中国强 打造民族品牌的曙光	西子报	2015年2月1日	280
44	精益求精 日臻完美 ——西子电梯集团SHA三阶段圆满落幕	西子报	2015年2月1日	285
45	跨越"死亡之谷" ——对话西子联合控股董事长王水福	西子报	2015年3月15日	288
46	工匠精神 成就梦想 ——2015年第四届西子联合奥林匹克技能大赛隆重开幕	西子报	2016年1月1日	293
47	感恩感谢感天下——制造强要基础强	西子报	2016年1月25日	296
48	凑热闹的人离开了 坚守高端制造就是胜利 ——王水福董事长在西子联合"奋斗的青春最美丽"演讲大赛上的致辞	西子报	2016年5月25日	303
49	西子制造:浙江制造的金牌代言	西子报	2016年6月15日	307
50	王水福:制造业守望者的凤凰涅槃	西子报	2016年12月15日	311
51	精雕细琢、精打细算是转型升级的必由之路 ——加快实现质量与管理的双向融合	西子报	2017年1月20日	316
52	企业将迎接三大历史机遇 ——王水福董事长应邀在2017国家制造强国建设专家论坛	西子报	2017年7月25日	323
53	后浪推前浪,一代更比一代强 ——王水福董事长在2017西子联合青年员工主题交流会上的讲话	西子报	2017年8月25日	326
54	逐梦高质量发展的新征程	西子报	2018年2月10日	332
55	西子如何实现高质量发展	西子报	2018年3月31日	338
56	西子联合聚焦"高质量" 奋写"八八战略"壮美篇章	西子报	2018年8月6日	342

序号	标 题	来源	日期	页码
57	袁家军省长调研西子联合： 浙江航空产业发展 期待西子作出更大贡献	西子报	2018年10月10日	346
58	杭州要用400亿元支持民企发展 王水福代表全市民营企业家发出倡议	西子报	2018年12月10日	349
59	幸福是奋斗出来的 向高质量发展要效益	西子报	2019年1月28日	352
60	同心同德 成就梦想 ——王水福董事长在杭锅管理层会议上的讲话	西子报	2019年1月28日	357
61	浙江省委书记车俊勉励西子把"剑"越磨越锋利！	西子报	2019年4月26日	361
62	如何不错过这班航船 成为新时代的领航者 ——王水福董事长在杭锅集团品保人员培训开课仪式上的讲话	西子报	2019年11月30日	364
63	推动杭州工业向高质量发展 全面落实杭州新制造业计划 ——2019年度杭州市"三会"会员大会在东站西子国际顺利召开	西子报	2019年12月30日	368
64	不负时代 只争朝夕 实现高质量基础上的高增长	西子报	2020年1月16日	473
65	高质量基础上的高增长 ——"3·12"西子联合召开战略主题会议	西子报	2020年3月31日	478
66	融入双循环 实施双战略 实现双高发展 ——西子联合董事长王水福在2020《浙商》年会上的讲话	西子报	2020年11月30日	482
67	栉风沐雨抓住战略机遇,忆40年创业路 奋战全面高质量攻坚年,启40年新征程	西子报	2021年2月1日	485
68	省人大代表、西子联合董事长王水福:淬炼过硬的"浙江质量"	西子报	2021年2月1日	491
69	做企业是一场长跑！ ——王水福董事长7000字长文献礼西子四十周年	西子报	2021年3月31日	494

外部媒体·质量报道

序号	标题	来源	日期	页码
1	依靠科技 振兴"西梯"	劳动时报	1992年8月8日	040
2	荣誉，永远属于过去 ——记杭州西子电梯厂厂长王水福	中国技术监督报	1994年6月29日	046
3	攀登不息的"西梯"	农村信息报	1995年2月15日	049
4	王水福的"永远第一"说	浙江市场导报	1995年6月21日	052
5	扬帆永竞 西子电梯	监督与服务报	1995年4月28日	054
6	质量立厂 名牌兴厂	杭州日报	1995年2月9日	058
7	质量是开拓市场之本 ——浅谈质量管理和市场经济	中国电梯	1996年第3期	060
8	实行科学管理 致力社会发展（节选） ——记西子电梯集团公司董事长王水福	人民政权报	1998年1月19日	065
9	"入世"在即 接轨国际 赢得先机 ——西子电梯集团有限公司董事长兼总裁王水福谈主动迎接WTO	乡镇企业导报	2000年4月	108
10	企业要履行社会责任（节选）	杭州商会	2007年第2期	111
11	西子联合控股董事长王水福谈浙商"富而思进"之道："产品是企业家的第二生命"	今日早报	2011年1月18日	373
12	品质铸就高端制造 ——访省人大代表、西子联合控股董事长王水福	浙江日报	2011年1月20日	378
13	质量，新商业文明的基石	浙江日报	2011年4月22日	381
14	西子联合控股有限公司：诚信治企	信用浙江	2013年第1期	384
15	西子联合圆梦中国大飞机	大飞机	2013年第1期	390
16	五年建"银矿" 十年得"金矿"	中国企业报	2013年1月29日	396
17	投资品质的回报会超出你的预期	浙商	2013年第20期	399

序号	标　题	来源	日期	页码
18	王水福:"四个时代"赋予制造业发展新机遇	三会信息	2014年11月	403
19	西子联合:打造XOS管理系统,实现高质量基础上的高增长	哈佛商业评论	2020年12月	503
20	连续9年举办技能大赛,西子联合以工匠精神撬动高质量发展	杭州日报	2020年12月5日	507
21	跌宕的2020年也是高端制造业崛起的关键之年,且看杭锅人如何五湖四海去"追星"	浙江新闻客户端	2020年12月28日	510
22	在制造业赛道上,我要夺冠 ——西子联合掌门人王水福披露创业心路	浙江日报	2021年3月17日	513
23	杭州市"三会"党史故事"最红声音" ——半个世纪的质量长跑	"杭州市企业家协会"微信公众号	2021年7月1日	518
24	涌金重磅｜中国质量奖提名奖候选名单出炉 唯一入围浙商是他!	"涌金楼" 微信公众号	2021年8月16日）	519

质量讲话稿

序号	标　题	来源	日期	页码
1	关于乡镇企业提高增长质量的思考 ——在跨世纪企业经营战略交流研讨会上的发言		1998年	068
2	打造创新魂　永抓质量根 ——在西子联合科技大会上的讲话		2008年9月	113
3	优提升品质之术　走节能减排之路 ——西子联合应对金融危机,落实科学发展观,加快转型升级的实践		2009年	118
4	坚定信心,苦练内功,以过硬的质量再创辉煌 ——在质量工作会议上的讲话		2009年8月	121
5	品质与创新:通往百年梦想的阶梯 ——在西子联合科技大会上的讲话		2009年9月	124

序号	标 题	来源	日期	页码
6	在2017年国家制造强国建设专家论坛的讲话		2017年6月30日	406
7	加快推动制造业高质量发展 ——在国家发改委"215经济茶座"上的研讨材料		2018年12月4日	410
8	在航空领域央企高校走进大湾区对接会上的讲话		2018年12月	412
9	在杭锅集团质量总结和策划专题会议上的讲话		2020年1月18日	521
10	在制造业高质量发展研讨会上的讲话		2020年1月18日	523
11	在浙江省经信厅关于浙江省制造业高质量发展文件企业意见征求会的发言		2020年1月19日	527
12	高质量基础上实现高增长 ——在《浙商》杂志年会上的发言		2020年11月24日	530
13	打造产业生态链 形成命运共同体 ——在杭锅供应商质量大会上的讲话		2021年1月3日	532
14	在第四届中国质量大会上的主题发言		2021年9月16日	535

质量人大代表议案建议

序号	标 题	来源	日期	页码
1	关于"吁请政府加大制造业的扶持力度,提升浙江制造业水平"的议案	浙江省十届人大一次会议	2003年1月	127
2	关于"为外地来浙工作的优秀产业工人在户籍、子女入学、购买经济适用房等方面给予优惠政策"的议案	浙江省十届人大二次会议	2004年2月	131
3	关于进一步宣传、弘扬"浙江精神"的议案	浙江省十届人大四次会议	2006年1月	134
4	关于制订"中国企业社会责任标准体系"的议案	浙江省十届人大五次会议	2007年1月	136

序号	标　题	来源	日期	页码
5	关于制订《浙江省电梯等特种设备安全监察办法》的建议	浙江省十一届人大一次会议	2008年1月	139
6	关于"抓住机遇，创建中国机电产业国际交易平台和产学研一体化创新平台"的建议	浙江省十一届人大二次会议	2009年1月	141
7	关于申办国际技能大赛 提升技术工人技能水平和社会地位的建议	浙江省十一届人大五次会议	2012年1月	415
8	关于实施绿色制造，推进浙江工业企业转型升级的建议	浙江省十一届人大五次会议	2012年1月	418
9	关于在浙江(杭州)举办第43届世界技能大赛的建议	浙江省十二届人大一次会议	2013年1月	420
10	关于将《浙江省产品质量监督条例》修改为《浙江省产品质量条例》的议案	浙江省十二届人大一次会议	2013年1月	422
11	关于"品质强省、打响浙江制造品牌"的建议	浙江省十二届人大二次会议	2014年1月	425
12	关于创建浙江制造精品馆的建议	浙江省十二届人大二次会议	2014年1月	427
13	关于构建浙江制造质量发展指数，促进制造业提质增效升级的建议	浙江省十二届人大三次会议	2015年1月	430
14	关于将老字号与历史经典产业一起作为振兴发展对象的建议	浙江省十二届人大三次会议	2015年1月	432
15	关于重点打造大江东航空小镇 构建航空产业集群的建议	浙江省十二届人大四次会议	2016年2月	434
16	关于把旧小区加装电梯作为重大民生工程来抓的建议	浙江省十二届人大五次会议	2017年1月	437
17	关于在全国率先打好质量提升组合拳的建议	浙江省十二届人大五次会议	2017年1月	439
18	关于设立质量管理博士研究生班的建议	浙江省十二届人大五次会议	2017年1月	442
19	关于把军民融合上升为浙江转型升级核心战略的建议	浙江省十二届人大五次会议	2017年1月	444
20	关于高质量发展时期在我省设立质量工程师职称并大力培养质量工程师的建议	浙江省十三届人大一次会议	2018年1月	446

序号	标 题	来源	日期	页码
21	关于在我省成立世界技能大赛备赛工作协调领导小组的建议	浙江省十三届人大一次会议	2018年1月	448
22	关于加快建设高端装备制造业公共服务平台促进产业转型升级的建议	浙江省十三届人大二次会议	2019年2月	450
23	关于中小微企业上云的建议	浙江省十三届人大二次会议	2019年1月	453
24	关于促进制造业和城市化融合发展 助力制造业扎根城市中心的建议	浙江省十三届人大三次会议	2020年1月	539
25	关于以"创奖"倒逼浙江企业高质量发展的建议	浙江省十三届人大三次会议	2020年1月	541
26	关于出台首台(套)产品扶助政策,促进浙江重大技术装备发展的建议	浙江省十三届人大五次会议	2021年1月	544
27	关于在"十四五"期间以省政府质量奖为抓手,奋战五年,狠抓全面工作质量,让"浙江质量"走在前列的建议	浙江省十三届人大五次会议	2021年1月	546